Hermann Kesten

König Philipp II.

Roman

Ullstein Taschenbuch

Ullstein Buch Nr. 37112
im Verlag Ullstein GmbH, Frankfurt/M – Berlin – Wien

Ungekürzte Ausgabe

Umschlagentwurf: Hansbernd Lindemann

Taschenbuchausgabe mit freundlicher Genehmigung des Autors

Printed in Germany 1982
Druck und Verarbeitung: Mohndruck Graphische Betriebe GmbH, Gütersloh
ISBN 3 548 37112 4

September 1982

CIP-Kurztitelaufnahme der Deutschen Bibliothek
Kesten, Hermann:
Ausgewählte Werke: in 20 Einzelbd./Hermann Kesten. –
Ungekürzte Ausg., Taschenbuchausg. – Frankfurt/M; Berlin; Wien; Ullstein
NE: Kesten, Hermann: [Sammlung]
König Philipp II.: Roman – 1982.
(Ullstein-Buch; Nr. 37112: Ullstein-Werkausg.)
ISBN 3-548-37112-4
NE: GT

Erstes Buch

DIE REISE NACH ENGLAND

MARIE

Lady Clarence stand im Nebel. Sie hörte die Kanonenschüsse, Pferdegetrappel und die dumpfen Trommeln. Auf der andern Seite der Strasse trafen zwei Männer aufeinander, der eine stach seine Lanze in den Bauch des andern. Wie durch einen Vorhang sah Lady Clarence den einen Mann fallen und den Mann mit der Lanze im Nebel verschwinden. Lady Clarence blieb in der leeren Strasse allein mit dem Toten. Im ziehenden Nebel schien der Tote die Hand zu heben und zu winken. Lady Clarence dachte: Vielleicht war er es, auf den ich warte. Nun winkt er. Aber die Toten liebe ich noch weniger als die Lebenden!

Lady Clarence hielt nicht viel von den Menschen. Seit vierzig Jahren Ehrenjungfrau am Hofe Englands, sah sie Könige im Nachtgewand und Huren auf dem Thron. Sie diente Gott nacheinander katholisch, anglikanisch, reformiert und wieder katholisch, ihr gefielen alle Arten. Die Sitten änderten sich; die Trachten wechselten; viele Menschen, die geblüht hatten, faulten schon, indes neue blühten; der Lady Clarence war es gleich. Mit zwanzig Jahren hatte sie eine blonde Perücke getragen, mit sechzig trug sie eine rote. Damals waren ihre Haare schwarz, jetzt waren sie weiss. Lady Clarence begriff die Leidenschaften der Menschen nicht, sie kannte die Etikette. Sie war schwerhörig und tat, als sei es alle Welt. Schelmisch lächelnd erläuterte sie: Die Menschen sind alle fühllos und taub wie ich. Die Königin Marie liebte sie wegen ihres fröhlichen Gelächters, das so lüstern und töricht klang wie das Lachen einer Fünfzehnjährigen. Marie schenkte ihr das grosse Vertrauen, das feile Menschen so leicht finden.

Da Lady Clarence es schon nicht mehr aushielt gegenüber dem Toten im Nebel, kam ein vermummter Mann vorsichtig die Häuser entlang. Am Gang erkannte sie ihn und rief ihn an. Durch winklige Gassen und eine angelehnte Pforte führte sie ihn an Dienern und Wächtern vorüber ins Vorzimmer der Königin. „Niemand", schrie die Clarence, „weiss, dass Sie hier sind!" Sie lächelte geheimnisvoll.

Prüfend betrachtete der Vermummte ihr Lächeln. Es kostete ihn hundert Dukaten. Das war die Taxe der Lady; dafür redete sie; dafür verriet sie; dafür schwor sie, zu schweigen. Hielt sie den Schwur? Lady Clarence richtete den Blick des Gerechten auf ihn. Der Vermummte legte den Mantel und den grossen Hut ab, der sein Gesicht verdeckt hatte. Es war ein graubärtiger Mann, der Gesandte des Kaisers, Simon Renard, ein Bürger aus Burgund.

Lady Clarence schrie: „Reden Sie unbesorgt zur Königin! Ich bin taub!"

Marie stand am Fenster ihres Schlafzimmers. Sie hatte rote Haare und trug ein Gewand aus gelber Seide. Der Nebel war ins Zimmer gedrungen, mit ziehenden, gräulich gelblichen Schwaden. Fahle Spiegel an den Wänden verhundertfachten den toten Schein vieler Kerzen, die nur den Nebel beleuchteten.

Da Lady Clarence und der Gesandte des Kaisers eintraten, wandte die Königin sich um. Das Kerzenlicht warf einen blutigen Schimmer auf ihre geschminkten Backen. Simon Renard bückte sich vor ihr. Sie hob den schwermütigen Blick und nickte. Sie war herzkrank und bald vierzig Jahre alt. Auch im Schlafzimmer Maries hörte man den Hall der Kanonen und sah das Feuer der Musketen. Aber der dicke Nebel machte alles einem Kampf von Gespenstern gleich.

„Sahen Sie die Rebellen?" fragte die Königin mit ihrer heiseren Stimme. „Ich habe den Befehl gegeben, mit Kanonen auf sie zu schiessen. Und wenn die ganze Hölle in London einreitet, ich weiche nicht! Gestern ritt ich in die City und sprach: ‚Bürger von London! Ich bin eure Königin! Ich habe meine Schwester Elisabeth verhaftet! Sie hat mit Franzosen und Ketzern konspiriert. Morgen schlage ich die Rebellen nieder! Es sind lauter Habenichtse und Pferdediebe, Leute in Fellen und Bastarde, die eure Töchter schänden werden und kein Eigentum respektieren. Und ihren Führer, den Thomas Wyatt, henke ich!' So sprach ich, und die Bürger von London blieben mir treu! Die Rebellion ist niedergeschlagen. Meine Garden sperren schon den Rebellen den Rückweg. Ich habe gesiegt!"

Marie schritt stampfend durch ihr Schlafzimmer. Plötzlich blieb sie vor dem Gesandten stehn. „Renard!" rief sie. „Ich habe Ihnen Grosses zu sagen." Die Königin wandte sich ab und ging vor einen Hausaltar, vor dem sechs Kerzen brannten. Da kniete sie nieder und begann mit lauter Stimme die Hymne Veni Creator zu singen. „Veni Creator", betete Marie inbrünstig laut. Die Kerzen flackerten trübe. Simon Renard kniete neben Lady Clarence. In den Spiegeln sah er hundert Königinnen knien. Die dumpfen Trommeln schienen näher zu tönen. Was bereitet sie vor?, dachte Renard. Er war auf alles gefasst. Noch kannte er nicht die Absichten Maries, aber schon lange ihre theatralischen Launen. Er wartete mit Spannung auf das Ende ihres Gebets. Seit sieben Monaten verhandelte er im Namen des Kaisers mit Marie. Kaiser Karl der Fünfte regierte in allen Erdteilen. Er besass die halbe Welt. Manche glaubten, er werde die Verheissung wahrmachen und ein einziges Reich auf Erden gründen, das Reich Christi. Alle Menschen nannten seinen Namen mit Furcht. Er schien der wahre Statthalter Gottes auf Erden. Vor ihm bückten sich die Könige und die Päpste. Da fiel langsam eine Verdunklung auf das Gemüt des Kaisers. Seine Kraft verliess ihn. Er verschloss sich in seinem Palast zu Brüssel. Er träumte davon, die Last der Welt für immer abzuladen. Als aber Marie auf den Thron Englands gestiegen war, seine Base, die den Kaiser bewunderte, und die er beschützt hatte in der Zeit ihrer Armut und Verworfenheit, da hatte der Kaiser Boten an seinen Sohn Philipp gesandt. (Sechs Wochen fuhren sie von Brüssel nach Madrid.) Der Kaiser fragte seinen Sohn: Willst du Marie heiraten und England gewinnen?

Ich bin dein gehorsamer Sohn!, hatte Philipp erwidert.

(Sechs Wochen fuhren die Boten zurück, von Madrid bis Brüssel.)

Inzwischen hatte der Gesandte des Kaisers die Königin von England beraten. Der Kaiser mahnte die Königin, zu heiraten. Die Ehe werde sie stärken im Kampf für die katholische Kirche, gegen alle Ketzer in England.

„Wen soll ich heiraten?" hatte Marie gefragt.

Renard nannte alle Prinzen Europas. Marie war heikel.

„Wer unter uns ist ohne Makel?" fragte Renard mit Milde und nannte Philipps Namen. Marie begann zu lachen. Der Kaiser schrieb: ‚Am liebsten hätte ich Dich genommen. Ach, ich wanke aber schon zum Grabe. Darum nimm meinen Sohn Philipp!' Marie zögerte. Renard verteilte indes das Gold des Kaisers. Alle Minister Maries nahmen, alle protestierten gegen den Bund mit Spanien. Er bedeute den Krieg mit Frankreich, ja den Krieg gegen die eigenen Untertanen, die spanische Inquisition. Die Engländer hassten die Spanier. Der französische Gesandte, Graf Noailles, dang Empörer und verhandelte heimlich mit dem Fräulein Elisabeth, der Stiefschwester Maries. Das Volk von London murrte. Das Parlament richtete eine Petition an Marie. Rebellen standen auf. Marie hatte sie dreimal geschlagen. Nun stand die vierte, schrecklichste Rebellion vor den Toren der City. Wollte Marie jetzt, mitten in der Gefahr, ihre endgültige Antwort an Philipp geben, ihr Ja oder ihr Nein? Verachtete sie die ganzen Rebellen oder suchte sie rechtzeitig Schützer vor ihnen?

Endlich beschloss Marie ihr Gebet und stand auf. Ächzend und flink erhob sich Renard von den Knien. „Was darf ich also dem Kaiser schreiben?" fragte er kühn.

„Ich könnte Philipp nehmen!" antwortete Marie und flüsterte: „Die ganze Nacht lag ich auf Knien. Ich erklärte Gott alles und fragte ihn: Soll ich Philipp heiraten?"

„Und antwortete Gott Eurer Majestät?" fragte Renard.

Marie hob eine brennende Kerze und beleuchtete ihr Gesicht im Spiegel. „Hat Philipp sich bedacht?" fragte sie. „Schrieben Sie ihm alles? Sehen Sie!" Sie wies auf ihr Gesicht im Spiegel. Dann führte sie den Gesandten zu ihrem Bett und zog einen Vorhang und wies auf ein Gemälde, das sie mit der Kerze erhellte. Renard erkannte das Porträt des Infanten Philipp. Tizian hatte ihn gemalt. Marie rief: „Um elf Jahre ist er jünger! Was habe ich in elf Jahren erlebt! Kennen Sie mein Leben? Meine Mutter lag zwanzig Jahre im Bett meines Vaters, bis er merkte, sein Gewissen verbiete ihm, mit ihr zu schlafen. Zwanzig Jahre schlief sein Gewissen. Auf einem Maskenball erwachte es, in den Armen der Anna Boleyn, einer Magd meiner Mutter. Mein Vater verstiess meine Mutter, die Katharina von Aragon, um eine Anna Boleyn zu heiraten! Die Diener Gottes, die aufstanden gegen das Unrecht, köpfte er. Die Güter der römischen Kirche, die ihn tadelte, verteilte er an Ketzer und fiel ab vom Heiligen Vater. Und mich zwang er, bei Strafe des Hungertodes, zu schwören, dass meiner Eltern Ehe Blutschande und ich ein Bastard wäre! Für hundert Pfund Rente im Jahr musste ich schliesslich den katholischen Glauben abschwören. Ja, um mich vor Verfolgung und Angeberei zu schützen, musste ich ein ketzerisches Buch des Erasmus von Rotterdam in unser frommes Englisch übersetzen, ich habe es später verbrannt. So ward ich reif für die Krone Englands. Gäbe mir Gott elf Jahre zurück! So hübsch war ich vor elf Jahren! Um elf Jahre ist er jünger? Und ist er leidenschaftlich? Das will ich nicht. Sie sagen, er ist ein Witwer, mit einem Kind von acht Jahren? Ein gewisser Ruy Gomez, sein Günstling, soll in Lissabon als sein Werber auftreten. Um wen wirbt also der Infant von Spanien?" Auf den geschminkten Wangen Maries brannten zwei Flecken, röter als das gemalte Rot. „Nie kannte ich diesen Schmerz, den man Liebe heisst!" rief sie. „Will Philipp wollüstig sein? Die Ärzte verordnen mir Purgationen und Aderlässe. Ich stehe mit der Sonne auf und nehme mein erstes Mahl zwei Stunden nach Mittag! Ich muss mässig leben! Und so will Ihr Prinz mich lieben?"

Der Gesandte schwieg bestürzt.

Die Königin sah ihn scharf an. „Was schrieben Sie dem Prinzen?" fragte sie. „Ich bin sanft. Ich schlage die Laute. Ich spreche Latein. Schrieben Sie auch das? Und ich bin fromm. Lieber verlöre ich zehn Kronen als mein Gewissen!"

Ein Kanonenschuss hallte dumpf wie ein Zeugnis des Himmels. Renard lauschte gespannt. Er bemühte sich, Maries Absichten zu durchschaun, und freute sich am schönen Spiel. Er glaubte ihr nichts, auch die Wahrheiten nicht, die sie unter ihre Lügen mischte. Renard liebte die grosse Politik wie das Kartenspiel. So trieb er sie auch. Er war ein Falschspieler. Den Betrug hielt er für ein Verdienst, weil er ihn im Auftrag übte. Sein Kaiser hiess ihn Völker betrügen, Minister bestechen, Revolutionen finanzieren und Kriege machen. Er machte alles. Das war seine Pflicht. Sie war ihm süss. Er war ein Moralist, auf seine Weise. Er war unbestechlich. Nun erlebte er die Stunde des Triumphes. Fast hätte er sich applaudiert! Was für eine Komödie!, dachte er.

Marie sagte: „Noailles drohte mir mit dem Krieg. Der Kaiser, sagte er, herrscht schon in Deutschland, Italien, Spanien und den Niederlanden; Frankreich kann nicht dulden, dass er auch in England herrsche, erklärte Noailles. Aber ich weiss, dass er dem Rebellen Thomas Wyatt fünftausend Dukaten gezahlt hat. Man sollte Gesandte köpfen dürfen!"

„Noailles geht zu weit!" gab Renard betroffen zu.

Marie erklärte drohend: „Ich liebe mein Gewissen mehr als einen Gatten!" Renard blinzelte. Wem galt die Drohung? Dem französischen Gesandten — oder ihm? Er sagte beschwichtigend: „Das Gewissen lenkt die Könige."

„Unsinn!" schrie Marie, und Lady Clarence lachte aus vollem Halse.

Renard bemerkte ohne äussern Zusammenhang, die spanischen Niederlande seien der beste Wollmarkt Englands.

„Wie?" rief Marie. „Heirate ich wegen der Industrie? Ich empfinde für Philipp eine fromme Liebe." Sie wies auf das Gemälde Tizians. „Ist es überhaupt ähnlich?"

„Philipp ist schöner!" erklärte Renard mit Überzeugung. Er kannte ihn nur von Bildern.

„Die Schandbuben!" rief Marie plötzlich.

Renard erschrak.

Sie erklärte: „Ich meine die Engländer. Mit jedem König wechseln sie den Glauben. Sie treiben Schacher mit der Religion. Ist Philipp sinnlich?"

Renard war unschlüssig. Was wollte die Königin hören?

Marie war aufgebracht. „Kennt mich mein Volk nicht besser? Gegen wen rebellieren sie? Ich bin eine Tudor!" Sie fixierte Renard im Spiegel und flüsterte: „Jane Grey ist tot. Sie ist gerichtet!"

„Endlich", sagte Renard. „Und das Fräulein Elisabeth? Sie ist die neue Prätendentin der Protestanten. Schon viermal haben sich Engländer für sie erhoben!"

Marie öffnete die Augen weit wie im Schrecken. Sie fragte: „Will der Sohn des Kaisers ihren Tod? Soll ich alle Töchter des Hauses Tudor ausrotten? Nach Jane Grey Elisabeth Tudor?"

„Sie ist die Erbin von England und die Zweite am Thron", sagte Renard. „Das ist gefährlich."

„Es gibt so viele Erben", erwiderte Marie trocken. „Sitzt nicht auch in Paris die kleine Königin der Schotten, Maria Stuart, die Braut des Dauphin von Frankreich, und heisst sich Königin von England? Kann ich alle köpfen?"

Renard machte eine wütende Miene und gleichzeitig ergebene Gebärden. Lady Clarence sah es und fing laut zu lachen an.

Böse schaute Marie ihrer Hofdame zu. Plötzlich gefiel ihr dieses fröhliche Gelächter nicht mehr. Lady Clarence gewahrte den bösen Blick Maries und verstummte. Sie schaute ihren Tod. Sie bleckte die Zähne, als lächle sie vor Entsetzen. Lady Clarence hielt nicht viel von den Menschen. Seit vierzig Jahren fürchtete sie sich vor der Familie Tudor. Wie um sie zu retten, entstand eine Unruhe im Vorzimmer. Die Königin, der Gesandte und die Hofdame lauschten dem Lärm und den lauten Stimmen, die zu streiten schienen. Alle drei bekamen starre Augen und krampfhafte Mienen. Standen die Rebellen schon im Vorzimmer? Ein Handstreich? Plötzlich ward es totenstill. Auch das Knattern der Musketen und der Hall der Trommeln waren verstummt. Die Stille war nicht zu ertragen. Marie schickte die Hofdame ins Vorzimmer. Lady Clarence kam mit einem Hauptmann der Garden zurück.

„Die Unruhen sind aus", meldete der Hauptmann, „wir haben den Wyatt gefangen, vor dem Wirtshaus „Zur schönen Wilden!"

„Hängt ihn auf!" schrie Marie. „Hängt ihn ans Wirtshausschild, und daneben seine Getreuen!"

„Majestät", antwortete der Hauptmann, „wir haben vierhundert Rebellen gefangen. Wir können doch nicht vierhundert hängen?"

„Ist London zu klein?" schrie die Königin. „Hängt sie an jeder Strassenecke, damit meine Untertanen den rechten Weg finden!"

Der Hauptmann ging in die Kneipe „Zur schönen Wilden" und traf den Rebellen Wyatt vor einem Krug Bier. Der Rebell trug den rechten Arm verbunden und hob mit der linken Hand den Krug.

„Auf das Wohl der armen Leute, Herr Hauptmann!" rief er und tat einen langen Schluck. Kaum hatte er den Krug abgesetzt, befahl der Hauptmann: „Hängt ihn sogleich ans Wirtshausschild, auf Befehl der Majestät von England!"

Thomas Wyatt sass da, die Linke halb erhoben, um den Schaum vom Schnurrbart fortzuwischen, er starrte den Rücken des Hauptmanns an, der sich abgewandt hatte, es war ein gepanzerter Rücken, ein eiserner Rücken. Thomas Wyatt spürte einen bitteren Geschmack auf der Zunge, er dachte bloss: Ich wollte England helfen? Die Soldaten banden ihm schon die hänfene Schleife um den Hals.

Er war der Sohn des Poeten Wyatt. Er wuchs auf und

hörte die grossen Worte. Ihn dürstete nach Taten. Er sah, dass sein Leben verstrich. Er sass in den Kneipen Londons und sah das Leben der einfachen Leute. War die Welt in Ordnung? Die Bauern trieben das Vieh ihrer Herren zum Markt und hungerten, manchmal trieben die Herren ihre Bauern zu Markt, ein Ochs kostete mehr als ein Bauer. Endlich sah Thomas Wyatt seine Stunde. Die Königin Marie, hiess es, sollte den Sohn des Kaisers heiraten, den Spanier. Thomas Wyatt ritt auf einem walisischen Gaul durch England. Er schrie in allen Dörfern: Der Teufel kommt aus Spanien. Er ist des Kaisers Sohn und heisst Philipp!

Thomas Wyatt versprach den armen Leuten die Freiheit. Die Bauern liefen ihm nach. Sie zogen nach London, um Marie vom Thron herunterzuwerfen. Der Graf Noailles, der Gesandte von Frankreich, gab heimlich Gold den Rebellen und riet: Setzt Marie ab und erhebt das Fräulein Elisabeth!

Thomas Wyatt nahm die französischen Dukaten wie Birnen. Er marschierte mit seinen Haufen vor die Stadt und wartete auf die armen Leute von London. Marie befahl, mit Kanonen auf die Rebellen zu schiessen. Wyatt wartete. Wo blieben die armen Leute, für die er ausgezogen war?

Am Fastnachtsdienstag marschierte er endlich vor die Brücke von London. Sie war gesperrt, und er schrie: „Öffnet! Ich bin der Wyatt und bringe die Freiheit!" Die Bürger schossen. Sie trafen aber nicht. Wyatt erschrak und passierte die Themse oberhalb von London bei Sturm und Regen. Auch er hatte Kanonen. Am rechten Ufer fiel seine grösste Kanone in den Schlamm. Die Rebellen marschierten die ganze Nacht im Regen. Um neun Uhr morgens erreichten sie den Hydepark. Wie ein Leichentuch hüllte der Nebel jeden ein. Da hörten sie Trommeln. Vor ihnen standen die Garden Maries. Die Garden stachen, hieben und schwiegen. Die armen Bäuerlein wollten die Freiheit Englands retten, nun rannten sie um ihr Leben. Wyatt und vierhundert liefen über die Wiesen von Pall Mall. Vor der City schrie Wyatt: „Ich bringe die Freiheit. Helft!"

Die City lag wie ausgestorben. „England! Schläfst du?" schrie der Sohn des Poeten. Schon liefen die Rebellen in den engen Gassen am Strand. Sie blickten sich um. Wie wenig waren sie. Ihre Schritte hallten auf dem bucklichten Pflaster. Wyatt schaute sich nicht um. Er wusste, die Garden Maries sperrten den Rückweg. Am Tor von Ludgate Hill pochte er.

„Bürger von London!" schrie Wyatt. Keiner öffnete. Da kehrte er sich um. Er war fast allein. Keine zwanzig standen bei ihm. Da fiel er verzweifelt auf eine Bank vor der Wirtschaft „Zur schönen Wilden" und schlug die Hände vors Gesicht. Wie oft war er prahlend auf dieser Bank gesessen, mit Bürgersöhnen von London, und trank und tat gross. Wo waren die Kumpane? Was taten die Londoner in dieser Stunde, da einer von ihnen aufgestanden war für Gewissensfreiheit, für ein leichteres Leben, gegen fremde Tyrannen?

Da Wyatt die Hände von den Augen fortnahm, waren nur sechs bei ihm. Sie hörten Schüsse und liefen. Bürger jagten sie, hetzten sie von Gasse zu Gasse, eine ganze Stadt tobte wie eine Meute losgelassener Hunde. Thomas Wyatt lief keuchend und dachte: Ich wollte England helfen? Endlich stachen sie ihn und fingen ihn und henkten ihn, vor der Wirtschaft „Zur schönen Wilden".

Simon Renard, im Schlafzimmer Maries, forderte neue Köpfe. Er sagte: „Und das Fräulein Elisabeth?"

Marie prüfte mit bösen Blicken den strengen Gesandten des Kaisers.

„Baumeln nicht schon mehr als vierhundert Ketzer? Wann kommt der Bräutigam?"

Marie setzte sich in einen tiefen Sessel. Sie fühlte sich plötzlich sehr müde. Renard lehnte sich frech an den Stuhl der Königin. Gleich dem Kaiser liebte er, im Macchiavell zu lesen. Was riete der Florentiner?, fragte er sich und murrte: „So mache man das Fräulein Elisabeth katholisch!"

„Sie soll im Tower bleiben, bis sie die Messe hört!" versprach Marie.

Renard war nicht zufrieden. Die Schwester des Kaisers,

die Regentin der Niederlande, wolle das Fräulein in Brüssel aufnehmen.

„Meine Schwester, ein Hofmädchen?" fragte hochmütig Marie.

Renard versicherte, man müsse erbarmungslos sein oder gar nicht regieren. „Erbarmungslos!" wiederholte Renard. Das Wort schien ihm zu gefallen.

Die Königin nickte ihm zu. „Philipp hat mir noch kein Wort geschrieben", sagte sie. „Fordert Spanien nicht zu viel? Ich könnte Elisabeth zu meiner Erbin machen und jungfräulich leben!"

Der Gesandte wollte erwidern.

„Haben auch Sie keine Eile?" rief Marie zornig.

Herr Simon Renard ging durch Hintergassen in sein Haus zu London und schrieb an des Kaisers Sohn: Item Seine Hoheit lerne ein paar Worte Englisch, um zum Volk reden zu können, es lebt vom Glanz seiner Herren. Item lasse Seine Hoheit die spanischen Damen zu Haus, die Königin Marie ist eifersüchtig. Item trage Seine Hoheit einen Kettenpanzer unterm Rock, der Dolche wegen, und führe seine Köche und Mundschenken mit, des Giftes wegen. Item lasse er die spanischen Soldaten an Bord, sie raufen gern, und er bringe den englischen Herren Gold mit, sie nehmen gern. Item schreibe Seine Hoheit endlich; England ist der Mühe wert. Item eile Seine Hoheit, ehe die Königin in die Jahre kommt, da sie nicht mehr empfängt!

DER SOHN DES KAISERS

Philipp wartete auf den Wind. Er stand am Fenster seines Hauses zu La Coruña und blickte auf das Meer. Im ungeheuern Licht schimmerten wie Sommerwolken die weissen Segel seiner hundert Schiffe. Bald trugen sie ihn zur Hochzeit.

Als Philipp sich setzte, öffneten die Diener die Türen zum Vorsaal. Zwei Erzbischöfe kamen zur letzten Audienz, jeder mit zwei Mönchen. In zwei feindlichen Gruppen standen sie, als fürchteten sie, sich anzustecken.

„Die Kirche ist in Gefahr", begann sogleich Valdes, der Erzbischof von Sevilla. Er war der Grossinquisitor von Spanien, der Wächter des Glaubens. „Wenn man ungestraft", sagte er, „am Hofe des Infanten Philipp die Grundsätze des Christentums angreifen darf; wenn die berufenen Hüter des Glaubens die Ketzerei hegen, statt sie zu zertreten; wenn, sage ich, die Günstlinge des Regenten von Spanien, um den Interessen der Mächtigen zu dienen, die Getretenen und Hilflosen erbarmungslos preisgeben dürfen, so frage ich, mit welchem Recht zieht der künftige König von Spanien aus, die englischen Ketzer zu verbrennen?"

Philipp musterte aufmerksam seinen Grossinquisitor, einen dürren Greis von siebzig Jahren, der leise sprach, als spare er seine Stimme, indes sein grosser Adamsapfel eifrig bei jedem Wort herauf und herunter rutschte. Auch seine Finger glitten unaufhörlich an seinem zerschlissenen Prachtgewand herab, als suche er neue Anklagen zwischen den armseligen vergoldeten Borten, die er aus Geiz statt der gehörigen echtgoldenen trug. Wie zwei Wachhunde standen neben ihm in ihren schwarzen Dominikanerkutten seine Sekretäre, Bruder Espinosa und Bruder Quiroga.

„Wen klagen Sie an?" fragte Philipp, um der Form willen; denn er sah ja schon die andere Gruppe, auf die jetzt der Grossinquisitor und seine beiden Mönche schweigend mit ausgestreckten Zeigefingern deuteten: Auf Siliceo, Philipps alten Lehrer, den er in wenigen Jahren aus einem Bettelmönch zum Erzbischof von Toledo gemacht hatte, und auf Siliceos Ordensfreunde, die beiden Franziskanermönche, den Bruder de Castro, Philipps Beichtvater, und den Professor Carranza, Philipps Hofprediger. Diese klagte der Grossinquisitor an?

Wollte Valdes sie auf den Scheiterhaufen führen, wo gewöhnlich solche Klagen der Inquisition endeten?

Diese Günstlinge schienen aber ihrer Unschuld oder der Hilfe des Infanten sicher zu sein. Alle drei lächelten zornig, drei dicke Männer, von fünfzig Jahren etwa, der Beichtvater und der Hofprediger in den weissen Kutten der

Franziskaner, der Erzbischof Siliceo im Prachtkleid mit echtgoldenen Borten.

Der Hofprediger Carranza antwortete: „Ich klage unsere Kläger als Hochverräter an!" Und er hob den Zeigefinger und deutete auf Valdes und seine beiden hagern Mönche.

Hochverräter und Ketzer, dachte Philipp, und wenn sie alle recht hätten? Er sah zum Fenster hinaus auf die tausend weissen Segel, die der frische Wind blähte. Morgen würde er ausziehen, um sein erstes Königreich zu gewinnen. Schon waren siebenundzwanzig Jahre dahin, er hatte noch nichts getan! Immer war er nur der Sohn des Kaisers und stand im Schatten des Riesen.

Philipp blickte ungeduldig auf die Kleriker. Er wollte die Welt gewinnen, und so sahen seine Helfer aus? Sollte er sie alle sechs absetzen und ins Kloster schicken?

Er kannte den Hass zwischen Valdes und Siliceo. Es ging um den roten Hut des Kardinals von Spanien. Beide bewarben sich darum und hatten grosse Summen nach Rom geschickt. Beide verleumdeten einander, am Hofe des Regenten Philipp zu Valladolid, am Hofe des Kaisers zu Brüssel, am päpstlichen Hof zu Rom. Die Entscheidung lag in den Händen Philipps.

Siliceo und Valdes kannten ihre Pläne und wogen ihre wechselnden Aussichten. Der ganze Klerus Spaniens beteiligte sich an diesem Kampf und bildete zwei feindliche Parteien. Noch waren Siliceo und Valdes einander gleich an Kräften und Vorzügen. Wer würde siegen?

Sie kämpften um einen Hut und wollten einander ans Leben. Ketzer wurden verbrannt, Hochverräter wurden geköpft.

Wen mache ich zum Kardinal?, fragte sich Philipp und antwortete sich: Beide sollen noch hoffen! Er liebte, zu herrschen, indem er teilte. Wenn es nicht zwei Parteien gab, so schuf er sie. Doch hatte er selten nötig, der menschlichen Natur nachzuhelfen.

„Die Beweise?" fragte er höflich und blickte von der einen Gruppe zur andern.

Da trat Siliceo näher, sein alter Lehrer, und lächelte verlegen und machte eine Handbewegung, als gelte es eine Entschuldigung, und ründete die vollen, roten Lippen und verneigte sich elegant und sagte mit der lauten, überdeutlichen Stimme eines alten Lehrers: „Hoheit, es geht um die Indianer!"

„Um die Indianer?" wiederholte der Infant und hatte Mühe, seine Überraschung zu verbergen. Er hatte schon ein paar Mal in seinem Leben einige Indianer gesehen: Sie waren rothäutig, hatten glatte, schwarze Haare und trugen Federn, Pfeile und goldene Ohrringe. Sein Vater besass so viele Indianer jenseits des Ozeans, wo Kolumbus, Pizarro, Cortes, Balboa und andere Spanier grosse Reiche erobert hatten. Zweimal alljährlich kamen die Schiffe voll Gold nach Sevilla, mit dem Tribut der spanischen Konquistadoren.

„Die kaiserliche Regierung", erklärte Siliceo, „hat nach langer Erwägung beschlossen, die königlichen Güter und Städte in Amerika samt den dazugehörigen Indianern meistbietend zu verkaufen, um die grossen Summen Goldes zu erhalten, die das Reich für die Reise des Infanten Philipp nach England braucht. Die Kirche hat dieses Opfer gebilligt, ich, der erste Diener der spanischen Kirche, billige es, um des heiligen Zweckes willen, England nach seinem Fall in die Ketzerei wieder mit der römischen Kirche zu versöhnen. Will man also ein paar Indianer oder die Kirche retten? Und sollte sie nicht ein Opfer wert sein?"

„Freilich", sagte Philipp und wandte seinen Blick zum Grossinquisitor. Dieser hob die Augen und die Hände empor und sagte: „Ketzerei! Wir haben diese Reiche jenseits des Ozeans empfangen, um das Christentum zu predigen, nicht um bekehrte Christen in die Sklaverei zu verkaufen! Wie oft erhielten die Völker drüben die königlichen Versprechungen! Und sie sollen nicht gebrochen werden!"

„Da", rief zornig der Professor Carranza und wies mit beiden Händen auf den Grossinquisitor Valdes. „Gegen die Dekrete des Kaisers und seines Sohns aufzutreten: Ist das nicht Hochverrat?"

„Wir haben einen Zeugen", erklärte der Grossinquisitor. „Er wartet im Vorsaal. Der hochwürdige Bischof der Indianer, den sie ihren Vater heissen, der Bruder Las Casas, ein frommer Greis von achtzig Jahren, in der Welt berühmt, beriet schon oft die Krone."

„Ein Dominikaner", bemerkte vorwurfsvoll der sanfte Bruder Castro, der Beichtvater Philipps.

„Ein heiliger Mann", entgegnete der Grossinquisitor.

Philipp nickte. Die Diener öffneten die Türen zum Vorsaal. Die Brüder Quiroga und Espinosa gingen dem frommen Greis entgegen.

Der Indianerbischof Las Casas sass allein und abseits, in seiner groben Kutte, zwischen den Grossen aus allen Reichen des Kaisers, die hier auf Audienz bei seinem Sohne warteten. Da standen Herzöge und Grafen, fremde Gesandte und schöne Damen, aufgestellt nach ihrem Rang, und warteten auf ein Wort der Gnade.

Die Diener riefen: „Der Bischof Las Casas!"

Las Casas erhob sich langsam. Er war ein schöner, alter Mann. Sein langer, weisser Bart gilbte schon. Er hatte eine grosse Nase und blaue Augen. Er stützte sich auf einen hölzernen Stecken. Er trug die schwarze Kutte der Dominikaner. Er war gross, und sein Rücken war noch nicht gebeugt. Langsam ging er die paar Schritte zum Zimmer des Infanten Philipp. Er war ein guter Mensch und hatte seit vierzig Jahren sein Leben auf eine Sache gestellt: Die Rettung der Indianer. In ihrer Gier nach Gold waren die ersten Konquistadoren ein wenig eilfertig mit den nackten und schlechtbewaffneten Bewohnern der eroberten Reiche umgegangen. Sie hatten die armen Indianer dezimiert, halbiert, ruiniert. Nach zehn Jahren kolonisatorischer Tätigkeit lebten auf Kuba von achtzigtausend Indianern nur noch zehntausend, diese aber in Sklaverei, Hunger und christlicher Lehre. Äonenlang hatten die Indianer von den Früchten des Landes gelebt, jetzt mussten sie in Bergwerken graben und ihre Feinde lieben, sonst wurden sie von den wilden Bluthunden ihrer Herren gehetzt und zerfetzt. Ihre Ländereien verteilte der König von Spanien an die Bettler und Überflüssigen seines Reiches; mit den Feldern und Bäumen und dem Vieh des Landes wurde die entsprechende Anzahl Indianer vergeben, als Vieh, als Gras, als Acker, zur Jagd, zur Lust, zur Fron, immer unter dem Mantel der christlichen Nächstenliebe. Endlich murrten manche Dominikanermönche, die herüberkamen, um Heiden zu bekehren. „Sollen wir die Toten taufen?" fragte einer den andern, leise. Da erhob ein Mann seine Stimme und schrie — der Bruder Las Casas. Er gab seinen Anteil an Land und Leuten freiwillig zurück und predigte laut vor den wahren Wilden, den spanischen Konquistadoren: „Wer von des Armen Gut opfert, schlachtet den Sohn vor des Vaters Augen. Der arme Mann hat nichts als ein wenig Brot; wer ihn darum bringt, der ist ein Mörder. Wer seinem Nächsten seine Nahrung nimmt, tötet ihn. Wer dem Arbeiter seinen Lohn nicht gibt, ist ein Bluthund!"

Da wollten die Konquistadoren den frechen Mönch töten. Und es begann das Martyrium des Bruders Las Casas, es begann seine Grösse. Er reiste von Amerika nach Spanien und fand Hilfe bei dem Grossinquisitor Deza, der sechstausend Ketzer verbrannt und sechzigtausend eingekerkert hatte, aber der armen Indianer erbarmte sich sein Herz. Aber es starb die fromme Königin Isabella, die einst den Kolumbus ausgesandt hatte; es starb der König Ferdinand, es starb der milde Grossinquisitor Deza; endlich, nach fünf Jahren, hatte der Kaiser Karl, damals ein Jüngling von neunzehn Jahren, eingewilligt, den Anwalt der Indianer anzuhören, den Bruder Las Casas.

Daran erinnerte sich nun der Bischof Las Casas, in den wenigen Schritten zu den Türen, hinter denen der Sohn dieses Kaisers ihn wiederum anzuhören geruhte, fünfunddreissig Jahre später. Wieder zitterte das Herz des Las Casas. Mit achtzig Jahren hegte er dieselben ungeheuern Hoffnungen wie einst mit vierzig Jahren. Wieder wollte er die Indianer retten.

Gott, betete der Greis auf seinem kurzen Weg. Gib mir die Worte, die das Herz der Könige rühren!

Schon schlossen sich die Türen hinter dem Greis, er blickte auf und sah den Sohn des Kaisers. Wie anders war es damals, da ihn der Kaiser Karl empfangen, und wie ähnlich!

Philipp war aufgestanden. Er kannte den Namen des Las Casas und wusste manches von ihm. Philipp regierte seit seinem fünzehnten Jahre Spanien. Er liebte, wenige Menschen zu sehn und viele zu kennen. Er studierte alle Akten, las alle Briefe, empfing viele Berichte, korrespondierte mit tausend Leuten. Kein grosser Mann der Reiche seines Vaters entging ihm. Philipp hatte ein Vorurteil gegen diesen „Vater der Indianer". Der Kardinal Ximenes hatte ihn zum Universal-Protektor der Indianer gemacht. Um die Indianer zu retten, hatte Las Casas vorgeschlagen, die stärkern Neger aus Afrika nach Amerika einzuführen, für die harte Arbeit in den Bergwerken. Aus Menschenliebe verschuldete also Las Casas den Negerhandel. Er hatte eine Kolonie gegründet, mit der Hilfe des Kaisers, und war gescheitert, erbärmlicher als irgendeiner. Er war ein Empörer. Er hatte den Soldaten gepredigt, den mordenden Befehlen ihrer Führer nicht zu gehorchen! Er hatte die „Neuen Gesetze" zum Schutz der Indianer bewirkt. Er hatte den „Traktat über die Zerstörung von Indien" geschrieben, der (in alle Sprachen übersetzt) den Namen und den Ruhm der grossen Spanier so schändete, dass man in Europa die Konquistadoren und ihre Bluthunde verwechselte. Der Kaiser hatte ihn zum Bischof der Indianer ernannt. Die Konquistadoren hatten ihn fast gemordet und verjagt. Er war nach Spanien zurückgekehrt, hatte auf sein Bistum verzichtet und lebte im Kloster San Gregorio zu Valladolid, ein Greis — und noch nicht müde, Unruhe zu stiften! Ein unbequemer Mensch!, dachte Philipp, eitel auf sein gutes Personengedächtnis. Da er aber den Greis sah und in seine sanften Augen blickte, ergriff ihn ein seltsames Gefühl. Philipp erhob sich und näherte sich dem Greis, der ihn unverwandt mit seinen hellen blauen Augen anstarrte.

„Segnen Sie mich, mein Vater!" bat ihn Philipp.

Der Greis segnete den Infanten, der ihn zu einem Sessel führte. Der Greis setzte sich. Plötzlich erwartete Philipp von dem Greis Grosses, Neues, Unerhörtes. Als Las Casas zu sprechen anfing, fühlte Philipp bald eine gewisse Enttäuschung, vermischt mit einer wachsenden Erregung, ja mit einem unbegreiflichen Zorn gegen diesen Greis. Dabei sprach der alte Bischof mit seiner hellen, freundlichen, ein wenig kindlich klingenden Stimme die gewöhnlichen Sätze der christlichen Prediger, oder beinahe die gewöhnlichen. Was erregte den Infanten so sehr?

Der Bischof Las Casas hielt seinen weissen Bart, der ihm bis auf die Brust ging, mit beiden Händen fest und erklärte lächelnd, indes er nur den Prinzen anblickte: „Die christliche Religion ist allgemein, für alle gleich, sie passt für alle Nationen der Welt und nimmt sie alle in ihren Schoss auf. Sie entzieht keinem Menschen seine Freiheit noch seinen natürlichen Herrn, noch bringt sie ihn in Knechtschaft, unter dem Vorwand, er sei ein Sklave von Natur." Der Greis nickte lächelnd mit dem Haupt.

„Aber das ist ungeheuerlich, was der Pater ausspricht", rief der Professor der Theologie Carranza, der Hofprediger Philipps. „Und wer ist der natürliche Herr, von dem der Pater Las Casas spricht? Das ist Rebellion! Oder meint er den Kaiser? Ich sage ihm hingegen: Es ist kein Unrecht, Völker zu unterjochen, die an sich die Bestimmung haben, andern zu gehorchen! Will der Pater Las Casas diesen Satz leugnen? Und weiss er, dass er damit das Recht des Kaisers bestreitet, das Recht an beiden Indien und Neapel, an Sizilien und den Niederlanden, an Afrika, Mailand und Deutschland?"

„Ich spreche von den Indianern", erklärte friedlich lächelnd der Alte. „Ich spreche von den zu Bekehrenden. Zwei Grundsätze sind allgemein, oder wir zerstören die Lehre Christi! Erstens: Es gibt nur einen gottgefälligen Weg, die Menschen zur wahren Religion zu führen: sie mit Gründen zum Verständnis zu bringen und ihre Liebe durch Güte zu gewinnen; diese Methode passt für alle

Völker, ohne Unterschied ihrer Irrtümer und ihres heidnischen Aberglaubens und aller noch so verwilderten Sitten.

Zweitens: Wenn die Ungläubigen nicht zuvor Feindseligkeiten begangen haben, ist jeder Krieg gegen sie ungerecht, gottlos und tyrannisch, und es ist falsch, dass man sie durch Unterjochung bessert und leichter zu Christen macht!"

„Es ist falsch!" bekräftigten wie aus einem Munde der Grossinquisitor und die Brüder Espinosa und Quiroga.

Der Greis schüttelte sein Haupt und lächelte fröhlich.

Philipp stand auf. Ihm war der Alte unheimlich. In seinen Worten, die so christlich klangen, in seinem Lächeln, das so lieblich schien, glaubte der Infant von Spanien die Rebellion zu lesen und Ketzerei zu hören.

„Bist du auch demütig, Vater Las Casas?" fragte der Infant.

„Herr", bat der Alte, „schau mich an! Ich habe in meinen achtzig Jahren schon sieben Herren gedient. Da ich geboren ward, regierte Heinrich von Kastilien, danach kamen Isabella von Kastilien und Ferdinand von Aragon, Philipp der Schöne, Johanna, und der Kaiser Karl, nun regiertest du. Morgen beginnt deine jüngste Schwester zu regieren, Juana. Ich sah Könige kommen und gehen. Ich sah noch Mohren herrschen und Juden handeln in Spanien. Ich sah den Fall von Granada und die Austreibung der Juden. Ich sah den grossen Kolumbus in Glanz und in Ketten. Mein Vater nahm teil an der zweiten Fahrt des Kolumbus; da ich ein Student in Salamanka war, hatte ich einen Indianerknaben zum Sklaven. Die Königin Isabella verbot die Sklaverei der Indianer, mein Sklave kehrte zurück. Vor mehr als fünfzig Jahren fuhr ich zum ersten Male nach Amerika, da waren jene Völker noch glücklich und im Stande der Unschuld; da ich es zum letzten Male verliess, vor sieben Jahren, rasselten ihre Ketten und ihre Sterbeseufzer tönten durch die Reiche. Ich bin achtzig Jahre alt und sehe die offene Grube vor mir. Auf meiner Schulter spüre ich schon die knöcherne Hand des Todes.

Ich fürchte mich nicht. Habe ich viel gesündigt, so habe ich meistens das Gute gewollt und vieler Menschen Leben und Heil gerettet. Ich fürchte mich nicht vor dem Tod und nicht vor den Königen. Ich sage dir die Wahrheit. Höre mich. Du wirst ein grosser König sein und in allen Erdteilen herrschen. So du ein Christ bist, liebe alle Christen, und die Sonne wird nicht untergehen in deinem Reich. Höre auf mich, mein Sohn. Ich kenne deine neuen Reiche jenseits des Ozeans. Ich kenne die Indianer. Man hat gesagt, die Indianer seien eine stumpfsinnige Rasse, unempfänglich für Belehrung und Zucht, undankbar, treulos, verächtlich, und abscheulichen, viehischen Gewohnheiten ergeben, ja Menschenfresser. Man hat ihnen alle Fehler vorgeworfen, die menschlich sind. Aber man hat gelogen. Sie sind schön und fromm, friedlich und edel und jeder menschlichen Grösse fähig, wenn man sie mit Liebe bekehrt und wie Söhne erzieht. Sie tragen alle das Bild Gottes im Antlitz. Und ich sage (und wäge jedes Wort): Keines von den Reichen, die der Kaiser in allen Erdteilen besitzt (ja, nicht einmal alle zusammen), ist auch nur der kleinsten Provinz jenes Weltteils an Reichtümern und Hilfsmitteln gleich. Wenn ich Eure Hoheit hierauf aufmerksam mache, so bin ich mir bewusst, Ihr einen der grössten Dienste zu leisten, die je ein Vasall seinem König in der Welt erzeigt hat. Nicht aber tue ich es, weil ich dafür eine Gnade, eine Belohnung, eine Ehre erwarte; denn um die Wahrheit zu sagen, ich spreche hier nicht nur, um Eurer Hoheit zu dienen. Denn ich schwöre, in aller Ehrfurcht und Untertänigkeit vor einem so grossen Regenten und Prinzen: Ich würde nicht von dieser Stelle zu jener Ecke des Zimmers gehn, um Eurer Hoheit in mehr zu dienen, als was die allgemeine Untertanenpflicht mir als Vasallen gebietet. Ich stände nicht hier, wenn ich nicht dächte, Gott, dem Allerhöchsten, einen grossen Dienst damit zu tun. Der Herr unser Gott hält aber so gut Haus, dass ich nichts für ihn tun kann, ohne zugleich unschätzbare Wohltaten und herrlichen Gewinn Eurer Hoheit zu schenken."

Der Greis schwieg. Er hatte immer rascher, immer

feuriger, immer kühner gesprochen. Am Ende erinnerte er sich, er hatte dieselben Worte zu diesem Infanten Philipp gesagt, die er vor fünfunddreissig Jahren vor dem jungen Kaiser ausgesprochen hatte, in jener fernen Audienz. Damals war der Kaiser auf seinem Thron gesessen, auf niedrigern Bänken sassen seine Minister, noch niedriger der Sohn des Kolumbus, der Admiral von Amerika, dann der Grosskanzler, die Bischöfe und die geheimen Räte. An der Wand, dem Throne gegenüber, hatte er allein gestanden, der Mönch Las Casas. Nach einem feierlichen Schweigen hatten sich der Kanzler und der erste Minister erhoben, waren die Stufen der Estrade emporgestiegen und vor dem Kaiser niedergekniet und hatten leise eine Weile mit ihm geredet, dann waren sie zu ihren Sitzen zurückgekehrt und hatten ihn stehend aufgefordert, zu reden. Nachdem er gesprochen hatte, war der Kanzler wieder zum Kaiser emporgestiegen, war niedergekniet, hatte geflüstert, war zurückgekehrt und hatte stehend die Antwort des Kaisers gesagt. Darauf hatten der Admiral geredet und danach die Gegner des Las Casas. Am Ende hatte sich der Kaiser erhoben, um in sein Kabinett zu gehen, die Sitzung war beendet. So zeremoniös war der junge Karl gewesen, und doch hatte damals Las Casas gewonnen, und schon einundzwanzig Jahre später hatte der Kaiser seine segensreichen Ordonnanzen erlassen, die „Neuen Gesetze", die das Leben so vieler Indianer gerettet hatten. Dieser neue Prinz, dachte der Greis Las Casas betrübt, scheint bequemer, aber wird er meinen Indianern helfen? Und werde ich wieder einundzwanzig Jahre warten müssen?

Der arme Vater der Indianer war zeitlebens kein Menschenkenner gewesen. Philipp hatte kein Gefallen an ihm gefunden und doch vermochte er sich der Wirkung dieses lächelnden und feurigen Greises nicht zu entziehn. Spricht hier ein heiliger Mann, fragte er sich, oder ein Hochverräter? Klingt nicht in seiner Sprache jener freche Ton der deutschen Reformatoren und italienischen Humanisten? Ein gefährlicher Mensch, dachte

Philipp, und ein guter Mensch! Um so schlimmer, sagte er sich. Und überlegte nochmals, ob er nicht diesem Pater Casas und dem Grossinquisitor und seinen beiden Mönchen, dem Bruder Espinosa und dem Bruder Quiroga, den Prozess machen sollte? War es nicht gefährlich, Spanien für eine Zeit zu verlassen, wenn solch ein Schwarmgeist blieb? Aber es rührte ihn der Blick des Paters Las Casas. Philipp glaubte, die Menschen zu kennen. Ausserdem liebte er keine grossen Umwälzungen.

„Was raten Sie also?" fragte er endlich den Greis, nach einem Stillschweigen. „Mein Rat ist einfach", erklärte der Greis und stand langsam und mühevoll auf, als glaubte er, stehend den Infanten eher zu überzeugen. „Die Regierung begnüge sich, ein ausserordentliches Donativ in Mexiko und Peru anzutragen. Ich bürge mit meinem Leben, dass die königliche Kasse dabei besser fahren wird!"

Der Greis setzte sich wieder und lächelte. Ein Abschein seines Lächelns erhellte das melancholische Gesicht des Infanten.

Philipp überlegte und nickte Gewährung. „Man wird es versuchen", versprach er. „Und", fragte er den Greis, „wollen Sie nicht in den Staatsrat eintreten?"

Der Greis verneigte sich tief und schüttelte lächelnd seinen Kopf. „Ich bin zu alt", sagte er mit einer hohen, singenden Stimme. „Ich stehe schon mit einem Fusse in der Grube, Don Philipp."

Der Infant und der Greis lächelten beide höflich. Es schien dasselbe Lächeln zu sein, ein brüderliches Lächeln.

Der Infant sagte: „Ich bitte meine Räte, ihren Streit nun zu beenden."

„Wir sind versöhnt", antwortete sogleich der Erzbischof Siliceo, der alte Lehrer Philipps.

„Wir haben heute gelernt, den Pater Casas zu bewundern", fügte der Professor Carranza hinzu, der Hofprediger.

„Wir werden mit Ehrfurcht an ihn denken", bemerkte der Beichtvater Philipps, Bruder Castro. Er und der Hofprediger begleiteten den Infanten nach England. Sie beschlossen beide gleichzeitig, jeder bei sich, in England ihren Herrn endgültig von der Verworfenheit dieser Dominikaner zu überzeugen. Dort waren sie allein anwesend, das gab bessere Gelegenheit.

Die sieben Geistlichen gingen in einer Gruppe, das Bild des geistlichen Friedens. Gegen seine Gewohnheit begleitete Philipp den lächelnden Greis bis zur Türe.

Da Philipp allein blieb, fühlte er eine unbestimmte Trauer. Er ging nachdenkend einige Male durchs Zimmer und befahl, die fernern Audienzen abzusagen. Er setzte sich an seinen Schreibtisch und begann zu schreiben. Er liebte es, zu schreiben. Schreibend dachte er. Schreibend kam er sich am nächsten. Schreibend vergass er seine Angst. Philipp hatte Angst seit seinen ersten Kinderjahren. Philipp hatte Angst vor dem Tod.

Aber er hatte auch die grosse Sicherheit derer, die schon jede Furcht erprobt haben. Er wollte dauern und war sicher, lange zu dauern. Er sah die allgemeine Gebrechlichkeit der Welt, aber er sah auch das Heil nahe. Alles war einfach. Lauter Christen, dachte Philipp, und keinen König aller Christen? Es war, als wartete die Welt darauf. Nun, dachte Philipp, nun bin ich da. Philipp hatte den linken Arm aufgestützt, die rechte Hand hielt lässig still die Feder. Da sah er einen Schatten auf dem Papier und wandte sich um. Sein Günstling stand hinter ihm, Ruy Gomez.

Gomez schlief im Zimmer des Infanten, er kleidete ihn an und aus, er las ihm vor, er erzählte ihm den Klatsch und die Geheimnisse des Hofes, er führte ihm die Mädchen zu, er verwaltete die gesamte private Korrespondenz des Prinzen und seine Finanzen. Philipp liebte ihn, schon seit siebzehn Jahren, da Ruy Gomez noch sein Page war. Philipp liebte ihn aus hundert Gründen und besonders, weil Gomez ein Schmeichler war. Denn Philipp liebte die Schmeichler. Sie sind gefügig. Die Unbeugsamkeit hasste Philipp vor allen Eigenschaften der Menschen. Ruy Gomez war sehr biegsam. Er war ein Portugiese aus niederm Adel, sieben Jahre älter als Philipp, schwarzlockig, schwarzäugig, schnellzüngig, schmiegsam, biegsam, ein Höfling, ein vollendeter Kammerdiener. Philipp hatte ihm kürzlich eine Frau gegeben, Anna Mendoza, ein schönes und geistreiches Mädchen von fünfzehn Jahren, die Tochter des reichsten Granden von Spanien. Philipp hatte das Mädchen auf einem Ball gesehn und sofort um sie für seinen Günstling gefreit. Anna gefiel dem Infanten. Er zog sie an seinen Hof.

Philipp wies zum Fenster. „Siehst du den Wind in unsern Segeln?" fragte er. „Morgen fahren wir."

„Eine Dame wartet noch", flüsterte der Günstling.

Philipp blickte zum Fenster hinaus. Er wusste, wer wartete. Er bemühte sich, seine Miene nicht zu ändern. Er war sehr betrübt. Er liebte die Dame und musste sie zurücklassen. Der Gesandte des Kaisers, Herr Simon Renard, hatte es empfohlen, item und item.

Der Günstling flüsterte: „Soll ich Donna Isabella Osorio fortschicken?"

Philipp hasste in dieser Minute seinen Günstling. Die Schmeichler kommen manchmal zu weit entgegen. Sie schiessen über alles Ziel hinaus.

Er winkte, und sein Günstling verliess ihn. Die Diener öffneten die Türen zum Vorsaal und riefen: „Donna Isabella Osorio!"

Philipp fuhr fort, zu schreiben. Da die Dame eintrat, sah er nicht auf. Seine Feder kratzte auf dem weissen Papier. Die Osorio blieb an der Türe stehn. Sie war ein gutes Mädchen. Sie liebte den Prinzen. Er hatte sie erhoben und erniedrigt, oft und gründlich. Nun hatte er ihr Haus in Valladolid aufgelöst, wo sie zusammen glücklich waren, nun schickte er sie ins Kloster. Sah so das Ende aus? Wozu hatte er sie gerufen? Zehn Tage reiste sie von Valladolid nach La Coruña. Nun schrieb er Briefe, Akten, was weiss man? Er hatte nicht einmal aufgeblickt, als sie eintrat. Er hatte ihr schon vor Wochen den Abschied gegeben, nach so vielen Verabschiedungen im Laufe von einem Dutzend Jahren. Die Osorio sah den Prinzen, sein geliebtes Gesicht, das gelbe Haar, die sehr weisse Haut, die melancholischen blauen Augen, alles erschien ihr drohend fremd und unheimlich neu. Und doch kannte sie ihn so gut, seine teure schmächtige Figur, die sinnlich zarten Hände, die schwere Unterlippe, das kleine blonde Bärtchen am spitzen Kinn, die reine Stirn, die denkenden Augen. Kannte sie ihn wirklich? Das Gesicht Philipps, das über dem Spitzenkragen wie auf einem silbernen Teller lag, war zweideutig. Jetzt sah sie es. Sinnlichkeit und Schwermut, Starrsinn und Kälte las sie darin, Menschenfeindschaft und Kühnheit, alles war herauszulesen, und nichts schien ihr sicher. Es war ein unregelmässiges Gesicht — ein fremdes Gesicht. Diese Lippen hatte sie geliebt. Die Lippen schwiegen. Diese Hände hatte sie geküsst. Es schienen noch dieselben Hände. Dieser Mann machte ihr Leben. Im stillen fragte sie zum hundertsten Mal: Warum riefst du mich?

Die Osorio sah durchs offene Fenster die weissen Segel und das blaue Meer, das sanft schaukelnd die hundert Schiffe im Arm hielt. Die Hafenbucht lag blau wie ein Gebirgssee zwischen den kahlen Bergen. Ein Heer wartete auf den Schiffen, viertausend Infanteristen. Ein Hof wartete darauf, Herzöge, Grafen, Damen und Narren, Hunde und Chronisten, Maler und Poeten, die Blüte Spaniens wartete auf den Infanten Philipp, der auf den guten Wind wartete. Alle Welt wollte zur Königshochzeit nach England. Der halbe Adel Spaniens brach auf, mit Weibern, Narren, Pagen, wie um ein drittes Indien zu erobern. Sie rüsteten sich mit Büchsen und Bluthunden, als wollten sie in England Indianer jagen wie in Peru. Alte Männer verkauften ihr letztes Dach, Söhne verpfändeten ihr Erbteil, sie trugen den Erlös von ganzen Schafherden auf ihren goldgestickten Hüten. Der hoffte auf eine englische Erbin, jener auf Renten, ein dritter auf eine Grafschaft, der wollte Oberrichter, jener Minister, ein dritter Erzbischof von York werden. Es waren die alten Konquistadorenträume. Immer noch ward die Welt von Tag zu Tag reicher und grösser. Ehedem tat Gott die Wunder, nun taten es die Seefahrer und Landräuber. Es war ein freches Jahrhundert. Einige vorsichtige Grafen fragten den Infanten: „Herr! Sollen wir unsere Güter verkaufen und mit dir nach England ziehn?"

Philipp hatte finster blickend entgegnet: Ich sage nicht nein, ich sage nicht ja; denn diese Fahrt nach England ist ein Kreuzzug!"

Auch die Osorio hatte dieses Wort vernommen und hatte vor Freude gelacht. Vielleicht kehrte er also zu ihr zurück? Sie wollte ihn beim Namen nennen: Philipp. Sie wagte es nicht.

Die Osorio wusste nicht, was ihr Leben wert war. Den ersten Kuss hatte ihr Philipp gegeben, am Tage, da seine Mutter starb, die Kaiserin Isabella. Hinter den Kastanienbäumen lagen sie zwischen wilden Anemonen und küssten sich. Philipp sagte: Nun bist du meine Frau.

„Ich will aber nicht", entgegnete das kleine Hoffräulein.

„Du gehörst mir", erklärte der Prinz, erstaunt, einen Widerspruch zu hören. „Weisst du nicht, dass ich der Erbe der Welt bin? Mir gehört alles!"

„Auch die Toten?" fragte erschrocken die kleine Osorio.

„Auch die Toten", bestätigte kopfnickend der Infant von Spanien. „Die Leute sagen: Ich bin die Hoffnung des Jahrhunderts."

Ein paar Jahre darauf schlief er schon mit ihr, damals waren beide kaum fünfzehn Jahre alt.

Sein Vater war zu jener Zeit aus Algier gekommen, schiffbrüchig, mit dem Rest eines Heeres, ein geschlagener Kaiser. Philipp fragte ihn sogleich: „Darf ich die Osorio heiraten?"

„Warum nicht eines Schäfers Tochter?" fragte der Kaiser. „Ich werbe für dich um Jeanne d'Albret."

„Wir haben schon Navarra", sagte mürrisch Philipp.

„Wir sollten auch ein Recht darauf haben!" erklärte der Kaiser.

Philipp fand seinen Vater altmodisch. Er sagte ihm kein Wort davon. „Du bist ein Habsburger", erklärte der Kaiser seinem Sohn. „Vergiss das nie! Unsere Familie ist durch Heirat emporgestiegen."

Der Kaiser machte seinen fünfzehnjährigen Sohn zum Regenten von Spanien. „Willst du lieber deine Base Marie heiraten? Vielleicht erbst du Portugal?"

„Sie ist dick!" klagte Philipp.

„Sie trägt eine Million Dukaten Mitgift. Wovon sollen wir die Landsknechte zahlen?"

Philipp dachte finster: Daran soll ich meine Lust haben? Ergeben küsste er die Hand des Kaisers. Nachts erzählte er alles der Osorio und schrieb ihr heimlich ein Heiratsversprechen, Brief und Siegel.

Sie besass es noch. Was war es wert? Sie wollte ihn fragen, aber er schrieb und schrieb und blickte nicht auf, und draussen schaukelten die Segel im Wind. Ein Jahr nach dem Heiratsversprechen schied Philipp von der Osorio. Sie weinte, und er ritt lüstern seiner dicken Braut entgegen, Marie von Portugal. Beide waren sechzehn Jahre alt. Marie trug ein Kleid aus rotem Samt, vierzehn Mädchen aus Portugal ritten mit ihr und ein Zwerg, unheimlich klein. Philipp hatte sich verkleidet und stand mit dem Herzog Alba zwischen den Bauern und Hirten auf der Landstrasse, heimlich, und sah seiner Braut, da sie vorüberritt, aufs Gesicht und die Beine. Die dicke Marie gefiel ihm. Zu Salamanka war die Hochzeit. Die Studenten tranken den roten Wein aus den Pfützen. Zwei Jahre darauf gebar die dicke Marie einen Sohn und starb, der Sohn hiess Carlos. Philipp hatte drei Wochen getrauert, im Kloster von Abrojo. Dann ritt er zur Osorio. Er kam, und sie liebte ihn.

Die Osorio stand vor Philipp und erinnerte sich an jene schöne Zeit vor neun Jahren. Sie dachte: Er kam und ich liebte ihn. Er schenkte mir ein grosses Haus und einen Garten und bunte Steine und zwei Söhne, Peter und Bernhard. Nie war er mir treu — die vierzehn Jahre lang. Nun nimmt er mir alles: Das Haus, den Garten, die Söhne und sein Herz. Mich schickt er ins Kloster.

Da blickte Philipp auf und legte die Feder fort. „Donna Isabella", sagte Philipp und stand auf und küsste sie auf den Mund. „Wollen Sie mich nach England begleiten?"

„So liebst du mich?" flüsterte sie.

„Ich habe Angst ohne dich", erwiderte er. „Du musst immer bei mir bleiben."

„Immer", schwor die Osorio.

Als sie gegangen war, begann Philipp an seinen Sohn Don Carlos zu schreiben. Carlos war ein melancholischer und kränklicher Knabe von zehn Jahren. Auf Kosten des Don Carlos hatte Philipp im Heiratsvertrag mit Marie von England unterschrieben, dass der Sohn ihres Bundes König von England und der Niederlande würde.

Don Carlos hatte an seinen Vater geschrieben: So raubt Eure Hoheit mein Erbe! Für einen noch Ungeborenen nehmen Sie mir meine Niederlande? Kann ich das dulden? Ich werde mit meinem Bruder darum kämpfen. Ich bat den Kaiser um eine Rüstung. Ihr einziger Sohn Carlos.

Philipp antwortete ausführlich und zärtlich; dabei sah er zum Greifen deutlich den armen kränklichen Knaben.

Am andern Morgen ging Philipp zu Schiff. Die See war heiter. Am siebenten Tage landeten sie in England.

DIE HOCHZEITSNACHT

Das Bett stand auf vier hölzernen Füssen, wie ein Sarkophag. Zwei riesige Löwen trugen den grünen Himmel. Marie lag am äussersten Ende.

Philipp wartete. Die Zeit war sein Acker. Marie lag auf dem Rücken. Ihr Haar war gesalbt. Ihre Haut duftete von Essenzen. Sie liebte die Zeit nicht. Ihre Tage vergingen wie ein prasselnder Regen. Marie fühlte eine Hitze in den Füssen und einen Frost in den Händen. Ihr Leib schien zu schweben. Verschmäht er mich?, dachte die Unglückliche. Noch habe ich England!

Philipp liebte zu warten. Der ruhige Gang der Zeit schien ihm das Glück. Er liebte die grosse Ordnung in der eingerichteten Welt; dass man sicher war der Wiederkunft des Tages; dass die Völker den Gehorsam mehr liebten als ihren Vorteil; dass Gott den Bund mit den Mächtigen hielt. Lächelnd überdachte Philipp den Tag. Vor der

Kirche hatte Marie ihn warten lassen, eine halbe Stunde stand er vor der Kirchentür. Im Bett wartete Marie. Der Bischof Gardiner hatte ihr Bett gesegnet. In der Kirche hatte einer des Kaisers Brief verlesen. Karl schrieb, ihn freute die Hochzeit. Philipp lächelte im Dunkeln. Mein Vater freut sich. Karl hätte in diesem Bett liegen sollen, neben dieser hässlichen Frau! Ach, der grosse Karl war müde. Er gab mir heute die Königreiche Neapel und Sizilien, das Herzogtum Mailand und den Titel König von Jerusalem.

Philipp sah im rötlich finsteren Schein eines Öllämpchens, das vor einem Heiligenbild hing, die Schatten, die er und Marie warfen. Die Schatten glichen grossen Nachtvögeln.

Marie seufzte. Philipp fragte sanft: „Fürchten Sie sich, Marie?" Er verstand nicht, was sie antwortete. Es klang kindlich und schamlos, war aber nur englisch. Philipp schwieg befremdet. Er verachtete die fremden Sprachen. Sie gehörten ihm nicht.

„Don Felipe", sagte Marie auf spanisch, „ich liebe Sie."

Philipp streckte seine Hand aus.

Marie bedeckte mit beiden Händen ihren Schoss. Aber Philipp wurde nur geschwätzig. Marie lauschte dem Klang seiner Worte. Seit dem Tod ihrer Mutter, der Katharina von Aragon, hatte sie nicht mehr spanisch gesprochen. Sie hörte die schrecklichen Namen Luther, Calvin, Erasmus von Rotterdam, sie vernahm den erhabenen Namen des Heiligen Vaters zu Rom. Marie dachte: Ist die Politik sein einziges Laster?

Philipps Hand spürte unter den Decken die Wärme Maries. Seine Hand lag an ihrem Herzen, wie klein waren ihre Brüste. Marie erschien ihm wie ein Kind von vierzig Jahren. „Nun heisse ich König von England", sagte er, „liebe Marie, uns hat Gott zusammengeführt. Wir werden einen Sohn haben, Marie! Es ist alles einfach. Es gibt Ketzer in der Welt, darum ist sie unvollkommen. Die Uneinigkeit verdirbt sie. Ich will sie eins machen."

„Lästern Sie nicht, Don Felipe?" fragte erschrocken Marie, da Philipps Hand herabstieg von ihrem Herzen.

„Ich spreche oft mit Gott", flüsterte Philipp.

Marie merkte ihren Gatten. Sie wusste, er wollte den Krieg zwischen England und Frankreich. Sie wollte nur ihn.

„Was machen Sie, Don Felipe?" fragte sie und verging und hörte schon seine Antwort nicht.

„Unsern Sohn", sagte Philipp.

DER PREIS

Eines Morgens stieg Philipp vom Pferd und ging ins Schlafzimmer seiner Frau. Marie lag im Hemd vor einem Bild der Mutter Gottes, mit dem Gesicht am Boden. Da er sich über sie beugte, hob sie ihr tränennasses Antlitz und schlug ihn mit beiden schwachen Fäusten gegen die Brust.

Philipp hielt still und sah sie unverwandt an.

„Ich hasse dich", schrie sie, „und habe dich geschlagen. Deine Ehre, König Philipp — was sagt sie? Verlasse mein Reich oder ich schicke dich in den Tower! Wo kommst du her? Du betrügst mich. Durch das Gartenfenster griffst du nach dem Busen der langen Madelon, da sie nackt vor ihrem Spiegel sich kämmte; mit ihrem silbernen Kamm schlug sie auf deine ehebrecherische Hand. Sie singen auf allen Strassen von der Bäckerstochter, zu der du nachts durchs Fenster steigst. Einer Tudor zieht König Philipp die Tochter eines Brotbäckers vor. Du machst mich zum Refrain der Balladensänger. Leugne es! Mich hast du aus Politik genommen. Dein Vater hat es eingefädelt; was wusste ich von der Welt? Dieser Renard sagte: ‚Philipp liebt Sie.' ‚Mich?' fragte ich. ‚Mich will er?' Sage doch endlich, dass alles nicht wahr ist! Schwöre, dass du mich liebst! Warum schweigst du? Ich war nie wollüstig, aber bist du nicht mein Mann? Bist du nicht mein Abgott? Ich liebe dich, Philipp! Ich liebe dich!"

Sie umfasste seine Knie. Die Tränen rannen an ihren geschminkten Wangen herunter. Ihr Mund war geöffnet. Ihr rotes Haar fiel in unordentlichen Strähnen über ihr

Gesicht und ihr Hemd. Philipp sah, dass der Schmerz sie noch hässlicher machte. Die arme Marie hatte kein Talent für die Liebe. Jede Gebärde war verfehlt. Jedes Wort wirkte falsch. Da sie klug war, merkte sie ihre Fehler und litt doppelt.

Philipp hatte das Fenster Madelons aufgestossen und nach ihrer Brust gelangt, er hatte mit der Bäckerstochter geschlafen — was für Bagatellen!

„Erheben Sie sich, Marie", bat er strenge. „Es ist Ihrer unwürdig."

Sie stand wirklich auf und legte sich artig zu Bett. Sie war eine mächtige Frau. Gegen den Willen ihres Volkes hatte sie ihren spanischen Philipp zum König von England gemacht. Sie hatte gesiegt und fühlte sich geschlagen. Marie litt dreifach. Sie liebte. Sie war eifersüchtig. Sie war schwach vor Philipp. Man hatte ihr erzählt, der Lieblingspage Philipps sei eine Frau: seine spanische Geliebte, Isabella Osorio. Man sagte, er liebe die Frau seines Günstlings Ruy Gomez, sie hiess Anna Mendoza und war sechzehn Jahre alt. Marie hatte Angst, diese Namen vor Philipp auszusprechen. Sie hatte Angst um ihn. Sie hatte Angst vor ihm. „Philipp!" schrie sie. „Ich habe Angst!"

„Wovor?" fragte er, aus Höflichkeit oder Teilnahme.

„Fürchtest du nichts?" fragte sie flüsternd, und sagte plötzlich mit ihrer gewöhnlichen, knarrenden Stimme: „Ich bekomme ein Kind."

Da kam er langsam näher, mit mühsamen Schritten, und fragte, indes seine Blicke ihr leidendes Gesicht prüften und durch die Decke zu dringen schienen: „Bist du sicher?"

Sie nickte und begann zu lächeln, da sie in seinen Augen seine jähe Freude las. „Viele Zeichen!" sagte sie stolz.

Da ging er vor das Bild der Muttergottes und kniete und betete laut. Dann küsste er seine Frau auf die Stirn und hielt ihre Hände. Und Marie liebte ihn sehr, seine Haare, seine Hände, seine Augen.

„Es wird ein Sohn sein", sagte Marie. „Ich fragte die Ärzte und die Wahrsager."

Ein Sohn!, dachte Philipp. Also gelang es ihm über alle Erwartung? Wie lange hatte er gezögert, nach England zu fahren! Als er endlich landete, schoss ein englischer Matrose statt der Salve eine Kanonenkugel auf das Schiff Philipps, und der englische Admiral erlaubte nur zehn Personen, gleichzeitig mit Philipp den Boden Englands zu betreten. Philipp hatte drei Niederländer gewählt, Oranien, Egmont und Horn, und vier Spanier, seinen Hofmeister Alba, seinen Marschall Feria, seinen Mundschenk Mendoza, seinen Kämmerer Ruy Gomez, ferner dessen Frau und die Herzogin Alba und einen Pagen, der wie ein verkleidetes Mädchen aussah und die Osorio war. Bei der Hochzeit hatten die Engländer Marie auf einen höheren Stuhl gesetzt, Philipp musste zu ihrer Linken sitzen und von silbernen Tellern speisen, indes ihre Teller aus Gold waren. Nach der Hochzeit erfuhr er, dass in England die Könige nur herrschten, aber die Minister regierten und die Herzöge, Grafen und Bischöfe mehr Macht hatten als der König und die Minister. Das Parlament sogar, devot und korrupt, weigerte sich, den König Philipp zu krönen. Statt dessen zitierten die Herren vom Unterhaus allzuoft die Bedingungen des Heiratsvertrages: Der neue König darf keine Ämter und Ehren vergeben, er muss jeden im Besitz seiner Rechte und Güter lassen, er muss die Gesetze respektieren, Ausländer sind ausgeschlossen von allen Ämtern; Philipp hatte keinen Anteil an der Regierung, ob Marie lebte oder starb; Philipp darf England nicht in seines Vaters Kriege mit Frankreich verwickeln. Was darf ich?, fragte sich Philipp heimlich. Die Balladensänger antworteten ihm öffentlich. Wir brauchen den spanischen Hengst nur für unsere englische Stute!

Philipp liess die Balladensänger singen und die Pamphletenschreiber schreiben. Er sass in der Stille und blickte in alle verborgenen Winkel von England. Seine Späher gingen umher in den Städten. Philipp liebte die verborgenen Blicke. Wenn er England verliess, sollte es keine Geheimnisse mehr für ihn haben. In Übersetzungen und Auszügen studierte er alle Akten und erforschte sein neues

Reich, Volk und Mächtige, Einnahmen und Ausgaben, alles war wichtig, Name und Zahl. Ohne Ermüdung las er alle Briefe aus allen Ländern und machte sich Notizen und beriet sich mit seinen spanischen Räten Alba und Ruy Gomez und den Räten seines Vaters, den Niederländern Egmont und Oranien. Philipp war ohne Macht in diesem Reiche. Er war fremd. Er stand allein gegen die zwei Millionen Engländer, die ihn hassten, die sich gegen ihn erhoben hatten, noch ehe er seinen Fuss auf ihr Land gesetzt hatte; die ihn fürchteten, weil er ein Spanier war, weil er der Sohn des allzugrossen Kaisers Karl war, weil er ein eifervoller Katholik war. Philipp beschloss, alle zu gewinnen: Die Königin Marie durch den Schein der Liebe und ihr Volk durch den Glanz des Goldes. Mit zwanzig Wagen voll Gold aus Peru war er in London eingezogen. Nun kaufte er die Käuflichen: Die Minister, die gegen ihn protestiert hatten, weil er ein Ausländer war; die Bischöfe, die ihm misstrauten, aus Furcht vor der spanischen Inquisition, die auch Bischöfe nicht schonte; die Herren vom Adel, die um ihre Vorrechte und neuen Güter zitterten; er kaufte gedungene Mörder und Mörder aus Überzeugung. Die Geschenke Philipps hätten steinerne Herzen gerührt. Freilich, mancher Gauner ging leer aus. Philipp war klug. Er hielt sich von allen Geschäften zurück. Nur in Gesellschaft Maries lauschte er der Weisheit der Herren vom Unterhaus und der Herren vom Oberhaus. Mit den Bischöfen sprach er vom Glauben, mit den Rechtsgelehrten vom Recht. Jeden Tag ging er zur Messe wie ein pünktlicher Mönch. Er sprach wenig, aber treffend. Er ritt mit Engländern zur Jagd, die Spanier und Niederländer sahen ihn nur heimlich und bei Nacht. Er war fleissig und trank Ale, das er hasste, und brachte Gesundheiten aus und zog sein Barett vor den Herzögen von England. Langsam werde ich sie gewinnen, dachte Philipp. Bald habe ich den Sohn und Erben. War es nicht eine Lust, zu herrschen? Schon hatte er Grosses vollbracht. Er hatte England mit der römischen Kirche versöhnt. England war wieder katholisch. Zwanzig Jahre der Ketzerei waren ausgelöscht.

Philipp sass auf dem Bett Maries und hielt ihre Hand. „Die Engländer", erklärte er ihr, „sind Barbaren. Als ich nach London kam, standen auf jedem Platz Galgen, und die Köpfe der Rebellen dorrten in der Sonne. Wir Spanier haben eine alte Kultur. Bei uns zu Hause verbrennt man fein säuberlich die Rebellen mit andern Ketzern. Wer bei uns gegen den König aufsteht, gilt als Ketzer vor Gott."

„Verbrennen", rief Marie mit dem Triumph der Gelehrigen, „zuerst die protestantischen Prediger, danach alle Rebellen, zuletzt das Fräulein Elisabeth!"

„Deine Schwester?" fragte befremdet Philipp.

„Sie ist nicht meine Schwester", schrie Marie. „Sie ist ein Bastard der Hure Boleyn. Diese Hure war die Ursache aller Neuerungen im Reich, durch sie verlor mein Vater den rechten Glauben und die rechte Frau; nun will ihre Tochter wieder alles verderben. Öffentlich hört sie die Messe und heimlich spottet sie; ihre Diener sind Ketzer und Rebellen; jeder Empörer beruft sich auf sie. Nun gebäre ich unsern Sohn, nun soll sie sterben! Ich will nicht, dass sie England erbt! Die Unzufriedenen blicken auf sie. Das ist die Zweite in England, sagen die Leute. Ich will sie zur Letzten machen. Ich hätte sie neben den Wyatt gehängt, aber meine Richter sprachen sie frei und das Parlament war gegen mich, fünfhundert Edelleute geleiteten sie zum Tower. Da sitzt sie nun und schreibt mir Briefe voll falscher Unschuld. Sei ruhig, mein Täubchen! Sie leidet!" Marie warf einen finstern Blick auf Philipp. Weiss er die Opfer zu würdigen?, fragte sie sich. Schon habe ich die Jane Grey seinetwegen geköpft, nun will ich die Elisabeth verbrennen — für ihn!

„Wir wollen in den Kirchen für dich beten lassen und dem Parlament verkünden, dass du gesegnet bist", erklärte Philipp. „Du musst zum Parlament sprechen. Ich darf es nicht. Ich bin ein Fremdling in England, ich gelte nichts, ich vermag nichts. Wenn du nicht mehr lebtest, müsste ich fliehn."

„Niemals", rief Marie, „das soll niemals geschehn! Wenn

ich stürbe....” Sie schwieg lange. Sie kämpfte mit sich. Wenn ich tot bin, dachte sie, soll auch er tot sein! Denn ich liebe ihn. Und sie stellte sich ihren Tod und seinen Tod vor. Der Gedanke an seinen Tod aber schmerzte sie mehr. So sehr liebe ich ihn, dachte sie beglückt und entsetzt. Sie fühlte sich ausgeliefert und selig. Tapfer vollendete sie: „Wenn ich im Kindbett stürbe, sollst du der Regent für unser Kind sein. Das Parlament soll das verkünden!”

„Werden sie es tun?” fragte Philipp.

„Ich zwinge sie!” rief Marie.

„Man hasst uns Spanier!” sagte er.

„Du hast zu viele hergerufen”, entgegnete sie ihm mit sanftem Vorwurf. „Mit zehn Spaniern und Niederländern betratest du den Boden Englands; jetzt sagen meine Londoner, auf den Strassen sehe man vier Spanier auf einen Engländer. Ja, man erzählt, es sollen noch zwölftausend Spanier kommen, um mir die Krone vom Haupt zu reissen. Man behauptet, dein Prediger Carranza soll Erzbischof von Canterbury werden. Wo sich Engländer und Spanier begegnen, sitzen die Schwerter locker. Deine Höflinge kamen her, um England in ihre spanischen Plundertaschen zu stecken, sie setzten alles auf eine Karte. Nun ging ihnen das Geld aus, und sie hetzen dich gegen England auf. Sie sagen, die Polizei sei in Spanien besser. Nirgends gäbe es so viele Diebe und Mörder wie in London. Man bestehle sie in den Kaufläden, beleidige sie bei Hof, stosse sie im Theater, und sogar du vernachlässigtest sie. Man berichtet mir, sie hiessen deine Reise nach England einen Kreuzzug!”

„Das berichten dir deine Bischöfe Bonner und Gardiner”, erklärte Philipp. „Du hast sie aus dem Tower geholt und zu deinen Ministern gemacht. Sie sind beide meine Feinde und schlechte Katholiken.”

„Sie verfolgen alle Ketzer!” sagte Marie.

Philipp entgegnete nachdenklich: „Ich wollte wirklich, mein Beichtvater Castro und mein Prediger Carranza führten die Kirche von England. Es sind fromme Männer, die wissen, dass die Interessen des Königs und Gottes dieselben sind. Sie sind Gottesdiener und Politiker. Die Geistlichen in England scheinen zu glauben, ein Frommer müsse grob sein! Du musst England verändern, Marie. Hier reden die einfachen Leute zuviel von der Freiheit. Sie meinen die allgemeine Willkür. Spanien ist zum Vorbild der Welt geworden! Ordnung und Macht, der wahre Glauben und Frieden herrschen in Spanien. Willst du nicht England spanisch machen?"

Marie spielte verliebt mit den Fingern Philipps. Zuletzt schloss sie die Augen, als sei sie müde geworden.

Philipp verliess auf leisen Sohlen das Schlafzimmer Maries. Er war ihr böse. Sie tat meistens, was er ihr riet, aber nur aus Verliebtheit, nicht wegen seiner bessern Einsicht. Fast gab sie ihm nach wie eine zärtliche Mutter ihrem törichten Sohn. Ist es so schwer, mich zu erkennen?, fragte sich Philipp und besah sich in einem der grossen Spiegel Maries. Er trug seinen gewöhnlichen Anzug aus schwarzem Samt, sein einfaches Barett mit der goldenen Kette. Sieht Marie meine Grösse nicht? Oder will sie den Preis nicht zahlen? Ich habe sie geheiratet. Sie soll den Preis zahlen!

WILHELM VON ORANIEN

In der Nacht rief Gott den König bei Namen: Philipp! und nochmals: Philipp! Der König antwortete dem Herrn: Bist du gekommen, mich anzuklagen? Hast du also nicht die Welt seit fünftausend Jahren mir zugerüstet? Bin ich nicht dein Sohn Philipp?

Im Finstern stieg der König aus seinem Bett und fiel mit seinem Angesicht auf den Boden. Er flüsterte: Schrecklicher! Warum trägst du das Antlitz meines Vaters? Du blickst in die Nacht meiner Gedanken und sagst, sie missfallen dir. Wer schuf sie? Ja, ich hasse den grossen Karl. Was hat er mir übrig gelassen? Willst du mich gross machen, Herr? Schicke mir ein Zeugnis deiner Gnade, einen Engel sende mir, Herr!

Am Morgen kam Wilhelm von Oranien. „Sire", begann er, „England wankt unter unsern Füssen."

Philipp dachte, so sehen die Engel des Herrn nicht aus.

„Ich komme von Smithfield", erzählte Oranien, „wo man fünfundzwanzig protestantische Pfarrer auf Befehl der Königin opferte. Als die Prediger brannten, begann das Volk zu predigen. ‚Die Spanier haben England verdunkelt', sagte einer, ‚nun macht Philipp Kerzen aus uns und zündet uns an!'

‚Wir werden einen starken Rauch machen', sagte ein zweiter, ‚bald wird Philipp husten.' ‚Schlagt ihn tot', schrie ein dritter, ‚das ist der Antichrist!' Mörder! schrien zehntausend. So denkt das Volk von England."

„Solche Völker schickt man zur Schule", erwiderte kalt der König.

„Wer soll ihr Lehrer sein?"

„Ich", sagte Philipp, „mit Gottes Hilfe."

„Darum kam ich", erklärte Wilhelm. „Lehren Sie das englische Volk die Gnade. Ihr Beichtvater wird öffentlich predigen. Ich kenne den Bruder Castro. ‚Unser Gott', wird er sagen, ‚ist die Liebe!' Er sagt es und glaubt es schon."

„Und Sie?" fragte der König.

„Ich", erwiderte Wilhelm, „glaube es auch."

Der König sah diesen deutschen Jüngling an, den Liebling des Kaisers. Philipp liebte die Leute seines Vaters nicht. Sie taten, als endete das Zeitalter mit Karl.

„Sire, das Volk weist mit Fingern auf Sie. Die Leute sagen, Sie brächten die spanische Inquisition nach England. Das möchte der Kaiser nicht billigen."

„Sie kennen die Meinung meines Vaters genau?"

„Auch Herr Renard", antwortete Oranien, „ist meiner Meinung."

Der König wusste es. Der Gesandte des Kaisers hatte um Gehör gebeten. Da Philipp, kein Freund der Mahner, ihn nicht empfangen hatte, schrieb ihm Renard: Sire, Sie verspielen England. Jeder Glaubensprozess schafft

Ihnen tausend Feinde. England ist nicht Spanien. Üben Sie Gnade!

Eine Verschwörung gegen mich?, dachte der König. Seine spanischen Räte, der Bruder Castro, der Professor Carranza, der Herzog Alba, der Graf Feria, der Günstling Ruy Gomez, rieten zur Strenge. Die Räte der Königin Marie, die Bischöfe Bonner und Gardiner, trieben zur erbarmungslosen Strenge. Nun kommen die Räte des Kaisers, der Burgunder Renard und dieser Oranien, halb Deutscher, halb Niederländer, und rieten zur Gnade. Waren sie heimliche Freunde der Protestanten? Oder sprachen sie wirklich die Meinung des Kaisers aus?

Philipp sagte zu Wilhelm: „Treten Sie näher!"

Der König wollte den Prinzen einschüchtern. Wilhelm war noch ganz jung, kaum zwanzig, um sieben Jahre jünger als Philipp. Beide waren klein und hatten blaue Augen, aber der Spanier war blond und hatte ein ungewöhnlich weisses Gesicht, der Deutsche hatte die dunkeln Haare und braune Haut eines Südländers. Wilhelm, dessen Ahne Adolf von Nassau ein deutscher Kaiser war, kam als Knabe an den Hof zu Brüssel und ward der Page Karls, der ihn liebte und während der Audienzen bei sich behielt und kein Staatsgeheimnis vor ihm wahrte, ja, einmal äusserte, der Knabe habe ihm zuweilen besser geraten als die Minister. Karl machte ihn zu seinem Kämmerer. Mit achtzehn Jahren erhielt Wilhelm die reichste Erbin der Niederlande, mit neunzehn ein Regiment, mit zwanzig eine Armee. Nun hatte ihn der Kaiser entsandt, damit er den Infanten nach England begleite und berate. Wilhelm, dessen Herrschaften und Güter zusammen schwerer als manches kleine Königreich wogen, war nicht schüchtern. Er lächelte heiter und erklärte: „Man murmelt sogar, man werde das Fräulein Elisabeth köpfen. Sire, die Königin Katharina von Aragon hat fünf tote Kinder geboren, und ihre Tochter Marie ist bald vierzig Jahre alt. Wenn sie stürbe und kein Kind hinterliesse und Elisabeth geköpft wäre, erbte Maria Stuart, die Königin von Schottland und morgen von Frankreich. Besser eine Protestantin auf Englands Thron als eine Französin! Elisabeth muss leben bleiben!"

„Muss sie leben?" fragte Philipp.

„Sie muss sogar in Ihrem Hause leben, Sire!" erklärte unerschrocken Wilhelm, „und Sie müssen sie aus dem Tower befrein! So erwerben Sie ihre Dankbarkeit und eine Geisel. Sire! Hier ist der Platz für Elisabeth! Söhnen Sie die beiden Schwestern aus!"

Hochmütig starrte der König den jungen Menschen an, sein kühnes Gesicht, die freie Haltung. Der Mensch missfiel ihm. Machen wir dazu unsere Geschöpfe gross, dachte er, dass wir anfangen, sie zu fürchten? Mein Vater tat, als sei Wilhelm mein Bruder. Wenn er es wäre, hätte ich ihn vielleicht geliebt! Der Kaiser macht Fehler. Zu lange regiert er schon. Er schickt Eilboten zu mir und ruft mich nach Brüssel und schreibt, er will abtreten; so lange spricht er schon davon und verspricht es; aber, wenn ich nach Brüssel fahre, wird er mir alle Kronen geben? Was denkt mein Vater? Sagt er diesem Knaben eher seine Meinung als mir? Überhebt sich dieser kleine Prinz?

„Ihr Vater ist Protestant?" fragte Philipp. Er dachte, der Sohn eines Protestanten kann kein Engel sein.

Wilhelm schwieg betroffen.

Ohne seine Antwort abzuwarten, fuhr Philipp fort: „Und erzog er Sie nicht im Glauben Luthers?"

„Der Kaiser erzog mich", antwortete mit Stolz Wilhelm.

Philipp sagte nachdenklich: „Er schenkt Ihnen sehr viel Gnade. Ehe ich Spanien verliess. weilte ich eine Nacht in dem Kloster San Yuste. Die Mönche bauen dort ein Haus. Man sagt, mein Vater bereut, dass er nicht mit aller Kraft die Ketzer bekämpfte. Er bereut, sagt man, dass er damals nicht den Luther ergriffen und verbrannt hat. Er bereut, dass er nach der Schlacht bei Mühlberg die deutschen Ketzerfürsten, die er gefangen hatte, nicht aufgehängt hat, er bereut das Leben jedes Ketzers, das er geschont hat. Wollen Sie mir zu Entschlüssen raten, die ich im Alter von fünfzig Jahren bereuen werde? Ich bin im Glauben geboren, ich lebe und sterbe darin."

Wilhelm dachte erschrocken: Vergass er, dass mein Vater einer dieser protestantischen deutschen Fürsten war? Bereut er, dass der Kaiser meinen Vater nicht gehängt hat? Leise fragte er: „Was kümmert uns der Streit der Priester?"

Da schrie aber Philipp: „Verdammt sind die Ketzer. Sie sollen brennen!"

„Keine Gnade?" fragte Oranien.

„Keine!" sagte Philipp.

„Und wäre ein ganzes Volk, wäre die Hälfte der Menschheit Ketzer?"

„Brennen sollten sie!"

„Mich schaudert, Sire."

„Sind Sie etwa ein Ketzer, Wilhelm von Oranien?" fragte Philipp mit einem gezwungenen Lächeln, wie zum Scherz.

Da empfahl sich Oranien. Er lächelte nicht.

Philipp blickte ihm nach. War dieser ein Bote des Herrn?

Zwei Tage später kam ein Brief des Kaisers: Mein Sohn, zünde keine Protestanten in England an, schone Elisabeth. Ich sehne mich nach dir, ich habe alles satt. Wann wirst du einen Sohn haben? Wann wirst du kommen? Mein Sohn! Gib dir den Schein, als liebtest du die Menschen, aber tue wie ich: Misstraue allen!

Philipp gehorchte. Sein Beichtvater, der gute Bruder Castro, sprach öffentlich über die Gnade und bewies aus hundert Bibelzitaten, dass es nicht gottgefällig sei, Menschen für Meinungen zu verbrennen. Gott habe viele Wohnungen, erklärte er. Sollten die Menschen fremde Meinung nicht dulden, wer bestünde noch? Sage nicht Paulus: Kindlein, liebet einander? Auf viele Arten könne der Fromme Gott dienen.

Zehn Jahre war Bruder Castro Inquisitor in Sevilla gewesen. Was bedeuten Meinungen?, fragte forschend der Beichtvater des Königs Philipp.

ELISABETH

Langsam rumpelte die geschlossene Kutsche durch London, livrierte Läufer schufen ihr Platz in den engen Gassen, sie hielt vor dem Tower, Leibgarden vertrieben ein paar neugierige Bettler, eine Pforte tat sich auf, und Elisabeth schritt zwischen zwei Wächtern heraus, in Freiheit oder Tod, sie wusste es nicht. Seit dreizehn Monaten sass sie im Tower gefangen. Die Wächter führten sie zur Kutsche, der Schlag öffnete sich, eine Hand streckte sich aus, fasste ihre Hand und zog sie sanft. Elisabeth blickte sich um, sollte sie um Hilfe schrein, sie sah nur Garden und Läufer in Blau und Silber, den Farben Aragons. Entführen sie mich nach Spanien?, dachte sie. Bringt man mich zum Schafott? Die ausgestreckte Hand aus der Kutsche zog sie herein, alles ging so rasch, sie blickte zurück, die Pforte zum Tower war schon vermacht, ihre beiden Wächter waren verschwunden. Ich bin verloren, dachte sie und stand schon mit dem linken Fuss auf dem Tritt und wollte den Fuss wechseln, links brachte ihr kein Glück, aber die fremde Hand zog sie herein, unwiderstehlich, sie sank auf den ledernen Sitz und sass neben einem fremden Mann. Die Kutschentür schlug zu, schon rumpelte die Kutsche, schon liefen die Läufer voran. Elisabeth fühlte noch immer die fremde, kühle Hand in ihrer eigenen, heissen Hand, sie machte sich frei und musterte mit einem Blick den Fremden neben ihr. Er trug einen Anzug von schwarzem Samt, am Barett eine goldene Kette, und lächelte sanft. Es war ein angenehmer, junger Mann, blond und fremdartig. Elisabeth fand ihn seltsam, das war kein gewöhnlicher Mensch. Sie fasste einen kuriosen Verdacht, der von Minute zu Minute sich verstärkte. Sie ward blass und fragte, mit einer hochmütigen Stimme: „Will man mich entführen? Wohin bringt man mich? Das Volk von England wird nicht zulassen, dass man mir etwas antut. Wem gehört diese Kutsche? Auf wessen Befehl führt man mich aus dem Tower? Ich will die Königin sprechen, sofort! Das Parlament wird Einspruch....” Sie stockte vor dem frechen Lächeln des Fremden.

„Wer sind Sie?” fragte sie.

„Ich bin Philipp”, entgegnete der angenehme, junge Mann und lächelte vertraulich.

Ich habe es also erraten, dachte sie. Das ist der Mann meiner Schwester Marie, der sogenannte König von England! Elisabeth beugte sich vor und blickte durchs Kutschenfenster. Trotz ihrer Angst sah sie mit unzähmbarer Freude die lieben, vertrauten Gassen und Plätze ihrer Stadt London. Es war ein Morgen im Mai. Der Himmel leuchtete, und die grünen Bäume strotzten vom frischen Trieb. Ein kläffendes Hündchen sprang eine Weile lang neben den trappelnden Pferden daher. Die Krämer traten vor ihre Buden, aus den Kneipen kamen die Weinküfer und Huren, Handwerker standen im Schurzfell und schauten ihnen nach. Elisabeth zitterte, vor Glück, nicht mehr im Tower zu sitzen, und aus Angst vor dem Ziel ihrer Fahrt. „Wohin bringen Sie mich?” fragte sie den König, mit einer Art schüchternem Stolz.

„Nach Whitehall”, erwiderte er mit gut gespieltem Erstaunen.

„So bin ich frei?”

„Ich gab den Befehl”, sagte Philipp. „Marie weiss noch nichts. Es ist der erste Befehl, den ich in England ohne ihre Unterschrift gab. Sie werden vorläufig in den Zimmern der Herzogin Alba wohnen. Lady Clarence wird Sie bedienen.”

Elisabeth schwieg verwirrt. Was bedeutete diese angebliche Befreiung? Wusste Marie wirklich nichts? Was wollte Philipp? Sie sah ihn fragend an. Er lächelte gewinnend. Sie erklärte, für jeden Fall: „Ich liebe meine Schwester Marie und bete täglich zu Gott, dass er ihr Kraft gebe in ihrer gesegneten Stunde, die nun bald kommen wird.”

Philipps Lächeln wurde kalt, so schien es ihr. Sie wusste: Nie wird diese gesegnete Stunde kommen. Marie war schon im elften Monat. Vielleicht war sie krank. Vielleicht war sie gar nicht schwanger und betrog diesen Spanier. Sie musterte ihn wieder, mit einem ihrer raschen, scharfen Blicke. Er sah interessant aus, und stolz und schwermütig, er konnte ihr vielleicht gefallen, aber dieser hatte sie töten wollen, sie musste lächeln und sanft sein, vielleicht hatte er noch die Macht, ihr Böses zu tun. Sicher war er ein böser Mensch. Wohin führte er sie wirklich? Zum zweiten Mal beugte sich Elisabeth zum Kutschenfenster. Sie fuhren über die Themse, an den gebrechlichen Häuschen vorüber, die auf der Brücke standen, links und rechts, als gäbe es an den Ufern nicht Platz genug für arme Leute und sie müssten über der Themse wohnen! Auf dem Fluss, ‚der Pflanzschule unserer Matrosen', wie ihn der Hofpoet Wyatt genannt hatte, ruderten graubärtige Schiffer, an den Brükkenköpfen zerbröckelten auf hohen Stangen die abgeschnittenen Häupter einiger eigensinniger Politiker und Theologen. Nun kam die Kutsche an einen Markt, sie rumpelte auf dem holprigen Pflaster und fuhr über alte Krautköpfe, Marktschreier riefen heiser, ein Bär tanzte, es stank nach Kohl und Abfällen. Landedelleute, zum ersten Mal in London, stolperten in die Gossen und rannten gegen Sackträger. Raufbolde, die sich nicht auswichen, schlugen einander mit den Hüten ins Gesicht, bis einer hinfiel. Diebe untersuchten mit grosser Ruhe die breiten Taschen in den Reitanzügen der Landjunker. Gecken ritten vorbei, Hühner entwischten gackernd den Hufen der Pferde, ein Schwein lag grunzend in der Mitte der Fahrbahn, Wunderdoktoren folgten ihren Eseln, Bauern trieben ihr Vieh zu Markt, vor den Brunnen standen Mägde, vor den Kirchen Bettler, vor der Börse Juden und Holländer.

Elisabeth nahm alles mit Wonne auf. Sie genoss diesen zauberischen ersten Tag der Freiheit und das köstliche, sinnbetäubende Gewühl dieser lebenstrotzenden Weltstadt London; sie liebte wie nie zuvor dieses steinerne Babel, wo ein ganzes Volk an einem Ort lebte, ein Meer von Menschen, zweimalhunderttausend! Elisabeth liebte wie nie zuvor dieses starkknochige, gewalttätige, neuerungssüchtige Volk, die Seeräuber und Ketzer, die sanften, bleichwangigen Mädchen vom Land und die rotbäckigen Lords, die tollen Prediger und nüchternen Handelsherrn, die bleichsüchtigen Weber und die Strassenräuber zu Pferd und die Bauern im Moor. Elisabeth liebte mehr als je diese Stadt London, mit Wind und Nebel, mit dem Gras, grüner als sonst in der Welt, mit den Schwärmen wilder Kraniche und mit den Hahnenkämpfen, mit den Viehweiden vor den Toren und der Börse und der Guildhall und dem Parlament und dem Lordmayor, mit dem korrupten Hof und der schwankenden Krone. Und Elisabeth liebte die Londoner, die ohne Mass soffen, ohne Frömmigkeit hurten, ohne Respekt fluchten, ohne Gnade rauften. Sie liebte all das, denn all das würde ihr bald gehören, sie fühlte es schon. Denn Marie war krank und würde sterben! Dass Philipp kam und sie heimlich befreite — war es nicht der Beweis? Elisabeth war tapfer, denn sie war jung, sie lachte und sagte zum stillen König: „Ich bin sehr vergnügt, Sire, mit Ihnen Kutsche zu fahren. Das war ein guter Einfall von Ihnen, an diesem schönen Maitag mir meine Stadt London zu zeigen. Sire, ich heisse Sie willkommen!"

Sie gab ihm freundlich ihre schöne, weisse Hand. Philipp aber fasste sie um den Hals und küsste sie auf den Mund, wie es der Brauch war im fröhlichen alten England. Elisabeths braune Wangen röteten sich, ihre Augen funkelten, sie legte ein Bein übers andere und schüttelte ihre roten Locken, und Philipp sah, dass Elisabeth schön war und ihm gefiel. Er hatte es nicht erwartet. Ja, König Philipp hatte sich sogar vor der Begegnung mit ihr gefürchtet. Er liebte diese neue, wilde Sorte nicht, diese Spottgeburten einer falschen Volksbildung, verwirrte Nutzniesser der Erfindung des Buchdrucks, Schüler pöbelhafter Volksverführer und rebellischer Reformatoren, diese Protestanten und Ketzer, er hasste sie, er verabscheute sie alle! Sie kamen aus der Hefe der Völker, waren der Abschaum der Menschheit und zerstörten die mühsam befestigte Ordnung, drangen in die Kirchen und stiessen die Altäre um, stritten in ihrer vulgären Sprache über die tiefen Geheimnisse des Worts Gottes, verdarben die Völker, zertrümmerten die alte Kultur, spotteten über die Könige und führten die Menschen in die Irre. So hatte Philipp sich auch diese gefangene Prinzessin Elisabeth vorgestellt, lärmend und heidnisch, hässlich und verstockt, wüst und gemein. Was hätte er anders erwarten sollen? Er hatte das Leben dieser Elisabeth studiert und ausgespäht, wie er alles studierte und ausspähte. Seine Frau Marie war wenigstens von Mutters seiten eine Spanierin. Elisabeth war eine Barbarin vom Vater und von der Mutter her. Zwanzig Jahre war sie erst alt und schon am Rande des Lebens. Da kam sie frisch aus dem Tower und stieg vielleicht geradenwegs auf den Thron. Ihr Vater? Um sechs Frauen zu heiraten, verriet er seine Religion, und mit Blut beschmiert, machte er sich zum Haupt seiner Kirche. Ihre Mutter? Durch Hurerei ward sie Königin, durch Hurerei geköpft; mit fünf Männern, darunter ihrem Bruder, hatte diese Anna Boleyn die Ehe gebrochen; einen Sohn, sagte man, wollte sie um jeden Preis. Als man sie köpfte, war Elisabeth drei Jahre alt. Ihre Geburt schon ward zum Schimpf ihrer Schwester, ihr Geschlecht enttäuschte ihren Vater und verdarb ihre Mutter. Nach dem Tod ihrer Mutter erinnerte sich ihr Vater, er habe schon mit ihrer Tante geschlafen, vor seiner Hochzeit mit Anna Boleyn, diese Ehe war also Blutschande und Elisabeth illegitim. Er nahm die dritte Frau, erhielt seinen Sohn Eduard und hiess Elisabeth wieder gültig. Mit vier Jahren trank Elisabeth schon roten Wein, mit zehn Jahren lernte sie in sechs Sprachen ihre Meinung verbergen, ihr Lehrer gehörte zur radikalen Schule von Cambridge und starb an der Pest. Da sie mit dreizehn den Heiligen Cyprian schon im Urtext las, starb ihr Vater, und sie zog zu seiner Witwe Käthe, der sechsten Frau des Königs, und kleidete sich elegant und verliebte sich in den zweiten Mann ihrer Stiefmutter, den Admiral Seymour, der alle Morgen in ihr Schlafzimmer kam und auf ihr Bett sich setzte und sie kitzelte. Als seine Frau starb, im Wochenbett, freite er um Elisabeth. Sie liebte damals die Musik, und er wurde geköpft, ein Rebell, am Abend zuvor hatte er ihr mit dem Blech seines Hosensenkels geschrieben: ‚Elisabeth! Rebelliere! Revoltiere!' Der Brief, eingenäht in der Schuhsohle seines Dieners, ward gefunden und belastete sie, ohne sie zu überführen. Man warf ihre Erzieherin und ihren Schatzmeister in den Tower und verhörte Elisabeth. Sie log den ganzen Tag und weinte die ganze Nacht. Schliesslich starb ihr Bruder Eduard an der Schwindsucht, und sie musste zur Krönung Maries nach London reiten. Die Unruhigen und Ketzer wandten sich ihr zu, sie ging nicht zur Messe, sie war eine Protestantin; als Wyatt rebellierte, ward sie beschuldigt und kam in den Tower. Damals schrieb der Kaiser an Marie: ‚Es gibt zu viele Tudors!' Und Renard flüsterte: ‚Ehe sie nicht stirbt, fühlt sich Philipp nicht sicher und kommt nicht.' Und die Königin wollte, dass sie stürbe, aber die Richter sprachen sie frei, das Parlament hiess sie die Erbin von England und schützte sie, das Volk betete für sie, und sie blieb leben. Und ich kam doch nach England, dachte Philipp erstaunt, und da nun Marie ihren Tod will, wünscht es der Kaiser nicht mehr, und Renard und Oranien raten mir ab, und nun hole ich sie aus dem Tower und führe sie nach Whitehall, um sie mit Marie zu versöhnen. Was für ein Schicksal! Was für eine Figur! Sie hat die eiserne Stirn aller Prätendenten, die ihre Verbrechen ankündigen müssen, um eine Partei zu machen, und sie ableugnen, um ihr Leben zu retten. Wie auf Stufen schreitet sie von Unglück zu Unglück höher. Ihre Freunde verderben sie schier, aber ihre Feinde müssen ihr emporhelfen. Jeder Schritt, den sie tut, geht ins Ungewöhnliche, und doch liebt das Volk sie. Die Fülle der Paradoxe leiht ihrem Leben den Schein der Bedeutung. Schliesslich, wenn sie gewann, würde sie für gross gelten, ausser vor Moralisten vielleicht. Philipp erwartete, ein Monstrum zu finden. Nun er sie sah, rührte sie ihn, sie gefiel ihm. Dieses sanfte, schüchterne, schöne junge Mädchen, unschuldig und tapfer, konnte so viel Unruhe in diesem

England stiften? Hätte Philipp es nicht gewusst, er hätte es nicht glauben mögen. Ich muss mich vor ihr hüten, dachte er. Sie gefällt mir allzugut!

Schon rumpelte die Kutsche zwischen Bäumen und über das hohe Gras. Eines der sechs Pferde wieherte. Elisabeth versuchte, in Philipps Miene zu lesen, seine Miene war undurchdringlich. Sie wagte nicht, ihn zu fragen. Sie hatte schon zu viel gefragt. Kaum hatte sie die süsse Luft der Freiheit geatmet und ihres Glücks sich gefreut, sah sie schon neues Unheil voraus.

Philipp blickte auf ihr rotes Haar, das im Strahl der Sonne golden funkelte. Auch Marie hatte rote Haare. Philipp verglich die Schwestern im Geist. Er dachte an die allzulange Schwangerschaft Maries. Vor vier Wochen schon hatten die Londoner grosse Freudenfeuer angezündet und auf den Strassen getanzt, es hiess, der Sohn sei geboren, die Kanonen hatten im Tower geschossen, die Glocken hatten geläutet. Der Dechant von St. Paul hatte in seiner Predigt schon den Erben beschrieben, er hatte das Gewicht und die Haarfarbe genannt, als hätte er ihn schon gesehn. Und wusste Elisabeth davon? Was glaubte sie? Was glaube ich?, fragte sich Philipp. Wird Marie einen Sohn gebären? Sie ist schon im zehnten, im elften Monat. Geschehen Wunder? Wenn ich keinen Sohn von Marie erhalte, wird Elisabeth England erben! Und wenn Marie stirbt, habe ich nichts mehr in England zu sagen, und alle Mühe war umsonst? Diese Elisabeth wird erben, dachte er und wusste schon voraus, er würde um sie freien, um England zu behalten. Soll ich sie heiraten?, fragte er sich. Vielleicht ist sie jener Engel, um den ich kürzlich Gott gebeten habe? Sehen so die Engel aus? Das heitere Lächeln Philipps trübte sich. „Elisabeth", fragte er plötzlich, „sind Sie ein Engel?"

Überrascht sah sie ihn an. Sie verstand ihn nicht. Sie lächelte verwirrt und geschmeichelt. Meine Zeit kommt, dachte sie. Ich werde grösser sein als er und über ihn spotten, wie er heute mich verspottet. Er sieht ziemlich sanft und angenehm aus. Fast könnte er mir gefallen. Aber er ist ein Monstrum, und am liebsten würde ich ihn vergiften.

Die Kutsche hielt. Sie waren an Whitehall vorbeigefahren und hielten vor einer Pforte im Garten. Philipp stieg aus dem Wagen und reichte Elisabeth die Hand. In einer Sommerlaube wartete die Lady Clarence. Ihr Lächeln schien zu künden: Ich höre nichts! Heimlich führte sie das Fräulein Elisabeth ins Schloss.

Philipp blickte ihr nach und war gar nicht sicher, ob er nicht einen grossen Fehler gemacht hatte, indem er ihr Leben rettete. Da er sie nicht mehr sah, wusste er weniger als zuvor, ob Elisabeth ein Monstrum oder ein Engel war. Der Kaiser hatte sie gerettet, und sein Gesandter Renard, und sein Liebling Wilhelm von Oranien und die Furcht vor dieser Maria Stuart, und viele noch retteten sie. Um einen Menschen zu verderben, genügt einer allein. Aber um einen Menschen zu retten, bedarf es der Hilfe so vieler. Es bedarf der Duldung. Philipp hatte ihre Rettung nur toleriert. Mit einem Male fühlte er einen schrecklichen Zorn. Es war genug. Immer noch befahl der Kaiser und regierten seine frechen Räte. Und täglich schickte er seine Boten und rief seinen Sohn nach Brüssel und liess ihm sagen, es sei genug, er trage die Last der Kronen nicht mehr. Ja, sagte Philipp und stampfte mit dem Fuss auf: Genug! Genug!

Dann stieg er in seine vergoldete Kutsche und fuhr spazieren. Auf den Wiesen blühten die Maiglöckchen und Anemonen. Philipp liebte die Blumen.

ABSCHIED VON ENGLAND

König Philipp versöhnte die Schwestern. An der Hand führte er das Fräulein Elisabeth in die Zimmer Maries. Zweimal hatte Philipp heimlich und am späten Abend Elisabeth aufgesucht und lange mit ihr gesprochen, vom Glauben, von der Liebe, von der Hoffnung. Bald, eröffnete er ihr, verlasse ich England. Die Königin Marie ist krank, gestand er ihr. Nur weiss sie es noch nicht. Die Ärzte sagen, es sei die Wassersucht, was ihren Bauch wölbe.

Die Ärzte sagen, sie trage den Tod im Bauch. Sie weiss es noch nicht. (Das war für die Hoffnung.) Die Welt sei gefährdet, erklärte Philipp der schönen Elisabeth. Die Ungläubigen rüttelten an allen Türen von Europa. Die Türken und Heiden, die Protestanten und Franzosen, es sei alles eins. Philipp warnte die Prinzessin vor den Verführungen Satans und vor aller Versuchung. England sei gemacht, um in Freundschaft mit Spanien und den Niederlanden zu leben. Nur so werde sein Handel blühn, seine Industrie gedeihen! (Soviel sprach Philipp für den Glauben). Zuletzt sprach er von der Liebe. Er habe Marie geliebt und sei ihr ein treuer Gatte gewesen. Wenn er England verlasse, so geschehe es auf Wunsch seines Vaters, des Kaisers. Grosses begebe sich bald in der Welt. Vieles werde sich ändern. Immer werde Philipp der Freund Elisabeths bleiben. Er habe einen unvergesslichen Eindruck von ihrer Schönheit, von ihrer Weisheit, von ihren politischen Talenten erhalten. Vielleicht werde er eines nicht allzufernen Tages eine grosse und für beide ehrenvolle Frage an sie richten. Es werde vielleicht in gewissem Sinn eine Bitte sein. Er könne vorläufig nicht mehr sagen. Aber wenn er ihre Hand ergreifen dürfe, so wolle er sie nun küssen. Sie habe eine sehr schöne, eine begehrenswerte Hand, sagte Philipp und lächelte vielsagend und intim.

Elisabeth sah ihn an, mit der Aufmerksamkeit einer verliebten Schülerin. Ihre Blicke sprachen: Wie gross bist du! Wie weise bist du! Wie bist du der erste aller Könige, o König Philipp! (Soviel sprachen sie von der Liebe). Philipp und Elisabeth fühlten eine kleine Neigung füreinander. Sie verstanden sich vorzüglich. So schien es ihnen.

„Nun versöhne ich Sie mit Ihrer Schwester Marie!" erklärte Philipp und führte Elisabeth an der Hand ins Audienzzimmer Maries. Ruy Gomez, der Kämmerer Philipps, begleitete sie. Da Elisabeth eintrat und ihre Schwester Marie sah, kniete sie nieder. Marie sass auf einem Polster. Ihre Wangen waren blutrot geschminkt. In ihrem Haar funkelten riesige Diamanten. Ihre Brust war mit köstlichen Spitzen geschmückt. Ihr Bauch wölbte sich hoch. Im Zimmer roch es nach Baldrian. Durch die Türen drang das eintönige Murmeln der Priester, die tags und nachts für das Kindbett der Königin beteten.

Elisabeth kniete demütig vor ihrer Schwester, stumm blickte sie ihr ins Gesicht und sah den Tod im Antlitz Maries. Da senkte sie erschrocken den Blick und sah den Tod im vorgewölbten Bauch Maries. So sehn Gottes Wunder aus, dachte Elisabeth betrübt und ängstlich. Marie musste sterben, damit sie steige. Sassen überall in der Welt Menschen, die auf den Tod ihrer Schwestern und Brüder warteten? Sind die Menschen verflucht? Würde man auch einmal so auf ihren Tod warten? Unverwandt schaute Elisabeth auf Marie und wartete, dass sie spreche und sie aufstehn heisse. Aber Marie schwieg. Ihre Augen blickten fremd, als schlummerte ein Wahnsinn hinter ihnen. Schon schmerzten die Knie Elisabeths. Endlich begann Marie zu lächeln, ein seltsames und unpassendes Lächeln, vergnügt und eilfertig.

„Stehe auf", sagte sie und fügte hinzu: „Liebe Schwester."

Elisabeth erhob sich, diese zwei Worte hatten sie sehr gerührt. Sie spürte Tränen in ihren Augen. Sie fühlte einen Schauder. Wusste Marie nichts? Und ich?, dachte sie. Vielleicht war auch sie so verloren und wusste es nicht. Vielleicht war auch sie so närrisch? Ihr kam vor, im Irrtum lebten alle Menschen. So grässlich verkennte jeder seine Lage. Marie strich mit der wohlbekannten mütterlichen Gebärde lind über ihren Leib und flüsterte lächelnd: „Das Kind. Es regt sich. Ich spüre es. Ich liebe es schon sehr. Anfangs fürchtete ich mich vor ihm. Ich bin nicht mehr so jung. Und wenn ich stürbe? Alle Menschen sterben. Aber ist das ein Trost? Schwester, haben wir nicht alle verspielt? Und kann man keinem Menschen den Schmerz ersparen? Die Schmerzen der Menschen sind so gewöhnlich — aber ist das ein Trost? Ich weiss, wir sind alle Sünder! Elisabeth — und nach meinem Tod?"

Elisabeth schwieg schaudernd. Hatte Marie ihre Gedanken erraten? Elisabeth senkte den Kopf. Sie konnte nicht antworten.

Philipp und Ruy Gomez standen am Ende des Zimmers vor dem Fenster und blickten auf die Bäume und das frische Gras und den blauen Himmel. Die kleine Welt schien so vollkommen und friedlich.

„Wozu sind wir nach England gefahren?" fragte flüsternd Philipp.

„Es war wirklich ein Kreuzzug", erwiderte leise Ruy Gomez. „Wir sind alle ruiniert. Dieses England ist kein Indien."

„Wie klug ist mein englischer Sohn", sagte wehmütig Philipp. „Nie hatte ein Mensch so grosse Aussichten! Und dieser zieht vor, nicht geboren zu werden. König der Welt wäre er vielleicht geworden, Erlöser der Völker, Hort der Armen, Schild der Reichen! Ihm ward England angeboten, Burgund und Niederlande, vielleicht auch Spanien, Italien, Afrika, beide Indien und mehr noch! Er wirft nicht einmal einen Blick auf sein versprochen Teil!"

„Dafür müssen Sie auch das Seine tun!" erklärte Ruy Gomez. „Die Welt gehört Philipp."

„Wirklich?" fragte Philipp, als hörte er davon zum ersten Mal.

„Betest du auch für mich?" fragte Marie ihre Schwester. Sie hielt ein Gebetbuch in Händen. „Ich bete immer die gleichen beiden Gebete, für gesegnete Frauen und für die Einheit der Kirche. Hast du dich bekehrt, Elisabeth?" Der Blick Maries ward strenge.

Elisabeth nickte mit dem Kopf. Sie zitterte um ihr Leben.

„Alle verraten mich", flüsterte Marie. „Auch du liebst mich nicht. Baust du nicht auf meinen Tod? Aber ich werde lange leben, für mein Kind. Ich frage Gott: Warum strafst du mich so hart? Meine Bischöfe antworten: Weil du die Ketzer duldest. So hat Saul die Amalekiter geschont, und Gott verdarb ihn. Aber ich antworte meinen Bischöfen: Brennt! Brennt die Ketzer ohne Unterschied!, sage ich. Und du, Elisabeth? Will Gott mich verderben? Wann kommt mein Sohn? Wo bleibt das Wunder? Früher kannte ich Gottes Meinung. Ich hing zu sehr mein Herz an einen Mann. Du hast mit Philipp gesprochen, Elisabeth? Was sagte er? Ich will alles wissen. Noch lebe ich! Was hat er dir gesagt? Sprach er von mir? Die Wahrheit, liebe Schwester, oder hast du sie ganz verlernt? Habe ich denn keinen Menschen auf der Welt? Bin ich ganz allein? Hat Philipp dir gesagt, dass er mich nicht mehr liebt? Hat er dir geschmeichelt? Er ist locker. Warum errötest du? Geh! Fort mit dir! Worauf wartest du? Philipp! Philipp!" rief sie.

Elisabeth ging ein paar Schritte zurück, zur Tür. Sollte sie gehn? Durfte sie bleiben?

Mit leichten Schritten kam Philipp.

„Schwöre mir", bat Marie, „dass du mich nie verlassen wirst!"

Philipp schwieg und blickte fort.

„Erfüllte ich dir nicht jeden Wunsch?" fragte Marie. „Bin ich schuld, dass mein Parlament dich nicht krönte? Die Kerle haben Angst vor einem Krieg mit Frankreich. Ich jage sie fort. Ich mache alles, was du willst, denn ich liebe dich! Man hat mir geweissagt", erklärte sie, „bald werde ich unsern Sohn gebären, woran zweifelst du noch, Philipp?"

„Ich zweifle nicht mehr", erwiderte kalt und höflich Philipp.

Da begann Marie zu schrein und rutschte vom Polster herab und stemmte die Füsse gegen den Boden und schrie wie ein Kalb. Sie tat oft so in diesen Monaten, wenn sie glaubte, ihre schwere Stunde sei da. Rasch eilten ihre Hofdamen herbei und trugen die schreiende Königin in ihr Bett. Lady Clarence folgte dem Zuge. Ihr wohlbekanntes Lächeln schien zu künden: Ich höre nichts!

Vier Wochen darauf kam voll Pomp ein Sondergesandter aus Polen mit Glückwünschen zur Geburt des Erben Philipps und Maries. Die falsche Nachricht war zu den Antipoden geflogen, der Gesandte hatte eine lange lateinische Rede auswendig gelernt, man musste ihn anhören, um die Polen nicht zu kränken. Philipp sass auf seinem vergoldeten Thron und sah finster darein, um ihn standen die Grossen des Reiches, der polnische Gesandte deklamierte. Es kicherten die Grossen des Reiches. Es kicherten die Diener vor den Türen. Es kicherten die Leute von London. Nur die Spanier standen im Thronsaal, verhöhnte Goldsucher, mit finstern Gesichtern und drohenden Bärten, ernste Gespenster. Und unaufhörlich pries der Schlachzize aus Polen den ungeborenen Sohn. Genug!, dachte Philipp. Ganz England machte Witze über ihn, schon lachten entferntere Völker. Philipp ging zu seiner Frau und befahl: „Entlasse die Ammen und Weissager. Schluss mit Prozessionen und Priestern! Schweige endlich von deiner Niederkunft!"

Marie blickte verzagt. Endlich fragte sie schüchtern: „Philipp! Liebst du mich noch?"

„Genug!" sagte Philipp. „Ich liebe dich."

So endete die Mär von dem Sohn Maries. In Wales beteten aber die frommen Hirten noch lange Zeit für die glückliche Niederkunft der Königin Marie, denn kann Gott nicht Wunder tun?

„Der Kaiser ruft mich", sagte Philipp zu Marie und rüstete sich zur Reise.

Auch Lady Clarence war sehr geschäftig. Ihr ward alles zum Fest. Schmerz und Lust der andern galten ihr gleich. Sie haufte Schätze. Sie verkaufte die Geheimnisse des Hofs und kaufte die billigen Klostergüter, sie lieh Geld auf Wucherzinsen und trieb jeden Handel. Sie war erst sechzig Jahre alt und schrie kichernd jedem ins Ohr: „Ich lebe hundert Jahre!"

Sie sammelte Jahre. Sie schätzte den König Philipp. Unter ihm gab es Aufträge in Fülle, für ihn und gegen ihn. Aber als der König aufbrach, freute sich die Lady Clarence, nach Neuem begierig und unruhig wie viele Leute. Sie witterte neue Herren, neue Aufträge. Mit gespielter Sorge verkündete die Greisin, hämisch und geheimnisvoll schreiend: „Marie ist krank!" Sie hielt sich schon an Elisabeth. Hinter der vorgehaltenen Hand schrie sie: „Die künftige Königin!" Der Gesandte von Frankreich glaubte ihr nur die Hälfte, ein Kenner der Menschen. „Haben Sie Kinder?" fragte er sie. „Nein? Wofür sammeln Sie also?"

„Für meine alten Tage", sagte die Lady.

„Und wenn Sie sterben?" fragte der grausame Gesandte.

Die Greisin begann vor Schreck zu husten und schrie böse: „Ich überlebe euch alle!"

„Ich bin noch jung", erklärte der Gesandte.

„Aber Sie werden gewaltsam sterben", prophezeite so sicher die Alte, dass es den spöttischen Gesandten kalt überlief. Doch folgte er dem Rat der Lady und hielt sich an Elisabeth. Viele taten so. Es geschah, als sei Marie schon tot.

Die Königin Marie sass in ihrem Zimmer, tagelang, ohne Laut, ohne Tränen, ohne Mut. „Nie sehe ich ihn wieder", sagte sie endlich zu ihrer besten Freundin, der Lady Clarence.

„Vielleicht bleibt er noch?" fragte die Clarence.

Marie schüttelte den Kopf.

„Der König sagt, in einem Monat kehrt er wieder!" schrie die Clarence.

„Philipp lügt", sagte Marie. „Nie sehe ich ihn wieder. Gute Clarence, ich weiss es: Philipp liebt mich nicht. Dass er doch stürbe!"

„Majestät!" rief die Clarence indigniert.

„Gute Clarence", sagte seufzend Marie, „ich liebe ihn. Ich liebe ihn mehr als Christum. Gott, vergib mir die Sünde!"

„Gott ist taub!" murmelte die Clarence.

König Philipp fuhr die Themse hinunter. Marie begleitete ihn mit ihrem Hofe. Philipp schwor ihr zu jeder Stunde: „Ich kehre wieder. Ich lasse dir meinen Beichtvater, den Bruder Castro, ich lasse dir meinen Hofprediger Carranza, ich lasse dir meinen Marschall Feria zum Pfande."

„Und liebst du mich?" fragte Marie mit zitternden, weissen Lippen.

„Genug!" antwortete Philipp. „Ich liebe dich."

Bei Greenwich küsste er alle Damen auf den Mund, auch die lange Madelon, auch die alte Clarence. Zuletzt umarmte er Marie. Seinen Mantel hielt sie mit klammernden Fingern fest, die Nägel grub sie darein. Die Tränen liefen ihr die geschminkten Backen herunter.

„Bald komme ich wieder", sagte Philipp zwanzigmal.

„Nie sehe ich dich wieder!" antwortete Marie zwanzigmal.

Schliesslich machte er sich los und stieg aufs Schiff. Marie lief mühsam ins Hafenhaus und die Treppen hinauf und zum Fenster im ersten Stock und winkte mit beiden leeren Händen dem fahrenden Schiffe nach.

Philipp stand auf Deck und schwang seinen Hut.

ZWEITES BUCH

KAISER KARL DER FÜNFTE

DIE ABDANKUNG

Philipp ritt dem Zuge der Wolken nach. Wie einen wüsten Traum liess er England hinter sich. Noch hörte er die krächzenden Liebesseufzer Maries. Sie hatte ihm kein Glück gebracht. Nun ritt er durch Flandern. In Brüssel wollte er die Kronen des grossen Karl empfangen. Philipp liess sich Zeit. In den Pausen des Lebens genoss er die süsse Stille. Die Sonne ging auf, sie schwamm in Blut und Gold. Über seinem Haupt ründete sie sich wie eine Krone. Mit dem genauen Blick eines Landmessers prüfte Don Philipp sein Erbe. Sein Narr ritt neben ihm, lang und hager, im schwarzen, spanischen Mantel, der düstere Onkel Martin. Wie einfältige Riesen standen die Kirchtürme in der weiten Ebene und grüssten einander mit erzenem Schall. „Ketzerglocken", murmelte der düstere Narr. Das flache Land glänzte, reingefegt vom salzigen Atem des Meeres. Auf den Kanälen fuhren Segelschiffe. Die hohen Himmel und die breiten Bäume spiegelten sich in jedem Dorfteich, das stille Wasser funkelte grünlich und bläulich. In runden Haufen lag das Heu und trug stroherne Hüte. Pferde standen fromm nachdenklich zwischen wiederkäuenden Kühen. Die Windmühlen drehten langsam ihre riesigen Flügel. Die festen Städte funkelten inmitten ihrer Mauern und Türme. „Ein reiches Land", sagte der Narr, „und leicht zu plündern!"

In Brüssel empfing der Vater seinen Sohn vor der Schwelle des Palastes. Auf dem Grossen Platz stand der Adel und bückte sich.

Philipp kniete, Karl hob ihn auf, Philipp wehrte sich. Die suchenden Lippen Philipps trafen des Vaters Ärmel.

Endlich drückte der Kaiser seinen Sohn ans Herz. „Da bist du", sagte er und begann zu weinen.

„Deine Hand", sagte Philipp und suchte sie, um sie zu küssen. Da merkte er, der Vater verbarg sie eigens. Gichtknoten sassen an den Fingern. Philipp fühlte eine Wehmut sondergleichen. Er sah das welke Fleisch, das Fleisch des Menschen, das bestimmt ist, zu verderben vom Anbeginn. Philipp spürte ein sonderbares Gelüst, die Gichtknötchen an der Hand seines Vaters zu küssen. Er dachte: Den Tod küssen. Er bezwang sich, um der Scham des Vaters willen.

Zusammen gingen sie in den Palast. Philipp setzte sich nicht in Gegenwart des Vaters. Er hob den Hut bei jedem Wort. Die spanischen Granden rühmten den Respekt. Die Barone aus Flandern sahen sich betreten an. Sie glaubten, der Kaiser sei ein Mensch wie ihresgleichen.

Philipp liess sich Zeit, aber Karl war eilig. Schon trat der Kaiser seinem Sohn die Niederlande und Burgund ab, im Saal zu Brüssel, angesichts der Staaten von siebzehn Provinzen und der Ritter vom goldenen Vlies, angesichts der Granden und Räte und fremden Botschafter.

Danach sassen der Kaiser und sein Sohn, den dritten Tag schon, allein im Gemach, das schwarz ausgeschlagen war. Sieben Fackeln brannten. Auf einem Tisch stieg ein Berg von Papier auf, die Akten einer Welt. Eine Kerze beleuchtete sie. Karl breitete die Geschäfte seiner Reiche vor seinem Sohn aus. Der Kaiser hatte riesige Schulden. Die Zinsen überstiegen die Einnahmen beider Spanien. Im Osten drohten die Türken, im Mittelmeer die ungläubigen Piraten. In Deutschland hatte der Mönch gesiegt, der Ketzer Luther. In Rom stieg der Feind des Hauses Habsburg auf den Stuhl Petri, Papst Paul der Vierte. Mit Frankreich war Krieg. Spanien war devot und bankrott. Die Niederlande waren unzufrieden. „Das Glück liebt nur die jungen Leute", sagte der Kaiser nach seinen drei Niederlagen: Im eigenen Haus, wo der Bruder Ferdinand den Anspruch auf die Kaiserkrone nicht hatte abtreten wollen an Philipp; in Deutschland, das nicht katholisch geblieben war; und vor Metz, wo Frankreich gesiegt hatte. „Ich bin müde", sagte Karl. Der Kaiser stützte sein Haupt auf die Hand. Heimlich starrte Philipp auf die Züge seines Vaters. Wie ein ertappter Schüler senkte er den Blick, wenn Karl einmal die müden Augen aufhob. Demütig sass Philipp vor seinem Vater, wie der verlorene Sohn. Karl trug ein schwarzes Gewand. Seine rechte Hand lag wie tot auf dem Tisch, wie ein Akt unter Akten. Der Kaiser trug Trauer um seine Mutter, die tolle Johanna. Sie war vor kurzem gestorben. Seit vierzig Jahren Königin von Spanien, lebte sie seit vierzig Jahren in einem wüsten Turmzimmer zu Tordesillas, eingesperrt zugunsten ihres Sohnes Karl.

Ist das die Stunde des Gerichts?, dachte Philipp und wartete, frierend im kalten Schweigen des Vaters. Was hat der alte Mann noch zu sagen?

Er ist der Erbe, dachte der Kaiser. Wofür habe ich mich vertan?

Er fühlte das Bedürfnis, seinen letzten grossen Gedanken auszusprechen. Das also, dachte der grosse Karl erstaunt, das ist die Stunde des Gerichts? „Mein Sohn Philipp", sagte endlich Karl. „Als ich vor fünf Jahren so krank lag, zu Augsburg, und meine Ärzte mich aufgaben, schickte ich dir den Alba mit einem Heft. Darin schrieb ich meine Gedanken auf."

„Ich lernte sie auswendig", sagte Philipp.

„Diese Ratschläge", erklärte Karl, „waren ausgezeichnet. Aber ich möchte dir mehr sagen als diese simpeln Erfahrungen eines alten Mannes. Mehr, verstehst du, weiter!"

„Das ist deine Devise", sagte Philipp.

Karl verstummte. Würde Philipp ihn nie verstehn? Karl spürte aber die Lust, zu reden. „So grosse Träume", stammelte der Kaiser und dachte: Wie ein Knabe rede ich. „Ich begehrte alles", sagte der Kaiser. „Als ich vor den Staaten sprach und meine Taten zählen wollte, merktest du, wie gering alles klang? Ich prahlte mit meinen Reisen, neunmal war ich in Deutschland, sechsmal in Spanien, siebenmal in Italien, zehnmal in Flandern, viermal in Frankreich, zweimal in England, zweimal in Afrika. Was soll das?"

„Die Mühe", sagte Philipp.

„Da sassen meine Schwestern, ich machte sie zu Königinnen; meine Neffen, ich schenkte ihnen Herzogtümer; meine Räte, ich machte sie reich; da sass mein Sohn Philipp — nun, alter Mann, sprach ich zu mir, rühme deine Grösse in der feierlichen Stunde des Abschieds, da du ablegst die Macht der Welt wie einen zerrissenen Mantel. Ich fand nichts zu sagen."

„Alle weinten wir", gestand Philipp.

„Viele weinten", gab Karl zu. „Ich sah es mit Vergnügen." Der Greis ward munterer. „Niederländer", sagte ich, „immer war ich euer! Hiess ich nicht Karl von Gent und war der erste Ritter meiner Zeit und liebte die Damen und focht mit Stieren? Nun wandle ich mühsam, auf einen Stecken und die Schulter Wilhelms von Oranien gestützt; für euch ward ich so schwach. Mich schmerzt nicht", sagte ich, „die Kronen fortzugeben; euch zu verlassen, schmerzt mich. Was ich tat", sagte ich, „tat ich für euch. Vierzigmal brach ich auf, zwölfmal fuhr ich über das Meer, wie oft zog ich zu Feld und litt Hunger und Durst", sagte ich, „und die Mühe, im Kabinett die durchwachten Nächte, ich schwöre, alles für euch. Und zur Rettung des Glaubens! Rottet den Zweifel aus", sagte ich, „diese Libertinage der Vernunft. Die Kirche denkt für euch. Euer Herr tut es."

Philipp starrte seinen Vater betroffen an. Wollte Karl nun vor ihm die schöne Rede wiederholen, die er vor den Staaten der siebzehn Provinzen gehalten hatte, als er abdankte? Schon weinte Karl bei derselben Stelle, bei der im Saal die leichten Tränen in seinen grauen Bart geflossen waren. Ist der grosse Karl dumm geworden?, fragte sich Philipp. Wie schwer ist ein Mensch zu fassen! Was gehört ihm? Was hat er entliehen? Wann prahlt er? Welche Stufe seines Lebens zählt? Oder ist alle Grösse — Gottes? Philipp seufzte, ohne es zu merken, bei denselben Stellen der Rede Karls, bei denen die ganze Versammlung geseufzt hatte, Räte und Höflinge, Ritter vom goldenen Vlies und alle Staaten.

Der grosse Kaiser Karl indes fuhr fort: „Und bitte um Pardon! Und tat ich einem unrecht, hier oder ferne, ich bitt' ihn um Pardon, nie tat ich es wissentlich, und bitte um Pardon, wie ich allen vergebe. Und bitte um Pardon", murmelte Karl und blickte seinen Sohn an, als wollte er fragen: War ich kein guter Vater?

Wo will er hinaus?, fragte sich Philipp. Wird er auch seine Worte an mich wiederholen? ‚Du', sagte er, ‚mein lieber Sohn, danke nicht mir! Liebe deine Untertanen. Das ist es. Künftig tadle mich keiner dafür, dass ich für dich zurücktrat.' Da sah er mir recht ernst in die Augen. Was für ein Redner! ‚Der Allmächtige schenke dir einen Sohn, dem du einst im Alter deine Reiche abtrittst, so gutwillig wie ich!'

Da hatte der grosse Karl sich die Augen gewischt, schon weinten alle, Karl liess sich auf seinen Sessel unter dem Baldachin von Burgund fallen und hob die Hände und bat mit zitternder Stimme: ‚Gott segne euch, meine Kinder!' Und wiederholte stiller: ‚Gott segne euch, liebe Kinder!' Dann aber, dachte Philipp zornig, hob er sich auf, in seinem schwarzen Trauergewand, gross und mühselig, das genau studierte Bild müder Majestät, und humpelte davon, gestützt auf einen Stecken und auf Oranien, dem ich so ganz misstraue. Er spielte das grosse Theater und liess mir die Farce. Er trat ab. Und ich stand wie auf leerer Bühne, und spreche nicht flamisch, nicht französisch, sein Beamter sprach für mich, es war alles eins. Ich habe genug von seinen Dienern! Ich brauche neue Leute! Karl überzeugte eine Welt, er sei ihr unentbehrlich! Wirklich? Ist er das wirklich?

Plötzlich sagte Karl: „Philipp! Ich bin enttäuscht. Das wollte ich sagen. Seit zwanzig Jahren denke ich: Zuletzt bist du frei! Du kannst alles weggeben! Das, dachte ich, sei gross."

Philipp ward zornig. Bereute der grosse Karl auf halbem Wege schon?

„Einen Fuss", murmelte Karl, „bis zum Knie gäbe ich ein Bein, wenn mir einer mein ganzes Leben aufs neue gäbe! O Scheiterhaufen meines Glücks! Ich war alles, was ein Mensch sein kann."

„Du liebst die Menschen nicht", sagte Philipp.

„Du bist weise, mein Sohn. Hüte dich! Eine Sommermücke fliegt uns in die Nase und summt uns so lang im Hirn, bis wir Gras fressen auf allen Vieren. War ich nicht auch ein König von Babel? Und glaubte, die Sonne drehe sich um mich?"

„Gewisse Ketzer sagen, die Erde drehe sich um die Sonne", erklärte schaudernd Philipp.

„Verbrenne sie!" riet Karl.

„Die Wahrheit liegt hinter uns, seit sie offenbart wurde", erklärte Philipp.

„Bist du sicher?" fragte Karl und begann zu zittern. Mühsam erhob er sich und lauschte. „Ich höre Stimmen", flüsterte er, „zuweilen höre ich die Stimme meiner toten Mutter. Lass uns beten, Philipp." Ächzend liess sich der Kaiser auf die Knie nieder, und schaudernd kniete Philipp; die Kerze war verloschen, die Fackeln wehten plötzlich wie in einem heftigen Wind. „Hörst du?" flüsterte Karl. „Riechst du den Moder? Fürchte dich nicht! Was wollt Ihr, Señora Juana? Mutter, ich habe dich nicht umgebracht. Vierzig Jahre lang schonte ich dein Leben. Warst du keine Ketzerin? Hast du mich nicht geboren, auf dass ich gross werde? War ich nicht Kaiser? Musste ich nicht das Reich Gottes schaffen? Also war es deine Aufgabe, im Turm zu sitzen und zu leiden. Wolltest du umsonst die Wonne geniessen, Mutter des Herrn der Welt zu sein? Siehst du, Philipp, siehst du? Sie zieht ab! Stehe auf, mein Sohn. Kein Wind von drüben weht. Setz' dich, Philipp. Sagtest du nicht: Die Stunde des Gerichts? Ich will dir alles sagen. Du bist der Erbe. Welcher Richter wäre weniger bestochen? Verurteile deinen Vater, wenn du Mut hast."

„Mut habe ich", sagte Philipp.

Karl tat einen langen Blick auf seinen Sohn. „Meine Mutter", erzählte der Kaiser, „war eine Ketzerin. Ich war drei Jahre alt, als meine Eltern mich in Brüssel liessen und nach Kastilien fuhren, zu ihrer Krönung. Bald darauf erklärte mein Vater meine Mutter für toll und sperrte sie in den Turm von Tordesillas. Ich erinnerte mich nicht an meine Mutter. Niemand sprach von ihr. Ich hatte sie vergessen. Als ich mit achtzehn Jahren, schon Kaiser, nach Kastilien kam, ritt ich zum Turm von Tordesillas. Ich sah meine Mutter. Nun — eine ältere Frau. Ich kannte sie nicht. Jemand deutete mit dem Finger auf sie. Es gibt Millionen Frauen. Man hätte mir Millionen weisen können. Ich hätte nicht weniger empfunden. Eine ältere Frau, von der man sagte, sie sei toll. Sie benahm sich seltsam. Sie starrte mich an und begrüsste mich nicht. Erst wollte sie mir die Hand nicht reichen, dann meine Hand nicht loslassen. Sie sagte Carlos zu mir, vielleicht siebenzig Mal, und sonst nichts. Hatte man ihr gesagt, ein Mann komme, der Carlos heisse? Wusste sie ihrem Sohn nicht mehr zu sagen? Damals war sie kaum vierzig Jahre alt. Ich schämte mich. Was sollte ich tun? Ihr die Krone von Spanien geben? Ich träumte davon, der Menschheit ein Paradies auf Erden zu schaffen, indem ich ein Reich schuf und den Krieg und die Ketzerei ausrottete. War das nicht das Leben einer Mutter wert? Die Christenheit war mir Vater und Mutter. Eine alte Frau sass im Turm. Wie ich sie ansah, blickten mich keine vierzig kurzen Jahre an, sondern die graue, stumpfe Zeit, die ewig dauern will und jeden grossen Menschenplan mit Parzenaugen anstarrt, die grosse Schere in der Rechten, den dünnen Faden des Menschenlebens in der Linken. Ich empfand vor meiner Mutter Furcht und Hass. Ich erinnere mich. Das Turmgemach hatte ein rundes Fenster, es war Abend, der linde Schein der untergehenden Sonne beglänzte uns. Es war ein Bett im Zimmer, ein Tisch, ein Stuhl, ein Kruzifix. Ist das nicht genug zum Leben? Speis und Trank hatte sie. Und vergiss nicht, sie war eine Ketzerin! Carlos, sagte sie mir, siebzig Mal vielleicht. Ich ging. Vierzig Jahre hielt ich sie im Turm zu Tordesillas, bis sie starb. Bin ich ihr Mörder, Philipp?"

„Und fluchte sie dir?" fragte Philipp leise.

„Mir?" rief Karl erschrocken. „Ihrem Sohn? Niemals."

„Vierzig Jahre?" fragte Philipp. „In diesem Loch zu Tordesillas?"

„Was sagst du?"

„Und was für Reisen hast du indes gemacht? Zwölfmal in Flandern, wie? Oder? Achtmal in Deutschland? Ich habe es vergessen."

„Was sagst du, Philipp?"

„Ich habe nachgedacht. Welch ein Schmerz, die Welt anzuschaun. Wer aber die Wahrheit ausspricht, merkt bald, dass es nicht hilft, auszusprechen; du sprichst, und nichts erfolgt."

„Ich verstehe dich nicht, mein Sohn."

„Ich meine", sagte langsam Philipp, „seit fünfzehnhundert Jahren ist alles gesagt. Und was geschah? Die Menschen wissen nicht, wie man sie verhöhnt."

„Ich verstehe dich nicht, Don Philipp."

„Ich meine", erklärte zögernd Philipp, „du warst zu gross. Wer die ganze Welt regieren will, muss nach dem Masse aller Menschen sein."

„War ich denn toll?" fragte Karl bebend. „War es toll, die Menschheit lenken zu wollen nach meinem Willen?"

„Nach Gottes Willen", sagte leise Philipp.

„Die ganze Welt: Ein Reich?" fragte Karl. „Ist das toll?"

„Es ist den Menschen versprochen."

„Und wird es gehalten werden?"

„Ja!" versprach Philipp.

„Du?" fragte Karl lächelnd. „Mein Sohn Philipp?"

„Ich bin geringer", sagte Philipp. „War Jesus nicht der Geringste?"

DIE NARREN

Der Kaiser sass in seinem Garten. Er hatte sich ein kleines Haus bauen lassen, am Rande des Parks von Brüssel. Hier brachte er die kurzen Tage zu, ehe er nach

Spanien segelte. Karl liebte jeden Baum in seinem Garten. Das Gras zu seinen Füssen schien ihm blutsverwandt. Karl liebte die harten, stechenden Gräser und die Halme mit den blühenden Rispen, ihre Biegungen im Wind, ihr Wehn und Neigen. Der Himmel sah blau und gnädig auf den Kaiser herunter. Die Vögel lärmten im Gebüsch. Halbverborgen hinter den hohen Bäumen lagen zwei Narren im Grünen, am andern Ende des Gartens. Zu den Füssen Karls sass Wilhelm von Oranien. Wenn Karl und Wilhelm schwiegen, konnten sie die lauten Stimmen der Narren hören.

Der Kaiser hob seine müden Augen. Seine Züge, von vorne kühn, bedeutend, weise, wirkten von der Seite verkniffen, kleinlich, gerissen. Der Kaiser seufzte tief und sagte: „Philipp versteht mich nicht. Ich habe ihm die halbe Welt gegeben. Mein Sohn Philipp ist undankbar." Dem Kaiser tat es nicht leid um die halbe Welt. Er bereute, dass er vor seinem Sohn Philipp gesprochen hatte. Die paar armen Worte verdrossen ihn.

Wilhelm schwieg. Er kannte des Kaisers Gewohnheit, vor ihm Selbstgespräche zu führen. Er spricht wie in seinen Spiegel, dachte Oranien. Tut nichts! Einmal werde ich antworten. Oranien rupfte Grashalme aus und zerzupfte sie. Dem Kaiser gefiel das zerstreute Wesen Oraniens. Es nahm ihm die Scham. „Warum bist du nicht mein Sohn?" fragte Karl leise. „Philipp grollt mir, weil er nicht Kaiser Philipp heisst. Als ich ihn aus England rief, um ihm die halbe Welt zu geben, schickte er seinen Kammerdiener oder Minister und fragte mich durch diesen Ruy Gomez, der ihm abends die Hosen auszieht, wie ich ihn empfangen wollte. Er fragte nach dem Zeremoniell. Er sei der König von England, liess er mir sagen. Er stellte Bedingungen. ‚Bedingungen?' fragte ich. Bin ich denn ein schlechter Vater? Als ich in diese Hütte zog und die Gesandten fortfuhren, mir die Kuriere zu senden, und einmal oder mehrere Male eine Depesche oder fünf Depeschen liegen blieben, da schickte mein Sohn Philipp durch seine Minister an meine Minister Beschwerden und Forderungen und machte Schwierigkeiten und kam schliesslich zu mir und stellte mir vor, er könne nicht regieren, sähe er nicht alle Akten. Er neidet mir den Stoss Papier! Er lispelte: Was sollte er mit den Niederlanden, Burgund, Mailand, Neapel samt Sizilien, wenn er nicht Spanien besässe und Westindien und die Gewürzinseln und die Kanarischen Inseln und das Kap der grünen Inseln und Mexiko, Peru, Oran und Tunis, samt den festen Städten der Berberei und den Philippinen, kurz, die ganze halbe Welt?" Karl versuchte, seine gichtischen Hände zu Fäusten zu ballen. Ihm war sehr viel im Laufe seines Lebens gelungen. Das gelang ihm nicht.

Ein Säugling, dachte der Jüngling Wilhelm gerührt, ein Säugling kann es. Armer Kaiser!

„Noch bin ich am Leben!" rief Karl. „Schon verjagt er meine Leute wie Hunde. Er gab mir zu verstehen, ich hätte alles falsch gemacht. Er will es verbessern. Aber ich lebe noch!"

Der Kaiser schwieg, als erwartete er eine Antwort. Ein Wind rauschte auf und machte das Gras zittern. Die Narren am Rande des Gartens schrien, als wollten sie einander ermorden. Der Kaiser seufzte tief und blickte zu Boden. Plötzlich schien ihm ein Einfall zu kommen. „Geld", sagte er, „das fehlte mir! Mit Geld wäre ich ein grosser Mann, beinahe der Papst geworden. Ich wollte die Tiara und die Kaiserkrone auf einem Haupte tragen. Wer die Menschen regieren will, muss sie ganz besitzen, ihre Freiheit und ihre Angst. Der holde Schein der Erde blendete mich. Ich bin langsam von Natur. Darum rannte mein Leben so. Ich habe ein schlechtes Gewissen. Warum liebst du meinen Sohn Philipp nicht, Wilhelm? Du liebst mich — sei still. Wenn die Zeit dir günstig ist, werden dich die Leute einen grossen Mann heissen. Mache dir nichts daraus! Wen alles heissen die Menschen nicht gross! Wenn du ein alter Mann sein wirst, mit müden Händen, und dein Leben gutheissen wirst, diese Stunde wird gelten. Ich habe ein schlechtes Gewissen vor Gott. Aber vor den Menschen fühle ich mich nicht schuldig. Habe ich nicht die Niederländer gerettet? Mehr als hunderttausend habe ich verbrannt, um ihre Seelen zu retten. Meine Edikte machten euer Glück: Wer leugnet, dass Christus zu Brot und Wein wird, wer ein Heiligenbild zerbricht, wer Schriften von Luther, Zwingli, Calvin, oder gar die Bibel liest, ich liess sie alle verbrennen, köpfen, lebendig begraben. Gibt es nicht genug Gezänk der Theologen? Soll das ganze Jahrhundert in Traktaten ersaufen? Du sollst Vater und Mutter anzeigen, Sohn und Bruder, Freund und Gatten, wenn sie Psalmen singen oder miteinander über Gottes Wort reden; sonst verbrennst du mit ihnen. Wer der Kirche nicht gehorcht, wird auch gegen den Kaiser aufstehn und fordert schliesslich gleiches Recht für alle Menschen. Das ist das Ende."

Karl hob den Blick forschend. Ein Page meldete den König Philipp. Wilhelm erklärte, er wolle die Narren schweigen heissen. Indes er ging, kam Philipp. Er beugte sich tief über die Hand des Kaisers und küsste sie. Karl musterte diesen kleinen, magern Mann von dreissig Jahren. Es war sein Sohn in jedem Zug, und doch schien er ihm fremd. Karl fragte sich: Hat mein Sohn Philipp eine Seele?

Auch Philipp musterte seinen Vater. Welches Schauspiel, dachte er, wie Grösse hingeht! Ich will ein anderes Leben führen. Kann keiner ausbrechen aus dem Kerker der gewöhnlichen Taten?

Karl sah, dass sein Sohn Philipp wie ein Brabanter gekleidet war und eine Maske in der Hand hielt. Karl lächelte, und Philipp errötete. Seit er König von Spanien hiess, hatte Philipp seinen gewohnten Ernst abgelegt. Er lag den schönen Mädchen von Brüssel im Schoss. Er tanzte in den Bordellen. Maskiert ging er durch die Strassen, um Abenteuer zu suchen. In seinem Übermut war er so unbeliebt bei den Niederländern wie in den Tagen seiner Würde. Der Kaiser lächelte nachsichtig. Mag mein Sohn die kleine Lust geniessen!, dachte er. „Ich liebe dich, mein Sohn!" sagte er und sah ins Gezweige der Bäume. „Ich gab dir alles."

Philipp dachte: Du hast mein halbes Erbe verspielt,

deinem Bruder und seinen Söhnen gabst du die Kaiserkrone, Ungarn, Böhmen und Österreich!

„Ich habe gefährliche Depeschen", erklärte Philipp, „aus Paris!"

„In einer Stunde", sagte Karl, „kommen die Gesandten Frankreichs in mein Gartenhäuschen, damit ich vor ihnen unsern Waffenstillstand mit Frankreich unterschreibe. Ich schenke dir den Frieden für fünf Jahre."

„Simon Renard berichtet aus Paris", erklärte Philipp, „der König von Frankreich habe vor drei Monaten einen Geheimbund mit dem Heiligen Vater und dem Grosstürken gegen uns geschlossen. Sie wollen uns aus Italien vertreiben."

Karl lachte. „Renard berichtet Hofklatsch", sagte er. „Frankreich braucht den Frieden mehr als wir. Renard ist ein Narr."

„Er ist dein Diener", bemerkte Philipp.

Er beugte sich tief über die Hand seines Vaters und ging zu seinem Vergnügen. Er war fröhlich, seit ihm sein Vater auch Spanien abgetreten hatte. Am gleichen Tage hatte Philipp an seine Frau, die Königin von England, geschrieben: ‚Ich bin der König von Spanien! Sei stolz, Marie. Yo el Rey.' So hatte Philipp unterschrieben, zum ersten Mal: Ich, der König. So unterschrieb er nun alle Tage seines Lebens, die drei Worte trugen ihn wie Flügel über die Säulen der Erde. Gott lenkt die Welt durch mich, dachte Philipp. Die Zeit und ich, ward sein Wahlspruch. Täglich schrieb er seiner Frau: ‚Ich liebe dich, mein Täubchen! Und vergiss nicht, mir die letzten Parlamentsakten aus London zu schicken. Yo el Rey.' Oder er schrieb: ‚Das Gerücht, ich läge alle Nächte im Bordell und sei lustkrank, lügt! Wahr ist, dass ich zuweilen maskiert durch die Gassen streiche, nicht um der bösen Lust willen, sondern aus Eifer für unsere Religion: Ich forsche nach Ketzern unter dem gemeinen Volk. Denn ich habe sogleich die Edikte gegen sie erneuert. Sei fleissig, Marie, und schlachte die Ketzer. Wir müssen ein gutes Beispiel geben. Mir lacht das Herz im Leibe. Yo el Rey.'

Täglich ritten im sausenden Galopp Sonderkuriere von

Brüssel nach Calais, um nach London zu fahren, und von Calais nach Brüssel, die von London kamen. Die Bauern in Flandern und Brabant erschraken zuerst. Nur der Tod reitet so schnell. Nur der Krieg reitet so häufig. Die Bauern gewöhnten sich an die reitenden Boten der echten und der falschen Liebe.

‚Süsses Herz', schrieb Marie, ‚bist Du gesund? Ich träumte von Dir. Wir ritten durch London und lachten. Ich wachte auf und lief ans Fenster und sah im Nebel einen Reiter. Er trug Deinen Mantel und schwang seinen Hut. Ich rief: Philipp! Da verging die Gestalt. Und ich schlief ein und hörte im Traum Deine Stimme, süsses Herz!' Die Königin von England schrieb und siegelte, der Kurier ritt nach Dover, das Schiff segelte nach Calais, der Reiter ritt drei Pferde zuschanden und kniete vor dem König, Philipp überflog die Zeilen: ‚Süsses Herz... im Nebel... süsses Herz.'

‚Ich bin ziemlich gesund', antwortete Philipp. ‚Die Geschäfte häufen sich. Wer weiss, wann ich nach London wiederkehre? Und schicke mir die Geheimberichte des englischen Gesandten zu Rom und die genaue Aufstellung der englischen Flotte! Denn ich liebe Dich. Yo el Rey.'

Da Philipp fort war, kehrte Oranien zum Kaiser zurück und brachte die beiden Narren mit. „Setzt euch hinter meinen Thron", befahl Karl den Narren, „heute seht ihr euren Meister, den Narren Brusquet!"

„Sire", fragte der Narr des Königs Philipp, „Sie glauben doch nicht, dass ein Narr den andern erkennt?"

„Oder Brusquet sähe nur einen einzigen Narren", fügte des Kaisers Narr hinzu.

„Welchen?" fragte Karl.

„Den Narren, der weggab, was keiner besitzt, und der erhalten wird, was alle erhalten."

„Redest du von mir?"

„Von einem, der die Welt weggab und Undank ernten wird!" rief der Narr und ging mit seinem Mitnarren ins Haus.

Mit dem Hut auf dem Kopf schritten die beiden Narren an einem Spalier von flandrischen Baronen vorüber. Da sie hinter dem leeren Thron des Kaisers sassen und auf diesen Brusquet warteten, der ihr Meister sein sollte, fragte gleichmütig der dürre Narr den dicken Narren: „Wirst du den Kaiser töten?"

„Ich bin ein alter Mann", antwortete der Dicke, „wovon soll ich leben?"

„Hast du nichts gelernt?" fragte der Dürre und seufzte. Er seufzte bei jedem dritten Wort. Er war der Bastard eines Studenten aus Salamanka und sprach so voller Anspielungen von seiner besondern Geburt, als hätte ihn ein Papst gezeugt. Er lispelte vor Feinheit, trug den Degen und goldene Sporen wie ein Ritter, blickte düster wie ein Magister und hustete aus Wichtigtuerei. ‚Es gibt Geheimnisse', sagte er zuweilen. ‚Wenn ich sprechen wollte...', sagte er. Er war der Narr Philipps und hiess Onkel Martin. „Hast du garnichts gelernt?" fragte er seinen dicken Freund Carel, eines Turmwächters Sohn aus Gent und Narr des Kaisers.

„Die Wahrheit lernte ich sagen", murmelte der dicke Carel. „Schon entlässt mich der Kaiser. Vierzig Jahre machte ich ihn lachen. Gelten nur Tränen, die man vergiessen macht? Was geht in so einem Menschen vor? Den Heiligen Vater sperrt er ein und versäumt keine Messe. Er verbrennt die Ketzer, aber seine Soldatenprediger verbreiten unter seiner Fahne die Lehren Luthers. Dem Tizian hebt er den Pinsel auf, aus Respekt vor der Kunst, und zerstört Rom durch seine Landsknechte, so erhabene Tempel, so zauberische Gemälde! Er hat die beste Kapelle, sie musiziert gleich Engeln, ihm aber machen die Kanonen die schönste Musik. Alles tut er aus Liebe, sagt er, für seine Völker, aber hat er nicht Hunderttausend in den Niederlanden verbrannt, Millionen geschlachtet in allen vier Erdteilen, rote, weisse, schwarze, gelbe Menschen, im Wandergewerbe, vierzig Jahre lang, und hat Krieg geführt gegen unseresgleichen, arme Leute, die den Frieden lieben? Ich habe ein Messer im Wams. Wenn er so dasitzt und den Wirt zur grünen Erde spielen wird, dem Gott die Menschheit schenkte, dass er sie wie einen Federball wegwirft an einen Sohn oder Bruder, bloss weil er genug vom Kinderspiel hat; wenn er so dasitzt und sich spreizen wird, vor diesem neuen Narren Brusquet, den er uns als Meister vorführen will, weil jener einen milden König zum Herrn hat, der ihm die Postmeisterstelle von Paris gab, damit auch ein Narr reich und gross werde; wenn der Kaiser uns dann aufziehen wird, da doch er und sein Sohn uns mit Versprechungen füttern, weil sie nur über arme Leute lachen können und vor Geiz stinken, dann ziehe ich mein Messer (sollst du sehn!) und stosse es ihm in den Nacken, so oder so! Und wenn du ein Kerl wärst, tust du ebenso an deinem Herrn Philipp! Was starrst du mich an? Ist der Kaiser kein Mensch? Kann ihn ein Stück Eisen nicht kalt machen? Wenn er alle Viere von sich streckt, kann ihm jeder ins Gesicht pissen!"

„Vierzig Jahre", sagte seufzend Onkel Martin und deutete auf den Bauch seines Freundes, „sassest du zu Füssen des Kaisers und frassest die geräucherten Fischchen und trankst aus goldenen Bechern?"

Betroffen blickte Carel auf seinen Wanst und fragte: „Vermindert ein getrüffelter Schweinebauch unsern Anspruch auf die Gleichheit aller Christenmenschen?"

„Gib acht, armer Freund", sprach warnend Onkel Martin, „oder sie binden dich, wie ich hierzulande sah, nackt an einen Pfahl und häuten dich bis zum Gürtel und lassen einen Bienenschwarm auf dich los, der sticht dich so langsam zu Tode, bis du vergisst, dass du Gottes Ebenbild vorstellst! Du willst Kaiser und König wie Kegel umwerfen? Das Volk liebt sie. Zu dem Stock, der sie prügelt, beten sie. Sieh einmal die kleinen Leute an! Wie schaun sie aus? Gemacht, geschlachtet zu werden; erzogen, betrogen zu werden!"

„Du sprichst wie ein Spanier!" rief Carel. „Du kennst die Freiheit nicht!"

„Wir sind alle Sünder", erklärte zufrieden Onkel Martin

„Ich bin unschuldig!" schrie Carel.

„In dieser Welt", antwortete Martin, „verderben die Unschuldigen."

„Ich höre Stimmen", sagte Carel und machte eine Miene, als lausche er Klängen in den Lüften. „Die Stimmen der grossen Toten hallen herüber aus helleren Jahrhunderten. Die Weisheit spricht griechisch, die Tugend römisch, die Liebe hebräisch. Wie lange lagen sie stumm auf den Friedhöfen der Humanität? Die menschliche Vernunft ist endlich aufgewacht."

Onkel Martin seufzte und fragte: „Und stellt die alten Narrenfragen? Warum vergiesst der Mensch so viel Schweiss für sein Brot, statt sich von Steinen zu nähren? Warum schlachten sich die Leute im Krieg wie das liebe Vieh, und fressen doch kein Menschenfleisch mehr? Wer bestimmt, welcher ein Sklave und welcher ein Herr sein soll? Warum sind die Weisen ohne Macht? Warum hasst der Schwache den Schwachen?"

Der Kaiser trat ein und überhob den Narren der Antwort.

„Du wirst sehn", flüsterte Carel, „ich ermorde ihn!"

„Mit dem Messer?" fragte Onkel Martin und lächelte lüstern.

Der Kaiser setzte sich ächzend auf seinen Thron. Schwarz war das Gewand des Kaisers, schwarzverhangen der Thron, schwarz gedeckt sein Tisch, schwarz die Tapete an den Wänden, weil der Kaiser um den Tod seiner Mutter trauerte, um Johanna die Wahnsinnige, die Königin von Spanien.

Die Gesandten Frankreichs bückten sich vor dem Kaiser, ein Admiral namens Coligny, ein Bischof, zwei Vettern des Bischofs und mehrere noch. Der Admiral rühmte den neuen Frieden zwischen Frankreich und Spanien, vielleicht wusste er nichts vom Geheimbund seines Königs mit dem Grosstürken und dem Papst, abgeschlossen drei Monate zuvor für einen neuen Krieg mit den Spaniern.

Der Kaiser schwor feierlich den Waffenstillstand: Fünf Jahre Frieden zwischen Spanien und Frankreich, zwischen den Familien Habsburg und Valois und allen, die ihnen zinsten. Als der Kaiser das Handschreiben des Königs von Frankreich öffnen wollte, vermochte er nicht, den schwachen Faden zu zerreissen und das leichte Siegel zu brechen, so gichtgeschwollen waren seine Finger. Dennoch wehrte er seinem Minister Granvella, der hinter ihm sass und sich vorbeugte, um den Brief zu entfalten, und strengte sich an, der Schweiss trat auf seine Stirn, es war peinlich anzusehen, endlich zerriss er den leichten Faden und brach das schwache Siegel. Alle sahen, dass er seinen Schweiss vergoss, um einen Brief zu öffnen. Alle dachten denselben Gedanken. Auf allen Gesichtern las ihn der Kaiser. Mühsam schluckte er das Gefühl seiner schauerlichen Ohnmacht und seinen Neid auf die strotzende Gesundheit aller länger lebenden Menschheit herunter. Mühsam lächelte er und erklärte dem Admiral, was für ein grosser Kaiser, was für ein behender Ritter er gewesen, wie geschickt, zu rennen und die Lanze zu brechen, und nun habe er solche Mühe, einen Brief zu öffnen.

Endlich las der Kaiser den Brief, der so log wie die meisten Briefe. Sein Narr starrte indes auf den Rücken des Kaisers, als suche er die tödliche Stelle. Die numerierten Männer, dachte er, verderben die Welt. Erhebe einen Dummkopf, benenne und numeriere ihn, und der illustrierte Schurke macht Epoche. Ferdinand der Erste, Philipp der Zweite, Heinrich der Dritte, Paul der Vierte, Karl der Fünfte, Marie die Blutige — Blut steht für eine Ziffer! Alle könnten so heissen, Philipp der Blutige, Karl der Blutige, o pfui, wann endlich heisst es Despot der Letzte? Ich stosse zu! Ein Landsmann weniger, was weiter? Der Narr griff nach dem Messer, da sah er im Antlitz seines Freundes die Schadenfreude, ihn fror, und er schalt sich einen Narren, dass er für ein paar lumpige Millionen Menschen sich opfern wollte. Sie werden sagen, nach dem Abendessen, dieser Carel schrie, als man ihn aufs Rad flocht! Was gehn die Menschen mich an? Wer kümmert sich um mich? Der arme, alte, flandrische Narr nahm seine Hand aus dem Wams und schnickte mit den Fingern, als sei alles nur ein Spass gewesen. Der spanische Narr lächelte mitleidig. Er dachte, der Kaiser an der Stelle des Narren hätte zugestossen!

Der Kaiser fragte nach der Gesundheit des Königs von Frankreich. Der Admiral berichtete, König Heinrich sei vierzig Jahre alt und habe schon graue Haare. Der Kaiser erzählte von seinen ersten grauen Haaren. „Ich war vierzig und in Neapel, ich kam von Afrika, ich wollte den Damen gefallen und fand im Spiegel ein paar graue Haare. Mein Barbier schnitt sie, da wuchsen zehn für eins. So wird man grau." Der Kaiser schwieg. Plötzlich fiel ihm etwas ein, alle sahen es und erwarteten den kaiserlichen Gedanken. „Mein Bruder Heinrich von Frankreich", sagte Karl, „ich erinnere mich, ich sah ihn doch als kleinen Jungen in Madrid, vor achtundzwanzig Jahren. Er war so ein munterer kleiner Junge, und jetzt hat er graue Haare und schliesst Frieden!"

Es war aber Heinrich damals als Geisel für seinen Vater in Madrid gefangen.

Die Franzosen machten finstere Mienen. Alle Spanier empfingen sie mit Erinnerungen. Schon König Philipp hatte im Audienzsaal zu Brüssel zum Empfang der französischen Gesandten ein paar hübsche flandrische Tapeten aufspannen lassen mit köstlichen Schildereien aus der Schlacht bei Pavia, wie Kaiser Karl den König Franz den Ersten von Frankreich fing, wie König Franz in Ketten nach Spanien transportiert ward, wie er als Gefangener zur Laute Klagelieder sang im Schlosshof zu Valladolid. Auf allen Seiten sahen die Gesandten die Schande Frankreichs. Aber der Narr des Königs von Frankreich, der mit ihnen war, rächte den Schimpf. Als am andern Tag König Philipp vor dem Altar der Brüsseler Hofkirche den Waffenstillstand feierlich auf die Evangelien schwor und an die zweitausend Bürger, der Adel, der Hof und die Gesandten von Frankreich versammelt waren, da gingen der französische Hofnarr Brusquet und sein Reitknecht langsam durchs Kirchenschiff und hielten jeder einen vollen Beutel goldener Dukaten neuester Pariser Prägung und streuten, indes sie unaufhörlich ihren nationalen Ruf ‚Largesse! Largesse!' ausstiessen, ihre güldene Freigebigkeit mit vollen Händen so verführerisch umher, dass im Nu die Bogenschützen aus der spanischen Leibwache Philipps in die funkelnden, goldenen Wogen sich warfen, im Glauben, sie empfingen des Königs Philipp Largesse. Schon setzten sie einander die Hellebarden auf die Brust, und indes Brusquet und sein Reitknecht unverdrossen fortfuhren, ‚Largesse!' zu schreien, ‚Freigebigkeit!' und ihre goldene Flut verströmten, und Philipp, wie von einer Klippe, von den Stufen des Altars herabsah und gekränkt zum Admiral sagte: ‚Die Franzosen sind sehr kühn, ihre Freigebigkeit bei mir zu Haus zu üben!' und der Admiral vor Überraschung verstummt war, stürzten sich die Herren und Damen, an die zweitausend, in die goldene Flut und fielen so übereinander her und stiessen sich und schrien und rangen und hüpften den hüpfenden Dukaten gleich und rollten wie sie und krochen unterm Gestühl und zwischen steinernen Sarkophagen und sprangen und funkelten und häuften sich gleich den Goldmünzen, und manche geputzte Dame lag auf dem Rücken und spreizte die nackten Beine, als wollte sie wie Danae Jupiters goldene Flut im Schoss empfangen, und auf manchem gestürzten Bogenschützen sassen und lagen fünf, sechs Damen, als wollten sie ihm mit Gewalt seinen Schatz rauben, und immer noch gingen Brusquet und sein Knecht und streuten Gold mit vollen Händen und schrien, so laut wie holländische Tulpenhändler, ihren Ruf ‚Largesse!', den Triumphlaut der Freigebigkeit, zum Hohn für Karl und Philipp, die geizigen Könige!

Philipp starrte in dieses Fegefeuer und begann mit einem Mal, zu lachen, laut und schallend, und sein Gelächter hallte in die höchsten Bögen, von Kirchenfenster zu Kirchenfenster, krumm bog sich vor Gelächter König Philipp und lehnte sich auf den Altar, um nicht umzufallen vor Lachens Wut. Auch Oranien und Egmont lachten, und Ruy Gomez und seine junge Frau, es lachten Spanier und Holländer, die Bischöfe und jene Bürger, die zu stolz waren, um nach dem Gold zu fischen. Das war die Rache des Narren Brusquet für die flandrischen Tapeten.

„Nun", fragte der Kaiser die Gesandten, „wer von euch ist der Narr?"

Der Admiral sah den Bischof an, der Bischof musterte den Admiral. Brusquet verbeugte sich. Er glich den andern. Niemand hätte es erraten, dass dieser der Narr war.

„Du bist freigebig gegen uns", sagte der Kaiser. „Ich kenne deine Streiche. Du bist berühmt. Deine Witzkämpfe mit dem Marschall Strozzi erheiterten sogar uns. Erinnerst du dich noch, wie der Marschall dich für einen Esel hielt, weil du Hofkleider trugst, und dich zwang, Disteln zu essen?"

„Ja", antwortete Brusquet, „das war damals, als Eure Majestät diese Rubinen und Karfunkelsteine an Ihren Fingern kauften!"

Alle sahen auf die Hände des Kaisers. Er trug nur seine Gichtknoten an den Fingern. Da lachten alle sehr. Das erschien ihnen wie ein guter Witz! Und Karl sagte lachend: „Du gabst mir eine Lektion. Man soll sich nicht an Narren reiben. Aber du spielst nur den Narren. Grüsse mir die gute Stadt Paris!" Und der Kaiser schenkte dem fremden Narren einen Ring.

Da die Gesandten durch den Garten fortgingen, drehte der Admiral Coligny sich um und sah den Kaiser am Fenster stehn und lächeln. Mühsam hielt sich der Kaiser aufrecht, er hatte sich zum Fenster geschleppt, damit Coligny sähe, dass der Kaiser noch nicht todkrank sei, wie das Gerücht ging. „Noch lebe ich", murmelte Karl böse lächelnd.

Coligny starrte wie behext. Rechts und links neben dem lächelnden Kaiser sah er zwei Männer stehn, einen düstern Hagern und einen grinsenden Dicken. Ohne zu grüssen wandte Coligny sich endlich fort und ging erschrocken davon. Die drei alten Männer am Fenster sahen aus wie drei Narren am Fenster eines Tollhauses, dachte Coligny und bekreuzte sich.

ABSCHIED VOM KAISER

An einem strahlenden Sommertag fuhr der Kaiser in einem offenen Wagen von Flandern nach Zeeland. Langsam schritten die Pferde. Eine Staubwolke zog vor ihnen her. Der Wagen rumpelte. Der Kaiser hielt die müden Augen geschlossen; nur manchmal öffnete er sie gierig, als wollte er das Antlitz der Heimat forttragen, die weiten Ebenen, den satten Schimmer der grünen Wiesen, den Schein des Himmels. Hinter dem Kaiser ritt sein Hofstaat, siebenhundertzweiundsechzig Männer, Kämmerer und Köche, Mechaniker und Ärzte, Chronisten, Stallburschen und Herzöge. Nur einhundertfünfzig folgten ihrem Herrn nach Spanien. Nur fünfzig sollten in San Yuste ihm dienen. Dem Zuge folgte der halbe Adel der siebzehn Provinzen, an ihrer Spitze Oranien und Egmont, es folgten Minister, Bischöfe, Bürger.

Neben der Kutsche des Kaisers ritt sein Sohn Philipp durch die blauen Tage. Schweigend standen die Bauern am Saum der Strasse und zogen ihre Mützen. Karl winkte keinem zu, ihn schmerzten die Glieder. Zuweilen sah er im Halbtraum neben seinem Wagen einen Reiter. Ihm schien die Gestalt wunderbar vertraut. Auf einer Brücke sah er mit einem Mal, er war der Reiter, vielmehr, sein Gespenst war es. Karl erkannte seine eigenen Züge aus der Zeit, da er noch ein grosser Mann war. Nun winkte ihm der Reiter. Lange starrte der Kaiser hin, gar nicht entsetzt, nur gerührt. Endlich seufzte er und sprach: „Warum reitest du nebenher? Warum winkst du mir mit dem Finger? Lauter! Ich verstehe dich nicht! Du willst nochmals dieses Leben versuchen? Ich will nicht! Du lügst! Du bist nicht der wahre Kaiser! Scharlatan! Ich bin der Kaiser! Ich habe Dokumente! Du bist nicht mein Richter!"

Dem Kaiser dröhnte seine eigene Stimme in den Ohren, wie Donnerschläge im Gebirg. Philipp beugte sich vom Pferd herab und fragte: „Wünschest du etwas, lieber Vater?"

Da merkte der Kaiser, dass der Reiter die Gestalt und Stimme seines Sohnes Philipp geborgt hatte. Das Entsetzen packte den Kaiser. Mühsam hob er den Finger und schlug das Kreuz. Der Wagen rasselte durch das sommerlich glühende Flandern. Philipp schwankte müde auf seinem Gaul. Wie eine Staubwolke schwebte eine tiefe Trauer über seinem Haupt. Er liebte seinen Vater. An der Stärke seiner Schmerzen mass er seine Liebe. Er wünschte, zu seinem Vater zu sprechen. Die Worte versagten ihm. Ich werde ihm schreiben, dachte er. Der Staub drang ihm in die Nase und den Mund, trocknete seine Stimme und hüllte ihn wie in ein graues Tuch. Mein armer Vater!, dachte Philipp. Im Frühling versprachst du mir den Frieden! Nun ist Herbst, der Krieg beginnt.

König Philipp hasste seinen ersten Krieg. Spanische Mönche hatten ihn erzogen, er wollte die Welt katholisch machen, zur Ehre Gottes und zu seinem Nutzen. Aber der böse Feind sass auf dem Stuhle Petri, der Papst verfluchte ihn mit hundert Flüchen und drohte, ihn zu exkommunizieren. König Philipp war entschlossen, die Schwächen der Weltordnung zu bekämpfen und die Fehler der menschlichen Natur zu verbessern. Philipp glaubte, nur die grosse Ordnung mache glücklich. Ihn verwirrte sehr, dass er seinen ersten Krieg gegen den Papst führen musste. Er berief aus England seinen Beichtvater Castro und seinen Prediger Carranza und legte ihnen fromme Fragen vor. Darf ein König gegen den Papst Krieg führen? Ja, erwiderten sie wie aus einem Munde. Und sie bewiesen alles aus der Heiligen Schrift. König Philipp befahl dem Herzog Alba, gegen Rom zu marschieren. Schon rüstete auch der König von Frankreich gegen Philipp, schon sandte der Grosstürke seine Korsaren gegen Neapel. Die Ketzer allerorten spotteten laut: Kaiser Karl fing den Papst, König Philipp wird ihn verbrennen. Die Stillen im Lande schüttelten die frommen Häupter und zitierten Weissagungen aus dem Jahr der Geburt Philipps, da sein Vater Rom geplündert hatte. Ein böses Omen! Die frommen Leute hatten ihre Zeigefinger aufgehoben und dem Neugeborenen prophezeit, er werde die Kirche zerstören! König Philipp erschrak vor dem Gerede der Leute und bat den Kaiser: „Warte noch die Weile und hilf mir gegen die schrecklichen Feinde!"

Der Kaiser schüttelte das Haupt. „Ich lasse dir meine Diener", sagte er, „ich lasse dir auch meinen Segen!"

Traurig ritt König Philipp neben der Kalesche des Kaisers.

Der Prinz Oranien und Graf Egmont sassen vor dem Hause eines reichen Bauern ab, um einen Krug Bier zu trinken. Ein Bach führte am Haus vorbei, sie sassen im Schatten von Pappeln und Ahornbäumen, Hühner liefen um sie her. „Es ist Krieg", sagte Egmont, „und der Kaiser scheidet." Der Graf, ein fetter Adonis von fünfunddreissig Jahren, lächelte fröhlich.

„Oranien", rief er, „wir werden Grosses erleben!"

Wilhelm schwieg. Er war so jung und hatte in der Schule des Kaisers so viel Greuel gesehen, dass er leicht hätte ein Menschenfeind werden können. Wilhelm aber fuhr fort, seinem ersten Trieb zu gehorchen: die Menschen zu lieben. Er war tolerant. Aber zum Unterschied von den Meisten tolerierte er nur die Verfolgten, nicht die Verfolger. Er liebte das Leben, weil es ihm zu tun gab. Er liebte den Kaiser, weil er eine Welt bewegt hatte. Wie die meisten Jünglinge hielt er den Lärm, den ein Mensch machte, für ein Zeichen von Bedeutung und verwechselte Energie mit Grösse. Noch wusste er nicht so genau, dass eine Idee ohne Wahrheit nichts ist, und ein Mensch ohne sittliche Vernunft eine allgemeine Gefahr ist, und dass Völker, die das Böse dulden, verderben. Noch zielte er ins Ungefähre und bewunderte seinen Freund Egmont, der das Leben mit allen Organen liebte, ein gebratenes Huhn mit der gleichen Wollust genoss wie ein Mädchen, bei dem er schlief, die Schmeichelei des Kaisers mit gleicher Freude wie die Gunst der Niederländer empfing. Oranien, der die Menschen zu durchschauen liebte, kannte diesen ehrgeizigen und zufriedenen Egmont gut, der wollüstig und Vater von neun Kindern war, unruhig und leichtgläubig. Oranien hatte eine beständige Neigung für ihn. „Welch ein Unglück", erwiderte er dem Grafen Egmont, „bedeutet ein grosser Mann für ein Volk, das ihn unbekümmert schalten lässt! Der Vorteile, die es empfängt, freut es sich bedenkenlos, da doch bald kleine Erben mit dem Riesenschwert ihres Vorgängers Unheil stiften müssen. Wir Niederländer waren zu nachgiebig gegen den Kaiser."

„Sie fürchten zuviel", erwiderte Egmont leichthin. „Der König führt einen grossen Krieg. Er braucht uns, seine Generäle; die Provinzen liefern Geld. Er wird sich bequemen müssen. Und gaben wir dem Kaiser zu viel? Stiegen wir nicht alle mit ihm? Er hat die halbe Welt gewonnen — und den Niederländern eröffnet. Ihm verdankt unser Handel die Freiheit in allen Meeren und Reichen. Er war ein Niederländer, wir teilten seinen Ruhm. Er gab uns Frieden und Glanz, nun sind wir reich vor allen Völkern! Wer wollte uns antasten?"

„Vielleicht König Philipp?" fragte beiläufig Oranien. „Ein Krieg geht vorüber. Ein reiches Volk verarmt. Unbequeme Generäle sind zu ersetzen. Die spanischen Staatseinrichtungen, so viel bewundert, König Philipp weiss sie zu handhaben. Er kennt die Menschen und spart sie nicht. Er ist kein grosser Mann, aber er hat grosse Absichten! Das macht ihn gefährlich. Ich erfahre viel, manches missfällt mir. Seine erste Tat war die Verkündung der alten, grausamen Gesetze gegen die Ketzer."

„Ich sehe alles anders!" rief Egmont. „Der König wird siegen und nach Spanien heimkehren. Dann endlich muss ein Niederländer Regent werden. Die Nation blickt auf uns, der König wird einen von uns zum Regenten der Niederlande machen müssen!"

„Vielleicht", antwortete lächelnd Oranien. „Glauben wir an unsern Stern! Wir Niederländer hatten gute Zeit unter Karl. Ein neuer Herr wird liegen, wie wir ihn betten. Wir sind stark, wenn wir zusammenhalten."

„Lieber Freund", sagte Egmont und erhob sich, „rechnen Sie auf mich."

„Ist das eine Abmachung?" fragte lächelnd Oranien.

„Mehr!" rief Egmont und reichte Wilhelm die Hand. „Es soll ein Bund sein!"

Sie gingen zu ihren Pferden. Einträchtig trabten sie über das weite Land. Die Sonne ging strahlend unter. „Wie schön ist unser Land!" rief Egmont. Wilhelm nickte lächelnd.

Am siebzehnten September verliess die spanische Flotte den Hafen von Vlissingen. Bei gutem Wind segelte der Kaiser nach Spanien. Am achtundzwanzigsten September abends um neun Uhr landete er in Laredo. Kaum hatte er den Fuss ans Land gesetzt, erhob sich ein ungeheurer Sturm und schlug die Schiffe. Der Hafenkai lag dunkel und verlassen. Der Wind pfiff schauerlich. Niemand hatte den abgedankten Kaiser erwartet. Die Matrosen fluchten und gingen davon. Fünf oder sechs Fischer standen schweigend und glotzten. Schliesslich begann es zu regnen. Nach einer Stunde trieben die Kämmerer eine schlechte Sänfte auf. Vor dem Stadttor traf man einen Alguazil mit ein paar Wächtern zu Pferde. Man befahl ihnen, den Zug des Kaisers zu begleiten. So reiste der grosse Karl durch Spanien, bewacht von der Polizei wie ein Verbrecher.

DER FLUCH

Der Heilige Vater (Peter Caraffa aus Neapel) trat auf den offenen Säulengang im zweiten Stock der Peterskirche. Er trug auf dem Haupt die Tiara, in der Hand eine brennende Kerze. Ihn umgaben die Kardinäle im vollen Ornat. Papst Paul der Vierte, ein dürrer Riese mit tiefen, brennenden Augen, zitterte an jedem Nerv im Rausch einer Wollust, die er in achtzig Jahren nicht empfunden hatte. Zu seinen Füssen sah er das Volk der Römer, auf den Hügeln am Rande Roms die Scharen der Hölle, über sich die Heerscharen Gottes. Gierig lauschte er dem eintönigen Gemurmel eines Kanonikus von St. Peter, der die neueste Bulle verlas, lateinisch und italienisch. Mit trockenen

Lippen wiederholte unhörbar murmelnd der Hirt der Christenheit den Bannfluch: „....ausstossen wir aus unserer Gemeinschaft den Erzketzer Philipp von Österreich, genannt König von Spanien, den Sohn des Unrechts, Auswurf des sogenannten Kaisers Karl...."

Nicht genug!, dachte Papst Paul der Vierte. Kein Schimpf genug! Zu arm ist die Sprache. Solche Ungeheuer sah die Menschheit nicht voraus! „... wir verfluchen ihn" (tönte die kahle Stimme des Kanonikus) „im Namen des Vaters, des Sohnes und des Heiligen Geistes, der gesegneten Jungfrau Marie, Johannes des Täufers, Peters und Pauls und aller anderen Heiligen im Himmel. Unser Fluch treffe den Empörer im Haus, im Stall, im Bett, im Feld, auf dem Wege, in der Stadt, in der Burg, im Wald, im Wasser oder in der Kirche...." Nie genug!, dachte der Greis und sog die greulichen Worte in sich. Hilf, Gott, diese spanische Brut zu zerschmettern. Hab' ich nicht gelebt, da Italien frei war? Und will es wieder erleben! Wo ist ein Volk wie wir, ein Land Italien gleich? Und soll fremdes Vieh hier weiden? Sollen Herren sein, die vor kurzem unsere Köche und Kutscher waren? Wer machte die Ketzer gross? Der Kaiser! Ein Neapolitaner bin ich, ein Italiener, ein Katholik, ein Papst, vierfach hasse ich ihn! Höher hob der Heilige Vater die brennende Kerze. Lauter tönte die fluchende Stimme: „....verflucht sei Philipp in der Schlacht, im Gebet, wenn er spricht, wenn er schweigt, wenn er isst, wenn er trinkt oder schläft! Versenge der Fluch seine Augen und seinen Leib vom Scheitel bis zu den Sohlen seiner Füsse. Satan und deine bösen Geister alle, dich beschwöre ich, ruhe nicht, ehe er der ewigen Schande ausgeliefert und vernichtet ist durch Erhängen oder Ersäufen, bis er von wilden Tieren zerrissen oder vom Feuer verzehrt ist...."

Zu milde noch!, dachte der Heilige Vater. Neben ihm lachten laut der Kardinal Medici und der Kardinal Caraffa, der gleichfalls eine brennende Kerze hielt. Satan, lachst du?, dachte der Papst.

Indes unten die Römer und Römerinnen in Totenstille

dem schrecklichen Bannfluch lauschten, als träfe er sie, tönte die eintönige, ruhige Stimme: „....seine Kinder sollen Waisen sein, sein Weib eine Witwe werden. Ich befehle dir, Satan, und allen deinen bösen Geistern, das Licht seiner beiden Augen ebenso auszulöschen, wie wir jetzt diese beiden Kerzen ausblasen. So sei es! So sei es! Amen! Amen!"

Der Heilige Vater hob die brennende Kerze wie eine Fackel (des Krieges Fackel!) und schleuderte sie mitten unter die Römer. Sein Neffe Caraffa warf die zweite Kerze hernieder. Mit Fäusten stiess sich das Volk und schlug sich mit Stöcken, um ein Endchen der Kerzen zu erhaschen. Die Schweizer Garden traten an die Brüstung und ergriffen das herabhängende Tuch aus schwarzem Taft. Ein violetter Teppich hing nun herunter und leuchtete im süssen Schein des Tages. Der Heilige Vater hob seine Hände und segnete das Volk.

BRUDER KARL

Indes Philipp zum zweiten Mal nach England fuhr und im Bett seiner Frau Marie bewirkte, dass sie Frankreich den Krieg erklärte und den Spaniern achttausend englische Soldaten zu Hilfe schickte, und indes er Mühe hatte, nach erreichtem Ziel seiner Frau zu entfliehn, die wieder mit Pomp erklärte, sie sei schwanger, durchquerte sein Minister Meer und Länder, um den Kaiser in den Streit der Welt zurück zu locken. Hastig ritt Ruy Gomez durch das Gebirge von Estremadura. Seine Eseltreiber schworen, in vier Stunden sei er in Yuste. Noch endeten die Berge nicht, schon sank die Sonne hinter die Gipfel, blaue Schatten schwebten schon, als die riesigen, nackten Felsen wie durch einen Zauber sich auseinanderschoben. In einem selig weiten Blick sah er tief unten die Ebene wie ein grünendes Moor, weit dahinten die Türme der Stadt Placencia, und näherhin, auf einem niedern Hange, das Hieronymitenkloster Yuste, die grauen Mauern halb ver borgen zwischen Nussbäumen und Eichenwäldern, die hinunterstiegen fast bis zur Ebene. Über der ungeheuren Stille, die in der Tiefe zu wohnen schien, fasste der Minister erst den Frevel seines Auftrages. Vor den Büsser, der eine Welt weggab, um für sich zu leben, sollte er hintreten und vom Krieg handeln, die Namen von Königen aussprechen, von Feldzugsplänen reden, von Festungen, von Korsaren, oder gar in der Klosterstille den Bannfluch des Papstes widertönen lassen? Den frommen Kaiser, der mit Prunk in den Orden der Hieronymiten eingetreten war, den ‚Bruder Karl' sollte er aufrufen in eine tobend gemeine Welt, zu Blutvergiessen und Finanzgeschäften?

‚Sei demütig vor meinem Vater', hatte ihm König Philipp aufgetragen. ‚Wenn wir nur am Ende gross sind, wird der Sieg unsere staubigen Kniee abwaschen. So werden wir frei für erhabenere Geschäfte!'

Der Minister ritt vorsichtig zu Tale, zwischen seinen schweigenden Eseltreibern und Geheimschreibern. Er war ein kleiner, behender Mensch, schwarzhaarig, funkeläugig, erst fünfunddreissig Jahre alt und lange schon fertig. Er war am Hofe aufgewachsen, ein Page Philipps. Als er einmal den Infanten schlug und dem Gesetze nach sein Leben verwirkt war, befahl der Kaiser, ihn zu töten. Philipp fiel seinem Vater zu Füssen, bat, weinte, schrie und bettelte so inständig, so verzweifelt hilflos um das Leben seines Pagen, dass der grosse Karl erschüttert sein Söhnchen aufhob und: „So sehr liebst du diesen Gomez?" fragte und kopfschüttelnd wiederholte: „Liebst du so sehr?" und ihm das Leben seines Pagen schenkte, wie man Kindern einen bunten Lappen weggibt. Zärtlich kämmte er die zerzausten, blonden Locken Philipps mit den damals noch unverbogenen Fingern und strich mit der Kuppe des breiten Daumens die letzte Träne aus dem Augenwinkel seines Sohnes fort.

„So sehr liebst du mich also?" fragte der Page seinen Prinzen später.

Der sah ihn nur an. Er hatte nie gewusst, dass er gerade diesen Pagen so liebte. Hatte er aus Liebe geweint? War kein verborgner Kummer hineingemischt, keine ferne Ahnung, dass er einst als König noch viele lebendige Menschen unschuldig schuldig vor ihrer Zeit auslöschen werde, und fürchtete er, diese trübe Zeit schon beginnen zu sehn? Vielleicht aber spürte er zum ersten Male das Grauen der Todesangst und war noch zu jung, zu unerfahren, sein Leben und das seiner kleinen Welt so genau zu scheiden, und schrie, als spürte er das Schwert im Nacken. Seitdem genoss Ruy Gomez de Silva, ein gewöhnlicher Portugiese, die Gnade Philipps, seine Freundschaft, wenn man ein Verhältnis so nennen darf, wobei einer den andern wie eine brennende Kerze ausblasen kann, ohne Mühe, ohne Folgen. Philipp verfuhr mit diesem geretteten Leben, als wäre es sein zweites Leben, ein schlechteres Leben. Er behielt es, wie er alles aufhob, sogar die Locken, die der Barbier ihm abschnitt, — so sehr liebte er sein Leben. Philipp beförderte den Pagen zum Kammerjunker, Staatsrat, Finanzminister, Grafen, zum Fürsten von Eboli, einer Stadt in Italien, die er ihm schenkte. Dennoch blieb der Fürst und allmächtige Minister nur der Kammerdiener seines Freundes. Er schlief in des Königs Kammer, kleidete ihn an und aus, las ihm vor, tags um ihn zu unterrichten, nachts um ihn einzuschläfern, führte ihm Weiber zu, nach denen es den König gelüstete, leitete die Korrespondenz des Königs, die Finanzen seines Haushalts und seiner Reiche, und insgeheim vielleicht auch den König, ein fleissiger Minister, munterer Gesellschafter, geriebener Kuppler, ein vollkommener Kammerdiener.

Ruy Gomez gewann die Eleganz von Seiltänzern, ihr stetes, kunstvolles Lächeln, dieses ewig frische, hochbezahlte Wohlwollen, jene nichtige Grazie, die auszudrücken scheint, der Seiltanz sei der natürliche Gang der Menschheit.

Ruy Gomez war ewig in Geschäften, immer heiter, unwissend und also gewissenlos, er war ganz Wohlwollen und blass von wenig Schlaf. Philipp liebte ihn, wie man einen abgerichteten Pudel liebt, und Gomez war zu wohlerzogen, um je nach den Waden seines Herrn zu schnappen.

Zu Hause in den meisten Geheimnissen seines Herrn, übersah er zwar nicht den Bau des Weltreichs und nicht von ferne den Geist der Untertanen, aber er kannte eine Million Geheimnisse, vermochte, hunderttausend Menschen zu vernichten, und überwachte in vier Erdteilen Worte, Handlungen, Geschäfte von Menschen, die er nie von Antlitz gesehen hatte und die nichts von diesem Fernblick wussten.

König Philipp hatte von seinen Urgrosseltern, den berühmten Königen Isabella von Kastilien und Ferdinand von Aragon, ein wunderliches Instrument geerbt. Es genoss eines heiligen Rufes. Es hatte märchenhafte Vorzüge. Es glich einer Wünschelrute: Wo Gold wohnte, schlug es. Es glich dem Antlitz der Meduse: Wen es anblickte, der erstarrte. Mit Siebenmeilenstiefeln trug es überall Unheil hin. Gleich einer Tarnkappe machte es die Mörder unsichtbar; gleich einer Drachensaat ging es auf und verdarb alle Unschuldigen. Es hiess die spanische Inquisition, und Philipp ward sein Virtuose. Dieses blühende Geschäft, dessen schuldige Teilhaber der König und die Kirche waren, bestand aus einem Spionagehandel und aus offenem Raubmord, dessen Opfer unter kirchlichen Zeremonien und Staatsfeiern auf offenem Platze in Anwesenheit von zehntausend Blutsäufern verbrannt wurden. Mönche und Erzbischöfe waren die Helfer. Der König war das Haupt dieser Geheimpolizisten und Henker. Er machte das grosse Geschäft.

Philipp vollendete das Instrument, aber es genügte ihm nicht. Er unterhielt daneben eine Armee von Spitzeln. Er verführte ehrliche Menschen durch die gewöhnlichen Mittel, Gewalt, Bestechung, Erpressung, Heuchelei und Schmeichelei, durch die alte hundertfache Verführung, kostenlos, sozusagen selbstlos ihre Nächsten, Freunde, Verwandten auszuhorchen und an den König zu verraten. Alles wurde ausgeforscht: Gedanken, Worte, Taten, Meinungen, Verbindungen, das Heilige und das Gemeine, das Öffentliche und das Private, die eheliche Liebe und die Hurerei. Vieles war verboten in den Reichen Philipps, und das Beste musste im Verborgenen geschehn. Denn nicht nur um zu herrschen, wollte der König alles wissen, er hatte auch seine gemeine Lust daran, Menschen auszuspüren bis in ihre Nacktheit und ihre Scham; er hob jedes fremde Geheimnis auf, bis es verwelkte. Er sass in unnahbarer Ferne und spähte unter die Bettdecken von tausend Menschen. Seine Neugier erschien ihm himmlisch. Wie Gott oder andere gemeine Menschenschöpfer wollte er in alle Verhältnisse hineinspähen, ein königlicher Topfgucker. Das Böse interessierte ihn ungleich stärker; wie alle Späher gab er die Gerechtigkeit vor. Der Tyrann hätte sich nicht gefühlt ohne Verräter, die auszukundschaften waren; ohne Spitzel, die man aussenden musste; ohne Rebellen, die man schuldig werden liess; und ohne Leichtsinnige, die man verdarb. Ein Mensch, der sich einmal mit Spähern umgab und nach Geheimnissen jagt, findet so bald kein Ende. Er vergisst seine Absichten. Die Forschung füllt ihn aus. Er kommt zu unwillkommenen und ihn selber schlagenden Resultaten. Er wird zum Werkzeug seiner eigenen Späher, lockt fremde Späher an und endet im Verfolgungswahn.

Auch den eigenen Vater hatte König Philipp mit Spähern umstellt, ohne besondere Absichten, die Organisation ergab es, der Apparat bewirkte es automatisch. Pater Juan de Regla, der Beichtvater Karls, sein Arzt Mathys, sein Geheimschreiber Gaztelu, alle lieferten Berichte. Andere, wie der Intendant Don Quixada, schrieben vertrauliche Briefe an Freunde bei Hofe, die wiederum vertraulich diese Briefe dem König oder seinem Minister sandten.

Nur wenige Menschen also besassen so ausgebreitete und vielfältige Kenntnisse über den Kaiser. Da Ruy Gomez sich dem Kaiser näherte, versuchte er, alles Einzelne zusammenzustücken zu einem reinen, scharfen Bild, um danach zu handeln. Kenne ich einen Menschen erst genau, dachte der Minister, so leite ich ihn. Ruy Gomez überschaute Worte und Taten, Gewohnheiten und Krankheiten, Fehler und Freunde. Das Sonderbare war, dass jeder Korrespondent ein anderes Bild des Kaisers lieferte. Der erfahrene Höfling Ruy Gomez kannte das Gesetz, nach dem der Mensch um so mehr vielfältige Ansichten bietet, je höher er steht. Ja, ihm war auch nicht verborgen, dass man Menschen nicht ganz kennen muss, um sie zu beherrschen, und von ihren edelsten Talenten, von ihrem Verstande sogar absehen darf, weiss man nur ihre Leidenschaften zu treffen und ihren Sonderheiten zu schmeicheln.

Karl hatte viele Leidenschaften und starke Eigenheiten. Er hatte einer Welt, aber keiner Leibspeise entsagen können. Er wurde Mönch, aber die politischen Depeschen aus Brüssel und Valladolid anzuhören, ward er nicht müde.

,Ist das alles?' fragte er gierig am Ende, wenn ihm Gaztelu die Hofdepeschen vorlas. Er war krank und verjagte die Ärzte. Er war fromm und glaubte an Amulette. Er war ein grosser Dilettant, er liebte Malerei und Musik, die Technik und die Ruhe, er war ein Gärtner und ein Jäger, ein Puppenspieler und in den Augen der Mönche ein Zauberer. Er hielt nichts von den Menschen und machte sich viel aus Nachruhm. Er besass sechzehn Kleider aus Seide und sechsunddreissig Brillen. Die Gicht sass in allen seinen Gliedern. Er war der Kaiser von gestern.

Ruy Gomez glaubte, ein genaues Bild von ihm zu haben. Da er in Yuste dem Kaiser gegenübertrat, vergass er alles. Hilflos stand er vor einem grossen Mann.

Der Kaiser empfing ihn gnädig. „Nun?" fragte er munter. „Wie regiert ihr? Kommt die Welt voran? Da habt ihr nun die Macht! Was schafft ihr?"

Ruy Gomez kannte nur zwei Umgangsformen, die Schmeichelei und die Gewalt. Einem Mächtigen schmeichelte er mit Schwäche. Er schwieg, als verwirre ihn die Majestät.

Sie sassen auf der Terrasse. Ein sanfter Wind wehte durch die stufenweise herabsteigenden Gärten, die blühenden Orangenbäume, die hohen Zypressen, die wunderbaren Beete von Nelken, die der Kaiser besonders liebte. Er hatte diese Blume von seinen afrikanischen Feldzügen mitgebracht und als erster in Europa angepflanzt. Verwirrt dachte der Minister: Ich habe die Blumen, ich habe viel mehr vergessen. Er fühlte seinen Plan zerrinnen wie einen Schneemann. Der Kaiser sass behaglich da und lächelte. Er sah gesund aus, wie schon seit Jahren nicht. Er erklärte: „Erst stieg ich euch nicht rasch genug vom Thron! Nun kommt ihr, am ersten trüben Tag, und wollt mich wieder auf den goldnen Stuhl setzen? Bin ich eine Puppe? Torriano!" schrie er. „Torriano soll kommen!" Das war der Mechaniker, ein erfindungsreicher Italiener aus Cremona. Er kam unwillig nach einer Weile, ein Jüngling noch, gross und fett und blond. „Sire", sagte er schnaufend, „man holt mich aus meiner Arbeit. Ein Missverstand der Diener."

„Still", erwiderte Karl, „da ist ein Freund, der sich auf Wunder versteht. Lass deine Vögel fliegen."

Der Künstler, einer der berühmtesten Techniker und Uhrmacher seiner Zeit, verneigte sich vor dem Minister und schickte einen Diener, der bald mit einem silbernen Kästchen zurückkam. Torriano öffnete es und holte Kinderspielzeug heraus, eine Taube, zierlich in Holz geschnitzt, einen hölzernen Sperling, eine Amsel aus Holz.

Der Minister sah den Tand mit voller Liebenswürdigkeit an. „Sehr zierlich geschnitzt", sagte er mit seinem äussersten Wohlwollen. Seine Zuversicht stieg. Er erkannte das Bild wieder, das er sich vom Kaiser gemacht hatte. Ein kindischer Greis! Er würde ihn lenken. Er spielt mit hölzernen Vögeln. Wir werden bald mit ihm spielen.

„Aber sie fliegen!" rief der Kaiser und lachte trocken, fast schien es dem Minister, als klänge das Lachen höhnisch.

„Die Vögel fliegen", wiederholte Gomez, ein wenig albern.

Der Torriano nahm die Taube auf die flache Hand. Plötzlich öffnete die Holztaube ihre Flügel und bewegte die Schwanzfeder, und indes der Minister noch lächelte, hob sich die hölzerne Taube auf und flog flatterig und flügelschlagend durchs offene Fenster ins Kabinett des Kaisers und entschwand, und der Minister zeigte ein leeres Lächeln in seinem blassen Gesicht. Und siehe, die Taube kehrte wieder, flatterig und flügelschlagend erschien sie im Fenster des Kabinetts und flog langsam durch die stille Luft zum Kaiser und setzte sich zu seinen Füssen nieder und liess ein dumpfes Gurren hören und bewegte zitternd sanft die Schwanzfedern noch einmal und liess die Flügel sinken und fiel um.

„Heb' sie auf!" sagte der Kaiser zum Minister.

Der tat es vorsichtig, als griffe er ins Feuer, aber er hielt nur ein geschnitztes Holz in Händen. „Ein Zauber", murmelte er.

„Wirf die Taube mit aller Kraft auf den Stein!" forderte der Kaiser. Der Minister gehorchte, und der hölzerne Vogel zerbrach in drei Teile, es war wirklich nur Holz und ein wenig Draht.

Da schrie der Kaiser: „Was? Ein Stück Holz blendet dich, und du willst die Welt regieren? Du und mein Sohn, was denkt ihr? Sage ihm: Ich will ihm raten, will ihm von ferne helfen, soviel ich noch vermag. Doch kehre ich nie zurück, wie kein Toter zurückkommt. Wolltest du mit mir spielen, Gomez? Mich hin und herfliegen lassen? Ich zerbreche solche Vögel! Ich zerbreche sie!" Der Kaiser schwieg und starrte ihn zornig an. Plötzlich drehte er sich um und humpelte, auf Torrianos Schulter gestützt, die marmornen Stufen abwärts in den Garten.

Bestürzt, verwirrt blieb der Minister stehn, sprachlos. Bald erschien der Intendant des Kaisers, Don Quixada, ein langer, dürrer Greis mit einem weissen Barte bis zum Gürtel, mit einem Degen, der fast auf der Erde schleppte. Er umarmte den Minister und teilte ihm mit, aus besonderer Gnade dürfe er im Hause des Kaisers wohnen, „eine ungewöhnliche Gnade", fügte der Intendant fast tadelnd bei, „wir haben nur acht Zimmer im ganzen Hause, je vier in jedem Stockwerk; die vier Vorderzimmer, die in den Garten sehen und das Tal hinab, bewohnt der Kaiser. Sie erhalten eines davon, das Zimmer neben dem Schlafzimmer Seiner Majestät. Das Zimmer des Kaisers hat eine Glastüre, die in die Klosterkapelle schaut, auf den Hochaltar. Der Kaiser kann vom Bette den Gottesdienst sehn, die Predigt hören. Auch Sie werden in Ihrem Zimmer noch den Gesang unseres Kirchenchors hören. Wir haben ausgezeichnete Sänger. Der Kaiser singt vom Bett aus schallend mit. Sie werden ihn hören. Er schreit auch, wenn ein Chorsänger einmal falsch singt. Er schimpft wie im Feldlager. O, er ist fromm wie keiner von uns. Sie sollten sehn, wie strenge er darauf sieht, dass wir alle die Fasten halten, kein Fleisch am Fasttag essen, er hat Ablass schon vom vorigen Papst."

Don Quixada sprach in einem fort und führte den verstummten Minister die Terrasse empor in die Veranda und durch den Mittelgang zu seinem Zimmer. Prächtige türkische Teppiche lagen ausgebreitet, flandrische Tapeten voll Tierfiguren und Landschaftsfabeleien schmückten die Wände, einige Gemälde hingen da, Don Quixada wies auf zwei von Tizian, ein Bildnis Philipps und ein Gemälde des Kaisers; zwei geschnitzte Armstühle standen da und Toilettensachen aus Silber und Gold, fleissig gearbeitete Gefässe. Auf einem Tischchen lagen ein Bezoarstein in Gold gefasst gegen die Pest und ein englischer Ring gegen den Krampf. Auch ein Ofen war im Zimmer. Don Quixada führte aber den Gast ans Fenster. „Sehen Sie die schöne Aussicht", bat er und wies auf die Gärten, das Tal und das Gebirge. Der Himmel dunkelte schon. Ein einzelner Stern winkte.

Ruy Gomez betrachtete Zimmer, Teppiche und Tapeten, Gemälde, Amulette und die Gegend ohne Ausdruck, mit starrem Lächeln, schweigend. Er sah nichts von allem. Sein Herz schlug heftig. Sein Mund war ausgetrocknet. Er war am ganzen Körper wie zerschlagen. Er fühlte die Qualen seines verletzten Stolzes körperlich, wie Prügel, ärger noch. Er hatte fünfunddreissig Jahre gelebt, ohne solche Pein zu spüren. Er war demütig gewesen, um zu herrschen. Er hatte getan, als sei er stolz auf seine Demut. Auf etwas ist jeder stolz, ein Kranker auf seine Schwären, der Aussätzige auf seinen Gestank, ein Hund auf Tritte. Und er hatte doch genossen, gelebt, geherrscht und hunderttausend getreten. Zum ersten Mal kam ihm sein Leben zu teuer erkauft vor. Zum ersten Mal empfand er Hass gegen die Könige. Er sah, dieser Kaiser verachtete ihn. Gomez hätte sich die Zunge ausreissen mögen, die dem Kaiser nicht erwidert hatte auf diesen Hohn mit dem zerschlagenen Vogel aus Holz. Bin ich nicht Mensch so gut wie der?, dachte der Höfling. Kann ich nicht fortgehn? Ich bin frei. Ich verlasse Spanien. Die Welt ist gross. Nur die Hälfte gehört dem Hause Habsburg! Noch lebe ich! Ich kann neu beginnen!, dachte der Höfling und begann zu lachen, seiner selbst nicht bewusst.

„Sie lachen?" fragte pikiert der dürre Don Quixada, der immer noch fort erzählte, „Sie spotten über unser Elend? Ich halte es nicht aus in dieser Wildnis. Sind wir Mönche? Was habe ich gesündigt, dass ich im Kloster enden muss? Wenn Seine Majestät nach Einsamkeit gierig war, da hat er sie! Das ist ein elendes, verlassenes Leben hier! Ein Hund liefe davon. Ich halte es nicht mehr aus! Ich bat um Urlaub. Der Kaiser ward erweicht und nahm einen Mönch zu seinem Proviantmeister. Ach, die Depeschen, die Kuriere, die Expressboten, die Briefe nach Valladolid! Ich verhungere, schrieb mir der Kaiser, ich verdurste. Diese Mönche taugen zu nichts. Komm zurück, lieber Freund, oder ich sterbe. Ich erhielt den Befehl, mit meiner Frau und meinem Pflegesohn hierher zu ziehn. Dort, im Dorfe Cuacos mussten wir Wohnung nehmen. Im Alter muss ich mein Haus verlassen, den Wohnort wechseln, an einen Ort ziehn, wo es nicht zu essen gibt, keine Wohnung da ist, ausser elenden Strohhütten armseliger Bauern, wo ich den Tag verbringe, von meinem Dorf ins Kloster zu rennen, vom Kloster ins Haus des Kaisers, von da nach Cuacos, und zwar bei jedem Wetter, in der Hitze und im Frost, im Schnee, im Regen, alles eins. Am meisten bedaure ich meine Frau, sie sitzt in einer Wüste, tags und nachts im Dörfchen Cuacos, sie hört die Frösche quaken und Grillen zirpen, manchmal zur Unterhaltung muht eine Kuh, grunzt ein Schwein. Und wäre noch Lohn zu erwarten. Ich habe ein Leben im Dienste des Kaisers verbracht, ich war sein Page, sein Soldat, Hauptmann, Oberst, ich schlug mich in hundert Schlachten, ich ward Diplomat, ich habe zehn Verträge geschlossen, ich bin ein armer Mann geblieben, nach einem ganzen Leben. Und was soll ich jetzt erwarten? Der Kaiser knausert. Man weiss es. Sein eigener Enkel, Don Carlos, hat es ihm gesagt. Und dieses Klima hier, sommers die Hitze, im Winter regnet's wie zur Sintflut, der Nebel ist so dick, dass man fast sich selbst verliert, samt Haus und Weg. Wir alle sind krank geworden. Nur der Kaiser gedeiht, täglich wird er dicker. Sein Appetit hat nicht gelitten."

Ruy Gomez hörte obenhin die Klagen an. Er kannte sie alle aus hundert Briefen. Er war voll Ärger. Er hatte einen abgestuften Plan ausgetiftelt, wie er den Kaiser langsam hinführte, wo ihn König Philipp haben wollte. Nun hatte ihm Karl alles im ersten Augenblick herausgesagt, die schönsten Pläne zunichte gemacht. So genau hatte Ruy Gomez diesen Menschen sich ausgerechnet. Wieso war er ihm nun entschlüpft? Jeder Zug hatte gestimmt. Er hörte es von dem Intendanten schon wieder. Warum war das Ganze anders?

„Der Appetit des Kaisers", sagte der Minister zerstreut, „ist gut?"

„Gut?" fragte Don Quixada. „Gut? So lesen Sie unsere Berichte nicht? Sein Appetit wird ihn in die Grube bringen. Am frühen Morgen isst er Krebssuppe und einen eingemachten Kapaun, mit Zucker, Milch, Gewürzen, und legt sich schlafen. Er erwacht zum zweiten Mal und frühstückt Aalpastete, Froschschenkel, gebackene Austern, Anchovis aus den Niederlanden, Seezungen aus Sevilla, Flundern und Lampreten aus Portugal, Schweineschinken von den Dörfern hier in Estremadura, Oliven aus Perejon; die von der Gegend sind ihm zu gross, zu grob. In Perejon gibt es einen Händler, der hat sie feiner, der hat auch das Rezept, sie einzumachen. Wild, Hirsche, Rehe gibt es hier genug. Der Kaiser kostet alles. Lebhaft erinnert er sich der Rebhühner, die ihm der Graf von Ossorno früher einmal von einem seiner Güter nach Flandern geschickt hat. Ich lasse aus jener Gegend welche kommen. Der Koch bereitet sie köstlich. Karl sitzt da, allein bei Tisch wie immer, ich stehe an die Wand gelehnt, und Mathys der

Arzt steht da, falls der Kaiser plaudern wollte; die Majestät kostet die Rebhühner, schmeckt sie, kostet wieder und lässt den Rest forttragen. Drei hat er immerhin gegessen, so fortkostend. Ich blick' ihn an, verzweifelt. Da äussert er, sie schmeckten jetzt nicht so wie früher! O der Schmerz, mit dem er es aussprach! Er vergass, dass sein Geschmack gealtert ist. Erwägen Sie, lieber Fürst! Die Rebhühner schmecken nicht mehr wie früher! Nach dem Frühstück kommt der Beichtvater, zur Morgenandacht, und später Torriano, sie treiben ihre Spiele, basteln an den Uhren; um zehn Uhr erscheinen ein paar Kämmerlinge und der Barbier, ihn anzukleiden. Mittags hört er Messe; ist er gesund, sitzt er im Chor, sonst am Fenster seines Schlafzimmers. Er liebt die Musik. Gleich nach der Messe speist er zu Mittag. Das dauert sehr lang. Der Kaiser nimmt von zwanzig, dreissig Gerichten, und welche Portionen, o Himmel, welche Portionen, eine siebenköpfige Familie würde satt. Und was er trinkt! Alles vom Besten! Er behält die Nase fünfmal so lange als einer von uns im Glase und trinkt nie weniger als ein Quart auf einmal, die teuren Rheinweine, das schwere, eiskalte Bier! Wie soll ihm das bekommen?"

„Wird er also dicker?" fragte wohlwollend Ruy Gomez.

„Ja, er wird dicker! Was für ein Tag! Er unterhält sich gern beim Essen mit Mathys dem Arzt, mit seinem Kämmerling Van Male, sie streiten über gelehrte Sachen, der zitiert den Plinius, jener den Aristoteles, schliesslich rufen sie den Beichtvater, Pater Juan, als oberste Autorität. Nach dem Mittag liest ihm der Pater aus den Schriften des Heiligen Bernhard oder Hieronymus vor, und beide disputieren. Dann die Siesta. Darauf wieder in die Kirche, dreimal in der Woche predigt einer seiner Kaplane, er hat drei. Dann geht er ins Kabinett, der Geheimschreiber liest die Depeschen von den Höfen zu Valladolid und Brüssel, der Kaiser diktiert die Antwort, manchmal, wenn die Gicht ihn schont, schreibt er einen Brief und dabei trinkt er Bier und Wein und isst Süssigkeiten und Saures. Oder er lässt sich vom Pater Bernardo aus der Heiligen Schrift vorlesen, er liebt vor allem den Brief an die Römer, der, sagt er, sei die Summe der Religion. Dann geht er in den Garten, pflegt seine Blumen und Gewächse, sitzt in der Sonne friedlich, isst ein paar Äpfel oder Orangen, trinkt ein Glas Wein, bewundert das ewig neue Schauspiel des Sonnenuntergangs, und nach der Vesper beginnt ein neues Essen, das Abendessen, lauter fette und stark gewürzte Speisen, Fische besonders. Der Kurier von Valladolid nach Lissabon muss täglich seinen Umweg über Yuste nehmen und Leckereien bringen. Donnerstags bringt er für Freitags Fische. Die Forellen hier sind dem Kaiser zu klein, der Bote bringt grössere von Valladolid. Aalpastete ist seine Leidenschaft. In Würsten schwelgt er. Kürzlich erinnerte er sich an jene Würste, die seine nun selige Mutter in Tordesillas sich machen liess. Nun muss ich an den Minister in Valladolid schreiben, zwischen politischen Dingen, Ratschlägen so staatsklug, wie sie keiner besser gab, er solle jene Würste besorgen, und fände er sie nicht in Tordesillas, so hätte der Koch des Marquis von Denia das Rezept. Was für ein gastronomisches Gedächtnis! Unseligerweise kommen die Würste spät am Donnerstag Abend, Freitag ist Fasttag, Fischtag. Am Samstag befällt den Kaiser ein schwerer Gichtanfall, der in der rechten Hand beginnt, fortgeht zum rechten Arm, dann ins Genick, dann in den linken Arm, dann in die linke Hand, endlich bis ins Knie herabsteigt; die Majestät, an allen Gliedern lahm, nicht im Stand, zu essen, legt sich ins Bett und bleibt paar Tage in grossen Qualen. Dann nimmt er ein: Gerstenschleim, Eidotter und Sennawein. Er bekommt Fieber, einen bösen Hals und muss völlig fasten. Ach, die Schmerzen, die Gicht, und ach, der Kummer: die Würste aus Tordesillas! Er gesundet, da schickten schon die Bischöfe ringsum Wild, die Bauern Fische, zwei Herzoginnen aus der Nachbarschaft Eingemachtes, und er frisst fort, alles fliegt ihm gebacken, gebraten, eingemacht ins Maul, wie seine Holztauben fliegen!"

„Ein Zauber", murmelte selbstvergessen Ruy Gomez. „Glauben Sie?" fragte Don Quixada. „Die Mönche haben den Torriano bereits dem Heiligen Amte der Inquisition angezeigt. Sie sagen, nach dem Tod des Kaisers wird dieser Torriano verbrannt."

„Er verdient es", sagte der Minister entschieden.

Don Quixada schwieg betroffen und liess den Minister bald allein. Ihm gefiel der Minister nicht.

Ruy Gomez hatte eine schlechte Nacht. Er konnte nicht einschlafen. Er hörte neben sich den Kaiser husten, beten, spucken, rufen, schnarchen. Der Wind sauste vom Gebirge her. Ein Fensterflügel schlug. Eine Eule schrie. Der Minister überdachte sein Leben, ihm schien alles verfehlt. Seine ganze Grösse, die er sonst unsäglich bewunderte, schien ihm falsch, und Philipp, den er sonst zu lieben meinte, erschien ihm im Halbtraum wie eine dicke Frau, die sich auf ihn legte und ihn erstickte. Er wird mich umbringen, dachte der Minister schweissnass und wusste selbst nicht, meinte er den Kaiser Karl oder den König Philipp?

Am Morgen erwachte der Minister spät, sein Kopfkissen zeigte die Spuren von Tränen. Er hatte im Schlaf geweint. Der Minister wurde rot, als hätte er eine unnatürliche, schamlose Handlung begangen. Er beschloss, noch demütiger vor den Herren der Welt zu sein. Es hätte nicht viel gefehlt, und er wäre wirklich davongegangen und hätte Weib und Amt, Titel und Reichtum, Macht und Gunst hinter sich gelassen. Es fehlte nur ein Gran Willen. Dieses Gran macht den Unterschied zwischen den Menschen.

DER GROSSINQUISITOR.

König Philipp genoss in seiner Stadt Cambrai die linde Ruhe der Sommertage. Er sass in seinem Garten, unter dem grünen Dach einer riesigen Eiche. An ihrem Stamm lehnte schweigend der sanfte Bruder Castro, der Beichtvater Philipps, in seiner weissen Kutte, die zwischen Moos und Laub leuchtete. Daneben stand Philipps neuer Minister, der elegante Granvella, der Bischof von Arras, in einem schwarzen, seidenen Talar. Vor dem König kniete der

Prediger Carranza. „Ich bin unwürdig", rief Carranza. „Sire! Ich bin unwürdig!"

König Philipp sah, über ihn hinweg, die lange Pappelallee hinab, an deren Ende bald, wie alle Tage, die Kuriere seiner beiden Armeen auftauchen mussten, aus Italien vom Herzog Alba und aus Frankreich vom Herzog von Savoyen. Der König von Frankreich, verbündet mit dem Grosstürken und dem Heiligen Vater, hatte zwei Heere gegen Philipp ausgeschickt, um Italien und die Niederlande zu erobern. Der Krieg marschierte von der Nordsee bis Neapel.

Carranza blickte demütig auf die Erde. Im Gras, zwischen langfingerigen Wurzeln, krochen Ameisen und Käfer. Hatte ihn der König gehört? In der Stille ward mit einem Mal der Lärm der Vögel laut.

Der Blick des Königs kehrte zu Carranza zurück. Warum widerstrebte dieser Mönch so hartnäckig, da ihm sein König Reichtum und Macht anbot?

Von neuem erklärte Carranza: „Sire! Ich habe Ihnen die Namen von drei Männern genannt, die würdiger sind als ich, auf dem Stuhle des Erzbischofs in Toledo zu sitzen. Spanien wird fragen: Wer ist dieser Carranza, dass er im Purpur wandelt? Sire! Wer bin ich? Ein Professor aus Salamanka! Man heisst mich gelehrt. Was kostet Gelehrsamkeit?"

Der König antwortete: „Bruder Castro wird den Brief lesen, den Ruy Gomez aus Valladolid geschrieben hat."

Bruder Castro zog aus dem weiten Ärmel seiner Kutte ein Staatsschreiben und las: „Die kaiserliche Majestät schrieb mit gichtkrummen Fingern an die Hirten der Kirche in Spanien: ‚Schuldet Ihr nicht alles Uns Königen?' Der brave Siliceo spendete sogleich vierhunderttausend Dukaten, drei Tage später starb er. Alle opferten nach Kräften; nur der Grossinquisitor, nur Valdes, machte Ausflüchte."

Philipp unterbrach die Lektüre des Bruder Castro. Er rief: „Wir machten ihn zum Richter, er macht Ausflüchte!"

Castro las: „Er sei arm, erklärte Valdes, er wolle für

den König beten. Nochmals schrieb ihm der Kaiser — umsonst. Die Regentin Juana rief ihn. Sie rechnete ihm vor, er müsse seit elf Jahren mehr als dreihunderttausend Dukaten erspart haben. Kein Bettler habe je ein Almosen, kein Grosser Bewirtung von ihm empfangen! Weder baute er Paläste noch sammelte er Gemälde. Wolle er denn sein Gold ins Grab nehmen? Der fünfundsiebzigjährige Greis zeterte: ‚Ich habe nichts! Nehmt mir das Hemd vom Leib', rief er. ‚Nehmt die Kutte, macht sie zu Geld!' Und löste den Strick, der seine schmutzige Kutte zusammenhielt, als wollte er nackt zwischen uns wandeln. Die Regentin forderte zweihunderttausend Dukaten, sie drohte schliesslich. Da rief er, zitternd vor Mitleid mit sich, der harte Greis: ‚Zweihunderttausend Sorgen, zweihunderttausend Schmerzen besitze ich!' Schliesslich spuckte er fünfzigtausend Dukaten aus, am Rand beschnitten alle! Dann legte er sich zu Bett und jammerte, er sei verstümmelt, fünfzigtausend Dukaten, er deutete an, auch Siliceo sei aus Gram seinem Gelde nachgestorben. ‚Wozu habe ich gelebt?' fragte er. ‚Muss ich die Gaben frommer Pilger hergeben für Mordwaffen?' Vor Zeugen, die es mir hinterbracht haben, schrie er aus vollem Hals: ‚Ich liebe den Frieden!' Und dieser ist der Fürst unserer Kirche!"

Der Mönch stockte und Philipp erklärte: „Zur gleichen Zeit schrieb dieser schamlose Valdes an mich und bewarb sich um das Erzbistum von Toledo, weil es dreimal so reich zinst wie Sevilla. Noch hat er nicht genug! Er sei der Würdigste, so schrieb er mir, der Älteste, der Gerechteste, der Strengste. Willst du also, Bruder Carranza, dass ich diesen auf den Stuhl von Toledo setze?"

„Das nicht", erwiderte Carranza, der immer noch kniete, und hob den frommen Blick, und Bruder Castro sagte: „Diesen nicht!"

Und sogar der elegante Bischof von Arras, der Granvella, schüttelte sein Haupt und murmelte: „Den Valdes um keinen Preis!"

Und der Beichtvater las: „Valdes nahm seine Kutte und

ging wehrufend durch die Gassen von Valladolid, ein neuer Jeremias. ‚Wehe dem Zeitalter!' rief er. ‚Der Gerechte wird mit Füssen getreten! Die Bösen tragen das Richtschwert. Die Gottlosen setzen sich auf die Stühle der Kirche. Wehe dir, Toledo! Umstürzen werden deine Paläste!' Danach drang der rasende Greis in die Paläste und fasste die Grossen am Zipfel ihres Rocks und fragte: ‚Ist keiner von uns würdig? Krönt der neue König nicht das Verdienst? Geschieht darum so, weil ihn Ketzer umgeben, wie dieser sanfte Franziskanerbruder Castro und dieser Carranza, der sich selber den gelehrten Carranza heisst, aber gelehrt sind sie, um Ketzerei zu verbreiten, und sanft nur gegen die Bösen? Man sagt zu ihrer Entschuldigung, sie wurden in England angesteckt, sonst waren sie fromm. Ich lese in den Schriften dieses Carranza und rieche Satan darin! Verlorenes Toledo! Unseliges Spanien! Armer König Philipp!" Der Mönch stockte, als grauste es ihm.

König Philipp erklärte: „Lasst mich erst in Spanien sein! Es ist einfach, die Menschen zu regieren. Ich brauche nur Zeit."

Carranza stand auf und antwortete: „Herr! Ich fürchte mich. Wer wird mich schützen?"

„Ich", versprach Philipp." Tragen denn andere keine Last? Ich mag diesen Krieg nicht, den mir Frankreich und das Haus Caraffa aufzwingen. Es ist ein falscher Krieg! Meine Minister Ruy Gomez und Granvella wissen, dass ich nur den Frieden wünsche. Rieten Sie mir nicht beide zum Frieden, Eminenz?

Granvella tat einige Schritte vor und verbeugte sich tief vor dem König. „Unser Herr", begann er, „will die Ketzerei in der ganzen Welt ausrotten. Er ist der geborene Waffenführer aller Katholiken. Er wird das Reich Gottes auf der ganzen Erde gründen: Das katholische und spanische Weltreich. Ich zitiere Seine Majestät."

„Sie gönnen mir die Weltherrschaft nicht", erläuterte König Philipp. „Sie wollen meine Reiche teilen. Sie haben einen Plan!"

Granvella erklärte: „Ich zitiere Seine Majestät. Sie haben einen Teilungsplan. Frankreich will Neapel und die Niederlande, die Familie des Papstes will Mailand schlucken. Unserm König will man gnädig Spanien lassen!"

„Mein Vetter Savoyen", erklärte König Philipp, „steht schon vor St. Quentin. Ich warte auf seinen Kurier. Der Marschall Montmorency ist mit der französischen Armee nahe. Vielleicht haben wir schon St. Quentin? Vielleicht kam es zu einer Schlacht?"

„Wir werden siegen; denn das Recht ist unser!" erklärte mit der Sicherheit des Absurden der Bischof Granvella.

„Ich werde siegen", wiederholte der König. „Aber mit welchen Opfern! Ich muss die Publikation aller päpstlichen Breves in meinen Reichen verbieten, damit das Gewissen meiner Untertanen nicht leidet. Meine Schwester Juana muss alle Schiffe, die in Spanien landen, durchsuchen und alle Personen, die päpstliche Bullen tragen, in den Kerker werfen. Mein Feldherr Alba muss die Kirchenglocken von Neapel schmelzen, um Kanonen zu giessen. Und alles um eines falschen Krieges willen! Ist das nicht schwere Bürde? Und du willst mir nicht helfen? Meine Feinde glauben, ich sei noch neu in Geschäften und leicht zu vernichten, weil mein Vater vom Lärm der Welt sich abgekehrt hat! Sie glauben, mich verwirrte dieser dumpfe, grossartige Lärm des Lebens, weil ich in die Stille meines Kabinetts die schrecklichen Schreie der Völker nur gedämpft eindringen lasse. Sollten sich meine Feinde nicht täuschen? Und da willst du mir nicht helfen? Carranza! Sprich: Ja! Dass ich nach dem Sieg den Glaubenskrieg beginnen kann, weil ich in Spanien sicher bin."

„Ja!" sagte Carranza. Er schwankte, als sollte er in Ohnmacht fallen.

„Was haben Sie?" fragte Granvella erstaunt.

„Ich", murmelte Carranza, „sah mich brennen..."

Philipp ritt heiter wie der Himmel aufs Schlachtfeld, der Held des Jahrhunderts! Die Edelsteine funkelten an seiner Rüstung, seine rotseidenen Puffhöschen leuchteten kokett, munter wippte sein Helmbusch. Ein lauer Wind trieb hohe, leuchtende Wolken vor dem König einher, luftige Vorreiter. Seit hundert Jahren gab es keinen solchen Sieg! Als Philipp vom Sieg erfuhr, war sein erster Gedanke: Und ich war nicht dabei! Und sein erstes Wort: Was wird mein Vater sagen? Und sein Schmerz, dass Egmont der Sieger war! Durch die sanfte Ebene der Picardie ritt der königliche Hofstaat gleich einem militärischen Maskenzug. Pagen schleppten rasselnde Rüstungen. Greise schwangen rostige Schlachtschwerter. Tänzer trugen eiserne Sturmhauben. Hoffräuleins zeigten bis zu den runden, rosigen Schenkeln hinauf terpentinduftende Reiterstiefel. Gleichmütig hoben die Bauern auf den Äckern ihre Köpfe und sahen den fremden Siegern nach. Zuletzt ritten gemächlich auf Maultieren Bruder Castro, Bischof Granvella und Erzbischof Carranza. Gelassen blickten sie auf zertrampelte Felder, umgestürzte Packwagen, zerbrochene Geschütze und verbrannte Dörfer; mitleidig musterten sie verwundete Landsknechte, ausgeplünderte Marketenderinnen, lutherische Feldgeistliche und altgediente Armeehuren. Immer häufiger stiessen sie auf Pferdekadaver und Schmeissfliegenschwärme, immer lauter bellten die Hunde, immer zahlreicher rauchten halberloschene Wachtfeuer und starrten ausgeplündert nackte Leichen mit glasigen Augen. Ein Krähenschwarm folgte im niedrigen Flug den Kirchenfürsten.

„Dieser Krieg ist abscheulich", sagte seufzend Granvella, und fügte vorsichtig hinzu: „Ich zitiere den König."

„Wir haben gesiegt", erwiderte Castro. „Ist es nicht genug?"

„Sollte man nicht Frieden schliessen?" fragte Carranza. Sanft lächelnd wie Auguren ritten sie durch einen kühlen Wald, der anstieg. Da der Wald aufhörte, sahen sie, im hellsten Licht des Sommertages, Tal und Fluss, auf einem Hügel die reiche Stadt St. Quentin, und näher das spanische Feldlager, eine wehende Stadt von Zelten.

Schon begann der Salut der Kanonen. Die spanische Armee stand in Parade. Jetzt trafen Hof und Generäle zusammen. Der Herzog von Savoyen kniete. Der König hob ihn auf. Einundzwanzigmal schossen die Kanonen. Die Fahnen von Frankreich lagen im Staub. Der König und die Damen sassen unter ein paar wilden Apfelbäumen im linden Schatten. Die vornehmsten Gefangenen zogen auf der staubig heissen Landstrasse hin, zu zweien und dreien, ohne ihre Waffen und goldgestickten Röcke und Hüte, manchen hatte man sogar die Stiefel geraubt. Barfuss, im Hemd und in Hosen, kamen ein Bourbon und ein Herzog von Longueville, matt und erschöpft der Marschall von St. André und der Sohn des Marschalls Montmorency. Verwundet, vergrämt trotteten Grafen und Ritter im Staub, die Beute der spanischen Generäle, ein Kriegsschatz. Man schickte alle in die Festungen und behielt sie, bis ihre Familien Lösegelder zahlten.

Der König schritt durchs Lager. Die gemeinen Gefangenen, ohne Waffen und Röcke, standen in Haufen, barfuss und böse, von riesigen Fleischerhunden bewacht. König Philipp sah, es waren alle dieselben, die Gefangenen und seine Soldaten, die gleiche Sorte gemieteter Landsknechte, hüben Deutsche, drüben Deutsche, Schweizer in Waffen und entwaffnete Schweizer, wer unterschied sie? Es gab zuviel gemeine Gefangene. Die meisten schickte man auf die Galeeren.

Im Zelt des Herzogs von Savoyen lag, am Bein verwundet, der berühmte Marschall Montmorency. Philipp trat ein und grüsste höflich.

„Fahr' zur Hölle!" schrie Montmorency, im Fieber. „Antichrist!" schrie er. Er machte das Zeichen des Kreuzes und begann das Paternoster: „Vater unser.... Dein Reich komme.... Hängt ihn auf!" schrie er dazwischen und betete weiter.... „sondern erlöse uns von dem Übel! Schlagt ihn tot, den spanischen Hund!" schrie er und sagte: „Amen!"

Philipp ging davon. Im Zelt des Grafen Egmont hielt er den Kriegsrat. Links sassen seine Generäle, rechts die Priester. „Frankreich", erklärte Savoyen, „erstarrt vor Entsetzen. Reiten wir nach Paris. In einer Woche hören wir die Messe in ‚Notre Dame' und fangen den König Henri und seine Kinder und Weiber."

„Mit meinen Reitern bin ich in vier Tagen dort!" rief Egmont.

„Und die Festungen in unserm Rücken?" fragte der Bischof Granvella. „Und die Flüsse, die Aisne, die Oise, wenn die Franzosen die Brücken abbrechen? Und die furchtbaren Festungswerke von Paris, wo vierzigtausend Bürger in drei Tagen aufgeboten sind?"

„Und wenn das Volk in Massen aufsteht?" fragte der Beichtvater Castro. „Wenn die Bauern die Dörfer anzünden, das Vieh forttreiben, ihre Brunnen vergiften? Haben wir Proviant?"

„War nicht der Kaiser mit einer grössern Armee in Frankreich?" fragte der Erzbischof Carranza. „Aber das Ende? Eingangs speisten seine Soldaten Truthühner, ausgangs Waldwurzeln."

„Der Kriegsrat", erklärte der Bischof Granvella, „beschloss, zuerst St. Quentin zu erobern. Morgen wird St. Quentin fallen. Und unsere Armee wird, satt an Beute, doppelt tapfer nach Paris marschieren." Der Bischof schwieg. Keiner der Generäle antwortete. Zwang man sie, mit langröckigen Klerikern über Strategie zu streiten?

König Philipp wandte sich an Oranien: „Was raten Sie, lieber Prinz?"

Oranien überlegte. Granvella war sein Freund. Die Priester schienen einig. Dem König missfiel der Krieg. „Wir haben durch Kühnheit gewonnen", sagte Oranien, „was sollten wir, nach dem Sieg, durch Zaudern verlieren?"

„Oranien hat recht!" entschied der König. „Ich bin kein Spieler. Wir wollen zuerst St. Quentin stürmen!"

Die Geistlichen lächelten fromm. Die Generäle schauten betroffen. Die Belagerung begann. Aber siebzehn Tage vergingen, und noch hielt sich die Stadt. Die Spanier schossen unaufhörlich, es rollte wie in einer Kegelbahn. Sie unterminierten die Stadt bis unters Rathaus, die Belagerten gingen schon auf den Köpfen der Belagerer. Die Bürger erklärten: „Jeder Tag, den wir gewinnen, rettet vielleicht Frankreich", und schwangen die Schippe und trugen die Eimer mit Sand.

Schon gab es elf Breschen. Am siebenundzwanzigsten August befahl der Herzog von Savoyen den Sturm, um acht Uhr morgens. König Philipp stand mit den Damen auf dem Hügel gegenüber der Stadt, im Schatten einiger Ulmen. Die Stadt verfiel der Plünderung, nach alter Sitte.

Am Nachmittag ritt König Philipp langsam durch die eroberte Stadt. Wölfe in Rudeln (nur ihre Tracht war noch menschlich) rannten mit heraushängenden Zungen durch die heulenden Gassen und zerrissen mit blutigen Tatzen alles Lebende. Geschwänzte Teufel jagten mit Bocksspröngen nackte Weiber über steinerne Treppen, bis die Weiber auf den Rücken fielen und wie Schakale heulten. Deutschbrummende Bären und spanischbrüllende Stiere sprangen auf das dampfende weisse Fleisch und genossen es. Die Gesättigten schnitten den besiegten Bürgerinnen von St. Quentin die beringten Ohren und Finger ab, aus eiliger Habgier, und zuweilen — aus Mitleid — die Köpfe. Die echten Krähen hackten nur den Toten die Augen aus. Die echten Hunde schnupperten nur in den Eingeweiden der Leichen. Auf dem Fischmarkt lag eine fette Marktfrau. Aus ihrem umgestürzten Fischkorb krochen schlängelnde Aale über die entblössten Hügel der mütterlich vollen Brust. Zwischen ihren nackten, gespreizten Schenkeln hüpften fette Karpfen mit ängstlich schlagenden Kiemen.

Feierlich langsam ritt der König von Spanien durch die heulende Hölle. Zur Linken ritt der fröhliche Egmont, der Sieger von St. Quentin, zur Rechten der stille Oranien. Die spitzen Schreie der Gemetzelten stachen in das sanfte Fleisch Philipps, durch den eisernen Panzer hindurch. Aus allen Fenstern und Türen schauten die Soldaten auf ihren König. Weindunstend rannte seine Armee durch die reiche Stadt, sie liebten mit Gewalt und brannten nieder und mordeten. Und der König sah die Plünderung. An vier Ecken brannte die Stadt. Dicke Wolken aus Rauch, Flammen und Bettfedern verstellten den blauen Sommerhimmel. Blutbeschmiert und beutebeladen glich ein Soldat dem andern. Philipp erkannte ihre Herkunft nur an ihrer Tötungstechnik. Die Italiener mordeten mit Dolchen, die Spanier mit Stöcken, die Engländer mit der Faust, die Flamen schossen mit Musketen. Die Deutschen töteten truppweis. Sie spielten die Herren der Armee, die Swarzrotters trampelten zu fünfzig und achtzig, in musterhafter Disziplin, mit ihren gespornten Stiefeln den speichelnden Greis tot, notzüchteten seine Töchter, schnitten präzis die Därme ihrer Opfer auf und suchten gründlich nach Gold darin, stellten die einzelnen flämischen, englischen, spanischen Soldaten, setzten ihnen zehn Piken auf die Brust und plünderten sie aus, rasch und genau, wie auf Kommando. Stumm geschäftig leerten sie ein ganzes Haus in fünf Minuten, erledigten die Bewohner und verbrannten die Reste. Dem König tat es leid um St. Quentin, die reiche Stadt. Schon stank sie nach Blut und Feuer. Da Philipp vor die offenen Portale der Kirchen kam, sah er wieder seine Soldaten. Sie schossen auf die Heiligenbilder. Sie soffen den Messwein. Sie jagten die nackten Nonnen um die Altäre und bogen sie über die steinernen Sarkophage. Wie Kinder freuten sie sich an den roten, gelben, grünen, blauen Flammen der Messgewänder, die sie mit ihren Fackeln angesteckt hatten. Seine katholischen Soldaten traten die heiligen Reliquien, die frommen Knöchlein. Also, dachte Philipp ergrausend, schände ich die Kirchen, martere ich die Kindlein, schichte ich die Leichen zu stinkenden Hügeln. Auf dem Markte begann der König der halben Welt zu schreien. „Aufhören!" schrie er. Seine Stimme erreichte kaum den Egmont und den Oranien. „Aufhören!" schrie er.

Egmont trieb sein Pferd zu Oranien. „Hören Sie?" fragte er.

„Ich höre", antwortete trocken Oranien.

Des Königs Pferd rutschte mit den Hufen im glitschigen Blut. Der arme Gaul zitterte vor Entsetzen. Aus den vermischten Leibern eines halbverbrannten Leichenhaufens ragte mit gespreizten Fingern eine Hand, weiss und schlank, und die Finger bewegten sich. Siehe! sie spielten wie die Finger einer Harfenspielerin.

„Die Hand!" schrie der König mit grässlicher Stimme und deutete.

Egmont und Oranien fühlten ihre Haare aufstehn. Ein Trupp schwarzer Reiter näherte sich, in musterhafter Ordnung. „Rettet!" schrie Philipp ihnen zu, auf spanisch. „Grabt die Hand aus!" rief er.

Die Swarzrotters sahen ihn kalt an. Sie rührten sich nicht.

„Kennt ihr nicht die Majestät?" rief Egmont auf deutsch. „Da lebt noch ein Mensch in dem Leichenhaufen. Zieht ihn heraus!"

Die Swarzrotters wandten ihre ruhigen Blicke dem Grafen zu und betrachteten ihn aufmerksam. Der ihr Anführer schien, hob seinen langen Spiess und näherte die stählerne Spitze langsam und ritzte ganz sachte die weisse, anmutige Hand, als kitzelte er sie nur, bis ein paar Tropfen Blut die zuckende Hand röteten. Da lenkte Philipp sein Pferd um die Kadaver herum, zog sein Schwert und hieb dem Anführer das Ohr vom Kopf. Der Kerl taumelte, einer der Swarzrotters feuerte und verfehlte den König. Philipps Pferd bäumte sich auf und ging durch, Egmont und Oranien folgten dem König, ein paar Kugeln surrten wie Bremsen an ihnen vorüber. Es sah aus, als flöhe der König vor Egmont und vor Oranien.

„Sire!" schrie Oranien. „Sire!" brüllte Egmont.

Alle drei rissen ihre Pferde zurück. Sie waren in einer Sackgasse. Ein riesiges Tor öffnete sich. Herausströmten hunderte nackte, geschändete, blutende Weiber. Sie heulten um Gnade. König Philipp spornte sein Pferd, die Weiber liefen wie beflügelt, ihr Schrei um Gnade fasste wie eine Hand nach dem König. Ihm graute. Da Egmont an einer Strassenkreuzung einen Trupp Brabanter Reiter anrief, schrie Philipp: „Was haben Sie vor, Graf?"

Schon trieben die Reiter mit den Lanzen den Tross der Weiber zurück und geleiteten die Herren zum Markt.

Wieder blickte der König durch die offenen Portale in den Dom. Die heitere Sonne beglänzte die farbigen Scheiben, die Blutbäche auf dem steinernen Boden, die nackten toten Weiber, die heiligen Reliquien.

Mit einem Male schrie der König: „Rettet die Reliquien! Rettet den Heiligen Laurentius!"

Es war der Sieg von St. Quentin gerade auf den Tag des Heiligen Laurentius gefallen, der einst auf einem feurigen Roste gebraten worden, ein gerösteter Märtyrer. Seine Knochen lagen in einem gläsernen Schrein der Kathedrale. König Philipp hatte ihm ein Gelübde getan. König Philipp rief: „Wer Reliquien schändet, sterbe! Wer Greise, Frauen, Kinder, Geistliche tötet, komme vors Standgericht! Löscht die Feuer! Ich verkünde allen Einwohnern meine Gnade. Keine Plünderung! Gehorcht mir! Ich will es, der König!"

Eine starke Leibwache, vielleicht dreihundert Brabanter Reiter, und viele Offiziere, standen hinter dem König.

„Aufhören!" schrie Philipp. „Die Plünderung soll aufhören!"

Betreten betrachteten die Offiziere einander.

„Sire!" sagte Egmont, „ich bitte Eure Majestät in tiefster Demut, diesen frommen Wunsch zu verschweigen. Es ist von altersher das gute Recht der Soldaten, eine erstürmte Stadt zu plündern. Das ist ihre Löhnung, ihre Lust! Das ist der Krieg! Dafür wagen sie ihr Leben. Dafür leiden sie Durst und Hunger, Pest und Frost. Es ist unbillig, es ist unmöglich, sie zu hindern. Die Armee würde uns in Stücke reissen!"

„Kannte Eure Majestät nicht die Schrecken des Krieges?" fragte mit sanfter Ironie der junge Oranien.

König Philipp sah ihn verdutzt an. Dann murmelte er: „Ich wusste alles! Auch die Notwendigkeit gewisser Opfer. Aber sehn! Mit Augen sehn!"

Langsam wandte der König sein Pferd. Er ritt zum Stadttor hinaus, durch das Lager zum Hügel, wo sein Zelt glänzte. Die Sonne ging rasch unter. Im Tale nebelte es schon. Auf allen Landstrassen nach Norden und Osten fuhren riesige Züge von Lastwagen. Das waren die Landsknechte, die auf die Packwagen der Armee ihre Beute geladen hatten und nach Hause fuhren.

Philipp trat in sein Zelt. Ein Altar war aufgestellt. Seine Leibwache trug gerettete Reliquien. Neben den Altar legten sie den gläsernen Schrein mit dem Heiligen Laurentius. Die Geistlichen murmelten Gebete. Der König und die Damen knieten und sangen feierlich langsam das Tedeum. Traurig schollen die frommen Töne.

Vor dem Zelt standen Egmont und Oranien und atmeten die Kühle der Sommernacht. Lange blickten die Freunde zum nächtlichen Himmel empor, der vom Abschein der Flammen rot glühte. Egmont hatte den Arm auf die Schulter Oraniens gestützt, er fühlte die ungeheure, pochende Lust des Lebens, die Wollust: zu atmen und zu schaun. Er fühlte sie trotz dem irdischen Grauen, das sich noch am Himmel spiegelte. Vielleicht vermehrte das ausgestandene Entsetzen diese bunte Lust. Oranien lauschte dem Heer von quarrenden Sumpffröschen. Auch er empfand ein Nachgefühl dieser wollüstigen Wehmut, die unser zärtlichster Anteil am Glück ist. Dem Jüngern schien, als hätte er noch nie vorgedachte Ideen dem Freunde mitzuteilen, eine heilige Vorahnung künftiger Humanität. Oranien dachte, zu viel wäre zu sagen, sicherlich empfinde Egmont wie er und werde es aussprechen. Indes, Egmont schwieg, hingegeben an die selige Ruhe, zwischen der summenden Messe der spanischen Priester und der quakenden Messe der fränkischen Frösche.

„Ich habe die schönsten Nachrichten", begann Oranien. „Ihr Sieg, mein lieber Graf, hat unserm König nicht nur diese Stadt und den Niederlanden Sicherheit geschenkt, sondern auch Italien uns ausgeliefert. Der Herzog Guise lief mit seiner Armee quer durch die Alpen nach Frankreich, um es vor uns zu schützen. Alba aber fragt, was er mit dem Heiligen Vater beginnen solle? Unser König, ein halber Heiliger, befahl dem Alba, vor dem besiegten Papst zu knien und um Vergebung für die spanischen Siege zu bitten. Der König hat nur einen Wunsch: Den Titel des gehorsamsten Sohns der Kirche. Die Städte, die der Herzog dem Papste wegnahm, soll er knieend wiedergeben. Der König hat den Alba mit dem Zaum im Munde fortgeschickt, nun heisst er ihn durchs römische Joch kriechen. Alba kriecht schon mit dem Hut auf dem Kopfe!"

„Ein sehr braver Soldat", erklärte Egmont, wohlwollend vor lauter Schadenfreude, „ein wenig mittelmässig, man weiss es, aber nicht ohne militärische Kenntnisse."

„Still!" mahnte Oranien. „Vorsicht! Man kommt aus dem Zelt des Königs."

In diesem Augenblick öffnete sich das Zelt, und der König trat heraus, begleitet von den Herzoginnen von Parma und Lothringen und von Anna Eboli und gefolgt von Granvella, Carranza und Castro. Wie alle, warf auch Philipp einen Blick auf die brennende Stadt. Das Feuer schien im Dunkel so nah, dass alle meinten, sie hörten die Flammen sausen, als ein Wind die Leinwand der Zelte bewegte.

„Die schönen Kirchen!" murmelte seufzend der Erzbischof Carranza. „Wir haben die Reliquien gerettet", entgegnete laut Granvella.

„Und die Toten?" flüsterte die Eboli. „Wer rettet die Toten?"

Vernahm der König diese kindischen Worte? Da ihn alle betrachteten, schien er allen verändert. War es das ungewisse halbe Licht der Fackeln, das sich mit dem Licht der Sterne, der Wachtfeuer und der Brandröte mischte? War der König so tief erschüttert? Er schien älter, grösser, starrer geworden. Der König trat einen Schritt zu Anna. „Die Lebenden", sagte er mit einer mühsamen Stimme, „die Lebenden wollte ich retten. Ich wünschte ein frommes Leben allen Menschen, befahl den Kampf mit dem Bösen und habe gesiegt; die Leute aber sehen nur Leichen überall. Ich befahl es anders. Man gehorcht uns schlecht. Wir sind nicht zufrieden. Ich sah die Grenzen der Könige und scheue sie fortan. Weint ihr um gemeine Tote und zerbrochene Kirchen? Täglich werden neue Menschen geboren; dieses Geschlecht stirbt nicht aus. Und ich tat dem Heiligen Laurentius den Schwur, ihm eine schönere Kirche zu bauen. Ich werde sie bauen und sie soll gross sein und dauern! Aber saht ihr auch, wie man mich antastete?" Philipp schwieg und sah zu den Sternen empor.

Die Hofleute sahen sich betreten an. Wovon sprach der König? Zwei Geier flogen niedrig um das königliche Zelt, unheimlich krächzend.

Carranza begann zu erzählen: „Ich durchwanderte am Abend die ganze Stadt und schaute allem zu, den Menschen und den Steinen. Ich ging und glaubte die Zerstörung von Jerusalem zu sehn, der hügeligen, heiligen Stadt. Zwischen den frischen Ruinen fand ich keinen lebenden Bürger mehr, keinen, der sich einen Franzosen hiess. Wie eitel ist diese Welt! Vor ein paar Tagen noch zogen der Reichtum und die Lust durch die Strassen, jetzt steht kein Stein mehr auf dem andern!"

„Wer hoch bauen will, muss erst niederreissen!" erklärte Bruder Castro.

Carranza schwieg. Der Wind war eingeschlafen. Eine schwere Schwüle lastete. Der Sternenhimmel war ganz bedeckt von niedern Wolken, die feurig glühten. Ein leiser, ferner Donner rollte. Von Zeit zu Zeit rief eine Wache. An den Wachtfeuern lagen die Soldaten, schliefen, tranken, würfelten. Ein Trommeljunge trommelte leise auf einer grossen Pauke.

Später in der Nacht blitzte es einmal, ein ungeheurer Donner krachte, und es begann zu regnen. Es war der Anfang der grossen Herbstregen.

Der König zog noch vor die festen Städte Catelet und Ham, Noyon und Chaulnay, er nahm sie alle, die eine Stadt schonte er, die andre stürmte er, die dritte liess er plündern, die vierte verbrennen. Indes hörte der Regen nicht auf. Es regnete bei Tag und bei Nacht. Die Flüsse wurden gelb und schwollen an, sie traten über die Ufer und überschwemmten die Landstrassen. Es fehlte an Lebensmitteln und an Lastwagen, sie herzuführen.

Die flüchtigen Landsknechte hatten die Wagen, mit Beute beladen, entführt. ‚Sollen wir versaufen oder verhungern?' schrien die Soldaten. Sie froren in der Nässe und litten am Fieber. Die englischen Hilfstruppen, die alle anderen verachteten, vor allem die Spanier, forderten Urlaub. Sie wollten nicht mehr für den König von Spanien sterben. Sie hassten ihn lange. Die Deutschen forderten vergebens ihre Rückstände, der König hatte kein Geld, da liefen sie regimenterweise zum König von Frankreich über, der bar zahlte. Granvella riet dem König: „Wir müssen zurück. Wir haben kein Geld. Wir haben kein Brot. Die Städte in der Picardie sind erobert, die flämische Grenze gesichert, der Papst gezähmt, Italien unterworfen, der Winter kommt — genug der Siege, ehe alles gefährdet wird! Entlassen wir die Armee. Senden wir die spanischen Truppen in ihre flämischen Winterquartiere. Reiten wir nach Brüssel zur Siegesfeier!"

So endete der erste Feldzug des Königs, der einzige, an dem er in Person teilnahm. Glücklich ritt der neue Kriegsheld in Brüssel ein. Es war ein Freitag, die Stadt roch nach Fischen. Auf den Strassen stand das Volk und liess den Sieger hochleben. Philipp nickte gnädig, neben dem König ritt Egmont.

„Hoch der Sieger!" schrien die Bürger von Brüssel. Vor dem Dom ritt Egmont beiseite, zu seinem Palaste. Da folgten die Rufer dem Grafen, ihm schrie das Volk zu: „Hoch der Sieger!" Wo aber der König ritt, schwiegen die Bürger, nur selten rief ein Spanier in der Menge den alten Schlachtruf: „Hispania!" Da gewahrte der König, dass der ganze Jubel dem Brabanter galt. Laut schrie das Volk: „Hoch Egmont, der Sieger von St. Quentin!"

Da ging Philipp in seinen Palast. Am Tag darauf empfing er die Staaten. Die Niederländer wollten die Kriegskosten nicht zahlen. „Wir zahlten mit Blut", riefen sie. „Egmont siegte für Spanien. Egmont hat Rom erobert. Nun sollen wir zahlen?"

„Für euch", rief Philipp, „habe ich Krieg geführt! Sonst hätten die Franzosen eure Städte verbrannt!"

„Wir hätten uns schon gewehrt", sagten die Niederländer und zahlten nicht.

Der König war zornig.

DIE SCHREIBER

Die Schreiber des Königs sassen in seinem Hause und schrieben in den Tag hinein. Sie wussten, was in allen Ländern der Erde gespielt wurde, und hatten Tintenflecke an den Fingern und Flausen im Kopf. Hurtig liefen sie treppauf treppab, bedächtig schnitten sie ihre Federn und hoben prüfend ihre Tintengläser gegen das Licht.

Im obersten Zimmer sassen die jüngsten Schreiber, vier Söhne der Lust: Escovedo hatte eine grosse Nase; der arme Vasquez hatte rotentzündete Augen; der lustige Eraso rühmte sich eines Vaters, der Minister war; der blonde Antonio Perez besass schon ein Haus zu Brüssel, im ersten Stock guckten die fröhlichen Mädchen zum Fenster heraus und grüssten mit Kichern und Kusshänden den jungen Antonio.

Der ehrwürdige Gonzalo Perez, Erzdiakon zu Sepulveda, ehedem des Kaisers, nun des Königs Minister, ein argwöhnischer und masslos stolzer Priester, der im Zorn raste, im Amte insgeheim nahm und in müssigen Stunden die Verse Homers ins schönste Kastilisch übertrug, berühmt bei Dichtern für seine Sprachkunst, bei Klienten für seine Habgier und bei hübschen Frauen für seine Eigenheit, sie in seinem Bett zu unterweisen, voll christlicher Liebe und eindringlich, dieser sonst so misstrauische Gonzalo Perez vertraute schon nach sechs oder acht seiner gewöhnlichen Unterrichtsstunden den Beteuerungen einer ausnehmend hübschen und jungen Person, der Gattin eines sehr alten, reichen Reeders aus Antwerpen, und erreichte, als nach der gebührenden Zeit die Person gebar, bei dem Reeder den Verzicht auf die gesetzlichen Vaterrechte und beim Kaiser die Anerkennung des in der Ehe geborenen Bastards, ja, der alte Perez hegte sein Söhnchen, das er Antonio taufte und zu einem schwächlichen Jüngling aufzog, mit solcher Affenliebe, dass er ihm sogar seine altmodischen Ideen nachsah. Der junge Antonio schien zu glauben, die Ehrlichen seien in der Mehrheit und Wahrheit mache beliebt.

„Mit diesen Grundsätzen", erklärte der erfahrene Minister fast verzweifelt, „endest du im Kerker. Nimm mich zum Beispiel! Blicke dich um bei Hofe!"

„Jedermann äussert dieselben Ansichten wie ich", erklärte der verstockte Jüngling.

„Aber wer hält sich daran? Oder treibst du deine Kunst, die Menschen zu betrügen, so weit, deinen eigenen Vater zu täuschen?" fragte der Erzdiakon mit einer spärlichen Hoffnung. „Dann wäre dein Eifer löblich, wenn auch übertrieben. Hüte dich vor solchen Übertreibungen, mein Sohn, zu denen die Jugend neigt. Sie scheinen spasshaft und schaden nur. Die jungen Leute glauben, ihre Kräfte seien unerschöpflich. Später macht man andere Erfahrungen. Mein Sohn, habe Vertrauen zu mir!" Der Erzdiakon sprach mit der gesalbten Stimme, mit der er jungen Frauen ins Gewissen redete, wenn sie vorgaben, sie fürchteten sich vor der Sünde. „Aber ich bin aufrichtig, mein Vater", entgegnete der junge Antonio, mit sanftem Erstaunen.

„Dann werde vernünftig!" bat der Vater.

„Und der Glaube?" fragte Antonio. „Und die Gesetze? Und die Vernunft? Und die Humanität? Und die Furcht Gottes? Gilt alles nichts? Gilt nur der Erfolg um jeden Preis? Mein Vater, ich bin zu stolz, um solche Lehren zu empfangen."

Der alte Priester fühlte seinen Zorn nahe. Er fürchtete sich davor. Kalt fragte er: „Bist du vielleicht ein Sohn der Hölle? Ein Protestant? So gäbe ich dich dem Hohen Amt an und legte mit eigener Hand Reisig auf den Scheiterhaufen."

„Mein Vater", entgegnete Antonio sanft, „ich glaube, wie die Kirche uns lehrt."

„Mein Sohn", sagte gerührt der Erzdiakon, „ich will dein Glück!"

Dieser Antonio Perez und Eraso und Escovedo waren

Günstlinge des Günstlings Ruy Gomez, indes das Findelkind Vasquez dem Herzog Alba sein Stück Brot verdankte. Diese vier Bastarde gelobten als geschworene Freunde beinahe täglich einander, zusammen zu stehn, zu steigen, zu geniessen. Stiege einer rascher, sollte er die andern nachziehn. Am eifrigsten predigte dieses spezielle Evangelium der Nächstenliebe, der die geringsten Aussichten hatte, der arme Vasquez, der Bastard eines Bettelmönchs, im Findelhaus zu Granada bei Wassersuppen aufgewachsen. „Bist du nicht eines Mohren Sohn?" fragten ihn seine Freunde im Übermut. „Bist du gar ein Jude?" fragten sie ihn. Der arme Vasquez bekreuzigte sich mit seinen dicken Fingern ängstlich geschwind vor so gefährlichen Scherzen; die spanische Inquisition verstand keinen Spass.

Das Büro roch nach Talg. Es war ein schwüler Nachmittag im Juli 1558. Wie Pulverdampf lag die Luft über Brüssel. Die Schreiber standen müssig am Fenster. „Es liegt etwas in der Luft", erklärte Vasquez wichtig. Die andern kicherten. Seit der Nacht gingen durch Brüssel die Gerüchte von einer grossen Schlacht am Meer. Flüchtige berichteten, die ganze Armee sei im Meer ertrunken. „Welche Armee?" fragten die Brüsseler. „Die Unsern? Die Franzosen?"

„Ist Egmont geschlagen, hängt man uns, samt unsern schönen Aussichten", erklärte Escovedo und lachte, beinahe triumphierend vor unpassender Schadenfreude.

„Wer?" fragte erschrocken Vasquez und griff sich an den Hals. „Wer soll uns hängen?"

„Die Franzosen oder die Flamen. Es ist alles eins. Wer hätte das vor einem Jahr gedacht, nach diesem Sieg bei St. Quentin, dass Brüssel jetzt vor zwei französischen Armeen zittern muss? Mit Calais begann das Unglück! Dieser Guise hat gegen alle militärische Gewohnheit, im Winter nicht Krieg zu führen, Calais den Engländern entrissen! Was für Fehler Fortunens!"

„Philipps Fehler!" rief Eraso. „Mitten im Krieg entlässt er die Armee!"

„Unser König liebt den Frieden!" erklärte mit Überzeugung Antonio Perez.

Seine Freunde sahen ihn von der Seite an.

„Unser König rechnete mit der Vernunft", fuhr Perez fort. „Das ist ein Fehler der Klugen."

„Ach was!" rief unwillig der arme Vasquez. „Philipp hat kein Geld, um Krieg zu führen. Eboli ist schuld. Er hat die reichen Leute in Spanien verärgert, sie murren: Die Steuern, die Abgaben, die Anleihen, die schlechten Geschäfte, der Ämterhandel! Eboli versteigerte die Hof- und Richterstellen, bis kein Mensch mehr ein Amt kaufen wollte. Ein schöner Finanzminister!"

Die andern lächelten überlegen. Der arme Vasquez, der Schützling Albas, musste dem Eboli am Zeuge flicken. Seit wann sprach ein Spanier von Geld? „Und Alba?" fragte höhnisch Escovedo. „Egmont siegte, und Alba kam zum Triumphe. Da Alba kam, legte sich Eboli ins Bett, um ihm nicht gratulieren zu müssen. Ganz Brüssel lachte. Sogar Philipp lächelte!"

„Armseliger Witz", erklärte Vasquez düster. „Der königliche Rat ward darüber zum Kriegstheater. Was Alba rät, widerrät Eboli. Wenn Alba redet, hustet Eboli. Der König sitzt schweigend da, sieht keinen an, notiert alles."

„Wen stört es?" fragte Perez. „Der König macht doch alles allein. Er liest jeden Akt, notiert das Wichtige und scheinbar Unwichtiges. Und nachts fasst er die Entschlüsse."

„Im Bette", sagte Escovedo, „und Eboli schläft bei ihm! So behält Eboli, nach allem Unrecht bei Tag, nachts immer recht."

„Der König", sagte Eraso, „sähe lieber die Frau des Ministers in seinem Schlafzimmer."

Perez sagte: „Anna ist schöner als die Welt, schöner als das Leben."

„Du bist verliebt", sagte mürrisch Vasquez.

Perez starrte ihn an. Wie sollte ein Schreiber in eine Fürstin sich verlieben? „Du bist ein Narr, Vasquez!" murmelte er.

Da erhob sich auf dem Grossen Platz ein Geschrei. Die Schreiber rannten zu den Fenstern. „Lauf Eraso!" schrie Escovedo.

Eraso lief und kehrte zurück. „Sieg!" schrie er. „Egmont, der Sieger bei Gravelingen! Die ganze Armee der Franzosen tot!"

„Das ist eine Gewohnheit des Grafen", bemerkte Perez, „feindliche Armeen gänzlich zu vernichten. Ein gründlicher Sieger!"

„Wie die Leute schreien", sagte Perez. Da sahen sie den Egmont und liefen die Stiegen hinunter. „Egmont!" schrieen die Leute von Brüssel. „Egmont!"

Auch die Schreiber schrieen: „Egmont! Egmont!" Auch die Wächter vor dem Hause des Königs, die mit den Lanzen das Volk zurückhielten, schrieen: „Egmont! Egmont!" Endlich zogen die Schreiber den Grafen ins Haus.

„Ho! Ihr Jünglinge!" rief Egmont lachend und erregt. „Ihr heiteren Jünglinge! Saht ihr meine Niederländer? Sie küssten mir die Hände, die Füsse, sie küssten meinen Gaul. Hörtet ihr? Sie schrieen: Vater des Vaterlandes! Das Volk liebt mich!"

„Sie zerstampfen seine Feinde!" rief Perez bewundernd.

„Fortuna hilft mir! Und die Niederländer! Ihr hättet sie sehen sollen, wie sie kämpften! Ein braves Volk! Immer bereit, dem Besten sich hinzugeben, und kennen den Wert des Lebens, und lieben die Freiheit und ihre Rechte, weil sie nicht ohne die Würde des Menschen existieren wollen. Es gibt kein braveres Volk, fleissig, nüchtern, weltklug, zu jeder Kunst geschickt, den Fremden ein Asyl, ich wollte kein König anderswo sein! Wollten es nur auch andere begreifen! Es ist leicht, mit uns auszukommen, wenn man uns nach der Väter Sitte leben lässt."

Philipp sass in einer schattigen Stube, allein mit Alba. Der König reichte dem Grafen die Hand zum Kuss.

„Sire", rief Egmont, „die Armee des Marschall Termes hat aufgehört!"

Philipp lächelte zerstreut. „Sie haben Ihre Pflicht erfüllt, lieber Graf", erklärte er, „die Krone weiss Ihnen Dank."

Egmont fand den Empfang kühl. „Ich kämpfte für mein Land", erklärte er.

„Wir hatten Glück", sagte Alba mit tiefer Stimme.

Egmont sah ihn kalt an, den spanischen Generalissimus, den vielmächtigen, hochmütigen, kaltherzigen Minister Philipps, den Mann von fünfzig Jahren. Egmont sah den blanken Hass in den Augen Albas. Mein Gott, dachte Egmont erschrocken, was habe ich ihm getan? Und er sagte sich, der ältere Mann beneide ihn. Egmont war sechsunddreissig Jahre alt. Alexander war dreiunddreissig, als er starb, dachte Egmont. Auch ich könnte morgen sterben, mein Ruhm würde die Jahrhunderte überdauern. Wer wird in fünfzig, in dreiunddreissig Jahren den Namen dieses Hofgenerals Alba kennen?

Egmont tat dem Alba unrecht. Alba war nicht neidisch auf den jüngern Mann, der ihm den Ruhm stahl. Er hasste die Methoden Egmonts. Er hasste diese Art tollkühner Siege, die Geschenke des Glücks waren, statt Resultate genauer, langsamer und kühner Berechnung. Alba hasste den Zufall in der Strategie. Alba wollte auf dem Schlachtfeld nichts Fortunen, einem Weib, verdanken. Er war kein Hofgeneral. Im Feldlager aufgewachsen, Enkel des Eroberers von Navarra, Sohn eines Kriegshelden, der in Afrika fiel, nahm er schon als Knabe an Gefechten teil, diente mit sechzehn Jahren bei der Belagerung von Fontarabia, erbte bald alle Titel und Güter seiner Familie, kam früh an Philipps Hof, ward sein Rat, nahm teil an der Regierung Spaniens, ward vom Kaiser zu seinen Feldzügen nach Deutschland gerufen und erhielt den Oberbefehl. Alba hatte zu Beginn seiner Laufbahn für furchtsam gegolten, weil er Mut und Klugheit einte, zu stolz, nach billigen Effekten zu haschen. Der einzelne Sieg galt ihm nichts, der Endsieg alles. Erst Gouverneur von Mailand, danach Vizekönig von Neapel, hatte er mit den mindesten Mitteln den italienischen Krieg gegen die überlegenen Kräfte des Papstes und der Franzosen geführt. Jeder andere wäre überrannt worden. Er hatte nicht die Aufgabe gehabt, zu glänzen, sondern auszuhalten, und Philipp wusste ihm Dank. Natürlich hatte der Sieg bei St. Quentin ihn vom Guise befreit, aber er hatte ein grosse Armee, einen glänzenden Feldherrn lange genug aufgehalten, dass die andern in der Picardie Zeit zu leichten Siegen hatten. Das war Albas Meinung. Alba hasste in Egmont den glücklichen Dilettanten, den frechen Sohn des Glücks, der pfuscht und siegt, und alles riskiert und siegt, und jede Dummheit begeht und siegt!

„Wir hatten diesmal Glück", wiederholte Alba gewichtig.

Egmont lachte höhnisch und rief: „Ich habe Glück, lieber Herzog, und die Welt sagt: Egmont der Sieger von St. Quentin; Egmont der Sieger von Gravelingen; Egmont der Sieger zu Rom!"

„In was für einer Welt leben Sie, lieber Egmont?" fragte Alba höflich. ,,Ein guter Soldat denkt und handelt anders als Egmont, der nur Ruhm gewinnen will. Ihr Sieg bei Gravelingen war ein Knabenstreich. Dem Termes eine Schlacht anzubieten, statt ihm zur Grenze zu folgen, war tollkühn. Hätte Termes Sie überrannt, so lägen Sie im Sand von Flandern verscharrt, und die Niederlande wären die Beute Frankreichs! Ein echter Feldherr würfelt nicht um Siege."

„Armer Falschspieler", entgegnete Egmont nachlässig, „der steht und zaudert, und dem bezahlte Hofchronisten Ruhm spenden, weil es ihm zu Metz misslang und er zu Rom kniete. Die Brosamen vom Tische eines grossen Mannes machen noch fett. Armer Rechenkünstler! Indes Andere Armeen zerstampfen, Provinzen befreien, der Krone ganze Reiche retten, sitzen Sie mit den Füssen am Kamin und rechnen und berechnen, dass Cäsar den Rubikon nicht hätte überschreiten dürfen; denn wären das Wetter anders, Rom nicht Rom, Fortuna nicht launisch gewesen und hundert klassische Zufälle nicht eingetreten, wäre Cäsar alt und vergnügt und des Brutus Freund geblieben, und ein Alba gälte vielleicht als grosser Soldat!"

Alba griff an den Degen. Da erhob sich Philipp und bat sie, sich zu versöhnen. Er dulde es nicht, dass seine beiden besten Generäle im Krieg stritten. Alba sei Spaniens bester Feldherr, Egmont der erste Soldat der Niederlande. Sie mögen sich umarmen!

Alba und Egmont taten es zögernd. Da sie einander zum Anschein einer Umarmung berührten, spürte Egmont einen Schauder, und Albas Hände zitterten, sein Degen stiess klirrend an Egmonts Degen. Der König lud beide zum Abendessen und entliess sie mit einem zerstreuten Lächeln.

Philipp sah den Generälen nach, als sollte er sie nie wiedersehen. Sein verlorenes Lächeln schien an seinen Lippen haften geblieben. Sein Blick wanderte langsam durch den düstern, schmalen Raum, über Teppiche, Tapeten, Gemälde, Bücher. Er schickte schliesslich nach Carranza.

So siege ich, dachte er, und siege, und bin dreissig Jahre alt, und wünsche ein neue Art, zu leben. Gott vergisst mich? Elende Rasse der Menschen! Seit der Schöpfung lebten Myriaden Mückenschwärme, vollkommen in ihrer Art. Und ebenso die Tiere, Vögel, Fische! Nur der Mensch bleibt fragmentarisch. Und da sagte Er, dass Er uns liebt! Mich schlägt der Herr, da er zulässt, dass Spanier Ketzer werden. Gefalle ich dir nicht mehr, Herr? Ich bin dein Knecht. Die Ketzer spotten unser!

Carranza trat still herein, mit vorsichtigen Schritten. Philipp lächelte finster. Ein Schleicher geht so, dachte er.

„Sind Sie reisefertig?" fragte Philipp.

Carranza schickte einen schweren Blick zum König, dringlich, wie Kurzsichtige schaun, misstrauisch wie die Demütigen, lauernd wie Verfolgte. Langsam, als wäge er jedes Wort, erklärte er: „Ich bin zu allem gerüstet."

Was meint er?, fragte sich Philipp. Was denken diese Menschen? Rottet keiner die fatale Meinung dieser Leute aus, ihr Wert sei grösser als ihr Nutzen für die Welt? Und wie ersetzlich ist jeder! Vergessen es alle?

Der König sagte: „Ich sende Sie nach Spanien. Da war ich stolz auf meine Spanier! Nun schreibt man mir, die Fäulnis sässe im Mark meines Volkes. Ich schäme mich. Der Spanier Aufruhr gegen Gott trifft mich. Ich lese diese Briefe, lese sie wieder, glaube nichts und doch ist's wahr: Lutheraner leben in Spanien!"

Philipp schwieg. Seine Augen glühten.

„Es gibt Leute", sagte aus Vorsicht schon in missbilligendem Ton Carranza, „die sagen, der Grossinquisitor Valdes fand, in seiner Furcht vor dem Verluste aller königlichen Gnaden, mehr Protestanten in Spanien, als Gott selber sieht; ja, Valdes, sagen sie, habe den Himmel in seine Geschäfte gemengt. Der Valdes wollte nicht nach Sevilla, in seine Diözese, wohin die Pflicht, wohin der König ihn rief; der Valdes blieb in Valladolid, Reichtümer zu sammeln, der abgeschmackte Greis! Nun nachdem die Regentin ihm eröffnet, sie habe bei ihrem Bruder sich bitter beschwert, nun da der König ihn aus dem Staatsrat jagen hiess, nun treffen Briefe ein, düstere Berichte des Grossinquisitors von einer ungeheuren Verschwörung gegen Gott, von der Verhaftung einiger Kleriker und Herrn und Damen von Ansehn aus Valladolid, lauter Anhänger Luthers! So ward Valdes vom Wild zum Jäger. Auch die Regentin, düsterblickend, schreibt verzweifelt. Nur die Inquisition kann Spanien retten. Und endlich schreibt der Kaiser aus Yuste und setzt ein Postscriptum aufs Papier, geschriebenes Feuer."

„Ich werde es nie vergessen", sagte Philipp. „Er schrieb: ‚Töte! Töte! Unerbittlich ausrotten bei der Wurzel, Philipp! Verbrenne! Verbrenne sie ohne Gnade, ohne Verzeihung, ohne Rücksicht. Töte die Ketzer unerbitttlich! Dein guter, alter Papa Karl.' Ich schickte Eilkuriere an meine Schwester, sie solle Valdes nicht entsetzen, sondern unterstützen. Ihm schrieb ich: ‚Spürt die Protestanten mit Hunden auf, jagt sie mit Wölfen, schlagt sie mit Feuer, rottet sie aus, unermüdlich, unerbittlich!' Ich schickte ihm des Kaisers Brief, an den Rand schrieb ich: ‚Küssen Sie dem Kaiser die Hände dafür, bitten Sie flehentlich, dass er sich an die Spitze stelle und uns helfe!"

Carranza erklärte: „Und der heilige Jäger Valdes ergriff zu Hunderten Männer und Frauen und sagte: ‚Diese sind Ketzer!' Ja, er erbat vom Papste Paul die ausdrückliche Erlaubnis, sein Gericht auch auf jene ausdehnen zu dürfen, die einzig ihm entzogen sind: Spaniens Bischöfe. Schon heisst der Grossinquisitor meine Kommentare zum Katechismus verdächtig. Da der König mich vorzog, sucht Valdes mich so zu verderben. Da ihn der König verjagen will, jagt Valdes Protestanten. Und so frommer Eifer, der zu eigennützigen Zielen so genau passt, ist gewissen Spaniern verdächtig."

„Die Namen!" forderte der König.

„Sire?" fragte verwirrt Carranza.

„Die Namen der Verleumder meines Grossinquisitors!" forderte Philipp laut.

Carranza schwieg bestürzt. Hielt der König auch ihn für einen Protestanten? Endlich fragte er: „Verlor ich Ihr Vertrauen, Sire? Halten Sie für möglich, dass in meinen Kommentaren Ketzereien stünden? Und gestern war ich noch die Leuchte spanischer Theologen? Warum blieb ich nicht ein Professor zu Salamanka, berühmt und ohne Feinde, arm und nicht bedürftig der schwanken Gunst der Könige! Wer zwang mich, der wunderlich süssen Stille der Gelehrten zu entsagen? Wer schuf mir Feinde, so wölfisch? Ich bin gemacht, zu forschen, nicht zur Verfolgung. Hier stehe ich, des Streits müde, nehmen Sie Toledo, geben Sie es diesem gierigen Greis, der nur von Gold träumt! Geben Sie ihm alles, was ich besitze!"

Philipp hob seine Hand. Die Spitzenmanschette geriet in den schmalen Strahl der Sonne und glänzte. Er sagte: „Ich bin Ihr Freund, Carranza. Beruhigen Sie sich. Der Grossinquisitor wird die Unschuld Ihrer Kommentare erkennen. Sollten Sie gefehlt haben, so widerrufen Sie. Fürchten Sie nichts. Sie haben mein Vertrauen. Ich schütze Sie."

Er lügt, dachte Carranza und lächelte sanft.

Sollte ich mich in diesem Menschen geirrt haben?, fragte sich Philipp und gestand mit sanfter Stimme: „Ich schmachtete nach Spanien. Im Traume sehe ich jede Nacht seine Granatbaumgärten. Wie Heinrich von Kastilien möchte ich zwischen den Bergen Ketzer jagen! Meine Räte sagen, die Niederländer stünden gegen ihre Herren auf, gegen Gott und mich, verliesse ich sie jetzt im Krieg. An meiner Statt sende ich meinen besten Diener. Reisen Sie zu meinem Vater. Der Kaiser will auch zum Ketzerkrieg Yuste nicht verlassen. Schildern Sie ihm unsere Hoffnungen, unsere Furcht, auch unsere Finanzen. Der Kaiser hatte Kummer. So bitter empfindet er den Niedergang der Zeit, da der Respekt stirbt, wie Karl schreibt, und neue Ideen unser treues Spanien korrumpieren. Auch er trage Schuld, schreibt der Kaiser. Habe er nicht das böse Beispiel gegeben, durch Milde bei seinen Untertanen? Das war falsch. Man müsse die Menschen treten! Nun werde er hart. Er führe Zucht im Kloster San Yuste ein. Jedes Weibsbild, das näher als zwei Bogenschüsse ans Kloster herankommt, lasse er auspeitschen. Sich selber geissele er bis aufs Blut. So schreibt er. Wüsste er uns doch Rat! Fragen Sie ihn, Carranza. Lauschen Sie jedem seiner Worte!"

Philipp erhob sich. „Segnen Sie mich, guter Vater!"

Carranza tat es. Da er fortging, traf er vor der Türe Eboli. Der Fürst bückte sich über Carranzas Hand und küsste sie inbrünstig und bat: „Segnen Sie mich, mein Vater!"

Carranza tat es. Eine Stunde später verliess er Brüssel. In seinem Wagen fuhr Feria. Beide reisten nach Dünkirchen, wo Carranza ein Schiff nach Spanien und Feria ein Schiff nach England nahm. Zum zweiten Mal in diesem Jahre fuhr Feria nach England. Das erste Mal war er nach der Einnahme von Calais hingefahren. Marie hatte dem König geschrieben, sie sei schwanger.

Philipp hatte ihr feierlich Glück gewünscht zu diesem Trost für Englands bittern Verlust der Stadt Calais.

„Wenn ich sterbe", antwortete Marie, „wird man auf meinem Herzen Calais mit blutigen Buchstaben aufgeschrieben finden. Zweihundert Jahre besassen wir den Hafen, bis der König von Spanien uns beriet. Was taten wir nicht alles für Philipp! Was verloren wir nicht um seinetwillen! Nun wir ihn rufen, kommt er nicht."

Marie nahm eine grosse silberne Schere und zerschnitt das Porträt Philipps. (Tizian malte es.)Erst stach sie ihm mit der Spitze die Augen aus. „So lösche ich die Sonne", sagte sie bedächtig. Dann schnitt sie ihm den Kopf ab. „Nun denkt er nicht an andre", erklärte sie. Dann zerschnitt sie Beine, Bauch und Brust und Arme, kreuz und quer. „Nun lebt er nicht mehr", sagte sie und schnitt fein säuberlich die Hände aus. „Die lieb' ich noch", bemerkte sie und begann zu lächeln, zu lachen, zu schreien, Schaum vor dem Mund. Schliesslich schwieg sie erschöpft und murmelte: „Das blieb von meiner Liebe." Das ging vorüber und sie schrieb wieder Liebesbriefe an Philipp.

Nun fuhr Feria zum zweiten Mal nach London, weil Marie krank war und nach Philipp rief. „Ich sehne mich nach Dir", schrieb sie, „ich schmachte, noch einmal will ich Dein blondes Haar fassen, Deine sanfte Wange in meiner Hand spüren. Komm Philipp, komm!" Philipp hatte keine Lust. ‚Ich habe keine Zeit', liess er ihr sagen, ‚ich liege im Krieg. Ich schicke Dir den Feria. Er bringt Briefe, in denen ich Dir rate, aufs neue Krieg zu beginnen, um Calais zurückzuerobern.' Nun reisten Carranza und Feria in einer offenen Kutsche durch Flandern. Es war heiss und die Grillen zirpten.

Indes erklärte Philipp seinem Freunde Eboli zu Brüssel: „Bald werde ich wieder heiraten. Meine Frau lebt noch, denkst du? Lieber Freund, ich sah sie vor einem Jahr zu London. Es tat mir weh. Sie sass im Bette neben mir und weinte. ‚Was hast du, Marie?' fragte ich, nach einer Weile. ‚Leben, nur leben!' stammelte sie. ‚Du lebst ja', sagte ich. Da sah sie mich an, so trostlos, aus rotgeweinten Augen, die zotteligen Haare hingen um ihr graues Gesicht. Unter der Bettdecke wölbte sich ihr Bauch. Sie begann, ihr Unglück aufzusagen, wie ein Kind seine Lektion. ‚Ich bin trostlos', sagte sie. ‚Manchmal weiss ich so sicher, ich werde doch ein Kind von dir haben. Aber die Leute sagen, der Tod sitzt mir im Bauch. Kein Kind soll ich im Arm wiegen? Warum verschwören sich die Leute gegen mich? (So fragte sie.) Elisabeth wünscht mich tot, die Stuart tut es und auch Henri von Frankreich. Und du, süsser Philipp? Bin ich so ganz allein? Viel Sünde geschieht in England, ich verfolge sie, nun verfolgen die Sünder mich. Böse Geister stehn nachts hinter meinem Bett'. So sprach sie." Philipp blickte auf. „Marie stirbt", sagte er. „Soll ich ihre Schwester Elisabeth heiraten? So lenken wir England. Haben wir erst Frieden mit Frankreich, soll mein Sohn Carlos des Henri Tochter heiraten, und wir lenken Frankreich. Wenn nur der Krieg endlich aus wäre! Ich mag ihn nicht!"

„Er ist abscheulich", bestätigte Ruy Gomez.

Plötzlich betrachtete ihn Philipp. „Bist du glücklich, Ruy Gomez?" fragte Philipp leise.

Da sah Gomez dem König in die Augen. Selbstvergessen starrten die sonderbaren Freunde einander an, eine ganze unendliche Minute lang. Die Augen schmerzten sie.

Endlich sagte Philipp: Wir wollen deine Frau besuchen."

Im Hause Ebolis überraschten sie Anna im Gespräch mit ihrem Onkel Mendoza. Anna trug ein leichtes Hausgewand, das ihren Busen halb verhüllte und die Arme freiliess. Sie lag auf einem türkischen Diwan, ihr Onkel sass dicht bei ihr und hielt ein Glas Wein in der Rechten, indes seine Linke die beiden Hände Annas hielt. Da traten der König und Eboli ein. Anna lief fort, vom Flur schon verkündete sie: „Ich kleide mich für den König!"

„Ich hole Anna zurück", versprach der Gatte und liess ihn mit dem Onkel.

„Sie lieben Ihre Nichte?" fragte Philipp.

„Ich liebe die Schönheit", entgegnete Mendoza, „und sammle sie."

„Ich hörte von Ihrer Bibliothek."

„Die schönsten Manuskripte schenkte mir der Grosstürke, da ich zu Venedig kaiserlicher Gesandter war. Eine griechische Handschrift, des Josephus' ‚Jüdischen Krieg', liess ich zu Rom drucken, unterm vorigen Papst, der die Freiheit duldete."

„Wir sahen die Folgen", bemerkte trocken der König.

„Die Kunst blühte. Wie der Gnade bedarf sie auch der Freiheit."

„Sonderbare Vokabel im Munde eines Christen!"

„Die Schönheit stammt von Gott. Kunstwerke sind fromm, Künstler sind gläubig, sogar im Rausch."

„Ich fördere alle Fertigkeiten in meinen Reichen. Was will man mehr?"

„Ihrem erhabenen Blick entgeht auch nicht des geringsten Untertanen Fortgang. Und nur der Dichter hätte keinen Anspruch?"

Philipp lächelte zerstreut. Er dachte an Anna und war ungeduldig. In ihrer Gegenwart vergass er sich. Sonst dachte er nur an Gottes und an seine Grösse. Wenn fixe Ideen genug waren, Menschen gross zu machen, war Philipp gross.

Hört er mich noch?, fragte sich Mendoza. Und kennt er sein Dekret, das unsere Literatur vergiften wird? Jeder Inquisitor soll also wirklich jeden Buchladen, jede öffentliche und private Bücherei (auch meine, auch des Königs) nach Ketzerschriften inspizieren dürfen, die man angeblich in Kaufmannsballen nach Spanien schmuggelt? Und ein sichtbar angebrachter Index aller verbotenen Schriften soll wirklich in allen Buchhandlungen Denunzianten locken? Und bei Todesstrafe soll jeder Autor sein Manuskript dem königlichen Rate unterwerfen müssen? Und ehe nicht jede Seite einzeln erst vom königlichen Sekretär signiert wäre, solle keiner sie drucken dürfen? Und auf jeden freien Gedanken Kerker? Auf jedes freie Wort die Todesstrafe? Und wenn dem Valdes mein Reim missfällt, muss ich ihn ändern oder sterben? „Sire", begann er, „in Ketten stirbt die Muse. Das Zensuredikt, das einer Ihrer Minister nach Spanien sandte, wird tödlich wirken. Ich bin sicher, Sie können es nicht kennen!"

„Es stammt von mir", erklärte Philipp und lächelte über den Einfall, es könnten Gesetze nach Spanien ohne seine Kenntnis kommen.

„Ich bitte um Vergebung, Sire. Können Sie wirklich alle Schätze des spanischen Geistes ausliefern an den frommen Eifer Unwissender? Soll der Niedre den Hohen, das Lamm den Hirten lehren?"

„Wenn es Gottes Lamm ist?" fragte Philipp.

„Sire, wollen Sie herrischer als Gott der Herr sein? Er duldet, dass man in hundert Sprachen ihn rühmt. Und der König von Spanien will seine Literaten auf die arme Sprache seiner Inquisitoren beschränken?"

„Scheint Ihnen meine Sprache so arm? Ist Seine Wahrheit nicht mehr gross genug für so erhabene Geister? Gott schuf mit Seinem Wort die Welt. Und Affen der Gottheit ist Sein Wort zu enge? Mit dem sanftesten Winke Seines Fingers schuf er unnachahmliche Schönheit, und daran haben Menschen nicht genug? Da Sein Wind vom Meer zum Gebirge saust, wollt ihr mit halbgefügen Worten summen, wie Fliegen summen, und sprecht stolz von Geist und Witz und Schönheit, weil euresgleichen herausgefunden hat, dass dieses Wort jenem ähnlich klingt oder dass manche Worte schön klingen? Der Gesang der Grillen ist schöner als das eitle Summen eurer gefügten Worte. Ein Affe drückt mit einer Gebärde deutlicher sich aus!"

„Sehr schön, Sire!" sagte Anna, die unbemerkt eingetreten war. „Zügeln Sie den Stolz der spanischen Poeten!"

Philipp sah sie lächelnd an. Dasselbe entzückte Lächeln zeigte Mendoza.

„Sehr schön!" wiederholte Philipp. Seine Augen sagten, was dieses Echo bedeutete.

Er liebte sie, aber er vergass keinen Augenblick, dass ein ganzer Hofstaat ihn belauerte, um ihn sündigen zu sehn.

Bald verliess er das Haus seines Freundes. Mit Bestürzung und verschwiegener Lust dachte Philipp: Ich liebe! Und Anna weiss es!

DER TOD DES KAISERS

Endlich, gegen Abend, kam Carranza. Er ritt auf seinem Esel zwischen den Feigenbäumen. Die Kutten der beiden

Mönche hinter ihm flatterten. Don Quixada führte ihn ins Sterbezimmer. Die Tür stand offen. Durchs Fenster schaute der gelbe Abend. An der Schwelle stockte Carranza. Er sah lauter Feinde, die Mönche Regla und Villalba, Beichtvater und Prediger des Kaisers; und Karls Freunde, den Avila und den Jesuiten Borgia — lauter Feinde! Langsam trat Carranza ein. Er roch die Luft der Krankenstube, Weihrauch und Wachs, Rhabarber und saures Bier. Er roch den Tod. Er tat noch einen Schritt und sah das Antlitz Karls. Da fiel er auf die Kniee. Sein Herz schlug dumpf. Er vergass alles vor diesem leidenden Gesicht. Er sah die spitze Nase des Kaisers, die schweissige Stirn, die gläsern starren Augen. Wo war die Grösse hin? Wo war dieser berühmte Held, der Päpste und Könige fing, die Türken und Deutschen schlug, in vier Erdteilen der Herr war, der Bräutigam der Welt, der Mann seines Jahrhunderts? Nun schmolz sein Fleisch wie schmutziger Schnee. Ein Hund stirbt nicht anders. Tränen verdunkelten den Blick Carranzas. Was bleibt nach uns? Und vom grössten Sohn der Menschheit? Carranza empfand ein unchristliches Mitleid mit dem abgelebten Fleisch vor ihm, ein böses Mitleid, das wie ein Messer ihm ins eigene Fleisch schnitt. Tief beugte er sich über die schlaffe Hand des Kaisers und küsste sie mit seinen Lippen und Tränen.

Vor langen Jahren war Carranza Karls Prediger. Da hatte er zuweilen vom Tod zu ihm gesprochen, aus Pflicht und Übung. Nun sass der Tod in der Stube. Damals sass der Kaiser lachend zu Pferde, das Schwert zur Seite. Nun lag er eingewickelt im Hemd, im Schlafrock, in Kissen und Leinenlaken, die spitze Nachtmütze auf dem Kopf, Socken an den Füssen und das unsichtbare Schwert im Herzen. Carranza sah den Kaiser an. Wohin reitest du jetzt?, dachte der Erzbischof. Hörst du anderer Trompeten Schall? Wappnest du dich nicht mehr gegen neue Völker, die du deine Feinde nennst, um sie zu töten? Deine Mutter hieltest du im Turm und machtest sie wahnsinnig, um zu regieren. Die Welt schreit fort nach Brot und Lust, regiere, regiere! Du setztest den Heiligen Vater in den Kerker, du ludest Luther vor deinen Thron, du tötetest Myriaden Falschgläubige; noch auf deinem letzten Schmerzenslager schreist du: ,Töte! Töte!' Die Sünde wächst, der Glaube schwankt. Wo sind deine Kerker, deine Scheiterhaufen, deine Blutgesetze; für kleinen Fehl: Kopf ab? Nun, grosser Richter, richte! Nun, du Gerechter, schaffe Recht! Wie? Du zitterst, du wirst schwach! Ja, hattest du vergessen, dass du sterben wirst? Nun zahlst du also? Bist du zufrieden? Ich lese Furcht in deinem Blick. Und warst so lange fürchterlich?

Noch kniete der Erzbischof, noch schwieg der Kaiser, seine gläsernen Augen starrten wie Papageienaugen auf den Knieenden, peinlich lange, grausam lange. Gilt das Schweigen dem König Philipp? Bedeutet es Prüfung, ein Urteil? Oder tönte Karls schwacher Atem nicht mehr? Hast du genug, Kaiser?

Carranza wandte sein Gesicht zu Quixada, der zu Häupten Karls stand, ein Wächter, ein grämlich liebender Freund, der keinen Blick vom Kaiser wandte. Carranza drehte seinen Hals weiter. Am Fenster stand ein blonder Knabe, von zehn oder zwölf Jahren, ein Page, neugierig und blühend. Daneben lehnten drei gleichgültige, rosige Grafen aus der Gegend, die in die Luft starrten. Weiter drehte Carranza sein Haupt und sah die Feinde. Ihre Blicke sagten: Lies deine Schuld in deines Richters Augen!

Sterbende sind schlechte Richter, dachte Carranza. Ihr habt unrecht, meine Feinde! Er kannte sie wohl. Dieser Beichtvater Regla, dieser Prediger Villalba waren Kreaturen des Grossinquisitors Valdes, der in Sevilla und Valladolid die verhafteten Protestanten peinlich folterte, Töchter von Herzögen oder ehemalige Hofgeistliche Karls, die mit dem Kaiser in Deutschland waren und dort manche neue Lehre vernommen hatten. Und die Gefolterten fragte Valdes: ,Verführte dich Carranza?' Und auf der Folter gestanden viele: ,Ja, Carranza!' Sie hätten jeden Namen gestanden, sie gestanden auf der Folter alles, die Folter gestand für sie, die Folter wiederholte der Folterknechte Lügen. Und die Mönche Regla und Villalba hinterbrachten sie dem Kaiser. Karl hatte den Carranza einst aufs Konzil zu Trient gesandt, den Ruhmesmarkt so vieler Kleriker; auch Carranza schuf sich Ruhm in Europa; zweimal hatte ihm Karl danach die Bischofsmütze angeboten, zweimal hatte Carranza sie abgelehnt; nun ward er Erzbischof von Toledo! Die höchste Würde verschmähst du nicht? Falsche Bescheidenheit, falscher Glauben?

Prüfte der Sterbende den Lebenden? Endlich fragte Karl: „Dich schickt mein Sohn Philipp?"

„Der König sendet mich", erklärte Carranza. „Alles steht gut. Bald ist Frieden. Auch König Henri brennt vor Gier nach tausend Ketzerfeuern in Frankreich. Die Leute von Paris, seine Kaufleute, seine Gelehrten heisst er Ketzer. Noch stehn die beiden Heere gegenüber, Frankreich gegen Spanien, Philipp gegen Henri, schon aber trafen sich in der Abtei Cercamps ihr Kardinal Guise und unser Bischof Granvella. Alles geht gut. Es kommen schönere Tage der Menschheit."

„Glaubst du, Priester?" fragte Karl. „Geh, ruhe aus!"

Carranza ging in den Garten. Die Nacht war Musik. Die Frösche quakten heiter, fast melodisch. Funkelnd hoch standen die Sterne, wie Bilder goldener Töne. Die Nachtigallen sangen knospend, als trillerten die blühenden Büsche. Der Mond stieg blutrot über den nahen Hügeln herauf; der flötende Wind schien seiner Märchenschritte Echo. Unter dem riesigen Nussbaum, wo der Kaiser zu ruhen liebte, stand der Jesuit Borgia, Bruder Franz der Sünder, wie er sich hiess. Carranza sah ihn und blieb stehn. Er dachte: Ein Horcher! Ein Denunziant!

„Ich kam, um Sie zu warnen", erklärte der Borgia. „Der Grossinquisitor verfolgt Sie. Sie redeten kühn, da Sie den Fuss auf Spanien setzten."

„Klingt die Wahrheit so verwegen in Spanien?" fragte Carranza. „Zum Schimpf der Kirche kümmert sich dieser sonderbare Erzbischof Valdes um alles in Spanien, nur nicht um das Heil seiner Diözese, und Sevilla mag seinetwegen zur Hölle fahren. Hätte er die schöne Stadt gehütet, wie er sollte, er brauchte dort nicht die Verirrten zu verbrennen. Ich, Primas von Spanien, musste es rügen; auch König Philipp tat es."

„Sie hatten recht", gab Bruder Franz der Sünder zu, „darum tobte Valdes. Er schwärzte Sie beim Kaiser an."

„Zu spät", erklärte Carranza, „Karl stirbt."

„Valdes ist Ihr Feind", mahnte Borgia.

„Der böse Feind!" rief Carranza im Zorn.

Borgia lächelte. „Wir sollten eine Strecke zusammen gehn", schlug er vor.

Carranza blickte sich um. „Durch den Garten", fragte er, „im Dunkeln?" Es war so dunkel nicht. Die Sterne funkelten. Der Mond schien. Die Zitronen schimmerten im schwarzen Laub. Nur der Wind rauschte melancholisch.

„Ich spreche bildlich", entgegnete Borgia. „Der Grossinquisitor blickt auf meinen jungen Orden mit Misstrauen."

„Viele misstrauen den Jesuiten", erklärte Carranza. „Christ will eine gute Herde, keine Regimenter. Es war der frömmste Einfall nicht, Soldaten Christi zu werben. Ich misstraue der Kompagnie Jesu."

„Auch der Kaiser tut es", gestand Borgia. „Man hat unrecht. Sie sehen einen kahlen Mönch, geschäftig, verdächtigt, arm, barfuss. Einst war ich der erste Junker der Kaiserin, Vizekönig von Katalonien, Hofmeister des Infanten Philipp, schön, reich, Herzog, ich hatte einen Bart und die flatternden Locken der Jugend. Ich hatte Frau, Söhne, Töchter, fühlte mich vollkommen, als Höfling, Kunstkenner, Soldat, als Vizekönig; ich liebte den Krieg, die Staatskunst, die Tändeleien des Geistes, hundert Eitelkeiten, ja sogar meinen Bart, den ich zwanzigmal im Tage kämmte. Ich liebte hitzig und rannte durch mein Leben. Eines Tages, auf der Strasse, drei Schritte von meinem Haus, wo schon die Wächter standen und mich grüssten, blieb ich stehn, am Anfang einer dunkeln Gasse, und dachte: Wenn ich fortginge, alles weggäbe? Eine Stunde stand ich oder ein paar Minuten, mir schien es ein halbes Leben. Noch hatte ich nicht die Kraft, obwohl die Lockung wehtat vor grosser Wollust. Ich will auf die Stunde warten, sagte ich und ging in mein Haus. Ich sah alles mit neuen Augen. Wie Stroh schmeckte alles. Kein Ding war seinen Preis wert. Nun sah ich es, zauderte, dachte: Gott schickt mir noch ein Zeichen. Meine Frau starb. Das Zeichen! Ich schrieb dem Kaiser, bat ihn, aus allen Ämtern mich zu entlassen. Einst im Jahre 1542 hatten wir zu Monzon gesprochen, wie gut es sei, fortzugehn, ohne des Todes Peitsche, in Freiheit. Wir hatten uns verstanden. Der Kaiser entliess mich. Jetzt, sagte ich, jetzt! Da sahn mich meine Söhne und Töchter an. Der Vogel im Busch hütet seine Vögelchen, bis sie flügge sind. So setzte ich mir die neue Frist. In Gandia, meiner herzoglichen Stadt, hatte Ignaz Loyola sein erstes Kolleg in Spanien gegründet. Sein Orden gefiel mir. Da war neue Jugend, Armut, Demut, Gehorsam, Tätigkeit! Ich trat heimlich ein. Der heilige Vater sandte mir ein Breve, dass ich Mönch und Herzog bleiben dürfe, bis ich die Kinder eingerichtet. Ich machte mein Haus zum Kloster, schlief statt im Bett auf dem Boden, stand täglich zwei Stunden nach Mitternacht auf und betete bis zum Morgen in Wonnen der Verzückung. Endlich hatte ich Söhne und Töchter vermählt, liess Familie und Haus hinter mir. Ich stieg aufs Schiff und sang den Psalm, da Israel aus Ägypten auszog, und voll süsser Wollust sagte meine Seele zu mir: Die Ketten sind zerrissen. In Rom lebte ich mit Loyola, tauschte mein Gewand mit der Kutte, schor Haar und Bart, kehrte nach Spanien zurück, hielt auf den Feldern vor vielem Volk meine erste Messe. Loyola liess mir die Hut unseres Ordens in Spanien und Portugal, barfuss wandre ich durch Eis und Glut von Spanien, zur Verteidigung der Kirche, zum Unterricht der Jugend, predigend und Kollegien gründend, nur mit zwei Mitmönchen, Vater Marcu und Vater Justamente. Willkommen in der Gunst der Königin Katharina zu Lissabon und der Regentin Doña Juana zu Valladolid, in zwei Königreichen bei Hofe der Rat, der Prediger des Volks, der Lehrer der Jugend, erntet dennoch die Gesellschaft Jesu, die Tochter Spaniens, Misstrauen auf dieser Halbinsel. Ja, als ich in Yuste, nach vierzehn Jahren, wieder vor ihn trat, vor ihm kniete, um seine Hand zu küssen, hiess Karl mich Herzog und schalt mich, dass ich nicht Dominikaner, Franziskaner war. Ich floh die Ruhmeskränze des Jahrhunderts, suchte den niedrigsten Orden, weil ich in den alten Orden fürchtete, auf einem Umweg die feilen Ehren des Jahrhunderts neu zu finden. Ich wollte wieder die bittere Armut, den blöden Hass fühlen, der die ersten Christen traf. Ich wollte Gott näher sein, in den Tiefen des Lebens. Mein lieber Carranza, Sie verstehen mich. Ich spüre in Ihnen die gleiche Verachtung aller Ehren, die ein Mensch austeilt. Und fühlte Karl nicht gleich uns? Dennoch verlor der Kaiser sein Misstraun nicht. Mein Orden ist ihm zu neu, unser knechtisch blinder Gehorsam vor dem Heiligen Vater scheint ihm gefährlich, da er sich erinnert, dass er und sein Sohn Päpste bekriegten. Doch war das gut? Später erinnerte mich der Kaiser an jenes Gespräch zu Monzon, vor sechzehn Jahren. Jetzt, Freund Carranza, spüren wir die tiefste Wollust, und auch sie ist nur ein verbrämter Schmerz. Das Leben läuft auf Schmerz hinaus. Langes Leben: viele Schmerzen!"

„Sagen Sie mir das alles", fragte Carranza, „zum allgemeinen Trost oder als besondere Vorbedeutung?"

„Viele Märtyrer wird es in Spanien geben, nach dem Tod des Bruders Karl!" rief Borgia.

„Hat Gott unsere Leiden nötig?" fragte Carranza sehr leise.

„Philipp wird strenger als sein Vater sein", erklärte Borgia. „Die sich nicht hüten, werden umkommen!"

„Und die sich hüten, fallen in unsichtbare Netze", sagte Carranza. „Was nützen Warnungen, versteht man nicht, ihnen zu folgen? Ich war längst gewarnt!"

Carranza schwieg und starrte in die Sterne. Da kam ein Diener gelaufen, der in den dunkeln Garten rief: „Señor Carranza! Señor Carranza!"

„Ein Engel ruft!" sagte lächelnd Borgia.

Was will der Borgia? fragte sich Carranza. Ein Jesuit! Möge der Name zum Schimpfwort werden! O Verräter! Ist Spanien voll von solchen? Ein Christ? Ist das ein Christ?

„Señor Carranza!" rief der Diener überlaut durch den nächtlich stillen Garten. Die Stimmen der Natur verstummten vor diesem gewaltsamen Schrei. Carranza schwieg.

Will er nicht antworten? dachte Borgia und sagte: „Was immer, ich bin Ihr Freund, Carranza."

Da schrie der Diener, laut wie ein wilder Esel, zum dritten Mal: „Señor Carranza!"

Schweigend und langsam ging der Erzbischof ins Haus. Vor der Tür erwartete ihn der blonde Knabe und führte ihn ins Sterbezimmer. Wieder standen die Mönche um Karls Bett, Bruder Regla, Bruder Villalba, wieder sah Carranza den Avila und den Haushofmeister Don Quixada. Das Gesicht des Kaisers hatte sich nochmals verwandelt, als probte der Tod gleich einem unzufriedenen Künstler aus, welche Maske seine verborgenen Intentionen träfe.

„Sire", begann Carranza laut, „da bin ich. Riefen Sie mich?"

Der Kaiser verzog den Mund, als störte ihn die grelle Stimme.

Quixada flüsterte empört: „Sprechen Sie leiser!"

Der Kaiser bewegte die Lippen. Seine gläsern starren Augen schauten gradaus zu Carranza. Sprach der Kaiser? Quixada beugte sich über die fahlen Lippen.

„Den Psalm ‚De profundis", sagte er.

Carranza sprach: „Aus der Tiefe rufe ich, Herr. Höre meine Stimme! So Du willst Sünden zurechnen, wer wird bestehen? Denn bei Dir ist die Vergebung, dass man Dich fürchte. Meine Seele wartet auf den Herrn von einer Morgenwache bis zur andern. Denn bei dem Herrn ist die Gnade. Und er wird Israel erlösen aus allen seinen Sünden."

Der Kaiser lauschte lechzend. Carranza fiel auf die Kniee und zeigte dem Kaiser das Kruzifix. Er las die schreckliche Angst der Kreatur in den gläsern starren Augen. Carranza fühlte diese Angst mit, er empfand das erbärmliche Leid mit und hob das Kreuz hin und sagte mit seiner gellen Stimme: „Siehe hier diesen, der für alle gestorben ist. Es gibt keine Sünde mehr. Alles ist vergeben!"

Und langsam erhob sich Carranza, er hielt das Kreuz höher und höher.

Karl folgte seiner Hand und machte schreckliche Anstrengungen, zu sprechen. Es gelang ihm nicht. Seine Augen rollten. Der Anblick war fürchterlich. Was wollte der Kaiser? Sah er den Tod? Fühlte er Angst oder Reue? Glaubte er dem Erzbischof Carranza? Oder empörte er sich gegen Ketzerworte, wie die Mönche glaubten, Fray Regla und Fray Villalba, die zum Freund des Kaisers, Don Luis de Avila, traten?

„Der Kaiser sieht Luthers feiste Fratze vor seinem Bett!" flüsterte Bruder Regla.

„Das ist nicht die Todesangst", flüsterte Bruder Villalba. „Das ist Gewissensangst. Hörtet ihr die Ketzerworte Carranzas? Der Kaiser will sagen: ‚Schlagt den Luther tot!' Ich lese es in seinen Augen."

„Der Kaiser", flüsterte Don Luis de Avila, ein alter Schlachtgefährte Karls, der reich geheiratet und sich ein Schloss zu Placencia errichtet hatte, in dem lauter Bilder aus dem Leben des Kaisers an den Wänden hingen, „der Kaiser fürchtete nie den Tod. Er zittert vor der Ketzerei. Die Rechtfertigung durch den Glauben in Christ allein, wie der dort sagte, das ist die Lehre Luthers, und sie ertönt am Sterbebett des grössten Fechters der Kirche? Bruder Villalba, tröstet seine Seele! Predigt ihm unserer Kirche Wahrheit!"

Bruder Villalba und Bruder Regla drängten sich vor, fast stiessen sie den Erzbischof Carranza mit Gewalt zurück, und Bruder Villalba begann mit seiner geübten, schmeichelnden Stimme vom Tod zu reden und vom Heil, auf katholische Weise. Er sagte: „Schöpfe Ew. Majestät Trost; denn heut ist St. Matthiastag! Am Tag des Heiligen Matthäus ist Ew. Majestät in die Welt gekommen. Am Tag des Heiligen Matthias verlasst Ihr sie. St. Matthäus und St. Matthias waren zwei Apostel, zwei Brüder, gleichnamig fast, beide Jünger Christi. Mit solchen Fürsprechern können Sie nichts zu fürchten haben!"

Selig lächelten die Mönche Regla und Villalba, als hätten

sie die Seele des Kaisers gerettet. Die Angst im Antlitz Karls losch nicht aus. Was wollte er noch? Das ganze Jahrhundert hallte vom Lärm unnützer Theologen, vom eiteln Wortgezänke. Rechtfertigung durch den Glauben, Rechtfertigung durch Werke, Rechtfertigung durch Christum! Damit füllten sie das schöne Jahrhundert, mit Worten über der Seele Heil, indes handelten sie mit Sklaven und töteten wegen Meinungen. Die Päpste hüben; drüben Abgefallene, Luther, Calvin, Zwingli! Zum letzten Male traten sie vor sein Bett und schrien ihre fatalen Meinungen vor dem Sterbenden!

Vergeblich brachte Quixada sein Ohr nahe. Mit einmal glätteten sich die Züge Karls, der Knabe sah es zuerst. Er sagte in die Stille, in der das Flackern der Kerzen hörbar war: „Er lächelt."

Der Kaiser blickte zum Knaben, er lächelte wirklich. Plötzlich sagte er vernehmlich: „Quixada. Bleibe allein mit mir!"

Da verliessen alle den Raum, und der Kaiser blieb allein mit Quixada. „Wie fühlen Sie sich, Sire?" fragte voll ängstlicher, unermüdeter Hoffnung Quixada.

„Wohl! Sehr wohl!" sagte Karl. „Ich sterbe. So gross war meine Gier nach Leben, mir schien sie wie ein Meer voll Lust! Nun könnte ich die letzte Pfütze von Lebenslust in einer Hand versammeln, da halten die schwachen Finger nichts mehr. Genug, Quixada! Genug, alter Freund! Mein Gott! Ich war so begierig, auf den Grund zu kommen. Ich zerriss den vererbten und erworbenen Purpur um meine Schultern und warf die Fetzen einzeln fort. Kronen, Macht, Herrschaft, alle Lüste und Gelüste, zuletzt vor ein paar Monaten, als die Kunde nach Yuste drang, dass ich nicht mehr Kaiser bin und mein Bruder Ferdinand an meiner Stelle schon gekrönt ist, zuletzt befahl ich, die Wappen vor meinen Gemächern fortzunehmen, ich zerbrach meine kaiserlichen Siegel, ich sagte zum Bruder Regla: Nun habe ich nur noch meinen Namen Karl; denn ich bin nichts mehr. Ich bin nichts mehr! O Prahlerei! Noch war ich reich. Jetzt erst verarme ich. Unser bestes, einziges Gut soll ich hergeben? Ihr Schurken, braucht ihr auch das? Wem soll es nutzen? Mein Sohn Philipp nahm mir alles, will er auch das?"

„Wovon redet Eure Majestät?" fragte Quixada zitternd.

„Schuft! Von meinem Leben! Ihr habt mich vergiftet! Vielleicht auf Philipps Befehl! Rette mich, Quixada! Rette mich rasch! Ich schenke dir dafür meine dreissigtausend Dukaten im Turme zu Simankas, ich werde neue Kronen erobern und alles will ich mit dir teilen, du warst mein Schlachtgefährte, du kanntest mich in meinen Jugendjahren, da ich noch hold war; du musst noch ein Gefühl für mich behalten haben, ein Krümlein Liebe. Gibt es in allen meinen Reichen nicht einen guten Menschen? Und keinen, der mich liebt? Sind alle zum neuen König übergelaufen? Philipp hat mir das Leben vergiftet!"

„Sie reden im Fieber, Sire!" sagte schluchzend Quixada. Mehr als der Tod des Freundes verstörte ihn sein Sturz. In seiner Sucht, sich zu entblössen, erschien Karl allzunackt. „Was für Gift?" fragte Quixada. „Was für Rettung?"

„Du hast recht", sagte stöhnend Karl. „Die Gifte meines Sohnes sind zu fein. Ich bin verloren. Ich sehe die Hölle."

„Herr!" rief Quixada verzweifelt.

„Still!" sagte Karl und lächelte. „Ich sterbe. Worte sagen nichts. Ich sterbe. Hörst du mich kalt an und schauderst nicht? Und stirbst nicht?"

Plötzlich hob der Kaiser sein Haupt, und indes Quixada ihn stützte, brach ein Strom unflätiger Worte aus dem Schlund des Kaisers, er sprach mit seiner alten, starken Stimme und lachte dazwischen höhnisch und spie Wortkaskaden aus, eine breite Überschwemmung, Sturzfluten, ein kleines Meer von Worten, sinnliche Wut, monströse Bett-Träume voller Wollust, Lästerungen, Flüche, wüste Ketzereien, teuflischen Gottesschimpf, den aufgestauten Wust und Abhub eines Lebens zwischen Messe und Beichte, Kirchenstuhl und Stuhlgang, Schlachtfeld und Hofbordell, Palast und Kloster! Quixada schauderte und verlor den Respekt. Wer so sich vergass, der hiess nicht mehr Kaiser.

„Karl", sagte Quixada, indes die Tränen in seinen Bart rannen und seine Finger den zuckenden Leib des Sterbenden hielten, „Karl, dein ganzes Leben lang warst du ein Christ!"

„Und noch nicht genug?" schrie Karl. „Achtundfünfzig Jahre Christ und nicht eine Stunde lang ein Heide? Soll ich nicht einmal frei sein, frei reden?"

„Du redest dich in die Hölle, Armseliger!"

„Ich lebte in der Hölle!"

„Du rasest. Wie? Ein solcher Kaiser, Held des Jahrhunderts...."

„Halt's Maul!" schrie Karl. „Wischwasch von Altweibern und Altmännern! Kinderschnack! Einfältige Märchen für Erwachsene, denen nichts vergönnt wird, weder Genuss, noch Macht, noch Träume, und nicht einmal die Wahrheit, unser einziger, abgeschmackter Besitz. Ich selber liess mich irreführen. Ich bedaure mein Leben! Hätte ich wenigstens Ziegen beschlafen, Stuten, Bärinnen, da ich jung war! Ein Trost noch, dass ich mich überfrass und über meinen Durst trank. Also hatte ich das vom Leben! Sonst? Mir fällt nichts ein. Seit zwanzig Tagen wälze ich mich krank im Bett, ein Schauspiel für Narren, und besinne mich: Was lohnte? Die Lust am Weibe, an Menschen, am Gebet, an Musik, an der Menschenstimme, an Künsten, am Gras, an der Sonne warmem Licht? Was lohnte wirklich? Mir fällt nichts ein. Eine Weile halten einige Gewohnheiten vor. Die meisten trosten sich damit und sterben. Ich hielt es nicht aus, schon oft starb ich in Gedanken, aber wirklich und ganz fortgehn: Quixada, es ist bitter."

„Beten Sie, Herr!"

„Ja, alter Freund. Gleich will ich weiterbeten. Wir trieben's eine Weile! Vergiss, mein Süsser, vergiss. Ich schenke dir mein altes Pferd, es ist einäugig und wenig wert, füttre es in deinem Stall, und wenn es wiehert oder wenn du es einmal aufs Hinterteil klopfst, dann erinnere dich an deinen Kaiser!"

„Herr!" bat Quixada. „Nun ist's aber genug. Fahren Sie so fort, lasse ich Sie allein und gehe nach Quacos."

„Schon gut, alter Freund, schon gut. Wenn ich's bedenke, bringen wir einander viele Opfer, vor allem das Opfer der Tollheit. Es wäre zuweilen so süss, toll zu werden. Dennoch habe ich mein Leben lang davor mich gefürchtet. Warum eigentlich? Nun sterbe ich also bei leidlicher Vernunft. Du machst so ein unglückliches Gesicht. Habe ich dich so erschreckt, alter Freund. Nun siehst du, ich lächle wieder." Der Kaiser zog eine schmerzliche Grimasse. „Ich will mehr für dich tun", sagte er, „ich will das Übliche tun. Gewohnter Wahnsinn erscheint der kurzatmigen Vernunft euresgleichen vernünftig. Sei es! Ich füge mich nochmals den Bräuchen. Meinem Sohne Philipp also sage, was du Liebreiches erfinden kannst und was der Gelegenheit gemäss ist. Wenn ich es recht bedenke, liebte ich nicht ihn, sondern das in ihm, was meine Torheit forttreibt. Es war Irrtum. Sei es. Erfinde die konventionelle Lüge. Er wird Fratzen schneiden, wenn er hört, dass ich endlich tot bin, er wird im Kloster beten und im Kabinette lachen! Armer Knabe ! Er ist kein Genie wie ich! Er ist nicht viel. Sag' ihm das Gegenteil, Quixada. Was noch? Meine Tochter in Böhmen, die der König von Böhmen quält, sie tut mir leid. Was noch? Meine Schwester Marie, grüsse sie, ach, es war traurig, als sie in mein Haus trat, kürzlich erst, nach dem Tod unserer Schwester Eleonore, sie liebten einander so, die letzten Jahre sah ich sie nur gemeinsam, ich sagte noch, ich glaubte erst an den Tod unserer Schwester Eleonore, wenn Marie allein in mein Zimmer tritt, nun kam sie allein, wir weinten beide, über Eleonore und uns, nun, das ist vorbei, ich prophezeite noch: Um fünfzehn Monate war Eleonore älter als ich, in fünfzehn Monden folg' ich ihr nach. Ist es schon so weit?"

„Vor sieben Monaten erst starb die Königin Eleonore", berichtigte Quixada, mit der bekannten Leidenschaft der Menschen fürs Richtige.

„Starb sie?" fragte Karl. „Auch gut. Meine Schwester Marie versprach, was versprach sie doch? Guter Quixada?"

„In die Niederlande zu reisen und Regentin zu sein", erinnerte Quixada.

„Will sie regieren? Sag' ihr meinen Gruss! Sie war gescheit. Ich hatte sie gern. Fort damit! Was noch, Quixada?"

„Geronimo", sagte Quixada.

„Freilich", erklärte Karl, „mein Bastard Geronimo, der süsse, blonde Knabe, steht er noch am Fenster, ganz Jugend, ganz Leben? Quixada, ich beneidete ihn. Nichts ist am Leben daran; aber welche Wonne, es noch vor sich zu haben! Steht er noch da? Ist er fort? Lass ihn nicht mehr herein. Sein Anblick tut mir weh! Ich könnte ihm fluchen vor Lebensneid. Segne ihn Gott! Ein hübscher Junge!"

„Und so gescheit", sagte Quixada, „so anstellig, so rasch und flink und mutig, unter allen Dorfjungens ist er der König. Kürzlich...."

„Lass nur", bat Karl. „Freu' dich nur, er wird dir bald Stösse geben. Nimm dich in acht. So lieblich sieht der Mensch aus, zuletzt verdirbt er seinesgleichen. Was noch? Den Geronimo liess ich der Gunst seines Bruders Philipp. Es ist am besten so. Empfiehl ihn dem König. Was noch?"

„Ihre Töchter Juana und Margareta, Ihre Enkel Don Carlos und Dom Sebastian von Portugal, Ihre Schwester Katharina! Ihr Bruder Ferdinand, die Neffen...."

„Genug!" bat Karl. „Sie werden kürzer trauern, als ich mich um sie sorgte. Ich bin müde, Quixada."

„Beten Sie, Herr!"

„Rufe die Priester. Vergiss! Wir wollen fleissig beten. Quixada, du kennst mein Leben. Glaubst du, so einer wird Gnade finden?"

„Herr", begann Quixada verlegen....

„Ja, ja, alter Freund, schon gut! Ich weiss schon! Ich hätte nicht abdanken sollen! Wenn man als Kaiser stirbt, haben die Freunde mehr Respekt und lügen. Gut. Gut. Der Rest steht in meinen Memoiren. Mein Kämmerer Van Male bewahrt sie. Wenn man sie drucken wird, kann man meine Taten lesen und was ich davon dachte. Ich liebte die Geschichte sehr, mehr als Arzneien und die Gicht. Du siehst erstaunt. Die Geschichte ist eine Pille für die Menschheit, sie ist ein Krankheitsjournal; umsonst und unnütz wie alle Pfuscherei der Ärzte. Geh, rufe alle, lass mich nicht lang allein. Meine Ängste kommen wieder. Ich spüre es. Die Kerzen flackern so trübe. Es wird so dunkel im Zimmer. Warum löschst du die Kerzen?"

„Sie brennen hell, Sire", sagte erschrocken Quixada.

Karl schwieg.

Da ging Quixada, die Mönche zu holen. Karl blieb allein. Er fühlte die schreckliche Angst heraufsteigen, er suchte in seinem Hirn nach lichten Bildern. Der verstörten Seele fiel nichts anderes ein als die Erinnerung an die vielen Totenfeiern, die er in seinen Klosterjahren gefeiert hatte, für seinen Vater Philipp, den sein Grossvater Ferdinand vergiftet hatte; für seine Mutter, die er vierzig Jahre im Turm gehalten hatte, bis sie in Wahnsinn fiel; für seine Frau Isabella, die er, da sie lebte, meist gemieden hatte; und zuletzt die Totenfeier für sich, kurz vor seiner letzten Krankheit. In seinem Eifer hatte Karl geglaubt, die frommen Werke, die einer während seines Lebens tut, seien verdienstlicher und fruchtreicher als alle Übungen anderer nach seinem Tod. Zweifelte der Kaiser am treuen Eifer derer, die nach ihm kamen? Kurz, lebend hatte er befohlen, für einen sanften Sommerabend alles zu rüsten, zur Leichenfeier für ihn. In der Mitte der grossen Klosterkapelle ward ein Katafalk errichtet, von brennenden Kerzen umzäunt. Alle kaiserlichen Diener wandelten in Trauergewändern. Der skeptische fromme Kaiser kam im Trauerkleid, mit der brennenden Fackel in der Hand, und sah, wie man eine Puppe statt seiner einsargte. Karl bat zu Gott für diese Seele, der viel Gnaden verliehen worden in ihrem irdischen Leben, und bat um Mitleid. Die es sahn und hörten, weinten, als wäre der Kaiser tot. Karl aber gab seine Fackel dem Priester in die Hände, statt seiner Seele, der Priester senkte die Fackel und sie losch. So war es geschehn, ähnlich dem Brauch der Alten. Oder habe ich alles geträumt? dachte Karl auf seinem Leidensbette. Und legte ich mich selber in den Sarg und hörte im Sarge die Totengesänge der Mönche? Ihm schien alles ein Traum. Karl unterschied nicht mehr Wirklichkeit und Träume, und wer vermag es? Mein Sarg, dachte Karl und erinnerte sich an seinen Streit mit Quixada. ‚Ich will in der Klosterkirche begraben sein, unterm Altar, so dass der Priester beim Gebet auf die Stelle tritt, wo mein Kopf und mein Herz liegen'. ‚In Granada', rief Quixada, ‚man wird Eure Majestät in Granada begraben, wo Ferdinand und Isabella, Philipp und Juana ruhn, Ihre Eltern und Grosseltern. Da soll Ihr Leib liegen!' ‚Nein!' hatte Karl gebrüllt. ‚Hier will ich begraben sein, allein für mich! Ich habe für meine Familie gelebt. Genug davon! Unterm Altar will ich liegen! Der Priester trete auf meinen Kopf!' ‚In Granada, Sire!' rief Quixada beschwörend. ‚In Granada!' ‚In Yuste! Just in Yuste!' schrie der Kaiser. So unterhielten sich die guten Freunde in Karls letzten Tagen, da er die Speisen und Getränke nicht mehr mit seinen Händen an den Mund führen konnte, weil die Hände von der Gicht und die Mundhöhle vom Fieber geschwollen und eitrig waren und Karl nur noch gefärbtes rotes Wasser trinken konnte. Der Kaiser liess sich die gewohnten Speisen auf schönen Tafeln ans Bett bringen und zeigen, mit den Augen speiste er gebratene Wachteln, frische Austern, Erdbeeren mit Sahne, Muschelsuppen, Anchovispasteten, geeistes Bier, viele Sorten Weine, Hammelbraten, Mastochsenfleischbrühen; mit der Nase schnupperte er alle Gerüche; dann liess er die Speisen unberührt forttragen. Am letzten Tage hatte er nochmals verboten, dass seine Schwester Marie oder die Tochter Juana oder sein Enkel Carlos kämen. Keine Familie, allein will ich sterben. Kaum kann ich ja und nein sagen! Ich fürchte mich vor dem Tod! Soll das mein Enkel Carlos sehn? Soll er sehn, dass ein so grosser Kaiser stirbt, gleich den Hasen, die mein Enkel lebend zu rösten pflegt, gleich den Katzen, die er lebend siedet? Ich bin vom Tod geschlagen. Es steht schlimm. Mein Testament ist gemacht, auch ein Kodizill, ich schenke dreissigtausend Dukaten meinen Dienern, dem Kloster und Armen. Was mehr? O Nächte voller Angst! O Durst! O Fieber! Mein schwarz verdorben Blut! Matthys, der Arzt, soll mir zur Ader lassen! Mehr Blut, Matthys, nimm mehr, ich bin zu schwer, zu voll! Zu viel Angst, Matthys! Legt mir meine Bibel neben mich. Sie ist in gutes Französisch übersetzt. Der Grossinquisitor Valdes hat mir erlaubt, sie zu behalten und darin zu lesen. Alle andern Bibeln wurden verbrannt, auch deine, Matthys. Gottes Wort zu übersetzen ist Ketzerei, sagt Valdes! Du sagst, es sei schade um die schöne flandrische Ausgabe, Matthys? Und deine Seele, Matthys? Wir Christen bringen viele Opfer unserer Seele. Die Alten stellten sie als Fledermaus dar, tagscheu und flügelschlagend. Sprecht die Sterbegebete alle! Sprecht! Sprecht! Gebt mir die letzte Ölung. Du willst nicht, Quixada? Die Ärzte wollen's. Du fürchtest, mich zu erschrecken? Törichter Freund! Ich will nochmals beichten, Bruder Regla, höre! Ich will nochmals kommunizieren.

„Sie schlucken die Hostie nicht mehr, Sire!" rief Quixada. „Sie haben schon genug getan."

„Für diesen langen Weg rüstet sich keiner genug, Quixada. Gebt mir nochmals!"

„Sie schlucken's nicht, Herr!"

„Ich schluck' es!" sagte Karl zornig. „Gebt schon. Ich bin so heiter, so vernünftig. Gebt rasch!" Da der Kaiser fürchtete, nicht mehr die Zeit zu haben, bis Fray Regla in seinem Zimmer die Messe sagte und die Hostie weihte, befahl er, das Heilige Sakrament vom grossen Altar der Klosterkirche zu holen. Pater Regla, von allen siebenunddreissig Mönchen des Klosters begleitet, brachte in Prozession das Viatikum, Karl empfing es mit höchster Glut und sagte: „Gott der Wahrheit, der uns erlöst, ich lege in deine Hände meinen Geist." Dann hörte er mit Lust die Messe, und als der Priester sprach: „Lamm Gottes, das die Sünden der Welt tilgt!" schlug der Kaiser mit Freude und Demut seine Brust mit der vergehenden Hand.

Gegen zwei Uhr morgens, da die Kerzen schon heruntergebrannt waren und durchs Fenster der erste fahle Schein des angekündigten Morgens am Himmel sichtbar ward; in jener Stille zwischen Nacht und Dämmerung, da alle Vögel, alle Tiere schweigen; in dieser schwächsten, toten

Minute der Natur fühlte Karl sein Ende. Er fasste mit der Linken seinen eigenen Puls und bewegte das Haupt, als wollte er sagen: Aus! Dann bat er die Priester, mit den Sterbelitaneien zu beginnen, und den Quixada, die geweihten Kerzen von Montserrat anzuzünden. Der Erzbischof Carranza gab ihm das Kreuz, das auch die Kaiserin Isabella in ihrer letzten Stunde in Händen gehalten, und er presste es zweimal an die Brust; dann, die brennende, geweihte Kerze in der Rechten, die Quixada stützte; die Linke ausstreckend nach dem Kreuz, das Carranza vor ihm hielt; sprach der Kaiser plötzlich mit lauter, gesunder Stimme: „Das ist der Augenblick!" und „Jesus" und stiess zwei oder drei Seufzer aus.

Sie liessen den Toten allein! Manche gingen in andre Stuben. Manche gingen in den Garten. Die Helligkeit wuchs. Die ersten Vögel jubilierten schon. Quixada, den Bart von Tränen feucht, lief zehnmal, zwanzigmal ins Totenzimmer zurück. „Ich kann's nicht glauben", stammelte er, „dass er tot ist." Und kniete neben dem Bett seines Kaisers und küsste die kalte Hand mit Lippen und mit Tränen. Und lief in den Garten und hielt Mönche und Diener und Freunde an und auch den blonden Pagen Geronimo und fragte jeden, mit verstörtem Antlitz: „War je ein Mensch so gross wie der? Wann kommt solcher wieder?" Niemand gab Antwort. Nur die Vögel trillerten, die Sterne erbleichten, der Mond war blass wie sein eigen Gespenst, und die Maulbeerbäume rauschten im Frühwind.

Den ganzen Mittwoch, den 21. September 1558, blieb der Leib des Kaisers auf seinem Totenbette. Vier Mönche hielten Wache. Karl trug sein Nachthemd. Ein schwarzer Taft bedeckte seine Brust. Das Kruzifix lag auf seinem Herzen. Das Bild der Jungfrau hing über ihm. Im Zimmer war es still. Die Mücken summten. Am andern Tage kamen die Ärzte Matthys und Corneille Baersdorp, legten die behaarten Ohren auf des Kaisers Brust und hielten einen Spiegel vor seinen Mund und schüttelten die gelehrten Häupter und konstatierten betrübt: „Tot ist der Kaiser, reell tot." Da legte man ihn in den Sarg aus Blei, und den

Bleisarg in einen Sarg aus Kastanienholz, und trug alles in die Kapelle, die schwarz ausgeschlagen war. In der Mitte der Kapelle erhob sich ein Katafalk, geziert mit den Insignien der kaiserlichen verschollenen Grösse. Der Erzbischof Carranza leitete die wahre Trauerfeier, die neun Tage dauerte; der Klerus von Quacos, die Mönche der Nachbarklöster, Hieronymiten, Dominikaner und Franziskaner sangen, und Fray Villalba predigte so rührend, dass er befördert ward, später, und Philipps Prediger ward. ‚Leichen bringen Glück', pflegte Fray Villalba zu zitieren. Don Quixada stand mit verhülltem Haupt in der Kapelle, in seiner Hand hielt er die Hand des jungen, blonden Pagen Geronimo. Der Page Geronimo dachte traurig, wie er den Kaiser vor ein paar Wochen im Garten unter dem Nussbaum aufgesucht. ‚Geh nur zum Kaiser', hatte Quixada zum Pagen gesagt, ‚die Majestät liebt solche Knaben.' Der Kaiser liebt meinesgleichen? hatte Geronimo gedacht und war stolz, wie nur ein Knabe es sein kann, so voll reinen Stolzes, so zweifellos. Da er vor dem Kaiser stand, wie schon mehrmals, und glaubte, der Kaiser kenne ihn, wie er den Kaiser, sah Karl ihn an, fremd, müd und majestätisch und fragte: „Wer, wer bist du? Ach so.... der Kleine vom Quixada. Und — ein hübscher Junge.... und? Willst lange leben? Wie? Alt werden? Was? Siebzig, achtzig, hundert Jahre? Warum nicht? Und mich überleben? Geh in den Garten! Spielen! Du trägst doch eine Armbrust. Schiess auf Regenwürmer oder auf Steckenpferde und Holztauben! Fort! Weg! Troll dich!"

Und da Geronimo zögernd fortging, mit geballten Fäusten, wehend blonden Locken, und Tränen der Scham in den Augen, hörte er den Kaiser murmeln: ‚Hübscher Junge! Das lebt! Und lebt! Und überlebt! Ich esse.... den Tod! Ich trinke den Tod! Noch einen Tag! Noch ein Stück Leben. Das Alter bricht mir Zähne, Knochen und Verstand, und so lebe ich.... den Tod!"

Das hatte der Knabe Geronimo gehört, das vergass er nicht. Nie, dachte er, vergesse ich das! Und er lauschte den summenden Gesängen der Mönche. Geronimo dachte:

Vielleicht sterbe ich jung? Ich will mehr Taten tun als sieben Kaiser. Ich will alle Jungens der Welt besiegen. Ich will einen Adler schiessen, oder eine Feldkrähe. Ich will.... Der Knabe wusste nicht, wie er seine Ehre rächen sollte. Er hasste den toten Kaiser. Der Knabe weinte. Und Don Quixada, dessen Antlitz verhüllt war, spürte die Schmerzen Geronimos am Zucken der kleinen, schwieligen, heissen Hand des Knaben. Und Don Quixada hörte laut und nahe die Stimme seines toten Herrn, hell wie in Karls gesündesten Tagen, die Lieblingsverse des Kaisers sprechen. So sprach der Kaiser: ‚Ich tat grosse Dinge, ich baute Häuser, ich pflanzte Weingärten.... Und die künftigen Tage vergessen alles. Und wie der Narr stirbt, also auch der Weise. Es ist das Licht süss und den Augen lieblich, die Sonne zu sehn. Es ist das Licht süss.... Es ist das Licht.... Denn wo viel Weisheit, da ist viel Grämens. Und wer viel lernt, der muss viel leiden. Ich sprach.... Wohlan, ich will wohl leben und gute Tage haben. Aber siehe, das war auch eitel. Ich sprach zum Lachen: Du bist toll! Und zur Freude: Was machst du? Und die künftigen.... und die künftigen Tage vergessen alles...."

Am Zucken der grossen, schweren, kühlen Finger des Pflegevaters erkannte der kleine Page Geronimo die Schmerzen Quixadas. Und er redete ihn an, wie er sonst nie tat: „Mein Vater, warum weinst du?" Da schluchzte der alte, graubärtige Don Quixada laut. Später erblickte Don Quixada, wie einer der Grafen aus der Gegend, ein betagter, schwacher Greis, auf einem Stuhle in der Kapelle sass, da sandte er seinen Pagen, den Stuhl hinauszutragen; denn es zieme nicht, sagte er, in Gegenwart des Kaisers zu sitzen, ob der Kaiser lebe oder tot sei. Neun Tage dauerte die Leichenfeier. Danach begrub man die Leiche unter dem Altar, nachdem die Mönche lange und hässlich miteinander gestritten hatten, ob es erlaubt sei, da nur Heilige unter Altären ruhen dürften; fast hätten die Mönche einander geschlagen, schliesslich fand man einen Ausweg: Der Kopf kam in eine Mauerhöhlung, die Zehen der Füsse des toten Kaisers durften an die heilige Stelle rühren.

Nun reisten der Erzbischof Carranza und Bruder Borgia und viele fort. Den Tag darauf kam der Richter von Placencia, Don Osorio, ein Bruder des Schätzchens Philipps, und forderte kraft seines Amtes, dass man den Sarg heraushole und den Deckel öffne und des toten Kaisers Antlitz enthülle, damit vor dem Richter die Testamentsvollstrecker Quixada und Fray Regla und die Ärzte Matthys und Baersdorp und der Abt und der Prediger Villalba alle feierlich bezeugten, der Tote sei wirklich der Kaiser Karl und liege wirklich nahe dem Altar in der Obhut der Mönche von Yuste. Schaudernd gehorchten sie, gruben den Kaiser heraus, öffneten den Deckel, sahen das Antlitz Karls, schworen, er sei es — da er es wirklich nicht mehr war, nicht mehr Karl, nicht mehr Kaiser, nur noch Staub und Wurmfrass! Er ist nicht mehr Karl, dachte der arme Quixada schaudernd und schwor, er sei es. Ich schwöre einen Meineid, dachte er. Aber diesmal mussten sie dem Richter von Placencia gehorchen. Vor kurzem war der Richter von Placencia fast davongejagt worden. Karl hatte Streit mit den Bauern von Quacos, die, arm und wild, keinen Respekt vor ihm hatten, obwohl er ihnen reiche Almosen gab. Sie rauften mit seinen Dienern, raubten seine Kühe, fischten seine Forellen. Da setzte Karl einen Richter in Quacos ein, den Lizentiaten Murga. Den Richter von Placencia kränkte dieser Eingriff in seine Rechte; denn Quacos unterlag seinem Gericht. Einmal schickte er Beamte, um Gerichtssteuern in Quacos zu erheben, und als Lizentiat Murga sich widersetzte, kam Don Osorio mit seinem Leutnant, seinem Gerichtsdiener, zwei Gendarmen und zwei Unterrichtern ins Dorf Quacos und liess den Lizentiaten Murga einsperren, da er sein Recht bestritten und Widerstand gegen die richterliche Gewalt geübt. Zornig forderte der Kaiser den Staatsrat zu Valladolid auf: Setzt ab meinen Feind, den Korregidor von Placencia Don Osorio!

Einst hatte der Kaiser grössere Feinde, den König Franz, den Sultan Soliman, den Papst Clemens; die grossen Feinde hatte der Kaiser besiegt; mit dem kleinen Feind, dem Richterlein von Placencia, ward er nicht fertig; denn

Don Osorio hatte Freunde in Valladolid, und die Höflinge fürchteten, er werde durch seine Schwester, das Schätzchen Philipps, sich an ihnen rächen. Die Entlassung Don Osorios zog sich hin, der Kaiser starb, nun kam der kleine Feind von Placencia und grub ihn aus und ein, nach richterlichem Belieben.

Doch erhielt der Kaiser noch viele Leichenfeiern, die ihm viel Lust bereitet hätten, wenn er sie lebend mitgefeiert, sei es auch in einem Sarge liegend, nur lebend, lebend! Zu Valladolid, vor dem Hof, sprach Bruder Franz der Sünder, der Borgia, Grossneffe des Mörders Cesar Borgia, der fromme Jesuit. In Toledo predigte Carranza, in Sevilla Valdes, in Tarragona ein andrer, in Rom der Papst, in Lissabon ein Jesuit, in Wien und Neapel predigten sie, und zuletzt in Brüssel. In vielen Ländern läuteten die Glocken. Don Quixada führte den Pagen Geronimo und das alte, einäugige Pferd des Kaisers fort. Schon war in Spanien, auf der Reise in die Niederlande, die Königin Marie von Ungarn dem kaiserlichen Bruder nachgestorben.

Der Sohn des Kaisers vernahm den Tod seines Vaters mit sanfter Trauer. Philipp ging in ein Kloster. Mir fehlt sein Schatten, dachte er, darunter ich so lang gelebt. Ich weine um den Schatten meines Vaters. Er war ein grosser Kaiser. Er war der Erbe von vier königlichen Häusern: Aragon, Kastilien, Österreich, Burgund. Wie ein Kurier lief er durch die Welt, hin her, hin her. Er war ein grosser Politiker. Er kämpfte stets fürs Kreuz! Und für die Familie Habsburg. Er und der Papst Paul warteten auf ihren Tod. Ist Karl schon tot? fragte Paul. Ist Paul krepiert? fragte Karl. Nun starb er zuerst. Karl wollte die laute Welt verlassen und blieb im Lärm der Welt. Er hatte Angst, den Himmel zu verlieren. Aber dauert der Himmel nicht ewig?

Nun ist der Kaiser tot, dachte Philipp, und es ist gut so!

Philipp träumte im Kloster. Bald war er Herr der ganzen Welt. Er strich mit der Handfläche über die steinerne Wand seiner Zelle. So kleiner Stein umschloss so grossen König! Die Rätsel seiner Herrschaft verwirrten ihn. Er besass so viele Reiche mit allen Schätzen der Erde und hatte nie Geld genug. Er besass so viele Soldaten, Richter, Polizisten, Priester und konnte den Freiheitsdurst von ein paar niedrig geborenen Ketzern nicht zähmen. Es ist also leichter, die Welt zu erobern, als sie zu erkennen? Besitz ist billiger als Wissenschaft? Dass Gott mich segnen möchte! schrie Philipp nachts in seiner Zelle, da er im Hemd am Fenster stand und in den verschneiten Klostergarten sah. Im Mondlicht glitzerten die beschneiten Zweige der Bäume.

Am Morgen kam ein Bote aus England. Marie starb. Da setzte sich Philipp an seinen Tisch. ‚Liebe Marie....', schrieb er mit schwarzer Tinte auf weissem Papier und stockte und überlas die beiden unsäglich armen Worte, und sah in ihrem fernen Bett die aufgedunsene, fahlwangige, miserable Marie. Ihre Augen starrten ins Kloster Philipps. ‚Tat ich dir weh?' fragte Philipp. Die Augen starrten. Bin ich ein böser Mensch? fragte Philipp.

‚Liebe Marie', schrieb Philipp, ‚ich hatte immer ein freundliches Gefühl für Dich.' (Ich lüge, dachte Philipp und sagte sich: Die Ärmste stirbt!) ‚Ich liebte Dich, wie ein frommer Gatte soll.' (Was sage ich ihr? Was hat sie davon?) ‚Liebe Marie, wir müssen uns alle in Gottes Willen fügen. Der Herr tröstet uns und führt uns und....' Er schrieb noch viel vom Herrn. Sein letztes Wort war ‚Philipp.' Marie stirbt, dachte er, so viele sterben in meiner Nähe. Der Tod spinnt fleissig sein Netz. Zuletzt zappeln wir alle darin und ersticken. Es ist, als sparte Gott am Stoff und wollte nicht neu bilden, ohne zu zerstören. Ich lebe nicht gern allein. In der Hälfte meines Lebens stehe ich entlaubt da, ohne Eltern, zwei tote Gattinnen.... ach, gemein macht uns Könige der Kummer!

Da Philipp schon satt war der Gebete, der Klosterstille und der Tränen, kam ein neuer Brief Ferias. ‚Als ich nach London kam', schrieb der würdige Graf, ‚empfing man mich wie den Bullenboten eines toten Papstes. Seit England weiss, dass Marie stirbt, herrscht Fröhlichkeit; die Kirchen stehen leer, alle Theater sind voll, auf den Strassen spottet das Volk über die Geistlichen und schlägt Mönche und Nonnen. Jedermann tadelt Eure Majestät. Der König von Spanien tötete für die Religion, sagen sie, machte der Königin kein Kind, trieb die Engländer in den Krieg, verlor Calais, meldete Siege für sich, schliesst Frieden, verrät England und tötet die Königin Marie, die vor Sehnsucht nach ihm stirbt! Das sind schlimme Worte und schlechte Vorzeichen. Ich ritt dreizehn Meilen von London und speiste mit dem Fräulein Elisabeth zu Hatfield, es gab Rindfleisch, rot und halbroh, und französischen Wein. ‚König Philipp ist Ihr Freund', sagte ich der Prinzessin. ‚Er freit um Sie. Sie schulden ihm Dank.' Die Prinzessin trug ein grünseidenes Kleid und einen goldenen Reif im Haar. Sie lachte viel und sang und tanzte vor mir. Sie zeigte mir ihre runden Kniee beim Tanz und ihren spitzen Witz bei Tisch. ‚Ich schulde ihm keinen Dank!' rief sie, zornig mitten im Gelächter. ‚Schuf Philipp mich? Hob er mich? Gab er mir Leben und Krone? Nichts bin ich dem König von Spanien schuldig!' rief sie. ‚Dem Volk von England danke ich alles.' Ich lachte laut und fragte, von wem sie rede, vom Klerus, vom Adel? ‚Nein', sagte sie zornig, ‚nichts danke ich dem Klerus, nichts dem Adel von England, nur dem Volk!' ‚Volk?' fragte ich und musste herzlich lachen. ‚Sind Sie nicht morgen Königin von England? Und wollen Sie dann in den Strassen von London schmutzigen Pächtern die Hand drücken oder Strumpfwirkern, Wirten und Seekapitänen?' ‚Ja', rief sie jubelnd, ‚auch Betteljungen und Pfefferhändlern, ja, dem Volk von England drücke ich die Hand!' Ich brauche Eurer Majestät nicht erst zu versichern, wie bedenklich mir solche Redensarten erscheinen. Um mehr handelt es sich glücklicherweise nicht. Das Fräulein ist zweiundzwanzig

Jahre alt, sehr hübsch, sehr übermütig, sehr verliebter Laune. Sie liess zwei Musikanten kommen und sang vor mir ein Lied, sie schwor, sie habe es eben gemacht, die Reime sind wenig wert, ich schreibe sie Eurer Majestät nur um des pikanten Details willen. Übrigens singt die Prinzessin so übel nicht. Die Verse lauten:

Der König von Spanien ist mein Held.
Er siegt auf allen Feldern.
Und hat den schönsten Teil der Welt
Von Granada bis Geldern.
Der König von Spanien freit um mich.
Seine Frau liegt noch im Sterben.
Er hat so blaue Augen und ich
Soll morgen England erben.
Der König von Spanien liebt so heiss
Und schickt schon seinen Grafen.
Ich kenne sein Herz — um diesen Preis
Will ich nicht bei ihm schlafen!

‚Nun', schrieb Feria, ‚das sind kindische Verse, ich sagte dem Fräulein: ‚König Philipp erkennt Sie als Königin an. Er erklärt Ihre religiösen Ansichten für zufriedenstellend.' ‚Das Volk', rief Elisabeth, ‚das Volk von England erkennt mich als Erbin. Das Volk liebt mich.' Ich konnte diese stinkende Vokabel schon nicht mehr hören, Volk, Volk! Ich weiss, wie eitel das Fräulein ist! Ich sagte: ‚Der König war stets vernarrt in Ihre Reize, er will Sie in sein ehelich Bett führen, wenn Sie nur immer den katholischen Glauben verteidigen.' Da fing sie an, mit Worten zu spielen, wie es die jüngern Leute in England neuerdings lieben, ohne das Talent der Spanier oder der Italiener für solche Concetti. ‚Ins Bett?' fragte sie und wurde rot und kicherte wie ein lasterhaftes Schulmädchen. ‚Ist Eures Königs Bett breit genug? Was mischt er den Papst mit mir und den Heiligen? Ist sein Bett so breit für alle Heiligen und eine englische Jungfrau? Denn ich schwöre, ich bin jungfräulich, bei allen Heiligen schwöre ich!' Undsoweiter. Danach schalt sie

Eure Majestät ein wenig. Sie wären ein Gatte ohne Herz, hätten England ruiniert, missfielen ebenso wie der Papst dem Volk von England. (Mir verging schon das Gelächter über die Vokabel!) ‚Von wem reden Sie, Prinzessin?' fragte ich. ‚Von den reichen Leuten? Von den Armen? Von Papisten? Lutheranern? Von Trunkenbolden? Ehrlichen Leuten? Von Taschendieben? Was für ein Volk?' Sie lachte fröhlich und klopfte mich auf die Backe, zweimal ganz sanft, und antwortete: ‚Diese alle, lieber Freund, gehören zum Volk. Das Volk aber ist mehr. Ich will Ihnen vortanzen, was das Volk ist.' Sie raffte ihre Röcke und winkte den Musikanten und tanzte lange, ich sah aber kein Volk, sondern nur, dass sie sehr schöne Beine und Hüften hat, und dass ihre Brüste wie zwei junge Zicklein hüpfen. So waren wir zufrieden. Ich bin sehr bedenklich. Trotz ihrer schönen Beine neigt Elisabeth zur Ketzerei. Ich sehe Gefahr. Sie umgibt sich mit Revolutionären und Protestanten, lauter kompromittierten Figuren, Abenteurern, Verseschmieden, Gelehrten! Sie ist voll Tücke und entsetzlich eitel. Verräter und Ketzer wachsen um sie, wie Pilze im Wald nach Sommerregen. Die Protestanten spotten über Eure Majestät; die Katholiken klagen den König an, er habe sie vergessen und verraten. Freilich ist Elisabeth sehr stolz darauf, dass der grösste Mann der Welt um ihre Hand freit. Nun, ich ritt nach London zurück, acht Tage später liess die Königin Marie an ihrem Bette die Messe lesen, erhob sich bei der Anrufung Gottes und fiel tot um. Es war sechs Uhr morgens. Die Leute von London sagten: Sonst werden Tote zu Staub, unsere Königin ward zu Wasser. Zur gleichen Stunde starb der Kardinal Pole. Elisabeth liess die Papiere Poles ergreifen. Die Frommen zittern. Der junge Herr Throckmorton schlief, da seine Königin starb, im Bette ihrer Ehrenjungfrau und schlich danach ins Totenzimmer, hob die Bettdecke der Königin von England und Spanien, Marie der Katholischen, indes die Diener die Totenkerzen anzündeten, und zerrte, riss und raubte vom Finger, der eben noch über Leben und Tod in England gebot, den goldenen Ring mit schwarzem

Email, den Eure Majestät der Königin zur Hochzeit geschenkt. Der junge, verliebte Fant trug den Ring zum Fräulein Elisabeth als Pfand ihrer Freiheit und Herrschaft. Abscheuliche Beleidigung des Todes und der Majestät! Die stummen Fische fühlen mehr als solche Menschenherzen und Menschenfinger! Nun regiert also das Fräulein Elisabeth und ist recht höflich gegen uns. Sie braucht uns. Ihre Autorität ist gering. Ihr Land steckt noch im Krieg mit Frankreich und Schottland, ihre Kasse ist leer; ihre Katholiken sind für Maria Stuart, sie verspricht, die katholische Kirche zu schützen; sie hofft, wir werden ihr Calais wiederschaffen. Sie spricht nicht mehr vom Volk. Ich erklärte ihr, die katholische Kirche billigt die vollkommene Gewalt der Fürsten, das gefiel ihr, ‚auch ich', sagte sie mir, ‚bin Absolutistin.' Als ich ihr alle Juwelen der Königin Marie auf Befehl Eurer Majestät schenkte, sogar die Eurer Majestät persönlich gehören, freute sie sich sehr und trägt sie seither täglich. Ich sagte ihr, Eure Majestät könne nicht schriftlich werben, nur Aug' in Auge. Eure Majestät, sagte ich, könne nur selten und kurz in England weilen. ‚König Philipp bittet in Gottes Interesse um Ihre Hand.' Sie sagte, sie müsste ihr Parlament fragen. Ich sagte, die Frage der Religion sei entscheidend. Sie sagte, sie habe Skrupel, den Heiligen Vater um Dispens wegen der nahen Verwandtschaft zu bitten. Es sei Inzest! Mein Gewissen, sagte sie. Der Grund geht ihr nahe; denn solch ein Dispens machte ihre Geburt verdächtig, da ihr Vater Heinrich der Achte, trotz solchen Dispenses, die Frau seines Bruders, die er geheiratet, Katharina von Aragon, Eurer Majestät Grosstante, verstiess und die Mutter Elisabeths zur Frau nahm. Ich erklärte ihr noch, Eure Majestät sei bereit, mit Englands Hilfe um Calais zu kämpfen. Elisabeth lächelte nur. Sie weiss, dass ihre Kassen leer sind, kennt vielleicht auch die Blösse unserer Kassen, denn sie ist klug!'

Philipp verliess das Kloster. Dreimal am Tage läuteten alle Kirchenglocken im ganzen Land zum Gedächtnis des Kaisers. Verboten war alle öffentliche Lust. An einem finstern Dezemberabend zogen dreitausend Mönche mit brennenden Fackeln und summenden Trauergesängen feierlich langsam durch die schwarzverhängten Strassen von Brüssel. Ihnen folgten vierundzwanzig panaschierte Gäule, traurig nickten ihre Federbüsche, ungesattelt trugen sie die Wappen aller Reiche Karls. Nach den Gäulen kamen Ritter, nach den Rittern die Minister mit des toten Kaisers Insignien: Degen, Krone, Szepter, goldne Kette und Weltkugel. Nach den Ministern kamen barhaupt Herzöge, nach den Herzögen kam ein Mönch allein, zu Fuss, überm Antlitz die Kapuze, wallend seine schwarze Kutte, die Schleppe trug Fürst Eboli. Der Abend dunkelte so winterlich verlassen; so gespenstisch flackerten, im Schneewind, der Mönche Totenfackeln; wie Gestorbene zogen sie so langsam, schmerzumfangen langsam bis zur Kirche von St. Gudula, viele Stunden scholl langverhallend der gedämpften Trommeln lechzende Musik. In der Kirchenmitte hob sich die Kapelle. Dreitausend Wachskerzen flackerten. Auf dem schwarzsamtenen Sarkophage blinkten kläglich Krone, Reichsapfel, Szepter. Auf den golddamastenen und sammetschwarzen Galerien blühten alle Damen des Hofes. Prächtig aufgeschmückte Kirchenfürsten und die Granden Spaniens und der Niederlande sassen auf vermummten goldenen Stühlen zu des Thrones Füssen. Da trat durch das ungeheure Schweigen Wilhelm von Oranien auf die oberen Stufen des Thrones, der schwarze Mönch mit dem verhüllten Antlitz stand bei ihm. Wilhelm hob den Degen des Kaisers hoch, schlug den Sarkophag und rief hallend: „Er ist tot!"

Dom und Menge schienen in dem Schweigen aufzuschweben, wie die mächtigen Schwingen eines Adlers.

Noch einmal schlug Wilhelm den Sarkophag mit dem Degen und schrie: „Und wird bleiben tot!" Zum dritten Mal, in die schrecklichste Erwartung, schnitt das scharfe Sausen des Stahls und traf den Stein, und scholl die helle Stimme Wilhelms: „Er ist tot und an seine Stelle trat ein Grösserer!" Und mit der freien Linken streifte Wilhelm die dunkle Kapuze vom Gesicht des demütigen Mönches neben ihm. Und die Welt sah das bleiche Antlitz Philipps.

Drittes Buch

DER SPITZENKRAGEN

DIE GENERALSTAATEN

Für Geld sass Philipp auf diesem Stuhl zu Gent. Der König hatte den Krieg und den Frieden gewonnen, er besass Silberbergwerke, Goldflotten, beide Indien — und sass da, um bei Krämern zu betteln. Was ist Grösse? dachte Philipp.

Das letzte Mal für ein ganzes Leben musterte er diese unruhigen Untertanen. Vier unwiederbringliche Jahre hatte er unter ihnen verbracht. Lohnte es? Der König dachte nicht an die drei Millionen Dukaten. Ihretwegen lächelte er gnädig diesen verschuldeten Baronen, lasterhaften Äbten und ketzerfreundlichen Krämern. Aber ihm lag nichts am Gold, wenngleich es ihm immer fehlte. Philipp war ein Menschenfreund, ein Seelenfänger. Ihm schien, er führe zeitlebens nur einen Kampf: Gegen den bösen Feind, der mit seinem Schmetterlingsnetz die Seelen der Sünder fängt und das grösste Lager unterhält, die Massenrepublik der Hölle. Auch Philipp, der die Menschen liebte (im allgemeinen), war willens, die Ketzer zu braten. Da sass er im Ratssaal zu Gent, auf dem vergoldeten Thron neben seiner Halbschwester Margareta. Sie hatte er zur Regentin der Niederlande gemacht.

Vor den Stufen des Thrones stand der Minister Granvella, den der König seiner Schwester als Ratgeber und heimlichen Regenten der Niederlande zurückliess, und sprach: „Niederländer! Gehorcht den Edikten! Da neue Sekten besonders die angrenzenden Länder heimsuchen; da der König seine Reiche vor solchen Übeln wahren will;

da jeder Religionswechsel, wie die Erfahrung lehrt, die Völker verdirbt, befahl der König der neuen Regentin Margareta von Parma, einer frommen Niederländerin, die euch liebt, alle Ketzer zu köpfen oder lebendig zu begraben oder zu verbrennen. So ihr gehorcht, ist der König zufrieden."

Granvella setzte sich. Der König stützte gnädig seinen Arm auf die Schulter des Grafen Egmont. Gnädig winkte Philipp dem Prinzen Oranien zu, indes er die Spuren der verlorenen Illusionen in der Miene Wilhelms suchte, der nicht der Regent der Niederlande geworden. Kürzlich, da der König und Wilhelm unter den hohen Bäumen im Park zu Brüssel spazieren gingen, hatte Philipp ihm ohne Umschweife eröffnet: ‚Die Niederlande erhalten Sie nicht, lieber Vetter.' Mit Interesse hatte Philipp beobachtet, wie Wilhelms Antlitz grünlich ward, als hätten die Blätter ihre Farbe auf ihn geträufelt. Philipp misstraute diesem Menschen. Er fühlte sich von Wilhelm durchschaut, ja, ihm kam manchmal vor, als mache sich Wilhelm über ihn lustig. Der König umgab ihn mit Spitzeln. Da erfuhr er, dass Wilhelm seine geheimen Pläne kannte und den Niederländern verriet. Aber der König liess sich Zeit. Noch hatte er seine Rechnung mit Oranien nicht geschlossen. Philipp glaubte, er sei der Sieger.

Der Präsident von Artois, ein berühmter Jurist, antwortete zuerst:

„Wir danken dem König für den Frieden. Wir sind bereit, dem König die letzten Reste unseres Vermögens zu spenden. Unser Herzblut für ihn, Tropfen um Tropfen!" Der Präsident machte eine Pause. Alle sahen Philipps Lächeln; so selten glänzte es vor seinen Völkern.

„Ja", fuhr der Präsident fort, „den letzten Blutstropfen, aber nie unsere Freiheiten! Da endlich Friede ist, brauchen wir in unseren Provinzen keine viertausend Spanier, die unsere Dörfer plündern, unsere Töchter vergewaltigen, unsre Bürger aus ihren Städten treiben! Darum bitten wir den König, bevor wir die Steuern zahlen, die fremden Truppen fortzuschicken!"

Philipp warf sich in seinem Sessel zurück.

Der dicke Syndikus von Gent, ein Mann wie ein Fass und rotbäckig von weinseligen Erinnerungen bester Jahrgänge, schrie: „König Philipp hüte sich! Jedes Volk hat seinen eigenen Charakter. Ein Joch, unter dem Spanier vielleicht glücklich scheinen, ist uns unerträglich. Wir würden das Äusserste wagen! Will man uns im Frieden durch Mietlinge mürbe machen? Wir werden sie ausspeien! Täusche sich der König nicht! Hier spricht keine Partei der Missvergnügten. Hier sprechen die Niederlande. Unsere Bauern kommen durch dieses spanische Ungeziefer an den Bettelstab. Sie wollen nicht mehr ihre Dämme und Deiche ausbessern. Lieber ersaufen, sagen sie. Wir dulden keine Fremden bei uns. Wir wollen keine Religionsverfolgungen. Der König will seinen Grafen Feria in unsern Staatsrat senden. Behalte ihn die Majestät! Und weiss der König nicht, dass dieser Redner Granvella, dieser Enkel eines Grobschmieds aus Besançon, dieses Wunderkind, dieser Sohn eines Winkeladvokaten, der verhassteste Mensch in den ganzen Niederlanden ist? Wir Bürger sagen es frei heraus. Sollen wir unsere Ketten bezahlen?"

Schnaubend setzte sich der Syndikus von Gent. Das fette Fleisch seiner rosigen Wangen zitterte. Das war sonst ein fröhlicher und ruhiger Mann.

König Philipp kehrte sich zu Egmont und fragte: „Habe ich nicht den Oranien, diesen Deutschen aus Nassau, zum Gouverneur von Holland gemacht? Warum dulden die Staaten den Ausländer Oranien? Und ich, ein Spanier und also auch ein Ausländer: Will man mich aus dem Land jagen?"

Da stieg Egmont drei Thronstufen herunter, Oranien und Horn, der Admiral der Niederlande, stiegen drei Thronstufen herauf.

Philipp fragte: „Was noch?"

„Die Stimme des Adels, Sire", sagte Horn und schwenkte ein Pergament.

Und Oranien sagte: „Unterschrieben vom Adel der Niederlande."

Und Egmont murmelte beklommen: „Eine Bittschrift, Sire!"

Horn entrollte das Pergament und las, rasch und frech. Philipp verstand einzelne Sätze: ... „und wolle gnädig geruhn, die Privilegien der Nation zu respektieren..."

Philipp hörte die Stimme Horns sehr fern, als käme sie von der Strasse. Er vernahm: ... „und die fremden Truppen fortzusenden, woher sie kamen..." Noch hörte Philipp: ... „Unordnung... fremde Soldateska... unerträglich ... Sämtliche Einwohner der Grenzstadt Marienburg..."

Schweigend stand Philipp auf, stieg die Stufen herunter, verliess die Generalstaaten.

Herzog Philibert empfing die Denkschrift und zerknüllte sie. Er nehme Abschied, sagte er, er sei tief enttäuscht. Die Staaten schwiegen zu den verlorenen Illusionen Savoyens.

Am dritten Tag erschien statt des Königs Granvella; Philipp verzichtete auf Feria; er versprach, die spanischen Truppen in vier Monaten heimzuführen. In der Religion gab der König kein Jota auf. ,,Ketzern den Tod!" schrie Philipp durch den Mund Granvellas.

Die Staaten schwiegen.

DAS GARTENFEST

König Philipp schrieb dem Papst: ‚Bevor ich dieses Nebelland verlasse, wo Ketzer und Rebellen wohnen, bitte ich den Heiligen Vater um die Erlaubnis, drei Erzbistümer und fünfzehn Bistümer in den Niederlanden neu einrichten zu dürfen. Für drei Millionen Niederländer gibt es nur vier Bischöfe, und diese stehen unter der Hut der Erzbischöfe von Reims und Köln, von Ausländern also, die allzunahe der Ketzerei wohnen, Nachbarn von Luther und Calvin. Kein Richter befolgt meine Ketzeredikte, die alten Plakate meines Vaters. ‚Wir wollen unsere Landsleute nicht zu Tausenden verbrennen', sagen sie insgeheim zu ihren Vettern, von denen manche meine Spitzel sind. Ich erfahre alles und habe keine Macht, dem Übel zu steuern. Ich will gute Hirten einsetzen, treue Wächter des Glaubens, ich will viele Inquisitoren ernennen. Die Ernte ist reich, der Arbeiter sind wenige im Weinberg. Doch muss alles sehr geheim gehn. Denn das argwöhnische Gemüt der Niederländer wirft schon Blasen. Tags scheinen sie nüchtern, nachts sehn sie Gespenster. In diesen blonden Köpfen und schweren Körpern wohnt ein böses Geheimnis, halb Meerdunst, halb Ketzerei. Das sind Träumer voll Berechnung. Die Äbte bangen um ihre Pfründen, die wir den neuen Bischöfen geben wollen. Der Adel zittert um seinen Einfluss; er fürchtet, die neuen Bischöfe würden im Staatsrat nach meinem Willen stimmen. Sie verbreiten den Lärm, ich wolle den Niederländern die spanische Inquisition aufzwingen. Und so verstockt ist dieses Volk, dass ihm Hirten wie Henker erscheinen! Sie bilden sich viel auf ihre müssigen Freiheiten ein und sind stolz auf den Boden, den sie dem Meer abrangen. Das Meer wird wiederkommen, wenn wir nicht ihre sündigen Seelen retten! Sie faseln von der Freiheit der Religion oder des Gewissens, wie sie es nennen. Wenn jeder Mann in seinem eigenen Hause glauben darf, was er will, so werden wir wieder Laren und Lemuren, Herd- und Hausgötter bekommen, das Land wird von tausend Sekten wimmeln und schliesslich alle Religion verachten. Das führt zum Atheismus. Es sind unser nur wenige in der Welt, welche sich um die Religion kümmern. Wir müssen also um so wachsamer sein und, wenn nötig, alles opfern. Das ist des Menschen Schuldigkeit. Yo el rey.'

Philipp wartete lange auf die Antwort. Endlich schrieb Paul, vom Kriege satt und nach Reformen durstig, er billige diese weisen Massnahmen, und schickte die Bulle. Philipp schenkte den Niederlanden neue Hirten: Drei Erzbischöfe, fünfzehn Bischöfe, einhundertzweiundsechzig Inquisitoren, tausend Schergen, zehntausend Denunzianten, genug, um ein freies Volk zu knechten. Granvella ward Erzbischof. In seinem Park zu Vlissingen gab er dem König ein Gartenfest.

Abseits vom Lärm sass Mendoza, auf dem Sockel einer Diana, am Rand des ausgedehnten Gartens, und blickte auf die grellfarbigen Sanddünen. Hinter den Dünen war das Meer. Wenn die Flöten schwiegen, hörte er den Prall der Wogen. Er roch den Atem des Meeres. In der Höhe sah er die glänzend weissen, dem Schaum des Meeres entstiegenen Sommerwolken. Zur Seite lag, zitternd im Licht, ein Birkenwäldchen, das die Sicht auf die hundert Schiffe im Hafen verstellte, ungeduldige Seepferde, die seit vierzehn Tagen vergeblich auf den König warteten. Der weise Nostradamus, nach andern der Narr Nostradamus, der die Natur duzte, hatte den König vor Schiffbruch im August gewarnt. Philipp und die Matrosen zitterten. Endlich gab der Weise nach, klüger als die Natur. Morgen sollte die Flotte die Anker lichten.

„Noch verheisst der Himmel Unheil", drohte Nostradamus, „ich lese es in den Büchern der Natur; doch beschwor ich die Geister, das Unheil wird nicht des Königs Person treffen!"

„Also wird der Schaden ersetzlich sein!" entschied Philipp. „Ich gab den Befehl, Nussbäume in meinem Garten zu Aranjuez zu pflanzen. Nach diesen Nussbäumen sehne ich mich."

Auch Mendoza sehnte sich heim nach Spanien. Geduldig sass er in der Wärme und zählte die Wolken. Endlich kamen Egmont und Oranien.

„Meine Freunde", sagte Mendoza mehrmals und umarmte sie, den Egmont zweimal. „Meine armen Freunde!"

„Sie sind gerührt?" fragte Egmont verlegen.

„Ich fürchte für euch. Euer unversöhnlicher Feind..."

„Reden Sie vom Tod?" fragte Egmont lachend.

„Schützen uns nicht unsere Verdienste?" fragte Oranien.

„Vor diesen Augen gilt kein Verdienst."

„Sie reden vom König?" fragte Egmont.

„Musstet ihr ihn reizen?" antwortete Mendoza. „Er kann fürchterlich sein. Und Sie fürchten ihn nicht?"

Egmont schwieg. Oranien deutete auf den Palast hinter ihnen und sagte: „Der Granvella hat weite Taschen. Paläste, Ämter, Statuen, Gemälde, bald vielleicht Provinzen, er liebt und sammelt viel. Sahen Sie die beiden neuen

Maler, die er dem König vorstellte, diesen Coello und den Antonio Moro? Granvella entdeckte sie, ein Mäzen. Philipp entführt sie, ein Kenner. Manche lieben die Kunst und hassen die Menschen."

„Hüten Sie sich!" bat Mendoza. „Wer diese Genter Petition unterschrieben, wird büssen."

„Alter Freund, Sie sehen zu schwarz", erwiderte lächelnd Egmont und hatte unwillkürlich sein erstes Wort betont.

Aber Oranien verbeugte sich vor Mendoza wie vor dem König. „Niemand geht fortan", erklärte er, „ungewarnt in die Schlingen dieses spanischen Vogelstellers."

„Wir wollen lustige Vögel sein", verkündete Egmont, „und frech in den Tag hinein singen."

„Arme Singvögel", sagte Mendoza. „Zu Siena sah ich, wie man sie briet, und speiste selbst davon."

„Das Fleisch gewisser Vögel schmeckt bitter", antwortete Oranien.

„Leben Sie wohl!" sagte Mendoza.

Lange blickte er beiden nach. Da spürte er eine leichte Hand auf seinem Ärmel und lächelte. Anna stand neben ihm. „Liebste", sagte er.

„Wer verliess dich!" fragte sie.

„Freunde", erklärte er.

„Ich sass hinter dieser Diana", gestand sie. „Du warntest Spaniens Feinde. Wenn ich es dem König sagte! Und was liegt dir an diesen Menschen? Es sind Fremde!"

„Sie gefallen mir."

„Der muntere Schlagetot? Der unzufriedene Brüter? Was für Interesse hast du?"

„Ich liebe ohne Grund. Liebt man sonst?"

„Du schwärmst", bemerkte tadelnd die siebzehnjährige Nichte. „Wohin führt das?"

„Und du?" fragte Mendoza und legte mit der Freiheit eines alten Onkels, aber mit der Empfindung eines verliebten Knaben seinen Arm um Annas Hüfte.

„Wohin gehst du?" fragte er. „Siehst du das Ende?"

„Ich bin siebzehn Jahre alt", antwortete Anna und ging mit dem Onkel unter den Bäumen auf und ab. „Das Ende ist für alle gleich."

„Das sind Worte!" rief Mendoza.

Anna blieb stehn und sah ihn gross an. „Ein Poet bist du und nimmst Worte leicht?" fragte sie. „Wenn ich das Leben dieser tatenreichen Männer anschaue, sehe ich nur einen Haufen Worte."

„Ich spreche von deinem Leben", rief Mendoza ungeduldig. „Du liebst den König nicht und willst..."

„Nicht aussprechen!" bat Anna. „Armer Onkel Mendoza! Was weisst du vom Leben?"

„Du wirst kindisch, Anna!"

„Über die lästigen Erwachsenen!" rief sie. „Immer haben sie recht. Wir Kinder sind ein Volk von weisen Zwergen, kennen keine Sorgen, neu ist die Welt, neu unser Genuss!"

Mendoza setzte sich auf den Sockel Dianas und zog Anna auf seinen Schoss. „Du rühmst die Faulheit", sagte er, „wie ein Spanier!"

„Gefallen dir die Niederländer?" fragte Anna. „Vierjährige Kinder verdienen hier ihr Brot in Fabriken. Was für ein emsiges Volk, im Schlaf noch zählt es Traumdukaten!"

Mendoza küsste Anna auf die Haare und den Hals. „Im Schweisse deines Angesichts...", begann er.

„Nichts von der Religion!" bat Anna mit komischer Angst, „die Bäume haben Ohren; der Wind ist vielleicht ein Konfident der Inquisition; schon verbrennt man uns! Lieber Onkel, du redest zu frei. Eines Königs Geduld ist fadendünn."

„Wenn ich nicht denken darf und sagen, was ich denke, mag ich nicht leben!"

„Es ist nicht die Zeit", sagte Anna.

„Ich kann nicht auf bessere Jahrhunderte warten. Und wer kennt ihre Fratzen?"

Anna lächelte, und Mendoza küsste ihr Lächeln.

„Liebste Anna!" sagte er und war in diesem Augenblick mit dem Jahrhundert einverstanden.

„Keine Liebeserklärung!" bat Anna und glitt von ihres Onkels Schoss. „Der König!"

„Immer er!" murmelte Mendoza verdriesslich und erhob sich.

„Nur er!" erwiderte Anna und ging mit dem König voran, durch eine Pappelallee, indes Granvella seine Schützlinge, die Maler Coello und Moro, dem Mendoza präsentierte. „Ich komme auf die Nachwelt", erklärte lachend der neue Erzbischof von Mecheln, „Coello und Moro malten mich, und einer von beiden wird bald berühmt sein. Talent haben beide. Aber zum Ruhm gehört auch Glück. Und Fortuna ist sparsam!"

Philipp führte Anna in ein Rondell von Rosenbüschen. Als der König von Frankreich, nach der prokurativen Vermählung seiner Tochter Elisabeth mit Philipp, einige Lanzen brach, um seine Lust zu zeigen, und ein blöder Gegner ihm oberhalb des Auges ein Holzstück seines abgebrochenen Lanzenschaftes in die Stirn trieb, worauf der König vom Pferde fiel und seine Chirurgen, um sich die Hand zu üben, fünf oder sechs Gefangenen oberhalb der Augen Holzsplitter in die Stirnen stiessen, danach die Köpfe der vivisezierten Opfer der Wissenschaft zerlegten und doch nichts lernten, hatte Philipp eilig seinen berühmten Chirurgen Vesalius und seinen Minister Eboli nach Paris gesandt, den Chirurgen, damit er den König behandle, und den Minister, dass er Einfluss auf den neuen König übe, damit Frankreich fortfahre, die Ketzer zu verbrennen und so teils Gott, teils der Politik Philipps zu dienen, der Frankreich durch innern Zwist und Religionsstreit schwächen wollte. Der Minister und der Chirurg langten an, und der kranke König Henri starb; zwei Tage danach verbrannte man in Paris einige Protestanten, aus Pietät gegen Henri, der kurz vor seinem Tod bereut hatte, zu wenig Ketzer verbrannt zu haben. „Zu kurz lebte ich", hatte bedauernd der sterbende Henri geklagt, „zu kurz!" Er hatte im Glauben gelebt, die Menschheit sei vollkommen und jede Neuerung sei ihr Verderb. Dem König Philipp, seinem Schwiegersohn, hatte er geschrieben: ‚Wir zwei katholischen Könige können zusammen jede Neuerung ersticken!' Nun war er erstickt. Philipp, um solche Aussichten betrogen, wollte wenigstens die Eboli verführen. Philipp hatte schon viele Frauen gehabt, Anna schien ihm neu. Sie ist anders, dachte er, gemäss der Liebesformel junger Leute. (Alte Leute suchen in der Liebe das Ähnliche.) Wie gewöhnlich ging Philipp unmittelbar von Komplimenten zu Staatsgeschäften. Philipp glaubte, in der Politik zu glänzen. „Morgen", sagte er, „segeln wir heim. In der Mitte Spaniens baue ich mir eine Hauptstadt. Die Luft soll sehr gesund sein in Madrid. Dort wollen wir die Welt regieren."

Warum sagt er das nicht meinem Mann? fragte sich Anna.

Philipp erklärte: „Sie sollen mich regieren sehn. Wenn ich könnte, Anna..."

„Ihre Braut, Sire, ist bezaubernd, sagt man."

„Ein Mädchen von vierzehn Jahren", murmelte Philipp verlegen.

„Dessen Porträt in des Königs Schlafzimmer hängt!"

„Sie haben ein gewisses Lächeln, Anna, — so lächelte manchmal der grosse Karl."

„Sie vermissen Ihren Vater, Sire?"

„Die Welt ist leer ohne ihn."

„Liebten Sie ihn, Sire?"

„Ein Teil von mir", rief Philipp, „liegt zu Yuste. Karl stand mir im Weg. Da er tot ist, fehlt er mir überall."

„Sie besitzen eine Welt, Sire!"

„Wie klein ist die Welt", klagte Philipp. „Manchmal, im Traum, fürchte ich, den Arm zu strecken, um nicht ans Gehäuse der Welt mit dem Ellenbogen zu stossen. Was bleibt, wenn die wegsterben, die wir lieben? Die leere Welt. Anna, die Menschen sind böse."

Anna lächelte spöttisch. Wandelnd waren sie zu einem Tempelchen gekommen und traten ein. Verborgen hinterm Efeu sassen sie auf einer kühlen Steinbank.

Philipp zog einen Brief heraus und reichte ihn der Eboli. „Lernen Sie", bat er, „wie böse die Menschen sind."

Anna las die Aufschrift: Dem Grafen Horn. Sie las die Unterschrift: Wilhelm von Oranien.

„Ich zahle den Schreiber Horns", erklärte Philipp.

Anna errötete. Sie kannte die Reihe der Masken Philipps. Erst spielte er den Politiker, den Theologen, den Weltfreund, den Menschenfeind, dann den Sentimentalen, dann den Einsamen. Zuletzt liess er die Masken fallen, und es erschien der Sinnliche. Wozu diente dieser Brief? Anna las:

„Paris, den 21. Junius 1559, p. Chr. n. Lieber Horn, ich schreibe Ihnen und Egmont und Montigny ein Abenteuer, das ich mit dem König von Frankreich hatte. Da wir einen Hirschen jagen, und vor und hinter uns Tross und Meute kläffen, folgen der König und ich einer Schneise, verlieren den Hirsch, die Meute, den Tross und reiten im Wald bis zu einem Bach, neben Eichen, und steigen ab und ruhn im Gras und blicken zu den Wipfeln, und uns ist wohl. Wer kennte nicht das süsse Gefühl der Ruhe, tief im Wald, nach scharfem Ritt, die Pferde grasen in der Nähe, die Erde ist kühl unterm Moos. Da lächelte Henri und sagte, er geniesse es, die feinsten Köpfe der spanischen Reiche kennen zu lernen, den Alba, mich, die andern Geiseln, die er von Philipp erbat zur sichern Erfüllung aller Friedensklauseln von Cateau Cambresis. Er hoffe, sagte Henri, Paris gefallle uns. Er machte mir Komplimente, rühmte seiner Tochter Glück, statt des Infanten Carlos den König Philipp zu erlangen, er rühmte den Alba, was für ein Kriegsheld und so weiter, so grad, so spanisch! Neulich (erzählte Henri), da er dem Alba vorschlug, die untreue Stadt Genf samt dem Calvin in einem spanisch-französischen Kreuzzug auszurotten, — um denen, die wegen der Religion flüchteten, ihr bestes Asyl zu nehmen, da hätte der Alba freilich leider eine gewisse Enge der Auffassung kundgetan und kalt erwidert, es sei praktischer, die Flüchtlinge zu hindern, nach Genf zu gelangen. Was sagen Sie? fragte mich Henri. Nun, was sollte ich sagen? Weiss der Henri nicht, dass diese Spanier ihr Land mehr lieben als Gott? Und dass Alba die Rache der Schweizer fürchtet, die ihm die Alpenpasse und damit den Weg von Mailand in die Niederlande schliessen könnten? Ja, dass Alba den Franzosen die unruhige Nähe der Sektiererstadt

Genf gönnt? Ich schwieg und kaute meinen Grashalm. Da sprach Henri von den Sektierern in Frankreich, sie wüchsen ohne Mass; er schwor, er fühle sein Gewissen nicht eher ledig, als er nicht sein Land von jenem verfluchten Gewürm befreit hätte, er fürchte einen bürgerlichen Umsturz unterm Vorwand einer religiösen Reformation, schon seien viele Grosse, schon Prinzen von Geblüt angesteckt; gleichwohl hoffe er, mit seines ‚Sohns und Bruders' Philipp und mit Gottes Hilfe die Rebellen abzutun. Und nun begann er zynisch genau die Einzelheiten einer Verschwörung darzutun, die er mit Alba abgesprochen hatte, einer Verschwörung der Könige gegen ihre Völker. Henri und Philipp wollen den Protestantismus durch eine Ausrottung der Protestanten ausrotten. Nach einem fixen Plan wollen sie alle Ketzer, hoch oder niedrig, am gleichen Tag gemeinsam niedermetzeln, der Henri in Poitou, in der Gascogne, in Paris, und Philipp in Brüssel, in Antwerpen, in Amsterdam, wo ihm die spanischen Regimenter nützliche Dienste leisten sollen. Philipp hat fertige Listen, um unsre Bürger, um Unschuldige in Haufen zu verderben! Das alles erzählt mir Henri lächelnd, und ich höre es, und schreie nicht vor Entsetzen, ja ich schweige, um mehr zu hören, um dem naiven Henri nicht zu verraten, dass ich, Philipps Unterhändler, weniger weiss als Alba oder Granvella oder Eboli, die andern Unterhändler Philipps. Freunde, was für Empfindungen! Wie Schuppen fiel es mir von den Augen! Ich sah die nackte Menschheit! So heiter sass der Henri neben mir im Wald von St. Vincennes, der Himmel schien so gnädig auf ihn herunter; rührte es ihm nicht das Herz? Den Jagdspiess in der Hand, plapperte er wie ein Mädchen, wie ein Star alles Unheil aus, das die beiden infamen Tyrannen in ihren geistlichen Hexenküchen ausgekocht. Dafür diesem Philipp den schönsten Frieden ausgehandelt, dafür dem Vater und ihm so brav gedient, dass er mich durch seinen Alba wie einen Buben verkauft, samt meinen Freunden, meinen Niederlanden! Nie sollst du siegen, Tyrann, schwor ich mir und lächelte, wie ein Spiessgeselle von Mördern, und erwog: Wen jagt man? Hirsche, Hasen?

Oder dich, Oranien! Dich, Egmont! Dich, Montigny! Dich, Horn, Dich! Der Henri ahnt nichts von spanischer Staatskunst. Ein Unterhändler Philipps gilt ihm gleich andern. Ich unterhandelte und ward verhandelt, Jäger und Wild zugleich! Freunde — ich lächelte. Ich bin entschlossen, heimzukehren und unsere Niederlande von diesem spanischen Ungeziefer reinzufegen. Die spanischen Truppen müssen weg! Mit ihrer Hilfe will Philipp die Inquisition bei uns einrichten, ärger als in Spanien! Wer ein Heiligenbild im Trunk schief ansehn wird, kommt auf den Scheiterhaufen! Ich bin ein Katholik wie Ihr, wie Philipp, wie alle guten Christen. Aber ich fühle Mitleid mit so viel tugendhaften Männern und Frauen, die man niedermetzeln will, wegen nichts, wegen des puren Glaubens! Letzthin gab mir Philipp geheime Instruktionen für meine Statthaltereien zu Holland, Friesland, Utrecht, ich solle die Sekten ausrotten, die Edikte strengstens und so weiter, ja der königliche Denunziant nannte mir persönlich die Namen mancher ausgezeichneten Personen, welche der neuen Religion verdächtig seien und die ich hinrichten lassen sollte, schleunigst! Allmächtiger Himmel! Sie waren nur Verdächtige! Ich warnte diese alle, damit sie entflöhen, da es mir nötig schien, Gott mehr als den Menschen zu gehorchen!"

„Und so weiter", sagte Philipp, der über Annas Schulter mitgelesen hatte und sie berührte und die sanfte Berührung genoss, in einer tiefen Freude, die ganz Lust, ganz Unschuld war, jenes ruhige Schweben der Lust, das in der Erinnerung die Schönheit der Liebe ausmacht. „Genug!" sagte Philipp. „Sind die Menschen also böse? Alles verdankt dieser Prinz meinem Vater. Sein Herz schweigt. Sagt ihm sein Verstand nicht, wo sein Nutzen liegt? Wer sind die Sektierer? Färber, Gerber, abtrünnige Mönche! Und ich bin der König von Spanien! Wen wählt der Wilhelm? Arme Kreatur! Soll ich ihn mit Gewalt nach Spanien führen? Den Prozess ihm und seinen Spiessgesellen machen? Drei empfingen diesen Brief: Horn, Montigny, Egmont. Keiner von dreien kam zu mir, nicht Egmont, nicht Montigny, nicht Horn! Sie alle sind bemerkt, beurteilt und gerichtet. Nur Geduld! O Verrat!"

Wessen Verrat? fragte sich unwillkürlich Anna. Sie war zu jung, um befangen zu sein. Sie wusste noch nicht, dass der Verräter immer der andere ist.

„Geduld!" schwor Philipp. „Ich koche meinen Zorn und diesen Wilhelm auf demselben Feuer. Ich will ihn würzen, schmälzen, garkochen und bei gutem Appetit verspeisen. Merken Sie sich, Anna! Nichts macht so lustig wie eine reife Rache."

Anna fühlte eine gewisse Befremdung. Sie war die Blicke in die Herzen der andern Menschen nicht gewohnt. Sie las vielleicht ihre eigenen Gedanken und Empfindungen falsch. Sie war erst siebzehn, noch nicht stumpf, noch nicht erwachsen. So einer liebt mich? fragte sich Anna und zitterte. Bald fasste sie wieder Mut. Sie war aus kräftigem Stoff und wollte hoch hinaus.

Philipp legte den Arm um ihre Hüfte, wie der gute Onkel Mendoza getan hatte. Die gleiche Gebärde hatte verschiedene Wirkung. Anna stand auf, atmete mühsam, stammelte: „Sire."

Philipp sagte: „Anna."

Aber sie verliess das Tempelchen. Philipp folgte ihr. „Ich habe kein Glück bei Frauen", sagte er. „Mein erstes Weib starb mit sechzehn Jahren im Kindbett. Meine zweite Frau, Marie von England, war krank und seltsam. Meine dritte Frau, Elisabeth Valois, ist ein Kind von vierzehn Jahren."

Anna lächelte spöttisch.

Philipp sah es, misstrauisch. Der König liebte keine Kritik. Dieses unzeitige Lächeln kostete die Eboli Jahre ihrer Laufbahn.

„Es wird Abend", sagte Philipp. „Es wird kühl."

DER SPITZENKRAGEN

Am andern Morgen brachten die Herren den König zum Hafen. Die Sonne schüttete ihre ganze Kraft aus. Das überschwappende Licht überschwemmte die Ebene und das Meer. Alles verspritzte Licht, alles blendete vor Licht. Der breite Hut des düstern Nostradamus, der vor der Schiffsbrücke stand, warf den einzigen Schatten. Auf dem Schiff des Königs warteten schon seine Gemälde, Teppiche, Tapeten, sein Paradebett, die goldenen Geräte, die ganzen Sammlungen von Karl und Philipp, samt fünfzehntausend lebenden Kapaunen, die man mit Körnern fütterte, um später den König mit den Kapaunen zu füttern. Die Segel leuchteten. Die See war wie ein blauer Spiegel, der ganze Himmel lag darin. Die abergläubischen Matrosen spuckten vor Nostradamus aus und sangen Marienlieder. Philipp stand im Sand und sah zurück, über Felder und Dörfer, Kirchtürme und Kanäle, tief in die weite Ebene. Hinter sich wusste er das Meer, das mütterliche, das ihn endlich heimtrug. Philipp warf den letzten Blick auf die Niederlande und die Niederländer. Vorne standen die Barone, hinten stand das Volk. Philipp sah zwischen lauter Feinden nur wenige Wächter, seine Schwester Margareta, den Erzbischof Granvella, die neuen Bischöfe, eine Kompanie seiner spanischen Soldaten, die er entschlossen war nicht fortzunehmen, er sah die neuernannten einhundertzweiundsechzig Inquisitoren, jeder Bischof durfte neun Inquisitoren ernennen. Philipp fasste Vertrauen vor seiner geistlichen Polizei. Er musste über diese niederländischen Barone lächeln, die sich über die Inquisition beschwerten. Die Narren, dachte Philipp. Die Inquisition bin ich! Und diese Barone machten Schwierigkeiten, voran die Egmont, Montigny, Horn, Oranien. Sie missfallen mir, dachte Philipp zum hundertsten Mal. Sie sind höchst ausschweifend, Verschwender, Trinker, Spieler und verschuldet, im Zechen tapfer, schwach in der Religion, die ruhigen Tage verbringen sie mit Orgien und mit Plänen, neue Unruhe zu schaffen. Ob ich sie jemals zähme? Sogar ihre Frauen saufen. Da reden sie vom unruhigen Volk, das neue Sitten wünsche, das die alten Freiheiten liebe. Gelogen alles! Sie sind die Schuldigen! Ward darum die Neue Welt entdeckt, die antike Welt neugeboren, die Buchdruckerkunst erfunden, das Tribunal der Inquisition so prachtvoll ausgestaltet, dass Fischer, Weber, Säufer mir den Weg verstellen und mich hindern, endlich die streitmüde Welt zu einen, unter meiner Herrschaft, die Gott dient und das Gute fördert? Philipp sah die unzähligen Menschen und fühlte die Ohnmacht des mächtigen Individuums vor dieser unfasslichen Menge der Menschheit, die man so leicht knechten, aber so schwer erziehen kann, die man dezimiert und die nachwächst. Seine Werke auf den Stoff der Menschheit gründen, heisst auf Sand, ja auf Wasser baun. War diese Menschheit nie zu greifen? Da löste sich aus der tausendgesichtigen, gesichtslosen Menge der Prinz Oranien, und Philipp sah ihn. Das Gesicht Oraniens wuchs ihm zur Fratze der halben Menschheit, zur Fratze Satans. Da war der böse Feind, der war schuld, solche waren schuld, solche mussten stürzen! Philipp fragte ihn mit heiserer Stimme, unvermittelt: „Planen Sie neue Ränke gegen Ihren Herrn? Maulwurfschliche gegen deinen König?" Und der König fasste wie schmeichelnd den weissen Spitzenkragen Wilhelms und bewegte ihn sehr sanft mit den Fingern, wie ein Verliebter mit einer Schleife seines Mädchens tut. Wilhelm antwortete demütig: „Alles, was geschah, Sire, geschah nach der Natur der Dinge und durch die Staaten. Was vermag ein Einzelner? Die Staaten berieten, die Staaten beschlossen!"

„Nicht die Staaten!" schrie Philipp und zerrte und riss am Kragen Wilhelms, als wollte er ihn abreissen oder den Prinzen am Kragen schütteln, wie einen Bedienten, doch hielt der schmächtige Wilhelm stand, unerschüttert, und an seiner starken Haltung ward das Toben des Königs kindisch, wie das Toben eines kleinen Jungen, der an einer Fichte zerrt, und nur ein paar Nadeln zittern. Philipp spürte die ganze Lächerlichkeit seiner wütenden Geste, seine Wut wuchs, stärker riss und zerrte und schüttelte er den Spitzenkragen Wilhelms und zerknüllte ihn und schrie: „Nicht die Staaten, sondern du, du, du!"

Oranien war sehr blass geworden. Fast grünlich leuchtete seine dunkle Haut, olivengrünlich. Wie träumend hob er langsam seine Hand, und ohne des Königs Hand zu berühren, machte er in der Luft eine wegwischende Bewegung, wie man eine Mücke fortscheucht. Sogleich liess der König den Spitzenkragen los und tat unwillkürlich einen Schritt zurück. Oranien verneigte sich, sehr höfisch, doch seitlich, am König vorbei, als wäre er kurzsichtig und träfe die Richtung des zu Ehrenden nur ungefähr. Er kehrte dem König den Rücken, gegen die Sitte, und ging fort, den langen Hafenpier, die lange Hafenstrasse entlang. Philipp stand und sah ihm nach, dem ruhig fortschreitenden Wilhelm nach, er sah den Rücken und die Beine. Wilhelm ward kleiner und kleiner zwischen den Häusern, die emporwuchsen, und er ging und ging, als schritte er immer fort und entschwände nie, schon war er klein wie ein Hund, wie eine Katze, wie eine Fliege, und ging und schwand nicht. Und Philipp sah ihm nach.

STURM

Das Schiff knirschte in allen Fugen. Es schoss an den Wellenbergen und Wellentälern vorüber. Der Wind pfiff. Mendoza sass in Annas Kajüte. Beide waren blass und munter. „Was wollte Philipp?" fragte Anna.

„Der König speit!" rief lachend Mendoza. „Er lag in Kleidern auf seinem Paradebett. Sire! rief ich. Pööh, machte der König und grunzte wie ein Kamel. Sire! rief ich. Sire! Pööh! machte der König von Spanien. Sein Gesicht war grün, sein Rock beschmutzt, sein Bett rollte, seine Hände waren feucht. Philipp roch schlecht. Sire! rief ich zum dritten Mal. Pöööh! machte der König von Spanien, König von Galicien, König von Leon, König von Kastilien, König von Navarra, König von Aragon, König von Neapel, König von Sizilien, König von Jerusalem, König von Ungarn, König von Dalmatien, König von Kroatien, König von Sardinien, König von Korsika, König von den Kanarischen Inseln, König von Majorka, König von Minorka, König beider Indien und der Terra firma, Erzherzog von Österreich, Herzog von Burgund, Herzog von Mailand,

Herzog von Lothringen, Herzog von Brabant, Herzog von Limburg, Herzog von Luxemburg, Herzog von Geldern, Herzog von Calabrien, Herzog von Athen, Marquis von St. Empire, Marquis von Oristagni, Marquis de Gozzo, Graf von Barcelona, Graf von Roussillon, Graf von Cerdagne, Graf von Flandern, Graf von Artois, Graf vom Hennegau, Graf von Holland, Graf von Zeeland, Graf von Namur, Graf von Zutphen, Graf von Burgund, Graf von Habsburg, Graf von Tirol, Herr von Biscaya, Herr von Molina, Herr von Friesland, Herr von Mecheln, Herr von Utrecht, Herr von Overissel, Herr von Groningen. Er machte Pööoh."

„Was sagst du?" fragte Anna.

Der Wind pfiff so laut, dass Mendoza warten musste. Eine Sturzwoge ging übers Schiff. Die Luke stand im Wasser. Jetzt sah man wieder die Wolken. Das Schiff knarrte, als zerbräche es.

„Gehn wir unter?" schrie Anna.

„Noch nicht!" schrie Mendoza und lachte schallend. „Neben uns sind schon fünf Segler gesunken."

„Wie spät ist es?" fragte Anna und versuchte tapfer, zu lächeln.

„Es muss Mittag sein!"

„Es ist schwarz wie bei Nacht", sagte Anna. „Wie lange dauert das?"

„Bis der Wind sich dreht", antwortete Mendoza.

„Was sagtest du vorhin?" fragte Anna.

„Ich spottete über diese kleinen irdenen Götter. Wenn ein Wind weht und eine Woge stürzt, liegen sie auf dem Bauch und machen pöööhhh. Wie töricht ist die Eitelkeit der Menschen! Wie spreizt sich so ein König! Und auf dem Wasser macht er pööh."

„Bei Sturm!" sagte Anna.

„Freilich", antwortete Mendoza. „Wenn der Himmel blau ist, bin ich auch ein Held. Im Hafen spotte ich auch der Stürme."

„Wir sind doch vor dem Hafen von Laredo!" rief Anna. „Wir sehen schon die spanische Küste, die Berge Spaniens, die Ölbäume. Sollen wir Spanien sehn und untergehn?"

„Wäre es schade?" fragte Mendoza.

Da kam eine Woge und schüttelte das Schiff und schleuderte Mendoza und seine liederliche Nichte in die Ecke. Stumm lagen sie da, eine kleine Weile.

Endlich öffnete Mendoza die Augen. Es war finster. Er ächzte. An seinen Seufzern merkte er, er lebe noch. Der Raum war verrutscht, die Erde lag schief, vielmehr, er wusste nicht, wo unten und wo oben war. Wo der Kopf ist, dachte er, ist oben. Aber seine Beine lagen höher. Er wollte aufstehen, gehen, „ich muss zur Kajüte heraus", sagte er laut, aber die Tür war nicht zu öffnen, er rutschte und sass auf der Tür, er hielt sich mit der rechten Hand an einer Hängematte und öffnete mit aller Kraft die Tür, und stieg heraus. Da sah er, das Schiff stand schief. Er merkte, gleich würde es untergehen. „Verloren", sagte er laut; ich, ein Soldat, ertrinke. Schwimmen, dachte er und hörte die Matrosen schrein. Da fiel ihm ein, auch König Philipp war auf dem Schiff, auch Philipp ertrank jetzt, also ersäuft die Welt, pah, ein Kerl wie ich ersäuft, ob Philipp schlottert? Warum steht das Schiff schief? Die Ladung, fiel ihm ein, die Schätze des Kaisers und des Königs, das rutschte, wir sinken, dachte er, sinken, sinken. Ihm fiel Egmont ein, das Gartenfest, ich warnte ihn, mich warnte keiner, Egmont lacht jetzt, mich fressen die Fische, er lacht! Da fiel ihm Anna ein, und da packte ihn der schrecklichste Schmerz, nicht ihretwegen, sondern seinetwegen. Ich will leben, leben! dachte er, und auf dem Trockenen sterben, im Stroh und zwischen Läusen, doch trocken, trocken. Und schon war er umgekehrt, Anna zu retten. Und endlich fand er die Sprache wieder, er schrie: „Anna! Anna!" Und seine Stimme war ihm so fremd, dass er sich umsah, wer schrie. Ihn schauderte. Ist Anna tot? dachte er und stiess mit dem Fuss an ein Weiches und hörte ein Wimmern und schrie: „Anna!" und fasste nach ihr, sie wimmerte, er schleifte sie, trug sie auf Deck, an die Reeling, er stiess an Matrosen, an Höflinge, an Hunde, an flatternde Kapaunen, er sah ein Boot, er stiess zwei, drei Menschen mit den Fäusten, es war fast dunkel, der Wind schrie (oder schrie der Kapitän?), er sass im Boot, Anna auf dem Schosse. Der Wind schrie. Der Regen schlug. Das Schiff sank langsam mit der Spitze voran, plötzlich tauchte es wie eine Ente und war verschwunden. Das Wasser schäumte und gurgelte. Bald darauf liess der Sturm nach und das Boot stiess ans Ufer. Später kam ein zweites Boot. Auch auf diesem fehlte der König.

DER SCHIFFBRÜCHIGE

Philipp stand auf einer Klippe und starrte aufs Meer. Nahebei bargen der Lotse und sein Knecht ihr Boot. Der Knecht murmelte: „Was glotzt der? Soll lieber helfen!"

„Halt's Maul!" sagte der Lotse. „Morgen kaufe ich mir ein Haus. Ich habe ihn gerettet!"

„Und ich?" fragte der Knecht.

„He!" schrie Philipp. „Lotse! Siehst du sie?"

„Herr!" schrie der Lotse. „Die sieht keiner mehr!"

„Sind alle ertrunken?" schrie Philipp.

Er stand im Regen und fror. Seine seidenen Hosen, seine schwarzen Kniestrümpfe, sein weisses Hemd klebten an ihm. Er war ohne Rock, ohne Hut, ohne Mantel, ohne Degen, um den Hals trug er das goldene Vlies. Da er in seiner Kajüte seekrank lag, hatten ihn alle plötzlich allein gelassen, allein mit seinem Entsetzen. Er hörte Schreie, das Gebrüll der Wogen, er war nicht mehr seekrank, er raffte sich auf, am Deck traten ihn Höflinge, der Sturm schleuderte ihn an den Mast, jemand fasste ihn um den Leib, er lag in einem Boot, zu dritt sassen sie darin, schon war das Schiff weit, die beiden andern im Boot ruderten, „wer seid ihr?" schrie Philipp. Da sahen sie das Schiff sinken und schwinden. Das Boot schwankte himmelauf, abgrundtief, und Philipp zitterte mit ihm. „Zu früh!" schrie er, „zu früh!" Zwischendurch gefielen ihm der sausende Sturm und der regenschwarze Himmel mit den wechselnden Lichtstreifen und der ohrenfüllende Lärm der

Wogen und die ungeheure Leichtigkeit der turmhohen, tonnenschweren Gewässer, die wie Federbälle stiegen und stürzten. Ein brausendes Gefühl des Lebens betäubte die taumelige Angst.

Lebenssicher stand er nun auf der Klippe, der König der halben Welt, triefend im Regen, mit frostklappernden Zähnen, und schüttelte am Ufer des lautaufbrüllenden Meeres die erhabene Faust und drohte auf dem felsigen Trockenen dem aufgeregten Feuchten und schrie zu Gewölken und Gewässern: „Verschlagener Feind! Bist du ein Sohn des Todes, der gleichfalls sein schmutzig Handwerk ohne Wahl treibt? Einen König wolltest du ertränken und ersäuftest nur vierzehntausend flatternde Kapaunen (den Rest verspeisten ich und meine Diener). Ach, und so viele Kämmerer, so viele Pagen verschlangst du — und Anna! Dich liebte ich, Anna. Und erschienest du mir, im triefenden Gewand der Ertrunkenen, Seetang im Haar, ich öffnete meine Arme. Wanke ich einst als Greis am Stabe, zu Boden blickend, als suchte ich mein vertanes Leben in der Erde, wird mein Stöhnen dir gelten, ungenossene Geliebte! Hörst du mich? Solang ich rede, schläft noch mein Schmerz mit verhülltem Antlitz."

Der König schwankte, als sollte er von der Klippe ins Meer stürzen. Da setzte er sich nieder; er hielt den Schmerz nicht mehr aus. Im Gesicht fühlte er salziges Nass: Meersalz? Salz der Tränen?

„Der Regen", sagte Philipp, „der Regen ist es, Anna." Plötzlich schluchzte er laut wie ein Kind. Ist das der Schmerz? dachte er. Aber ihm war schon wohler. Er seufzte: „Anna!" und der Klang seiner Stimme beruhigte ihn wie eines Bruders Stimme. Tut Wehtun nicht länger weh? fragte er sich zweifelnd und empfand eine namenlose Leere. War sie der eigentliche Schmerz? Philipp vergass sich und starrte lange auf die schmutzig weissen Wogen. Sein Schmerz ward gestillt. Er dankte Gott für seine Rettung und betete ein Vaterunser für die Seelen der Ertrunkenen. Die vertrauten magischen Worte taten ihm wohl. Eine süsse Resignation erfüllte ihn. Unmerklich gingen seine Gedanken die gewohnten Strassen. Er wälzte seine grossen Pläne, den Traum vom Weltreich. Er bedachte seine Jahre. Er übersah seinen Weg. Welche Armee von Enttäuschungen! Wie reiche Opfer! Wie arme Siege! Seit fünf Jahren trug er die Krone, erst König von England, danach König von Spanien. Schiffbrüchig bin ich, dachte der König der halben Welt, ein junger Mann von zweiunddreissig Jahren. Zweimal schiffbrüchig! In England wollte er aus eigener Kraft ein Reich erobern. Er setzte seine Person ein. Er marktete mit der Liebe. Er schlief im Bette der Wassersucht und zeugte zum Erben den Tod. Arme Marie Tudor, sie starb, und sein Traum zerrann wie Wasser. Mit dem Vater führte er den andern Krieg, den Krieg um die Grösse der Könige. In England sollte der Sieger ‚ein Mann namens Philipp' sein. Im Reich des Kaisers sollte ‚der Erbe' siegen. Zum zweiten Male begann er den rasenden Wettlauf mit der Zeit. Sein Vater war ein grosser Mann, Philipp wollte die ganze Erde gewinnen. Er wollte die Menschen einen, die Seelen retten. Philipp gewann Schlachten, schlug den Papst, entriss Frankreich Provinzen, siegte, siegte, rannte, rannte, zappelte, taumelte und blieb weit dahinten, tief in der Tiefe, im Schatten des grossen Karl. Endlich starb der Kaiser und machte Platz. Und Philipp lebte. Er lebte, entronnen zwei Schiffbrüchen und nun der Wasserwüste. Zu viel, dachte Philipp. Ich wollte zuviel. Erst rang ich nackt. Danach hüllte ich mich in den Mantel meines Vaters. Nun will ich die dritte Probe ablegen. Erst kämpfte ich wie Prometheus gegen die Ketten der Menschheit. Dann flog ich wie Ikarus auf des Vaters Flügeln zur Sonne. Nun will ich auf der Erde leben. Ein gelassener Sohn der Zeit, will ich meinen Garten hüten, meinem Gott dienen, mit den Brüdern das Brot Gottes teilen. Ich und die Zeit, wir wollen zuletzt ernten. Also wird es mir in meinen hohen Tagen gelingen. Gott ist für mich! Was kann mir fehlen?

Da er seine Rechnung abgeschlossen hatte, stieg König Philipp von der Klippe herunter. Da standen schon Reiter aus Laredo, der Bürgermeister, der Alguazil, der Corregidor,

Grafen und Ritter. Sie knieten im Sand. Sie reichten ihm einen Mantel, einen Hut, einen Degen. Er stieg auf ein Pferd und ritt davon. Schon lagen Meer und Klippe, Reflexion und Demut hinter ihm wie Tagträume.

Der dumme Lotse und sein Knecht liefen im Sande hinterdrein und keuchten und riefen: „Herr! Und vergiss unser nicht!"

Da hielt einer der Reiter und sagte zum Lotsen und seinem Knecht: „Kommt in die Stadt. Da erhaltet ihr beide euren Lohn!"

Der Lotse umarmte seinen Knecht. „Ich werde Hofmann!" schrie er.

„Ich kaufe mir eine Wiese und züchte Stiere!" erklärte der Knecht. „So packte ich ihn, so schmiss ich ihn ins Boot!"

„Wie sprichst du von der Majestät?" fragte der Lotse.

„Auch Schafe will ich züchten!" rief der Knecht.

Da standen vier Männer vor ihnen, in schwarzen Mänteln und mit Waffen.

„Was wollen die?" murmelte der Knecht, da sie schon zwischen den Vermummten zur Stadt gingen.

Der Lotse begann zu lachen.

Da erst erschrak der Knecht wirklich. „Herr", keuchte er, „warum lachst du?"

„Über uns!" schrie der Lotse. „Wir müssen bald im Feuer brennen, weil wir den König nicht Meerwasser trinken liessen. Die Inquisition..."

„O Gott!" schrie der Knecht in Wind und Regen hinein.

Sie gingen unter dem finsteren Himmel.

Da sie durchs Stadttor kamen, sagte der Lotse: „Ich verstehe den Philipp. Der schämt sich, dass Leute wie du und ich sein feines Leben retten konnten."

„Schweig, Herr!"

„Warum? Auf der Folter lassen sie uns schon reden. Und im Feuer lassen sie uns schrein!"

„Du redest uns in den Tod, Herr."

„Wir sind schon tot."

„Wenn der Regen aufhört", sagte der Knecht, „und es

ist wieder ein Tag und die Sonne scheint, vielleicht begnadigt er uns, und wir kommen nur auf die Galeeren."

Da standen sie schon vor dem Haus der Inquisition, mitten in Laredo. „Wie die Leute schaun!" sagte der Knecht. „Die bekreuzen sich vor uns! Sind wir Heiden?"

„Liebe Leute", schrie der Lotse hallend über den Platz. „Lasst euch warnen! Keiner rette den König!"

Da stiessen die Vermummten sie ins Haus.

In der Nacht wachte Philipp auf. Er sah schon Gespenster, alle die Ertrunkenen: Anna, ihren Onkel Mendoza, die Kämmerlinge, die Pagen. Philipp hörte einen dumpfen Lärm. Das war sein Herz, das schlug. Er öffnete aber seine Arme nicht vor Anna. Er stöhnte: „Wache!" Die Wache stand aber schon da....

Anna kniete nieder. Sie flüsterte: „Wir leben. Wir sind gerettet. Und leben, Sire!" Auf den Knien rutschte sie näher zum Bett des Königs und flüsterte: „Philipp!"

Ihm war unheimlich. Schon so viele Stunden hatte er geglaubt, Anna sei tot. Auf der Klippe hatte er schon die Totenklage um sie gehalten und geweint um sie, er hatte sie schon von den Lebenden abgeschieden. Ihm war sie ertrunken im toten Meer, im Meer des Todes. Da kam sie wieder, ein Gespenst, das mit Fleisch und Blut prahlte und vorgab, zu leben. Ihn schauderte. Mit ihr zu buhlen, erschien ihm nun als Todsünde. Er spürte die verbotene Lockung. Ihn grauste vor der Buhlschaft mit einer Toten. Der Atem hob ihre Brüste, ihr Busen zog ihn fast unwiderstehlich an, er wollte den Arm schon ausstrecken. Da glaubte er, den welken Duft von Grabblumen zu riechen und die Süsse nie genossener Früchte zu schmecken. Da winkte er ihnen mit dem Finger zur Türe, sie sollten alle fortgehn!

Alle gingen, der Onkel Mendoza, die Kämmerer, die Pagen, die Wachen. Nur Anna kniete noch, als gälte der Wink nicht auch ihr. Da deutete Philipp wieder zur Tür. Anna fiel auf die Hände, raffte sich auf und floh in nacktem Entsetzen aus dem Schlafzimmer des Königs von Spanien.

Viertes Buch

DON CARLOS UND DON JUAN

DIE OHRFEIGE

Im Vorzimmer musste Carlos warten. Hurtig hinkend ging er die Wände entlang, wie ein Räuber, der Dekkung nimmt. Unvermutet stand er still und blickte mit seinen traurigen Augen auf einen Höfling oder Bittsteller, als hätte er ihresgleichen nie gesehn. Mit einer vertrackten, rührenden Gebärde hob er seine dünnen Hände und liess sie sinken, schmerzlich lächelnd wie über eine neue Enttäuschung. Unvermutet nahm er seinen beunruhigenden Marsch wieder auf. Vom Herzog Alba bis zum letzten Türsteher schien keiner sein sonderbares Benehmen zu bemerken; indes spähte jeder verstohlen in den Mienen des Infanten, als suchte er dort das Geheimnis des Tages zu entziffern. Der ganze Hof zu Madrid litt vor Neugier. Seit vielen Stunden sass der Grossinquisitor, der greise, fürchterliche Valdes, allein mit König Philipp im verschlossenen Kabinett. Die meisten Minister und Sekretäre standen im Vorzimmer; jeder tat, als sei er im Geheimnis; jeder vermutete ein anderes Geschäft.

Philipp glaubte an die Macht des Geheimen. Nur stückweise teilte er den Ministern seine Geschäfte mit. Aus dem Geheimnis machte er sich seine Maske, sie ward sein Wesen. Zwischen den Mauern seiner Sorgen versass er seine Tage im Kabinett, am Ufer eines Meers von Akten, regierend mit dem geschriebenen Wort, ein König und ein Schreiber.

Bei Hofe gab es, wie stets, zwei Parteien. Nach der Meinung Albas ging das Gespräch des Königs um das Schicksal der Niederlande. Der Staatsrat zu Brüssel, der eine Revolution fürchtete, hatte den Grafen Egmont nach Madrid gesandt, um Milderungen der Glaubensgerichte zu erlangen.

Eboli indes erzählte zum zehnten Mal dem kaiserlichen Gesandten, einem Baron von Dietrichstein, die offizielle Geschichte des Prozesses Carranza. Demütig lauschten die Geheimsekretäre des Königs, Antonio Perez und Escovedo. Eboli behauptete kühn, der Heilige Vater habe auf des Königs Wunsch die drei Kardinäle nach Madrid entsandt, als Richter im Prozess Carranza.

Seit sechs Jahren sass der gelehrte, fromme Carranza in einem lichtlosen Loch zu Valladolid, im Gefängnis der Inquisition. Vor sechs Jahren, als König Philipp von den Niederlanden nach Spanien segelte, hatte Valdes um Mitternacht durch seine Familiare den Carranza aus seinem Bett im erzbischöflichen Palaste zu Toledo reissen, auf einen Karren werfen und nach Valladolid schleifen lassen. Seitdem folterte der Grossinquisitor den Erzbischof wegen Feinheiten der christlichen Lehre. Er hiess gewisse Wendungen im Katechismus Carranzas ketzerisch. Er warf dem Carranza vor, er glaube nicht ans Fegefeuer. Valdes inquirierte unermüdlich, folterte alle Zeugen, die nicht gegen Carranza aussagten, hielt ihn so abgesperrt, dass vierhundert Häuser in einer Nacht verbrannten und Carranza erst sieben Jahre später es erfuhr; die Stadt Valladolid brannte, Carranza sass im Dunkeln. Valdes folterte die Freunde Carranzas, häufte in tausend Faszikeln die Protokolle zu Bergen von Papier und liess den Feind nicht los. Spaniens Klerus beteuerte Carranzas Unschuld; die Väter auf dem Kirchenkonzil zu Trient weigerten den Empfang der Briefe und Gesandten Philipps, ehe Carranza nicht wieder frei auf seinem Stuhle zu Toledo sässe; der Papst legte den Katechismus Carranzas der Indexkongregation vor, die einstimmig erklärte, er sei der Kirche nützlich; der Papst befahl, auf seine Kosten den Katechismus Carranzas zu Rom zu drucken, und schickte nach Spanien ein Breve, worin er Carranzas Befreiung forderte; Philipp verbot, das Breve zu veröffentlichen, und machte so den Papst für Spanien stumm; der Papst forderte sein Recht, den Prozess in Rom zu führen; und als Philipp ein neues Breve einfach für gefälscht erklärte, drohte der Heilige Vater, ihn zu exkommunizieren. Das wollte Philipp nicht. Er lenkte ein. Der Heilige Vater sandte die drei Kardinäle. Als Valdes von ihrer Ankunft erfuhr, ging er in die dunkle Zelle Carranzas, mit zwei Mönchen, die Fackeln trugen. Carranza, über sechzig schon, mit weissen Haaren, weissem Bart, sass auf den Steinen, angekettet. Valdes, dürr, greis, betrachtete ihn lange, den Kopf schüttelnd. Endlich sagte er: „Was noch, Carranza? Worauf wartest du, Bruder?"

Da ihn Carranza schweigend anblickte, trat der Greis näher und stiess ihn mit dem Fuss sanft in die Seite. „He, Carranza!" sagte er. „Du machst grossen Lärm, Bruder. Umsonst! Der Heilige Vater ist fern. Bruder! Willst du nicht bald brennen? Gestehe: Du liebst die Folter nicht? Was hoffst du, armer Narr? Gerechtigkeit? Ich bin die Gerechtigkeit. Gnade? Ich bin die Gnade. Den Tod? Ich bin der Tod!"

Carranza schwieg, reglos in seinen Ketten wie ein Toter. Valdes nahm einem Mönch die Fackel fort und leuchtete dem Erzbischof ins Gesicht, als wollte er ihm die Nase anzünden. Die Wimpern Carranzas knisterten. Valdes starrte auf Carranzas Gesicht, bis ihm das Bild seines Hasses verschwamm. Ohne eine gewisse Distanz ist es schwer, das arme Geschöpf, das der Mensch ist, zu hassen. Unzufrieden verliess Valdes die Zelle. Carranza blieb allein. In der Ecke sass der Tod. Seit sechs Jahren sass der Tod in der Ecke und schaute ihn an. Carranza sah ihn. Der Tod hielt die Arme offen. ‚Komm', sagte er, ‚komm endlich!' ‚Es ist zu früh!' antwortete Carranza. ‚Was hoffst du?' fragte der Tod. ‚Mein Recht!' antwortete Carranza. Der Tod sah ihn an.

Im Zorn ging Valdes zum König. An der Tafel Ebolis hatte der Jesuitenpater Tablaris geäussert: ‚Ob Carranza ein Ketzer ist, wird man sehn. Dass ihn der Neid verfolgt, sieht man!' Valdes war entschlossen, den König zum hundertsten Male um die Erlaubnis zu bitten, den ganzen Ketzer-Orden der Jesuiten zu verbieten. Nun sass er im Kabinett des Königs.

Schon wieder war Carlos stehngeblieben, vor einem graubärtigen, glatzköpfigen, klugäugigen Mann, der in armseliger Kleidung neben den niedern Bittstellern stand. Mit dem Zeigefinger berührte er ihn. „Kenne ich Sie?" fragte er.

Der Alte schüttelte lächelnd den Kopf und sagte: „Es wäre ein Wunder, Hoheit. Ich heisse Simon Renard."

„Warum Wunder?" fragte der Infant strenge.

„Weil ich im Elend bin", antwortete Renard.

Der Infant war schon weiter gegangen. Hastig zog er den Fuss nach, blieb vor einem Fenster stehn, sah in den Hof, trommelte mit den Fingern an die Scheibe und drehte sich brüsk um, als aus dem Kabinett Stimmen drangen. Man unterschied des Königs Stimme. Da ward es im Vorzimmer still. Eine quälende Neugier stand auf den Gesichtern der Höflinge. Carlos, schon wieder vor dem armseligen Alten, fragte: „Kenne ich Sie?"

Renard lächelte heiter.

„Gut", antwortete Carlos, „wer zahlt Sie? Sind Sie auch so ein Spitzel meines Vaters?" Und mit einer umfassenden Gebärde bezeichnete der Erbe Spaniens die Höflinge.

„Ich, Hoheit, war zu London der Gesandte des Kaisers Karl!" entgegnete gekränkt der Alte.

„Kanntest du den Kaiser in seiner Jugend?" fragte Carlos und lispelte vor Eifer. „Glich er mir wirklich? Er war ein grosser Mann, nicht wie gewisse Andere nur in ihrer Einbildung!" Und Don Carlos deutete nachlässig höhnisch aufs Kabinett seines Vaters.

Im selben Augenblick drang durch die verschlossene Tür ein kurioser Laut, am nächsten dem Geplärr eines kleinen Kindes. Der Wartenden bemächtigte sich eine sonderbare Unruhe, zwischen Furcht und Neugier. Carlos schritt heftig hinkend zur Tür. Angesichts des ganzen Hofstaats des Königs Philipp bückte sich der Erbe Spaniens vor das Schlüsselloch, um seinen Vater auszuspähn.

Inmitten des Vorsaals sagte Alba halblaut deutlich zum Erzbischof Espinosa: „Die Schande!"

Eboli, der seit einem Jahre, neben seinen andern zahlreichen Ämtern bei der Person des Königs, auch das Amt eines Hofmeisters des Infanten bekleidete, trat mit einer Art verlegener Entschlossenheit zu ihm, vor gut gemimter Peinlichkeit trippelnd. Schon im voraus spielte er die Rolle eines Opfers aus Pflichtgefühl. Schliesslich bückte er sich mit der leichtsinnigen Gravität eines Prinzenerziehers zum Ohr des Infanten und flüsterte allen vernehmlich: „Ich bitte, Hoheit, ich bitte sehr. Wenn Se. Majestät die Türe öffnete!"

Langsam richtete Don Carlos sich auf, langsam hob er seine Hände und sah sie an, mit einem eigentümlich genierten Ausdruck. Plötzlich klatschte seine Hand im Gesicht Ebolis.

Der Minister hatte seine Hände zum Schutz zu spät gehoben. Seine rechte Backe flammte. Er sagte, plötzlich heiser: „Das verdiente ich nicht."

„Ich habe auch andere Münze", erklärte mit seiner feinen Stimme der zwanzigjährige Erbe der halben Welt und holte eine Handvoll Dukaten aus seinem Beutel. „Schmerzensgeld", erläuterte er, munter lachend.

Eboli wich einen Schritt zurück und presste sich an die unheilvolle Tür. Er stammelte: „Nur der König kann meine Ehre wiederherstellen. Und tilgen seines Sohnes Schande!"

„Schande!" wiederholte Alba. Galt der Tadel dem Schläger, dem Geschlagenen?

„Was sagte ich", rief Carlos und wandte sich zu Renard, „lauter Angeber meines Vaters!"

Da öffnete sich die Tür und der zweiundachtzigjährige Grossinquisitor Valdes stiess an Eboli. Er taumelte wie blind durch den Vorsaal, ächzte, fiel um, lag reglos. Einige Pagen in der Nähe sprangen fort. Im Fall hatte sich die Kutte des Greises verschoben. Seine unbehaarten Beine, dünn wie Kinderschenkel, und der hagre Leib sahen so erbarmungswürdig aus, so aller Macht und Furcht entblösst und wiederum so fern dem gemeinen Leben, dass alle in einem scheuen Kreise standen; nur Alba und Renard traten näher. Gleichzeitig langten beide vor dem erloschenen Leibe an. Alba strich seinen spitzen Bart.

„Tot?" fragte mit gepresster Stimme der Erzbischof Espinosa.

„Ein Kadaver", erklärte Alba.

Indes kniete Renard nieder und gab dem Greis einen respektlosen Nasenstüber. Da nieste der ‚Kadaver', hob das eingetrocknete Köpfchen und schrie mit quäkender Stimme: „Ich bin nicht tot!"

Mit Renards Hilfe stand er auf und musterte alle. In seinen Augen sahen sie den blanken Hass. Seit zwanzig Jahren kontrollierte dieser Greis die Meinung aller Spanier. Er nahm den Reichen ihr Vermögen und teilte es mit dem König. Er verbrannte alle, die einen Gedanken äusserten. Er verbrannte vierundzwanzighundert Christen bei lebendigem Leib, begrub zwölftausend Christen im Kerker, verbrannte die Bilder von zwölfhundert entronnenen Christen, ein Christ im Namen Christi. Dieser Greis, das Haupt von Philipps Geheimpolizei, die Puppe Philipps, hatte Erzbischöfe verfolgt, Poeten gefoltert, Heilige verurteilt, Millionäre ausgepresst, Nonnen visitiert, Theologen angekettet und, ausser seinem, alle Orden gedemütigt. Er war der Schrecken aller Ausländer in Spanien, die Wünschelrute Philipps und die Zuchtrute des Herrn. Noch einmal schien der Greis am Anblick der Zitternden sein Herz weiden zu wollen. Plötzlich spuckte er vor ihnen allen aus, mitten auf den Brabanter Teppich, und murmelte im Fortgehn mehrmals vernehmlich: „Ich bin nicht tot!" Kaum war er am Ausgang, rief schon ein Page schallend: „Der Kardinal Espinosa!"

Da drehte sich der greise Valdes um. Er sah dem Kardinal, der seine neue Würde erst durch des Pagen Ruf erfuhr, ins Gesicht und grinste, es sah abscheulich aus. Wie gebannt starrte Espinosa seinen alten Gönner an, der ihn vor ein paar Jahren zu Hof gebracht. Damals war er der Diener des Valdes, jetzt schon sein Erbe.

„Du bist es!" sagte Valdes und ging.

Eboli war der erste, dem neuen Kardinal zu gratulieren. Hochmütig lächelte Espinosa.

Philipp sass zwischen seinen Papieren. „Sahen Sie", fragte er, „den abgesetzten Grossinquisitor?"

Wie Osterglocken hallten diese Worte in Espinosas Ohren. Darum Geschrei und Ohnmacht: Valdes war abgesetzt. Und er war der Nachfolger. Welcher Triumph!

Philipp erklärte: „Ich dulde viele Fehler meiner Diener. Ich bin auf Menschen angewiesen. Ich kann sie nicht selber machen, leider! Sie, mein Espinosa, sind mit dreiundsechzig Jahren im besten Alter. Der Eboli will mir seine Jünglinge aufschwatzen, den Antonio Perez, den Escovedo, andere. Ich mag sie nicht. Junge Menschen nehmen zuweilen so sonderbare Entwicklungen. Ich hasse die Sprünge der Natur. Die alten Männer sind schön fertig. Als Greis will ich im Himmel einst mit Greisen die Ewigkeit verplaudern. Seit mein Vater starb, sammle ich Väter. Auch Valdes hat Verdienste. Er säuberte Spanien von Protestanten. Nur vergass er, dass er meinen Plänen dient, mein Werkzeug! ‚Jeder ist ersetzlich!' sagte Valdes oft und vergass — sich. Seit sechs Jahren führt er den Prozess Carranza. Heut erst erfuhr ich, dass Valdes mich sechs Jahre lang belog. Ich hatte ihm verboten, den Carranza zu verhaften. Ich hatte dem Carranza Schutz versprochen, falls er nicht den Heiligen Vater um Schutz vor mir bat. Da ich nun von den Niederlanden heimkam, gesteht mir Valdes, er habe den Carranza verhaftet. ‚Ich versprach dem Carranza Sicherheit', sagte ich. ‚Die hat er nun', antwortet Valdes und schwört, Carranza habe mit dem Papst verhandelt und nach Rom entfliehen wollen. Nun, da die Kardinäle, die Richter aus Rom, dem Valdes zürnen, weil er wie zum Hohn ihnen statt der Akten tausend unnütze Dokumente übergab, nun erzählen sie mir, dass Valdes mich belog. Nie hat Carranza dem Papst geschrieben! Ja, die Kardinäle erklären, der Valdes wollte den Carranza im Kerker vergiften; sie fordern, dass ich den Carranza in ein sicheres Gefängnis überführe. Wieviel

Fehler dieses Valdes! Der Dummkopf verstand nicht, recht zu behalten. Und Carranza lebt, und seine Freunde sind zahlreich und sagen zu mir: Unser Freund ist unschuldig. Er schreit wie unser Herr auf dem Berge! Er liegt gefesselt neben seinem Kot und ächzt: ,O meine Würde! Meine verlorene Menschenwürde!' Ich war gerührt."

Espinosa lächelte fein. Er sagte langsam: „Wir sind alle Christen. Das Mitleid ist unser bestes Teil. Ist es ratsam, einem Gestürzten neue Macht zu geben? Es geht um die Autorität des Heiligen Amts. Die Institution gilt mehr als ein Einzelner."

„Er tut mir leid", erklärte Philipp und stützte sein Kinn in die Hand. „Ich hatte ihn recht gern. Nach der Folter soll er ausgerufen haben: ,O falscher Philipp! König aller Vipern!' So berichtete Valdes. Freilich, der gute Valdes ... Da ich ihm eben das Kloster nenne, in dem er seinen Abend verbringen darf, verwirrt ihn Gott, er plärrt wie ein kleines Kind, kniet, bettelt: ,Sire! Lassen Sie mich noch ein wenig Gold sammeln, lassen Sie mich meine Rache enden!' Und da ich ,nein' sage, bettelt er: ,Nur ein Jahr, einen Mond lang, drei Tage noch!' Und da ich ,genug' sage, schreit er sinnlos laut: ,Mein Gold! Meine Rache!' und stürzt fort. Er hat vertan. Aber Carranza? Freilich wäre es politisch klug, ihn festzuhalten. Wir wollen mehr als klug, wir wollen gerecht sein. Sie studierten den Prozess. Ist er ein Ketzer?"

Espinosa sah seinen König an. Sündigen kann jeder kleine Schuft. Aber mit reinem Gewissen sündigen? Das ist die Kunst. Dafür bezahlt man meinesgleichen. Oder stellt mir Philipp eine Falle? Prüft er mich? Bedeutet dieser ganze Prozess Carranza-Valdes nur ein Muster für einen grösseren Fall? Geht es vielleicht ... um wen? Espinosa, warte! Sei klug!

„Wie ist es?" fragte der König. „Ist Carranza ein Ketzer? Können wir ihn an Rom ausliefern, ohne unsere Schande fürchten zu müssen? Wird man ihn zu Rom freisprechen?"

Espinosa erwiderte: „Ob Carranza ein Ketzer ist? Er ist unbequem! Ein Ketzer? Er ist sehr berühmt als Theologe. Ein Ketzer? Ich will ihn gerne so heissen. Man regiert mit Worten die Menschen. Das Volk versteht, und denkt gleich an sein Vergnügen, ans Autodafé! Die Religion zahlt allen mit gleicher Münze, mit Worten. Nur wird im Munde eines Weisen so ein armes, verstaubtes Wort zuweilen ein Zauberschlüssel."

Philipp lauschte ungeduldig. Er rief: „Enthüllungen! Enthüllungen!" Espinosa erwiderte: „Es gibt nichts zu enthüllen. Wir machen die Geheimnisse!"

„Also, mein lieber Grossinquisitor?" fragte Philipp.

Espinosa schwieg. Philipp wartete nicht auf Antwort. Er bot die Hand dem Kardinal zum Kuss. Er sagte heiter: „Ich baue auf Sie. Aber hüten Sie sich, Kardinal! Keine Lügen!"

DIE STICHE

Als Eboli eintrat, legte der König die Feder hin. „Madame von Parma", erklärte er, „beklagt sich über uns. Aus einem geheimen Brief, den sie eigenhändig schrieb und siegelte, und den ich öffnete und seitdem hier in meiner Rocktasche trage, aus diesem Brief zitierte im Staatsrat zu Brüssel Oranien wörtlich ganze Sätze. Er prahlt, mit meinen Geheimnissen! Ein Drittel seiner Einkünfte, gesteht er, gebe er hin, mich zu bespitzeln. In der Tat kennt er den Inhalt meiner Taschen!"

„Höchst seltsam!" sagte Eboli. „Ein Heide dächte an Zauberei."

„Ein Christ", rief Philipp, „denkt an Verrat!"

Eboli lächelte, im Innersten verdrossen. Wo gab es einen so misstrauischen Mächtigen wie Philipp? Mächtige sollten trotz ihrer Gebrechlichkeit vertrauensselig sein! Denn die Getretenen sind ohne Rachsucht. Manchmal war Eboli schon müde seines steten Studiums eines einzigen Charakters. Schon kannte er jede Falte Philipps. Waren alle Opfer umsonst? Merkte er vielleicht seinen Sturz als letzter? Ich gebe ihm alles, dachte Eboli und meinte Anna.

Der König sagte: „Früher wusstest du alles. Bist du krank?"

Ebolis Lächeln bekam einen bittern Beischmack. Da war das böse Wort: Krank. Plötzlich fühlte Eboli seine Stiche, links in der Seite. Seit einiger Zeit ängstigten sie ihn. Er rief die Ärzte, es gab zwei Schulen, die eine purgierte, die andere liess zur Ader; Eboli folgte beiden, umsonst! ‚Anna', gestand er heimlich seiner Frau, ‚ich bin sehr krank.' ‚Unsinn!' sagte Anna. Eboli eröffnete sein Herz vor seinem jungen Günstling Perez, den er in sein Haus zog. ‚Antonio', sagte er ihm insgeheim zuweilen, ‚wie soll ich es schildern? Ich spüre es mitten in der Arbeit von fern und will es nicht merken, anfangs sind die Stiche lind, plötzlich spüre ich, nicht einen stärkeren Stich, sondern die Lindigkeit stärker, mir ist wie zum Sterben, ich schwitze, verschreibe mich und muss den Akt neu anlegen. Philipp ist so heikel. Ich beneide jeden, der nicht leidet. Nur Gesunde leben! Antonio, sticht mich der Tod? Ich werde nicht alt. Ich bin sehr krank.' Krank! sagte Philipp. Hat ihn Anna verraten? Oder Antonio? Stürze ich? Keine Panik, Eboli! Dass mein Freund Valdes stürzte, war schlecht. Dass Albas Freund, dieser Espinosa, Kardinal und Grossinquisitor wurde, das ist schlecht. Aber noch kennt Eboli die grosse Kunst, zu gefallen!

Er lachte herzlich und einen Augenblick zu spät. „Sie durchschauen jeden Menschen, Sire!" rief er. „Aber nicht krank bin ich, sondern geschlagen!" Er erzählte die Geschichte der Ohrfeige. „Es geht nicht um den körperlichen Schmerz", erklärte Eboli. „Es geht um meine Ehre. Die Wunde brennt. Woraus bilden Menschen ihren Stolz? Gesetze machen sie füreinander, Strafen brauchen sie voreinander, miteinander leben können sie nicht ohne Furcht. Obendrein schaffen sie sich ein luftiges Bündel Vorurteile und heissen's ihre Ehre!"

Ein Spanier, erwog Philipp, raisonnierte nicht so kühl wie dieser Portugiese.

„Was tun?" fragte Eboli, der das Ressentiment Philipps spürte.

„Geduld!" bat Philipp. „Ich und die Zeit!" zitierte er sich und ging auf und ab und blieb vor Eboli stehn und murmelte: „Werden wir schon alt, mein Freund? Eben war ich noch der Sohn, schon bin ich der Vater. Eben war ich zu jung, und soll schon fertig sein? Eben stand mir mein Vater Karl im Weg, jetzt bin ich dem Carlos unbequem? Ist denn keine Pause da für uns arme Menschen? Eben hoffen, schon fürchten wir alles. Die Natur betrügt uns. Nur die Kindheit hat einen Schein von Dauer, und meine Jugend war kahl. Bin ich also schon endgültig betrogen? Ist es schon aus? Oder irrt mein Sohn Carlos? Deine Ehre, mein lieber Eboli? Rufe meinen Sohn!"

Philipp sass allein an seinem Schreibtisch und überdachte wieder das Leben seines einzigen Sohnes Carlos. Habe ich Schuld? fragte sich Philipp. Habe ich irgendeine Schuld? Nein! antwortete der König dem Vater. Nein! antwortete der Vater dem König. Was für ein einfältiges Leben! dachte Philipp.

‚EIN EINFÄLTIGES LEBEN.'

Carlos war das Kind von Kindern. Seine Mutter starb mit sechzehn Jahren an seiner Geburt. Fünf Jahre schwieg er. ‚Nein!' war sein erstes Wort. Als seine Tante Juana Abschied nahm, um in Portugal zu heiraten, schlang er seine dünnen Ärmchen um ihren Hals und fragte: ‚Was soll aus dem Kinde werden, so allein — Grossvater in Deutschland, Vater in Monzon bei Cortes?' Im Witwenschleier kehrte Juana nach einem Jahre heim. Sogar in Audienzen hob sie ihn nur einen Augenblick. ‚Sie sehn genau', sagte sie, ‚Ich bin die Regentin!' Ihren Sohn Sebastian musste sie in Lissabon lassen. Da liebte sie ihren Neffen. Ihn erzog der gelehrte Honorato, ein Edelmann aus Valencia, der in Flandern studiert, in Deutschland diskutiert, in Italien sich gebildet hatte, ein zwergenhaft kleiner, flinker Mann von fünfzig Jahren, mit kindlich staunenden, grossen Augen und dünnen Lippen, die von der Weisheit der Alten überströmten. Honorato glaubte an das Gute in jedem Menschen. Durch Erziehung war es zu fördern. Nicht Eltern und Gefährten, nicht Klima und Anlagen — die Lehrer modelten die Menschheit. In seiner Jugend liebte Honorato ein grosses Mädchen aus Bologna, das mit ihm tändelte und einmal in Gesellschaft ihn in die Luft hob und lachend den Kleinen zappeln liess. Seit damals mied er Frauen. Mit fünfzig war er profund wie eine Bücherei, genäschig wie ein Kätzchen, wie Tauben sanft und, trotz Bart und Bildung, ein Knabe voller Illusionen. Eine echte, schwärmerische Knabenfreundschaft verband den zwölfjährigen Carlos mit dem Fünfzigjährigen. Honorato vermengte mit seinem Glauben an die Allmacht der Erzieher die schöne Meinung, man müsse den Zögling nur gewähren lassen, seine Neigungen entwickeln, seine Fehler nie züchtigen. Beide, Honorato und Carlos, waren Fresser und grosse Wassertrinker. ‚Wasser heilt!' erklärte Honorato zum Gelächter aller Weintrinker bei Hofe. Beide liebten zu träumen, Honorato von der fortschreitenden Verbesserung der Menschheit, Carlos von seinem künftigen Weltreich. ‚Liebe die Menschen!' lehrte der Lehrer seinen Zögling. ‚Gib ihnen jede Freiheit. Ziehe die Menschen allen Prinzipien vor! Bringe deinen Prinzipien nie das Leben anderer zum Opfer.' Honorato hegte im stillen einen Lebenswunsch. Errötend wie ein Mädchen und als verberge er obszöne Triebe, umschrieb er in wolkigen Wendungen seinen Wunsch vor dem Infanten. Er wollte die Mitra tragen. Carlos bat ihn: ‚Geduld, mein Kleiner! Ich mache dich zum Bischof.' Des Infanten grösstes Erlebnis war der Kaiser. Karls Taten waren des Enkels Märchen. ‚Auch ich heisse Karl!' sagte bedeutsam Carlos. Dem Herzog Alba, der ihm vorwarf, dass er lebende Katzen briet, erwiderte der Infant: ‚Auch der Knabe Karl war grausam!' Hauptleute nahm er beiseite. ‚Schwören Sie', bat er, ‚mir auf meinen Feldzügen zu folgen!' Und er notierte ihre Namen. Um des Knaben Wildheit zu zügeln, las Honorato den Cicero mit ihm, besonders de officiis. Härtere Strafen verboten sich durch das Quartalsfieber, an dem Carlos zeitlebens litt. Als der Kaiser und der Infant einander zum ersten Male sahen, waren beide enttäuscht. Der Kaiser, der seine letzte Reise tat, sagte zu seinem Freund Quixada: ,Mein Enkel hat tote Augen. Sein rechtes Bein ist zu kurz, die linke Schulter zu hoch, sein Kopf zu gross, er stottert, lispelt ... Soll ein Krüppel meine Reiche erben?' Der Kaiser lud seinen Enkel zu Tisch. Carlos war so stolz, dass er nicht barhaupt bleiben wollte. Gleich setzte er seine Pelzmütze wieder auf und sagte ,Vater' zum Kaiser, seinen Vater hiess er den ,Bruder Philipp'. Als der Kaiser bei Tisch seine Abenteuer erzählte, unter anderm seine Flucht vor Moritz von Sachsen, rief Carlos heftig: ,Ich wäre nie geflohn!' Als der Kaiser wie gewöhnlich frass, fragte Carlos staunend: ,Liess dich also Bruder Philipp hungern?' Als der Kaiser ihm lachend riet, auch so viel zu essen, um so gross zu werden wie er, erklärte Carlos: ,Ich werde grösser sein. Und so gut regieren, dass man dich und Philipp vergessen wird!'

Als der Kaiser zuletzt den Knaben fragte, was er zum Abschied wünsche, wies Carlos auf einen tragbaren Ofen, ein Kunstwerk des Mechanikers Torriano, das dem gichtkranken Kaiser unentbehrlich war; Karl erklärte es. ,Bist du also wirklich geizig?' fragte empört der Knabe. ,Spricht man so zu mir? Ich bin der Kaiser!' ,Du lügst! Man nahm dir alles!' ,Den Ofen habe ich noch!' sagte Karl trocken. ,Gib ihn schon!' rief der Knabe mit dem Fuss aufstampfend. ,Du sollst ihn erben, wenn ich tot bin.' ,Und wann stirbst du?' fragte Carlos ungeduldig. ,Carlos!' rief seine Tante Juana und hob den Schleier und sah ihn still an, Tränen in den Augen. Da ging der Knabe hurtig hinkend fort. Der Kaiser sah ihm lange nach, kopfschüttelnd. Als man ihm später vorschlug, den Infanten nach Yuste zu nehmen, damit Carlos von seiner Nähe profitiere, lehnte er erschrocken ab.

Die Luft von Madrid bekam dem Infanten schlecht. Die Ärzte empfahlen einen Aufenthalt auf dem Lande. Philipp schrieb aus Brüssel, er sei zu arm. Also behandelten die Ärzte den Infanten ,gegen seine Galle.'

Zu Valladolid sah er seinen Vater wieder. Er sass neben Philipp auf der Tribüne. Zweihunderttausend Spanier (sagte man) waren zum grossen Autodafé herbeigelaufen, zur Feier der Heimkehr Philipps. Carlos, von der Sonne berauscht, musterte kühn den König. Nun, hoffte Carlos, würden ihm die Cortes schwören, nun würde er bald heiraten und mitregieren. Bei vierzehn Jahren war es Zeit, mit dem Leben anzufangen. Er dachte: ‚Wie haben sie mich gequält!' Neben ihm sassen zwei Knaben in seinem Alter. Der eine war des Kaisers Bastard, gestern noch Geronimo und Quixadas Page, heute — Juan d'Austria und Philipps Bruder, mit Haus und Pferden und Pagen; ruhig heiter sass er da, ein schöner, blonder Knabe, wie ein Sohn der Märchen. Der andere Knabe war der Neffe Philipps, als Geisel in Madrid für seine Mutter Margareta, die Regentin der Niederlande. Er hiess Alexander und blickte aus seinen feurigen, schwarzen Augen so heiter, so gesund! Die sind lustig — die wissen nichts vom Leben! dachte der blasse, abgezehrte Carlos und bückte sich flüsternd: ‚Wollen wir Freunde sein, fürs Leben Freunde?' Da traf ihn ein Blick seines Vaters. Wie sieht er mich an? dachte Carlos. Er behandelt mich wie ein Kind! Gestern hatte der Ferrara ihnen beiden ein Dutzend Gäule geschenkt, und Philipp nahm alle für sich. Da Carlos sich beschwerte, sagte Philipp: ‚Du bist zu schwach zum Reiten!' Gut, dachte Carlos, aber warum nimmt er sich alle Gäule? Carlos schrieb es auf. Er führte Buch über seines Vaters Handlungen. Die Schreiblust hatte er von ihm geerbt. Der Pferdedieb! schrieb Carlos, und fügte das Datum und den genauen Bericht hinzu. Auch Philipp führte Buch über Carlos. Der Vater hatte ein schlechtes Gewissen. Er glaubte, einen unheilbaren Schmerz in den Mienen seines einzigen Sohnes zu lesen. Liebte er seinen Sohn nicht genug? Auf der Tribüne sass in des Königs Nähe die Guzman. Sie war achtzehn Jahre alt, schön wie die Jugend, ein Hoffräulein Juanas. Philipp liebte die Guzman schon einen Tag lang. Er starrte sie an, schamlos wie Liebende. Mich liebt er nicht, dachte Carlos eifersüchtig und spürte ein Würgen im Hals. Da hob Philipp sein Schwert. Der Grossinquisitor schrie: ‚Domine, adjura nos! Hilf uns, Herr!' Auch Carlos hatte viele Jahre zu Gott geschrien: ‚Hilf, Herr, mach mich gesund!' Nun wurden die Opfer vorbeigeschleift, in den gelben Hemden mit rotgemalten Flammen, dreizehn Opfer. Plötzlich, vor der Tribüne des Königs, redete ein Opfer: ‚Sind Sie von Adel, Sire, und können zusehn, wie das Pack mich, einen Herrn, anzündet?' Zweihunderttausend blickten zum König auf.

Der König sah, das Opfer war ein Patenkind des Kaisers, ein Edelmann aus Florenz, Carlos von Sesa, ein reicher Ketzer, zum Flammentod verurteilt samt seiner Frau, einer Jugendfreundin Juanas. Der Ketzer ging gradaus zur Hölle. „Und wäre mein Sohn wie Sie", schrie Philipp schallend, „trüge ich Holz zu seinem Scheiterhaufen mit diesen beiden Händen!" Und Philipp hob die Hände auf. Das Volk bewunderte den frommen König. Carlos sah weisse Schlangen aus schwarzsamtenen Ärmeln kriechen. Er flüsterte: „Abhacken!" (Die Hände.) „Will er mich opfern?" Er drehte sich um und übergab sich. Der lange Quixada, Juans Hofmeister, und der kleine Honorato hielten ihm den Kopf.

Philipp ritt nach Guadalajara, um Elisabeth zu empfangen, seine dritte Frau. Sie war vierzehn Jahre alt, ein Kind. Philipp führte sie nach Toledo. Im Dom huldigten die Cortes von Kastilien dem Infanten Carlos. Alba vergass, ihm die Hand zu küssen. Die Königin bekam die Pocken. Der französische Gesandte schrieb nach Paris: ‚Die spanischen Ärzte machen dem Infanten den Garaus. Ein Valois wird Spanien erben! Don Carlos überlebt das Jahr nicht!'

Das Jahr darauf ging Carlos auf die Hohe Schule zu Alcala. Sein Onkel Juan und sein Vetter Alexander ritten fröhlich mit ihm. Der lange Quixada und der kurze Honorato folgten heftig schreiend; die beiden Hofmeister unterhielten sich über Erziehung. Es ging zum Herbst. Die Tage glänzten blau. Die drei Studenten waren sechzehn alt. O heitere Tage von Alcala! Die Professoren wandelten wie Türme durch die Gassen. Die Mädchen auf den Balkonen lächelten so neu. Die Prinzen spielten Ball. Ihre Hofmeister diskutierten. Der dürre Quixada pries die Autorität. Der kurze Honorato schwärmte für die Freiheit. „Sind Sie nicht ein wenig zuchtlos?" fragte lächelnd der Quixada den Honorato. Und Honorato zwinkerte, strich seinen grauen Bart und prahlte: „In unserer Jugend, Señor! Da war man wild! Die jungen Leute verstehn nicht mehr zu leben!" Und errötend dachte der alte Knabe an die Riesin aus Bologna. Carlos lebte seine schönsten Tage. Das Fieber war fort. Nur manchmal überfrass er sich. Dann purgierte ihn sein Arzt, Doktor Dionisio. Manchmal gingen die jungen Herren zu den Huren. Juan, freundlich mit aller Welt, scherzte mit den Mädchen. Alexander entschwand mit einer üppigen Grossen. Carlos kicherte vor Aufregung, seine Hände glühten, die Mädchen hatten Angst vor ihm. Er ging als erster fort. Juan folgte ihm bald. Alexander, der nicht im Palast der königlichen Prinzen wohnte, übernachtete. Die Hofmeister durften nichts von diesen Ausflügen erfahren. Philipp erfuhr sie. Er hatte, wie überall in Europa, auch in Alcala, eine Stunde von Madrid, seine Spitzel. Was für schöne Zeiten! Was für Streiche! Ein Perlenhändler, aus Indien heimgekehrt, bot eine Perle für dreitausend Skudi dem Infanten zum Kauf. Der nahm sie zwischen die Zähne, um zu prüfen, ob sie echt sei, und verschluckte sie kichernd. Was für Humore! Drei Tage zitterte der Perlenhändler und kam jeden Morgen, ob Seine Hoheit .... Schliesslich eruierte man die Perle. Und die Prinzen lachten, das heisst, Carlos lachte, Juan und Alexander lächelten verlegen. Sie haben keinen Humor, dachte Carlos, die Schulfüchse sitzen über den Büchern ganze Stunden lang.

Am 19. April fiel Carlos die Treppe hinunter. Schuld war des Pförtners Tochter. Sie war fünfzehn alt. Carlos liebte sie. Sie hatte ein hohes Stimmchen und lächelte, wenn sie ihn sah. Er bestellte sie für den Abend an ein Pförtchen am Fusse einer Hintertreppe. Er brachte ihr Geschenke, eine Kette aus bunten Steinen, eine Straussenfeder. Die Kinder standen eine Stunde im Dunkeln beisammen. Carlos zitterte, das Mädchen erwartete, es wusste nicht was. Zum Abschied küsste die Kleine die Hand des Infanten. ‚Komm morgen wieder', bat er. Am andern Tag fand der Pförtner die Geschenke, verhörte seine Tochter, führte sie samt den Geschenken zum Majordomus der Prinzen, einem jüngern Bruder Albas, der das Mädchen in ein Kloster schickte, die Geschenke dem König sandte und das Pförtchen versperren liess.

Als Carlos am andern Abend, zur bestimmten Stunde, alle Diener bis auf einen entlassen hatte und mit seiner gewöhnlichen Hast die Treppe hinunter eilen wollte, die wegen der versperrten Pforte finster war, fiel er kopfüber mit vielem Lärm herunter. Der vertraute Diener hörte das Gepolter, kam mit Licht, fand ihn bewusstlos, schleppte ihn zu Bett, trocknete mit Spinnweb eine kleine Wunde an der linken Seite des Hinterkopfs, gestand zwei Stunden später, da der Infant schon fieberte und das linke Bein gelähmt war, alles den beiden Hofmeistern, Don Quixada und Don Honorato. In der Nacht stiegen beide zu Pferde und ritten nach Madrid. Man weckte den König, Philipp ritt nach Alcala, gefolgt von den Lehrern und einigen Ärzten. Die Nacht war warm. Der Mond schien. Als Philipp ans Bett seines Sohnes trat, erkannte der ihn nicht. Die Ärzte fürchteten fürs Leben des Infanten. Der Doktor Olivarez liess ihm zur Ader, der Doktor Dionisio purgierte ihn. Philipp lag auf den Knien vor einem Kruzifix und betete. Er blieb Tag und Nacht am Bett des Sohnes. Der Knabe war leichenblass. Philipp sass auf dem Bett und hielt die heisse Hand seines Sohnes. Carlos öffnete den Mund. Er wollte etwas sagen. Mit Mühe lispelte er ein paar unverständliche Worte.

„Stille", bat Philipp. Er hatte Tränen in den Augen.

Carlos lispelte mit grosser Mühe nochmals.

Philipp glaubte ihn zu verstehn. Er glaubte, Carlos wollte sich entschuldigen. „Stille", bat er, „es strengt dich an. Ich vergab dir alles. Ich liebe dich, mein Sohn. Schlafe!"

Carlos lispelte ungeduldig, unverständlich fort. Das Fieber stieg. Die Ärzte erweiterten die Wunde und entblössten den Schädelknochen. Eine Gesichtsrose folgte. Neue Ärzte kamen, darunter der berühmte Anatom Vesalius, Philipps Leibarzt. Vesalius verbot die Aderlässe und Purgationen. Die Doktoren Dionisio und Olivarez verfassten lange lateinische Berichte. Sie warnten dringend vor dem Versuch, den Rotlauf, der schon Brust und Arme erreichte, heilen zu wollen. Die Krankheit würde nach innen schlagen! Man müsse vielmehr den Patienten von seinen bösen Säften befreien. Dionisio gab dem Infanten drei Unzen Sirup aus neun Infusionen, Olivarez setzte Blutegel an.

Philipp sass auf des Patienten Bett. Elf Ärzte standen herum. Jeder sprach erst auf des Königs Geheiss. Einstimmig protestierten alle gegen Vesalius, der den Schädel trepanieren wollte. Olivarez erklärte zum Beifall aller, nur erprobte Medizinen heilten. Die Glocken läuteten in ganz Spanien. Die Tante Juana ging barfuss zu einer berühmten Kapelle auf den Feldern. Prozessionen fanden im ganzen Lande statt. Dreitausendfünfhundert Fromme geisselten sich auf den Strassen zu Toledo. Viele wallfahrteten zur schwarzen Muttergottes von Atocha, manche rutschten auf Knien, manche hüpften rückwärts, manche sprangen auf einem Bein, viele gelobten dies und das, die Bischöfe hielten Messen, die Armen spendeten, die Reichen beteten. Philipp sass wie ein Toter auf dem Bett seines Sohnes. Ein Höfling trat vor den König. „Sire, ich rief aus Valencia einen berühmten Mohren, der Tausende geheilt hat. Er wartet vor der Tür."

„Ein neuer Arzt?" fragte Philipp. „Neue Qualen?"

„Kein Arzt", erklärte ängstlich der Höfling. „Ein ...."

„Was?" fragte der König.

„Ein Zauberer, Sire!" gestand der Höfling zitternd.

„Ein Zauberer?" fragte Philipp. Er schrie: „Ein Mohr, ein Ketzer!" Und fragte leise: „Und er versteht zu heilen?" Schliesslich bedachte er sich und sagte: „Niemals!" Eine Stunde später gab er Befehl, den Zauberer zu rufen. Er ging in eine andere Stube. Die Höflinge hörten durch die Türe sein lautes Schluchzen. Der Zauberer war ein kränklicher Greis im Burnus. Er bückte sich vor jedem Höfling, vor den Wächtern, vor den Doktoren. Er hiess Pinterete. Ein schöner, taubstummer Mohrenknabe trug ein Kästchen hinter ihm drein. Pinterete nahm eine grüne Salbe, die einen durchdringend süssen Geruch verbreitete, und strich sie dem Infanten auf den Schädel und die Brust, „Kühl", sagte Carlos, „schön kühl."

Der Zauberer empfing hundert Dukaten. Er bückte sich tief. Die Geschwulst am Gesicht ging zurück. Am Abend delirierte Carlos. In der Nacht empfing er die Sakramente. Die Ärzte hatten ihn aufgegeben. Philipp baute auf ein Wunder. Alba holte aus dem Kloster Maria Jesus in feierlicher Prozession die Reste eines Kochs namens Diego, der vor hundert Jahren in der Klosterküche Engel gespeist hatte. Man legte den Koch ins Bett des Infanten. Carlos schlief Bein an Bein mit dem Gerippe. Am Morgen erzählte er, ihm sei im Traum der Koch erschienen und habe ihm aufgetischt. Das schmeckte!

„Und?" fragte Philipp.

„Diego sagte: ‚Nicht an dieser Wunde stirbst du!"

Am Abend gaben die Ärzte dem Infanten noch drei, vier Stunden zu leben. ‚Der Todeskampf begann', erklärten sie. Eboli beschwor den König, zurückzufahren. „Sie schulden Ihren Untertanen ein Leben!"

„Ich bleibe bis zuletzt!" erklärte Philipp und liess sich widerstrebend zur Kutsche führen. Nachts, wie er gekommen, fuhr er durch die Wälder. Die Sterne funkelten kalt. Am Morgen bestellte der König Trauerkleider für den Hof und ging ins Kloster. Es war der achte Mai Philipp fror. Am gleichen Morgen führte Vesalius seine Trepanation aus. Er entfernte ein dreieckiges Knochenfragment in der Grösse eines Dukaten. Mittags fühlte sich Carlos besser. Das Fieber fiel. In der Nacht schlief er sechs Stunden.

Am sechzehnten Juni trat er gesund ins Zimmer seines Vaters. Philipp umarmte ihn heftig, lange. „Mein Sohn, mein Sohn!" stammelte er. „Mein Sohn!"

Carlos lud den Nuntius zum Essen. „Macht mir den Diego zum Heiligen!" bat er.

„Den Klosterkoch?" fragte der Nuntius.

„Er rettete mich! Nur Heilige können Infanten heilen!"

Die Meinungen gingen auseinander. Das Volk schrieb die Heilung der schwarzen Madonna von Atocha zu. Die dreitausendfünfhundert Flagellanten von Toledo hielten sich für die wahren Ärzte. Der französische Gesandte, ein Bischof, schwor auf die grüne Salbe des Mohren Pinterete. Der Doktor Olivarez erklärte: „Keine Wunder, Blutegel heilten den Prinzen!" Heimlich fluchte er der Schmutzkonkurrenz der Heiligen. Der englische Gesandte, ein offenbarer Ketzer, ein Mönch, der Pfarrer ward und eine entlaufene Nonne zur Frau nahm, schrieb die Heilung der Trepanation des Vesalius zu. Vier Wochen später wies der König den englischen Gesandten aus Spanien aus, der Unbesonnene hatte um die Erlaubnis gebeten, bei sich zu Haus die Bibel lesen zu dürfen. Den Vesalius sperrte die Inquisition ein, aus andern Gründen.

Geheilt sollte Carlos endlich den Treuschwur der Cortes von Aragon, Valencia und Katalonien empfangen. Im Juli traten die Cortes von Aragon in Monzon zusammen, im August die Cortes von Katalonien zu Barcelona, im September die Cortes von Valencia zu Valencia. Zum Abschied von Alcala gab Carlos den Studenten von Adel ein Mahl, ass allein, auf einen Hieb, dreizehn Pfund Hammel, fieberte in der Nacht und blieb mit Fieber liegen. Philipp ging allein nach Monzon, allein nach Barcelona, allein nach Valencia. Carlos glaubte, nun sei es aus mit ihm. Er machte sein Testament, mit Hilfe des berühmten Suarez. Dem Töchterchen des Pförtners vermachte er eine Mantilla, dem Honorato seine Hemden. Im Oktober endete das Fieber, und Carlos ritt heiter nach Madrid. Die Bäume am Rande der Strassen redeten zu ihm. Er sprach zu den Wolken. Vor Bäumen und Wolken, Gras und Gestirn vergass er seine körperlichen Mängel; er fühlte sich vollkommen. Nur Menschen messen mit scheelen Blicken einander nach Fuss und Elle und lesen aus der Farbe der Haut, der Haare, der Augen lächerliche Vorwände einer falschen Überlegenheit. Zwischen Bäumen war Carlos ein Mann.

„Du bist gewachsen", sagte der König und gab ihm Sitz und Stimme im Staatsrat und umgab ihn mit einem üppigen Hofstaat, nach burgundischer Sitte, den Majordomus teilte der König mit dem Erben. Durch Eboli band er den Sohn an sich, Carlos musste im Haus des Vaters wohnen. Die Ehre war ihm eine Last. Seine Kämmerer schienen ihm Spione. Seinen Lehrer Honorato ernannte der König zum Bischof von Osma und entfernte so einen Freund von Carlos. Er ward vor lauter Unzufriedenheit munter, spielte bei Festen wassertrinkend den Trunkenen, stand vom Mahle auf und setzte sich gleich zum neuen Mahl, in toller Schlinglust, als wollte er eine Welt verzehren, die anders ihm nicht gehörte. Im Grunde ging er hungrig von allen Tischen des Lebens. Er liess den Staatsrat in seinen Zimmern halten, führte seinen Onkel Juan ein, bekam alles satt. Ihm mangelte die Kenntnis der Geschäfte, er übersah den Sinn der Debatten nicht; ihm kam vor, die Minister stritten nicht für den Nutzen der Völker, sondern um ihren Kurs beim König zu heben. Ihm schien, Philipp behandle eine Welt mit frecher Willkür. Das Bürobild, das der Staatsrat von der Welt entwarf, schien ihm ein Höllenspiegel. Mitten unter Philipps Ministern ward Carlos erst gewahr, dass er den Vater hasse. Kaum seiner Empfindung bewusst, war er ihrer schon so gewiss, dass ihm vorkam, er habe immer den Vater gehasst. Besonders die Sicherheit Philipps verdross ihn. Philipp tat, als spielte er mit den Geschäften, dem Infanten kam vor, Philipp sei nur ein Spielball seiner Minister. Im Kabinett ist er ein Held, sagte Carlos bitter, da sind seine Schlachtfelder. Da reitet er, von Akt zu Akt, ein Aktenreiter. Carlos wollte fort, am liebsten in die Niederlande, um sie zu regieren. Die öffentliche Meinung der Niederlande erwartete ihn. Er atmete schwer in Spanien. Die Luft, pflegte er zu sagen, riecht nach Tyrannen. Er beklagte die schönen Tage von Alcala. Juan d'Austria versprach, es würden bessere Tage kommen. „Glaubst du?" fragte Carlos. „Glaubst du?"

Die Könige von Europa boten ihm ihre Töchter an. Der

Heiratsmarkt war klein; aber dynastische Intrigen waren von je ein Talent des Hauses Habsburg, Philipp gefiel sich sehr darin. Ein erfahrener Hochzeiter, sass er in seinem Kabinett, ein königlicher Kuppler, über kühnsten Kombinationen, verschmitztesten Offerten. Philipp hatte Zeit und nutzte sie; Gelegenheiten, Intrigen, Hochzeiten, Kriege, Todesfälle, alle waren nur Steine in seinem politischen Spiel. Carlos war dafür zu naiv. Seine Krankheit gebot ihm Eile. Er wollte rasch geniessen, was er keineswegs sicher war, je sonst zu erhalten. Er hatte klare Absichten und ging ihnen gerade nach. Er wollte nicht mehr wie ein Kind von seinem Vater behandelt werden. Er hoffte, als Gatte fortzukommen aus Spanien, zumindest von Philipp. Carlos prüfte von ferne alle Bräute. Da waren Witwen, ältere Mädchen, junge Mädchen, ein Kind. Elisabeth Tudor brachte England; Maria Stuart Schottland und Anhänger in England und Frankreich; die Erbin von Kleve brachte Kleve; Anna, des Kaisers Tochter, vielleicht den Titel König von Rom, den Titel Kaiser; Marguerite von Frankreich, die jüngere Schwester der Königin von Spanien, neuen Einfluss in Frankreich; die Tante Juana besass den Beifall der Cortes. Ihm gefiel des Kaisers Tochter! Der Kaiser würde ihm helfen. Aber was wollte Philipp? Eboli, der Königin zuliebe, riet zu Marguerite. Alba riet zu Anna von Österreich. Margareta von Parma riet zur Erbin von Kleve, so gewännen die Niederlande die achtzehnte Provinz. Der spanische Gesandte am Kaiserhof zu Prag, der offizielle Werber um des Kaisers älteste Tochter Anna, schrieb dem König Philipp: ‚Jetzt, Sire, können Sie Herr der Welt werden. Mit Maria Stuart gewänne Don Carlos Schottland und die Katholiken von England und von Frankreich. Das ist der Weg zur Universalmonarchie!'

„Hübsche Rechnung", sagte Carlos. „Schon Philipp machte sich auf diesen britischen Inseln lächerlich. Bin ich Cäsar, dass ich Britannien erobern soll?"

Philipp schwieg eisern. Als seine Frau für ihre Schwester Marguerite Fürsprache tat, im Auftrag ihrer Mutter Katharina de Medici, erklärte Philipp: „Das hat Zeit, bis Carlos ein Mann wird!"

„Aber", sagte errötend die junge Elisabeth, „mit zwanzig Jahren ...."

Philipp fiel ihr ins Wort: „Er ist es nicht, noch nicht!"

„Niemals", gestand Eboli dem französischen Gesandten, „es müsste denn ein neuer Wunderkoch neue Mirakel tun. Es gibt gewisse Mängel. Sahn Sie seine Handschrift? Eine Kinderschrift! Hörten Sie ihn reden? Die Gedanken eines Kindes, eine Kinderstimme! Sie sagen, er gehe allnächtlich ins Bordell? Er tut's! Ein freches Kind!"

Katharina de Medici liess die Werbung fallen.

Der König ging in die Gemächer seiner Schwester Juana. Er erklärte: „Nie kannst du mit Carlos Hochzeit halten." Juana weinte.

Nach Kleve, nach England, nach Schottland gingen abschlägige Botschaften. Dem Kaiser schrieb Philipp: ‚Geduld!'

„Warum verleumdet er mich?" fragte Carlos. „Ich habe den Beweis geliefert!"

Drei Ärzte, ein Apotheker und der Zauberer aus Valencia, der Mohr Pinterete, hatten zusammen einen Saft gemengt. Den trank Carlos und legte sich zu einem Mädchen. Auf den Tag, neun Monde später, gebar das Mädchen ein Mädchen. Carlos liess den Suarez eine Urkunde anfertigen. Alle unterschrieben, Suarez, Carlos, der Doktor Olivarez, der Doktor Dionisio, der dritte Doktor, der Apotheker, der Mohr Pinterete und das Mädchen (des Mädchens Mutter). Der Infant wies triumphierend dieses sonderbare Schriftstück allen bei Hof, eine Abschrift übergab er dem Baron Dietrichstein, dem kaiserlichen Gesandten. „Schicken Sie diesen Beweis dem Kaiser, schicken Sie ihn der Prinzessin Anna!" Dietrichstein versprach es. Später bestürmte ihn Carlos. „Was sagte Anna zum Beweis? Was sagt mein Bäschen?"

Schliesslich erwiderte Dietrichstein: „Hoheit, die kaiserliche Prinzessin ist noch ein frommes Kind, verstehen Sie wohl. Sie hat keine Ahnung von solchen Sachen."

Carlos verstand. Er war sehr enttäuscht. „So ein schöner Beweis!" murmelte er. „Vielleicht zeigt man ihr später", sagte er zögernd ....

Dietrichstein fand den Infanten ganz angenehm. Er schrieb nach Prag: ‚Man macht zuviel her von des Infanten Streichen. Die Luft von Spanien bekommt ihm nicht. Vielleicht reift er spät, wie sein Grossvater Karl.'

„Die Luft bekommt mir nicht", sagte Carlos. Er wollte fort!

Was wollte Philipp? Als der neue König von Frankreich um des Kaisers Tochter Anna warb, warb Philipp aufs neue für seinen Sohn um Anna. Als Frankreich nun um Elisabeth, die jüngere Tochter des Kaisers freite, schlug Philipp die Verbindung dieser Elisabeth mit seinem Neffen Sebastian von Portugal vor, obgleich der um Marguerite von Frankreich warb.

Das Haus Habsburg, schrieb Philipp dem Kaiser, habe nichts von Frankreich zu erhoffen; auch er habe eine Französin, und doch bedrohe ihn Frankreich von allen Seiten.

„Was will der Philipp also?" fragte Carlos. „Alle Könige und Königinnen freien über Kreuz, bestechen die Minister der andern, schliessen Bündnisse und intrigieren gegen die Verbündeten, spionieren Freund und Feind aus, offerieren jedem ihre Töchter, und das heisst grosse europäische Politik, darin ist mein Vater Meister! Ich bewundere ihn nicht!"

Wenn Carlos aus verwirrtem Ehrgeiz, aus Langerweile, mit betrunkenen Gefährten abends in den Strassen von Madrid irgend eine hübsche Gräfin festhielt, küsste und ‚He, Hündin!' rief, oder wenn der König einem Menschen namens Damian Martin hundert Dukaten zahlte, weil der Sohn des Königs des Damian kleine Töchter hatte auspeitschen lassen, oder wenn Carlos nachts in Bordelle ging, oder wenn er jähzornig Miene machte, seinen Kassierer zum Fenster hinauszuwerfen, oder ein andermal den Dolch gegen Eboli zückte, oder einen Kämmerer ohrfeigte, den andern schlug, dem dritten mit dem Messer, dem vierten mit der Faust drohte, nach lauter solchen Kindereien, wie Carlos lachend alles abtat, machte Philipp seine bekannte finstere Miene. „Philipp", schilderte Carlos, „setzt sich auf seinen Stuhl, brütet lange, legt einen Akt an, ruft den Staatsrat, lässt alle hochnotpeinlich darüber reden, macht sich genau Notizen, schläft ein, erwacht, liest alles Geschriebene nochmals, murmelt: ‚Ich und die Zeit', korrigiert am Rand eine schiefe Wendung, lässt mich kommen und sagt, man weiss schon, was er sagt", (sagte Carlos und fuhr fort:) „Hätte Philipp nur keine grössern Laster! Er sagt, die Könige in Europa sprechen über mein schändlich Treiben. Er irrt. Sie halten sich über seine Verbrechen auf. Philipp sagt, ich fluche unsern Dienern. Und er? Er verbrennt sie. Und ging er nicht zu Brüssel in Bordelle? Ist er denn besser als ich? Ist er gut? Mir rechnet er jeden Faustschlag nach. Und seine Rechnung? Ist sie kleiner? Weil er mein Vater ist, glaubt er, im Recht zu sein, und sagt von mir: Ein entsetzlicher Mensch! Und warum? Wegen eines Paars Stiefel!"

Carlos trug nach der Sitte der Studenten von Alcala auch bei Hofe Stulpenstiefel. Philipp, der auf alles merkte, sah die Stulpenstiefel. Der König gab seinem Schuster Auftrag, ein Paar schickliche Schuhe dem Infanten anzufertigen. Carlos liess die neuen Schuhe in schmale Striemen schneiden und abkochen und zwang den Schuster, das Fricassée zu speisen.

„Schmeckt's?" fragte der Infant und schwenkte seinen blanken Degen.

„Gut!" erwiderte der Schuster, mit beiden Backen kauend; der Schweiss auf seiner Stirn glänzte. „Gut schmeckt's."

„Aufessen!" befahl der Infant.

Der Schuster ass. „Nun rühme dich, beim Infanten gespeist zu haben!" sagte ihm Carlos zum Abschied. „Und darum", fragte empört Don Carlos, „nennt er mich darum einen entsetzlichen Menschen?"

Carlos entbehrte seinen Lehrer Honorato. Die Tridentiner Beschlüsse geboten allen Bischöfen den strikten Aufenthalt in ihrer Diözese. Carlos schrieb an den Papst: ‚Der Bischof von Osma, der gute Honorato, fehlt mir. Mit Schmerzen entbehre ich seinen väterlichen Rat, die süsse Gewohnheit seines Gesprächs.' Pius der Fünfte erlaubte dem Bischof von Osma, sechs Monate im Jahr bei Hofe zu weilen. Carlos schrieb dem Bischof Honorato: ‚Mein bester Freund, den ich im Leben habe, ich freue mich auf Ihre Ankunft. Kommen Sie bald. Und wenn Sie kommen, melden Sie sich gleich. Ich werde tun, was Sie mich lehren.'

Honorato antwortete, er sei krank und schwach. Er wolle später kommen. Er riet dem Prinzen, Gott auch äusserlich zu folgen, zur Kirche zu gehn, die Messe anzuhören, die Mönche zu ehren! Honorato schrieb: ‚Die Inquisition ist Ihre Sache, Don Carlos, sehn Sie es doch ein! Was schimpfen Sie auf Ihre Polizei? Morgen sind Sie diese Polizei! Ehren Sie Ihren Vater! Seien Sie gütig zu Ihres Vaters Dienern! Morgen sind es Ihre Diener! Hören Sie jeden freundlich an! Antworten Sie kurz und klar! Fragen Sie nicht viel! Ein Fürst soll zu viel nicht wissen wollen über seiner Diener Leben und ihre Fehler. Das gäbe Unruhe. Zuviel Unruhc ist in der Welt! Ruhe, Hoheit! Ich empfehle Ruhe! Gehorsam! Schonung! Erwerben Sie die Liebe Gottes und der Menschen Liebe! Ihr alter Lehrer Honorato, Bischof zu Osma.' Gleichzeitig mit diesem Brief empfing Don Carlos die Nachricht vom Tode Honoratos. Carlos war sehr betrübt. ‚So klein war er', klagte er, ‚und doch fand ihn der Tod! Seine sanfte Stimme soll ich nie wieder hören? Auf alles im Leben hatte Honorato einen Spruch! Zitierend lebte er. Mit Worten hatte er stets recht. Er lebte wörtlich. Er wollte Bischof werden, ward Bischof und starb. Armer, guter Honorato! Sterben in meines Vaters Haus nur meine Freunde? Trefflicher, kurzer Honorato! Sollen nur die Langen übrig bleiben?' Carlos ging in den Garten und weinte. Er hatte zwei Listen angelegt, die Freunde notierte er auf der einen Liste, auf der andern seine Feinde. An der Spitze der Feindesliste stand ein Kreuz. Das Kreuz bedeutete den König, dann folgten Eboli, Alba, Espinosa, die Eboli, die Guzman.

Die Liste der Freunde hob mit Elisabeth an, der sanften Stiefmutter des Infanten, einmal für kurze Zeit seine versprochene Braut. An zweiter Stelle folgte Honorato. Ihn strich er nun sorgfältig aus und setzte an seine Stelle den Juan d'Austria. Carlos liebte seinen gleichaltrigen Onkel, trotzdem Juan jung, schön und strahlend war, der Liebling Philipps, des Hofs, der Mädchen. Er liebte ihn neidlos für seine Schönheit, seine Kraft, seine Gesundheit, sein hallendes Gelächter, und besonders für Juans versteckte, grosse Träume. Der Kranke und der Gesunde brannten beide vor Ehrgeiz. Die Hauptstadt Philipps schien ihnen ein finsteres Büro inmitten einer kühnen Welt voll von Entdeckern, Siegern, Erfindern, neuen Inseln, Schlachtfeldern, Wilden, die zu zähmen, Kontinenten, die zu finden, Reichen, die zu erobern, Ruhm, der zu pflücken. Die Welt schien ihnen eine laute Schlachtwelt, ein glühend goldener Garten voll von Früchten, die herüberhingen. Sie aber lebten eingeschlossen hinter papierenen Mauern, in einer papierenen Welt. Wagten die jungen Prinzen, vereint mit ihrem Vetter Alexander Farnese und den beiden jungen Söhnen des Kaisers, die für einige Jahre am Hofe zu Madrid lebten, um gut katholisch erzogen zu werden, wagten die jungen Leute einmal in Gegenwart Elisabeths, der jungen Königin, die den König mild stimmte, dass er sanfter lächelte als sonst, wagten die jungen Leute schüchtern fern von grossen Taten zu reden, auf ihre ungenützte Jugend hinzuweisen, im Feuer ihrer sechzehn, siebzehn, ja zwanzig Jahre, lächelte der König Philipp freundlich, strich den kleinen Erzherzögen übers blonde Haar, klopfte seinem Bruder Juan die glühende Wange, warf einen rätselhaften Blick auf Carlos, lächelte seinem Neffen Alexander zu und sagte freundlich seufzend: „Die jungen Leute! Ach, die jungen Leute!" Und der Blick des Königs blieb auf dem süssen, holden Antlitz seiner zwanzigjährigen Frau haften, und Elisabeth errötete und blickte sanft zu Boden.

Einmal hatte Juan versucht, auszubrechen. Als die Türken gegen Malta ihre riesige Flotte sandten und alle

Jünglinge in Europa mit dem kleinen Häuflein der belagerten Johanniterritter zitterten und der Papst umsonst um Hilfe für sie schrie und alle Könige von Europa weghörten und Philipp, einzig Philipp zur Hilfe rüstete, aber langsam, wie gewöhnlich, denn er hatte Zeit, ‚Gott und die Zeit!' zitierte er wie stets, da hatte eines allzufrühen Morgens Juan d'Austria sich aufs Pferd geworfen und war nach Barcelona geritten, heimlich, zur Angst des Hofes und zum Zorn des Königs. Unterwegs freilich ward der Jüngling krank, fiebernd brachte man ihn auf ein Schloss; als er genas und in der Reede von Barcelona sich einzuschiffen suchte, um nach Malta zu segeln und gegen die Ungläubigen zu fechten, war das strenge Verbot Philipps ihm vorangeeilt, und kein Schiff wagte es, des Königs flüchtigen Bruder aufzunehmen. Beschämt kehrte er zum Hof zurück, und schon der Liebling aller jungen Spanier. Im Staube kniete er vor Philipp. Elisabeth lächelte dem König zu. Philipp hob gnädig den Bruder auf und verzieh ihm.

„Auch ich will fliehen", sagte Carlos zu Juan, im ersten, vertraulichen Gespräch nach Juans Heimkehr. Sie waren durch die Wälder bei Madrid geritten, hatten Pagen und Wachen vorausgeschickt und sassen unterm blauen Himmel zwischen stillen Pinien und silbernen, säuselnden Ölbäumen. Die Luft glänzte. „Auch ich will fliehen", sagte Carlos. „Und weiter als du!"

„Vorsicht!" riet Juan. „Die Flucht schmeckt anfangs süss, aber bitter ist die Heimkehr, das Gelächter der Schadenfrohen und die Gnade, die fast schwerer zu ertragen ist als die Strafe! Und ich beging nur einen Jugendstreich. Deine Flucht hiesse Rebellion!"

„Ich bin toll", gestand Carlos, „zur Hälfte bin ich toll. Ich gehe im Hause meines Vaters hinab, hinauf, hinab, ein Blinder. Nachts am offenen Fenster höre ich eine Märchenstimme: ‚Stille! Bald bist du Herr. Deine Felder reifen. Die Türe steht schon angelehnt.' Warum schreite ich nicht hindurch? Juan, ist es nicht elend, auf seines Vaters Tod zu warten? Scheint man nicht besser ein Rebell? Gewisse Hoffnungen trügen. Wenn ich vor ihm stürbe und hätte mein wahres Leben nur im Spiegel gesehn? Und wenn ich grauhaarig und ausgelaugt (denn er wird lange leben!) auf seinen blutverkrusteten Thron endlich steige (denn er ist nicht wie Karl; mit Zähnen und mit Klauen hält er sich fest an dieser Welt!), was dann? Bin ich nicht dann erst gründlich betrogen? Indes ich entfliehend steige, aufgebend einnehme, verlustig gewinnen muss? Ein Erbe ist die Hoffnung aller Unzufriedenen, also der Mehrheit! Philipp wird mit mir rechnen, mit mir teilen müssen. Hier in seinem Hause fühle ich mich nicht mehr meines Lebens sicher. Juan, ich habe dich gewarnt! Heut liebt er, morgen opfert er dich. Vom Lächeln bis zum Messer ist bei ihm nur die Breite eines Messerrückens! Du schaust spöttisch, denkst: Der arme, tolle Carlos! Ich bin nur halbtoll! Juan, in gewissen Zeitläuften und Verwirrungen muss einer wie ich sein, um die Vernunft zu behalten vor dem gemeinen Wahn. Man muss krank sein wie ich, um so allen Menschen die Gesundheit zu wünschen; abgesperrt allein sein, um so die Menschen zu lieben; betrogen um eine Welt, um den Betrug zu hassen; von Heuchelei umzirkt, um so nach Wahrheit zu dürsten wie ich! Ich war bestimmt, ein böser Mensch zu werden. Tyrannei und Krankheit machten mich mild. Künftig will ich gut sein. Mag der König immer ‚Philipp von Gottes Gnaden' heissen, ich begnügte mich mit dem Titel ‚der gute König Carlos'!"

Um Gottes willen? fragte sich Juan d'Austria. Halt sich der Herr Neffe für einen guten Menschen?

„Wir sollten Brüder sein!" sagte Carlos. „Lieber Juan, würde ich sagen, welches meiner Reiche willst du? Soll ich dich zum König von Neapel machen, willst du Mailand, ziehst du Sizilien vor, oder Indien, oder willst du lieber die Niederlande? Nimm sie, sagte ich, wenn ich einen Bruder hätte! Und wer hinderte den König Carlos, seinen Onkel Juan als einen Bruder zu behandeln? Höre, Juan! Keiner, keiner wird mich hindern! Was verhiess dir Philipp? Heraus mit der Sprache! Schäme dich nicht!"

Juan errötete. „Er versprach mir", gestand er leise, „mich zum Admiral von Spanien zu ernennen."

„Sieh an!" rief Carlos, „zum Admiral! Ein Posten! Mit zwanzig Jahren, recht hübsch! Freilich, sagt man nicht, dass du des Kaisers Sohn bist? Vielleicht hatte der grosse Karl sehr viele Söhne? Nur zwei, zwei Söhne nur? Und der eine besitzt die halbe Welt, und der andere ist sein Admiral! Philipp spottet über uns! Ich habe ihn studiert! Es ist wahr; wenn ich vor ihm stehe, scheine ich verdattert. Er erscheint in jedem Punkte überlegen; er Vater, ich Sohn; er König, ich Erbe; er wahrt den äussern Anstand, ich nur den innern. Er ist unermesslich reich, ich unermesslich arm. Ihm dient eine Menschheit, ich stehe allein. Er ist still und bedächtig, ich bin offen und laut. Ich bin ausgelassen, er gefühllos. Er spricht langsam, ich stottere sogar. Er ist nicht sehr klug; ich aber, sagt man, bin einfältig. Aber ich, ich habe recht. Gehört soviel Kopf dazu, ein guter Mensch zu sein?"

Juan dachte: Er glaubt sich gut, in der Tat! Wie seltsam Menschen sich betrügen!

„Da hast du", sagte Carlos, „Philipps ohnmächtige Wissbegier! Er will wissen .... wissen! Im Kern gefällt mir dieser Trieb. Auch ich bin neugierig! Auch mich interessiert dieses Geschlecht der Menschen brennend. Sie zu kennen, ist himmlisch. Ich möchte sie beherrschen, um sie tiefer zu erkennen. Philipp will sie durchschaun, um zu herrschen. Er forscht und forscht und wird nie die ganze Wahrheit wissen! Gut, aber welche Mittel wählt er! Wie gemein wird er! Der Neugierige sinkt zum Schnüffler herab, der Forscher wird ein Spitzel, der König ein Polizist, der Vater ein Tyrann, der Freund ein Intrigant. Und Philipp steht erst am Anfang. Ich sage dir, Juan, schaudernd werden wir die Folgen sehen. Lass ihn altern! Lass ihn erstarren! Mit blutigen Händen sehe ich ihn, mit mordendem Auge, mit erbarmungslosem Herzen! Er wird schrecklich wüten. Denn er hat Imagination! Verstehst du, Juan? Ein Tyrann mit Phantasie! Blutdurst mit Variationen! Gewöhnlich sind Tyrannen einfältig. Unser Wüterich straft jetzt schon Worte, Gesinnungen, Gedanken. Morgen wird er imaginierte Verbrechen strafen, eingebildete Personen jagen, Träume hinrichten! Ja, er wird Blut träumen. Und erwacht er in der Nacht, und hat ein Stück fetter Hammelbraten ihn gedrückt (denn Träume kommen aus dem Bauch), und träumte er zum Beispiel, sein Bruder Juan oder sein Sohn Carlos wollten vom Thron ihn stürzen, wird der finstere Träumer noch in der Nacht seine Bluthunde von der Kette lassen, die Schergen seiner Inquisition oder andere Schurken, und wird uns packen und zerreissen wie ein wilder Eber im Forst, und sollten wir hinter Gebirg und Meer geborgen sein, schickt er dir Gift und Dolch, Juan — was hast du?" schrie plötzlich Carlos. „Du wirst blass. Was fehlt dir, Juan?"

„Du bist fürchterlich, Carlos!" sagte Juan halblaut. „Lass uns heimreiten!"

Langsam ritten die Prinzen in den sinkenden, goldenen Abend. Vor der Stadt wartete ihr Gefolge auf sie.

Ich bin fürchterlich? dachte Carlos. Warum? Weil ich ihm das wahre Bild eines Menschen zeige? In diesem Augenblick traf ein Guss Wasser den Kopf des Infanten. Er blickte auf. Jemand schloss ein Fenster. Des Infanten bester Hut war nass. Der Heilige Vater hatte ihm aus Rom diesen Hut und einen Degen geschickt, beide zu Weihnachten geweiht. Der Hut war vielleicht verdorben. Keinen andern hatte der Guss getroffen. Ein Attentat auf den geweihten Hut! „Will man an meine Ehre?" schrie Carlos und rief: „Wache! Das Haus anzünden! Sofort! Alle Einwohner über die Klinge springen lassen!"

Die Wache, voran ihr junger Offizier, ein Neffe des Fürsten Eboli, drang ins Haus. Es dauerte lange. Das Haus lag dunkel in den abendlichen Schatten. Von ferne kam der Hall von Kinderstimmen. Eines der Pferde wieherte. Carlos blickte zum Dach des Hauses. Loderten schon die Flammen empor? Warum dauerte alles so lang? Endlich kam die Wache zurück, samt dem jungen Offizier.

„Was gibt's?" fragte Carlos wütend.

„Das Heilige Sakrament kam soeben ins Haus", meldete der Offizier. „Ein Sterbender liegt drinnen."

Carlos fluchte und bekreuzte sich.

„Anzünden?" fragte der Offizier kalt.

„Fort", befahl Don Carlos, „zum Palaste!"

Langsam folgte ihm sein Onkel, der heitere Jüngling Don Juan d'Austria. Wie gewöhnlich fühlte er sich von den Widersprüchen seines Neffen verwirrt. Im Walde hatte Carlos mit allem Anschein der Vernunft gesprochen, hatte so laut der edelsten Gefühle sich gerühmt, um gleich darauf, wegen einiger Tropfen Wasser, als böser Narr sich zu gebärden. Seltsam! dachte Juan. Und gefährlich! Ich wollte, er liebte mich weniger! Sein Vertrauen kann mir den Hals brechen ....

IM KABINETT

Eboli zog den vergoldeten Schlüssel aus dem Gürtel und öffnete die Tür des königlichen Kabinetts. Carlos hatte keinen Schlüssel zu seinem Vater. Nur drei Menschen genossen diese Schlüsselfreiheit, Eboli, der Grossinquisitor und Alba.

Philipp, wie stets in seinem schwarzen, samtenen Anzug, den schwarzen Hut auf dem Kopf, sass vor seinem Schreibtisch zwischen unendlichen Papieren. Zwei Wachskerzen erhellten das weisse Papier vor ihm. Der golden glühende Abend sah durch die hohen Fenster.

In schweigender Erwartung schaute der König den Sohn und den Minister an, ein finsterer Richter.

Hurtig hinkend trat Carlos zum Vater und erwartete Philipps Hand zum Kuss oder ein Wort. Der Infant, in einer Wolke von Jasmin, schillerte vor Buntheit wie ein martialischer Geck, mit seiner koketten, goldfarbenen Schärpe um den Leib und in Stulpenstiefeln, in denen er zu ertrinken drohte, mit gekräuselten Locken und einem riesigen Rauferdegen, mit Reiherfedern auf dem zitronengelben Hut und zwei Pistolen im Gürtel.

Da Philipp schweigend ihn anstarrte, setzte er trotzig seinen Hut auf, zögerte, wie um dem König eine neue Frist für Reverenzen zu geben, dachte erbittert, da schweigt er mich also wieder in Grund und Boden hinunter, kehrte sich um und trat so nahe vor Eboli und musterte ihn so drohend frech, als wollte er ihn zum zweiten Male am gleichen Tag ohrfeigen. Eboli lehnte sich so intim an einen Bücherbord, als wären diese Bücher seine Vettern. Er lächelte so hold, so hingegeben, dass sein bleiches, erschöpftes Gesicht heller ward durch die Kraft des Lächelns. Philipp schwieg noch immer. Carlos, mit einmal höflich, fragte: „Viel Arbeit, lieber Fürst?"

Eboli schwieg, fortlächelnd glich er fast einer Tapetenfigur.

Carlos wandte sich verwirrt ab und ging hastig hinkend zum Fenster. Am illuminierten Abendhimmel las er seine Empfindungen. Die dünne Bläue erschien ihm ängstlich, die dunkle Röte zornig, das fahle Gelb voller Wehmut. Er drehte sich um und bat: „Lassen Sie sich ja nicht stören, Fürst!" und da nichts erfolgte, sagte er leiser: „Braucht es zwischen Vater und Sohn einen Kuppler?" Und da alle schwiegen, stampfte er mit dem Fuss auf und befahl: „Gehn Sie, Fürst!"

Eboli sah den König an, aber Philipp blickte wie gewöhnlich zu Boden, Eboli wollte sprechen, er verliess langsam das Kabinett.

Sogleich eilte Carlos zum Sessel seines Vaters, kniete nieder, streckte die Hand aus.

Da rückte Philipp ein wenig fort.

Carlos stand auf. Im gegenseitigen Blick sahen sie ihre Ähnlichkeit, beide fühlten eine dunkle Scham; jeder empfand des andern Züge als Karikatur. Beide hatten das Herz voll und so nahe voreinander die Lippen verschlossen.

Philipp half sich in gewohnter Geduld mit seinen üblichen Mitteln. Wie vor gemeinen Supplikanten, die vor der Majestät zitterten, sagte er sein altes Zauberwort, mit dem halben Lächeln: „Beruhigen Sie sich."

Und nach seiner leutseligen Sitte schaute er, da des Königs Blick schwer zu tragen ist, zu Boden. Genauer hätte er den Sohn nicht treffen können als mit diesem sprichwörtlichen Apparat.

Böse sah Carlos seinen Vater an, wie der finster dasass im sonderbar gemischten Licht der Kerzen und des Abends. Eine unpassende, jähe Rührung fasste den Infanten. Das Mitleid, das Carlos sonst immer mit sich selber hatte, empfand er für eine Minute mit dem Vater. Er dachte, und das Mitleid stach ihn schmerzlich: Der alte Mann, so böse, so allein, so alt!

Philipp war mit achtunddreissig Jahren nicht alt, trotz seiner Gicht und den grauen Schläfen. Alt wirkten nur die sparsamen Gebärden, die leise Art, der schwere, grüblerische Blick. Dass er ganz nach der Schnur lebte, dass er seine Kräfte schonte, aus Furcht vor dem bösen Beispiel seines Vaters, der allzufrüh gealtert, dass der Ablauf seiner Tage für immer abgezirkelt gleich schien, dass er allen Redenden immer stärker misstraute und mit den Vertrautesten, den Nächsten im selben Palaste am liebsten nur schriftlich verhandelte und die Menschen nur aus Aktendetails und Spitzelberichten, nur von ferne kennen lernen wollte, das liess ihn alt erscheinen. Sein Hof verstummte im starren Prunke wie ein Kloster. Von Neuigkeiten wagte keiner mehr zu sprechen, da jeder, angehalten zur Denunziation, im Freund, im Bruder, im Gatten den Konfidenten der Inquisition vermutete. Ängstlich schwieg, wer etwas erfuhr; denn Geheimnisse nicht entdeckt zu haben, war so strafbar, wie sie auszuplaudern. Der König machte sich immer seltener, bei Hof und vor dem Volk. Sein Vergnügen ruhte im Schosse der Familie, im Aufenthalt auf dem Lande, in seinen Sammlungen, in seinen Bauten. Vom Prado ging er nach Aranjuez, vom Gehölz zu Segovia zum Escorial, wo er ins Grosse baute. Schon hatte er den Grundstein gelegt zu einem kolossalen Bau, der Kloster und Retiro, Grabmal der Könige Spaniens und Denkmal seines grössten Sieges, zu St. Quentin, werden sollte. Zwischen den jungen Leuten seines Hauses, zwischen Malern und Mönchen und Architekten ruhte er vom Kampfe um die Welt aus. Die Welt, pflegte er zu sagen, komme zu ihm, er habe nicht nötig, ihr entgegenzugehn. Meist nur am Abend verliess er seinen Palast zu Madrid, meist nur durch die Pradopforte zum Park, meist in geschlossener, mit schwarzem Wachstuch innen verhängter Karosse.

Ein hartes Leben! dachte Carlos.

„Was will ich?" fragte Carlos schüchtern leise. „Mehr Freiheit und Anna von Oesterreich! Lass mich heiraten und in die Niederlande, und ich will dein guter Sohn Carlos sein." Er hatte kaum ausgesprochen, als er schon misstrauisch überlegte: Da mustert er mich und denkt, ich bin schiefschultrig, hinke, stottere! Und er dünkt sich so gross. Ich aber habe recht. Der Schiefe hat recht. Mich lieben seine Völker. Laut sagte er: „Im Norden heissen sie dich den Dämon des Südens."

Das, dachte Philipp, das ist mein Sohn und soll die Welt regieren?

Wie gegen seinen Willen fragte er: „Bist du krank, Carlos?"

Um mich zu demütigen, erinnert er mich daran, sagte sich Carlos.

Soweit waren sie schon beide. Sie hatten sanft zueinander reden wollen. Das war stärker als sie.

„Soviel Lärm?" fragte Carlos, „um eine Ohrfeige im Vorsaal?"

„Der Lärm dieser Ohrfeige geht durch Europa", erklärte der König. „Man vernimmt ihren Schall an allen Höfen. Und der Schlag trifft mich!"

„Du schlägst mich mehr!" rief Carlos.

„Mässige dein Betragen!" bat der König. „Wohin sollen deine Streiche führen?"

„Auf den Thron!" antwortete Carlos spöttisch und bat demütig: „Gib mir zu tun! Mit sechzehn regiertest du. Karl in meinem Alter war Kaiser."

Philipp murmelte, es war zu leise.

„Sprich lauter!" bat Carlos. Er ging durchs Zimmer, die Bücherborde entlang, griff hastig ein Buch, ein anderes, blätterte hurtig, stellte eins zurück, aber verkehrt, das andere liess er gar zu Boden fallen, schliesslich ging er ans Fenster und trommelte an die Scheiben. Der Abend war schon verloschen, schon funkelten die Lichter der Stadt

Madrid, noch sah man aber den dunkeln Fluss und die Ebene bis zum Escorial und zum Gebirge von Guadarrama. Carlos drehte sich um, schon war es Nacht im Zimmer. Nur das Papier vor Philipp glänzte weiss im Schein der beiden Kerzen. Philipps Gesicht war im Dunkel. Carlos fragte in bitterm Ton: „Und warum bin ich noch nicht in Aragon gekrönt, noch nicht in Valencia, nicht in Katalonien? Erinnerst du dich noch, wie ich mit meinem englischen Bruder kämpfen wollte, weil du ihm die Niederlande versprachst? Jener Bruder ward nie geboren. Sparst du für einen neuen? Auf meine Kosten hofft vielleicht die Königin?"

„Du hattest Fieber", erinnerte der König. „Deinetwegen ritt ich die rauhen, unwirtlichen Strassen zu den Cortes nach Monzon. Du aber gabst ein Mahl zu Alcala und lagst lange krank, von dreizehn Pfund Hammel. Ich bat die Cortes, in deiner Abwesenheit dich zu krönen. Niemals! erwiderten sie. Was sollte ich tun?"

„Weigerten sie dir nicht auch die Million und zweimalhunderttausend Dukaten, die du so dringend fordertest?" fragte Carlos spöttisch. „Stellten sie nicht sogar Bedingungen, bevor sie zahlen wollten? Und zahlten sie nicht ohne diese Bedingungen? Fragtest du da auch: Was soll ich tun?"

„Du redest von Geld?" fragte Philipp. Und er begann seine alte, verwirrte Klage, seinen geheimen Schmerz auszuplaudern. Der König sprach von seinen Schulden. Alle Einkünfte waren verpfändet. Er hatte siebenundzwanzig Millionen Schulden. Er holte Zettel hervor, auf denen er sein Budget geordnet hatte. Er las dem Infanten viele Zahlen vor, deren Klang den Sohn und den Vater verwirrten. Er jammerte über die hohen Zinsen der Bankiers von Antwerpen und Genua, die er bald Hunde, bald Ketzer hiess. Er rief, er habe seine Mitgift verpfänden müssen, sowie die Silberbergwerke von Almaden, die Salzlager, die Quecksilberminen, alle Zölle und Mühlen und Monopole für Papier, Spielkarten, Sklaven. Die ganzen Lizenzen für den Negerhandel nach Indien hätten ihm gerade fünfzigtausend Dukaten gebracht. Wo fände er Millionen? In der Luft? Er rufe nach Erfindern. Sie kämen in Scharen und kosteten nur Geld. Man habe schon so viel gesucht! Ein Deutscher schlug einen neuen Fasttag pro Woche für Philipps Untertanen vor, das am Essen ersparte Geld sollte die öffentlichen Kassen füllen. Ein Italiener bot ein Wunderpulver an, um aus Quecksilber Silber zu machen. Man habe schon grössere Wunder gesehn! Diese waren Märchen. Ob man mit Märchen Schulden zahlen könnte? Er musste Geld von den Cortes haben, und dennoch habe er ihre Bedingung, die Inquisition in Aragon einzuschränken, nicht erfüllt. Vor Kränkung über die Frechheit der Aragonesen sei er krank geworden. Sein Fuss sei ganz gelähmt gewesen. Er habe weder gehn noch stehen können. Durch eine List habe er das Geld schliesslich erhalten, indem er ihnen nämlich vorschlug, eine Untersuchungskommission gegen das heilige Uffiz zu bilden. Mit solchen Kommissionen gewänne man Zeit und narrte Parlamente, Konzile, alle grossen Versammlungen. Der Infant möge sich die Ausflucht merken.

„Schon gut", sagte Carlos, „und warum lässt du mich nicht heiraten? Schon lerne ich Deutsch, um zu Anna auf deutsch zu sagen: Ich liebe dich. Du hast ihr Porträt erhalten. Der Kaiser schickte es mir. Gib es heraus, ich will mit Anna schlafen!" Carlos keuchte.

„Schriftlich", antwortete Philipp, „reiche das schriftlich ein. Mache ein Gesuch. Ich will deine Wünsche prüfen."

Carlos kehrte sich um und ging zur Tür. Er hatte Angst vor seiner Wut. Da er schon an der Tür stand, rief ihn der König an. Carlos wandte sich hin. Philipp sah betrübt zu Boden. „Lerntest du mich endlich verstehen, lieber Carlos! Sind dir meine Absichten zu gross? Sie sind einfach, fast gewöhnlich. Ich will das Erbe erhalten: Das Reich und die Kirche. Die Unordnung ist unser Feind. Die Protestanten und den Islam, die Revolution und die Neuerer will ich ausrotten. Das sind meine Feinde. Sind sie gross, so will ich sie mein Leben lang bekämpfen; ohne Schonung! Hilf mir, Carlos. Selber muss ich alles prüfen, selber alles tun, das Wichtige selber schreiben. Ich misstraue allen. Alles muss ich wissen. Es gibt keine kleinen Geschäfte für mich. Das Kleine ist das Grosse."

Ein Bürokrat, dachte Carlos. So macht er unsere Familie, so das Amt der Könige lächerlich. Gratifikationen von sieben Dukaten schreibt er eigenhändig.

„Warum führst du keine Kriege mehr?" fragte er laut. „Warum reisest du nicht in deinen Reichen, wie Karl tat?"

„Du schreibst Bücher?" fragte Philipp mit halbem, undeutlichem Lächeln.

Carlos lachte lärmend. Der König spielte auf einen Spass an. Carlos hatte ein Heft aus vielen weissen Blättern gemacht und den Titel daraufgesetzt: ‚Die grossen Reisen des Königs Philipp'. Auf die einzelnen Blätter hatte er geschrieben: Von Madrid zum Escorial.
Vom Escorial zum Prado.
Vom Prado nach Aranjuez.
Von Aranjuez nach Segovia.
Von Segovia nach Madrid usf.

Dieses Heft zirkulierte bei Hofe und allen Diplomaten.

„Ich hatte die Absicht", erklärte Philipp, „dich hart zu strafen für diese Ohrfeige, die du in meinem Vorsaal meinem Freunde Eboli gabst."

Carlos verstummte mitten in seiner lärmenden falschen Heiterkeit. „Du willst mich strafen?" fragte er ernsthaft, ja trocken. „Ich habe dich studiert, Philipp. Pedanten deiner Sorte ...."

„Ich bin einzig", erklärte Philipp schneidend.

„Du hast keine Freude an Menschen", schrie Carlos. „Du könntest Tausende opfern, im blossen Gedanken an deine Würde."

„Millionen", sagte Philipp, „für Gottes Ehre! Alles opfere ich für sie!"

„Du bist ein Egoist", schrie Carlos, „und nicht einmal fromm. Deine Gebete, deine Messbesuche, dein Fasten und Festgepränge sind hohl. Vielleicht betrügst du dich, wie du alle Menschen betrügst. Du bist in Wahrheit der grosse Ketzer in der Christenheit!"

Philipp stand auf. „Genug!" sagte er. „Jetzt kenne ich dich. Die Königin, die von deiner Untat hörte, schickte zu mir und bat um Gnade für dich. Ich versprach sie. Geh, bedanke dich bei der Königin!"

Carlos stand noch unentschieden.

„Geh!" sagte Philipp.

Zögernd verliess Carlos das Kabinett seines Vaters. Da der König allein war, löschte er die beiden Kerzen aus und ging zum Fenster und öffnete es. Die Nacht hing blau und golden über der Ebene. Philipp suchte im Dunkel die Richtung der Höhe, wo er sein Haus baute, sein Kloster, sein Monument, die Ruhestätte seiner Toten.

DIE JUNGEN LEUTE

Im innern Hof traf Carlos den Alten wieder. Renard stand mit zwei Kavalieren vor einer der Buden in den Säulenhallen, wo Juweliere Steine, Maler Bilder, Buchhändler Bücher feilboten. Den ältern Kavalier kannte Carlos. Es war ein Mensch, der Verse schrieb, Mendoza. Der jüngere, dem Infanten fremd, kam ihm vertrauter vor.

„Ich kenne Sie?" fragte er den Fremden.

„Hoheit", erklärte Renard, „alle Welt kennt den Sieger von St. Quentin und Gravelingen."

„Egmont!" rief Carlos begeistert. „So sehn grosse Männer aus. Wir müssen zusammenhalten. Hasst ihr Niederländer nicht die Tyrannen? Soeben komme ich vom König, ich gab ihm Ratschläge. Speisen Sie mit mir, ich zeige Ihnen Madrid bei Nacht, wir gehn zu Mädchen. Mein Vetter Alexander wird uns begleiten, bald hält er zu Brüssel Hochzeit. Und ich.... könnte ich nach Brüssel! Ich habe Ihnen viel zu sagen, auch zu raten. Wir haben Feinde, Graf; gehn wir essen!"

„Die Prinzessin Eboli erwartet mich zu Tisch, Hoheit."

„Die fesche Eboli!" rief Carlos und schüttete sich vor Gelächter aus. „Gehn wir zu ihr! Nur fünf Minuten, liebe Freunde; ich fliege zur Königin, in fünf Minuten bin ich hier. Ich will's notieren: Heute abend sah ich den grossen

Egmont! Unter uns, ich will Ihr Land glücklich machen. Wir müssen ausführlich darüber reden. Zweimal tagte der Staatsrat der Niederlande in meinen Gemächern. Sie werden einen Fachmann an mir finden. In fünf Minuten, teuerster Graf!" Hurtig hinkte der Infant von dannen.

Egmont blickte zweifelnd von Renard zu Mendoza und fragte: „Das also ist der Erbe?"

Im Vorzimmer hörte Carlos Gesang. Er sah die Königin inmitten ihrer jungen Französinnen. Juan stand vor Elisabeth und sang, Alexander begleitete ihn auf der Laute. Da Carlos eintrat, unterbrach Juan seinen Gesang; Carlos kniete vor der Königin, küsste feurig ihre Hände und rief: „Dank! Schönen Dank!"

„Der König hat verziehen?" fragte sie.

„Philipp?" fragte Carlos, stand auf und ging durchs Zimmer. „Er ist misstrauisch, ich kenne ihn..."

„Sie sind zu offen, lieber Carlos!" erklärte die Königin.

„Der König", begann Carlos...

„Wird gleich hier sein", sagte Elisabeth geschwind.

„Ich will ihn nicht sehn!" rief Carlos. „Ich speise bei der Eboli. Kommst du mit, Juan? Und du, Alexander?"

„Nach dem Essen!" versprach Alexander.

„Wie ihr wollt!" rief Carlos. „Egmont wartet auf mich! Der Egmont wartet!" Eilig humpelte er fort.

Die jungen Mädchen begannen zu zwitschern. Elisabeth bat Juan, sein Chanson zu singen.

„Mignonne", sang Juan, „allons voir si la rose
Qui ce matin avoit déclose
La robe de pourpre au soleil..."

Elisabeth kannte den Text, sie kannte den Dichter. Das war der weltberühmte Ronsard, der Günstling ihrer Schwägerin Marie, der Königin der Schotten.

„Las!" sang Juan. „Voyez comme en peu d'espace
Mignonne, elle a dessus la place,
Las, las, ses beautés laissé cheoir!"

Hübsch war Juan, er schüttelte seine langen, blonden Haare, er hatte schöne Beine und sang von Rosen, die welken, er hatte so blitzende Augen, so rote, volle, fröhliche Lippen.

„Las! Las..." Elisabeth spürte Tränen. Seit ihrer ersten Kindheit fürchtete sie sich vor dem Alter. Alte Leute, kam ihr vor, sitzen im Theater, das Stück auf der Bühne ist ihr Leben, es geht zum fünften Akt, die Toten liegen auf den Brettern, ein kalter Wind weht, das Stück scheint durchzufallen, und die alten Leute sehn gleichzeitig im Theater sich sitzen, auf der Bühne agieren, und den Vorhang, der herabzufallen droht.

„Cueillez", sang Juan, „cueillez votre jeunesse.
Comme à cette fleur, la vieillesse
Fera ternir votre beauté."

Elisabeth fühlte den Schmerz des Lebens. Pflücket, pflücket die Jugend — das Alter...

„Cueillez", sang Juan, „tandis que votre âge fleuronne en sa plus verte nouveauté."

Da rief der Page an der Tür: „Der König!"

Philipp kam, in schwarzem Anzug, mit silbrigen Schläfen und tiefen, beschäftigten Blicken, mit den langsamen Schritten eines gichtischen Mannes.

„Pflückt", sang Juan, „pflückt die Jugend..."

ELISABETH

In der Nacht erwachte Elisabeth. Im Schein der Kerzen sah sie den wohlbekannten, bunten Schlafrock, den langsam feierlichen Gang, die komische Majestät des Königs Philipp. So tauchte er zuweilen auf, wenn er tief in der Nacht von seinen Königssorgen sich losriss und wie ein Sultan aufbrach, um durch die geheimen Gänge des Palastes dahinzuziehn, im Schwarm der Pagen und Kämmerer, beim Licht der Fackeln und unterm Waffenlärm der königlichen Leibwachen, bis ihn am Eingang der Gemächer der Königin ihre nachtwachenden Hofdamen umringten und ihn geleiteten. So pflegte die katholische Majestät feierlich langsam durch Elisabeths halbfinsteres Schlafzimmer zu ihrem breiten Bett zu wandeln, so schritt er nun dahin, zwischen der betagten Hofmeisterin, die einen Armleuchter mit zwei brennenden Kerzen hielt, und der halbkindlichen Prinzessin des Ursins, die des Königs Degen, seinen kleinen Rundschild und seinen goldenen Nachttopf trug. Aus dem Grunde des Schlafes tauchte der Blick Elisabeths auf und traf das zerstreute, sinnliche Lächeln Philipps, die vergrämte Grandezza der Hofmeisterin und die heiter kecken Augen ihrer siebzehnjährigen Pariser Freundin. Nun stellte mit einem leisen Klirren die Hofmeisterin den silbernen Armleuchter auf den Nachttisch, nun schob die kleine Prinzessin den Nachttopf des Königs unters breite Bett der Königin, nun legte sie den Degen auf den Sessel, nun den leichten Schild, der nur in den Städten diente, ein Instrument des Friedens gleichsam. Nun entfernten sich ihre Damen. Nun setzte sich der König auf ihr Bett, gedankenvoll, ja wie bestäubt von seinen Akten, der Nachtwächter seiner Völker, ihr Reichshirt, der gute Vater Philipp. Mit jenem hochmütigen und entfernten Blick, den er in Audienzen seinen Untertanen schenkte, musterte der König die üppige Unschuld der blossen, weissen Brüste seines Weibes, ihre sanften, schwarzen, grossen Augen, die holdverschlafenen Haare. Der graubärtige, dürre, komisch strenge Herr kam seiner Frau wie ein Eroberer vor.

Sie liebte ihn aus Gehorsam. Er kam aus wohlberechneter Neigung. Einen bessern Sohn als Carlos wollte er machen, einen bequemern Erben. Sie ergab sich ihm. (Aus Gehorsam).

Mit vierzehn Jahren war sie aus Frankreich in diese fremde Welt hinter den Pyrenäen eingezogen. Sie ritt auf einem Esel. Die Berge stiessen an den Himmel. Die Treiber schrien im Schneesturm. Tief bückten sich die Bäume. In weiten Abständen, wegen der Lawinen, ritt das Gefolge. Die heitern Franzosen sahn in ihren Pelzen wie berittene Eisbären aus.

Mitten auf dem Saumpfad erblickte Elisabeth sonderbar verkrüppelte, verschneite Bäume, deren vordere Äste im Wind wie mit Armen winkten. Elisabeth deutete, und die Treiber lachten. Sie schrien rasch und unverständlich. Endlich erfasste sie ein Wort, das wiederkehrte: España!

„Wo?" fragte sie. Der Schnee wirbelte sanfter, der Himmel hellte auf, ihr Maultier lief schneller, da war sie schon mitten unter den winkenden Bäumen, da waren es verschneite Spanier, sie knieten im Schnee, der vorderste trug eine Tiara und sprach, Elisabeth bat sie (französisch), aufzustehn, die Männer knieten und redeten fort (spanisch), endlich kamen die Herren vom Gefolge, voran der Vetter Anton Bourbon, der in Frankreich König von Navarra hiess, in Navarra hiess Philipp König von Navarra. Nun erhoben sich die Knieenden, der mit der Tiara war der Erzbischof von Burgos, daneben stand sein Bruder, der Herzog von Infantado, feierlich redeten sie, mit sparsamen Gebärden, ohne Aufhören (spanisch). Endlich ruhten sie ein wenig, der Vetter Bourbon erwiderte (französisch), das verstanden die Spanier nicht, sie antworteten (spanisch), das verstanden die Franzosen nicht. Die Spanier hiessen die Königin im Namen Philipps willkommen. Nun begannen neue Zeremonien, neue Ansprachen. Es schneite stärker. Schon dunkelte es. Elisabeth lächelte unter Tränen, die der Schneewind trocknete. Sie fror in ihrer ersten Stunde auf spanischer Erde.

Zu Guadarrama, der Stadt der Winde, wartete Philipp auf einem goldenen Stuhl. Er sass vor einem Altar. Seine Schwester Juana, tief in Schleiern, führte das kleine Mädchen an der Hand zu ihm. Die Granden in den silbernen Rüstungen, die Prälaten in den roten und weissen Röcken schlugen die Augen nieder, die Granden aus Furcht vor des Königs Eifersucht, die alten Prälaten aus Angst, ihr Fleisch nicht zügeln zu können. Philipp sass klein und still da, alles an ihm war Majestät. Elisabeth sah ihn mit grossen Blicken an.

Der König fragte: „Suchen Sie meine grauen Haare?"

Da lachte das junge Mädchen, ihr bescheidener Jubel klingelte. Die Priester und Granden sahen erschrocken auf den König. Verpönt war alles Lachen vor Philipp.

Aber der König lachte mit seinem Weibe. Da vergassen die Priester ihre Gelübde, die Granden ihre Furcht, und schauten freundlich auf das heitere Mädchen. Nach der Trauung gingen sie zum Stierkampf. Zwölf Stiere kämpften, zwölf starben. Am Abend brachten die Hofdamen das kleine Mädchen zu Bett. An der Tür ihres Schlafzimmers fand Elisabeth geschrieben: ‚Vergiss Dein Volk und das Haus Deines Vaters, so wird der König nach Deinen Reizen trachten!

Am Morgen ritten sie nach Toledo. Mohrinnen tanzten auf den Strassen, fremd tönten die Tamburine, frech schmetterten die Kastagnetten. Die Orangenbäume dufteten. Der Himmel blaute. Elisabeth träumte vom Hause ihres Vaters; der König weidete auf fremden Triften und trachtete nach den Reizen der Guzman.

In Toledo bekam die kleine Königin die Pocken. ‚Stirb nicht, Töchterchen!‘ schrieb ihr die Mutter. ‚Und werde nicht hässlich!‘ Mit geschlagenem Eiweiss wuschen sie die Königin vom Kopf bis zu den Füssen. Die treue Hofmeisterin Luise aus der Bretagne schrieb der Königin von Frankreich: ‚Elisabeth hatte grosse Lust, aber da sie seit zwei Tagen nicht gegangen war, tat es sehr weh und war sehr hart. Das süsse Kind litt an argen Schmerzen am Hintern. Der Hof von Spanien fürchtete schon, sie habe Hämorrhoiden. Ich gab ihr Milch, ich gab ihr Safran, ich gab ihr ein Klistier, da machte sie so sanft, die Ärzte empfehlen ihr auch Pflaumen aus Tours und baden sie, damit sie endlich die Periode bekommt. Sie hat sie noch nicht. Der König kam noch nicht, mit ihr zu schlafen.‘

Die arme Mutter sandte Schwefel, sie sandte Quecksilber, sie fürchtete, ihr süsses Kind hätte die Syphilis vom Vater oder Grossvater geerbt, beide hatten die schöne Diana von Poitiers gehabt.

Elisabeth ward gesund, und Frankreich wartete auf ihre Regel. Mit sechzehn Jahren war sie noch kein Weib. Ihre Regel, dachten die Pariser, mache Geschichte. Im Bett ihrer Tochter wollte Katharina Frankreichs Vorherrschaft erigieren. Sie schrieb ihrer Tochter: ‚Frankreich erwartet, dass Du endlich Deine Unschuld verlierst.'

Sie verlor sie. Nun erwartete der König von Frankreich Hilfstruppen vom Schwager Philipp. Er bekam sie. Nun erwartete Katharina, ihre Tochter werde den Gatten lenken. ‚Du treibst Kinderspiele', schrieb die Königin von Frankreich an die Königin von Spanien. ‚Deine leichtsinnigen kleinen Französinnen lehren Dich nur Dummheiten. Erwache! Das Schicksal der Welt liegt in Deinen Händen!'

Aufmerksam betrachtete Elisabeth ihre schönen Hände. Sie glaubte weder an Macht noch an Schicksal. Heimlich lächelte sie über die Intrigen ihrer Mutter und ihres Mannes. Beide wollten die Welt gewinnen und zappelten wie Hampelmänner. Elisabeth wuchs und ward voll, schon war sie einen Kopf grösser als Philipp. Behende war ihr Gang, schön ihr Gesicht. Philipp regierte viel, er hatte Freundinnen in der Stadt. Elisabeth speiste oft im Garten, mit Juana oder den Prinzen, sie sang zur Laute vor den jungen Leuten, sie tanzte mit ihren Mädchen. Nachts lag sie in ihrem breiten Bett, unterm gemalten Himmel, und wartete. Und schlief ein. Sie hatte siebzehn Hoffräulein, sechsundzwanzig Kammerfrauen, vier Ärzte, und zitterte vor den Briefen ihrer Mutter wie ein kleines Mädchen. Katharina de Medicis schrieb: ‚Deine Aufgaben, Elisabeth! Deine Pflichten! Erwache! Frankreich wartet!'

Elisabeth begann zu malen. Täglich nahm sie eine Stunde bei den Hofmalern Coello und Mor, die in der Schatzkammer des Palastes ihre Ateliers hatten. Elisabeth malte den blauen Himmel, die hohen Zypressen, die grüne Stille im Wald. Manchmal kam der König im Schlafrock, unangemeldet, und gab den Malern Ratschläge, dem Coello, dem Mor, der Königin. Er liebte es, den Malern zuzuschaun. Schon der Kaiser Karl hatte dem Tizian den Pinsel aufgehoben. Coello und Mor hüteten sich, ihre Pinsel fallen zu lassen. Sie klagten heimlich über ihre Bezahlung. Die Türsteher bekamen mehr Geld.

Philipp schalt die Faulheit der Maler. Coello wartete auf die Muse, Mor auf dieIntuition.

„Was Intuition!" schalt Philipp. „Arbeitet regelmässig! Es gibt keine Musen! Nur Fleiss, nur Pünktlichkeit!"

„Wir sind keine Handwerker!" sagte Mor spöttisch. Coello murmelte verdrossen, Huren seien pünktlich.

Philipp tat, als hätte er nichts gehört. Winkend und lächelnd ging er zu seinen Geschäften, in tiefsinniger Zerstreutheit.

Katharina war mit ihrer Tochter unzufrieden. ‚Du musst auch die Freundinnen Philipps gewinnen!' riet sie, und schickte der Eboli einen Diamanten. Elisabeth machte die Eboli zur Freundin. Anna war frech.

„Der König ist ein grosser Mann", sagte Elisabeth zu Anna.

„Ein starker Mann", antwortete Anna.

„Wäre ich nicht seine Frau", sagte Elisabeth, „wollte ich seine Geliebte sein."

„Sie sind es", erwiderte Anna. Elisabeth errötete.

Mit neunzehn Jahren ward Elisabeth schwanger. Sie hatte eine Fehlgeburt. Philipp besuchte sie. Blass war sie, verzagt. „Ich bin nicht enttäuscht", erklärte er. „Wir sind noch jung!"

„Sie sind gütig, Sire!" erwiderte die Königin.

Vor ihrem Lächeln schlug Philipp die Augen nieder. Er argwöhnte überall Rebellion. Las er nicht in den Augen seiner Frau den Schein der Aufsässigkeit? „Gehorsam!" murmelte Philipp.

Aber sie war ihm ergeben. Katharina wollte sie zur Agentin Frankreichs machen, sie ward Philipps Agentin. Philipp sass auf dem Bett seiner Frau. Er hatte ihr viel zu sagen.

„Komm!" bat sie und öffnete die Arme.

DER ARME FUCHS

Egmont war guter Laune. Er umarmte den Eboli, küsste die Prinzessin des Ursins auf den roten Mund, die Fürstin Eboli auf den weissen Arm, ging vom Tanzsaal in den Spielsaal, setzte sich zur Musik, nahm dem Trommler die Schlägel fort, trommelte, warf die Schlägel hin, ging zu Renard, der an der Wand lehnte, und schlug ihn auf die Schulter.

„Alter Fuchs", rief er und lachte schallend, „warum leben Sie nicht gern?"

„Ich lebe gern", erwiderte düster der alte Renard.

„Ich will Sie aufheitern, lieber Freund", sagte Egmont lächelnd.

„Ich bin lustig", erwiderte Renard ernsthaft.

Aber Egmont flüsterte ihm ins Ohr: „Alles steht gut, Renard. Man ist mir gewogen. Ich bringe einen neuen Sieg nach Hause!"

Renard lächelte. Er wusste es besser. Philipp wollte die Freiheit in den Niederlanden abwürgen; Renard kannte die langsamen, tödlichen Schläge des Königs. Wenn er sein Leben liebte, musste er den Egmont stehn lassen. Er liebte sein Leben, aber mehr die Lust, zu durchschaun und mitzuteilen. Seit er diplomatische Berichte nicht mehr schreiben durfte, berichtete er sie sozusagen mündlich. Satt der Lügen, fand er seine Lust an der Wahrheit — eine selbstmörderische Lust mitunter. Renard führte den heiteren Grafen in ein stilleres Gemach, zu einem Fenster, sah in den gestirnten Himmel und empfand Neid auf Egmonts Blindheit und Mitleid mit diesem leichtsinnigen Sohn des Glücks. So glücklich sein wie der, dachte Renard und atmete den ziehenden Duft der Orangenbäume unterm Fenster. Die Marmorstatuen leuchteten im dunkeln Garten. „Graf", sagte der alte Mann, „Philipp ist bankrott. Geben Sie acht. Nun sieht er die Niederlande an und denkt: Die fette Beute!"

„Erklären Sie", bat Egmont, „das Unwahrscheinliche!"

Renard lächelte bitter. Nur weil er gestürzt war, galt seine Meinung für unwahrscheinlich, da sie ehedem Epoche gemacht. Wusste erst Egmont, dass Renard hungerte aber war es gut, sein Elend auszubreiten vor einem Manne, der das Glück liebte? „Graf", begann er, „ihr im fetten

Flandern kennt nicht den Hunger; die Spanier treibt er durch Europa und in die Neue Welt. Ein spanischer Kavalier trägt den Mantel mit Gold verziert, darunter ein zerrissenes Hemd; er isst in seinem dumpfen Zimmer Zwiebeln und Brot; im Prado, dem Salon von Madrid, wirft er den Damen schmachtende Blicke zu, zwischen den Pappelalleen und Rosenbüschen, am frühen Abend, wenn die Springbrunnen rauschen und andere im Schatten der Bäume tafeln und lieben. Dieser Korso im Prado! Die Spanierinnen, Graf: Engel und Grazien! Aber die Hälfte davon hungert! Der Hunger macht die Spanier so gefährlich. Der Hunger macht die Weltgeschichte."

Egmont war schon nüchtern. Flüchtig betrachtete er den Renard. So sah gestürzte Grösse aus, so vulgär! Engel und Grazien! Hunger und Geschichte! Dieser las einst den Macchiavell und lenkte Könige. Nur nicht stürzen! beschloss Egmont.

Renard fasste den prächtigen Egmont ins Auge, die dunkeln Locken, die glatten Wangen, den kleinen Schnurrbart, die niedre Stirn, die zarten Züge. „Ich reiste hin und her in Spanien", erzählte Renard. „Was für eine pittoreske Welt! Wer anders glaubt, wer anders aussieht, gilt als ein Feind. Für Rasse und Religion schnitten sie ihre Fruchtbäume ab, vernichteten ihre guten Römerstrassen, verdarben die Bewässerungswerke der Mohren. Warf man Sie nicht mit Steinen auf dem Lande? Sahn Sie nicht die verlassenen Felder, die armseligen Erdhütten? Die Spanier sterben Hungers, wenn sie nicht Mönche, Diener oder Soldaten sind! ‚Man hat nicht alle Tage Brot!' sagen sie. Aus Madrid gehn Statthalter in die halbe Welt. Madrid ist ein Universalplatz, ein Vaterland für jedermann, ein Weltbazar, das neue Babel, das Hospital der Sünden, voll von Fremden und Liebhabern der Kunst — Kulisse für ein Volk von Konquistadoren. Hier lebte ich, in der Kolonie der Laster, ein Augur der Mienen von Philipps Günstlingen, hier im Kerker, wo der Ehrgeizige stirbt und dem Klügsten graue Haare wachsen. Ich kenne die Spanier und ihren König. Die Luft ist hier gesund, sagt Philipp. Aber ein Wind tötet hier! Um die Luft rein zu halten, bauten die Madrider keine Abtritte, so ward Madrid die stinkendste Stadt. Die Wagen rasseln den ganzen Tag durch diese offene Stadt, die ohne Wall und Graben im Mittelpunkt des grössten Militärreichs, der geplanten Universalmonarchie liegt, ein Port des Friedens! Alles trügt! Hier schmiedet man die Fesseln einer Welt, zwischen Getafe und Alcala, in der Mitte von Forsten, wo Bären hausen. Hier sitzt Philipp und spinnt sein grosses Netz."

„Lieber Renard, Sie werden alt", entgegnete Egmont. „Haben wir nicht schon manches durchgesetzt? Stürzte nicht Granvella? Bin ich nicht da, um Grösseres zu schaffen?"

„Es war Zeit, dass Granvella stürzte", entgegnete Renard. „Er zielte auf unsre Köpfe. Durch ihn verlor ich meine Gesandtschaft in London. Durch ihn meine Gesandtschaft in Paris. In Brüssel empfing er mich wie einen Bittsteller. Da ich das Unrecht sah, das man den Niederlanden antat, denunzierte er mich in Madrid, ich hätte aus Geldgier die flämische Partei ergriffen. Er hetzte, bis Madrid mich fortrief! Er hätte uns verdorben, wäre es mir nicht geglückt, dem König die Augen zu öffnen. Der arme Granvella! Er jagte den unbequemen Zeugen aus Flandern fort und schickte den Ankläger vor den Richter. Ich bin entsetzt, sagte ich zu Philipp. Diesen Granvella leitet sein Profit. Ich sagte, die Niederlande seien wie Reisig im Sommer, ein Funken — und das Feuer brennt. Ich sagte, nur Egmont, nur Oranien könnten ihre unruhigen Landsleute im Zaume halten. Ich sagte alles, wie mir Gott eingab. Drei Monate später rief Philipp den Granvella ab."

„Achtlos wandelten wir am Abgrund!" erklärte Egmont. „So geschieht es kein zweites Mal! Der König meint es gut. Morgen empfängt er mich. Es ist vorgesehn, dass er mir bis zur Tür, vielleicht bis zur Treppe entgegenkommt!"

Renard lächelte. Der arme Egmont!

DER ESCORIAL

Langsam ritt Philipp mit Egmont vom Gehölz bei Segovia zum Escorial, zu dem kahlen Ort, wo er den Riesenbau aufführen liess, Residenz, Monument, Kloster und Mausoleum, nach den Plänen des Bautista. „Ich", sagte der König mit Bescheidenheit, „korrigiere die Pläne. Ich liebe nicht den Zierat. Man muss das Skelett eines Kunstwerks, seine Idee muss man sehn. Vor allem bedarf die Kunst der Gnade. Kein Maurer darf mauern, der nicht ein geprüfter Katholik ist. Wer nicht zur Messe geht, fliegt! Ein Trunkener kommt auf die Galeeren. Schon wohnen fünfzig Mönche hier. Ich liebe, den Maurern zuzuschaun. Menschen, die baun, sind gute Menschen."

Philipp und der Graf standen auf einer Höhe hinter dem Bauplatz, in einem kalten Wind, und sahn auf die halben Mauern. Es schien dem Egmont etwa eine halbe Stunde lang reizend, solch einen Riesenbau wachsen zu sehn. Aber der König vergnügte sich Wochen damit. Der gute König!

Egmont musterte ihn, der gebückt stand, in seinem schwarzen Wams, mit dem Reiherhut auf den grauen Haaren. Vor sechs Jahren, in Flandern, war Philipp, anfangs dreissig, ein junger Mann; jetzt, noch nicht vierzig, schien er schon ein älterer Herr. Wie rasch! Und was hatte sich in Flandern begeben! Und noch kein Frieden! Wie langsam!

BRIEFE UM DIE NIEDERLANDE

(Aus den Jahren vor Egmonts spanischer Reise)

Oranien schrieb einem Freund in Deutschland: Wind ist gesät worden. Die Ernte ist reif. Philipps Halbschwester Margareta von Parma, einer Zofe Tochter, Beichtkind Loyolas, Schülerin Macchiavells, die den Hirsch jagt, wie ein Gendarm reitet, ein Schnurrbärtchen und die Gicht hat, gerne Zoten hört, ganze Nächte lang ihrem

Bruder schreibt und ihm kein Detail schenkt, — hat zum Minister den Granvell, der ist der Regent unserer Regentin. Granvellas Talente überwiegen seine Prinzipien. So wird man ein reicher Mann; an Pfründen, Grundbesitz und Kunstwerken hat er nicht seinesgleichen in den Provinzen. Er will, dass alle Welt von seiner Hand lebe, hält sich für den Monarchen der Welt, Simonie ist sein täglich Laster. Wo eine Abtei vakant wird, schickt er den königlichen Kommissar zur Wahl. Öffnet der künftige Abt nicht seine Börse, wird der Kommissar unangenehm und stellt Gegenkandidaten auf. Granvella nimmt mit beiden Händen: Goldne Becher, Ketten, bares Geld; Versprechungen gelten nicht. Der Kommissar, Granvella und der Präsident Viglius teilen. Uns Herren heisst der Granvella Hurer, Säufer, Schuldenmacher. Er sagt, wir seien gierig auf die fetten Abteien und bauten auf einen Umsturz. Aber nicht wir töten, Philipps Gebot tötet Tausende. Philipp pflanzt Bistümer wie Bäume, er überstreut das Land mit Henkern und Inquisitoren, wie man Kuchen zuckert und Speck salzt. Mit Tinte und Lack sind unsere Freiheitsbriefe geschrieben und gesiegelt, mit Tinte und Lack wehren wir uns gegen Schwert und Feuer. Der Kardinal Granvella lehrt den König, das Volk speise man mit Worten ab, es vergesse über dem hohlen Klang Taten und Zustände. Das Volk duldet die Verfolger stumm leidend. Nur Herren protestieren. Egmont ohrfeigte den Kardinal, er zückte den Dolch gegen ihn. Granvella behandelt uns wie Buben. Unter dem Kaiser waren wir Freunde, der Granvella kam häufig des Morgens an mein Bett. Wir lachten laut über Weltlauf und Leute. Mein Leben lang fand ich es süss, im Bette liegend liebe Freunde zu empfangen; im Bette erträgt man die Sensationen des Lebens leichter. Ich machte eine Revolution am liebsten im Bett. Als neulich die Bürger von Antwerpen dem Einzug der Inquisitoren in ihre Stadt offen sich widersetzten, beschloss Margareta Parma Massregeln, ohne mich, den Burggrafen von Antwerpen, zu hören.

Mit der Liste der Neuernannten teilte man mir mit, ich sei zum Kommissar für den Vollzug dieser verdächtigen Ernennungen ernannt. Ich liess der Herzogin sagen: ,Ich bin nicht Ihr Lakai, Madame!' Und wiederholte es im Staatsrat. Granvella rief: ,Insubordination! Indolenz! Intrigant!' ,Meine Vorfahren', sagte ich, ,besetzten den Magistrat Antwerpens! Ein Granvell will mich schicken? Kennt man seinen Grossvater?' ,War er nicht Schmied?' rief Egmont. Granvella stürzte aus dem Ratszimmer, die Türen schlugen, er rief den Kanzler von Brabant und hob an, mich zu verfluchen. So begann der Krieg zwischen mir und dem Kardinal.

Egmont und Oranien schrieben dem König: Wir wollen aus dem Staatsrat austreten. Man beschliesst viel ohne uns, wofür wir die Verantwortung tragen sollen.

Der Admiral Horn schrieb dem Egmont aus Madrid: Da ich mich von Philipp verabschiede und dem Granvella schuld an allen Unruhen in den Provinzen gebe, brüllt Philipp: ,Was! Elender! Ihr klagt über den Kardinal, und keiner kann trotz meinen Fragen auch nur einen Grund nennen. Ihr seid besoffene Ketzer!' Ich fand kaum die Tür. Das ist die Antwort auf Euren Brief.

Granvella schrieb dem König Philipp: Bei einem Nachtmahl in Egmonts Haus hat man die neuen Bischöfe gescholten. Man plant eine Petition.

Philipp antwortete dem Granvella: Nur jetzt nicht temporisieren! Wir wollen diese Schurken züchtigen. Nur Furcht macht gehorsam. Diese Unruhen machen mich bankrott! Ich bin oft wegen zehn Dukaten in Verlegenheit. Meine Schulden wachsen mir über den Kopf! Was tun? Man rät, die Münze zu verschlechtern. Alba und mein Beichtvater sind dagegen! Sorgen Sie dafür, mit allen Mitteln die Heirat Oraniens zu verhindern! Er soll nicht die Tochter jenes Moritz von Sachsen heiraten, der den Kaiser über die Tiroler Berge gejagt, die katholische Kirche in Deutschland gestürzt und meine Wahl zum Kaiser hintertrieben hat.

Granvella schrieb dem König: Wilhelm heiratete die

Sächsin. Er ist katholisch, sie lutherisch. Wegen der künftigen Religion der Braut wird gestritten. Oranien hat erklärt: ,Meine Frau soll mit melancholischen Dingen nicht bemüht werden. Statt der Heiligen Schrift lese sie den Amadis von Gallien. Statt zu stricken, tanze sie! Am St. Bartholomäustag feierten sie die Hochzeit, zu Leipzig, der ,Seestadt'. Die berittene Wache von Leipzig, zwei Mann hoch, ward auf zehn Mann gebracht, um nachts mit Laternen durch die Gassen zu reiten. Wilhelm ritt mit tausend Reitern ein. Superintendent Doktor Pfeffinger vermählte sie. Darauf legten sich gleich in derselben Halle Braut und Bräutigam auf ein vergoldetes Bett; dann assen sie Konfekt. Später kleideten sie sich zum Festmahl. Der erste Gang bestand aus fünfundzwanzig Gerichten. Grafen reichten die Servietten. Nach dem Mahl räumte man die Tische fort zum Tanz. Dann geleitete man das Paar zur Hochzeitskammer. Die Braut ist schlecht gebaut und geil. Sie wird den Prinzen Wilhelm betrügen und behandelt ihn wie einen Neger. Vor seinen Augen scharmutziert sie mit Dienern und Fremden. ,Ich werfe mich weg', sagte sie. Und: ,Er könnte mein Hausbursch sein.'

Wilhelm schrieb seinem Freund nach Deutschland: Der Inquisitor Titelmans rennt durch Flandern wie der Blitz, grausam scherzhaft, ein sengender Humorist. Tags und nachts reitet er, ein Riese, durchs stöhnende Land, schlägt die Bauern mit seinem Knüttel übern Kopf, reisst die Verdächtigen aus dem Bett, foltert, drosselt, verbrennt, ohne Zeugen und Prozess, ohne Beweis und Schuld. Der Gerichtsvogt, nach seinem roten Gerichtsstab „Die Rote Rute" genannt, fragte den Titelmans, da er ihn allein auf der Landstrasse traf: ,Wie wagst du, allein herumzugehn und überall Leute zu verhaften, da ich mein Amt, an der Spitze einer starken, bewaffneten Macht, nur mit Lebensgefahr übe?' ,Ach, rote Rute', sagte Titelmans, ,du hast es mit bösen Leuten zu tun. Ich habe nichts zu fürchten, ich verhafte nur die Unschuldigen und die Gerechten, die sich wie Lämmer greifen lassen.'

‚Gut', sagte die rote Rute, ‚aber wenn du alle Guten verhaftest und ich alle Bösen, wer in der Welt soll ohne Züchtigung bleiben?' — Lieber Freund, so lacht man über uns! Wegen müssiger Worte und geargwöhnter Gedanken verbrennt dieser Titelmans die Leute. ‚Ich warte nicht erst die Taten ab', gesteht er. Der Schulmeister von Oudenarde, Geleye de Muler, las in der Bibel. Titelmans rief ihn und sagte: ‚Schulmeister, du bist ein Ketzer!' ‚Ich habe das Recht, vor meinem Stadtrichter gehört zu werden!' sagte der. ‚Du bist mein Gefangener', erklärte Titelmans, ‚steh' Rede!' Und er katechisierte ihn und fand einen Ketzer an ihm. ‚Widerrufe!' befahl Titelmans. ‚Nein!' sagte der Schulmeister. ‚Liebst du nicht Weib und Kinder?' ‚Und wäre die Welt aus Gold und gehörte mein', sagte der arme Schulmeister, ‚ich gäbe sie hin um ihretwillen, und sollte ich von Wasser und Brot leben, weiss Gott.' ‚Also entsage deinem Irrtum!' bat Titelmans. ‚Weder für Weib und Kind, noch für die ganze Welt kann ich dem wahren Glauben entsagen', antwortete der Gefangene, man verbrannte ihn. Der Teppichweber Thomas Calberg von Tournay hatte Hymnen aus einem in Genf gedruckten Buch abgeschrieben, man verbrannte ihn. Einen Mann, dessen Namen ich vergass, hackte man mit sieben Streichen eines rostigen Schwerts in Stücke, seine Frau stand dabei und gab vor Entsetzen den Geist auf, ihr Mann war Wiedertäufer. Den Walter Kapell verbrannte man für seine Meinung. Er hatte zu Dixmuyde gelebt und die Armen gespeist. Ein Blödsinniger, den Kapell oft bewirtet, rief den Dienern des Titelmans zu, als sie den Kapell an den Pfahl banden: ‚Ihr blutigen Mörder, dieser Mann tat kein Unrecht, er gab mir Brot zu essen!' und stürzte in die Flammen, man zog ihn heraus. Zwei Tage später schlich er zum Pfahl, nahm das halbverbrannte Skelett seines Wohltäters auf die Schultern, schleppte es zum Rathaus, wo die Herren Beamten sassen, warf das Skelett auf den Ratstisch und schrie: ‚Ihr blutigen Mörder habt sein Fleisch gegessen, fresst jetzt seine Knochen!' Zu Tournay bat der Samtweber Bertrand le Blas seine Kinder, für ihn zu beten, und ging am Christtag in die Kathedrale neben den Altar und riss dem Priester die geweihte Hostie, da der sie emporhob, aus den entsetzten Fingern, brach die Oblate in Stücke und schrie: ‚Missleitete Menschen, haltet ihr das Ding da für Jesus Christus, euren Erlöser?' Und trat die Stücke mit Füssen. Und waren alle entsetzt, er hätte fliehen können, und wich nicht. Nach einiger Zeit griffen sie ihn. ‚Bereust du?' fragte Titelmans. ‚Ich rühme mich!' sagte der Samtweber, man schleifte ihn auf einer Hürde zum Markt, ein eiserner Knebel verschloss seinen Mund. Mit zwei glühenden Eisen zwickten sie ihm die rechte Hand und den rechten Fuss ab; dann rissen sie ihm die Zunge mit der Wurzel aus, knebelten die restlichen Glieder hinterrücks, hingen ihn um die Mitte des Leibs mit einer eisernen Kette und liessen ihn über einem langsamen Feuer pendeln, bis er fertig geröstet war. Er lebte fast bis zum Ende, standhaft! Den Robert Ogier aus Ryssel, seine Frau und zwei Söhne verbrannte man lebend am Pfahl, weil sie in ihrem Haus beteten. ‚O Gott', betete der jüngere Sohn am Pfahl, ‚ewiger Vater, nimm das Opfer unsres Lebens im Namen deines Sohns!' ‚Schurke! Du lügst!' schrie der Mönch und schürte das Feuer, ‚Gott ist nicht dein Vater, ihr seid des Teufels Kinder!' Als die Flammen emporschlugen, schrie der Sohn: ‚Sieh Vater, der ganze Himmel tut sich auf und ich sehe hunderttausend Engel über uns jubeln; lass uns froh sein: Wir sterben für die Wahrheit!' ‚Du lügst! Du lügst!' schrie der Mönch, ‚die ganze Hölle tut sich auf, und ihr seht zehntausend Teufel, die euch in die ewigen Flammen stürzen.' Zu Ryssel brach Titelmans, den sie ‚Saul der Verfolger' heissen, in das Haus Johanns de Swarte ein und verbrannte ihn, seine Frau, seine vier Kinder, zwei neuvermählte Ehepaare und noch zwei Personen, weil sie die Bibel lasen.

Granvella schrieb an Philipp: Das Volk würde nicht den Mund auftun, machten die grossen Herren nicht das Geschrei, weil sie mit Leib und Seele verschuldet sind, weil revolutionäre Bewegungen ihnen dienen könnten, ihre Schulden loszuwerden und Mittel für ihre Maskeraden und Bankette zu schaffen; weil der Prinz von Oranien ehrgeizig, weil Egmont auf mich eifersüchtig ist; das gemeine Volk ist nämlich ein verächtlich und boshaft Tier.

Oranien schrieb seinem Freund: Zu Tournay erhielt heute der Meister Jaques Barra, der Henker, für zweimaliges Foltern des Jean de Lannoy zehn Pfennige. Demselben zahlte man für Hinrichtung des besagten Lannoy durch Feuer sechzig Pfennige. Dafür, dass er dessen Asche in den Fluss geworfen, erhielt er acht Pfennige. Blutige Pfennige, Vetter!

Philipp schrieb seiner Schwester Margareta: Feierlich protestiere ich gegen die Verleumdung, ich wolle die spanische Inquisition in den Provinzen einführen.

Weswegen, schrieb der König seinem Beichtvater, dem dicken Bischof von Cuenca, sollte ich die spanische Inquisition einführen? Die Inquisition der Niederlande ist erbarmungsloser als die spanische.

Granvella schrieb dem königlichen Sekretär Perez: Es ist zum Lachen, dass der König uns aus Spanien Denunziationen mitteilt, um mit ihrer Hilfe hier nach Ketzern zu spüren, als ob wir derer nicht Tausende kennten. Ich wollte, ich hätte ebensoviele Dublonen jährlichen Einkommens, als es öffentliche erklärte Ketzer in den Provinzen gibt.

An den König schrieb Granvella: Die grossen Herren wollen Ew. Majestät zu einem Schatten in den Niederlanden machen, zu einer blossen Ziffer. Montigny, der Gouverneur von Valenciennes, sagt laut, es sei nicht recht, um des Glaubens willen Blut zu vergiessen; nirgends in der Heiligen Schrift stehe, dass man Ketzer töten solle. Mit solchen Männern wollen wir Fortschritte machen? Und so geschah es zu Valenciennes: Als man die beiden Prediger Faveau und Mallart an den Pfahl band, auf dem Markt, rief Simon Faveau: ‚O ewiger Vater!' Da zog eine Frau aus dem Haufen ihren hölzernen Schuh aus und warf ihn nach dem Scheiterhaufen. Da stürzten viele gegen die Schranken, zertraten die brennenden Reisigbündel, rissen das Pflaster auf, brachen die hölzernen Schranken in Stücke, sangen die Psalmen Davids (in Marots Übersetzung), drangen vors Gefängnis (wohin die Inquisitionsdiener vom Pfahl die Prediger geschleift), befreiten die Gefangenen, führten sie vor die Stadt und sagten: ‚Lauft, Brüderlein, lauft!' Ich sandte Berittene und liess hinmetzeln. Die Behörden versäumten nichts, was zur Besserung der armen Leute dienen konnte. Montigny fordert, man solle die Bekehrten nicht strafen und die Obstinaten leben lassen, vielleicht bekehren sie sich noch!

Monströse Doktrin! schrieb Philipp an den Rand.

Granvella schrieb dem König: Diese Rhetoriker, welche Farcen machen, sind böse auf mich, weil ich ihnen vor zwei Jahren verwehrte, die Heilige Schrift zu verspotten. Auf die neuen Bischöfe und mich schütten sie Reime, Epigramme, Karikaturen, Scharaden und Pasquille aus, das klebt an allen Mauern, das geht von Hand zu Hand. In jeder Strasse spielt man Farcen, in denen wir Geistlichen als Narren figurieren, als ob das Volk nur durch Hohn über Kirche und Gott sich amüsieren lasse. Ich verbot die Farcen.

Der Kardinal schrieb dem Philipp: Sie haben ein Spottgedicht auf mich gemacht. Nur ein Burgunder sticht so fein, nur der Renard konnte das anfertigen. Er ist der Verführer des Egmont, der von Natur schwach, ein Freund des Dunstes, leicht zu missleiten und in der Hauptsache loyal ist. Ich möchte schwören, dass die Satire aus der Feder Renards stammt. Sie ist falsch und infernalisch und bedroht nicht nur mich, sondern auch den Heiligen Vater mit ebensolcher Schmach, wie sie in Deutschland üblich ist. Egmont weiss von dem Pasquill. Renard besucht das Haus des Grafen, geht mit ihm auf einem vertrautern Fuss um, als sich ziemt. Acht Tage, bevor die Satire in Umlauf kam, fand in Egmonts Haus ein Gespräch ganz ähnlich dem Pamphlet statt. Der Mann, in dessen Händen man zuerst das Machwerk erblickte, ist ein Schwertfeger, ein Patenkind Egmonts. Dieser Mann erklärt, er habe das fliegende Blatt im Tor der Stadthalle gefunden; gebe Gott, dass er es nicht war, der es dort hingelegt. Man erzählt, Egmont habe sich mehrmals von dem Schwertfeger Kopien des Gedichts holen lassen, das mehrt den Verdacht gegen ihn.

Philipp schrieb an den Rand dieses Briefes: Interessant!

Granvella schrieb dem König: Oranien und Egmont haben sich berichten lassen, ich hätte Ew. Majestät gesagt, Sie werde der Provinzen niemals Herr werden, wenn Sie nicht wenigstens ein halbes Dutzend Köpfe abschlagen lasse; und Ew. Majestät beabsichtige, da ein solches Vorhaben hier schwer auszuführen wäre, die ausersehenen Opfer nach Spanien zu rufen und dort hinzurichten. Ew. Majestät kann urteilen, ob mir je so etwas eingefallen ist. Ich habe darüber gelacht. Es ist eine der groben Fälschungen Renards. Dieselben Herren erzählten mir, der Herzog Alba habe zu Paris, da er als Geisel dort war, einen Bund zwischen Frankreich und Spanien zur Ausrottung der Ketzerei mit dem Schwerte geschlossen. Meine Absicht ist, die Grossen mit aller Nachgiebigkeit zu behandeln. In einem Punkte bin ich eisern: Die Autorität Se. Majestät. Mein Leben dafür!

Sehr gut!, schrieb Philipp an den Rand.

Es ist dringlich, schrieb Granvella, dass Ew. Majestät obigem Gerücht förmlich widerspreche!

Widersprechen!, schrieb Philipp an den Rand und schrieb seiner Schwester Margareta nach Brüssel: Der Kardinal riet mir nicht, das halbe Dutzend Köpfe abzuschlagen; aber vielleicht wäre ein solches Verfahren so übel nicht!

Granvella schrieb dem König: Graf Brederode, toll, wenn es je einen Tollen gab, besucht als Kardinal verkleidet jeden Mummenschanz; nie sah ihn einer nüchtern. Er und sein Vetter, ein Urenkel des berühmten Ebers der Ardennen, trieben den Spass so weit, dass sie Fuchsschwänze statt der Federn auf ihren Hüten trugen. Auch ihre Diener mussten an allen Stellen Fuchsschwänze tragen. Das sollte heissen, bald hätten sie den alten Fuchs Granvella zu Schanden gejagt. Ein Jägerwitz! Die Herren wollen an mein Leben. Man sagt, ich trüge ein Panzerhemd verborgen, lebte in Todesfurcht, sei vor Egmont und Oranien auf die Knie gefallen — Fabeln! Fabeln! Ich habe Mut. In mein Landhaus vor den Toren von Brüssel gehe ich jeden Abend allein. Morden mich die Herren, so morden sie ihren besten Freund. Mein Landhaus heissen sie „die Schmiede" und wollen auf meinen Grossvater anspielen, der angeblich zu Ornans ein Schmied war. Ew. Majestät wissen es besser.

Sehr gut!, schrieb Philipp an den Rand.

Ich gehe jetzt, schrieb Granvella, mit den Herren vom niedern Adel um. Diese empfehle ich Ew. Majestät. Es macht mich lachen, dass die grossen Herren von meinen Gastmählern sich fernhalten; ich habe immer zahlreiche Tischgäste, Adlige wie Beamte. Ich lade bisweilen sogar Bürger ein. Über das Haupttor meines bescheidenen Landhauses, das ‚La Fontaine' heisst, habe ich eine weibliche Marmorfigur von einem jungen, tüchtigen Künstler setzen lassen. In der einen Hand hält die Figur einen leeren Weinbecher, in der andern Hand eine Urne, aus welcher Wasser fliesst. Auf das Piedestal liess ich mein Motto schreiben: Durate! Denn meine Macht wird dank Ew. Majestät länger als diese Herren dauern! Und mein Wirken, nie versiegend und rein wie Quellwasser, wird ruhig fortfliessen, wenn der Wein ihres Lebens längst bis zur Hefe geleert ist.

Sehr gut!, schrieb Philipp an den Rand und fügte später hinzu: Was denkt dieser Mensch eigentlich?

Oranien schrieb seinem Freund nach Deutschland: Als in Frankreich der Bürgerkrieg ausbrach, bat der König von Frankreich seinen Schwager Philipp um Hilfe. Philipp schickte dreitausend spanische Fuss-Soldaten und dreitausend Italiener und befahl der Herzogin von Parma, zweitausend flandrische Reiter zu senden. Wir im Staatsrat tobten. Wir mussten schliesslich Gelder für fünfzehnhundert Soldaten bewilligen und baten um Berufung der Generalstaaten. Der König verbot es und forderte neues Geld. Wir weigerten es und sandten den Montigny. Ungern fuhr er in die Höhle des Löwen. Die Niederländer haben Rechte! Und Philipp bricht sie! Es gibt keinen König in den Provinzen. Philipp ist König von Spanien, oder von Jerusalem, aber in Friesland heisst er Herr, in Flandern Graf, Herzog in Brabant, anderswo anders.

Die Herren, schrieb Granvella, sagen ihren Gläubigern, sie hätten ihr ganzes Vermögen im Dienste Ew. Majestät ausgegeben und niemals Gehalt bekommen. Dies tun sie, um Ew. Majestät verhasst zu machen. Es sind Demagogen, die ihre Landsleute nicht verbrennen wollen, weil sie um des Pöbels Gunst buhlen. Dieses Gerede von der Inquisition ist ein Vorwand. Es soll nur dem grossen Haufen Staub in die Augen streun und den Pöbel in den Aufruhr hetzen! Ich kann Beleidigungen gegen mich vergeben. Wollte Gott, die Herren entschlössen sich, die Autorität Ew. Majestät zu verteidigen. Ich will sterben, wenn es nicht mein Wunsch ist, auch dem geringsten dieser Herren Gutes zu tun. Ew. Majestät weiss, dass ich es nie verschweige, wenn einer von ihnen etwas im Interesse Ihres Dienstes getan hat. Trotzdem sind sie nun einmal so gesinnt. Ich hoffe doch, diese Laune wird vorübergehn, und wenn Ew. Majestät kommt, so wird Sie alle Adligen des besten Lobes würdig finden.

Sehr richtig!, schrieb Philipp an den Rand. Sehr gut gesagt! Aber wozu in die Provinzen kommen? Ich mag die Seereisen nicht. Ich mag die Niederländer nicht!

Ich bedaure, schrieb Granvella, Ew. Majestät unterrichten zu müssen, dass der Egmont neuerdings lau wird. Eines Tages werden ihm die Augen aufgehn.

Sehr richtig!, schrieb die Majestät an den Rand.

Ich will, schrieb Granvella, für alles Gesagte nicht einstehn. Ich hoffe, schrieb Granvella, die Herren ändern ihr Betragen noch. Dem Oranien schreibt man folgendes Wort zu: ‚Höre ich Katholiken diskutieren, will ich Lutheraner werden, und bin ich unter Lutheranern, beschliesse ich, Katholik zu bleiben.

Die Lauen, schrieb Philipp an den Rand, hasse ich zumeist. Ich mag diese Toleranz nicht! Gut zu Guten, böse zu Bösen sein!

Ich habe, schrieb Granvella, eine Geschichte gehört, die ich mich verpflichtet fühle, mitzuteilen, obgleich ich sie nicht völlig glaube. Ich halte es für meine Schuldigkeit, die Nachricht nicht zu verschweigen, weil sie genau mit einer Angabe übereinstimmt, die ich aus einer andern Quelle habe. Die Geschichte ist die, dass einer dieser Herren, (ich weiss nicht, welcher) gesagt hat, ehe man den König seinen Willen gegen die Privilegien durchsetzen lasse, werde der Adel lieber einem andern Prinzen des Hauses die Souveränität übertragen. Dies ist vielleicht mehr ein Einfall als ein Entschluss. Graf Egmont wechselt jedenfalls unaufhörlich Briefe mit Maximilian, dem König von Böhmen, und deswegen glaubt man, dieser sei der Prinz des Hauses Habsburg, der zum Regenten der Niederlande gewählt werden solle. Der Plan lautet, dass man erst die Wahl Maximilians zum römischen König durch gütliche oder gewaltsame Mittel durchsetzen und dass dann Maximilian eine Armee zum Angriff auf die Niederlande sammeln solle, während man in den Provinzen gleichzeitig eine Bewegung zu seinen Gunsten vorbereite; das Volk solle zur Empörung bewogen werden, indem man ihm in der Religion die Zügel schiessen lasse. Der Briefwechsel zwischen Egmont und Maximilian kann freilich nicht in Erstaunen setzen, da schon zur Zeit des verstorbenen Kaisers eine grosse Vertraulichkeit zwischen ihnen bestand. Die Häufigkeit der von ihnen gewechselten Briefe scheint mir deshalb noch kein Beweis dafür, dass die Absicht, ein Heer zur Eroberung der Provinzen zu sammeln, existiert. Im Gegenteil, Maximilian wird einen solchen Plan nicht ohne den Beistand seines Vaters, des Kaisers Ferdinand, ausführen können, der doch um keinen Preis an einer solchen niederträchtigen Intrige gegen Ew. Majestät wird teilnehmen wollen. Überdies glaube ich nicht, dass irgend einer der grossen Adligen Macht genug hat, dergestalt nach Belieben über die

Provinzen zu verfügen; es müsste denn das Volk durch die schlechten Ratschläge, die man ihm täglich gibt, erst noch ärger verdorben werden. Aus diesen Gründen ist diese Geschichte als unwahrscheinlich zu verwerfen, obwohl sie aus dem Hause des Grafen Egmont herstammen soll. Alles zusammen, betrachte ich den Grafen Egmont als einen der loyalsten von allen Seigneurs, wenn der Schein nicht trügt.

Philipp schrieb an den Rand: Achtung auf den Schein!

Ich vergesse nicht, schrieb Granvella, dass die Rache Gott gehört. Ich rate Ew. Majestät, sich zu verstellen und zu tun, als wisse Sie nicht, was in den Provinzen vorgeht. Ich lege Ihnen Entwürfe für Ihre Briefe an die Niederländer bei und Anregungen für Ew. Majestät Gespräche mit dem Montigny.

Granvella schrieb dem König: Der Prinz von Oranien soll gesagt haben: ‚Eines Tages werden wir die Stärkern sein!'

Im Herbst 1562 schrieb Montigny aus Madrid an Egmont: Philipp empfing mich gnädig. Er habe, sagte er mir, nicht die Absicht, die spanische Inquisition in den Niederlanden einzuführen. Ich fahre unzufrieden nach Haus. Es wird weiter verbrannt, doch unter der Versicherung, das mache nicht die spanische Inquisition, sondern die heimische. Bei der Abschiedsaudienz hat Philipp mich gebeten, aufrichtig über die Ursachen des Missvergnügens in den Niederlanden zu sprechen. Ich sprach von der Tyrannei Granvellas und sagte: ‚Alle guten Niederländer denken so. Granvella und die Inquisition sind schuld.'

Montigny schrieb an Oranien aus Paris: Hier sagt man, Egmont und Oranien fechten für die Hugenotten.

Wilhelm schrieb seinem Bruder Ludwig: Ich geriet in Wut über dieses Gerücht. Ich bin ein Katholik. Ich hob im Staatsrat an, zu schrein: ‚Das stammt von Granvella! Der Kerl verleumdet mich!' ‚Ruhe! Ruhe!' bat Margareta mit ihrer tiefen Stimme. Ich und Egmont und Horn und Montigny und Bergen erklärten: ‚Wir oder Granvella! Entweder Granvella stürzt oder wir verlassen den Staatsrat.'

Am 11. März 1563 schrieben Oranien, Egmont und Horn dem König: Alles liegt in Granvellas Hand. Darum muss er fort. Der Kardinal ist verhasst. Die Gefahr ist dringend. Will man alle verletzen, um einen zufrieden zu stellen? Wir sind frei von Ehrgeiz und Gewinnsucht. Wir bitten, uns aus dem Staatsrat zurückziehn zu dürfen. Die Rücksicht auf unsern Ruf und das Interesse des Königs verbieten uns, mit dem Kardinal die Regierung zu teilen. Wir sind pflichtgetreue Untertanen, katholische Vasallen. Ohne uns gäbe es keine Ruhe im Land. Das gemeine Volk erleidet zu viel Unrecht. Der Kardinal führt sich schändlich auf. Man gebe uns keine Schuld, wenn ein Unglück kommt!

Granvella kündete dem König einen Tag zuvor dieses Schreiben an und legte den Entwurf einer Antwort bei.

Am 6. Juni antwortete Philipp: Er anerkenne den löblichen Eifer; sie hätten die Gründe zu nennen vergessen; solche Dinge bespreche man besser mündlich; er sei nicht gewohnt, Minister ohne Untersuchung zu verurteilen oder ohne Grund zu entlassen. Vielleicht komme einer der Herren nach Madrid und erkläre alles!

Granvella schrieb dem König: Man sagt, die Grossen und das Volk verabscheuen mich. Stimmt. Aber warum? Weil ich für den König stehe! Darum dulde ich viel! Ich spotte darüber wie über eine Schnecke. Aber des Königs Dienst leidet!

Philipp schrieb an Margareta: Ich möchte, dass Egmont, der trätabelste der drei, nach Madrid komme. Ich habe die Absicht, Uneinigkeit unter den Grossen zu stiften. Ich will Zeit gewinnen.

Philipp schrieb an Egmont: Kommen Sie nach Madrid! Raten Sie mir!

Ludwig von Nassau schrieb seinem Bruder Wilhelm von Oranien: Das ist ein kalter Bescheid nach so langer Frist. Der Brief kommt aus des Kardinals Schmiede. Der Kardinal leitet alles. Margareta und Philipp, wir und die Niederlande sind seine Puppen. Der rote Puppenspieler stürze, sonst...

Margareta schrieb ihrem Bruder Philipp: Egmont erklärte, er sei nicht abgeneigt, nach Spanien zu fahren, müsse aber erst Horn und Oranien fragen. Danach erklärte er, es sei nötig, alle Herren, die den Brief gebilligt, zu Rat zu ziehn. Ich habe die Versammlung zu Brüssel erlaubt, weil ich sie nicht verbieten konnte. Bald sende ich meinen Sekretarius nach Spanien, zur bessern Unterrichtung.

Egmont schrieb dem König: Ich lehne es ab, bloss wegen des Kardinals die lange, beschwerliche Reise nach Spanien zu machen. Ich bin bereit, zu jedem andern Zweck nach Spanien zu kommen.

Vier Tage später schrieben Oranien, Egmont und Horn zum zweiten Mal dem König: Wir sind zu Rate gegangen. Uns scheint es gefährlich, dass einer von uns nach Spanien reist. Granvella ist kein Anlass zu einer Reise. Wir sind im Prozess gegen Granvella keine Ankläger. Wir meinten, eine kurze Mitteilung reiche hin, Ew. Majestät zu bewegen, den Kardinal in einer andern Stellung, wo seine Talente von Nutzen sein könnten, zu verwenden. Wenn Ew. Majestät die Bemerkung machte, dass wir den Kardinal anklagten, ohne unsere Beschwerde zu nennen, so erwidern wir, es ist nicht die Rede von einer Anklage, sondern von der Notwendigkeit, den Kardinal seines Amtes zu entheben. Dass wir keine Ursache angeführt, hat seinen Grund nicht in einem Mangel solcher Ursachen. Wir erwarteten, im Vertrauen auf unsere frühern Verdienste werde Ew. Majestät ohne Beweise uns Glauben schenken. Wir bitten, uns vom fernern Dienst im Staatsrat zu dispensieren. Der Streit zwischen uns und dem Kardinal im Staatsrat ist nicht erspriesslich für die Geschäfte Ew. Majestät. Zum Schluss bitten wir den geraden Stil unserer Briefe zu entschuldigen, da wir von Natur keine Redner, sondern zum Handeln geschickt sind, wie das Personen unserer Stellung geziemt.

Die Regentin Margareta sandte ihren Privatsekretär Thomas de Armenteros mit einem Brief nach Madrid. Er war ihr Liebling und ihr Lakei, verwegen und üppig, er sollte vom Fortschritt der Ketzerei und von der Armut der Schatzkammer reden. Granvella war zu stolz, um ihn zu kaufen. Sie schrieb: Ich will beide Seiten vorstellen, die Erfahrung Granvellas und die Bedenklichkeit, ihn gegen das ganze Volk zu halten. Die Herren haben einen förmlichen Protest übergeben und ausgesprochen, dass das Land auf dem geraden Weg zum Verderben sei: Die Schatzkammer leer; das Volk unzufrieden; die Grenzfestungen verfallen; die niederländischen Kaufleute im Auslande in Gefahr, für die Schulden des Königs in Haft genommen zu werden. Da gebe es nur ein Mittel: Die Berufung der Generalstaaten. Seit diesem Protest blieben Horn, Oranien, Egmont dem Staatsrat fern.

Armenteros an Margareta: Nach einem Monat langte ich schon in Madrid an. Ich kam in Audienz, vier Stunden lang; ich las dem König Urkunden und Briefe vor und geheime Berichte und Spitzelberichte und las und las und bat um eilige Entschliessung. Philipp hat andere Sorgen. Er schickte alle Briefe der Herren und mehr Papiere noch an den Herzog Alba.

Alba schrieb dem König: So oft ich die Depeschen jener drei flämischen Herren ansehe, gerate ich in solche Wut, dass ich bald, nähme ich mich nicht zusammen, wie ein Rasender erschiene. Sie klagen den Kardinal an, nur weil er sich gegen die Einberufung der Generalstaaten wehrt. Den Herren soll man die Köpfe abschlagen; bis das geschehen kann, möge Ew. Majestät sich gegen sie verstellen. Ich empfehle solche Behandlung nicht als ein wahres Heilmittel, sondern nur als ein Palliativ. Den Kardinal abzuberufen, was sie vorzuschlagen die Unverschämtheit gehabt haben, rate ich ab. In der Zwischenzeit, bis man zu jener angedeuteten kräftigen Züchtigung zu schreiten imstande ist, möge man die Grossen veruneinigen, indem man den Egmont, der sich leichter als die andern wird fangen lassen, mit Schmeicheleien betört.

Granvella schrieb dem König: Seit der Rückkehr Montignys haben die Herren eine Liga gegen mich geschlossen. Wer nicht beitreten will, den heissen sie Kardinalisten. Meine Devise lautet: Ruhe, Ruhe! Es betrübt mich, dass Zerwürfnisse um meinetwillen entstanden sind. Unter der Hand treffe ich Massregeln, das Volk gegen die Herren einzunehmen. Ich lege einen Entwurf für eine Antwort an die Grossen bei, bitte aber, mich zu opfern, wenn es das Interesse des Landes erheischt.

Granvella schrieb dem König: Um der Liebe Gottes willen nehme Ew. Majestät die Inquisition kräftig in Ihre königliche Hand; sonst können wir nur rufen: Hilf, Herr, wir gehen zugrunde. Es ist sehr schlimm, wenn das Interesse regiert. Oranien hat neunmalhunderttausend Gulden Schulden und fünfundzwanzigtausend Einkommen jährlich, indes er neunzigtausend ausgibt und Grafen in grosser Zahl in Diensten hält. An einem Tag entliess er neunundzwanzig Köche und behielt genug. Es wäre gut, einige dieser Grossen in Spanien anzustellen, vielleicht nähme Oranien die Würde eines Vizekönigs von Sizilien an.

Granvella schrieb dem König: Wir haben so viel Lärm gemacht, dass Bergen endlich gezwungen worden ist, ein paar Ketzer zu Valenciennes zu verbrennen. So zeigt sich deutlich, dass sich viel ausrichten liesse; dass wir aber nur wenig machen können, so lange er seine Statthalterschaft behält. Montigny gar hat zur Fastenzeit Fleisch gegessen, wie mir der Bischof von Tournay durch einen reitenden Boten mitteilt. Wir haben endlich wieder einmal einen Prediger lebendig verbrannt. Der Ketzer heuchelte Reue, um sein Leben zu retten; da er entdeckte, dass wir ihn auf jeden Fall enthaupten würden, nahm er seinen Widerruf zurück. Und so verbrannten wir ihn denn! Der Oranien, der Egmont, der Horn, der Montigny, der Bergen hielten eine sehr geheime Zusammenkunft in der Abtei La Forest bei Brüssel, ich weiss nicht, was vorging, ich kann es nicht erraten, auch zu Weerth hielten sie eine Konferenz, ich weiss nicht worüber, das ist verdächtig.

Philipp schickte diesen Brief an Alba, an den Rand hatte er geschrieben: Sehr verdächtig!

Granvella schrieb dem König: Sie wollen eine Republik errichten! Oranien soll gesagt haben: ‚Die christliche Religion ist eine Erfindung, um das Volk zu zähmen.'

Granvella schrieb: Mit Sorge sehe ich so viele deutsche Truppen an der Grenze versammelt; sollen sie den Herren dienen? Oranien und Egmont verleumden mich schamlos. Sie behaupten öffentlich, ich verdächtigte sie bei Ew. Majestät. Haben die Kerle einen bessern Freund als mich? Oranien prahlt ewig mit seinem Einfluss in Deutschland und von den grossen Dingen, die er durch seine Verbindungen dort bewirken könne, so dass wir kein anderes Lied hören als dieses. Die Herren wollen alle Räte bis auf den Staatsrat beseitigen. Der Bergen steckt dahinter. Sie wollen die Staatsform ändern. Bergen will schon jetzt in allen Stücken befehlen, die Herzogin wird bald nichts mehr zu tun haben. Ja, sie wollen Ew. Majestät unter Vormundschaft stellen. Auf eine Subsidienforderung würden die Generalstaaten heute mit einem Volksaufstand antworten. Das ist die einfache Wahrheit. Obendrein wird in kurzer Zeit auch keine Religion mehr im Lande sein.

Granvella schrieb dem König: Ein Edelmann aus Burgund hat neulich beim Prinzen von Oranien, während Horn und Montigny dort logierten, gespeist. Bei Tische fragte Montigny den fremden Kavalier, der weit von ihm entfernt sass, mit sehr lauter Stimme, ob es viele Hugenotten in Burgund gebe. ‚Nein', antwortete der Burgunder, ‚auch würde man ihnen dort nicht gestatten zu existieren.' ‚Dann kann es nur sehr wenig Leute von Verstand dort geben', sagte Montigny darauf, ‚denn die, welche einigen Witz haben, sind meistens Hugenotten.' Der Prinz von Oranien bemerkte, um dem Gespräch ein Ende zu machen, die Burgunder hätten ganz recht, zu bleiben, wie sie seien; worauf Montigny versicherte, er habe in der letzten Zeit so viele Messen gehört, dass er für drei Monate genug daran habe. Das mögen Spässe sein, aber es sind sehr schlechte Spässe im Munde eines Mannes, der die Religion in Tournay bewachen soll.

Ich flehe Ew. Majestät an, schrieb der Granvella, alles streng für Sie zu behalten. Ein Bandit aus Genua, von der Herzogin wegen eines Mordes des Landes verwiesen, erhielt zu Weerth ein Asyl beim Grafen Horn; man will ihn anstiften, mich zu ermorden.

Ich freue mich, schrieb Granvella dem König, dass das Gerücht, Ew. Majestät sei ermordet worden, log. Auch ich, im Vergleiche nur ein Wurm, werde von so vielen Seiten bedroht, dass mich mancher schon als tot betrachten mag; trotzdem will ich mit Gottes Hilfe versuchen, so lange zu leben, als ich kann. Und wenn sie mich töten, so hoffe ich, werden sie damit nicht alles gewinnen. Ich sage diese Dinge nicht, um Ew. Majestät gegen irgend jemanden einzunehmen. Gott weiss, dass ich immer mit Achtung von den Herren rede, was sich von ihren Reden über mich nicht sagen lässt. Aber Gott verzeihe ihnen allen. In Zeiten wie diesen muss man seine Zunge hütten. Man muss stillhalten, wenn man nicht in ein Hornissennest stechen will.

Philipp schrieb an den Rand: Obiges zur falschen Nachricht aus Flandern, dass sie mich mit einem Büchsenschuss gemordet haben!

Das Mittel, schrieb Granvella, das ich empfehle, um dem künstlich erregten, öffentlichen Missvergnügen zu begegnen, wäre der Besuch Ew. Majestät in den Provinzen. Ew. Majestät wird die ganze Krankheit mit einem Mal heilen, sobald Sie nur erscheint und das Zeichen des Kreuzes macht. Für den Prinzen von Oranien könnte man einen Kopfpreis aussetzen, dreissig- bis vierzigtausend Dukaten für seinen Mörder, wie es von je die Fürsten in Italien tun. Vielleicht genügt schon diese Ankündigung, um ihn vor Furcht zu töten, er ist feige. Macht man die Auslobung in Frankreich oder Italien, findet man vielleicht sogar einen Narren, der es für Geld versucht.

Granvella schrieb dem König: Der Kaufmann Kasper Schetz, Ew. Majestät Finanzagent an der Antwerpener Börse, gab den Herren ein Essen, wobei der Wein und der gemeine Witz in Strömen flossen, sie scherzten ob dem Pomp, den ich angeblich entfalte, besonders in Livreen meiner Diener. Genug des Geschwätzes Trunkener! Einer tat den Vorschlag, eine gemeinsame Livree für alle Diener der anwesenden Herren zu erfinden, eine schlichte Livree. Sie würfelten, den Egmont traf es, die Livree auszuhecken. Paar Tage später zeigten Egmonts Bediente die neue Tracht: Jacke und Hose vom gröbsten grauen Tuch, mit langen, hängenden Ärmeln, ohne Gold und Silbertressen. Eine Mönchskapuze oder Narrenkappe mit Schellen ist auf beide Ärmel gestickt. Die Narrenkappe soll darauf deuten, dass ich die Herren Possenreisser hiess. Auch Brutus trug die Kleider eines Narren! wollen sie sagen. Arme Brutusse! Die neue Tracht wird Mode. Erst trugen nur die Diener sie, schon tragen's die Herren, an die Stelle der Kappen tun sie ein Bündel Pfeile oder eine Weizengarbe, offenbar ein Symbol der Verschwörung!

Hat Granvella recht?, schrieb Philipp an den Rand und zeigte den Brief dem Alba. Was meinen Sie, Herzog? Ist es nicht besser, den Kardinal gehn zu lassen? Und den Egmont nach Madrid zu rufen?

Der König Philipp schrieb an die Regentin: Züchtige die Ketzer! Berufe keinesfalls die Staaten! Wegen Granvella bin ich noch mit Erwägung beschäftigt. Ich bin erstaunt, dass die Herren aus dem Staatsrat wegbleiben und gebiete ihnen peremptorisch, auf ihre Posten zurückzukehren.

Philipp schrieb eine geheime Note an die Herzogin: Ich schrieb an die drei Herren, liess aber den Brief noch nicht abgehn, weil ich wünsche, dass Armenteros vorher ankomme. Ich schliesse diesem Briefe zwei Briefe an Egmont bei. Übergib ihm jenen, welcher den Umständen nach der beste scheint. In dem einen Brief nehme ich Egmonts Anerbieten einer Reise nach Madrid mit Freuden an; in dem andern lehne ich es höflich ab.

Ich habe, schrieb Philipp eigenhändig und geheim dem Granvella, nachgedacht. Ich habe auch berücksichtigt, dass die Verräter bei einer Empörung mit Ihnen nur anfangen werden, um sodann weitere Pläne auszuführen. Besonders habe ich das in Betracht gezogen, was Sie in Betreff des Mörders aus Genua vernommen haben, den der Horn zu Weerth bewirtet. Das alles erfüllt mich mit grosser Sorge. Ich will Ihr Leben, dessen Fortdauer für mein Interesse so wichtig ist, erhalten sehen. Ich habe daher gedacht, um dem Hass Zeit, auszutoben, zu vergönnen, werde es das beste sein, wenn Sie das Land für einige Tage verlassen, um Ihre Mutter zu besuchen, mit Wissen der Herzogin, meiner Schwester, und mit ihrer Erlaubnis, welche Sie erbitten werden, und die ich ihr befohlen habe, Ihnen zu erteilen, ohne dass sie merken lasse, dass Sie von mir Befehl zu jenem Schritt erhalten haben. Sie werden sie auch bitten, an mich zu schreiben, um meine Billigung dessen, was sie tun wird, einzuholen. So wird weder meine noch Ihre Autorität leiden; und je nach der Wendung, welche die Dinge später nehmen mögen, lassen sich Massregeln treffen, sowohl für Ihre Rückkehr, wenn sie rätlich erscheint, als auch für alles andere, was einer Regelung bedürfen wird.

Die Regentin übergab dem Egmont jenen Brief Philipps, der des Grafen spanische Reise ablehnte.

Oranien an seinen Bruder Ludwig: Am 13. März verliess der Kardinal Brüssel. Ein Witzbold klebte ans Tor des Palastes Granvellas ein grosses Plakat mit der Inschrift ‚Sogleich zu verkaufen'. Der Kardinal fuhr mit Gefolge, Equipagen und Prunk. Die Regentin lieh ihm ihre Maultiere. Brederode und Hoogstraaten sahen zusammen vom Fenster eines Hauses am Caudenberger Tor der Abreise zu. Als der Kardinal das Tor nach Namur passiert hatte, liefen beide Grafen auf die Strasse, setzten sich zusammen auf ein Pferd, Hoogstraaten (der Stiefel trug) in den Sattel,

Brederode hintenauf, und galoppierten hinter Granvella drein und schrien wie Schulknaben und eskortierten den gestürzten Minister ein gut Stück Wegs. Einmal kamen sie seinem Wagen, da der eine Schlucht passierte, so nahe, dass sie ihn von der Höhe des Abhangs, wo sie Halt machten, hätten anreden können; aber sie zogen die Krägen ihrer Mäntel über ihre Gesichter und liessen ihn unangefochten ziehn.

Von Namur schrieb Granvella der Herzogin: Bitten Sie Se. Majestät um gnädige Entschuldigung für meine Abreise aus Brüssel, zu der mich Gründe privater Natur veranlasst haben.

Von Besançon schrieb Granvella dem König: Um meine Mutter, die ich seit neunzehn Jahren nicht sah, einmal aufzusuchen, machte ich einen Ausflug nach Burgund. Die nötige Erlaubnis erhielt ich von der Herzogin, die mir freundlich versprach, mit dem ersten Kurier an Ew. Majestät zu schreiben und Ihre Billigung zu erbitten.

Von Besançon schrieb Granvella der Regentin: Einige Herren wollen von Armenteros erfahren haben, ich hätte auf des Königs Befehl das Land für immer verlassen; das ist eine boshafte Erfindung Renards, über welche ich natürlich nur lachen kann.

Philipp schrieb seiner Schwester: Ich kann es nicht übel nehmen, dass Sie dem Kardinal Granvella für zwei oder drei Monate Urlaub zur Erledigung einiger Privatgeschäfte gegeben haben.

Diesen Brief liess die Herzogin im Staatsrat verlesen.

Philipp schrieb dem Kardinal vertraulich: Eben erst habe ich vernommen, dass Sie von der Regentin Urlaub erhielten für einen Besuch bei Ihrer Mutter.

Diesen Brief wies Granvella allen vor, zum Beweise, dass sein Abschied nur ein Ausflug war.

Auch dem Sekretär des Königs, dem Perez, schrieb Granvella das einstudierte Märchen von der Mutter. Perez hatte Philipps Abberufungsschreiben aber aufgesetzt. Ein grosser Mann, schrieb Granvella dem Perez, gleicht einem See, aus welchem eine durstige Menge trinkt, bis das Wasser trübe wird und endlich zur Neige geht. Die Macht sieht nur von vorne reizend aus. Das, was man besitzt, scheint immer von geringerm Wert, als was man erhofft.

Ich lebe hier an einem reizenden Ort, schrieb er an einen Freund, und habe Sie mir schon tausendmal hergewünscht; denn ich bin gewiss, dass Sie mein Landgut würdig finden würden, der Sitz der Musen und der Philosophen zu sein. Wir haben schöne, himmelhohe Berge hier, mit fruchtbaren Hängen, reich an Weinbergen und Obstbäumen; wir haben reizende Täler mit kühlen Forellenbächen, deren kristallhelles Wasser in unzähligen Kaskaden schäumt. Wir haben schattige Haine, liebliche Wiesen; dort grosse Wärme, hier trotz der Glut des Sommers köstliche Kühle. Auch fehlt es keineswegs an guter Gesellschaft von Freunden und Verwandten, und die Weine sind, wie Sie wohl wissen, die besten in der Welt. Das ist meine Philosophie, so fröhlich wie möglich zu leben und über die Welt zu lachen. Freilich wäre ich auf meines Königs Befehl bereit, nach Indien, nach Peru oder ins Feuer zu gehn oder auch in die Niederlande zurück. Hier lebe ich wie ein Philosoph und trage den Bart bis zum Gürtel.

Die Herzogin Margareta schrieb ihrem Bruder Philipp: Jetzt bin ich besser unterrichtet. Granvellas Absicht ging auf eine Revolution. Er wollte im Trüben fischen. Er war gegen die Generalstaaten, weil er fürchtete, man werde sein Spiel durchschaun und seine Räuberei entdecken; deswegen nährte er die Zwietracht. Ich lege ins Einzelne gehende Akten über seine Unterschleife und seinen Ämterhandel bei. Granvella ist ein fürchterlicher Lump!

Gleichzeitig schrieb sie dem Granvella: Ich bereue tief, für einen Augenblick auf Oraniens Rat gehört zu haben. Überall will ich öffentlich erklären, dass Sie in Ihren Sitten ein Ritter ohne Tadel und in Ihrer Verwaltung ein höchst uneigennütziger Diener des Königs sind. Ich weiss, welche Dankbarkeit ich Ihnen schulde. Ich liebe Sie wie einen Bruder. Wenn die flämischen Herren mich verleitet haben, Sie aus Ihrer Stellung zu drängen, so bereue ich diesen Schritt aufrichtig und bekenne, mein Fehler war so schwer, dass der König, mein Bruder, mir von rechtswegen das Todesurteil sprechen sollte. Freilich hassen die Herren Sie sehr, sie würden Sie lebendig essen, wenn man Sie bekäme. Graf Mansfeld richtete zu Luxemburg anlässlich der Taufe seines Sohnes eine Mummerei aus, wo die Figur eines Kardinals, mit dem roten Hut auf dem Kopf, zu Pferde ritt. Vor ihm schritt ein Eremit mit langem, weissem Bart und betete den Rosenkranz. Hinter der Kardinalsfigur ritt der Teufel und schlug mit einer Peitsche aus Fuchsschwänzen auf Ihr Abbild. Damit spielten sie auf die Pasquille des Simon Renard an.

Oranien schrieb seinem deutschen Freund: Granvella fuhr nach Rom. Er ist ein Sklave dem Schein nach, in Wahrheit ein Despot. Er will die Welt regieren, indem er den König Philipp beherrscht. Er schreibt und spricht sieben Sprachen und ist sehr belesen. Er ist ein Kunstkenner, baut schöne Paläste, sammelt Gemälde, ein eleganter Mann. Er lebt üppig. Er ist habgierig und grausam. Sein Motto ist: Durate. Er will Papst werden. Der Kaiser Maximilian behauptet bis heute, Granvella habe einst versucht, ihn zu vergiften. Der Mann ist zu allem fähig. Wir waren früher, zur Zeit des Kaisers Karl, Freunde. Später erkannte ich ihn. Er ist unser gefährlichster Feind!

Oranien, Egmont und Horn schrieben dem König: Da der Kardinal ging, kehren wir zurück, gehorsam wie immer.

Oranien schrieb an seinen Bruder Ludwig von Nassau: Erstens die Berufung der Generalstaaten! Zweitens die Abschaffung der Ketzeredikte! Drittens die Aufhebung des Finanzrats und des geheimen Rats zugunsten des Staatsrats! Schluss mit dem Absolutismus Philipps, Schluss mit der Korruption seiner Beamten, die alle käuflich sind! Käuflich sind seine Richter, eine Ware ward sein Recht! Ein Armer hat nur Schaden, Schande und Tod zu erwarten. Meine Hände sind rein. Ich darf es aussprechen, wie verrottet unsere Provinzen unter Granvella und Margareta wurden. Ich spreche es aus, auf die Gefahr, dass man mich einen Intriganten, ja einen Ehrgeizigen heisst. Ich bin dreissig Jahre alt, mein Antlitz ist von Sorgen zerfurcht, mein Fleisch fiel ab, meine Nächte sind ohne Schlaf. Ich bin traurig, und man liest es in meinem Gesicht. Ich kann nicht wie der Egmont kindisch werden; im kurzen Wams mit den Weizengarben an beiden Ärmeln speist er an der Tafel der Herzogin; mit den Handwerkern schiesst er nach dem Vogel, nennt jeden Kellner bei Namen und scharwenzelt in den Zunfthallen um Schneider und Schuster. Ich kann einem Armenteros nicht schöntun. Ich muss zuweilen eine Stunde im Vorzimmer der Herzogin warten, da niemand in ihrer Stube ist als dieser Schreiber. Was treibt sie mit ihm? Er ist ein Dieb öffentlicher Gelder. Er handelt mit Pfründen und Ämtern. Die Leute heissen ihn ‚Argenteros', wegen seiner Geldgier, oder ‚Madames Barbier', wegen Margaretens Schnurrbart usw. Man sagt, die Regentin teilt mit ihm. Sie stürze sich mit verhängtem Zügel in das Geschäft, Stellen an den Meistbietenden zu verkaufen. Oft, wenn der Staatsrat grosse Geschäfte abhandelt, tuschelt Margareta mit Armenteros, sie kichern oder streiten halblaut. Das sind die Häupter der Niederlande. Als ein Staatsrat kürzlich redete, fragte die Herzogin mit gelangweilter Miene: ‚Wovon spricht der Mann?' Bruder, Wölfe hausen unter uns! Die Gefängnisse sind mit Unschuldigen gefüllt; eine Hinrichtung folgt der andern. In Madrid tobt der König. In Flandern tobt der Titelmans. Im Staatsrat brachten wir eine Adresse der vier Staaten von Flandern gegen den Titelmans zur Sprache. Aber Margareta wollte nichts in der Sache tun. In Wahrheit zittert sie vor Titelmans in tödlicher Furcht. Er steht vor der Tür ihres Schlafzimmers, in der Frühe, wenn die Vögel erwachen und die Herzogin noch zu Bett liegt, und klopft an die Tür, und ruft: ‚Der Titelmans, Frau Herzogin! Audienz für den Titelmans!' Und die Herzogin öffnet ihm, wider Willen.

Im August 1564 schrieb Philipp seiner Schwester Margareta: Ich befehle, die Beschlüsse des Konzils zu Trient in allen Niederlanden unverzüglich auszuführen. An der Unfehlbarkeit des Konzils, wie einige getan haben, zu zweifeln, ist die teuflischste aller Ketzereien. Daher hat der Erzbischof von Granada dem Bischof von Tortosa mit vollem Recht erklärt, dass sie ihn verbrennen würden, wenn er seine Zweifel in Spanien äusserte. Die Beschlüsse beziehn sich auf der Kirche Lehren, auf die Reformation der geistlichen Moral und die Erziehung des Volks. Die Ketzer sind ausgeschlossen aus dem Volk. Wirtshäuser sollen keine Gäste, Schulen keine Kinder, Hospitäler keine Armen, Kirchhöfe keine Leichen aufnehmen, wenn nicht Gäste, Kinder, Leichen und Arme ihre Orthodoxie beweisen können. Nur orthodoxe Hebammen dürfen säugen, binnen vierundzwanzig Stunden müssen sie jede Geburt anzeigen, um der katholischen Taufe willen. Im Himmel und auf Erden sollen Ketzer ausgeschlossen sein.

Margareta schrieb dem königlichen Sekretär Perez: Ich fürchte den Aufstand der Niederlande! Ich beschloss, den Egmont nach Spanien zu senden. Der Präsident Viglius äusserte, das Volk habe sich nicht in die Theologie zu mischen, und legte einen Entwurf zur Instruktion des Grafen vor. Das Konzept war mässig. Wilhelm von Oranien sagte: ,Wir schicken einen Abgesandten vom Range des Grafen Egmont, um dem König die Wahrheit zu sagen. So sage man sie denn! Und eröffne ihm geradeheraus, dass seine ganze Maschinerie von Edikten und Schafotten, von neuen Bischöfen und alten Henkern, von Dekreten, Inquisitoren und Denunzianten ein für alle Mal kaputt ist. Die Niederlande sind freie Provinzen, umgeben von freien Ländern, und entschlossen, ihre alten Privilegien zu verteidigen. Ausserdem muss Se. Majestät vollständig von der furchtbaren Korruption unterrichtet werden, welche dem Gericht und der Verwaltung die Achtung des Volkes raubt. Die Käuflichkeit herrscht notorisch, auf der Gerichtsbank, im Ratszimmer, in allen Ämtern. Ich klage an den Kanzler von Brabant, Engelbert Maas, ich klage ihn der Schurkerei und Bestechung an. Die zwei untern Räte sind voll von korrupten Kardinalisten, und abzuschaffen. Der Staatsrat muss durch zehn oder zwölf Patrioten verstärkt werden. Die Trienter Beschlüsse, von der ganzen Welt und sogar von den katholischen Fürsten Deutschlands verschmäht, können niemals den Provinzen aufgezwungen werden; schon der Versuch schafft die äusserste Gefahr. So müssen wir den Grafen Egmont instruieren. ‚Ich selber', sagte der Oranien, ‚bin ein Katholik und gedenke, bei diesem Glauben zu verharren. Ich kann es aber nur mit Kummer ansehn, wenn ein Fürst die Seelen beherrschen und den Menschen ihre Gewissensfreiheit und ihre Religionsfreiheit nehmen will.' (Damit meinte er den König.) Oraniens Rede währte bis sieben Uhr abends. Da ich schon hungrig war, vertagte ich die Sitzung, mein Koch hatte Krebse bereitet, Krebse liebe ich vorzüglich. Der Präsident Viglius ging zitternd nach Haus, legte sich zu Bett, erhob sich nach einer schaflosen Nacht, bei Tagesanbruch, ein Schlaganfall warf ihn um, die Diener traten ins Zimmer und fanden ihn für tot. Leiblich erholte er sich bald. Joachim Hopper, Friese, Gelehrter, Freund des Viglius, Professor zu Löwen, ersetzt ihn. Hopper ist ein Kriecher, sein Verstand ist beschränkt, sie heissen ihn den ‚Rat Ja Madame', weil er in allem mir zustimmt. Er gefällt mir nicht, aber er ist brauchbar. Nur Menschen, die gefallen, sind gefährlich. Ach, diese Welt! Die Instruktion des Viglius ward verschärft, der Staatsrat bittet um eine Milderung der Edikte und um grössere Nachsicht mit den Leiden des Volks. Was sagen Sie zum Herzen unserer Grossen? ‚Die Leiden des Volks!' Es sind schlechte Christen. Anfang Januar reiste Egmont endlich. Mehrere Herren unterschrieben mit ihrem Blut eine Urkunde, sie würden, wenn dem Egmont in Spanien etwas Menschliches zustiesse, Rache nehmen an allen Anstiftern. Diese Urkunde übergaben sie mir. Brederode schwor mit tausend

Schwüren, er würde, um dem Egmont zu dienen, nötigenfalls Gott verlassen. Bleibt mir gewogen.

Egmont schrieb aus Madrid seiner Frau, einer bayrischen Prinzessin: Meine Liebe, der König ging mir bis zur Treppe entgegen. Er ist mir gnädig. Die königlichen Abgaben auf unserm neuen Gut Gaasbecque — erlassen! Die Schuld auf unserer Herrschaft Ninove — bezahlt! Aus des Königs Schatulle! Und bares Geld in die Hand, Liebste, ich sehe die Engel im Himmel! Ich dürste nach Dir, und einem Krug bayrischen Bier. Es ist sehr heiss. Sind die Kinder gesund? Philipp will unsere Töchter verheiraten, ich habe es aus seinem Munde: ‚Vetter', sagte er, ‚lieber Vetter! Die Mädchen sind meine Sorge!' So sagte er vor einem Dutzend Höflingen. Sabine — man verleumdet den König. Ich empfing von ihm etwa hunderttausend Taler!

Wilhelm von Oranien schrieb seinem deutschen Freund: Kein Volk lebte so glücklich wie die Niederländer. Was für Seefahrer! Und königliche Kaufleute! Was für grosse Maler! Sie führen keine Kriege, sie haben keine bösen Nachbarn. Fünfzigtausend Schüler im Jahr lernen Latein, Bäuerinnen können lesen und schreiben, und was für hübsche Bauernmädchen! Die Flamen sind verwaltet von ihren Erwählten, besteuert von ihren Staaten, beurteilt von ihren Richtern, beherrscht von ihren Gesetzen. So leben sie frei und reich und stolz. Doch Philipp duldet keine Macht neben sich. Ein absoluter Monarch kennt keine Duldung. Die Spanier hungern, sind steif und abergläubisch, knechtselig und grausam. Die Niederländer leben gern, sie fressen, lachen, huren, saufen und lieben die Freiheit. Bei den nüchternen Spaniern wimmelt das Land von Heiligen. Hier leben die Nonnen wie die Huren. Zu Hoyedonk tafeln die Herren in den Zellen der Nonnen, und im Kloster von Nivelles musste kürzlich jedes zweite Fräulein im Hemd und barfuss vom Schlafsaal zur Äbtissin wandeln, vor ihr niederknien mit einer Rute in der Hand, und die Äbtissin nahm die Rute und schlug die Nonne siebenmal auf den nackten Hintern, es war wegen der verlorenen Jungfernschaft, dass man sie strafte! Ich freue mich solcher Leichtigkeit der Sitten. Kam der Mensch zur Welt, um Busse zu tun? Freilich gelte ich unter Katholiken und Lutheranern und Calvinisten für verdächtig. Ich fürchte keinen, auch nicht die spanische Inquisition, die schlimm genug ist. Da hält man dich lange Jahre fest, foltert Dich endlos, vereint Hunger, Finsternis, Frost und Entsetzen, private Kränkung mit öffentlicher Schmach, Peitschenhiebe mit Feuersqualen, da ist der Ankläger geheim, das Verbrechen geheim, jeder Zeuge geheim, die Denunzianten blühn. Und so verbrennt man Menschen! Die Schlacht für den Glauben wird zum Kampf gegen Handel und Industrie, gegen Reichtum und Rechte. Die Gebildeten und die Reichen, Volk und Adel werden zu Feinden der Spanier. Die Religion hat keinen Profit. Die Calvinisten im Süden, die Lutheraner im Norden wachsen. Weder König noch Henker halten sie von der Predigt ab. Die Flamen jubeln den Opfern zu, nicht den Henkern, wie die Spanier tun. Philipp muss auf sein Theater verzichten und die Bibelleser im Kerker umbringen. Man bindet ihnen den Kopf zwischen die Beine und ersäuft sie in hölzernen Wannen. Man tut ihnen Knebel in den Mund, so werden sie nicht mehr Psalmen singen! Aber Philipp von Spanien betrügt sich. Der stumme Gesang dieser geheimen Opfer erhebt sich aus der finstern Hölle ihrer Kerker und schwebt über den Niederlanden wie ein erhabener Chorus der Freiheit und empört landauf, landab die Guten und die Gerechten, Lämmer werden zu Löwen! Die Richter finden keine Zeugen mehr. Macht der Pfarrer Notizen, schleichen Weiber in seine Stube und stehlen sie. Es geschehen Dinge, die kein Fühlender ohne Tränen vernimmt. Ein sanfter, schöner Junge von zwanzig Jahren sass im Gefängnis zu Valenciennes. Er hiess Gratien Wyart und hatte im Wald einem französischen Prediger zugehört. Sein Wächter hatte zwei Töchter aus erster Ehe, die unter der Stiefmutter litten. Die ältere Tochter hatte als Kind mit Gratien gespielt, sie hiess Jaqueline und war siebzehn. Eines Abends, da ihr Vater und seine Frau in die Kirche gingen, nahm Jaqueline die Schlüssel und öffnete dem Gratien. Beide liefen zur Mauer. Man musste durch den Graben schwimmen. Gratien stiess Jaqueline. Aber die hatte Angst vor dem Schlamm, ihres neuen Kleides wegen. Sie drängte ihn, allein zu entfliehn. Er sprang und entkam nach Antwerpen. Jaqueline versteckte sich im Haus einer Nachbarin, der Witwe Delledalle. Später sah sie ein Nachbar, von seinem Fenster, wie sie im Gärtchen hinterm Haus sass und nähte und leise sang. Er gab sie an. Den Abend kamen die Häscher. Sie umringten das Haus, durchsuchten's. Jaqueline sprang aus dem Bett und kroch im Hemd unter einen Rosenstrauch. Es war Anfang November, der Busch schon kahl, die Wachter suchten im Garten und fanden das Kind halb erstarrt vor Kälte, sie banden es, trugen's vor den Richter. Jaqueline erklärte (um ihren Vater zu schonen), Gratien habe sie verführt. So hatte sie ihm nichts mehr zu weigern. Der Richter schalt: ‚Hast du deines Vaters Liebe vergessen?' Am selben Tage führten sie das Kind auf den Markt. Sie banden es nackt an den Pranger, peitschten es, würgten es. Das Kind, mit Namen Jaqueline, war, wie die Leute sagen, sehr hold. Dem Henker zahlten sie etwa hundert Pfennige.

DIE TUCHWEBER UND DIE TÖCHTER

Philipp und Egmont sassen am Fenster des königlichen Kabinetts. Blitze zuckten an den Rändern des Himmels.

„Ich ändere nichts", erklärte Philipp. „Es ist nicht meine Gewohnheit."

„Achttausend Tuchweber", erwiderte Egmont, „sind nach England ausgewandert, nur weil diese schlichten Köpfe über das Erhabene grübelten. Die Tuche, die wir den Engländern lieferten, liefern nun die Engländer uns. So verarmt ein reiches Land. Achttausend emigrierte Tuchweber: achttausend gestürzte Pfeiler des öffentlichen Wohlstands!"

Der Himmel gilbte wie von Schwefeldämpfen. Langgezogene Donner schienen in der Ferne zu murmeln. „Acht Töchter haben Sie, lieber Graf?" fragte Philipp. „Lassen Sie alles meine Sorge sein. Sie verstehen mich richtig, Vetter. Ich will Ihre Töchter ausstatten, alle acht." Ein breiter Blitz zündete. Es begann zu regnen. Den Grafen ritt der Teufel, oder erinnerte er sich vielleicht, dass ihn der Brüsseler Staatsrat nicht wegen der acht Töchter auf die weite Reise geschickt hatte? „Der Titelmans", begann der Graf schüchtern, „verfolgt mehr reiche Fromme als arme Ketzer. Der Titelmans..."

„Graf", sagte Philipp und seine sanfte Stimme zitterte. „Sprechen Sie von Ihren Töchtern, von Ihren Verdiensten. Ich liebe die Niederlande in Ihnen. Sind Sie kein Katholik? Merken Sie nicht die Barbarei dieses ungebildeten Pöbels, der sich in seinen engen Stuben versammelt und will Gottes Wort predigen, aber die Zwiebeln, die er frisst, predigen aus seinem Maul? Wie war das mit diesen Narrenkappen auf Ihren Ärmeln, Graf, mit diesen Pfeilbündeln auf Ihrem Wams?"

Egmont lachte laut. „Eine Grille!" rief er. „Wir Niederländer treiben Spass. Lustiger Mann, guter Mann, sagt man bei uns. Nie, bei meiner Ehre, nie vergass auch einer von uns niederländischen Baronen den schuldigen Respekt vor Ew. Majestät. Und wenn ein flämischer Edelmann ein freches Wort gegen Ew. Majestät äusserte, ich stiesse ihn auf der Stelle nieder, und wäre es mein Bruder!"

„Sie haben keinen Bruder?" fragte Philipp.

„Nein, Sire", erwiderte Egmont verwirrt.

„Grillen also", sagte der König. „Grillen? Graf, lassen Sie es nun genug sein!"

Egmont wurde rot. Es stand ihm gut. Die sanfte Röte verjüngte ihn. Das Gewitter war schon fortgezogen. Der Himmel heiterte sich auf.

„Mein lieber Vetter!" sagte Philipp und erhob sich. „Begleiten Sie mich!" Im Audienzsaal trafen sie die berühmtesten Doktoren und Geistlichen Spaniens versammelt. Die Doktoren erklärten, die Rechte des Königs in Spanien erlitten Einbusse durch die Beschlüsse des Konzils von Trient.

„Und meine Geistlichen?" fragte Philipp.

Der Beichtvater des Königs forderte strikten Gehorsam. Der Erzbischof von Burgos gab zu bedenken.

Da kniete der König vor einem Kruzifix und betete: „Erhalte mich, Gott, in meiner Gesinnung! Nie will ich Herr heissen derer, die den Herrn verleugnen. Wenn ich Ketzer dulde, lösche mich aus, Herr!"

Verwirrt verabschiedete sich Egmont.

„Reisen Sie mit Gott", sagte die Majestät. „Mein Neffe Alexander Parma begleitet Sie bis Brüssel. Die Herzogin will den guten Jungen verheiraten. Hier empfangen Sie die schriftliche Instruktion. Ich lobe Ihre Klugheit sehr in diesem Schriftstück, mein lieber Vetter. Lieber will ich tausend Tode sterben, als einen Religionswechsel in meinen Reichen dulden. Ich bin der Kirche Säule. Die Herzogin soll sogleich den Staatsrat berufen, um die Sache der Trienter Beschlüsse zu beraten und ein neues Exekutionsverfahren für die Ketzer zu finden, welches ihnen jede Hoffnung auf Märtyrerruhm abschneidet. Der Eigensinn, mit dem die Verurteilten singen, solang ihr Atem reicht, ist ein sehr schlechtes Beispiel für manche schlichten Köpfe, die sich skandalisieren und bezaubern lassen könnten. Als ich in England war, sah ich, wie man in ähnlichen Fällen einen Knebel oder sonstwas ins Maul der Ketzer stopfte. Daran erinnerte ich mich und dachte, es wäre nicht so übel, das Gleiche zu tun. So lernt man auf Reisen. Sind Sie befriedigt, Graf, von Ihrem Aufenthalt in Madrid?"

„Vollkommen", sagte Egmont. Hatte er zugehört?

Auf der Treppe hielt ihn ein Page an. „Der Infant!" flüsterte der Page und führte den Zaudernden durch geheime Gänge.

Don Carlos umarmte den Grafen feierlich, schweigend. Dann verschloss er die Tür seines Zimmers, vermachte die Fenster und setzte den Grafen auf ein Polster, das in die Mitte des Zimmers geschoben war. „Hier hört uns keiner", erklärte finster lächelnd der Erbe. „Graf! Ich bin Ihr Retter!"

„Was ist geschehen, Hoheit?" fragte der erschrockene Egmont.

„Sie sind der Erste, der es hört. Ich sage es Ihnen, weil wir Freunde sind. Ich komme bald in die Niederlande und befreie sie!"

„Hoheit?" fragte Egmont und schauderte vor der Gefahr, ertappt zu werden bei diesem entsetzlichen Gespräch.

„Von den Niederlanden", erklärte Carlos, „wird die Freiheit ausgehn. In sechs Monaten bin ich in Brüssel. Sagen Sie Ihren Freunden: Don Carlos bittet euch, in Sachen der Freiheit nichts zu tun, nur auf ihn zu warten! Alba will euer Regent werden, er wird mit Blut regieren. Sagen Sie Ihren Freunden: Carlos duldet 's nicht. Umarmen Sie mich, Graf!"

Egmont tat es, eingeschüchtert. „Jetzt", rief der Infant und presste krampfhaft den Grafen, „jetzt fasse ich euch, Niederlande! Ich greife dich so, Flandern, und küsse euch, der Freiheit Sohn die Söhne der Freiheit! Egmont, Grosses bereitet sich vor in Spanien! Geduld! Die Welt kennt mich noch nicht!"

Man hörte einen Schritt, der sich näherte. Carlos zuckte zusammen, stiess die Fenster auf, befahl dem Grafen flüsternd, das Polster an die Wand zu schieben, zog ihn hinter einen staubigen Samtvorhang, drückte sich an Egmont, stotterte unverständlich, keuchte schliesslich.

Der Schritt ging vorbei. Carlos zog den Grafen hinter dem Vorhang hervor; er begann stürmisch zu lachen, wie ein Knabe. Egmont wollte mitlachen, er vermochte es nicht. Trübe blickend verzog er den Mund zu einem traurigen Grinsen.

Plötzlich ward der Erbe Spaniens ernst. „Es ist gut, lieber Graf", sagte er und öffnete die Tür. „Reisen Sie mit Gott!"

Egmont lief aus dem Palaste. Von Valladolid schrieb er dem König: ‚Sire! Wie war ich entzückt vom Escorial! Wie reizend ist Madrid! Ich trete meine Rückreise an als der zufriedenste Mann der Welt!'

BESUCH IN BAYONNE

Seit sechzig Tagen ritt Elisabeth ihrer Mutter entgegen. Schon stiegen die Berge auf, das Meer stiess an die Klippen. Elisabeth atmete die Luft Frankreichs. Zwischen den Dünen sah sie eine Reiterin und lag schon an den Brüsten Katharinas. Sie hielten einander fest, mit schwachen Armen, wie ein Mensch nach dem Leben greift. Elisabeth hatte Tränen im Gesicht, Katharina lachte, beide redeten, und schwiegen mit einem Mal. Furchtsam blickte Elisabeth auf ihre Mutter. Nicht ihre Strenge fürchtete sie, sondern die Strenge der Zeit, die Menschen zerstört. Das ist nicht meine Mutter, dachte Elisabeth und spürte wieder Tränen, das ist eine alte, fremde Frau. Wohin haben sie meine Mutter gebracht? So stolz ritt sie durch die grünen Wälder. Elisabeth lächelte, zerstreut und gnädig. Sie ritt auf einem weissen Maultier, die Schabracke war mit Perlen verziert. Katharina sass zu Pferde wie ein Mann.

Hinter den Königinnen ritten wie Brüder traulich Alba und Montluc, die beiden gloriosen Infanteriegeneräle, alte Feinde von vielen Schlachtfeldern. Angesichts des Montluc war Alba vom Gaul gesprungen und hatte den alten Gegner umarmt, wie einen Bruder. Zuvor hätten sie am liebsten die Haut einander abgezogen, zwei fromme Katholiken, die vor der Schlacht beteten und abertausende gegeneinander geführt hatten, die schon in der Erde lagen. „Bruder", flüsterte der Alba ins Ohr des Montluc und deutete auf die Königinnen und den Knaben, der König von Frankreich hiess, und auf die Herzöge, Hofdamen und fremden Gesandten, und sagte: „Bruder! Von dem ganzen Lärm und grossartigen Aufwand bist du der Autor!" (Am Abend schrieb er dem Philipp: ‚Das war mein erstes Wort, als ich ihn umarmte, denn ich habe ihn umarmt!')

Der Montluc sagte nur: „Hätten alle wie ich gehandelt, das heisst, keinem Lebenden Pardon gegeben, wäre man heut ruhig; aber Katholiken und Calvinisten gaben einander die Hand; sagten: Mein Vetter, sagten zueinander: Mein Bruder!, taten ihre Waffen weg; sagten, wir sind alle Franzosen. So führt man keinen Bürgerkrieg. Hab' ich recht? Ernsthaft ist nur ein Krieg ohne Gnade für die Kanaille. Wer über Gott falsche Meinungen hat, ist ein Vieh, ist schlachtreif. Patriotisch ist nur der Pöbel. Ich gebe Ihnen eine längere Note, schwören Sie Diskretion! Ich vermute, Sie lesen französisch?"

Der Alba steckte hastig das Papier zu sich und schrie schmetternd: „Nur die Infanterie taugt zum Krieg!"

„Die Infanterie", schrie Montluc, „ist das Salz der Erde."

Wie Brüder ritten sie unter den Ölbäumen auf der Strasse nach Bayonne. Ihre Rüstungen flammten in der Abendsonne rot wie vom Blut der Erschlagenen. So ein braver Infanterist, dachte Alba und musterte den Montluc, und so ein schwarzer Verräter!

Montluc hatte sein Vaterland verraten, weil man ihn nicht zum Marschall ernannt hatte. Nach dreissig Schlachten gegen den König von Spanien setzte sich der Montluc, sozusagen in der gewöhnlichsten Regung alter Generäle, nieder und schrieb dem neusten König von Spanien, es gehe schlimm, übers Jahr sei der König von Frankreich ein Ketzer. Nachdem aber der König von Spanien des Königs von Frankreich Schwester zum Weibe habe und vielleicht einmal der Erbe würde, wären alle Patrioten aus der Gascogne, aus Béarn und aus der Guyenne bereit, sich für den König von Spanien zu erheben. Philipp, der gerne Frankreich haben wollte, schickte seine besten Spitzel zum Montluc, zwei Brüder Bardaxi (Emigranten und Gottesleugner, denen in Spanien der Flammentod drohte), damit sie erkunden sollten, wann der Aufstand anfangen und welcher Vorwand gelten sollte.

Nur nicht die Religion zum Vorwand nehmen, liess Philipp sagen, sonst hätte man alle Ketzer zu Feinden. Sie sollten den kleinen Jungen fangen, der gerade König in Frankreich hiess. Mit einem König in der Hand sähen Revolutionäre ziemlich legitim aus.

In ihrem Hotel zu Bayonne ging Katharina barfuss ins Schlafzimmer ihrer Tochter. Elisabeth lag wach, sie schien auf etwas zu warten. Katharina setzte sich aufs Bett und seufzte. „Dein Gatte", begann sie, „hat kein Vertrauen zu mir und deinem Bruder. So fängt man an und kommt zum Krieg. Was wird dann aus uns, liebes Kind? Keine Briefe mehr, keine Besuche..."

Elisabeth lächelte so trüb, dass die Kerzen dunkler schienen. „Was sagst du?" fragte Katharina und schauderte. „Ich weiss nicht", sagte Elisabeth, „ob er mich liebt?"

Da schwieg Katharina, beschämt und eifersüchtig. Ihr Gatte hatte sie nie geliebt. „Und du?" fragte sie. „Liebst du ihn?"

„Es ist meine Pflicht", antwortete Elisabeth.

„Und bist ihm treu?"

„Ich schwor es", antwortete Elisabeth.

„Sieh da, meine Tochter, eine echte Spanierin? Warum dienst du ihm?"

„Er will vielleicht das Gute?" sagte Elisabeth.

„Philipp?" schrie Katharina empört. „Ein Mörder, ein Heuchler, ein Schuft! Der? Der vergiftet dich, wenn es ihm einfällt!"

„Glaubst du?" fragte Elisabeth.

„Ich schwör 's", schrie Katharina. „Bei allen Erzengeln, er vergiftet dich!"

„Und hast mich hingeschickt?" fragte Elisabeth.

Katharina blinzelte. Was für ein unvernünftiges Kind, dachte sie. Was man alles geboren hat! Ist das mein Kind?

„Sei ruhig!" bat Elisabeth. „Wir haben nicht die schlechten Pläne, die dein Kanzler uns unterschiebt. Ich bleibe immer deine gute Tochter."

„Wer weiss?" fragte Katharina.

Elisabeth schloss die Augen. Katharina löschte die Kerzen aus und seufzte. Auf Zehenspitzen schlich sie fort. Elisabeth sah ihr aus den Augenwinkeln nach. Es sah aus, als tanze die dicke Katharina Ballett.

Am andern Morgen kam der Alba zur Katharina. Sie lag zu Bett und trank einen gewürzten Wein. Zwei Friseure kämmten die Haare der Königin. Alba fragte ohne Umschweife: „Was ist's mit dem Türken?"

Kitty besah ihre Haare in einem Handspiegel. Die Königin brauchte den Philipp, um ihre Katholiken zu beruhigen. Sie lud ihn nach Bayonne. Philipp war so gut wie ein Engel des Herrn. Wohin er kam, war er ein Zeuge des wahren Glaubens. Philipp empfing den französischen Gesandten, der ihn einlud, mit unendlicher Geduld, er hörte die längsten Reden an, machte sich Notizen, nahm huldvoll lange Memoranden und ging ins Kloster, als Katharina dringlich wurde, kurz vor Weihnachten. Erst am zwanzigsten Januar kehrte er zurück. Da begannen alle Anstrengungen des französischen Gesandten aufs neue. Philipp war entschlossen, den Boden Frankreichs nicht zu betreten. Er fürchtete, seine Schwiegermutter würde ihm Gift geben.

Alba, vor dem Bett Katharinas, fragte: „Was ist's mit dem Türken?" „Was für Türke?" fragte Katharina und gähnte.

„In Marseille", erzählte Alba, als wüsste es die Königin nicht, „ist ein Gesandter des Grosstürken gelandet und fordert die alte Allianz mit Frankreich. Er bittet um Schutz der türkischen Flotten in Euren Häfen, indes er Malta belagert und Krieg gegen uns führt. Soll ich es glauben? Ihr Sohn empfing den Türken? Da Ihnen Gott in dieser schönen Stadt Bayonne eine Tür zum Himmel auftut, öffnen Sie die Pforten dem Boten Satans, dem Ungläubigen?"

Katharina war überrascht. Verwechselte dieser Alba Philipps Hilfe mit Gottes Hilfe? Katharina schrie plötzlich: „Satanischer Alba, wissen Sie denn, dass Türkenschiffe mir soeben vierhundert Untertanen an den Ufern der Provence geraubt haben!"

Das war gelogen, aber Katharina erfand verblüffende Einzelheiten, sie schilderte ausführlich mehrere Vergewaltigungen, darunter einer siebzigjährigen Äbtissin; sie schwor, der König, ihr Sohn, habe keinen Türken gesehn, höchstens werde der General der Galeeren so einen Türken empfangen, aus seetechnischen Gründen, Herzog Alba werde schon verstehn. Und Katharina lächelte schlau und zwinkerte mit den Augen, wie in einem lasziven Einverständnis. Plötzlich brach sie in Tränen aus und bat: „Bei der Grösse Gottes, diese Bagatelle wird doch nicht unser Gespräch vereiteln?"

Weibertränen, dachte Alba und sah auf ihren Busen. Zeigte sie ihm ihren Busen mit Absicht?

„Glauben Sie mir nicht?" fragte Katharina mit tränenerstickter Stimme.

„Gestern", antwortete kühl der Alba, „gestern empfingen Sie den Türken, zur Stunde, da seine Piraten vielleicht eines der Reiche meines Herrn plünderten. Das ist ein Skandal."

Katharina machte eine schmerzliche Miene. „Ich bin zu treu", gestand sie, „auch zu meinen perversen Freunden. Übrigens wollen wir dem Türken nicht einmal antworten, wenn wir uns mit Ihnen einigen."

„Wie leicht wäre das", begann Alba eifrig. „Schnitten Sie nur ein paar Köpfe ab..."

„Später die Geschäfte", bat Katharina. „Heut lassen Sie mich ganz meiner mütterlichen Lust! Das liebe Kind! Zwei Monate ritt sie, um ihre Mutter zu sehn. Warum malträtiert ihr sie? Was für Ärzte habt ihr in Spanien? Meine Arzneien, die ich schickte, warfen sie fort. Das sind arrogante Narren! Das gute Kind! Weil sie schwanger war, zapften ihr eure Ärzte Blut ab! Natürlich hatte sie eine Fehlgeburt und fiel in Lethargie, und die Elisabeth Tudor schickte schon Werber aus London, um Philipp in ihr jungfraulich Bett zu schleifen. Und eure Ärzte setzten Blutegel und liessen zur Ader, Elisabeth ist von Eisen, um solche Kuren zu überleben. Und was für ein düsteres Leben! Arme Elisabeth! Was für Mühen und diplomatische Verhandlungen, bis euer Hofmarschall ihr erlaubte, zu Fuss im Palast und im Garten zu wandeln, statt stets im Tragstuhl und in der Sänfte zu welken, ihr Spanier seid ja schlimmer als Türken!"

Alba erklärte finster, Spanien liebe seine Königin.

„Ein wundervolles Land", gestand Katharina und seufzte.

Am Abend schlichen die alten französischen Generäle in Albas Hotel, einer nach dem andern, geheimnisvoll und mit knarrenden Stiefeln, der martialische Bourdillon, der dumme Sipierre, der glatte Montpensier, und warfen sich dem Alba an die Brust und sagten, alle guten Franzosen liessen sich für den König von Spanien vierteilen, und schnitte man ihr Herz auf, läse man Philipps Namen darin. Alba ging ins Stadthaus zum Ball. Im Schein der Fackeln schritt Herzog Alba wie ein König durch die Säle, seine düstere, kluge Stirn glänzte wie gelber Marmor, er ging finster lächelnd und betrachtete die Gekauften und die Ketzer, als ihr künftiger Herr. Die Schellentrommel schellte, die sanften Hörner bliesen, süss wehmütig trillerten die trunkenen Flöten. Elisabeth tanzte vor dem Hofe Frankreichs, schön wie der Morgenhimmel. Sie tanzte mit ihrem kleinen Bruder Karl, dem König von Frankreich, sie tanzte mit dem Infanteriegeneral Montluc, mit dem martialischen Bourdillon, mit dem dummen Sipierre, mit dem glatten Montpensier, sie tanzte mit dem Prinzen Condé.

Das hatte Philipp sich ausbedungen, dass keine Protestanten nach Bayonne kämen; ihren Anblick könne er seiner Frau nicht zumuten. Katharina meinte, ihre Tochter habe Schlimmeres gesehn, und bat, den Prinzen Condé auszunehmen, sonst vermute seine Partei, man schmiede Komplotte gegen sie. Elisabeth tanzte, erhitzt und heiter. Lustig klingelte der Schellenbaum und klimperten die Trommeln. „Condé", fragte die junge Königin, „Sie lieben unsere frommen Lieder nicht?"

„Wir haben unsere Lieder", erwiderte der Condé und lächelte spöttisch.

Was geht es mich an?, dachte Elisabeth. Der ist von der neuen Religion, er tanzt so leicht. Hat Philipp recht? „Lieber Condé", sagte sie und schritt im Kreis, „sind wir nicht alle Gottes Kinder?"

„Manche sind seine Bastarde", erwiderte der Condé.

Elisabeth lachte heiter. „Es ist heiss", sagte sie.

Vor der Tür des Saals erstickten in ihren Panzern sechs Soldaten vor Hitze.

Alba sass neben Katharina. Er erwähnte, sein Herr werde keine Ketzer in Frankreich dulden, von Frankreich nach Spanien hätte die Sünde nur einen Schritt. Eher wollte Philipp Krone und Leben verlieren, als über Ketzer herrschen!

„Träumt unser Eidam oft so?" fragte Katharina grob.

„Die Religion", erklärte Alba, „ist in Frankreich nur durch den Bund mit Philipp zu retten!"

„Das ist so kompliziert", klagte Katharina. „Morgen reden wir weiter. Ich bringe meine Minister und Generäle mit."

Am andern Tag empfing Katharina den Alba in einem engen Salon, wo alle alles hörten und die Höflinge wie Fliegen an der Wand klebten. Katharina trug eine weinrote Robe.

Alba sprach von der Religion. Katharina sagte, sie könne ihn nicht verstehn. „Wir sind alle Christen", erklärte sie und blickte zum Plafond, wo nackte Jünglinge aus Stuck gipserne Knaben kosten. Alba sagte, er erwarte Vorschläge. Sie seien zu ernsten Dingen zusammen gekommen.

„Sind wir in Amerika?" schrie Katharina. „Hält der Herr Eidam uns für Indianer und will uns mit Bluthunden hetzen?"

Alba forderte in entschiedenem Ton die Entlassung des Kanzlers von Frankreich, des l'Hospital. Das sei ein Feind Spaniens.

„Er hat recht", rief Katharina, „nur an Frankreichs

Nutzen zu denken! In Frankreich regiert der König, und niemand hat ihm darein zu reden." Und sie winkte dem blassen, kränklichen Knaben zu, der an einem Fenster lehnte, dem neunten Karl.

Philipp wollte Frankreich haben; und Katharina buhlte mit Philipps Feinden, mit Türken und Reformierten. Sie tolerierte die neue Religion in Frankreich; Katharinas Kinder lasen verbotene Bücher; die Ketzer lebten im Frieden. Philipp schrieb dem Papst, er weine blutige Tränen darüber. Da in Frankreich der Krieg um die Religion begonnen, hatte Philipp nie genug an Greueln gehabt. Nur keinen Frieden in Frankreich, betete Philipp zu Gott; ich muss Frankreich haben!

Aber Katharina machte Frieden und schrieb Philipp: „Freust Du Dich?" Als die flandrischen Provinzen unruhig wurden, bot Katharina ihrem Eidam Truppen und Geld; während sie beides heimlich den Rebellen sandte. Philipp erwiderte, es gibt keine Unruhen, wo ich herrsche; ich brauche kein fremdes Geld und keine fremden Truppen; und Frankreich unterstützt heimlich die flandrischen Rebellen; ich weiss alles.

An alle vergangenen Intrigen erinnerte sich Alba in dem viel zu engen, heissen Salon. Er sagte sich, diese Katharina wird so leicht nichts Gutes tun. Überhaupt war es zu heiss, und die ganze Reise war umsonst; gestern hatte der Montluc erklärt, es sei zu spät zum Aufstand. Alba stand auf.

Am dreissigsten Juni, da Alba zur Abreise fertig war und die Pferde schon warteten, kam die Königin Katharina mit allen Kardinälen, Marschällen und Prinzen von Geblüt in Albas Hotel.

Der Wirt war im Stall, die Diener standen auf der Strasse. Katharina lachte aus vollem Halse. Sie rückte dem Alba auf den Leib und kitzelte ihn mit ihren schweren Brüsten. „Wir bieten dem König von Spanien einen Bund gegen die Türken an!" schrie sie. „Herzog, ich meine es ernst diesmal. Wir wollen vier Ehen schliessen zwischen Valois und Habsburg. Nun, Herzog, ist das kein Triumph für Sie? Man wird Ihren militärischen Ruhm vergessen und Sie als Diplomaten feiern!"

„Ich bin General der Infanterie und bleibe es", erklärte Alba. „Da ich in Ungarn focht, ritt ich einmal in siebzehn Tagen von Ungarn nach Kastilien und zurück, um die Herzogin eine Stunde zu umarmen. Damals war ich jung und träumte von Ruhm. Ich werde meinen Herrn von Ihren Vorschlägen unterhalten. Von den Türken erzählt man, wir hätten sie vor Malta vernichtet."

„Leere Gerüchte!" rief Katharina. „Grüssen Sie die Herzogin. Wer beneidete sie nicht um solchen Reiter!"

„Ich bin Infanterist", murrte Alba.

Vor den Toren von Bayonne, unter den Ölbäumen, weinte Elisabeth an den Brüsten Katharinas. Neben ihr stand das weisse Maultier; die Schabracke war mit Perlen bestickt. „Warum weinst du?" fragte Katharina. „Sieh deine Mutter. Vor Freude über dich lache ich." Und Katharina begann zu lachen, bis ihr die Tränen die Backen herunterliefen. Ihr Gelächter war schon lange ein Schluchzen gewesen. Das schreckliche Schluchzen schüttelte die mächtige Witwe von Frankreich. Und Elisabeth griff nach den grossen Brüsten Katharinas, wie ein Sterbender nach dem Leben greift, dem milchbusigen. „Weine nicht", bat Katharina und schluchzte laut.

Die Verräter rundum wischten sich die Augen, der martialische Bourdillon, der dumme Sipierre, der glatte Montpensier und der Infanterist Montluc.

Lange stand Katharina und winkte den Staubwolken nach. Dann ritt sie nach Bayonne zurück und erliess das Verbot, nichts ohne königliche Erlaubnis zu drucken, bei Strafe des Hängens und Würgens, des Beispiels halber liess sie gleich einige Bücher samt Autoren verbrennen.

Da Philipp in seinem Kabinett verdriesslich den Bericht Albas las, erhielt er einen expressen Brief seines Vizekönigs von Sizilien, des Don Garcia de Toledo. ‚Wir haben', schrieb Don Garcia, ‚den grössten Triumph über Sultan Soliman erfochten. Die Christenheit wird ausser sich vor

Wonne sein. Malta ist gerettet. Die Flotte der Türken ist zerstreut. Es ist ein Wunder.' Don Garcia schilderte die Einzelheiten des Wunders ausführlich. Philipp las den Brief einmal, zweimal, endlich hatte er es: Das Datum fehlte! An den Rand schrieb König Philipp: Dieser Brief, der nicht datiert ist, muss vom vierten oder fünften September sein!

EUGEN

Philipp ritt glücklich neben Eugen. Glühend und geduldig hatte er sieben lange Jahre nach ihm verlangt. Er hatte Diener und Abgesandte ausgeschickt zur Witwe von Frankreich, er hatte verhandelt, geboten, gezahlt, nun hielt er den Schatz. Ihm schien, nur darum war im Grunde sein langer Streit mit Frankreich gegangen. Seinen Jubel verkündeten die Glocken. Wie ein süsser Tau träufelte das Wohlsein auf den langsam reitenden König. Wie ein Lidschlag schien ihm der Tag, wie ein seliger Atemzug. Der Novemberhimmel schimmerte gelb wie der Ginster weithin über die Ebene.

Für Eugen war Philipp vor sieben Tagen eilends ausgezogen und nach Toledo geritten, um ihn feierlich fröhlich nach Madrid zu geleiten. „Endlich hab' ich dich", sagte Philipp zu Eugen. „Schon mein Vater verlangte nach dir. Alba forderte dich in meinem Namen von der Witwe von Frankreich. Sie sagte, das Opfer sei zu gross. Nie vergass ich dich über allen Händeln der Welt. Der Domherr von Toledo fuhr nach Paris, um dich nach Spanien zu geleiten. ‚Es geht gut', schrieb er mir, ‚ich habe ihn.' ‚Es geht gut', schrieb ich ihm, ‚halte alles geheim, dass ihn keiner raube, schicke mir jeden Tag einen Boten!' Und ich dachte Tag und Nacht an dich und glühte für dich. Mit einfältigem Herzen bete ich dich an, o lieblicher, geliebter, siebenmal gesalbter Eugen! Ich küsse dich in der Demut und im Glück, heilig schöner Eugen! Wie gefällt dir dein Spanien? Habe ich es nicht gross gemacht? Bist du mit mir zufrieden, Eugen? Siehe, mir gefällt es in Spanien. Hier fühle ich mich zuhause in der Welt. Neben dir ist mir so wohl. Ich sehe weit hinaus ins Leben. Ich sage dir, ich und die Zeit gegen irgend zwei andere! Wie liebe ich dich! Wie habe ich dich begehrt. Nun bist du mein, — ewig, Eugen! Ich habe dir ein grosses Haus gebaut! Ich will dich reich beschenken, mit Gold und Edelsteinen, geschnitzten Hölzern, Gemälden, mit tausend Gelüsten. Ich will gross an dir tun; du verdienst es, Eugen!"

Zu Getafe, zwei Meilen von Madrid, kam die Königin von Spanien beiden entgegen, für Eugen und für Philipp ritt sie zwei Meilen auf ihrem weissen Maultier und kniete unter den Ölbäumen und küsste die Füsse Eugens. Die Königin Elisabeth sprach: „Mein Herz schwimmt in Jubel, weil du da bist. Alle meine Sinne sind voll von dir, Eugen. Segne mich, ich kniee im Staube, unter den Ölbäumen. Nach dir will ich meinen Erstgeborenen heissen, dir schenke ich Weihrauch und die Spezereien Arabiens." Errötend erhob sich Elisabeth aus dem Staube und ritt an der Seite Eugens in Madrid ein. Feierlich schollen die Glocken im bronzenen Jubel.

In der Nacht kam Philipp zu seiner Frau. Da der König eintrat, dachte sie: Ich habe gebadet! Es war nicht einfach gewesen. Da sie ausreiten sollte bis Getafe, kamen ihre Dienerinnen und Damen, um sie zu schmücken. Die Freundinnen aus Frankreich, leichtfertige Jungfern, wärmten Wasser und mischten Essenzen, um der Königin ein Bad zu bereiten, in ihrer grossen, silbernen Wanne, die über die Pyrenäen gezogen war, im Schneesturm vor sechs Jahren. Die Herzogin Alba, die Oberhofmeisterin der Königin, gewahrte die Wanne aus getriebenem Silber und sah, dass sie Wasser wärmten, und entdeckte die Essenzen und erfuhr, es werde ein Bad bereitet für die Königin, und sie lächelte und sagte, das sei vorzüglich, und lief zum Beichtvater und meldete ihm die Schande, der Beichtvater berief sogleich die drei Hofärzte der Königin, alte, gelehrte, fromme Männer, mit Doktorenhüten und weisen Bärten, die Ärzte taten sich zusammen und fassten Mut und gingen, geleitet vom Beichtvater, zur Königin und erklärten ihr, sie dürfe nicht baden, da sie nicht krank sei.

„In Spanien badet man nicht", erklärte der Beichtvater. „Bäder wecken die Wollust. Eine fromme Spanierin hasst Bäder."

„Baden ist nicht christlich", erläuterte der älteste der Ärzte, ein Greis von achtzig Jahren, der kleine Mädchen liebte. „Nur Mohren baden. Sie sind Heiden. Auch ihnen hat es der König verboten, durch harte Gesetze. Baden ist Gesunden schädlich. Nur Kranke baden!"

Elisabeth dankte ihnen und entliess sie und ass Schweinernes und Blutwurst zu Abend und hatte Bauchweh bei Nacht und liess die Ärzte wecken und sagte ihnen, sie sei krank. „Ich bin krank!" sagte die Königin befehlend. „Sehen Sie nicht, dass ich krank bin?" rief sie zornig. Eben wankte verspätet der dritte Leibarzt herein, der Achtzigjährige, mit der Linken hielt er seine Hose, mit der Rechten seinen Bart. Er hatte von kleinen Mädchen geträumt.

„Fühlen Sie meinen Puls!" befahl ihm heftig die Königin. Das tat der Alte und vergass sich, halb in Träumen noch, und griff der Königin an den nackten Arm, hoch überm Ellenbogen, und streichelte sanft.

„Sehen Sie", sagte Elisabeth empört, „mein Puls ist fort, schon sucht er ihn!" Und sie schlug dem Greis auf die Hand und rief ungeduldig und drohend: „Ich bin krank!"

„Was fehlt also Ihrer Majestät?" fragten die verschlafenen Ärzte, der eine hielt ein Windlicht, der Alte seinen Bart, der jüngste fühlte der Königin den Puls. Endlich verschrieben ihr die Ärzte viele Kräuter.

„Und ein Bad!" forderte die Königin. Drohend blitzten ihre Augen. Da verordneten die Ärzte ein heisses Bad.

Ich habe gebadet!, dachte Elisabeth in den Armen des Königs. Und sie lächelte inmitten ihrer Wollust. Und empfing. Es war der 13. November 1565.

„Denk an Eugen!" flüsterte Philipp.

„Ich denke an ihn", erwiderte Elisabeth und schloss die Augen.

Also liebten sie sich, indes sie an das zerfallende Gerippe des Heiligen Eugen dachten, des Apostels der Spanier, der in der Kirche zu St. Denis unter Steinen gelegen und nun in seiner Kirche zu Madrid ausruhte von seiner beschwerlichen Reise. Wie lange ruhen die Heiligen!

Um seinetwillen also hatte der König Philipp mit der Witwe von Frankreich, Katharina von Medici, die grossartigen Intrigen geführt, auf Tod und Leben, um den echten Glauben und den falschen Glauben, um Frankreichs Bestand und Frankreichs Ende, um die Universalmonarchie und den ganzen Plunder von Weltherrscherträumen?

NEUE BRIEFE UM DIE NIEDERLANDE

Oranien an seinen deutschen Freund, den Grafen Günther von Schwarzburg-Sondershausen: Antwerpen, den 13. Oktober 1565 p. Chr. n. Lieber Freund — in kurzem sehen wir den ersten Akt der Tragödie, und wenn meine Ahnung nicht trügt, wird keiner, der heute lebt, ihr Ende schaun. Und zehntausend, die an diesem Abend vor der Tür ihres Hauses sitzen und den Lärm der Welt behaglich von ferne hören und denken, was geht's mich an, werden übers Jahr brennen oder flüchten. Bruder, es ist keine Lust, so genau die Menschen zu kennen. Bei uns ist es entschieden: Auf dem Marktplatz in jeder Stadt und in jedem Dorf haben sie die Inquisition förmlich verkündet. Arme Niederländer! Sie schreien des Nachts aus dem Schlaf, und die Schreie hallen durch alle Provinzen wie ein Donner und ein Sturm. Die Fischer erzählen, die See sei blutig; die Bauern sehn am Himmel wütige Heere kämpfen; und in den Städten sahn sie den Engel der Verwüstung auf dem Winde reiten. Antwerpen liegt tot, die Schiffe fliehn aus dem Hafen, keiner kauft mehr, der Grundbesitz fällt im Preis, die fremden Kaufleute und Handwerker fliehn aus der Stadt, als hockte die Pest in ihr, die Strassen sind leer, und die Huren gehn zur Messe. Wie rasch ging alles. Ende April war der Egmont aus Madrid zurück, am 5. Mai berichtete er vor dem Staatsrat, ich höre ihn noch: Philipp ist ganz Milde, ganz Wohlwollen, sagte er, und die Provinzen lägen an des Königs Herzen. (Es muss ein giftiges Herz sein!) Nur wegen der Belagerung von Malta durch die Türken könne der Philipp nicht kommen, so berichtete uns der Egmont. Bald komme aber Philipp. Zuvor schicke er Säcke voll Gold in die Niederlande, um unsere Schulden zu zahlen. Der gute Egmont! Er kam ganz verändert aus Spanien zurück, ganz fleissig mit einem Mal. Er sprach wie ein König, verhandelte Staatsgeschäfte bei Tag und bei Nacht und liess sich von aller Welt den Hof machen. Die Hofleute, die Geschäftemacher, die Bittsteller liefen ihm die Türen ein. Er schwor recht oft, um die Befehle Philipps zu erfüllen, gäbe er Leben und Vermögen, und wer anders handle, sei Egmonts Feind. So weit, so gut. Da kam das königliche Handschreiben, und nur Verfolgung stand darin, nur Scheiterhaufen, Galgen und Ersäufung. Das, fragten wir die Regentin, das ist die Milde, die unser König dem Grafen Egmont zugesagt, sollen wir Henkershelfer spielen? Auch Egmont war ausser sich. Er schrie: ‚Man hat mich betrogen!' Er schrie: ‚Gilt kein Wort mehr?' Er schrie: ‚Arme Welt, wo Könige wie Spitzbuben reden!' Ich sagte ihm ins Gesicht: ‚Sie dachten mehr an Ihre Töchter als an die Provinzen.' ‚Wie?' fragte er und wurde weiss wie eine gekalkte Wand. ‚Sagt mir das mein Freund Wilhelm?' ‚Ja', sagte ich, ‚ich sage es, Sie haben in Spanien die Ansichten Ihrer Partei und Sie haben die Interessen Ihres Landes vergessen, aber Ihrer privaten Zwecke waren Sie recht gut eingedenk!' — Er hat mir kein Wort erwidert und ging in sein Haus und vermied den Hof zehn Tage lang und ging zu keinem Bankett und strich traurig durch die Strassen und erzählte, er wolle auf seine Güter gehn und für sich leben. Er tat es nicht. Der König hat ihm kürzlich einen eigenhändigen Brief geschrieben, worin er ihm befiehlt, an der Ausrottung der Ketzer mitzuwirken. ‚In Religionssachen', schreibt ihm Philipp, ‚sind Verstellung und Schwäche eine Schande. Mit den Ketzern gibt es keinen Vergleich. Ohne Beil, Scheiterhaufen und Folter werden die Niederländer die echte Religion verlieren. Wenn ich die Züchtigung der Ketzerei fallen liesse', schreibt unser Philipp, ‚actum est de religione Catholica, ist's geschehn um die katholische Religion; denn die meisten Menschen sind unwissende Dummköpfe, und so werden die Ketzer bald die grosse Mehrzahl ausmachen, wenn nicht die Furcht vor der Strafe sie auf dem rechten Wege hält.' Auf diesen Brief hat Egmont nicht mehr geantwortet und lief wie ein brüllender Löwe durch Brüssel und war wieder der Alte, und also sind die hunderttausend Taler Philipps vertan! Egmont schrie, die Rasse der Inquisitoren sollte ausgerottet sein wie die grünen Hunde. Das Jahrhundert ertrage solche Pest nicht mehr! Und da sollte er freilich recht haben! Unsere Niederländer haben auch endlich begriffen, was gespielt wird. Das Volk spricht von nichts anderm mehr. Sie sagen (leise, versteht sich), es sei besser, mit dem Schwert zu sterben als durch das Schwert, besser auf einmal als in steter Sklaverei und ewiger Furcht vor Folter und Scheiterhaufen. Viele Beamten weigern sich, zu requirieren, manche schlossen die Gefängnisse zu. Das Volk schreit, zu Bayonne habe man es verkauft und seinen Untergang beschlossen. Als gar der Brief des Philipp an den tollen Titelmans, den bösen Inquisitorenhund, bekannt ward, worin der Philipp schrieb, er halte seine Hand über den Titelmans, ihm lache das Herz wegen des Eifers des Titelmans, er sei dem Titelmans dankbar, und der Titelmans solle nur so zumachen, da schneite es Flugzettel in den Strassen, und jede Nacht hingen Plakate an unsern Haustüren, dass Egmont, Horn und ich uns kühn an die Spitze des Volks stellen und für die Freiheit der Religion fechten sollten. Und auf unsern Banketten tauschen unsere jüngern Herren Schwüre aus, und im Staatsrat schalten Horn und Egmont des Königs

Politik, und ich sagte, ich wolle meine Hände in Unschuld waschen, und es gebe keinen Mittelweg mehr zwischen blindem Gehorsam und nacktem Aufruhr. Die Proklamation der Edikte und der Inquisition ward erlassen, aber Bergen, Mansfeld, Montigny weigerten sich, in ihren Provinzen die Edikte durchzuführen, und andere Herren redeten laut gegen die Tyrannen und rieten offen zum Aufstand. Wir Niederländer, sagten sie, sind nicht so unvernünftige Tiere, um nicht zu wissen, dass des Königs Pflichten gegen seine Untertanen gerad so heilig sind wie unsre Pflichten gegen den König. Die vier Hauptstädte von Brabant protestierten schriftlich gegen die geistlichen Gerichte. Das stehe nicht in den Freiheitsbriefen, dass man einen Mann aus seinem Haus holen und nach einer summarischen Untersuchung verbrennen dürfe; der Philipp habe ihnen geschworen, ihre Wohnung sei unverletzlich und sie dürften ihrem ordentlichen Richter nicht entzogen werden. — Jeden Tag hört man neue Spottverse und Lieder auf die Patrioten, sie sollten reden, handeln, dreinschlagen! Es ist ein offener Brief an den König herausgekommen, den fand man am Morgen an alle grossen Häuser in Brüssel angeklebt, da heisst es: ‚Wir sind bereit, für das Evangelium zu sterben, aber wir lesen darin: Gebt dem Kaiser, was des Kaisers ist, und Gott, was Gottes ist. Wir danken Gott, dass unsere Feinde selbst unsere Frömmigkeit und Unschuld bezeugen müssen; denn es ist eine gewöhnliche Rede: er flucht nicht, er ist ein Protestant — er ist weder ein Hurer noch ein Trunkenbold, er ist von der neuen Sekte. Und doch schenkt man uns keine Art von Strafe, die man zu unserer Qual ausdenken kann. — Es sind diese von der neuen Religion meist kleine Leute, Handwerker, die in der Furcht Gottes leben, und viele Herren vom Adel schützen sie. Ich halte mich still. Ich will das Unrecht nicht dulden, aber ehe wir nicht Geld und Waffen haben — die Feinde der Freiheit sind fürchterlich. Mein Herz ist schwer.

Der Präsident Viglius an den Kardinal Granvella zu

Rom: Ich bin ein alter Mann. Ich sage es oft, ich habe den Königen gedient, es ist wenig Lohn darin. Gut, gut. Ich gehe zur Ruhe. Ich will in Friesland mein Gärtchen hüten. Hier geht es kopfüber, kopfunter, Kopf ab! Sie werden alle nach uns weinen, wenn wir nicht mehr da sind! Dieses Volk ist ein bissiger Hund, es hat uns die Hände geleckt, nun schnappt es nach den Fingern. Gut. Gut. Man wird sie hängen. Man wird sie zersägen. Sie brennen! Was haben sie davon? Ich wundere mich über das, was die armen Schlucker hierzulande ihren Glauben heissen. Dafür stirbt einer? Ist es nicht schon genug, dass unser Herr Jesu Christ gestorben? Und er war Gottes Sohn! Aber diese Tagelöhner und Winkelschuster und Flickschneider stehen Schlange, um rascher in die Hölle zu kommen, die alle Zweifler, Grübler und aparte Narren so sicher erwartet! Mein lieber Anton, wann werden Sie endlich der Heilige Vater sein? Ich küsse Ihnen schon heute die Füsse. Mein Herz ist schwer. Aber lustig, alter Bruder, lustig! Wir haben kürzlich zwei Hochzeiten gefeiert, für diesen Oberketzer Montigny und für unsern kaiserlichen Jungen, den Alexander von Parma. Von des Montigny Hochzeit lassen Sie mich schweigen, seine Frau ist die Tochter des Prinzen d'Espinay! Aber unser Junge, unser Alexander, unser bastardiertes Kaiserenkelchen, das hübsche Sprösschen ohne Habsburgerlippe, was für ein zierer Junge, die Regentin ist ganz vernarrt in ihn, sie sieht sich heimlich im Spiegel an und seufzt und will's nicht glauben, dass sie die Mutter zu einem so strahlenden Jüngling ist, und beide, Mutter und Sohn, tragen doch dasselbe Bärtchen auf der Oberlippe. Unser Alexander ist zwanzig Jahre alt, und sie haben in Madrid einen ganzen Spanier aus ihm gemacht, er hat den richtigen Hochmut! Haha!, er gibt's unsern Grossen. Er hält sich zurück wie ein König, speist meistens allein in seinen Zimmern, und zieht er schon ein paar unserer niederländischen Herrchen an seine Tafel, sitzt er aufgeputzt obenan am Tisch, im Lehnstuhl, indes seine Gäste auf Schemeln am Tische sitzen, unterhalb des Salzes, wo sonst das

Gefolge sitzt, und unser Prinzchen sagt zweimal beim Mahle: Es regnet heute. Oder: Morgen ist Sonntag. Sonst schweigt er. Sogar den Egmont nimmt er von oben herab. Niemand will mehr an seine Tafel kommen. Der Horn sagte kürzlich vom Prinzen: Es steckt nichts in dem Menschen! Auch die Mutter wird langsam traurig. Vor der Hochzeit sass sie tagelang in ihrem Zimmer und heulte ohne Aufhören jämmerlich, dass die ganze Stadt von dieser Plärrerei redete. Ihr Alexander hat nämlich vor ihren Ohren geäussert, er hoffe, die ganze Brautflotte samt dem Inhalt werde auf den Meergrund sinken! Margareta hat eine Flotte nach Lissabon geschickt, um die Prinzessin Doña Maria von Portugal zur Hochzeit zu holen. Sie verschleuderte für diese Hochzeit soviel Geld, dass der Herzog von Parma seiner Frau wütend schrieb: ‚Margareta, was für verrückte und masslose Geldausgaben für diese Hochzeit!' ‚Wieviel Söhne habe ich?' schrieb ihm die Regentin. Die Braut ist eine Pracht. Sie ist achtzehn Jahre alt und schön wie ein Apfel. Sie hat ein Ingenium, alles zu verstehn, Latein redet sie fliessend, griechisch flüssig, die Philosophie kennt sie wohl und die Disziplinen der Mathematik hat sie inne und weiss alle göttlichen Sprüche der beiden Testamente auswendig. Sie zitiert die Kirchenväter wie ein Bischof. Und so keusch, Anton, so keusch! Als der Sturm ihre Schiffe nach England trieb und die Königin Elisabeth in der Nähe auf einem Jagdschloss weilte, legte sich das Bräutchen für krank zu Bett, um nicht einer Ketzerin die Hand zu reichen. Als ihr Schiff zu brennen begann und ein portugiesischer Ritter sie durch die Flammen tragen wollte, wies sie ihn stolz zurück; denn die Berührung der Flammen scheute sie weniger als die Berührung eines Mannes. Zum Glück verlosch der Brand. Am 11. November hat man sie getraut. Der Prinz, sagt man, hat mit ihr noch nicht geschlafen. Sie ist so keusch, oh, Anton...

Brief des Prinzen von Oranien an seinen Freund in Deutschland. Nun sind also der Montigny und der Bergen wegen der Moderation nach Madrid gefahren. Sie fuhren ungern. Das ist eine lange Geschichte, und sie geht auf das Kompromiss zurück. Im Bad zu Spa entwarfen mein Bruder Ludwig und der Nikolaus Hammes und noch ein paar vom Adel eine Urkunde und schickten sie umher im Land und brachten in zwei Monaten einige zweitausend Unterschriften zusammen, meistens junge Leute. Es ist viel Kühnheit unter ihnen und leider Gottes wenig Verstand. Was werden sie schaffen? Ihr Manifest klagt die Tyrannen an. Sie schworen einander, die Inquisition auszurotten, Plakate und Edikte zu vernichten. Sie schworen, sie wollten nicht dulden, dass einer von ihnen durch die Inquisition leide. Sie schworen, ihr Bund werde ewig sein. So weit, so schön! Aber was für Mittel haben sie gegen den mächtigsten Mann der Welt? Mich hat keiner gefragt oder um Beitritt gebeten. Die jungen Leute werden täglich tumultuöser. Bei ihren allabendlichen Banketten messen sie weder Wein noch Worte, dabei laden sie in ihrer gewöhnlichen Höflichkeit Spanier dazu, die mit ihrer gewöhnlichen Nüchternheit dasitzen und sie wie wilde Völker ansehn und jede trunkene Prahlerei ans Kabinett des Königs berichten. Ich kenne die Absichten Philipps. Er lässt heimlich Truppen ausheben, er wird bald ein Heer in die Provinzen schicken. Ich zahle gute Leute beim Hofe. Die Briefe, die der König abends in seinem Pult verschliesst, gelangen zu mir in Kopien, die bis zum Morgen angefertigt wurden. Die Staatsberichte, die er nachts in seinem Schlafrock hält, kommen zu mir in Abschriften, die bis zum andern Morgen verfertigt wurden. Ich zahle alles. Ich verteidige die Freiheit der Niederländer gegen fremde Tyrannen, das ist nicht billig. Margareta hat endlich den Ernst des Lebens eingesehn. Wir Provinzialstatthalter erklärten ihr rundheraus, wir wollten nicht helfen, sechzigtausend Niederländer zu verbrennen. Der Egmont hat erklärt, nie werde er die Waffen gegen seinen König kehren. Das ist gut, um es auszusprechen. Bald wird sich weisen, wer ein freier Mann ist! Die Menschen hungern in den Provinzen, nicht weil diese arm sind, sondern weil die Verfolger wüten.

Dreissigtausend sind nach England gezogen, nach Sandwich und Nordwich. Die Tuchmacherei, die Seidenweberei und die Färberei verfallen bei uns und blühn in England auf. Die Franzosen wollen unsere Städte überrumpeln, die Engländer beuteln unsre Taschen aus. Man hat infolge der Edikte an die fünfzigtausend bei uns hingerichtet. Das ist ein Anfang. Eines Nachmittags sitzen Egmont und ich bei Margareta von Parma, da tritt der Graf Meghem herein und erzählt, einer vom Adel, den er nicht nennen könne, habe ihm verraten, eine Verschwörung von Ketzern habe eine Kriegsmacht von fünfunddreissigtausend auf die Beine gestellt und wolle das Land plündern oder die Gewissensfreiheit erzwingen; binnen sechs bis sieben Tagen würden fünfzehnhundert Bewaffnete vor der Regentin erscheinen. Egmont erklärte, ja, ein Aufruhr steht bevor, man will einen Regierungswechsel. Die Herzogin fragt, was zu tun sei. Krieg, erwidert Egmont, oder Konzessionen! Der Meghem meint, man solle die verbündeten Verschwörer in den Palast lassen und zusammenhauen. Der Egmont stimmt zu. Ich sage mit Unwillen, die Verbündeten hätten Anspruch auf Achtung. Viele seien meine Freunde, ja Verwandte, und es gebe keinen Grund, Edelleuten ein Recht zu verweigern, das der Ärmste im Lande geniesse. Der Egmont stimmt zu. Am 3. April gegen sechs Uhr abends zog die Kavalkade in Brüssel ein, etwa dreihundert Adlige zu Pferde, mit Pistolen im Halfter, vornean unser Athlet Brederode mit seinem hübschen Gesicht und den vollen, blonden Locken, die ihm auf die Schultern fallen, das Volk stand wie Mauern. Vor meinem Haus stiegen der Brederode und mein Bruder Ludwig ab, der Brederode sagte: ‚Sie dachten, ich würde nicht nach Brüssel kommen. Nun gut; da bin ich; und vielleicht ziehe ich anders ab, als ich gekommen bin.' Am Morgen des 5. April versammelten sie sich auf dem Sandplatz und gingen kurz vor Mittag, zu Fuss und zwei zu zwei, zum Palast, lauter junge Leute, mit den prächtigsten Namen, herrlich ausstaffiert. Das Volk stand wie Mauern. In der Halle sass Margareta. Der Brederode sagte: ‚Wir sind da wegen einer Bittschrift. Es ist gelogen, dass wir einen Thronwechsel wollen. Ich bitte die Frau Herzogin, alle solche Verleumder exemplarisch zu bestrafen.' Danach übergab er die Petition, die Regentin liess sie vorlesen. Die Petenten baten die Herzogin, einen Gesandten an Philipp zu senden, um die Abschaffung der Edikte zu erbitten. Einstweilen baten sie die Herzogin, die Inquisition einzustellen. Da zu Ende gelesen war, sah man Tränen auf den Wangen der Regentin. Lange Zeit blieb sie stumm. Schliesslich murmelte sie, sie wolle sich mit ihren Räten beraten. Die Knaben gingen, der Staatsrat debattierte. Ich sagte, das sind keine Aufrührer, das sind loyale Edelleute von gutem Charakter, ehrenwerte Patrioten, die ihr Vaterland vor der Gefahr schützen wollen. Egmont zuckte mit den Schultern und sagte, er habe eine Entzündung am Bein und gehe in die Bäder von Aachen. Der Herzog Berlaymont schrie: ‚Was, Madame! Eure Hoheit fürchtet sich vor diesen Bettlern, diesen gueux? Sie hatten nicht Verstand genug, um ihre eigenen Güter zu verwalten, und wollen nun den König das Land regieren lehren? Beim lebendigen Gott, wenn es nach mir ginge, prügelte man sie die Palasttreppe rascher herunter, als sie heraufgestiegen sind!' — Am 6. April kamen Brederode und viele seiner Freunde wieder. Ein Schreiber gab ihnen die Petition mit einem Randbescheid zurück. Ihre Hoheit, hiess es, werde einen Gesandten an Se. Majestät senden. Die Inquisitoren sollten inzwischen bescheiden walten. Das waren blanke Worte, aber die Verbündeten waren zufrieden, und der Brederode gab ein Bankett im Kulemburgschen Haus, am 8. April, für dreihundert Gäste. Sie tranken und stritten über den Namen ihres Bundes: ‚Bund der Eintracht' oder ‚Die Erretter der verlornen Freiheit' sollte er heissen. Brederode rief: ‚Sie nennen uns Bettler; wir nehmen den Namen an. Kampf der Inquisition und Treue dem König bis zum Bettelsack!' Er winkte einem Pagen, liess sich den ledernen Schnappsack und die grosse, hölzerne Trinkschale der fahrenden Bettler reichen, hing den Sack um die Schultern, die hölzerne Flasche füllte

er mit rotem Wein, hob sie empor, leerte sie auf einen Zug und schrie: ‚Vivent les Gueux!', wischte sich den Bart, setzte die hölzerne Flasche auf den Tisch, dass es schepperte, und indes die Dreihundert ‚Hoch die Geusen!' wie aus einem Munde schrien, hing Brederode den Schnappsack seinem Nachbarn um und präsentierte ihm die hölzerne Flasche, der Nachbar schob seinen goldenen Becher zur Seite, füllte die Bettlerflasche zum Rand und leerte sie zum Wohl der Geusen, und so reihum, und alle lachten und schrien donnernd: ‚Vivent les Gueux!' Schliesslich hingen sie Sack und Flasche an einen Pfeiler, jeder tat etwas Salz in seinen Becher und alle sangen den Reim:
‚Bei dem Bettelsack hier, beim Salz und beim Brot,
Wir Geusen wanken nicht bis in den Tod.'
Nun Lärm und Schwüre, ungeheure Humpen, umgestülpte Mützen und Wämser, Tänze auf Tischen und Stühlen. Der hiess den einen ‚Herr Abt!', der andere den andern: ‚Ehrwürdiger Prior!' und sie nannten die Namen der Klöster, deren Schätze sie begehrten. Damals kam ich mit Horn und Egmont in den Saal, wir hätten das Gelage gern abgekürzt! Da wir eintraten, umringten sie uns, hiessen uns einen Becher leeren und schrien: ‚Die Bettler hoch!' Wir verstanden's nicht — die jungen Leute, dachten wir und blieben kaum die Dauer eines Miserere da, es wäre besser unterblieben. Die Tage drauf begannen die jungen Herren ihre seidenen Hosen und samtenen Wämser auszuziehn und das Kleid der Bettler zu tragen: aschgraues Wams, aschgraue Hosen, kurzen Mantel, grobe Filzhüte auf dem Kopf, Betteltaschen und hölzerne Trinkflaschen an der Seite; und sie liessen Medaillen aus Kupfer und Blei schlagen, den Kopf Philipps auf der Vorderseite und auf der Rückseite den Bettelsack, zwei verschlungene Hände und das Motto: ‚Treu dem König bis zum Bettelsack'. Diese Münzen trugen sie um den Hals oder auf dem Hut. Und rasierten sich das Gesicht glatt bis auf den Schnurrbart, den sie lang hängen liessen wie die Türken, die braven Buben! All das und mehr berichteten hundert Spitzel und tausend Fromme dem

König. Philipp erfuhr auch, dass Brederode am Karfreitag zu Antwerpen Fleisch gegessen und sein Neffe Mansfeld sich eine Wurst in seinem Zimmer gebraten habe. Solche Leckereien zur Unzeit brachten schon manchen an den Galgen. Der Brederode und sein Neffe leugnen auch. Zu der Zeit ging die Rede, der König wolle die Inquisition abschaffen und die Gewissensfreiheit wieder herstellen. Auf diese Gerüchte hin begannen die Verbannten und Flüchtigen und alle die versteckten Ketzer von neuem den Kopf zu heben. Man wusste, dass der geheime Rat an einer Moderation arbeitete. Endlich kam sie, dreiundfünfzig Artikel stark. Und was war ihre Mässigung? Statt des Scheiterhaufens: Der Strang. Man verbrannte nicht mehr, man hing die Leute auf, die anders glaubten als der König. Die Niederländer hiessen die ‚Moderatie' bald ‚Moorderatie', Mörderei statt Mässigung. Aber der Bergen und der Montigny erhielten diese Moderation zur Instruktion. Damit reisten sie nach Madrid, höchst ungern. So steht es um uns. Bruder, bald siehst Du mich bei Dir in Deutschland. Verstehst Du? Aber ich werde wiederkehren, in freiere Niederlande! Still! Erwarte mich recht bald. Dein Wilhelm heut und immerdar.

Der Jesuitenpater Josef Genspichler an den Jesuitenpater Alonzo del Belcanto: Mein teurer Bruder in Christo, als einen Fischer (blaue Hose, rotes Wams) habe ich mich dahingestellt in der Kirche Unserer Lieben Frauen zu Antwerpen und betrachtete still das Werk dieser neumodischen Ikonoklasten. Bruder, ich sah die Heiligen fallen, die Mutter Gottes bespien, die steinernen Gräber besudelt, ach, Bruder, da — ich will's der Reihe nach erzählen, Ordnung muss sein, auch bei Greueln, weil nichts auf der Welt verloren ist, solange eine gewisse Ordnung existiert. Ich schreibe aus der Betrübnis meines Herzens und auch, damit Du befördert wirst, sobald Dein vorzüglicher Bericht das fühlende Herz Sr. Majestät zerrissen haben wird. Aus den Schmerzen der andern ist gut Speck schneiden. Womit fange ich an? Die Unordnung ist gross, und sinnt man den Ursachen nach, kommt man auf den sechsten Tag, wann unser Herrgott sich selber hat loben müssen und danach es versehn hat, indem er das menschliche Geschlecht schuf, halb aus Lehm, halb aus der Rippe. Eine goldene Regel für alle Künstler: Ist ihr Werk gut und gefällt es ihnen, nur nicht daran rühren! Um aber nicht weitschweifig zu werden, was die Menschen wie den Tod und die Sünde hassen, also halb ja, halb nein, begonnen hat's mit den falschen Predigern auf den Feldern, das hätte der König nicht dulden sollen, dass landauf, landab Zehntausende sich zusammentun, Bürger und Bauern, Edelleute und Handwerker, und über Feld ziehen mit Spiess und Schwert, um unter freiem Himmel Hymnen in der Landessprache zu singen, und abtrünnige Mönche und Färber, Gerber oder Hutmacher predigen zu hören. — Eine Epidemie! Was tat die Regierung? Sie bot für einen toten Prediger siebenhundert Kronen. Die lebenden Prediger bieten mehr. Der de la Grange reitet zu seiner Kanzel, seine Predigt beginnt er mit einem Pistolenschuss! Und zwanzigtausend, trotz der Todesstrafe, kommen und haben Arkebusen und Heugabeln, gegen den König sozusagen; und sie machen ein Feldlager, geschützt durch Barrikaden aus umgestürzten Wägen, aus Ästen und Brettern, und durch Reitertrupps, die alle Strassen bewachen; und Höker und Hausierer verkaufen, trotz der Todesstrafe, die verbotenen Gesangbücher; und es ist ein bewaffneter Aufstand gegen den König; und angeblich nur, um Jesu Wort zu lehren! Aber vielleicht begann die Revolution erst zu Antwerpen, als der Oranien hinkam. ‚Vater Wilhelm!' ruft das Volk auf allen Strassen. Der Prinz verhandelte mit allen, mit dem Senat, dem Rat der Alten, dem Kollegium der Quartiermeister, den Dekanen der Zünfte, den Offizieren der militärischen Gilden, den fremden Kaufmannsgesellschaften und den rhetorischen Kammern, dem ‚Veilchen' und dem ‚Tausendschön'. Manche sagten, er sei der einzige Mann in den Niederlanden, der die Revolution aufzuhalten vermöge; andere sagten, er sei ein Verräter von Haus aus und entfache heimlich den Brand, den er zu löschen vorgab. Er ist ein interessanter Mensch, immerhin, und ein Freund der Ketzer! Die Regentin erklärte öffentlich: Der Prinz leistete dem König zu Antwerpen ausgezeichnete Dienste. Am 17. August verliess er Antwerpen. Am 18. fand der ,Ommegang' statt, voran die Heilige Jungfrau aus der Kathedrale Unserer Lieben Frau. Der Pöbel schrie: ,Mayken! Mayken, deine Stunde hat geschlagen! Das ist dein letzter Spaziergang, Mariechen! Die Stadt ist deiner müde!' Am andern Morgen zog die Menge vor die Kathedrale und drängte hinein. Sie suchten das Bild der Jungfrau, das die Domherrn aus der Mitte der Kirche fortgenommen und in einem Chor hinter einem eisernen Gitter aufgestellt hatten. Vagabunden und Gassenjungen hingen sich ans Gitter und schrien: ,Mayken! Mayken! Hast du Angst? Bist so früh ins Nest gekrochen? Nimm dich in acht, Mayken! Deine Stunde kommt!' Danach schrien sie: ,Hoch die Geusen!' und riefen: ,Mayken, rufe mit!' Die Heilige Jungfrau schwieg. Da höhnten sie über Kruzifix und Altar. Einer in Lumpen, einen Strohhut auf dem Schädel, stieg auf die Kanzel, schlug ein heiliges Buch auf und fing an, wie ein Mönch zu predigen. Er war von der Sorte derer, die ihre Dummheit für Witz halten. Ein paar klatschten Beifall, ein paar protestierten, ein paar schrien: ,Hoch die Geusen!' Ein paar warfen mit Stöcken nach dem, der predigte. Ein paar zogen ihn an den Beinen. Er wich aus, bog vor den Stöcken weg, wehrte sich, witzelte fort. Da erstieg ein junger Matrose die Kanzel von hinten und packte den Schalk und kollerte, mit ihm ringend, zu Boden. Ein Pistolenschuss traf den Matrosen am Arm, Messer blitzten, die Knüttel sausten, am Abend trieben die Kirchendiener alle fort und schlossen die Türen für die Nacht. Zu der Zeit herrschte schon die Pest in den Provinzen und schlich wie auf Katzenfüssen durch Antwerpen. Schon löste sich alle Ordnung auf. Der Senat fürchtete sich und schickte Boten nach Oranien aus und tat nichts. Am andern Morgen kam mehr Volk zur Kathedrale. Da zog der ganze Senat herbei, redete dem Pöbel gut zu, sich zu zerstreuen. Die Ratsherren meinten, sie müssten mit gutem Beispiel vorangehn und gingen nach Haus. Aber der Pöbel sprengte alle Kirchentüren. Die Kirchendiener flohn. Auch ich ging in die Kathedrale. Da es finster ward, begannen die Scharen einen Psalm zu singen, ein paar brachen das Chorgitter auf, schleiften das Bild der Jungfrau herab, stiessen ihre Messer herein, zerfetzten die Figur, rissen ihre goldenen und juwelenbestickten Kleider herab und zerstückelten sie. Die Heilige Jungfrau sagte kein Wort. Es war so still, dass man das Reissen der Seide hörte und das Klicken der Rubine und Türkise auf den Steinen. Ich stand ganz nah und sah, Bruder, sah, sah! So aus der Nähe schaut die Hölle recht ordinär aus! Es war alles so niederträchtig, die stumme, grossäugige, leidende Figur und diese siebenzig Mörder, und kein Blut floss, und nur Fetzen blieben und sahen so arm aus; Bruder, was bleibt schon nach einem Mord? Ein paar schwangen Äxte, ein paar hoben Schmiedehämmer, ein paar trugen Leitern, Winden, Stricke, Hebebäume. Mit Methode, als wär's ihr täglich Handwerk, holten sie die Statuen aus den Nischen, die Gemälde von den Wänden, zertrümmerten die schweigenden Statuen, zerschnitten die leuchtenden Gemälde, zerschlugen die funkelnden Fenster, zerstiessen die stillen Sarkophage. Wie hämische Affen kletterten sie in die schwindelnden Höhen und holten jeden Zierat herab, und zerschmissen ihn. Es ging wunderbar rasch. Die höchste Unordnung geschieht wie nach der höchsten Ordnung. Überall walten die Gesetze Gottes. Was am Boden lag, ward mit Hämmern zerhauen, mit Händen zerrissen, mit Füssen zertreten. Strassenhuren, praktisch, wie ihr Gewerbe fordert, hatten Wachskerzen von den Altären angezündet. Huren leuchteten in der Finsternis. So wurden siebzig Kapellen geschändet, alle Schatzkisten gesprengt, der Pöbel zog die Priesterröcke an, zerbrach die Hostien, trank den Abendmahlswein aus den goldenen Kelchen zum Wohl der Geusen, verbrannte Messbücher und Schriften, salbte seine schmutzigen Stiefel mit dem geweihten Salböl. Der Zerstörer waren keine hundert, der Zuschauer viele tausend. Auf dem Hochaltar stand der gekreuzigte Heiland zwischen den beiden Schächern. Mit Stricken rissen sie Jesum herunter und zerstiessen ihn. Die Schächer rührten sie nicht an. Das Repositorium ruhte auf einer einzigen Säule, von wo es, Bogen über Bogen, Pfeiler über Pfeiler, dreihundert Fuss hochstieg. Sie zerschellten es. Nun stürzten sie mit brennenden Fackeln und Wutgeheul durch die schlafenden Gassen, schrien: ‚Hoch die Geusen!' und zertrümmerten jedes Marienbild, jeden Heiligen, jedes Kruzifix und plünderten dreissig Kirchen aus. Es war eine prächtige Sommernacht. Die Sterne schienen so gross und ruhig. Ich ging nach Haus, um alles aufzuschreiben. Noch zwei Tage und Nächte raste der Bildersturm durch Antwerpen, sie drangen in die Klöster, verbrannten die Büchereien, zerschlugen die Kellereien, stürmten Nonnenklöster, öffneten Kerker. Das Gesindel, sagt man, war von den Verbündeten des Kompromisses gemietet, für zehn Heller per Mann und Tag. In Flandern wurden vierhundert Kirchen geplündert. In Mecheln plünderten siebenundachtzig Buben die Kathedrale. In Tournay und in Gent zerstörten sie alle Kirchen und Klöster. Dabei sangen sie die Verse des Marot:

‚Tailler ne te feras imaige
De quelque chose que ce soit
Sy honneur luy fais ou hommaige
Bon Dieu jalousie en reçoit!'

Gut, mögen sie ihre Verse singen und unsere Bilder stürmen, dafur werden wir sie in Stücke schneiden! Bruder, wir werden sie brennen sehn; wir werden sehen, wir werden sehen... ich schreibe das mit meinen blutigen Tränen und auf dass Du befördert wirst, wenn Philipp von Spanien Deinen vorzüglichen Bericht lesen und vor Jammer und Wut den duftenden Bart sich raufen wird — den siebenmal gesalbten. Bruder, mir tut es im Herzen weh um die unschuldigen Bilder und die schönen, stillen Statuen, die zerbrochen daliegen im Staube. Aber jene sollen es büssen! Sie werden's büssen!'

„Antonio!" rief Philipp und streckte die Hand nach der Klingel aus. Er fieberte, seit langen Wochen. Er sass in seinem Bett, zwischen vielen Kissen, und suchte mit den Blicken die Wände, sie schienen ihm weggeschoben, an ihrer Stelle sass die Finsternis. Er hatte Durst. Perez sollte ihm zu trinken geben, sein neuster Liebling, Antonio Perez. Vor lauter Verlangen sah Philipp den Schatten Antonios an seinem Bett sitzen, deutlich erkannte er das kluge Lächeln, den schwärmerischen Blick, die sinnliche Gestalt. Der Schatten war taub. Philipp, sonst so leise, schrie wie der Sturz von Gebirgen, mit der Königsstimme, die er für seines Lebens höchste Stunden aufgespart hatte. „Antworte, Antonio!" Die königliche Stimme war zu laut für gemeine Ohren. Vielleicht schien sie dem Perez ein hinschwebend süsses Schweigen, die Musik der Sphären, oder ein stechender Glanz wie von den grossen Sternen. Philipp hatte es geahnt, seine wahre Stimme hörte keiner. Also flüsterte er: „Antonio!"

„Ja, Sire!" erwiderte Perez, neben des Königs Bett, kein Schatten, nun sah es Philipp und wollte die Hand ausstrecken, um ihn tastend besser zu merken, aber eine zarte Scheu, die eigene Schwäche zu gewahren, hielt den König ab. Er fasste Mut und flüsterte: „Antonio, ich muss sie haben. Dahin ist es mit mir gekommen. Ich spucke meine Scham aus wie die Schalen der Trauben. Ich spüre einen glühenden Wind in den Spitzen meiner Finger. Nur mein Gefühl rettet mich. Die glauben alle, ich habe die Eboli. Lächelst du, Antonio? Denkst, so ein gewaltiger König und geniesst nicht seines Günstlings Weib? Elisabeth glaubt, ich betrüge sie mit Anna. Je höher wir stehn, um so niedriger denkt man von uns. Einen Freund betrügen? Ich liebe Anna seit dreizehn Jahren und widerstrebte. Ich hatte Angst vor ihr. Es gibt Weiber, die einen Mann verwandeln. Es sind Zauberinnen. Anna zieht mich an, ich schaudere entzückt wie über einem Abgrund. Sie ist Circe. Ich tat Wachs in die Ohren meines Herzens. Ich will ganz Philipp sein. Endlich ward ich unwandelbar. Solang mein Schatten auf die Erde fällt, bleibt Philipp Philipp. Antonio, ich will sie haben!"

„Heute nacht?" fragte Antonio.

„Bist du mir böse, Antonio? Bin ich deines Vaters Mörder? Mein Fieber raffte ihn weg. Er zitterte zeitlebens vor Todesfurcht. Ich liess ihn tags und nachts auf meinem Bett sitzen, vor Angst ward er witzig. Da sass er, nahm das Fieber an und starb sitzend, hier auf meinem Bett. Mein armer Minister Gonzalo! Liebtest du deinen Vater? Renard sagt, ich habe ihn vergiftet. Armer Renard! Ich musste ihn verhaften lassen. Und du, Antonio, was glaubst du?"

Seit zehn Tagen war Gonzalo tot und sein Bastard Antonio Minister. Er hatte den lebenden Vater mit Spott geliebt, wegen der Superklugheit, die den Sohn verrucht und glücklich hatte machen wollen; Antonio liebte mit Wehmut den toten Vater, der ihm ein Ministeramt hinterlassen hatte. Für Spott und Wehmut lächelte Antonio. Für Philipp lächelte er sanft. Sass er auf der Bank der Prüfungen, ein Schulknabe? Begann der König, statt wie bislang die Menschen zu nutzen, mit ihnen zu spielen? Welche Antwort wollte er hören? Hat er den Alten wirklich vergiftet? Soll man seinen toten Vater mehr lieben als sein eigenes Leben?

Philipp winkte ihm mit dem Finger. „Näher!" flüsterte er. „Dein Vater starb vor Angst. Aber Eboli hatte schon den Auftrag, ihn zu vergiften, sein Einfall war es."

Perez stand auf, ohne es zu merken. Seine Wut hob ihn auf. Nun merkte er, wie sehr er den Alten geliebt hatte.

„Wohin gehst du?" fragte Philipp.

Perez, schon an der Tür, erklärte, er rufe die Ärzte, das Fieber Sr. Majestät steige.

„Nein!" flüsterte Philipp, aber Perez ging und kam mit den sieben Leibärzten wieder. Vesalius fehlte. Er sass zu Toledo, im Kerker der Inquisition. „War der Vesalius nicht der Klügste unter euch?" fragte Philipp.

Die Ärzte sahen einander betreten an. Ungefragt durfte keiner vor dem König reden.

„Antwortet!" befahl Philipp.

„Der Ketzer?" murmelten die Doktoren. „Der Neuerer? Der Schulverderber?" Sie waren brave Ärzte. Nach den einen rührten die Krankheiten vom Überfluss, nach den andern vom Mangel der Humore her. Das waren die beiden spanischen Schulen, die Blutzieher und die Stuhlmacher, Propheten der Schröpfköpfe und Dogmatiker der Abführmittel. Ehe sie zu Werke gehen und in Streit geraten konnten, meldete ein Sekretär die Stunde des Staatsrats, und Philipp verscheuchte mit einem leichten Händeklatschen die Doktoren, dass sie wie eine Schar aufgeregter Hühner fortflatterten, ohne Federn zu lassen.

Der Staatsrat trat im Gänsemarsch herein. Erst kamen Fackelträger, sie stellten sich längs der Wände wie Kandelaber auf, finstere Leuchter. Dann kamen Alba und Eboli; Freisneda, der dicke Bischof von Cuenca, Philipps Beichtvater, und der dürre Don Quixada; der Feria und mehrere Geheimschreiber. Die Diener setzten Stühle. Man wartete eine Weile auf den Grossinquisitor, wegen der Mohren. Seit Ferdinand und Isabella das Mohrenreich von Granada unterworfen und die überlebenden Mohren mit Zwang getauft hatten, waren die guten Mohren schlechte Christen, die spanischen Priester sahn es mit Grausen, der spanische König fühlte die Schuld. Der feurige Espinosa lieferte nun eine Abhandlung über die Methoden, aus schlechten Christen rasch und billig gute Christen zu machen. Espinosa hatte die rechte Stunde getroffen. König Philipp stand auf dem Punkt, die Geduld zu verlieren. Er verlor die Geduld mit seiner Frau Elisabeth, die ihm tote Kinder oder Mädchen gebar. Er verlor die Geduld mit seinem Sohn Don Carlos, der höhnte, es sei aus, Philipp könne keinen Sohn mehr machen.

„Ich erbe alles", schrie der Infant den Höflingen und fremden Gesandten ins Ohr und erstickte fast vor Gelächter. König Philipp verlor schon lange die Geduld mit seinen Untertanen, im Norden mit den flämischen Ketzern, und mit seinen Morisken im Süden.

Wie gewöhnlich sassen die Räte in zwei Lagern, um Eboli

scharten sich die Freunde des Friedens, auf Albas Seite sass die Gewalt. Mit Hohn blickten die Freunde Albas auf die andere Partei. Alle wussten, heute unterlag der grosse Günstling, heute verlor Eboli, vielleicht war er schon verloren. Nur ein Schritt war vom Lächeln Philipps bis zu seinem Dolch. Viele sahen schon das Gleissen des Dolches. Alle fühlten die Unruhe der grossen Tage, die gewitterig dumpfe Schwüle. Nur Philipp sass still in seinem Bette, seine blauen Augen blickten freundlich, sein Bart, grau und blond in trüber Mischung, schwebte ruhig unter seinem allzu weissen Gesicht.

Eboli sprach mit leidender Stimme, müde im Vorhinein. Langsam geriet er in Feuer und Schweiss. „Der König versprach, nach Brüssel zu reisen! Ich ziehe an der Spitze einer Armee voran, nicht zum Krieg gegen Untertanen, nur zum Beweis für des Königs Stärke! Philipp der Kluge, wie sogar Feinde ihn heissen müssen, siegt stets in der Glorie der Gnade. Ein Kompromiss ist klüger als Gewalt, die Aufruhr zeugt. Wirksamer als Gewalt ist ihre Manifestation. Man verspreche eine Moderation, die der König nach Brüssel bringen mag, und einen Generalpardon. Statt eines Kriegs, der Geld kostet, gewinnen wir durch Gnade Frieden und bereichern den König. Warum will man unser wahres Indien, nämlich Flandern, in Blut ersäufen?"

Der König schwieg und machte sich Notizen.

Alba, den die Zeit noch magerer, trockener, cholerischer gemacht zu haben schien, hatte zu Boden geblickt. Sein kleiner Kopf, den der zweispitzige graue Bart verlängte, schien zu schwer, er stützte ihn mit beiden Händen. Erst als Eboli endete, legte Alba die Hände auf den Griff seines Schwerts und erklärte: „Den Fürsten Eboli gelüstet's nach dem Ruhm eines Heerführers. Ihn dauern die Bilderstürmer. Besser siebzehn Herren köpfen als siebzehn Provinzen verlieren! Ohne Gewalt kein Gehorsam! Ohne Grausamkeit gegen Einzelne keine Liebe für alle. Besser ein kurzer Krieg als lange Not. Wir werden die Niederländer mit spanischen Truppen regieren, dass sie ihre berühmten

Freiheiten, ja die Namen ihrer Gesetze vergessen sollen. Nur eine bewaffnete Intervention kuriert die Niederlande."

Philipp schwieg und machte sich Notizen.

„Also will man ein ganzes Volk zum Tode verurteilen?" fragte Eboli, zitternd vor Hass.

„Ein grosser Gedanke", entgegnete kalt der Herzog.

„Der Herzog", rief Eboli, „wird mehr Geld kosten, als er je einbringen kann!"

Philipp schwieg und machte sich Notizen.

Alba fragte, wie lange Eboli noch zur Gnade raten wolle? Hätten die flämischen Gesandten Bergen und Montigny nicht das Ende der Inquisition gefordert und gedroht, sie seien nicht so leichte Opfer wie Neapolitaner und Mailänder? Sei es nicht endlich Zeit, auch einmal des Königs Interessen zu bedenken, statt ewig an die Freunde Ebolis, Niederländer und Bilderstürmer, die unnütze Gnade zu verschwenden?

Die andern Minister schwiegen. Sie sahn alles entschieden. Nur der König machte sich noch Notizen.

Eboli lächelte mühselig. Seine Freunde betrachteten ihn mit Unruhe. War er schon so krank? Verlor er seine Geschicklichkeit, dieses unnachahmliche Talent des gutgesinnten Höflings, der bescheiden fragt, bündig antwortet, wenig diskutiert, nie mehr als sein Herr zu verstehen scheint und alles, sogar seine wahre Meinung, geheim hält? Als Kammerdiener war er gross geworden, bequem und geschmeidig. Er hatte stets getan, als ziehe er die Würfel den Geschäften vor und spiele lieber Ball als mit Königreichen. Nie schien er Interessen zu haben, stets leugnete er seinen Einfluss. Ich kann zum König sprechen, sagte er wohl, die Majestät sieht mich, aber hört sie mich? Nun schien Eboli verändert. Sah er nicht seines Sterns Verdunkelung? Mit einem fremden, kränkenden Eigensinn bestand er auf seiner Politik gegen Niederländer und Mohren und gönnte seinen täglich mächtigeren Feinden Alba und Espinosa schamlos leichte Siege. War der Feinste grob geworden? Eboli lächelte mühselig. Die Stiche in seiner Seite stachen ihn stärker als Albas Spitzen. Minutenweise vergass er über seinen Stichen seinen Einfluss und den Frieden, die Niederländer und die Mohren, den Alba und den Espinosa. Schliesslich nahm er sich zusammen. „Meine Freunde die Niederländer", sagte er mit jener offenen Bitterkeit, die sonst Albas Merkzug war, „meine Freunde die Bilderstürmer, und der Grossinquisitor wird sicher gleich eintreten, um von meinen Freunden den Morisken zu reden! Ist es eine Schande, die Menschen zu lieben? Ich sehe den Aufruhr sein leichenschändrisch Haupt heben, Aufruhr im Norden, Aufruhr im Süden, und ringsum lauern Feinde auf Spaniens Schwäche. Nicht die Flamen und Mohren, die schlechten Ratschläge Albas und Espinosas werden den Aufruhr entfesseln. Muss man die Morisken mit so finsterer Gewalt zu Christen machen? Ihre Sprache, ihre Kleider, ihre heissen Bäder, ihre Urväterbräuche verbieten, heisst, ihnen das Leben verbieten. Espinosa heisst die Morisken friedlich. So urteilt ein Priester. Unser Freund Don Quixada, der lange unter den Morisken lebte, heisst sie geborene Krieger. So denken Soldaten. Der Grossinquisitor sagt..."

„Was sage ich?" rief Espinosa, der eben eintrat wie von einem Windzug hereingeweht; hastig machte er drei Schritte zum König, blieb stehn, verbeugte sich, Philipp wies ihm einen Stuhl und zog die Nachtmütze vor ihm, der Kardinal setzte sich, fasste an sein Herz, stand auf, blickte zur Tür zurück, furchtsam oder bewusstlos, sagte mit atemloser Stimme: „Sire!" vergass sich, wandte sich zu Eboli, höflich und zerstreut, und fragte wie von Sinnen: „Was sage ich?" und indes die Minister Erstaunens voll auf ihren Stühlen rückten und Philipp sich an den Bart griff, mit der Gebärde vornehmer Araber, wenn ein Gefühl sie mächtig anweht, setzte sich Espinosa nieder, stand sogleich wieder auf und sagte: „Sire! Don Carlos stach nach mir, mit einem Dolche!" und schwieg, es war still, man vernahm der Fackeln Wehen, und Espinosa sagte mit dumpfer Stimme: „Sire! Es ging ums Leben. Fast war ich hin und schwämme da vor der Tür in meinem Blut. Es ging um einen Komödianten, er heisst Cisneros, ich verwies ihm aus Madrid, er ahmte mich nach, er ahmte viele nach, auch Se. Majestät, er sollte heute vor Don Carlos seine Lieblingsrollen sprechen. Da ich zum Staatsrat gehe, tritt der Infant hinter einer Säule vor, auf einem Treppenabsatz, und zieht den Dolch, stumm, ich weiche schweigend zur Treppenbrüstung aus, er fasst mich an, fuchtelt mit dem spitzen Dolch und schreit: ‚Mönchlein, bei meines Vaters Seele, ich mache dir den Garaus!' Und will es tun! Und schreit: ‚Wie? und Was? Meinen Cisneros hast du verwiesen, nur weil er Witz hat?' Ich, auf die Kniee stürzend, rufe ‚Gnade!' Hätte ich ihn anfassen sollen, den Erben, dem ich geschworen habe? Lieber sterben, lieber mag der kluge Philipp seiner geringsten Diener einen verlieren. Zittert ein Christ vor dem Tode? ‚Gnade!' schrie ich und dachte an die Morisken. Du bist nichts, dachte ich, aber viele hunderttausend Mohren werden ohne dich in der Hölle brennen, ohne Gnade! und: ‚Gnade!' schrie ich, und mein Engel half mir: Der Infant trat mich nur mit dem Stiefel! Dann lachte er verächtlich, trat hinter seine Säule zurück und spähte mir nach, wie ich eilfertig ein Stossgebet murmelnd mich aufraffe und unter zitternden Gebeten zu meinem Herrn finde. Sire, noch spüre ich des Infanten dolchspitzen Blick in meinem Rücken, ich lief und betend dacht' ich: Das ist nicht gut! und dachte: Meines Königs einziger Sohn! und: Lacht Don Carlos über seines Vaters Diener?"

Philipp schwieg und machte sich Notizen.

Der Grossinquisitor strich sein Gewand herab, als gelte es, viel zu glätten, und blickte von unten auf den König, demütig und schlau.

Der König prüfte seine Notizen. Endlich murmelte er: „Bin ich kein guter Vater?"

Die Minister blickten zu Boden.

Philipp murmelte, vielleicht im Fieber: „Ist meine Absicht zu gross? Und sind alle Menschen böse? Will keiner nach unserer Weise leben, heiter fromm?"

Der Grossinquisitor blickte strenge prüfend dem König ins Gesicht. Alba lächelte. Eboli bedeckte mit den Fingern seine Augen.

Philipp sagte mit seiner gewöhnlichen Stimme: „Unsere Zeitgenossen halten uns für einen Zufall. Es gibt keinen Zufall. Eher stirbt die Zeit. Sie bauen auf Bräuche und Gesetze, und wagen's, eine Welt ohne mich zu denken. Und das Heil? Alba zieht in die Niederlande! Espinosas Entwurf dient zu der Mohren Edikt! So haben wir's beschlossen." Der König schwieg.

„Was sage ich?" murmelte der Grossinquisitor und blickte auf Eboli.

Der König entliess den Staatsrat. Espinosa ging als erster, hochmütig lächelnd. Vor ein paar Jahren hiess er noch der Doktor Diego und war ein unbekannter Jurist. Heut war er Präsident von Kastilien, Präsident von Italien, Grossinquisitor, Kardinal, der König tat an ihm wie an seinesgleichen, kam ihm vor der Tür entgegen, zog den Hut vor ihm, gab ihm einen Stuhl. Das Volk hiess ihn den Monarchen Spaniens, wie der Hof einst den Ruy Gomez den Re y Gomez geheissen hatte, den ‚König und Gomez'. Espinosa gefiel dem König, weil er seine Familie nicht bereicherte. Minister und Hof hassten seinen Stolz, seine Unbestechlichkeit. Espinosa, so hochgestiegen, hielt sich für unverwundbar.

Lächelnd folgte Alba dem Grossinquisitor. Finster folgten Ebolis Freunde Feria und Quixada. Als Letzter ging gebückt der arme Eboli. Nur seinen Liebling Perez behielt der König bei sich. „Noch keine Nachricht von der Königin?" fragte Philipp.

„Keine!" erwiderte Perez.

„Es wird ein Sohn sein", sagte Philipp. „Heut stach Carlos nach meinem Grossinquisitor; und morgen? Ich will einen neuen Sohn haben."

Der junge Minister schwieg. Königin Elisabeth hatte schon drei Fehlgeburten. Warum sollte das vierte Kind leben?

„Ich bin ganz allein", flüsterte der König. Er spürte das ständige Zittern seiner Seele.

Perez überlegte, wie er den König trösten solle, wenn ein Bote die Nachricht von der vierten Totgeburt bringen würde. Das erste Wort, das Perez sagen sollte, war sehr wichtig.

Da kam die Prinzessin des Ursins, fast ohne Atem. „Es lebt!" rief sie vor der Türe schon. „Das Kind lebt!"

Philipp fasste seinen Bart an. „Ein Knabe?" fragte er mit ruhiger Stimme. „Das Kind ist ganz gesund", rief die kleine Prinzessin, „es lebt und ist gesund."

„Kein Sohn also?"

„Ein Mädchen, so hübsch und ganz lebendig! Es schreit schon!"

„Und die Königin?"

„Recht wohl", sagte die Ursins und lief fort.

„Antonio", sagte Philipp, „ich will Anna haben."

„Heute nacht?" fragte Perez.

„Wird sie kommen?"

„Wenn ich handeln dürfte..."

„Gut", sagte Philipp.

Perez ging schon. Er war fünfundzwanzig Jahre alt und hatte aus halber Liebe die Schwester des Malers Coello zum Weib genommen. ‚Du machst Fehler', hatte sein Vater kopfschüttelnd bemerkt. ‚Liebst du das Fräulein?'

‚Wie mein Leben', antwortete Antonio, sein Weib glich in Gang und Stimme der Eboli.

Philipp sass still in seinem Bett. Nur das Laub vor dem Fenster rauschte. Philipp liess die Kerzen anzünden. Er schrieb in ein besonderes Heft die neuste Untat seines Sohnes Carlos: ‚Dolch, Säule, Grossinquisitor, Mönchlein, Cisneros, Blicke.' Danach schrieb Philipp mit eiliger Feder seinem jüngsten Minister Antonio Perez: ‚Vorsicht!' schrieb der König. ‚Niemand darf etwas erfahren! Und spähen Sie nach den Mienen der Fürstin. Sagen Sie meinem Freund Eboli, ich liebte ihn mehr als alle Mohren und Niederländer. Du hast es leicht, sagte Don Carlos zu mir, deine Feinde auf Frankreichs und Englands Thronen sind Weiber. Hab' ich es leicht, Antonio? Manche heissen mich den Erben, weil ich langsam bin wie Karl, und das Reich baue wie er, und glaube gleich ihm. Der Glauben macht uns zu Menschen. Ich fechte für Gott. Ich bin sein Stempel, ich stemple die

Völker. Es ist schwer, Antonio. Er ist übermächtig. Alle Zeugen sterben, so ich Recht will. Und die Mitlebenden verurteilen mich, den Gerechten. Ich bin unschuldig. Warum hat man mich auf den Schoss gesetzt und an Brüsten gesäugt? So läge ich doch nur und wäre endlich still. Noch braucht man mich. Wer hat je solch ein Reich besessen? Ich mache Ordnung! Wer soll den Leuten helfen? Ich zittere, Antonio, dass Du Fehler machen könntest. Anna ist engelhaft, Eboli so zart! Bin ich König, um nicht zu geniessen? Philipp! sage ich zu mir. Zerreisse den Schleier! Bald habe ich vierzig Jahre gelebt. Und war es nicht mehr? Ich will Anna um jeden Preis haben. Ich vergesse um ihretwillen meine Tage, meinen Namen. Meine Füsse fangen zu hüpfen an, die Haare auf meiner Haut erbeben. Meine Stimme steigt empor. Freunde, gebt sie mir! Antonio, ich zittere, dass Eboli missverstehen, Anna zürnen könnte! Verschiebe alles auf später, auf morgen, Antonio. Aber werde ich so lange warten können? Ich der König'

Philipp begann zu träumen. Da kam Anna. Es war drei Uhr morgens. Der König hatte den Eboli geschaffen. Der Eboli schuf den Perez, Eboli machte ihn zum Schreiber, Eboli empfahl ihn zum Minister, Eboli zog ihn in sein Haus und sein Vertrauen. Nun stand Eboli vor dem Fall, und Perez stieg. Perez ging vom Schlafzimmer des Königs in den Palast Ebolis. „Heute nacht", sagte er, und da Eboli tat, als verstünde er ihn nicht, aber schon erblasste, sagte Perez, intimer als ihm zustand: „Anna!"

„Ich bin gerettet!" rief Eboli und umarmte den jungen Freund. „Ich", rief er, „werde heute nacht über Alba und Espinosa lachen!"

„Und Anna?" fragte Perez, aus Diskretion oder Schamlosigkeit.

„Anna?" fragte Eboli, töricht vor Lust, vom König gehörnt zu werden. „Anna brennt darnach!"

„Se. Majestät", erklärte Perez, „wünscht absolute Diskretion."

„Anna muss in Mannskleidern kommen", schlug der Gatte vor.

„Die Fürstin", erklärte Perez, „hat meine Grösse. Ich hole ein Kostüm. Als mein Freund geht sie an meiner Seite durch die geheimen Gänge."

Sie gingen zur Fürstin. „In Antonios Hosen?" fragte Anna spöttisch und musterte ihn, bis Perez errötete.

Eboli schwitzte vor ängstlicher Erwartung. „Du lachst?" fragte er empört. „Ich war schon verloren. Wir standen vor dem Sturz; Antonio, wir beide sollten stürzen."

Perez lächelte ruhig. Warum ich?, dachte er.

„Du musst dich verkleiden", erklärte Eboli seiner Frau. „Philipp liebt das Geheimnis. Niemand, auch er nicht, darf vor der Welt wissen, was ich weiss. Das ist seine höchste Staatskunst: Das Weltbekannte als Geheimnis zu behandeln. Philipp fürchtet das ausgesprochene Wort. Seine Kunst ist: zu verhüllen, zu verschweigen, scheinbar zu übersehn. So gewinnt er den majestätischen Anschein einer langsamen Allwissenheit. Ich habe ihn studiert. Ich bin sein Schüler. Maskiere dich, Anna! Verkleidungen kitzeln verwöhnte Sinne. Man muss hinter die kleinen Schliche grosser Könige kommen, will man mit ihnen auskommen. Ich kenne die Gesetze ihres Handelns bis zu den Rülpsern ihrer Wollust, und diskret befolge ich ihre Gebote."

„Ich lebe nach eigenen Gesetzen", erwiderte Anna.

Eboli ward still. Er kannte seine Frau seit dreizehn Jahren, selten hatte er sie durchschaut. Er liebte ihre starken, erfahrenen Glieder, er bewunderte ihren herrschsüchtigen, unabhängigen Geist, er hasste ihre freche Gescheitheit, er verabscheute ihre grossartige Geduld. Anna war schön und gefährlich. Er argwöhnte hinter ihren geistreichen Gesprächen mit ihren Freunden oder ihrem Onkel Mendoza intellektuelle Ausschweifungen, die ihm unbekannt waren und darum unanständig, ja aufrührerisch erschienen. Er wusste genau, wieviel er der Klugheit seiner Frau und der Verliebtheit seines Königs verdankte. Anna sprach furchtlos über alles. Ihre Kühnheit war ein Reiz am Hofe eines Tyrannen. Der Höfling Eboli wusste nichts in geraden Worten zu sagen, er fand nie gerade Wege.

Niemals hatte er seiner Frau in dürren Worten geraten, den König zu verführen. Sein Amt war es, die neuen Mätressen Philipps mit kundiger Hand ins königliche Bett zu geleiten. Er kannte die Grösse der Gefahr, dass eine herrschsüchtige Mätresse den alternden König bestrickte und unterjochte; desto grösser ward die Gefahr, je sicherer der König sich fühlte. Vor seinem jungen Günstling Perez gestand Eboli seine Hoffnungen und Ängste. „Philipp liebt sie", sagte er einmal zum Antonio. „Er liebt sie seit langem. Sie wissen, wie langsam Se. Majestät ist. Philipp hat unmenschliche Geduld. Niemals gibt er eine Absicht auf. Dennoch: wie alt wird Liebe ohne Nahrung? Gewiss, er schmachtet und geniesst es, zu schmachten. Dennoch ... Ob nicht im richtigen Augenblick ein halbes Wort, ein halbes Geständnis Annas... Solche hingezogenen, unausgetragenen Liebesromane enden oft gewaltsam... zuviel aufgesparte Bitterkeiten, zuviel erstickte Empfindungen ...ich bin bedenklich, Antonio. Und hat Anna einen Plan? Sie ist sehr gescheit, gewiss, aber warum schweigt sie vor mir? Misstraut sie mir? War ich je kleinlich? Neulich sagte ich ihr, mit Bedeutung: Echte Liebe überwindet gemeine Vorurteile. Sie lächelte und schwieg; Antonio, in finstern Stunden fürchte ich, sie geize nach der dummen Ehre, eines Königs Bett verschmäht zu haben. Die Königin Elisabeth zeichnet sie aus. Kürzlich fragte ich Anna: Liebst du sie so, bis zu gewissen Opfern? Anna schwieg. Lehre mich, bat ich sie. Ich will dein Schüler sein! Sie schwieg. Indes hofiert schon alle Welt sie und lächelt über mich, den bequemen Gatten. Und Philipp scheut noch immer den Lärm der Spötter und die bösen Zungen. Und Anna zieht ihn an, stösst ihn zurück, sie spricht geistreich mit ihm und über die erhabenen Gegenstände, und Philipp kommt sich neben ihr geistreich und sehr erhaben vor, sie besitzt die Kunst, zu tun, als liehe sie ihren Witz vom Partner, und Philipp schenkt ihr Blicke, die der Hof für Erinnerungen hält, aber sie sind nur Ankündigungen, bestenfalls. Anna ist heute Mitte zwanzig, nie waren ihre Blicke tiefer, ihr Lächeln reifer, ihr Leib verführerischer, nur ihre Stirne ist noch ganz weiss und Unschuld. Was erwartet sie? Misst sie sich an Geduld mit Philipp? Sie ist kein König. Sie ist nur ein Weib."

„Ein königliches!" hatte Perez gemurmelt, der eine seltsame, stechende Wollust empfand, so von Anna sprechen zu hören.

„Was hat sie vor?" fragte Eboli. „Ich bin an ihrer Klugheit irre. Ich verliere die Geduld; meine Feinde, die Alba, die Espinosa werden täglich einflussreicher, täglich frecher. Wartet Anna auf meinen Sturz? Liebst du den König?, fragte ich sie. — ‚Wer sonst soll ihn lieben?' — Millionen lieben ihn, sagte ich. — ‚Keiner wie ich!' sagte Anna, und mit solch kuriosem Ernst. Was hat sie vor, Antonio?"

Endlich war nun Perez aus dem Schlafzimmer des Königs herbeigeeilt und sagte: „Diese Nacht!" Perez erzählte: „Der König schmachtet — und zittert. Er ist am letzten Ende der Geduld — und spricht sich selber Mut zu. Er redet Unsinn und vergisst seine Geschäfte. Er hat seine Papiere fortgeschoben. Er schreibt nicht, liest keine Akten mehr. Sein Fieber wich so lange nicht. Endlich nahm er den Entschluss — und ist gesund und fühlt sich stark. Ich könnte diese Nacht Berge versetzen, sagte er zu mir. Er spricht nur von seiner Liebe, nie wird er müde, davon zu reden, wie ich nie müde, davon zu hören. Er fragte mich oft, wie er dem Fürsten seine Liebe noch deutlicher beweisen könnte. Der König liebt das Geheimnis. Er gelobt ewige Diskretion und nahm mir jeden Schwur, zu schweigen, ab, fürchterliche Schwüre. Er klagt, er möchte einmal glücklich sein dürfen, ohne dass Greise in zweiundzwanzig Ländern die politischen Folgen in klugen Staatsgesprächen abwögen."

Eboli verbeugte sich geschmeidig wie vor der Majestät und schwor, auch er liebe das Geheimnis.

„Ich", erklärte Anna und stützte das schöne Haupt wie nachdenkend auf die weisse Hand, „ich liebe das Geheimnis nicht."

„Der König befahl", begann ungeschickterweise Perez, doch Anna unterbrach ihn. „Auch den Gehorsam liebe ich nicht. Bin ich eine Nonne, eine Barfüsserin, unter der Rute der frommen Mutter Teresa von Avila, der heiligen Freundin des Königs und der Jesuiten, die so seltsame Gesichte hat? Der König befahl? Kennt Liebe Befehle? Hat sie einen Preis? Ist Liebe zu verbergen? Sie leuchtet weiter als die Siegesfeuer von Hügeln zu den Hügeln. Armes lautes Geheimnis! Kehren Sie zurück, Don Antonio, zu Sr. Majestät!"

„Gut", erklärte Eboli gemessen. „Gehn wir nach Italien, auf unsere Besitzungen. Baun wir Wein und Korn! Der König ist grossmütig. Er sendet unsern Freund Antonio zu unserer Gesellschaft, dass wir nach italienischem Brauch zu Dreien leben und zufrieden altern."

„Du bist unzufrieden?" fragte Anna erstaunt. „Ich bitte dich. Rate mir; nach deinem Herzen handle ich."

„Ich verstehe dich nicht", gestand Eboli seufzend. „Was ist deine Absicht? Bewunderst du den König weniger als wir? Hat Philipp deine Neigung nicht mehr? Sagtest du nicht erst neulich..."

„Was? Dass ich einen grossen Geist liebe, ein einzigartiges Herz, einen Mann, der so kühn die Geschäfte der Menschheit betreibt wie kein Kaiser vor ihm, der die Menschen nach seinem Antlitz formen will, der in der Rechten das Schwert des Weltkönigs und in der Linken der Liebe Kreuz hochhebt, der edel und liebenswürdig wie keiner ist, der gross von mir denkt und mich liebt, ja diesen Mann liebe ich mit der Seele, der Mann sollte mein Freund sein, und wenn er mich an sein Lager bäte, mir einen Freund als Boten sendete, da sollte ich nicht zu ihm fliegen? Aller Rücksicht ledig, wie echte Liebe, mich nicht fromm an sein königliches Bett setzen, um meiner Seele Wonnen mit seinen zu vermischen? Der Mann, wenn der mich riefe..."

„Was sprichst du?" fragte Eboli, von einem Dutzend Empfindungen hin und her gerissen.

„Der Mann", fuhr Anna begeistert fort, und die Begeisterung verschönte sie noch, „der verstünde meine Laune und liebte mich nach meiner Art, vor den Augen der Welt, wenn dieser Mann Sie einst zu mir sendet, Don Antonio..."

„Fürstin", rief Perez begeistert, „der Mann schickt mich!"

„Wie heisst er?" fragte Anna. „Ist er ein mächtiger König?"

„Er heisst Philipp", antwortete Perez, „und ist Ihr Sklave."

„Rasch", rief Anna und sprang auf, „o eilt euch, wieviel Zeit verloren! Rascher! Rascher! Meine Sklavinnen ruft! Weckt meinen Frisör! Lasst mir ein Bad bereiten! Wo sind meine Perlen, meine schönsten Diamanten? Weckt meine Lakaien, meine Heiducken alle! Lasst meine Prachtkarosse anspannen, und mit sechs Pferden, hörst du, Gomez! Don Antonio, mit sechs Pferden, den feurigsten in meinen Ställen! Und meine Lakaien sollen ihre besten Livreen antun und Pomade in ihr Haar und auf ihre Stiefel streichen, und alle sollen meine Farben tragen, die Farben der Mendoza und der Eboli! Und fünfzig Fackelträger sollen die dunkeln Strassen vor mir erleuchten, und ruft Flötenbläser, sie sollen mir aufspielen. Don Antonio, Sie sollen mich führen, vor die Rampe des Schlosses, und auf der grossen Treppe, und bis zum Bette dessen, der in Demut auf mich wartet und mich mit Myrten krönen wird vor aller Augen!"

„Hüte dich", bat Eboli, halb drohend und halb schon lächelnd, „heut krönt er dich vielleicht, später wird er vielleicht dich köpfen lassen."

„Besser spät geköpft als früh verworfen!" rief die Eboli heiter.

Von drei Uhr morgens bis neun Uhr abends stand die stadtbekannte Prachtkarosse der Eboli mit sechs Pferden bespannt und umgeben von Dutzenden von Läufern, Heiducken, Fackelträgern vor dem Hauptportal des königlichen Palastes zu Madrid für aller Augen wie zum Triumphe da, verräterisch.

DIE LIEBESNACHT

Um drei Uhr morgens.

Philipp: „Fürstin..."

Um vier Uhr morgens.

Philipp: „Anna...“

Um fünf Uhr morgens.

Philipp: (schläft).

Um sechs Uhr morgens.

Philipp: „Süsses Herz...“

Um sieben Uhr morgens.

Philipp: „Noch...“

Um acht Uhr morgens.

Philipp: „Alba ist ein Esel. Espinosa, sagst du, heisst der Monarch von Spanien? Nur Geduld, mein Täubchen. Glaubst du, ich liebte diesen Alba? Und Espinosa stürzt! Nur ein paar Jahre Geduld.“

Um neun Uhr morgens.

Philipp: „Antonio! Heut keine Geschäfte! Keinen vorlassen! Was? Den Fürsten Eboli? Der gute, der ausgezeichnete Eboli! Du bist der Engel mit dem Schwert, Antonio!“

Um zehn Uhr morgens.

Philipp: „Ich liebe dich. Ich liebe dich. Anna!“

Um elf Uhr morgens.

Philipp: „Schmeckt's? Nimm diese Seezunge. Deine Zunge, Anna... Süsse Zünglerin! Nimm vom gebackenen Krammetsvogel. Anna, o süsse...“

Mittags.

Philipp: (schläft).

Um ein Uhr nachmittags.

Philipp: „Depeschen aus den Niederlanden? Was schreibt Margareta? Ist der Kurier aus Rom da?“

Um zwei Uhr nachmittags.

Philipp: „Carlos, musst du wissen...“

Um drei Uhr nachmittags.

Philipp: „Carlos, musst du wissen...“

Um vier Uhr nachmittags.

Philipp: „Carlos, musst du wissen...“

Um fünf Uhr nachmittags.

Philipp: „Solchen Busen sah ich nie...“

Um sechs Uhr nachmittags.

Philipp: (lacht, lacht, lacht...)

Um sieben Uhr abends.

Philipp: „Dein Knie... so..."

Um acht Uhr abends.

Philipp: „Diese Smaragden schenkte der Jude Don Isak Abravanel der Königin Isabella der Katholischen. Sie stammen aus Damaskus. Isabella trug sie am Tage, da sie in das eroberte Granada einritt. Nimm sie. Ich bitte dich. Zwei Herzen eins in Liebe. Deine Küsse sind schmelzender... Nur einen Ring, geliebtes Herz, mehr nicht?... deinen Ring, ich tue ihn an, ich will ihn alle Tage tragen, mein Herz ist so umschlossen von dir wie mein Finger von deinem Ring. Ach, meine Laïs, Engel vor aller Welt, in meinen Armen Laïs, Kleopatra, Dido, Venus!"

Um neun Uhr abends.

Philipp: „Perez wird dich führen, Täubchen, ganz insgeheim, ganz stille. Auf bald, auf übermorgen, Liebste! Komm morgen!"

Um zehn Uhr abends.

Philipp: (schläft und spricht im Schlaf, aber zu undeutlich, als dass sein Sekretär Vandenesse, der im Sold Oraniens des Königs Rocktaschen untersucht, mehr vernähme als den Namen Anna.)

Vandenesse schreibt dem Oranien... ‚und sagt man, dass er sein Weib Elisabeth vergiften will, weil sie ihm keinen Sohn gebärt, und dass er seine Nichte, des Kaisers Tochter Anna heiraten wird, die Braut des Infanten Carlos, dem er schon Elisabeth gestohlen hat. Im Schlafe spricht er den Namen Anna mehrmals mit zärtlicher Betonung aus. Manche bei Hofe fürchten für das Leben des Infanten Don Carlos. Heraufsteigt zu voller Gunst der neuste Minister, der glatte Bastard Perez, ein Jüngling in hoher Gunst bei der Fürstin Eboli (auch sie heisst Anna...), des Königs mächtiger Mätresse...'

ANGST

Montigny schrieb an seine Frau nach Brüssel:

‚Madrid, in der Nacht. Liebste, ich kenne unsern Sohn

noch nicht! Manchmal in der Nacht wache ich auf und denke: Nie wirst du deinen Sohn sehen. Ich schlafe ein und finde am Morgen mein Kissen von Tränen feucht. Die Angst! Die Granden behandeln mich wie einen simpeln Ritter. Schlimmer, der König ist ewig freundlich, ja weich vor lauter Gnade, gezuckert wie ein Kuchen. Ich bat ihn dreimal um einen Pass. Er sagt, er könne mich nicht entbehren, ich müsse ihn auf seiner Reise in die Niederlande begleiten. Gestern war ich den Tag lang traurig. Die Trauer war wie eine Wand ohne Tür, ich fühlte Dich ganz nahe, und hätte ich die Tür gefunden, die da war, die ich nur nicht sah, so hätte ich Dich fassen können und glücklich sein. Den Bergen sehe ich nicht mehr. Er ist krank, heisst es, die spanischen Ärzte lassen keinen zu. Es schadet ihm, sagen sie. Ich weiss nicht, was ich denken soll. Sehr seltsame, sehr zeitige Krankheit — der steht nicht mehr auf? Nur Eboli geht zu ihm. Eboli ist eine vornehme Natur, bei aller Höfischkeit treu, er hat mich gern, er hat auch den Bergen gern, der König hat uns gleichfalls gern. Gestern ging ich abends durch die Strassen, am Himmel leuchteten die Sterne so gut und alt, so niederländisch, zwischen den Häusern gingen Ritter und schöne Damen, ganz junge Huren und ihre Zuhälter, letztere tragen bunte Schärpen, Büffelkoller, breite, flatternde Hosen, lange Rapiere und Schnurrbärte wie die Türken, recht hängend, und rote Strümpfe. Hinterm Schloss sassen zwei Mädchen im Gras, beide glichen ein wenig Dir und sahn einander gar nicht ähnlich. Der ernste Blick der einen, ihre Augen blieben ganz still, auch als sie lächelte. Da glich sie Dir ganz. Das Mädchen trug einen strohernen Hut und ein Kleid wie Sonnenblumen gelb. ‚Hast du einen Liebsten?' fragte ich es. Das Mädchen lächelte. Das war fast alles. Und danach meine Traurigkeit und die Tränen in der Nacht. Der König hat sich sehr verändert seit seinen Brüsseler Tagen. Er hat wirklich eine Art Grösse. Das stille Lächeln, die wenigen Worte, die grüblerischen Blicke, die feierliche Strenge, man spürt die ungeheure Anstrengung, und auch ein gewisses Gelingen! Man sagt, er liebe jede Nacht, er soll sehr verliebt sein. Er hat Bastarde, man kennt sie. Ich sehne mich fort von hier. Wozu bin ich hergekommen? Die Edikte, die Inquisition? Die Freiheit, die Niederlande? Mir dünkt alles so wenig. Es ist verrauscht. Ich denke nur an Dich. Und spüre mein Leben. Und dass ich es weggeworfen habe, für grosse Worte: umsonst. Es ist ausgemacht, der Alba kommt mit einem Heer nach Flandern, der König soll ihm folgen, er hat schon gross gerüstet, Schiffe, Armeen, sein Gefolge, Offiziere. Er hat seine Reisepläne allen Königen und dem Heiligen Vater gemeldet, den König von Frankreich bat er um freien Durchzug, seinen Vetter von Savoyen um Rat, der Strassen wegen. Er liess ein Verzeichnis aller Städte unterwegs machen und ihre Entfernungen ausmessen. In allen Kirchen liess er für gute Fahrt beten. Wir dachten schon, er fahre. Da bekam er ein Tertianfieber und befahl dem Alba, vorauszuziehn. Log Philipp? Die Inquisition gab reichlich Geld für Alba, alle Vizekönige sandten Truppen, die Regentin soll gleichfalls Truppen sammeln. Ich will heim. Ich bat um Urlaub. Philipp lächelte ein steifes, dünnes Lächeln, so verloren liegt es über seiner schweren Unterlippe, er ist ein Faun, ein Fanatiker, offenbar toll. Keiner will es wahrhaben, weil er König ist. Ist es nicht Tollheit, alle Welt katholisch und spanisch zu machen, alle Welt zu Sklaven zu machen? Gestern ritt ich aus Madrid, beim ersten Kreuzweg stiess ein Trupp von vierzig Reitern, schwer in Waffen, zu mir. Der Anführer lächelte, da lächeln viele wie Philipp, den Philipp ahmt sein ganzer Hof nach, lauter finstere Tyrannen. Bin ich gefangen?, rief ich und lachte ein falsch Gelächter. Die Strassen sind sehr gefährlich, entgegnete der Anführer höflich. Es soll Räuber geben. Darum?, fragte ich. Der Anführer lächelte sein dünnes Lächeln. Ich habe Ahnungen. Ich wollte, ich sässe am Meer, vor einer Fischerhütte, und ässe gebackene Fische mit Dir; komme ich davon, will ich nie wieder um die Geschäfte der Welt mich kümmern. Sei heiter, geliebtes Weib, sei stille, ich denke an unsern Sohn, sei vergnügt. Auch ich bin es, Dein guter Freund Montigny, Dein Gatte, der Vater Deines

Kindes und der Dich lieb hat. So kurz war unsere Liebe, nur einen Sommer lang. Schon ein Jahr bin ich fern von Dir. Wie gut hat es mein Bruder Horn, er ist so stille in seinem Haus zu Weerth in den Niederlanden, da lebt er so sicher...'

Der Montigny überlas den Brief und zerriss ihn. Der Brief gefiel ihm nicht und war gefährlich, wenn er des Königs Spähern in die Hände fiel.

Er schrieb einen zweiten, kürzern Brief. Von seinem Heimweh, seiner Sehnsucht und von des Königs grosser Gnade...

DER EMIGRANT

Zu Villebroeck, einem Dorf an der Rupel, in der Stube des reichen Bauern Absolon, eines heimlichen Calvinisten, sass Wilhelm von Oranien und wartete auf seinen Freund Egmont, um ihn noch einmal zu sehn. Absolon, ein runder Mann mit roten Händen und blauen Augen, stand an der Stubentür und sah auf die Strasse, die von Brüssel nach Antwerpen führte. Es war ein Tag im April, und es regnete, es war ein dünner, nebelnder Regen, ohne Glauben, Liebe und Hoffnung. Träge gackernd liefen die Hühner zwischen den Beinen des Bauern in die geräumige Stube. Wilhelm sass auf der Ofenbank. Auf dem Tisch standen ein Krug Milch, ein Laib Brot und ein Schinken.

„Ist es also wahr", fragte mit heller Stimme der Bauer Absolon und kehrte sich zu Wilhelm. „Ihr seid lutherisch geworden, Herr?"

Der Oranien schwieg, und der Bauer drehte sich wieder zur Strasse hin. Von Zeit zu Zeit hörten sie schrille Pfiffe. „Das sind meine Buben, sie liegen auf der Lauer", sagte Absolon plötzlich mit einer ganz tiefen Stimme, als spräche ein anderer Mann. „Niemand wird Euch überrumpeln, Herr. Seid ohne Furcht!"

„Ich bin es", erwiderte Oranien und empfand einen leisen Verdruss. Seit je warfen ihm Feinde und Freunde diese Vokabel wie einen Knüppel zwischen die Beine. Immer erscheint der Menge die Vernunft wie Furcht. Oranien fühlte den Unmut. Das Wort dieses Bauern war nur ein Tropfen in die volle Schale, da floss sie über. Ihn bedrängte der Schmerz, davonzugehn, ins deutsche Land, das schon die Fremde war und noch die kleine Heimat. In den Niederlanden war er gross; zu Haus, in Dillenburg, einer mehr unter den Nassauer Grafen, war er ein Flüchtling, ein davongejagter Bankrotteur des Lebens, ein Hilfeflehender, der Mann seiner bösen Frau, der Sächsin, die ihn vor aller Ohren heruntermachte, vor aller Augen betrog, schon sass sie zu Wesel und trieb es mit dem Schöffen Johann Rubbers oder Rubens, oder wie solche Kanaille hiess. Da sass Oranien und wartete auf den grossen Egmont, den Liebling der Wallonen, des Königs von Spanien treuesten Diener. Oranien fühlte den Unmut. Der Egmont war schuld, dass Wilhelm fliehen musste, ein Einzelner vor dem herannahenden Heere Albas, dessen Schatten schon auf die schneeigen Gipfel der Alpen fiel. Der Egmont war schuld, dass der Philipp die Niederlande bald mit Ruten peitschen würde. Aber den Egmont sahen sie alle verliebt an, wie ein Mädchen in den Spiegel schaut, die Niederländer liebten ihn mit allen Fehlern und rechneten ihm jedes Laster als Tugend an. Nun gehe ich fort, dachte der Oranien, und alle liessen mich im Stich, und der Bauer redet von meiner Furcht. Da überkam ihn ein falscher Eifer, und ihm schien, er müsse den Bauern überzeugen, der Bauer, schien ihm, sei ein echter Sohn des Volkes, und gebe der ihm recht, so gäbe das Volk ihm recht, es war alles töricht, er wusste es genau, und doch bat er den Bauern, sich an den Tisch zu setzen und ihn anzuhören.

Der Bauer setzte sich an den Tisch und stützte den Arm auf.

„Wieviel Söhne hast du?" fragte Oranien, er hatte vergessen, dass er diese Frage schon einmal an den Bauern gerichtet hatte.

Aber der Bauer antwortete gleichmütig und ohne Kränkung, wiederum wie schon das erste Mal: „Sechs Söhne habe ich noch, einer starb voriges Jahr für den Glauben."

„Gib mir", bat Oranien, „deinen ältesten Sohn! Ich will ihn nach Deutschland nehmen und einen Patrioten aus ihm machen. Ich habe den Jungen gern."

„Ich kann nicht, Herr. Ich habe einen andern Glauben."

„Bin ich kein Christ?" fragte Oranien empört. „Bist du kein Niederländer? Es ist gut", fügte er hinzu. „So seid ihr alle. Was man für euch tut, ist euch gewöhnlich wie das Salz im Brot. Im Dulden seid ihr gross. Die Knechte Philipps foltern euch, und ihr singt Psalmen. Aber wenn einer da ist, und er liebt eure Freiheit und euren Wohlstand, und will euer Gut und Blut schützen und er fordert euer Geld oder euren Sohn, um zu kämpfen für die gute Sache, so sagt ihr einer wie der andere: ‚Nicht ich, Herr, mein Nachbar, Herr, ich kann nicht, Herr!' und habt alle einen anderen Glauben."

Der Bauer legte seinen Kopf in die Hand und starrte finster in die Ecke.

„He!" sagte Oranien. „Absolon!"

„Ihr hättet nicht lutherisch werden sollen!" sagte der Bauer.

„Schweig!" bat Oranien. „Und war nicht mein Vater Lutheraner? Ihr seid alle wie einer. Ihr liebt nicht die Menschen. Ihr habt kein Gefühl. Ihr habt nur Vorurteile, nur Interessen, nur Nachgefühle, nur Nebenempfindungen, nur Beigedanken. Seht ihr euren Bruder, so ist euer erster Gedanke, wie teuer verkaufe ich ihn? Und bei eures Bruders Weib denkt ihr nur, wie sie zu Fall zu bringen. Und bei eures Bruders Töchtern und Söhnen, wie ihr sie schmackhaft röstet und siedet — im Dienste Gottes, das versteht sich von selbst in solchen Zeitläuften."

Oranien schwieg. Der Bauer fragte: „Herr, bist du ohne Schuld, dass du uns so heftig schiltst? Da gehst du also und wir bleiben. Es ist doch wahr, dass der Alba mit zehntausend spanischen Veteranen heranzieht? Und bei uns in Villebroeck glaubt keiner, dass der König von Spanien hernachkommt. Und wir sind hilflos. Viele verlassen Herd und Acker. Die Soldaten der Regentin ziehn umher und frohlocken. Sie jagen die Flüchtigen in die Flüsse, ersäufen sie wie Hunde, schlagen sie auf dem Felde wie Ratten tot, hängen uns, brennen uns. Die vom neuen Glauben wandern in grossen Schwärmen aus wie Kraniche und Störche oder sie verkriechen sich wie Füchse und Dachse in Erdhöhlen. Aus allen Städten verbannt man die Religion, unsere Prediger hängt man, unsere Weiber streicht man mit Ruten, unsere Äcker verteilen sie an die Verräter, heimische oder landfremde. Kaum ist ein Dorf so klein und liefert dem Henker doch viele Opfer. Aus den Balken unserer neugebauten Gotteshäuser, die sie umwerfen, machen sie Galgen. Das sind ihre Spässe. Manche von uns laufen aus Angst in die katholischen Kirchen, zweimal im Tag, zur Messe, und laden zu jedem Mahl den Papisten ins Haus. Ja manche verdammen jetzt laut unsere Bräuche, an denen sie gestern ihr Teil hatten. Und warum zittern sie alle so? Weil sie fühlen, dass man sie allein liess. Wo sind unsere grossen Herren? Wo die lauten Konföderierten, die lustigen Geusen? Der Bakkerzeel, der Sekretär vom Egmont, zieht umher und hängt uns als Ketzer. Der Hammes ward Artillerist für den Kaiser und nahm dreihundert Gulden Reisespesen von der Regentin. So sind sie alle! Und sollen alle braven Niederländer das Land verlassen? Da bleiben wir also fein stille, und du reitest fröhlich davon."

„Fröhlich?" fragte Oranien und lächelte bitter und schalt sich einen Narren, dass er mit dem Bauern rede, mit dem steifnackigen Calvinisten, aber der Stachel sass ihm im Fleisch, die bösen Worte des Bauern juckten ihn; wenn man den Absolon hörte, hatte er nicht recht? Und soll der Flüchtige sich nicht einmal verteidigen? Ich werde meine Apologie schreiben, beschloss Oranien. Bald. Und er sagte: „Höre mich an, Absolon. Ich spreche zu dir, weil du mein Freund bist. Es ist wahr. Ich habe mich verrechnet. Zu Beginn des Jahres 66 stand die Regentin verzweifelt da, am Ende triumphierte sie. Die neue Religion war gross geworden, da brach der Bildersturm herein und vernichtete alle Hoffnung. Die Freunde der Regentin hoben ihre Köpfe so hoch wie Kamele und gaben Festschmäuse, sie leerten die Humpen beim Schmettern der Trompeten und bei den süssen Klängen der Flöten und Zymbeln, indes die vaterländischen Truppen und lutherischen Landsknechte der Regentin unsere Kinder nackt auszogen und über die eisigen winterlichen Äcker jagten und unsere Weiber und Töchter bei Trommelwirbel öffentlich verauktionierten und sieche Bauern lebendig verbrannten, alles zum Spass. Und Margareta Parma, die eben die neuen Prediger zugelassen, stäupte sie und forderte alle Beamten vom Statthalter bis zum letzten Korporal auf, einen neuen Eid zu leisten, als wären Treueide wie Salatköpfe und welkten. Jedermann sollte die Befehle der Spanier gegen jedermann ohne Ausnahme vollziehen. Viele Herren schworen, und Egmont schwor. Ich habe nicht geschworen. Ich legte meine Ämter nieder, ich entsagte feierlich des Königs Dienst, dessen Politik ich verdamme. Ich veröffentlichte eine Flugschrift und forderte vom König Gedankenfreiheit. In einem Land, wo keine Duldung da ist, kann ein Mann nicht leben. Ich bin vierunddreissig Jahre alt, in den besten Jahren, um für die Gedankenfreiheit zu emigrieren. Zuvor wollte ich für sie fechten. Mit Egmont, dem alle Niederländer nachlaufen, dem Sieger von Gravelingen und St. Quentin, und mit Horn, dem Admiral, wollte Oranien die Freiheit retten! Gut, dachte ich, so wagen wir es und stellen uns dem Alba entgegen und fechten für unsere Rechte. Also schreibe ich an Horn und Egmont und die beiden Mansfeld, Vater und Sohn, und lade sie zu einer geheimen Zusammenkunft nach Dendermonde. Mein Bruder Ludwig und ich empfingen sie um elf Uhr vormittags, eine Stunde lang sprachen wir, dann assen wir zu Mittag, die Speisen waren nahrhaft, wir tranken roten Wein und gingen auseinander. Es war umsonst. Ich habe gesagt: Der König rüstet gegen uns wie gegen sieben Könige. Ich, sagte ich, will nicht hier bleiben als Zeuge der blutigsten Schläge, die ein Volk empfängt. Ich will nicht fallen als ein hilfloses Opfer einer abscheulichen Rache. Wenn ich auf Horn und Egmont bauen könnte, sagte ich, sei ich bereit, den Widerstand gegen Alba zu organisieren. Männer wie wir, sagte ich, dürften kein Gras unter ihren Füssen wachsen lassen.

Jetzt ist der Augenblick zum Handeln da. Zwischen der Bigotterie des Königs und der Religionswut des Volks ist mein Platz, sagte ich, der Platz der Gewissensfreiheit und der Duldung, wo ich mit der Waffe in der Hand die Ordnung und die Freiheit verteidigen werde. So sprach ich. Hörst du, Bauer?"

„Gut", sagte der Bauer Absolon, der still und finsterblickend zugehört hatte, „gut, und was sagte Egmont?"

„Was sagte Egmont?" wiederholte spöttisch Oranien. „Höre weiter! Der Horn las einen Brief seines Bruders Montigny vor, der aus Madrid schrieb, der König Philipp habe wegen der Bilderstürmer sich den Bart gerauft."

„Er raufte sich den Bart?" fragte der Bauer Absolon.

„Den Bart", antwortete Oranien.

Sie schwiegen.

„Je nun", sagte endlich Absolon.

„So sprach ich auch", erklärte Oranien lachend. „Ich hatte da einen Brief abgefangen, den der spanische Gesandte zu Paris, der Alava, unserer Regentin schickte. Nichts, was mich erstaunte! Dass der König den Egmont, den Horn und mich wie drei Teufel hasst; dass er uns nützen, dann schlachten will; dass die Regentin gegen uns gehetzt; dass Philipp entschlossen sei, unsere Gesandten Bergen und Montigny nicht mehr lebend aus Spanien zu entlassen. Das alles wusste ich lang. Doch da stand es hübsch aufgeschrieben, schwarz auf weiss, verstehst du; so, dachte ich, macht es doch Effekt. Ich las den Brief und sah sie an, den Horn, den Egmont..."

„Und was sagte Egmont?" fragte der Bauer Absolon begierig.

„Der Egmont? Da ich den Brief vorgelesen hatte, lachte der junge Mansfeld laut auf. Sein Vater, dem nichts am Sohn gefällt, obwohl er ihn mit Affenliebe hegt, fragte ihn unwirsch: ‚Was soll es, Karl?' Der Bursche sagt, vor Lachen prustend, dieser Brief träfe so ins Schwarze, dass er unwillkürlich denken musste, den Brief hätten nur zwei schreiben können. Zwei?, fragt der alte Mansfeld böse. Nun, sagt Karl und quietscht schon vor Lachen, entweder Alava oder — Oranien!"

„Jetzt sprach also der Egmont?" fragte der Bauer Absolon.

„Nein, mein Bruder Ludwig schlug vor, Truppen in Deutschland anzuwerben, die Deutschen, sagte er, kämpfen für alles gern und besonders für fremde Freiheit. Da endlich sprach der Egmont, er sagte, man täte unserm guten König Philipp bitter unrecht, so schlimm von ihm zu denken, der niemals ungerecht gewesen. Wenn aber dieser oder jener Furcht um sein Leben habe, tue er besser, das Land zu verlassen. Der Brief Alavas sei unbeträchtlich."

„Und?" fragte der Bauer Absolon. „Und weiter?"

„Und so gingen wir auseinander."

„Und?" fragte Absolon. „Und weiter?"

„Seit damals weiss ich: Ich stehe allein. Egmont zog gegen die Stadt Valenciennes, wo ihr Calvinisten regiertet, und stieg unter Lebensgefahr in den Festungsgraben, um seine Bravheit dem König von Spanien zu beweisen. Er hat begonnen, die Ketzer mit solcher Wut zu verfolgen, als wollte er im Blut seiner Landsleute sich reinwaschen; je mehr er peinigt, desto reiner wird sein Gewissen. Euer Egmont ist ein mordender Vogel Strauss.

„Und der Horn?" fragte Absolon und bedeckte sein Gesicht mit den grossen, roten Händen.

„Der Horn hüllte sich in seine Tugend. Er sagte, er habe nichts zu fürchten, er sei kein Hochverräter. Der Hof sei nicht sein Feld, der Philipp habe ihn getäuscht, ruiniert verleumdet. Er habe zu Madrid allen Forderungen entsagt und alle Stellen aufgegeben, um für den Rest seiner Tage Einsiedler zu werden, so gut wie einst der Kaiser Karl. Habe er wenig, lebe er von wenig. Das habe er dem Philipp geschrieben. Zu Weerth lebe und sterbe er, ein Bauer unter seinen Bauern."

„Ein rechtschaffener Mann", erklärte Absolon, „und bleibt im Land!"

Oranien schwieg. Niemand begreift mich, dachte er.

„Und Ihr, Herr, wie werdet ihr Euch zum Philipp verhalten?" fragte der Bauer.

„Still, ausser er geht gegen meine Ehre und gegen mein Gut vor."

„Und worin seid Ihr besser, Herr? Was tatet Ihr noch? Schriet Ihr nicht zu Antwerpen: Lang lebe der König!"

„Zum letzten Mal", erklärte Oranien, „und um Antwerpen zu retten! Als Marnix von Thoulouse, der junge Gelehrte, mit dreitausend Soldaten vor Antwerpen lagerte, um Valenciennes zu Hilfe zu kommen, liess ich die Tore schliessen, damit die Antwerpener Katholiken ihn nicht schlugen; als eine Armee der Regentin seine Schar zusammengehauen hatte und die Antwerpener auf ihren Mauern standen, und vierzigtausend Reformierte schauderten, und ebensoviele Katholiken jauchzten über den Untergang ihrer dreitausend Brüder, und als danach die feindlichen Brüder von Antwerpen sich zusammenrotteten in drei Heeren, Katholiken gegen Lutheraner, Lutheraner gegen Calvinisten, und alle einander mit Pulver in die Luft sprengen wollten, da ging ich allein unter die Rasenden und sprach zu ihnen, ohne Furcht, mein guter Absolon, und meine Beredsamkeit, mein Mut retteten Antwerpen vor dem Untergang. Damals vor dem Volk, das sich betrogen wähnte (meist betrügt man das Volk), damals rief ich: Es lebe der König! Und ungern vernahm ich als donnerndes Echo: Vive le roi! Was soll ich tun, wenn alle blind sind, und nur ich sehe! Wenn alle fühllos handeln, muss der Fühlende träge scheinen. Ihr seid heute eine Schar von Blinden, morgen werdet ihr scharfsichtige Opfer sein. Was für eine kuriose Welt! Da sitzen Grafen und machen viel arme Leute, unterm Schein einer vermeinten Religion, Niederländer gegen Niederländer, Christen gegen Christen, wegen Gott, gegen Gott! Und morgen kommt der Alba und beutelt die Grafen. Da freun sich Niederländer, dass Alba kommt, nach dem Plan Granvellas und dem Rat Espinosas, um die alten Freiheiten zu zertrampeln. Ich schaue nicht still zu. Die Herzogin lud mich nach Brüssel, angeblich damit ich meine Ämter behalte. Mich fangen sie nicht. Ich verlasse das Land, ich erkläre es laut. Da schickte die Regentin einen Sekretär zu mir, eine trockene Schreibfeder namens Berti. Der plapperte die eingelernten Worte von Pflicht und Dienst, vom Kummer des Königs und dem bösen Beispiel, vom Landeswohl und Heil. Ich fragte ihn: Soll ich durch den zweiten Eid gestehn, dass ich den ersten brach? Ein unbedingter Eid ist ein Schimpf. Will man mich zwingen, meinen Eid gegen die Provinzen, meinen Eid gegen den Kaiser zu brechen? Soll ich eure abscheulichen Edikte ausführen? Christen wegen ihrer Meinungen verfolgen? Wogegen meine Seele sich empört? Soll ich die eigene Frau dem Henker ausliefern, weil sie lutherisch ist? Blind allen Befehlen des Königs gehorchen, wenn vielleicht sein Stellvertreter ein Schuft ist? Kann Oranien von einem Alba Befehle empfangen? So sprach ich. Zum Abschied bat mich der Berti, einzuwilligen in eine Begegnung mit Egmont, den beiden Mansfeld und Aerschot. Egmont soll mich überreden. Die Herren lassen warten!"

„Der Regen", sagte der Bauer, „macht die Strassen schlecht."

Oranien blickte unruhig auf. Die Stube hatte sich verdüstert, die Regenwolken hingen tiefer, ein Wind pfiff im Kamin, der Bauer war hinausgegangen, in den Hof oder auf die Strasse. Wo blieben die Herren aus Brüssel? War alles eine Falle? Habe ich Furcht?, fragte sich Oranien und lächelte. Ein Huhn, von einem andern mit hackenden Schnabelhieben verfolgt, hüpfte plötzlich in der höchsten Lebensangst auf den Tisch und starrte von der Seite, mit jenem furchtsam superklugen Ausdruck gewisser älterer Hennen, so durchdringend ängstlich und übertrieben schlau, dass Wilhelm, selbstvergessen hinstarrend, für einen Augenblick an alle Ammenmärchen glaubte, an Hexen, die zu Hühnern werden; an Dämonen in Tiergestalt; an Teufelinnen, herausgeschlüpft aus Fabel-Eiern; an den ganzen tollen Spuk.

Flügelflatterig hüpfte die Henne zum Tisch herab, zur Tür hinaus, und Wilhelm, müde der Zweifel und böser Zeiten gewiss, legte den Arm auf den braunen, hölzernen Tisch, neben den Krug mit kalter Milch, den aufgeschnittenen Laib Brot, den geräucherten Schinken und bettete die müde Stirn in die Hand und entschlief. Er träumte leicht und selig, da fasste ihn einer übermächtig an, er fuhr auf, es war hell in der Stube, er erblickte seinen Freund Egmont, sagte: „Da bist du also", stand auf, umarmte ihn und sah den Sekretarius Berti, schon sass der und hielt die Feder zum Schreiben gezückt, stets trug er Schreibutensilien mit sich, vielleicht war er mit ihnen zur Welt gekommen, auch die beiden Grafen Mansfeld standen da, Oranien begrüsste sie freundlich, Egmont sagte: „Aerschot lässt sich entschuldigen."

„Freilich!" erwiderte Oranien und lächelte höflich, sein Lächeln stammte noch aus der Schule des Kaisers Karl, das Lächeln zeigte gleichsam alle Zähne, es schien der Anfang des heitersten Gelächters, nahe allen Lebenswonnen.

Auch Egmont lächelte höflich, er ahmte, wie meistens seit seiner Heimkehr aus Madrid, des Königs Philipp fatales Lächeln nach. Die neuere Schule des Lächelns lehrte, bei ernstem, fast starrem Blick die geschlossenen Lippen herabzubiegen, was Freundlichkeit zum Ausdruck brachte, Wohlwollen, gemischt mit Strenge und einer Spur von Überheblichkeit, ja fast Verachtung, das ganze Lächeln war eher ein Grinsen, dem Gelächter ferner als Tränen.

Die Freunde blickten, so verschieden lächelnd, einander an. Oranien trug einen grauen Reisemantel und einen Reiterhut; nichts ausser seiner persönlichen Würde zeugte noch von seinem verschwendeten Reichtum, von seinen abgelegten Ämtern, von seiner angesehenen Geburt. Schon schien nichts mehr den einstigen Liebling des grossen Kaisers auszuweisen. Schon nahm er in Tracht und Gebärde seine Emigration vorweg. Da stand der Landflüchtige, der Fremdling, der Geduldete, der ewig Hilfeheischende, der Ruhelose. Und vor ihm spreizte sich im vollen Glanze, in bunten Farben, in Seide, Samt und Spitzen, in Gold gefasst der Liebling der Menschen und Götter, der strahlende Höfling des Königs Philipp, der Sieger von Gravelingen und St. Quentin, (auch von Valenciennes, wo sie die nackten Kinder über die eisigen Felder dahintrieben, weil die Väter der Kinder an Gott auf ihre Weise glaubten).

„Ja", sagte Oranien, „ich gehe nach Deutschland."

Egmont begann in schönen Worten die Pflicht zu preisen und die Gnade Philipps.

„Ja", sagte Oranien, „ich gehe nach Deutschland", und tat seinen Arm um die Schulter des Freundes und führte ihn fort vom Tisch, wo Berti sass und aufschrieb, Oranien zog den Freund ans Fenster, sie blickten auf den Regen hinaus und sahn die aufgeweichte Strasse, ein paar kahle Bäume, den Kirchturm.

„Ja", sagte Oranien, „ich lasse alles, ich gehe nach Deutschland."

„Es wird dich deine Güter kosten, Oranien!" erwiderte herzlich Egmont.

„Und dich dein Leben, Egmont, wofern du bleibst. Du wirst Freunde und Vaterland in ein Verderben mit dir herabziehn. Siehst du nicht deinen Tod, wie er die Gebirge heruntersteigt und durch Burgund, Lothringen, Luxemburg heranmarschiert, zehntausend Mann stark, mit Namen Alba? Erwache! Sei ein Mann! Schenke dich deinem Volk wieder, komm an die Seite deiner Freunde, dein Arm kann noch alles retten, deine Stimme sammelt eine Armee in Flandern. Wo du aber nicht kämpfen magst, rette dich, Freund; rette dein Leben; fliehe, komm mit mir nach Nassau, ich habe Brüder, Freunde, Hilfe in Deutschland; wir werden wiederkehren. Egmont! Wir sind geächtet, das Urteil ist gefällt und trifft auch dich! Heute gehn wir in die Verbannung, morgen kehren wir zurück, Vorkämpfer der Freiheit!"

„Nie wirst du mich bereden, Oranien! Nie werde ich die Welt so trübe schaun. Deine Klugheit schwärzt, statt zu erhellen, sie schwärzt dich an. Gib acht, Oranien, so verschwendest du ein reiches Leben und warst am Ende nur klug, nur furchtsam, wo andere wagten und genossen und gross waren. Habe ich erst alle öffentlichen Predigten abgestellt, alle Bilderstürmer gezüchtigt, alle Rebellen zu Boden getreten und den Provinzen ihre vorige Ruhe wiedergeschenkt — was kann der König mir anhaben? Philipp ist klug und gütig, er ist gerecht, ich habe schönen Anspruch auf seine Dankbarkeit. Soll ich vergessen, was ich mir selbst schuldig bin?"

„Wohlan!" rief Oranien, „wage es denn auf diese königliche Dankbarkeit. Aber ich ahne, du wirst die Brücke sein, worüber die Spanier in unser Land setzen, und die sie abbrechen werden, wenn sie darüber sind!"

„Umarme mich", bat Egmont. „O Wilhelm, wann sehen wir uns wieder?"

Da drückte Oranien den Freund so innig an sich, er fühlte ihn so ganz lebendig — und so ganz verloren.

Betroffen merkte Egmont Tränen an den Wangen Oraniens. „Mut!" sagte Egmont, und gegen seine Meinung: „Bald kehrst du wieder!"

Danach ritten sie fort, Egmont nach Brüssel, Oranien heim nach Deutschland. Es regnete nicht mehr. Die Wolken drückten schwer auf die rauschenden, dunkeln Wälder. Bald kam die Nacht.

DER HERZOG ALBA

Um drei Uhr nachmittags hörte die Tochter des Kaisers einen Lärm im Schlosshof, lief zum Fenster und sah den Verhassten. Auf den ersten Blick erkannte sie die steckensteife Figur, die eifersüchtig gelben Wangen, den zweispitzigen gräulichen Bart. Margareta stöhnte vor machtlosem Zorn und sah mit Lust, wie ihre Palastdiener die Leibwächter des Herzogs schlugen, wie Alba seinen Degen zog, wie er den Mund öffnete, um zu schreien. So gern hätte sie zum Fenster hinaus gerufen: Schlagt ihn tot, den spanischen Hund!

Da wichen ihre Leibwächter vor dem neuen Herrn zurück. Da trat er ein. Drei lange Tage hatte sie vor ihren Räten bewiesen, warum sie ihn nicht empfangen könnte. Sie klingelte und bat die Räte zu sich, den Aerschot, den Berlaymont, den Grafen Egmont, ihren Sekretär Armenteros. Steif zwischen ihren regungslosen Räten stand sie da, vor ihrem breiten, enthüllten Bett, in der Mitte ihres Schlafzimmers, wo sie ihn empfing wie einen Frisör, und tat keinen Schritt, als Alba mit seinen Generälen und beiden Söhnen so langsam eintrat, so langsam seinen verbeulten, grünen Reiterhut vom Kopfe nahm und vor der unbewegten Frau sich bückte.

„Den Hut auf!" befahl mit ihrer barschen Mannsstimme Margareta. „Ich kenne jedes Vorrecht unserer Diener."

Zögernd, als müsste er ganz Spanien bedecken, tat Alba den Hut aufs Haupt. Alle sahn nun Europas berühmtesten Feldherrn, Spaniens fürchterlichen Popanz, von nahe. Es war ein magerer, älterer Herr mit feierlichen Mienen und klugen Augen. Nur die sehnigen Hände verrieten den ergrauten Mörder. Margareta musterte ihn ausführlich, ohne Scham und Gnade, noch als er höfisch wohlgesetzte Worte mit einer überraschend sanften, wohllautenden Stimme sprach. Als merkte sie seine rednerischen Mühen nicht, fragte sie dumpfstimmig barsch: „Wo haben Sie die Vollmacht? Wie weit geht sie? Zur Sache, Herzog! Sie haben eine Vollmacht?"

Wie verlegen blickte Alba zu Boden. Jeder sah, er wollte nur sein freches Lächeln verbergen. „Gewiss", murmelte er, „die Vollmacht, in der Tat, da war so ein Papier, ich erinnere mich so genau nicht, ich werde Eurer Hoheit, so bald es mir nur passt, die Vollmacht zeigen; ich eilte so, Eurer Hoheit mich vorzustellen; Graf Egmont weiss es, wie rasch wir von Tirlemont bis Brüssel ritten; bis Tirlemont kam Egmont mir entgegen, um mir ein Paar Gäule zu schenken; wir trennten uns am Löwener Tor, wo ich vor mein Quartier zog und ohne abzusteigen, staubig, im schlechten Koller, zum Palast ritt, allzueilig, merke ich! Fehler eines Greises! Was, dachte ich, bedarf es einer Vollmacht zwischen meines Kaisers Tochter und dem Alba?"

„Zur Sache, Herzog!" rief Margareta, rot vor Zorn, und warf dem Egmont einen Blick voll Mordlust zu. Der Hund Egmont rät ihr, den Alba nicht vorzulassen, und reitet viele Meilen, um vor seinem ärgsten Feind als erster zu schweifwedeln. Egmont verstand den Blick Margaretens recht gut und errötete auch, doch er bereute nichts. Sein Weg war peinlich, aber er führte zur Rettung der Niederlande. Sollte er, kein Verräter, aus Furcht verraten? Hunderttausend flohen vor Alba über Sand und See — was war abgetan? Da sassen die lauten Rufer von gestern verloren im weiten, breiten Deutschland, der tolle Brederode soff, der kleine Hoogstraaten sprach gross, der ungestüme Nassau fluchte und der stille Wilhelm intrigierte wie je — war das nicht die Hölle? Und der beste Niederländer, der grosse Egmont sollte, mit sechsundvierzig Jahren, da sein Haar schon weiss war, davongehn wie ein Pferdedieb bei Nacht und mit elf Kindern und seinem Weib, der Wittelsbacherin, als frommer Katholik bei kleinen, lutherischen deutschen Fürsten das brüchige Brot der Gnade brechen? So war er also, pochend auf sein Verdienst, auf seine Tugend, seinen Namen, im Land geblieben, und schlief in seinem Bett, unterm Kopfkissen zwei geladene Pistolen. So war er also dem neuen Herrn entgegengeritten, bis Tirlemont, warum nicht bis Tirlemont? Und hatte nicht Alba, bei Egmonts Ankunft, zu seinen Generälen gesagt: ‚Es kommt ein grosser Ketzer!' und ihn doch umarmt, hatte er ihn nicht gefragt, sozusagen scherzhaft, weshalb Se. gräfliche Gnaden ihm alten Mann nicht die Mühen so weiter Reise ersparen wollen, und ihm doch zulächeln müssen? Und durfte Egmont nicht bei solcher Mischung aus privatem Hass und offiziellen Ehren schlagend schliessen, dass König Philipp seinen neuen Generalkapitän den Egmont ehren hiess? Bei schlimmern Absichten wäre der Höfling Alba höflicher gewesen! Und hatte Egmont nicht erst dieser Tage ein Handschreiben Philipps erhalten, das vom Honig königlicher Schmeichelreden troff, und wie des Kuckucks Ruf nicht ablässt, so scholl auf jeder Zeile als Liebesecho die Vokabel: „Vetter! Vetter! Vetter!" Hatte Egmont nicht also recht gehandelt, auch wenn er vor Margaretens Blick erröten musste? Ist die Scham der einzige Spiegel unseres Gewissens? Ist das Gewissen unser einziger Richter? Egmont war seiner Sache sicher.

„Zur Sache!" rief Margareta zornig und zitternd. Den Bruder Philipp kannte sie, Demütigungen sah sie voraus. „Zur Sache!" rief sie. „Haben Sie die Vollmacht?"

„Welche?" fragte Alba, als hätte er ein Dutzend, und wandte sich an seine Söhne, den zarten, finstern legitimen

Friedrich von Toledo, der eine goldene Rüstung trug, und den breiten, fröhlichen Bastard Fernando de Toledo, im Ordensmantel der Johanniter. „Wer hat die Vollmacht?" fragte Alba scheinbar bekümmert seine schweigenden Generäle. Schliesslich wandte sich Alba wieder der Herzogin zu, die trotz ihrer fröhlich grünen Jägertracht steif wie eine dorische Säule dastand. „Ja so, die Vollmacht!" sagte Alba, als erinnere er sich erst, griff in sein Koller, holte ein pergamentenes Blatt, schwenkte es, sagte: „Da ist so eine Vollmacht!" und reichte das Blatt dem Armenteros, der tief sich bückend es der Herzogin hinhielt, eine Minute lang, bis sie langsam die Hand hob, das Blatt erfasste und in der Hand wog, geringschätzig lächelnd, als fände sie das Blatt und den es betraf allzuleicht, worauf sie laut zu lesen anfing: „Madrid, den 1. Dezember 1566" (inzwischen war man spät im August des andern Jahres). „Herzog Alba", las sie, „soll unserer teuern Schwester, der Herzogin von Parma, gehorsam zur Seite stehn." Die Herzogin wiederholte, wie unwillkürlich: „Gehorsam zur Seite stehn..." Langsam losch das Lächeln in ihrem Antlitz. Der Bruder Philipp hatte ihr lange ins Jahr 67 hinein geschrieben, er sei vollkommen mit ihr zufrieden, er werde in die Niederlande kommen, er werde den Eboli vorschicken, später schrieb er, die Cortes hätten ihm vorgeschlagen, den Don Carlos zu entsenden, und die Majestät erwäge es pflichtgemäss, später schrieb er, nie werde er den Alba senden, er wisse, wie verhasst Alba in den Provinzen sei, schliesslich schrieb er, wenn Alba vielleicht kommen würde, so nur mit ein paar Regimentern, als Vorhut des Königs, endlich teilte er ihr mit, Alba bringe eine Armee zu ihrer Hilfe, ihrem alten Wunsch gemäss, und komme als Generalkapitän der Niederlande, der König habe lange gezögert und den passenden Mann gesucht, er finde keinen bessern. Der gute Bruder Philipp! Margareta las fort und fort: „...und so befehlen wir allen Städten in unsern Provinzen, nach des Herzogs Alba Weisung Garnisonen aufzunehmen, ihm die Torschlüssel auszuliefern, die Truppen zu verköstigen." Immerhin, dachte Margareta, Alba hat das Schwert, mir bleiben Verwaltung, Justiz, Finanzen immerhin.

„Schrieb ich Ihnen nicht nach Italien", begann sie in strengem Ton und klopfte mit der flachen Hand auf die pergamentene Vollmacht, „schrieb ich Ihnen nicht, dass Sie hier schon überflüssig wurden? Und dass Sie an der Spitze Ihrer Armee den neuen Frieden meiner Niederlande nur in neue Unruhen wandeln würden?. Wozu soviel Soldaten? Ich dulde nicht, dass Sie nach Gent, Antwerpen, gar nach Brüssel Garnisonen legen und Ihre zügellose Soldateska unsern Handel, unsern Reichtum, Heuschrecken gleich, vertilge!"

Alba erklärte lächelnd: „Das entzieht sich den Geschäften Eurer Hoheit. Das ordne ich schon mit den Stadtbehörden, ohne Madame mit solchem Kleinkram zu behelligen. Die Resultate teile ich das nächste Mal Madame mit."

„In Brüssel dulde ich keine Garnison!" rief Margareta mit zorndumpfer Stimme. „Ihre Vollmacht unterstellt Sie mir."

„Jene, vielleicht?" gab Alba zu. „Hier zum Beispiel habe ich grössere Vollmacht." Er reichte dem Sekretär ein neues Blatt. Margareta las hastig, halblaut: „Segovia, den 31. Januar 1567. Die Niederlande (las sie) stehn im Aufruhr. Gelindere Arznei versagte. Nun müssen die Waffen sprechen. So befehle ich dem Herzog Alba, dem widerspenstigen Volk..." Margareta verstummte. Still las sie für sich fort: „...dem widerspenstigen Volk den Krieg zu machen, erbarmungslos, bis es sich absolut unterwirft. Ferner soll Herzog Alba alle Verdächtigen vor sein Gericht ziehn, mit voller Gewalt, zu strafen oder zu begnadigen." Als Margareta aufblickte, las sie in den Gesichtern Neugier oder Schadenfreude, sie reichte in einem heftigen Impuls das Blatt dem Grafen Egmont hin, der schon die Hand ausstreckte, sie sagte, „das betrifft auch Sie, mein teurer Egmont", da besann sie sich, zog das Blatt zurück und fragte mit falschem Hohn: „Und das ist Ihre ganze Vollmacht?"

Da holte Alba schweigend ein drittes Blatt aus dem Koller, er übersah die ausgestreckte Hand des Armenteros und reichte das Blatt geradezu der Herzogin, er neigte sich auch nicht mehr, steif nun auch er.

„Aranjuez, den ersten März 1567", las sie und verstummte. Das Blatt verlieh dem Alba die oberste Kontrolle der Niederlande im Krieg und Frieden. Personen jedes Standes, die Regentin eingeschlossen, hatten dem Herzog Alba wie dem König zu gehorchen. Ein hübscher Bruder, dachte Margareta, so witzig entlässt er mich. Den leeren Titel darf ich noch tragen, eine Weile. Vielleicht hat der Alba ein viertes Blatt, das mir auch den Titel nimmt? Sie liess das Blatt sinken. Raschelnd fiel es auf den Teppich. Armenteros kniete, hob das Blatt und reichte es der Herzogin. Sie empfing es und liess es fallen, als hielte ihre Hand, die neun Jahre die Herrschaft der Provinzen festgehalten, nun nichts mehr. Armenteros wagte nicht, ein zweites Mal sich zu bücken.

Da spiesste Alba mit seinem Degen das Blatt auf und reichte es auf des Degens Spitze dem Armenteros,dem vertrauten ‚Barbier' der Herzogin, und sagte dem tief sich Neigenden: „Stecke das Blatt zu dir, Bursche!"

„Und", fragte Margareta (ihre Backen flammten wie vom Schein der Jagdfeuer) „und ist das alles, Alba?"

„Für heute", antwortete Alba ungerührt, „für heute, Madame."

„Vielleicht sind Sie müde?" fragte die Herzogin und deutete wie von ungefähr zur Tür. „Sie hatten eine weite Reise?"

Der Herzog Alba lachte schallend, stellte das linke Bein vor und rief aufgeräumt: „Das war die lustigste Reise meines Lebens. Der König von Frankreich schickte ein ganzes Armeekorps, das an seinen Grenzen jeden Schritt mir nachtat, um mich vor den bösen Hugenotten zu wahren. Auf der andern Seite wachten sechstausend Schweizer, dass die Calvinistenstadt Genf mich nicht überfalle. So zittern fremde Völker um mein Heil. Wie Hannibal zog ich über den Mont Cenis. Wie eine Riesenschlange zogen Mann nach Mann meine zehntausend Veteranen durch weglose

Wälder, über drohend enge Gebirgspässe; fünfzig entschlossene Feinde hätten uns wehtun können. Alba hat keine Feinde, oder sie sind nicht entschlossen. In zwölf Tagesmärschen durchzogen wir Burgund, in selber Frist Lothringen, nur einmal stahl ein Soldat einen Hammel, er schlachtete den Hammel, ich den Soldaten. Mannszucht, Madame! Herr von Brantôme, ein Kenner, wie wenige zu Paris, ritt eigens nach Burgund, um uns zu sehn. ‚Für Prinzen', sagte er mir, ‚könnte man Ihre Musketiere halten, so fein, so graziös, so arrogant ist jeder.' Da führt jeder seinen Sklaven mit, der ihm auf dem Marsch die Muskete trägt. Hier stehn die Obersten: Don Sancho de Lodrono, Don Gonzalo de Bracamonte, Don Julian Romero, vor sieben Jahren kommandierte er schon in den Provinzen, und hier Alfonso de Ulloa. Wir alle wollen Eurer Hoheit so gefällig dienen wie einst dem Kaiser."

„Und die zweitausend Huren Ihrer Armee", schrie Margareta, „dienten auch schon meinem Vater?"

„Die Mädchen", erklärte Alba, zog den Hut und neigte sich tief, „die Mädchen hielten Mannszucht, sie zogen unter ihren Bannern, vierhundert zu Ross, achthundert zu Fuss, in Bataillonen und Kompanien, nach strenger Etikette, zu Ross die Generalshuren, die Hauptmannshuren und reichen Soldatenhuren auf Mauleseln, zuletzt das gemeine Fussvolk. Herr von Brantôme geriet, trotz seinen weissen Haaren, in Feuer und verglich manche mit Herzoginnen!"

„Das ist zuviel!" schrie Margareta und stampfte mit dem Fuss auf. „Befahl mein Bruder solchen Spott? Niederländer! Seht des Königs Dank! Und ich bin seines Vaters Tochter! Neun Jahre diene ich dem König. Egmont, sieh mich an! Da steht dein künftiger Herr, da stehn seine Helfershelfer. Seht ihre Hände! Bis zum Ellenbogen tauchen sie bald in der Niederländer Blut! Niederländer! Ihr kennt den Alba nicht. Kenntet ihr ihn, flöget ihr Wildenten gleich dahin, wo Sümpfe und Gewässer Schutz vor Jägern bieten. Weint, Niederländer, weint! Ich nahm nicht teil an solcher Jagd! Das war mein ganzer Fehler! Sollte ich unschuldige Menschen jagen? Klagt, klagt um die arme Margareta. Ich danke ab. Noch heute schreibe ich dem König. Arme Niederlande! Undankbarer Bruder! Meine schönsten Jahre! Die Früchte meines Fleisses wirft er dem da zu Füssen!" Sie ging. Ihre Räte folgten ihr langsam, zuletzt der Armenteros, nach rückwärts blickend, ob Alba ihn nicht zurückbehalten wolle, im Abgehen lächelte er nach rückwärts, ungern liess er hinter sich die neue Zeit samt ihrem neuen Herrn. Alba blickte still zu Boden. Da er aufschaute, sah er Margaretas breites Bett.

Halblaut brummte der breite Bastard Albas, aufs unverhüllte Bett deutend: „Ging so der hannibalische Zug meines Vaters über den Mont Cenis: Von Bett zu Bett?"

Die Generäle schmunzelten; so zögernd war der verliebte sechzigjährige Alba von Madrid aus dem Bett der schönen Doña Maria Manrique aufgebrochen.

Alba überhörte den Scherz, er fand ihn nicht sehr fein. Doch liebte er den Bastard mehr als den Legitimen. „Zu den Geschäften!" rief er. „Soll man uns träge heissen?"

Er war nicht träge; da zwanzig Tage später in Albas Palast der Kapitän seiner Leibwache, Don Sancho d'Avila dem Egmont im Vorzimmer das Schwert abforderte, sah Egmont ihn wie von Sinnen an und murmelte verstört: „Freund, willst auch du mich warnen?" Aber als die Türen des Nebenzimmers sich auftaten und eine Abteilung spanischer Musketiere sichtbar wurde, die ihre Musketen auf den Egmont richteten, da fasste sich Egmont, lieferte sein Schwert aus und bemerkte bitter: „Es hat dem König von Spanien mehr als einmal gedient." Dann bat er um Don Fernandos baldigen Besuch. Die Wache führte ihn in ein Zimmer im obern Stock des Hauses, alle Fensterläden waren vermacht, alle Wände schwarz ausgeschlagen, es war gegen sieben Uhr abends. Vierzehn Tage wartete Egmont auf den Besuch des Bastards. Solange durfte er keine Zeile schreiben, keinen Freund sehn, keinen Brief empfangen, tags und nachts brannten Kerzen, spanische Soldaten trugen ihm schweigend Speis und Trank auf, schweigend standen sie Wache. Keiner gab auf seine Fragen Antwort. Um Mitternacht zog jeweils der Kapitän der Leibwache den Bettvorhang und weckte den Grafen aus dem Schlaf, damit der ablösende Offizier genau sah, dass er keinen andern als den Egmont bewachte. Vierzehn Tage, vierzehn Nächte blieb Egmont in dieser Grabkammer, er lag, schlief, wachte, ass, trank, atmete und starrte blind ins künftige Dunkel.

Ungern dachte er zurück. Wie man im Traum dumpf sinnend nach einem vergessenen Namen sucht, so suchte er den Fehler seines Lebens. Manchmal trug Egmont eine Kerze vor den Spiegel und prüfte zweifelnd seine Miene. Sah so der grosse Egmont aus? Da Tag wie Nacht schien, verlor er die Zeit. Eine schon historische Empfindung seines Selbst lieh ihm Stärke. „Ich bin der Egmont", sagte er laut zu sich, zu den Wänden, zu den schweigenden Spaniern, „der Egmont... der Egmont...", die Silben dehnend und wiederholend, bis ihm der süssvertraute Klang unheimlich fremd ward. Ihn tröstete, die Warnungen zu zählen. Wer hatte ihn nicht gewarnt? So viele Freunde hatte er also? Alles warnte ihn. Er war nicht zu warnen. Oranien hatte also recht? Und der Seigneur de Billy, der Portugiese, der am Tage vor Albas Ankunft in Egmonts Haus kam und in der Türe noch erklärte: „Vögel im Freien singen lustiger als Vögel im Käfig. Reisen Sie morgen!" Und der spanische General Julian Romero, der abends im schwarzen Mantel zu Egmont schlich und feierlich dringlich ihn bat, bevor der Morgen graute, ausser Lands zu gehn? Egmont hatte gelacht, und stets gelacht. Woher kam ihm in jenen letzten Wochen solche entsetzliche Heiterkeit? Den andern Tag ging er zum Festmahl Fernandos. Da Egmont dort den Mansfeld fragte: „Und Ihr Sohn?" schaute Mansfeld ihn bedeutend an und murmelte: „Der Junge ist krank, ich schickte ihn zur Kur nach Deutschland." Aber Fernando fasste ihn unter, setzte ihn auf den Ehrenstuhl, trank seine Gesundheit und sah ihm so bedeutend in die Augen, dass Egmont lächelnd zu sich sagte, die Zeit macht viele wunderlich; Fernando sah ihn lächeln, errötete, und flüsterte (da Don Sancho alle ins Haus des Herzogs zur Beratung lud) dem Egmont ins Ohr: „Verlassen Sie, Herr Graf, sogleich diesen Ort, nehmen Sie das geschwindeste Ross in Ihrem Stall und entfliehen Sie unverzüglich!" Da endlich hatte Egmont nicht gelacht, er stand vom Tisch auf, ging nachdenkend ins Nebenzimmer und sagte dem Noircarmes, der mit zwei Niederländern ihm gefolgt war, dass er nun zu fliehen entschlossen sei. Aber Noircarmes erwiderte: „Ha! Graf! Ich warne Sie, so leichthin einem Fremden zu traun! Was wird der Herzog Alba von so übereilter Flucht halten? Das böse Gewissen, heisst es dann, das böse Gewissen trieb Euer Exzellenz fort!" So kehrte Egmont zum Bankett zurück, ging gegen vier Uhr Arm in Arm mit Horn zum Herzog, der gegen sieben Uhr sie entliess, um im Vorzimmer ihn verhaften zu lassen. Nun sass Egmont, wie lange, beim Kerzenschein, sein eigener Totenwächter. Und war gewarnt. Was war geschehn? Ein Übergriff Albas? Was wird geschehn? Sie wagen's nicht! Egmont wagte nicht, auszusprechen, was er fürchtete.

Einmal, da die schweigenden Soldaten Speisen auftrugen und er mit Appetit zu essen anfing, trat Fernando ein, der muntere Bastard, der Freund auf den ersten Blick, mit dem Egmont so fröhlich gewürfelt, getrunken, gelacht hatte. Dem Egmont blieb der Bissen stecken. Die Wache ging, aber Egmont hörte, wie sie von aussen die Türen abschloss. Er schob den Teller fort, wischte die Hände in seine Serviette, hob sein Weinglas, als wollte er es dem Fernando an den Kopf schmeissen, und presste den Kelch, bis er zerbrach und ihm die Finger schnitt. Da bückte sich Fernando und saugte mit den Lippen das Blut auf, so die Hand Egmonts vielmals küssend.

Eine fürchterliche Empfindung überfiel den Grafen, als stünde der Henker vor ihm. Sanft entzog er seine Hand, stand auf, fühlte einen jähen Schwindel, setzte sich und sprach den Bastard an.

„Fernando! Ich bin gefangen. Siehst du das? Und bedachte Alba? Sieh meine grauen Haare. Und wird König Philipp den Alba nicht schelten?"

Fernando hatte sich in einen Sessel geworfen, wie in

äusserster Verzweiflung. „Ach, Egmont...", stammelte er. Der Graf beugte sich vor und sah mit Unwillen Tränen auf des Bastards Wangen.

„Sie träumen, Egmont. Philipp hat vor Jahren das Todesurteil gegen Sie unterschrieben."

„Ohne Prozess?" schrie Egmont.

Fernando nickte.

„Hund!" schrie Egmont. „O ewige Gerechtigkeit! Ist das der Nachhall des munteren Gelächters, um dessentwillen ich dich liebte ?Aushorcher, stellst du mich auf die Probe? Hoffst auf Geständnisse, durch Angst erpresst? Nie liebte ich einen so rasch wie dich, Bube. Ich sagte mir, das ist eine andere Sorte Spanier, nicht jene finstern, hagern Baumler, wie frisch abgeschnitten vom Galgen. Fast ein Niederländer, dachte ich. Kann einer so breit, so fröhlich sein, so ungeheuer lachen, so offen schaun und doch ein Spitzel sein? Gefallen Verräter auf den ersten Blick? Du, des Spasses Sohn, du mimtest zwanzig Tage Freundschaft, und alles war abgekartet, gemeine spanische List?"

„Besinnen Sie sich, Graf!"

„Auf Fernandos Freundschaftsschwüre?"

„Warnte ich Sie nicht?"

„Warnung über Warnung! Ich war nicht zu warnen! Wen fingt ihr noch?"

„Den Horn!"

„Horn! O meine Schuld, meine strafwürdige Schuld! Horn! Horn gefangen!"

„Als er hörte, dass man Sie festgenommen hatte, erklärte er seufzend, er habe kein Recht, besser zu fahren. Zur gleichen Stunde hatte man den Bürgermeister von Antwerpen festgenommen, den van Stralen, Oraniens Freund. Auch Ihren Sekretär hält man gefangen, den Bakkerzeel."

„Auch in so possenhafter Haft?" fragte Egmont. „Unwürdige Folterkünste Albas!"

„Der König hat es ausgedacht", antwortete Fernando, „nicht mein Vater. Der König fällte das Urteil. Und nun sucht man in Ihren Papieren nach den Beweisen Ihrer Schuld!"

„Meine Papiere!" rief Egmont und verstummte. „Sie werden nichts finden", sagte er endlich, „ich bin kein Rebell."

„Philipp sagt, dass Sie ein Ketzer sind."

„So lügt er! Und meine Niederländer werden aufstehn gegen solchen Lug."

„Totenstille das Land!"

„Ich lebe noch!" schrie Egmont drohend.

„Heute abend", antwortete Fernando, „führt Sie ein Regiment spanischer Infanterie, an der Spitze zwei Kompanien berittener Büchsenschützen, in einer von Maultieren gezognen Sänfte in die Festung Gent. Drei Kompanien leichter Reiter folgen."

Egmont ging wie von Sinnen im Zimmer umher. Er sprach laut zu sich: „O wäre ich unsterblich! Und hielte mich der blasse Tyrann Jahrtausende, ich wollte lachen! Böse Menschen! Bringen einander in Haufen um, wie Mükken am Sommerabend hinfallen, und wissen, dass sie sterbblich sind. Fernando! Hilf mir heraus! Ich bin gewarnt. Ich will fliehn."

„Zu spät. Mein Vater kennt mein Gefühl für Egmont. Ich versuchte alles. Ich bat, ich drohte, ich schwor Rache. Ich riet ihm, durch Grossmut die Herzen der Niederländer zu bestechen."

„Und, Fernando?"

„Er lachte mich aus. Das Zeitalter sei fortgeschritten, meinte er. Der letzte Ritter war der Kaiser Karl. Philipp sei nur ein mittelmässiger Mensch, nur ein Rasender; sein Wahnsinn zeige nicht einmal den Schein der Grösse, nicht einmal die schönen Spuren der Vernunft, die im Wahnsinn grosser Männer auftauchten. Philipp sei humorlos. Ich sagte meinem Vater: Also machst du einen Schuft aus mir. Schenke mir das Leben Egmonts oder du vergiftest meines."

„So sprachst du, Fernando?"

„Und Alba lachte. Ich sei ein Dilettant. Ein Bastard der Vernunft! Der Kaiser Karl hätte zuweilen der Laune der Erhabenheit nachgegeben. Aber Philipp? Dieser König

Philipp? Diese Pfennigsseele, dieser Negersklavenhändler, diese leuchtende Mediokrität, der hält Grossmut für Ketzerei, und Vernunft heisst er Rebellion. Auch er habe seine Grösse, vielmehr seinen Durst nach Grösse: Er sei ein Lebensspieler. Er spiele mit Menschenleben, mit den Schicksalen der Völker, mit grossen Gedanken anderer, mit eigenen bösen Lüsten. Dem sei kein Opfer zu entreissen. Und werde er hundert Jahre alt, der vergesse keine Beleidigung. Das sei kein Christ, der vergebe niemals. Mein Vater sagte: ‚Töte ich nicht den Egmont, tötet Philipp mich!' Mein Vater meinte noch, die Könige hätten ein angesehenes Geschäft, er ziehe vor, Könige zu regieren!"

„Tut er das?" fragte Egmont und trug eine Kerze vor den Spiegel und betrachtete sich ernsthaft und vergass den Fernando und fragte sein Spiegelbild, den andern Egmont in der Tiefe, den grossen, berühmten Egmont, der ihm fast schon aus entschwundenen Zeiten entgegenschaute: „He! Herr Graf! Gibt es Menschen auf Erden mir gleich? Und gleicht der Egmont, der ich vor sieben Wochen war, dem Egmont von heut?"

Ein Narr, dachte Fernando erschüttert. Er starrte auf den Grafen und des Grafen Bild im Spiegel, die beide nun zu feixen begannen, zwei Grimassenschneider, und welcher war der echte? Fernando erinnerte sich, wie sein Vater ihm einen Brief Egmonts gezeigt hatte, worin Egmont sich über Alba lustig machte. Alba hatte höhnisch ausgerufen: „Armseliger Egmont! Mit dem Glück verliert so einer alles. Das entwertet den Soldatenstand so sehr, dass ein Hohlkopf Ruhm gewinnen kann, wie unsereiner, und er hat nicht Verstand, und nicht Talent, und nicht Charakter, und keine Spur von Grösse. Dass Mühen, Studium, Verstand, Ingenium zuletzt nicht höher gelten sollen als ein paar Glücksstreiche, ja dass ein Schuft mit Glück so oft dem tugendhaften Talent herablassend auf die Schultern klopfen darf; Fernando, das verdriesst mich."

Da bleckte Egmont vor dem Spiegel die Zähne. War er also ein Narr, wie Alba wollte? Nein, sagte Fernando zu sich, er ist nur unglücklich. Er machte zwei Schritte zu

Egmont, um ihn zu umarmen, zu trösten, nach Wünschen zu fragen, da sah ihn Egmont im Spiegel, und ohne sich umzudrehn, hob er den Zeigefinger und schrie: „Hinaus! Keine Silbe mehr, Spanier!"

Erst ein Jahr später sah Don Fernando den guten Egmont wieder. Da stand der vielgeliebte Graf auf dem Schafott, auf dem zwei Stangen mit eisernen Spitzen bereitstanden, die abgeschlagenen Köpfe Egmonts und Horns zu tragen. Dreitausend spanische Soldaten umstanden das Gerüst; zweiundzwanzigmal flatterten Kastiliens Insignien auf dem grossen Platz zu Brüssel, wo sonst Markt war mit Blumen, Früchten, duftenden Würzkräutern, schönen Artischocken und tauig schimmernden Salatköpfen. Fernando stand neben seinem Vater, dem Herzog Alba, an einem Fenster des Brothauses. Alba sass auf einem vergoldeten Thronsessel, finster schweigend. Seit einem Jahre war er Regent der Niederlande. Er hatte die Inquisition in aller blutigen Strenge erneuert. Der Grossinquisitor hatte das Todesurteil über die ganze niederländische Nation ausgesprochen. Der König hatte dieses Urteil bestätigt, der Nachwelt zum Beispiel und dem König zum Ruhm. Keiner war unschuldig vor Alba, keiner; und aller Geld war sein, aller Güter fielen an den König, aller Leben an den Henker — wenn Alba befahl. Alba liess Blutströme durchs Land, Goldströme ausser Landes nach Spanien fliessen, ellentief. Um dem blutigen Geschäft, das immer weiter prosperierte, nachzukommen, setzte er ein Sondergericht ein, den Rat der Unruhen, den das Volk bald den Blutrat nannte! Präsident war der Herzog. Der Beste noch unter den Blutrichtern war der Rat Hessels, der an heissen Nachmittagen sein Mittagsschläfchen auf der Richterbank sitzend abtat, und wenn die Reihe an ihn kam, sein Urteil abzugeben, aus dem Schlaf gestossen, die Lider sich rieb und nachdrücklich unabänderlich ausrief: „Ad Patibulum! Zum Galgen! Zum Galgen!" Es ging um den rechten Glauben und um das bare Geld. Die Spanier köpften die Niederländer, vierteilten sie, hingen sie auf, verbrannten sie. Alba erklärte, Juristen pflegten die Angeklagten nur nach bewiesenem Verbrechen abzuurteilen, während Staatssachen nach ganz anderen Regeln zu behandeln seien. Ein Gewisser ward hingerichtet vor seinem Prozess. Man sah die Akten durch und entdeckte seine Unschuld. ,Tut nichts', sagte Blutrichter Vargas scherzhaft. ,Ist er hüben unschuldig gestorben, wird es ihm bei seinem Prozess drüben, in der bessern Welt, zugutekommen.' So ward das Land ein Schlachthaus. Alba hiess der Metzger. Die Totenglocken tönten täglich. Schafotte, Galgen, Scheiterhaufen reichten nicht aus. Türpfosten, Feldzäune, Pfähle, Säulen trugen zerstückte Teile exekutierter Menschen. Viglius sagte zu Alba: ,Alle Welt bewundert Ihre kluge Milde.' Als eine Deputation der Antwerpener den Herzog um Gnade für ihren Bürgermeister van Stralen bat, schrie Alba: ,Wagt dieses Mistbeet der Rebellion, wagt Antwerpen für Hochverräter zu bitten? Gebt acht, dass ich nicht alle Antwerpener zum Exempel für die Niederlande hängen lasse.' Der Blutrat rüstete den Prozess gegen Horn und Egmont. Am vierten Juni fällte Alba das Urteil. Beide Grafen sollten öffentlich hingerichtet, ihre Köpfe auf Spiesse gesteckt, ihre Güter dem königlichen Fiskus zugesprochen werden. Lang zuvor und in Madrid war das Urteil dieses possenhaften Prozesses gesprochen worden. Philipp vollstreckte Gottes Zorn an Ketzern, Alba an Feinden Albas.

An der Eile, mit der Alba den Egmont und den Horn hinrichten liess, war Oranien schuld. Er trat vor die Schranken des Jahrhunderts als Rächer des Unrechts. Alles schien gegen ihn verschworen. Oranien sprach: ,Beginnen auch ohne Hoffnung! Beharren auch ohne Glück! Der Mensch ist nicht geboren, Menschen zu dienen.' Oranien sammelte Geld und Truppen. In England hatte er Aussichten, in Holland Kontribuenten, in Frankreich Freunde, unter den deutschen Fürsten Bundesgenossen, am Kaiser einen Gönner, an allen Verbannten Verbündete. Da er gegen den Tyrannen seine Stimme erhob, jubelten zehntausend in allen Ländern. Oranien sandte Hauptleute aus, um Soldaten zu werben. Oranien gab sein Geld, verkaufte Juwelen, Silbergeschirr und sonstigen Hausrat. Er wagte alles dran.

Sein Bruder Nassau erschlug beim Kloster Heiliger Lee sechzehnhundert spanische Veteranen, samt dem Grafen Aremberg. Das war der erste Sieg der Freiheit. Da Alba davon hörte, griff er, nach Philipps Weise, an seinen Bart und sagte, nach seiner Gewohnheit: „Es ist nichts! Es ist nichts!" und beschloss, selber gegen die Rebellen zu marschieren, um sie aufs Haupt zu schlagen. Er fürchtete eine Revolution in Brüssel und die gewaltsame Befreiung Egmonts, er handelte Schlag auf Schlag, aus Grundsatz grausam. Am 28. Mai verbannte er durch Edikt Oranien, Nassau, Hoogstraaten, Kulemburg und andere bei Todesstrafe und konfiszierte ihre Güter. Den Kulemburgschen Palast, wo die Revolution begonnen hatte, liess er den gleichen Tag niederreissen und an seiner Stelle einen Schandpfahl errichten. Am ersten Juni liess er achtzehn Adlige enthaupten, am zweiten Juni noch vier Adlige und den Bakkerzeel, am dritten Juni eskortierten dreitausend spanische Infanteristen die Grafen Egmont und Horn von Gent nach Brüssel, ins Brothaus am Grossen Platz, in zwei Wachtstuben. Am vierten Juni, nachdem Alba das Urteil unterschrieben hatte, liess er aus Ypern den Bischof Martin Rithov kommen, zeigte ihm das Urteil und befahl ihm, dem Egmont die letzte Beichte abzunehmen. Auf Knieen, unter Tränen, bat der Bischof um Erbarmen, um Aufschub. Alba fragte kalt: „Rief ich Sie um Rat aus Ypern?"

Am selben Abend hörte die Gräfin Egmont im Zimmer der Gräfin Aremberg, der sie zum Tod des Grafen Aremberg kondolieren gekommen war, vom Befehl zur Hinrichtung ihres Mannes. Die Röcke raffend rannte sie im Regen durch dämmerige Gassen zu Albas Haus, drang in seine Stube, fiel vor des Herzogs Füsse, und vergoss, seine Kniee umfassend, bittere Tränen, so laut klagte die Schwester des Kurfürsten von der Pfalz, so erbärmlich schrie die Enkelin von Kaisern, so mitleidheischend schluchzte die arme Mutter von elf Kindern. Alba hob sie auf, geleitete sie höflich zur Tür und murmelte zwischen den Zähnen: „Der Graf wird morgen frei sein." — „Der Kaiser", stammelte die

Gräfin, „der Kaiser schrieb mir, fürs Leben Egmonts, fürs Leben bürge mir Se. Majestät!" — „Nun wohl!" sagte Alba. „Nun gut!"

Eine Stunde vor Mitternacht weckte der Bischof von Ypern den Grafen Egmont und zeigte ihm das Todesurteil, sprachlos. Egmont las, er las und sagte ruhig: „So weit treibt es der Alba? Nun also, Herr Bischof, nun zu Ihrem besondern Auftrag!"

Da der Bischof aufblickte, verwirrt von des Delinquenten Kälte, fragte Egmont, dem die grauen Haare struppig über die Augen hingen: „Ja, bringen Sie mir nicht die Begnadigung?"

„Nein", sagte der Bischof.

„Keine Gnade?" fragte Egmont.

Der Bischof berichtete sein Gespräch mit dem Herzog Alba. Egmont schüttelte den Kopf. Er sagte schliesslich mit einem sonderbaren Lächeln: „Der Alba geht weit. Da ich denn aber sterben muss, danke ich dem Herzog für einen so hohen Beichtvater."

Plötzlich sprang Egmont auf und schrie: „Das Urteil ist ungerecht! Meine Kinder sollen hungern, mein Weib betteln? Das ist ungerecht! Was soll ich tun, Herr Bischof?"

„Denken Sie an Gott!"

Da kniete Egmont vor dem Bischof, beichtete, empfing nach der Messe das Sakrament, und dankte nochmals dem Bischof. Plötzlich riss er seine grauen Haare und weinte. „Meine unschuldigen Kinder, mein Weib!" stammelte er.

Der Bischof deutete nach oben.

„Wie schwach sind Menschen, dass sie in der Stunde, da sie an Gott denken sollen, an Weib und Kinder denken müssen", rief Egmont heftig schluchzend, und er weinte laut. Endlich setzte er sich nieder, klingelte um Tinte und Feder und schrieb Briefe an seine Frau, an seine Kinder, an den König Philipp.

Zwischen zehn und elf Uhr morgens kam der General Julian Romero mit dem spanischen Hauptmann Salinas und einer Kompanie. Sie brachten Stränge, um dem Grafen die Hände zu binden. Er verbat sich die Stricke. Er erklärte, er sei fertig, zu sterben. Schon hatte er vom Wams und Hemd den Kragen abgeschnitten. Zwischen Romero und dem Bischof trat Egmont in einem rotdamastenen Nachtrock und einem schwarzen spanischen Mantel mit goldenen Tressen die paar Schritte zum schwarzverhängten Schafott, auf dem zwei Samtkissen sich befanden, zwei eiserne Spitzpfähle und ein Tischchen mit einem silbernen Kruzifix. Der Generalprofoss Spelle mit seinem roten Stab in der Hand sass zu Pferde am Fusse des Gerüsts. Der Henker war unter dem Vorhang des Gerüsts versteckt. Egmont las laut auf seinem letzten Weg den 61. Psalm: Höre mein Geschrei, Herr... Du gibst dem König langes Leben, dass er immer sitzet..."

Auf dem Gerüst, wohin ihm der General, der Hauptmann und der Bischof gefolgt waren, ging Egmont unruhig hin und her. So schmal war der letzte Schritt zum Tod.

Er fragte den Romero: „Sollte ich nicht besser mit dem Schwert in der Hand fallen als durchs Schwert des Henkers?" Die schwarzen und weissen Federn auf dem schwarzseidenen Hute Egmonts wippten so munter bei jedem seiner Worte. Er fragte den Bischof: „Erwartet man, dass ich zum Volk rede?" Der Bischof sah ihn seltsam an. Egmont entsetzte sich vor diesem Blick, er schien ihm tödlich. Egmont ging bis zum Rand des Schafotts. Durch einen Spalt sah er unter sich den Henker, in dem roten Rock, im schwarzen Mantel und mit den gleichen goldenen Tressen, wie Egmont sie trug. Ich war nicht zu warnen, dachte Egmont. Ich bin mein Henker! So stumm standen hinter den spanischen Soldaten in ihren eisernen Hosen und Röcken, so stumm die Brüsseler samt Weibern und Kindern, so stumm stand der blaue Sommerhimmel über Egmont, kein Pferd wieherte, an allen Fenstern standen stumme Larven. Vergeblich spähte Egmont mit hastig ängstlichen Rucken seines Halses. Die Stunde rückte vor. Wo blieb der Gnadenbote? Die Stunde rückte vor. Wie er vergeblich umherblickte, wie der Bischof das letzte Sakrament schon hinreichte, und Egmont wartend hierhin, dorthin spähte, und alles umsonst war, fasste er den Romero am Rock und stammelte: „Kommt denn keiner, Herr General, kommt keine Gnade?" Und als Romero die Schultern zog, zu Boden blickte und schwieg, hörten er und der Hauptmann und der Bischof den Egmont mit den Zähnen knirschen, und sie zitterten.

Da erst begriff Egmont. Und er wandte sich zu den Brüsselern und tat einen Schritt näher zu ihnen, den Lebenden, und schrie: „Brüder, helft...", da begannen die hundert spanischen Trommler auf ihre grossen Trommeln zu hauen.

Alle sahen Egmonts geöffneten Mund und hörten die hundert Trommeln wie hundert schreiende Grafen.

Endlich bezwang sich Egmont. Er kehrte sich ab. Er zog den Mantel aus, legte den Rock ab, nahm die Insignien des Vlieses vom Nacken, kniete auf eins der Kissen und, indem die hundert Trommler mit einem Schlag verstummten, sprach er mit fester Stimme und laut das Vaterunser. Dann bat er den Bischof, der neben ihm kniete, dreimal das Vaterunser zu wiederholen. So lebte er noch drei Vaterunser lang. So sehr liebte der Egmont sein Leben, dass auch die winzige Frist ihm viel bedeutete. Der Bischof reichte ihm das silberne Kruzifix zum Kusse, Egmont küsste es und wischte sich den Mund. Er hatte das Blut Christi gespürt. Dann stand er noch einmal auf, taumelnd auf seinen beiden guten Beinen, die ihm siebenundvierzig Jahre treu gedient hatten, er warf Hut und Taschentuch hin, zog ein Mützchen über die Augen, faltete die Hände und wartete.

Gebückt trat der Henker unter dem schwarz verhängten Gerüst hervor, dumpf scholl sein schwerer Schritt auf dem Schafott, schnell schritt er, und lange, so furchtbar lange.

Fernando, am Fenster neben seinem Vater, sah von fern ein graues Büschel Haare unterm schwarzen Mützchen des armen Egmont hervorquellen. An dieses armselige Büschel graue Haare heftete Fernando seine starren Blicke. Doch sah er den breiten Glanz des Schwertes sausen. Doch hörte er den dumpfen Lärm des Kopfes, der fallend aufschlug. Doch sah er noch den Henker, der gebückt dastand. In diesem Augenblick fürchterlicher Stille wandte sich Fernando zu seinem Vater und hob den Finger, um dem Alba den abgeschnittenen Kopf Egmonts zu zeigen, damit der Herzog seine Tat anschaue. Da sah Fernando, ergrausend vor der Hölle im Menschenherzen, auf Albas hagern, vergilbten Wangen Tränen rollen, echte, mitleidsvolle Tränen, und Fernandos Finger irrte ab, sichtbar allem Volke stand er im hellen, blauen Schein des schönsten Sommertages, und sein ausgestreckter Finger zeigte der Welt eines Mörders Träne.

Genter Vaterunser

Höllischer Teufel, der du in Brüssel bist,
Dein Name vermaledeiet ist,
Dein Reich vergeh in Ewigkeit,
Gewährt hat es zu lange Zeit.
Dein Wille soll dir niemals werden,
Weder im Himmel noch auf Erden;
Du nimmst uns heute das tägliche Brot,
Weib und Kinder leiden grosse Not;
Niemand vergibst du seine Schuld;
Hass und Neid wohnt in dir statt Geduld;
In Versuchung führst du jedermann,
Niemand vor dir bestehen kann.
O himmlischer Vater in deinem Reich,
Erlös uns von dem höllischen Teufel, zugleich
Von seinem blutigen, falschen Rat,
Damit er treibet schändliche Tat,
Von ihm und seiner spanischen Kriegerschar,
Die wie des Teufels lebt fürwahr. Amen.

(Flugblatt der Geusen, angeschlagen an hundert Häusern zu Gent, drei Tage nach der Hinrichtung der Grafen Horn und Egmont.)

DER LEBENSSPIELER

Als Don Carlos am Weihnachtsabend seinen Onkel Juan in sein Zimmer rief, es absperrte und stehenden Fusses ihm die Krone von Neapel oder Sizilien anbot, blieb Juan stumm; denn er kannte die sonderbaren, hurtigen Einfälle des Infanten.

„Du zögerst?" fragte Carlos und fasste ungeduldig seinen Freund an der Schulter. „Ich mache dich zum König von Neapel! Oder ziehst du Sizilien vor? Ich will nur ein Schiff von dir! Ja, du verstehst mich. Ja, ich will fliehn! Soll ich warten, bis er mich vergiftet? Er tut's! Kennst du ihn nicht? Was für Grimassen? Verweigerst du den geringen Dienst, den ein Fremder nicht verweigern möchte? So bringe ich ihn um!"

„Er ist dein Vater, Carlos!"

„Armselige Vokabel, wo nicht Ehrfurcht und Liebe walten! Juan! Auf welchem Sterne lebst du? Eines Kaisers Sohn, — und nicht einmal den Titel Königliche Hoheit gönnt Philipp dir, nur Excellenza darfst du heissen! Erst versprach er dir den Kardinalshut, flüsterte dir ins Ohr, du könntest Papst werden! Aber der Heilige Vater weigert's, weil Philipp einen Streit um den Vortritt des spanischen vor dem französischen Gesandten an der Kurie begann! Höchst gelegener Streit! Nun ernennt dein Bruder dich gnädigst zum Grossadmiral! Ein besserer Matrose! Was erwartest du von ihm? Wie behandelt er mich, seinen Sohn? Immer wirst du arm sein, abhängig, gering. Ich lohne mit Königreichen. Merkst du was, Juan? Erkennst du Philipps Grundsatz: Alles fordern, nichts bieten? Ich hörte ihn sagen: Wenn ich einst scheide, tue ich es wie die Sonne, hinter mir Nacht! Der Hochmütige! Er fürchtet, unser künftiger Schein verfinstre sein mageres Licht! Ich bat ihn: Gib mir zu tun! In meinem Alter empfingst du Königreiche zu verwalten. In deinem Alter, erwidert er, war ich hundertmal so klug. Er soll es mir beweisen! Klüger war er! Wie stolz Menschen auf Unterschiede sind! Was tat er gross? Er hurte, betete und unterdrückte. Ich bat ihn: Schick' mich in die Niederlande! Ich und der Kaiser und die niederländischen Grossen sind für Milderungen. Ich hatte manchen stillen Plan; Montigny und Egmont vertrauen mir. Die Cortes schlugen mich vor. So verkündet er, er gehe selber. Da wünschten die Cortes mich zum Regenten und meine Heirat mit der Tante Juana. Du weisst, dass ich in den Sitzungssaal der Cortes eindrang. „Frechheit!" rief ich, „wer das will, ist mein Todfeind, den ich mit allen Mitteln vernichten werde. Ich gehe nach Flandern!" rief ich. Er aber schickt den Alba, den Metzger in die Niederlande. Und Alba hat die Frechheit, zu Aranjuez in mein Zimmer zu kommen! Wenn meine Diener auf des alten Manns Geschrei nicht herbeigelaufen wären, hätte ich ihn erstochen, und es wäre besser! Wie lustig wir auf dem Teppich rollten, gleich römischen Ringern! Ich kratzte, biss ihn, stiess sein Köpfchen an Stuhl und Tisch; da ich ihn nach Philipps Absichten gefragt hatte, weist mich der Tropf an meinen Vater! Ich ging zum Philipp, sagte ihm, da siehst du! Ich ersticke in Spanien! Was meinst du, erwidert er, ich bitte dich, Juan, was sagt er drauf, der Sittenprediger? O himmlischer Hohn! Er greift an seinen schimmeligen Bart und zählt gewissenhaft jeden Knabenstreich auf, den ich im Lauf der Jahre beging. Meinen Freund Lobon hätte ich zum Fenster hinausgeworfen, das zeige Brutalität! Meinen Kämmerer Alonso hätte ich geohrfeigt, und ihm gesagt, seit einem halben Jahre brannte mir die Hand danach. Das zeige meine Rachsucht. Vom Oberstallmeister hätte ich des Königs Lieblingsstute entliehn, drei Tage später sei sie eingegangen; das zeige meine Roheit. Im königlichen Marstall hätte ich mich fünf Stunden eingesperrt und dreiundzwanzig Pferde fast zu Tod gequält. Das zum Beweis meiner Grausamkeit! Ich hätte gedroht, die beiden kleinen Töchter meiner holden Stiefmutter umzubringen, hätte sie Hurenkinder geheissen, hätte gesagt, der König finde keine Zeit, an die Niederlande zu denken, weil er den ganzen Tag seine Töchterchen auf Knien wiegen müsste. Das beweise meine Herzlosigkeit. Zu Philipps Lieblingsstute hätte ich vor den Stallknechten gesagt: ‚Was? Trägst ihn, Stute? Den Tyrannen? Bist du Elisabeth?' Das beweise meinen Mangel an Geschmack. Der Menschenmetzger Philipp ist voll Takt, ein Tierfreund. Ich bin lieber ein Menschenfreund! Weil ich ein paar Schuldgefangene losgekauft, ein paar hübschen Mädchen Geld gegeben, ein paar armen Kindern Renten zahlte, gutmütig Almosen reichte, nennt er mich Verschwender! Wer soll denn geben, wenn nicht ein Prinz? So führt er über jeden Bettel Buch, die Schreiberseele, verleumdet mich vor meinen Freunden, macht mich lächerlich vor einer Welt. Er beleidigt mich täglich tödlich. Er betrügt mich, der grosse Menschheitsbetrüger, um mein versprochen Teil. Er hat einen Pakt mit dem Teufel, ich sehe den Schwanz! Wie sagt Elisabeth? ‚Mein guter Philipp!' Und ihre Betonung, die unbeschreibliche! ‚Mein guter Philipp', sagt sie und lächelt so schmerzlich süss, man möchte niederknien, weinen, dieses Lächeln küssen, genug, Juan, du verstehst mich, sie ist eine Heilige, ich liebe sie wie einen Engel, ganz himmlisch, ganz rein, wie eine Schwester, wie ich dich liebe, Juan. Leih mir ein Schiff! Es rettet mich — und dich! Er hat eine Totenliste, wir stehn drauf, du, ich, Elisabeth; auch die englische Elisabeth, seine Schwägerin von neulich; auch seine Schwiegermutter von Frankreich; auch Wilhelm von Oranien, Egmont, Horn, Montigny, der Renard, Carranza, Alba, Espinosa, Eboli; seine sämtlichen Huren; noch viele, die ihm dienten; er ist ein Moloch, ein fürchterlicher; wer ihm naht, den schlingt er, langsam und geduldig; er gibt keinen auf, er wird uns alle töten; oder einer kommt ihm zuvor."

„Carlos, deine Gedanken sind tödlich!"

„Wären sie es doch! Ich sendete stündlich tausend zum Escorial, dass ihn endlich einer träfe! Du bist verliebt, Juan! Gestehe, das hübsche Bäschen der Eboli, du hast sie geschwängert, brav, Juan; aber können Männer wie wir die Welt über einem Weiberschoss vergessen?"

„Alles gut", murmelte Juan und blickte von Fenster zu Tür und von der Tür zum Fenster, als wollte er lieber durchs Fenster springen, als das fürchterliche Gespräch fortsetzen. „Aber hast du es reiflich überlegt? Um Gottes Willen, lass dir Zeit!"

„Wie lange noch?" rief Carlos und rannte wie ein Rasender vom zugemachten Fenster zur versperrten Tür. „Juan, ich habe auf der Welt keinen bessern Freund. Dir allein vertraue ich mich und mein gefährliches Geheimnis! Das Jahrhundert blickt auf uns. Die Menschen lernten endlich Tyrannen hassen, ein neuer Geistesfrühling glänzt; sind wir beide frei, sind wir unwiderstehlich. Sein Reich ist morsch, sein Spanien bankrott, seine Religion vergreist, seine Untertanen rebellisch, sein Geist umdüstert! Philipp macht Fehler!"

„Was für Mittel hast du?" fragte leise Juan.

„Entscheidende!" rief Carlos. „Ich habe die Hilfe der Granden. Sie hassen die Herrschaft seiner bürgerlichen Juristen und Pfaffen! Ich habe die Hilfe des Kaisers, der mir seine Tochter Anna zur Frau geben wird! Ich habe die Hilfe meiner Niederländer und aller, die auf schönere Zeiten hoffen. Ich bringe die besseren Zeiten, das weiss jeder. Und mehr als alles: Meine Sache ist gut und rechtmässig. Bin ich einmal seinem ungeheuern Netz entschlüpft, bin ich dem Philipp zumindest gleich an Ansehn. Und er muss mit mir teilen; später werde ich Kaiser! Zweifelst du?"

„Ich, nein! Gewiss nicht!" rief Juan. „Solch ein Entschluss, den man einmal im Leben fasst, sollte nur auf keinen Fall übereilt sein!"

„Fühlt keiner des andern Schmerzen? Denkt der Edle an seine Sicherheit? Sind die Zeiten endgültig um, da ein Freund den Freund zu retten seine Haut zu Markte trug? Menschen sehn Menschen hingeschlachtet und verziehn keine Miene? Juan, bist du nur für Lust empfänglich?"

Juan errötete.

„Vergib", bat Carlos und schlang den Arm um seinen Nacken. „Ich hab' dich lieb, Juan. Der Philipp sagt, das sei mein ärgster Fehler, dass ich alles ausspräche, was andere an meiner Stelle nur dächten. Er erklärt: Ein Fürst, der offen sagt, was er tun will, tut es in der Absicht, das Gegenteil zu tun. Höchstweiser Philipp! Wenn man ihn hört, scheint er recht zu haben. Er sagt, er gab mir den Vorsitz im Staatsrat, er erhöhte meine Apanage von sechzigtausend auf hunderttausend Dukaten, er werde nach des Kaisers Wunsch mit Anna mich vermählen, ich solle nur fleissig, nur regelmässig sein. Was soll der Bettel? Der Staatsrat besteht aus Pedanten. Philipp entscheidet alles. Nach Österreich oder Flandern, wo ich den Kaiser und Anna treffen könnte, lässt er mich nicht. Dagegen holt er Hofhaltsrechnungen und hält mir vor, ich verschwendete meine Einkünfte für falsche Bärte, verlorene oder verbrannte Hemden, so könnte mein Geld nie reichen (Ein Hemd! Ein falscher Bart!), ich machte Schulden und genösse nicht einmal — o Pharisäer! Du gehst in Bordelle, sagte er zu mir. Und du? fragte ich. Gingst du zu Brüssel nicht in Bordelle? Wieviel Bastarde hast du? Schweig! schrie er. Neulich rief ich den Genuesen, den Bankier Grimaldi. Er schwört, er stehe ganz zu meiner Verfügung! Topp! sage ich. Ich brauche hunderttausend Taler. Bring sie heut abend. Er wird blass und rot und schwitzt und bettelt, es wäre nur eine Redensart gewesen. Tier! schrie ich. Lügst du vor mir? Er jammert, er habe nicht so viel, er sei ruiniert. Auch gut! sage ich. Ein Grimaldi mehr oder weniger! Aber mit dem Infanten von Spanien Scherz treiben! Du zahlst, oder gehst ins Loch! Er schreit: Hunderttausend Taler für ein Wort? Das Leben sogar! sage ich. Er weint. Ich lache. Er wendet sich an Eboli. Der Lump kommt und bettelt für den Lumpen. Ich, sanftmütig von Natur, gebe nach. Grimaldi zahlt nur sechzigtausend Taler. Ein guter Spass, nicht? Auch das hält Philipp mir vor. Und treibt seine Reiserüstungen nach Brüssel. Ich soll in Rom den Papst, in Innsbruck den Kaiser und Anna sehn. Danach nach Brüssel! Ich bitte den König von Frankreich um einen Pass für fünfzig Pferde, rüste für den 26. Juni, den 15., den 21. Juli. Ende August fällt dem Philipp ein, es wäre toll, im September, dem Sturmmonat, zur See zu reisen. Wusste er das nicht früher? Nur war die Nacht zuvor der Bote aus Brüssel eingelaufen, vom Alba, aus Brüssel! Merkst du? Am achten September mahnte der Nuntius den König zur Reise, am 19. September meldete Albas Kurier Egmonts Verhaftung. Philipp lässt dem Heiligen Vater sagen, er reise im nächsten Frühjahr. In Wien ist Anna trostlos, der Kaiser ratlos. Ich verzweifle, Anna je zu sehn, zu haben, zu geniessen, und loszukommen von Philipp. Ich sage ihm, du hast alle Welt, du hast mich belogen. Er sagt: Dummkopf! Ich will mehr sagen, gehe, nehme meine Büchse, lade sie, sitze mit ihr im Arm und brüte. In solchen Stunden denkt man viel. Philipp sagte zum Nuntius, ich sei gleich impotent fürs Bett wie für den Thron. Ich habe keine Wahl. Bei meinem Todfeind leben? Also muss ich fliehn, nach Rom, nach Wien, nach Brüssel, gleichviel! Er hat Mordpläne. Seine Augen töten! Ach, alles ist gegen mich verschworen. Der Himmel hilft den Tyrannen. Wo finde ich Kredit, wo Freunde? Inzwischen schlafe ich mit Waffen unterm Kopfkissen, gehe nachts mit geladenem Gewehr herum. Meine Kämmerer fragen: ‚Wen fürchtet Eure Hoheit?' — ‚Wen?' antworte ich, ‚Mörder!' Mein Zimmer ist ein Arsenal. Der Pariser Mechaniker der Königin machte diese Vorrichtung, dass ich vom Bett aus die Türe öffnen und schliessen kann, und hier dieses Buch aus zwölf Steintafeln, zwölf Pfund schwer, das schlägt den stärksten Mann kaputt. Ja, Juan, ich lebe im Krieg mit Philipp. Er oder ich! Fliehn oder töten! Ich schickte meinen Kämmerer Osorio auf die Messe zu Medina, um für meine Rechnung sechshunderttausend Dukaten aufzutreiben, ich gab ihm Blankowechsel. Er brachte hundertfünfzigtausend Dukaten. Ich schrieb mehreren Granden, sie sollten sich bereit halten, auf einer wichtigen Reise mich zu begleiten. Ich schrieb dem Heiligen Vater, dem Kaiser, an alle christlichen Könige und Fürsten, an die grossen Städte Spaniens und an die andern Kronländer. Ich schrieb, dass ich die Unbilden des Königs länger nicht ertrage, der mich nicht einmal heiraten lässt. Ich fordere meine Untertanen auf, ihrem rechtmässigen Thronerben treu zu bleiben, wenn ich auch flüchten müsste. Ich verspreche Nachlass vieler Steuern. Ich ersuche das gesamte Ausland um Gunst und Hilfe gegen meinen Vater! Ich bitte um Rat, wohin ich fliehen soll. Ich schreibe, dass ich davonreiten will."

„Die Briefe gingen schon heraus?" fragte trocken Don Juan.

„Sie liegen unterschrieben und gesiegelt. Du siehst, ich habe alles vorbereitet. Ich bin nicht toll."

„Keineswegs", sagte Juan. „Keineswegs."

„Aber dein Bruder Philipp ist längst ein Narr, er weiss es nur nicht, keiner weiss es, ausser mir!"

„Ein Narr?" fragte Juan.

„Du sagst es!" frohlockte Carlos. „Ein Narr aus Durst nach Grösse!"

„Sprichst du vom König?" fragte Juan.

„Er verschleudert mein Erbe", rief Carlos. „Er ist der Affe des grossen Karl! Er soll abdanken wie Karl, ins Kloster mit ihm! Taugt er zu mehr? Genug! ich sehe, du bist meiner Meinung, Juan. Ich habe dich überzeugt. Du gibst mir die Galeere?"

„Wohin willst du?" fragte Juan, wie gegen seinen Willen neugierig.

„Gehe ich nach Deutschland, — des Kaisers Maximilian Eidam? Zur Grossmutter Katharina nach Portugal, mein Vetter Sebastian denkt wie ich? Nach Genua, Italien aufwiegeln, ein Königreich Italien schaffen? Soll ich die Niederlande befrein? Führe ich mit Waffen Krieg? Was meinst du? Jetzt ist die Stunde da. Philipp betet im Escorial. Er weiss nichts von meinen Plänen. Er baut und betet. Jetzt muss ich handeln. Leihe mir zwei Galeeren!"

„Seit sechs Wochen bin ich Admiral", erklärte Juan. „Noch nie habe ich Galeeren ausgeliehen. Die Übung fehlt mir."

„Juan!" rief Carlos in bitterm Ton.

„Ich will es überlegen. Bis morgen! Vierundzwanzig Stunden!"

„Gut", sagte Carlos. „Aber keine Minute länger!"

Schon am Abend empfing er einen Zettel, Juan müsse in dringenden Geschäften zum König reiten.

Geschäfte? fragte Carlos und ass sechzehn Pfund Früchte, aus Angst.

Spät langte Juan an, vor den öden Hügeln des Escorial, trotz der Behendigkeit seiner zwanzig Jahre und seiner eiligen Angst.

Philipp stand auf dem Hügel, hinter dem halbfertigen Riesenbau. Die Nacht war kalt. Der Mond schien. „Herr", sagte Philipp. „Ein grosser Gedanke fiel in ein mittelmässiges Herz. Ich bin ein Dilettant, ein Weltliebhaber, ein Lebensspieler, wie der unverschämte Alba sagt. Da mein Vater lebte, sah ich echte Grösse. So bin ich nicht. Aber Du, Herr, liebst die mittleren Masses sind. War nicht Dein Knecht Mose ein Stammler? Und Dein Sohn eines Tischlers Pflegekind?"

Langsam kehrte Philipp zum Escorial zurück, sah ohne Staunen seinen Bruder, hörte ohne Bewegung den fürchterlichen Bericht. Juan klapperte mit den Zähnen. Erst da er alles gesagt hatte, merkte er sein eigenes Entsetzen.

„Sosegaos", sagte der König, die Hand am Bart. „Beruhige dich!"

Er behielt den Bruder im Escorial. Er kürzte seinen Aufenthalt nicht ab, wegen einiger unruhiger Träume seines Sohnes. Längst wusste er alles. Mehrmals am Tag meldeten Kuriere dem Vater jedes Wort, jede Handlung seines Sohnes. Schon hatten berühmte Juristen Gutachten angefertigt, angesichts welcher Staatsgefahren ein König seinen Sohn beseitigen dürfe. Philipp sass in der Stille. Er lauschte dem vieltönigen Sausen der Winde, die wie Rebellen lärmten. Er betete. Das war sein Trost. Er wartete schweigend. Das war seine Weisheit. Er geisselte sich. Das war sein Glauben. In der Stille fühlte er die Nähe Gottes.

In der Stille regierte Philipp. Sein furchtbares Auge schaute das Erhabene und das Winzige an. Was war Grösse vor dem König, was nicht gering? Die Leute sahn nur die Allüre. Gemeine Könige schauten nur das Allgemeine. Im Einzelnen lag das Humane. Philipp studierte jede Einzelheit. Er schuf sich einen neuen Begriff von der Grösse der Könige. Nicht durch die Stärke der Armeen, durch die Macht des Glaubens lenkte er die Welt. Er schuf seine Partei quer durch fremde Reiche. Er war das Haupt aller echten Christen. Durch ihre eifernden Untertanen regierte er die fremden Könige. Durch ihre Minister, die er besoldete, erfuhr er ihre geheimen Gedanken. „Sie schelten mich Heuchler, heissen mich Mörder. Ich tue meine Pflicht", erklärte Philipp seiner Freundin Anna, die ihn heimlich im Escorial besuchte. „Kein falsches Mitleid mit Einzelnen oder Völkern! Ich bin nicht im Kreis der Menschheit eingesperrt. Und verlöre ich meine Reiche darüber und verdürben meine Völker, ich tue meine Pflicht."

„Wie gross!" flüsterte Anna.

Philipp sass über seinem Haufen Akten, der ihn stets begleitete, und las und schrieb, der tätigste Geschäftsmann seiner Zeit. ‚Ich kenne meine Zeit', prahlte er, ‚und meine Zeitgenossen. Einsam, bin ich mit der Welt vertraut; bewegungslos selber, bewege ich sie.' Er suchte alles zu erfahren; alles hielt er geheim, noch wenn das Geheimnis schon auf allen Strassen laut war. Aus jedem Kirchensprengel erhielt er von einem geistlichen Korrespondenten, von jeder Universität durch einen Prälaten Geheimberichte. Jahrelang reisten Gelehrte durch seine Reiche und sammelten Bände voll von Statistiken. Philipp studierte sie.

Philipp eröffnete seinem Bruder Juan, er werde ihn gegen die Piraten vom Mittelmeer senden. Er schrieb ein Memorandum für Don Juan: so sollte er Vizekönige, so Galeerensklaven behandeln, so seine Leute kleiden und nähren, für kein Eskader den Doktor und den Kaplan vergessen, er und seine Leute sollten regelmässig beichten, für die Galeeren sollte er eigene Inquisitoren bestellen, er sollte Piraten kreuzigen, seine Kanonen hüten, so und so die Beute verteilen.

Der König schrieb dem Grossinquisitor, er brauche für Don Juans Armada mehr Ruderer, jeden für mindestens fünf Jahre, für geringere Zeit sie zu ernähren, lohnte nicht. Wer ‚Gottsdonner!' oder ‚Potzblut!' schwöre, verdiene fünf Jahre Galeere. Espinosa möge sich sputen! Und kräftige Flucher wählen, keine blasphemischen Schwächlinge. Es gebe Krieg gegen Mohren und Türken!

Er schrieb dem Heiligen Vater: Ehe ich die geringste Kränkung der Religion dulde, opfere ich die Niederlande samt meinem Sohne Carlos!

Er schrieb an Alba: Konfiszieren Sie, was Sie finden: Felder, Schiffe, Städte, Herden, Tapeten, Gold! Widersprechen Sie dem Gerücht, dass ich alle Niederländer als Sklaven im Gesicht brandmarken wolle.

Er schrieb an Teresa von Avila, sie solle für ihn beten.

Er schrieb den Cortes, er erwäge freundlich ihr Gesuch, alle Bankiers auszuweisen, da sie durch Zinsknechtschaft die Spanier drückten.

Er schrieb den Admirälen, Korsaren überfielen die Schlösser an der Küste und raubten sogar Grafenkinder, um sie auf Sklavenmärkten zu verhandeln. Er schrieb seinen Vizekönigen in Amerika, er höre, dass die Sklavenbesitzer ihre roten und schwarzen Sklaven schlügen, verführten, ansteckten, in Bergwerke trieben, mit Hunden jagten.

Er schrieb seinen Generälen, sie sollten ihren Landsknechten Kindsraub zum Zweck des Kinderhandels verbieten.

Er schrieb den Alkalden, sie sollten die Komödianten weniger Prügelszenen spielen lassen, stattdessen sei die Titelsucht der Spanier zu geisseln, ihr Blutdurst, die übertriebenen Gefühle, die Grossprecherei!

Er schrieb den Bischöfen, sie sollten gegen den Unfug allzuvieler Sklaven predigen. Jeder kleine Herr von Adel besässe mehr Sklavinnen als Kühe, seit durch die Piraterie ein Mohrensklave billiger sei als ein Hund, eine Italienerin weniger koste als eine Ziege.

Er schrieb den Äbten, sie sollten nicht an Klostersklaven Gifte ausproben. Er schrieb den Granden, noch müsse er vernehmen, dass ihre Weiber sich gleich Kurtisanen täglich wüschen.

Er schrieb den Hurenweibeln, die Mädchen trieben zu grossen Luxus mit Seide, Samt und Spitzen. Lieber sollten sie ihren Zehnten pünktlicher in den königlichen Fiskus zahlen.

Er schrieb dem Grossinquisitor, die gelehrten Weiber nähmen überhand, sie seien schamloser als Soldatenhuren, und lauter Ketzerinnen.

Er schrieb den Rektoren, verboten sei den Studenten, im Ausland zu studieren, sie brächten nur gefährliche Gedanken heim.

Er schrieb dem Espinosa: Zu Sevilla soll es eine Geheimgesellschaft zum Zweck schamloser Ausschweifungen geben! Eröffnen Sie die Untersuchung gegen den Lyriker Fray Luis de Leon! Achten Sie darauf, dass in Romanen die Regierung nicht angegriffen werde!

Er schrieb dem Heiligen Vater, er meine, der Heilige Paraklitus sei Parakletus zu schreiben.

Er schrieb dem Grossinquisitor: Teresa von Avila parodiert das Sakrament der Beichte; sie befiehlt den Barfüsserinnen, öffentlich zu beichten. Auch sollen in den Heften, in denen sie ihr Leben aufschreibt, sehr kühne Gedanken stehn. Manuskript ergreifen! Prüfen! Wollen Sie dem ganzen Orden der Jesuiten den Prozess machen? Prüft ihre Schriften, ihre Doktoren! Ich höre, Sie wollen dem Heiligen Vater den Prozess machen, in Sachen des Carranza. Vorsicht! Wann wird das Heilige Amt in Neapel und Mailand zur Macht gelangen? Ich bin nicht zufrieden, solange nicht die Inquisition die Welt beherrscht.

Philipp schrieb an Eboli: Dem Mendoza zwanzig Dukaten für seine Glückwunschverse zur Geburt unserer zweiten Tochter Katharina! Dem Maler Coello für mein Porträt fünfzehn Dukaten, zwölf für das Porträt meines Vaters, das er nach dem Tizian kopiert hat! Dreihundert Dukaten an Arias Montano für antike Manuskripte und die Chronik Froissarts! Dem sizilischen Kloster für das Marienbild Raffaels viertausend Dukaten, anzuweisen auf die Einnahmen des Nachbarklosters, dessen Abt mit dem Versprechen der nächsten Vakanz abzufinden! Der Montano soll die Bibel bei dem Antwerpener Plantin auf bestem Papier mit schönsten Lettern drucken lassen! Meinem Organisten Cabezon sechzig Dukaten für seine neue Messe, die er sehr schön komponiert hat! Pünktlich alle Arbeiter für den Escorial bezahlen! Den Montigny in den Turm von Simancas schaffen, in Ketten, geheim! Dem Palestrina für die beiden Messen danken, die er mir widmete, und fünf Exemplare seiner Messe senden, die ich drucken liess. Dem Theotocopuli, genannt el Greco, sechzig Dukaten für drei Gemälde, und keine Aufträge mehr! Den Tizian und den Tintoretto an die empfangenen Vorschüsse mahnen!

Der König blieb im Escorial, bis die neue Klosterkirche eingeweiht und ein neuer Klosterbruder eingekleidet worden.

Da kam ein Mönch aus dem Hieronymitenkloster zu Atocha. Ihn sandte sein Prior. Der Mönch berichtete, vorigen Abend sei Don Carlos in ihre Klosterkirche gekommen und habe gebeichtet, dass er einen hasse und ihn morden wolle. Der Beichtvater habe ihm die Absolution verweigert, ebenso ein zweiter Beichtiger. Als der Infant darauf sehr erschrocken um die Absolution fast gebettelt habe, weil er am Tage der Erscheinung Christi mit der königlichen Familie öffentlich zum Abendmahl gehn müsste, hätten die Mönche zwölf gelehrte Theologen aus dem nahen Dominikanerkonvent berufen. Mit vierzehn Mönchen habe der Infant lange gestritten, ob er trotz mörderischer Pläne die Absolution erhalten könnte. Schliesslich habe er gefragt, ob man nicht eine ungeweihte Hostie ihm reichen wollte, dass er zum Schein kommuniziere, damit bei Hofe kein Skandal entstünde. Ein solcher Vorschlag hätte die ehrwürdige Versammlung entgeistert. Schliesslich habe der Prior erwähnt, der Name der zu mordenden Person könnte den Entschluss der ehrwürdigen Versammlung beeinflussen. Da sei der Prinz in ein dürres Gelächter ausgebrochen, hätte sich abgekehrt, sei durch die fast dunkle Kirche hin und her geschritten, hätte laut zu sich gesprochen, unverständlich leider. Schliesslich hätte er die Mönche gefragt: ‚Muss ich es aussprechen? Ja, ich hasse meinen Vater, ihm will ich ans Leben! Habt ihr das hören wollen?' Da habe der Prior trocken gefragt: ‚Und Ihre Helfer, Hoheit?' Doch da habe der Infant nur wiederholt, und es habe wie ein Schluchzen geklungen: Ja, seinen Vater hasse er, ihn wolle er weghaben! Da sei das Konklave zwei Stunden nach Mitternacht in unaussprechlichem Entsetzen auseinandergegangen. So lautete die Botschaft des Priors von Atocha.

Der König schrieb die Namen aller Mönche auf und sandte den Boten zum Grossinquisitor.

Drei Tage später, an einem Samstagmorgen, fuhren Philipp und Juan in einer geschlossenen Kutsche nach Madrid. In vielen Klöstern beteten die Mönche feierlich, dass Gott den König bei einer schweren Entscheidung leite. Vor der Stadt wartete Carlos vergeblich auf Juan. In den Zimmern der Königin Elisabeth sahn sich Vater und Sohn, und grüssten sich gemessen. Elisabeth hatte beide Töchterchen auf dem Schoss und Tränen in den Augen. Sie hatte wiederum Beschwerden, von neuer Schwangerschaft. Ihre Schönheit ward sinnlicher und zarter, sie weckte Lust und Rührung. Neben ihr stand die Eboli triumphierend da. Ihr Blick schien zu fragen: Wer ist hier Königin? Ihr Gatte erschrak vor dieser unverhüllten Wonne. Don Carlos versuchte unauffällig, seinem Onkel Juan ein paar Worte zuzuflüstern. Aber Juan wich nicht von Philipps Seite; so strahlend sah Juan aus, so unbekümmert schien sein Lächeln, so stark glänzten seine Glieder. Da standen auch die beiden Erzherzöge, zwei Knaben noch; da stand Alexander Farnese, Philipps Neffe; da stand Espinosa, da Mendoza, da Antonio Perez, da standen Hofdamen und Pagen — alle lächelten gerührt, als der König sein Lieblingstöchterchen Klara Eugenia aufs Knie nahm und schaukelte und das kleine Mädchen lachend in des Königs grauen Bart griff und daran zerrte. Wie glücklich schien das Lächeln des königlichen Familienvaters, als er dasass zwischen Frau und Töchtern, Bruder und Sohn und Neffen, zwischen Freunden und Freundinnen, am 17. Januar 1568.

Den Tag darauf kam Juan vor der Messe ins Zimmer seines Neffen Carlos. Der versperrte wie gewöhnlich die Türen und fragte mit schiefem Lächeln: „Du hattest Geschäfte im Escorial?“

Juan schwieg. Plötzlich zog Carlos seinen Dolch, und liess ihn fallen, mutlos. Zwei Stunden sassen sie beisammen, die längste Zeit schweigsam. Ein paarmal fragte Carlos: „Leihst du mir die Galeeren?"

Das erste und das zweite Mal erwiderte Juan: „Unmöglich!" und „Ich kann nicht!" Später schwieg er ganz.

Endlich öffnete Carlos die Tür und sagte kalt: „Geh!", und da Juan schon durchs Vorzimmer schritt, rief Carlos: „Geh zu deinem Bruder!" Und lief ihm nach, bis zum Korridor, und flüsterte: „Komm mittags wieder, gegen ein Uhr, willst du?"

Juan nickte und ging rascher fort. Kopfschüttelnd sah Carlos ihm nach. Dann humpelte er in sein Zimmer und machte sich zur Messe fertig. Es war ein Sonntag. Ein eisiger Wind kam vom Gebirg. Philipp hatte schon in der Frühe den französischen Gesandten empfangen, in feierlicher Heiterkeit wie gewöhnlich. Danach ging er zur Messe. In der Kirche sahen alle, wie Don Ramon de Taxis, der Generalpostmeister von Spanien, eilig zum König trat und ihm ins Ohr flüsterte. Am Portal der Kirche hatte der Infant dem Generalpostmeister befohlen, ihm für den Abend sieben Postpferde bereit zu halten. Als Taxis in grosser Verwirrung erwidert hatte, es sei gerade kein Pferd in den Stallungen, hatte Carlos zornig den Befehl wiederholt. Carlos prüfte nun die Miene seines Vaters. Hatte Taxis denunziert? Philipp lächelte, der Generalpostmeister entfernte sich lächelnd. Carlos verliess die Kirche zu früh, eilte in seine Gemächer und wartete auf Juan. Gegen zwei Uhr kam ein kleiner Page Juans, mit einem Zettel. ‚Vergib', las Carlos, ‚ich kann nicht.' Da legte Carlos sich zu Bett, zähneklappernd. Er rief seinen Arzt und sagte ihm: „Ich bin krank." Er fürchtete, Philipp werde ihn rufen, der Sittenprediger werde ihn schelten, Mord im Blick, Moral im Mund. Bald kam ein Kämmerling vom König, ihn zu rufen. Carlos liess sagen, er sei krank. Gegen sechs Uhr abends stand er auf, ass einen Kapaun in Gelee, trank Schneewasser, legte sich zu Bett und entschlief.

Philipp sass in seinem Kabinett und liess sich stündlich

melden, was der Infant sagte oder tat. Alle Zugänge und Korridore waren doppelt bewacht. Philipp hörte, der Infant sei krank, der Infant könne nicht kommen, der Infant liege zu Bett, der Infant sei aufgestanden, um einen Kapaun in Gelee zu essen, der Infant schlafe.

„Einen Kapaun ass er?" murmelte Philipp. „Und in Gelee? Er schläft?"

Nachts gegen elf Uhr versammelte der König den Grossinquisitor Espinosa, des Infanten Hofmeister Eboli, den Kapitän der Leibgarden Herzog Feria und des Prinzen Stallmeister Quixada. Der König trug den Helm, den er zuletzt nach der Schlacht von St. Quentin für seine Maler aufgesetzt hatte, einen Panzer unterm Rock, den blanken Degen in der Hand. Einzeln hintereinander stiegen sie die Haupttreppe herab zu den Zimmern des Don Carlos. Als erster kam Feria, er trug eine Fackel. Zwölf ausgewählte Monteros, des Königs Leibnachtwächter, folgten, schwer in Waffen. Dann Philipp. Hinter ihm der Grossinquisitor, Eboli und Quixada. Zuletzt zwei Handwerker, im Schurzfell, mit Hämmern und Nägeln. Im Vorzimmer des Infanten wachten Graf Lerma und ein Jüngling namens Roderich Mendoza, seit einigen Monaten Kämmerer bei Don Carlos und sein Freund. Der König befahl den erschrockenen Kämmerern, die Türen zu schliessen. Das Spezialschloss hatte derselbe französische Mechaniker, der es verfertigt, so gestellt, dass es unwirksam war. Eboli öffnete die Tür. Feria schlich zum Bett des schlafenden Infanten und nahm den Degen, den Dolch und eine mit zwei Kugeln geladene Muskete fort. Zwischen dem Grossinquisitor und dem Stallmeister trat Philipp auf Zehenspitzen ein. Über dem Geräusch erwachte Carlos. Er zog die Bettgardinen zurück und sah im düstern Schein der abgewandten Fackel einige Männer im Dunkeln. „Wer da?" fragte er.

„Der Staatsrat!" antwortete Philipp.

Da erkannte ihn Carlos. Er sprang aus dem Bett, suchte die Waffen, fand sie nicht, schrie: „Was! Willst mich umbringen, Vater?" und lief zum Kamin, wo noch ein Feuer brannte, um sich hineinzustürzen. Quixada hielt ihn auf.

Das kurze Hemd des Infanten zerriss. Er wand sich aus den Händen seines Stallmeisters, kniete, schlug seine nackte Brust und schrie: „So bring' mich schon um! Mörder!" Und er deutete auf den nackten Degen Philipps und auf die eigene nackte Brust.

„Sosegaos!" sagte Philipp, in der Rechten hielt er den Degen, mit der Linken seinen Bart. „Leg' dich zu Bett. Alles geschieht zu deinem Besten!"

Da begann es zu hämmern. Carlos sah die Männer im Schurzfell, die alle Fenster und Türen zunagelten, wie einen Sarg, und er wich bis zur Wand, humpelnd, und flüsterte: „Ich bin nicht toll! Ich bin nur verzweifelt." Und er wiederholte fast tonlos: „Nicht toll! Nur verzweifelt!"

Indes legten die Arbeiter die schweren Hämmer nieder und begannen die Tische und Stühle aufzuheben und hinauszutragen. Behend und schweigend räumten sie das Zimmer aus, Teppiche, Bilder, Möbel, auch einen Koffer mit des Infanten sämtlichen Papieren, die der König sogleich in sein Kabinett zu tragen befahl. Mit schweren, schamlosen Händen zogen sie das Zimmer nackt aus, schnell und gründlich.

„Baust du einen Kerker?" fragte Carlos stöhnend. „Bring' mich lieber um! Sonst tue ich es."

„Selbstmord", erklärte der König, „ist ein Akt des Wahnsinns."

„Ich bin nicht toll. Du willst mich toll haben, Vater!"

„Von nun an werde ich als König an dir handeln, nicht mehr als Vater."

„Was wird aus mir?" fragte Carlos leise.

Der König wandte sich um. Allein ging er zurück, die Treppen hinauf, durch den unruhigen Palast, wo Türen offenstanden, Fackeln umherirrten, Schritte gingen, Licht aus den Gemächern der Königin und der Infantin Juana schien. Philipp ging an Zeichen und Lärm schweigend vorbei, bis in sein Kabinett, wo er den Helm abnahm und sogleich von Perez die Papiere des Infanten sich vorlesen liess.

Carlos war ein Gefangener. Feria war sein Wächter. Tags und nachts brannten Kerzen. Das Zimmer ward schwarz ausgeschlagen. Lerma und Roderich Mendoza bedienten den Infanten. Sie durften keine Frage, die ihn oder den Hof anging, beantworten, keine Nachricht befördern. Der Kamin ward vergittert.

Der König hatte Madrid konsigniert. Keiner durfte die Stadt verlassen, auch die Postwagen warteten drei Tage.

Der König versammelte alle Minister und Sekretäre und teilte ihnen mit, im Dienste Gottes und im Interesse seiner Völker habe er sich genötigt gesehen, seinen Sohn gefangenzunehmen. Der König vergoss Tränen. Die Minister und Sekretäre gingen. Der König schrieb viele Briefe, an den Papst, an den Kaiser, an seine Tante Katharina von Portugal, an die fremden Könige, an seine Untertanen.

Eboli empfing die fremden Gesandten. Er erklärte: „Die Gerüchte, Don Carlos hätte seinen Vater töten, oder protestantisch werden und die Niederlande aufwiegeln wollen, sind absurd. Wir hatten ganz andere Gründe, sehr ernste von äusserst dringlicher und gewichtiger Natur, von einer Beschaffenheit sozusagen, dass ihre Natur in Anbetracht der Dinge eine solche heissen muss, dass man sagen kann, ja muss, es ist eine äusserst gefährliche Beschaffenheit der Dinge und von überaus ernster Natur."

Der Minister schwieg erschöpft. Jeder Gesandte hatte seinen Geheimbericht schon in der Tasche. Nur der englische Gesandte schrieb wörtlich Ebolis Äusserungen nach London. ‚Mir war alles so klar', schrieb er dem Staatssekretär Cecil, ‚die angeführten Gründe erscheinen so durchschlagend.' Der englische Gesandte wusste, dass der König von Spanien alle Briefe nach England öffnen liess.

Am 20. Januar tagte der Staatsrat acht Stunden lang. Philipp, der wie gewöhnlich nicht teilnahm, empfing mündlichen und schriftlichen Bericht von beiden Hofparteien. Der Grossinquisitor Espinosa erhielt den Auftrag, dem Prinzen den Prozess zu machen. Erhebungen fanden statt, Akten wuchsen, der König studierte sie. Er las die Akten über den rebellischen Prinzen von Aragon, Carlos von Viana, Ferdinands des Katholischen Bruder, den der Vater vergiftet hatte. Philipp fand Interesse an der Familiengeschichte.

Elisabeth weinte zwei Tage lang, bis ihr der König verbot zu weinen. Vor Staunen versiegten ihre Tränen. „Mein Philipp", sagte sie, „liebt nur die Miene der Empfindung nicht. Er empfindet um so tiefer."

Die jungen Hofdamen nickten stumm.

„Mein guter Philipp!" sagte Elisabeth langsam, als klängen ihr die Worte mit einmal neu, als spürte sie einen verdächtigen Geschmack, bitter oder giftig. Elisabeth war dreiundzwanzig Jahre alt, so alt wie Carlos. ‚In meiner Jugend', sagte sie häufig, sie meinte ihre Kindheit. Errötend fügte sie jedesmal hinzu, ein wenig hastig: ‚Ich bin ganz glücklich. Nur, in meiner Jugend...'

Tante Juana legte sich vor Gram zu Bett. Sie hatte Carlos erzogen, sie hatte um ihn gefreit, sie liebte ihn. Er war ein Kind, man musste ihn noch hüten, aber nicht auf diese Weise!

Der eilige Onkel Juan, mit der Behendigkeit seiner zwanzig Jahre, erschien in tiefer Trauer. Seine Jugend lieh noch der Trauer Glanz. Philipp fragte: „Was soll der Unfug?" und schickte Juan gegen die Piraten und Juana auf die Jagd.

Am 7. Februar meldete der österreichische Gesandte Baron Dietrichstein dem Kaiser: ‚Des Prinzen halber, so ist es ganz still, als ob er tot wär.' Die Grossmutter des Infanten schrieb aus Lissabon, sie wolle in ihren alten Tagen nach Madrid kommen und ihren Enkel pflegen. Der portugiesische Gesandte wollte den Infanten sehn. Der Heilige Vater forschte nach den wahren Gründen. Der Kaiser fragte wegen seiner Tochter Anna nach der Frist der Haft; er schrieb, er schicke, des Infanten und der Niederlande wegen, seinen Bruder Karl nach Madrid. Die Niederländer sagten laut, er war unser, ein Freund der Freiheit. Eboli verteilte neue Erläuterungen. Die Haft sei ewig. Der Infant sei toll. Die Majestät sah die Krankheit seit drei Jahren und schwieg und hoffte.

Katharina de Medicis und Elisabeth Tudor lachten. So endete der Riesentraum von der Universalmonarchie? Das war die Blüte der köstlichen Familie, deren Töchter ausser Vettern, Neffen, Onkeln keine Gatten an Europas Höfen fanden? Um diesen Prinzen zu heilen, musste kürzlich ein neuer Heiliger geschaffen werden, der berühmte Klosterkoch Diego? Das unendliche Gelächter der Feinde des Tyrannen sauste in den Ohren Philipps. Damals ward sein Kopf kahl. Renard, dessen böse Worte durch seine Kerkermauern den Weg fanden, sagte: „Den Haaren Philipps graut's. Sie wollen seine schrecklichen Geheimnisse nicht mehr hüten und fallen ab wie Prinzen und Provinzen!'

Am 2. März kam Carlos in ein Turmzimmer. Die Fenster wurden vernagelt. Das Licht fiel durch Luken. Der Kamin ward vergittert. Zu einem anstossenden Zimmer ward ein starkes Holzgitter gemacht, damit Carlos in seinem Käfig der Messe beiwohnen konnte. Niemand, ausser dem Leibdiener, dem Kämmerer und dem Arzt, durfte das Turmzimmer betreten. Die Wächter durften mit ihm nicht über seine Sache reden. Sie mussten antworten: ‚Es hilft nicht, davon zu reden. Es schadet.' Keine Minute war Carlos allein. Seine Wächter sahn alles, hörten alles. Die Türe zum Vorzimmer musste immer halb offen stehn. Die Wächter trugen die zerschnittenen Speisen auf einen Tisch im Vorzimmer, der Kämmerer trug sie ins Turmzimmer. Eboli ward Oberwächter. Um sein Amt leichter versehen zu können, erhielten er und Anna Zimmer nahe dem Prinzenkäfig angewiesen. So sparte Anna die nächtlichen Kutschenfahrten zu ihrem Liebhaber. Philipp konnte von seinem Kabinett die vernagelten Fenster des Turms sehn. Er verbot den Predigern, den Namen des Infanten zu erwähnen. Er besuchte weder den Prado noch Aranjuez, kam nicht mehr zum Escorial, lief bei jedem Lärm ans Fenster und spähte, ob nicht das Volk oder die Granden oder Freunde des Infanten anrückten, um ihn zu befreien. Der König entliess den ganzen Hofstaat des Infanten, verkaufte seine Pferde. Auch Roderich Mendoza ward entlassen. Carlos sagte zu seinem Kämmerer Lerma, dem einzigen, zu dem er noch zuweilen sprach: „Philipp beerbt mich schon." Damals reichte man dem Infanten gewisse dicke Suppen, mit Ambra und andern stärkenden Mitteln, und in den Zimmern Ebolis eigens gekocht. Der Infant weigerte sich einige Tage lang, zu essen. Als man dem König berichtete, seit fünfzig Stunden habe der Infant nichts mehr gegessen, erwiderte Philipp: „Wenn er Hunger haben wird, wird er schon essen." Einmal schrieben verschiedene Cortes, sie wollten in Madrid eintreffen, um des Thronerben Kerker zu besichtigen und für seine Freiheit zu bitten. Der König fand es seltsam. Er sei kein Prophet, aber würden so neugierige Untertanen nicht eines Tages als Reichsruhestörer enden? In jenen Tagen begann Carlos zu erbrechen und an Durchfall zu leiden. Da reichte man ihm Lektüre: Breviere, Andachtsbücher. Anfangs hatte Carlos gehofft, die Haft werde kurz sein. Nun begann er zu verzweifeln. Er sagte zu Lerma, indem er auf seinen Kerker wies: „Ein Vater hat das ausgedacht?" Um ein Ende zu machen, verschluckte er seinen Diamantring, ohne Schaden kam der Ring unten heraus. Carlos sagte zu Lerma: „Der Diamant ist tödlich. Ich schluckte ihn und lebe! Noch ein Diamant kann Mitleid zeigen..." Er brach ab. Er sah, er sollte für toll gehalten werden. Er wollte also seine Zunge hüten. Er weigerte sich, zu beichten. Er sagte zu Lerma: „Genug gebeichtet! Wer zahlt die Mönche, wer sendet sie? Es gibt zu viele in Spanien. Jeder Vierte ist Mönch. Was tun sie?"

Am andern Tage hatte Lerma Auftrag, den Infanten zu fragen, ob er sich nicht mit Gott versöhnen wolle.

„Ich?" fragte Carlos mit Festigkeit. „Habe ich den Streit begonnen? Keine Versöhnung mit Gott! Auch Gott ist Vater. Keine Nachsicht mit Vätern!"

Sein Almosenpfleger Suarez schrieb ihm geheim: ‚Was wird die Welt sagen, wenn sie erfährt, dass Sie nicht beichten wollen? So verlieren Sie die öffentlichen Sympathien. Schon haben Sie fast keinen Freund mehr. Es liegen Anklagen so schreckensvoller Art gegen Sie vor, dass das hohe Gericht der Inquisition jeden andern nicht mehr einen Christen nennte und Scheiterhaufen aufschichtete!'

Philipp liess diesen Brief ausnahmsweise passieren. Carlos klebte den Brief an die Wand seines Käfigs und betrachtete ihn wie ein Gemälde von verschiedenen Stellen aus, und in wechselnden Abständen, seinem Vater nachäffend, der Gemälde liebte. „Blinder Freund Suarez!" murmelte Carlos. „Mag dein Brief hier hängen, damit du nicht bald am Galgen hängen musst, weil du des Carlos Freund warst!"

Endlich, zu Ostern, verlangte Carlos nach den Sakramenten, beichtete, versöhnte sich mit Gott und bat auch den Vater um Vergebung. Er hoffte Freiheit. Philipp gewährte nur Vergebung. Grossmütig bot er seinem Sohn an, seinen Käfig um ein paar anschliessende Stuben zu erweitern. Carlos sagte zu Lerma: „Dem Gefangenen genügt sein Käfig. Dem Freien war Spanien zu enge."

Die Hitze wuchs. Der Käfig brannte im Feuer der grossen Sonne. Carlos fieberte. Sein Arzt zapfte ihm Blut ab. So ward Carlos schwächer. Er magerte ab. Langsam schwand er hin. Er schrieb viel auf, zerriss alles wieder. Da die Erde in der Umarmung des Sommers erglühte, liess Carlos viele Eimer kaltes Wasser auf den Boden ausgiessen, fusshoch, kniehoch, und lief barfuss und im Hemd in diesem eisigen Bad umher, er schlief nackt bei offenen Fensterluken und halboffener Tür, in der guten Zugluft, er trank ganze Eimer voll Eiswasser, ass pfundweis frisches Obst, kühlte sein Bett mit Eisflaschen, fieberte und fror. Sein Arzt Olivarez erklärte, die letzte haltende Kraft, die Wärme weiche.

Carlos lag im Bett und seufzte. „O Gärten von Aranjuez, schattige Gehölze von Segovia, o frische Luft von Alcala. Winde im Gebirg. Wind im Wald, nach heissen Kräutern duftend!"

Am 13. Juli ass er eine Pastete aus vier stark gewürzten Feldhühnern samt der Kruste, trank Eiswasser und hatte nachts die Ruhr. Am 14. Juli kam Doktor Olivarez, ein kleiner, spitzbärtiger, bebrillter Valencianer, devot, verständig und gehorsam. „Nun, Doktor?" fragte Carlos. „Zufrieden? Haben wir's geschafft?"

Der Arzt seufzte. Er war kein guter Mensch, gewiss nicht. Aber er hatte keinen Spass daran, Menschen zu quälen. „Hoheit", sagte er, „wenig Hoffnung! Ihr Magen will nichts mehr annehmen."

„Mein Magen, Doktor? Mein Herz will nicht mehr!"

Alba schrieb aus Brüssel: Mehrere verschworen sich, den König umzubringen. Ich habe sie.

Am 19. Juli erklärte Doktor Olivarez, es sei keine Hoffnung mehr. Der König gab seines Sohnes Krankheit bekannt. Er sandte seine sieben Leibärzte. „Was wollt ihr?" fragte Carlos, „Ich bin schon vergiftet. Mein Vater kommt nicht?" fragte Carlos. „Sagt ihm, dass ich sterbe und ihn noch einmal sehn will."

Der König hatte seit der Nacht vom 18. Januar seinen Sohn nicht mehr gesehn. Er erklärte: „Nein. Ich komme nicht, und keiner!"

Doch trat er einmal im Nebenzimmer ans Holzgitter; heimlich, hinterm Rücken von Espinosa und Eboli, streckte er seine Hand aus und gab, indem er das Zeichen des Kreuzes machte, seinem sterbenden Sohn hinterrücks den väterlichen Segen.

Auf Verlangen des Infanten wurden sein Beichtvater Chavres und sein Almosenier Suarez gerufen. Am 21. Juli diktierte Carlos sein Testament. Er zahlte Schulden und bat um Almosen für seine Diener. In der Nacht vom 23. auf den 24. Juli fragte er nach der Uhr. Es war zwei Stunden vor Mitternacht. Er wünschte bis zum 25. Juli, dem Tag von San Jago, zu leben, um des Heiligen Fürsprache zu geniessen. Er hielt sein Kreuz, das er auf der Brust trug. Sein Beichtvater Chavres sagte ihm zehnmal, hundertmal vor: „Ich verzeihe dem König, meinem Vater." Carlos schwieg verstockt.

Der Beichtiger wiederholte unermüdlich: „Ich verzeihe dem König, meinem Vater."

Carlos spuckte Blut aus.

Der Beichtiger in steter Hoffnung: „Ich verzeihe dem König, meinem Vater!"

Carlos murmelte: „Weg, schwarzer Papagei!"

Der Beichtiger schrie: „Ich verzeihe. Ich verzeihe dem König, meinem Vater!"

Da endlich gab Carlos nach und flüsterte: „Ich verzeihe ihm, der mir die Freiheit raubte. Ich vergebe meinen Todfeinden, die mich morden, dem Giftmischer Eboli, dem Metzger Alba, dem Folterknecht Espinosa, dem Dieb Granvella."

„Er hat vergeben", schrie der Beichtiger. „So vergebe ihm Gott!" Er drückte dem Sterbenden die Sterbekerze in die Hand und schrie: „Er hat vergeben!"

Carlos, den vielleicht der Lärm verdross, oder der zu schwach war, die brennende Kerze zu halten, hielt sie schief, dass sie ihm die Hand versengte und schliesslich sein Kopfkissen anzündete. Es flammte auf, darüber entstand ein Geschrei, es fehlte nicht an Eiswasser, man schüttete den Eimer über den Infanten und sein Kissen, die Flamme verlosch. Über der Unruhe vergass man den Infanten. Da man endlich nach ihm sah, war er tot. Es roch nach verbrannten Bettfedern. Der Beichtiger schrie: „Seine letzten Worte waren lateinisch. Sie lauteten: Gott sei mir Sünder gnädig! Der Infant ist als frommer Katholik gestorben!" Der Beichtiger wandte sich zum Grafen Lerma und sagte mit kalter, geschäftsmässiger Stimme: „Lassen Sie die Leichenwäscher rufen. Ich gehe zum König!"

Es war ein Uhr morgens, den 24. Juli 1568.

Zur selben Stunde sagte im Korridor vor dem Kabinett des Königs der junge Höfling Antonio de Leyva zu Mendoza, seine Verse taugten nichts. Mendoza zog den Dolch, Leyva sein Schwert, der König trat über dem Lärm im Schlafrock auf den Flur und hiess die Majestätsbeleidiger in den Kerker schaffen. Die Fechter entwischten zum Altar der nahen Kirche. Da schickte Philipp einen Alkalden, der beide von ihrer Freistatt fortschleppte, den Leyva auf die Festung von Madrid, den Mendoza in den Turm von Simancas, wo schon des Königs Archiv und Montigny schliefen. Ein Fussfall der Eboli rettete Mendozas Leben. Anna ritt zum Turm von Simancas.

Da Mendoza am Fuss des Turms noch einen Blick auf den

Turm warf und lachend rief: „Rasch nach Madrid!", lächelte Anna trübe und bat: „Geduld! In seiner grossen Gnade verbannt der König dich für zehn Jahre nach Granada."

„Verbannt!" schrie Mendoza. „Nach Granada — fern von dir, von der grossen Welt! In einer öden Provinzstadt leben... Poetenschicksal unter Philipp! Bin ich wirklich verbannt?"

„Armer, lieber Freund! Was alles kann geschehn! Rechne mit fünf Jahren! So denkt auch Eboli!"

Mendoza schlang die Arme um sie und küsste sie. „Anna!" rief er. „Ich bin ein alter Mann! Fünf Jahre, sagst du?"

Da Anna zurückkam, war Carlos schon begraben. So rasch begruben sie ihn. Am Abend seines Todestages, gegen sieben Uhr, trugen sie den Sarg fort. Eboli, die Herzöge von Infantado und Rio Seca, und der Konnetabel von Kastilien trugen den Sarg. Der König blieb zu Haus. Im Hof des Palastes standen die Bischöfe, die fremden Gesandten, die Grafen und Höflinge, lauter Feinde des toten Carlos, seine Wächter und Verfolger. Ehe der Zug sich fortbewegte, begann ein Streit zwischen Toledo und Feria über den Vorrang, die Schwerter blitzten, schon schien Blutvergiessen unvermeidlich. Da öffnete sich ein Fenster des Palastes, man sah den König am Fenster, im Schlafrock, die Nachtmütze auf dem Kopf. Mit seiner gewöhnlichen, ruhigen Stimme rief er: „Herzog Feria folgt zuerst, danach Toledo!" So schlichtete er den Streit und schuf die schöne Ordnung, an der sein Herz hing. Zufrieden blickte er dem ganzen Zug nach, bis der Schlosshof im süssen Licht des Sommerabends stille lag.

Da seufzte Philipp und ging in sein Kabinett und begann zu schreiben. Schreibend vergass er seine Trauer. Er schrieb an den Heiligen Vater, an den Kaiser, an die vielen Könige, an seine Untertanen. Er schrieb: ‚Mein Sohn ist tot. Mein Sohn war toll. Ich musste ihn fangen. Er war toll. Er starb als guter Christ. Mein Sohn ist tot. Carlos ist tot...'

Der König schrieb, bis die Frühe ihn schreckte. Da schritt er langsam zum Fenster und sah hinüber zu dem leeren

Käfig, dem blinden Turmzimmer. Er murmelte: „Mein Sohn ist tot."

DAS GESTÄNDNIS

Am Tage vor der Verhaftung des Don Carlos hatte die Königin Elisabeth erklärt, das Kind in ihrem Leib höre nicht auf, zu hüpfen. Sie spüre, es sei ein Sohn. Die Arme der Königin schwollen an. Am 18. Juni fiel sie in Ohnmacht und lag eine Stunde für tot. Oft musste sie lange weinen. Sie konnte nicht sagen warum. Zuweilen stockte ihr Puls, ihr Kopf schwoll an, sie hatte Nierenschmerzen und Fieber und erbrach Galle. Seit Carlos tot war, siechte die Königin im Bett dahin. Die Ärzte erklärten sie für schwanger, setzten ihr Blutegel an und purgierten sie. Die Königin fiel in lange Ohnmachten. Ihre Hände und Füsse wurden steif. Nun gaben ihr die Ärzte Pulver und Infusionen. Aber der Magen der Königin, rebellischer als sie, wies alles zurück. Nun geschahen feierliche, grossartige Prozessionen. Philipp liess aus dem Escorial die Überbleibsel vom Heiligen Justus und vom Heiligen Pastor holen, ferner einen Arm vom Heiligen Lorenz und den Kopf der armen Adelina, Königin von Sizilien, einer Heiligen aus der Schar der elftausend Jungfraun. Die Fragmente liess der König neben dem Bett seiner kranken Frau aufstellen. Zuletzt gaben die Ärzte der Königin Pillen. Um ihre Wirkung nicht zu beeinträchtigen, durfte keiner die Königin besuchen, auch der französische Gesandte nicht, auch der König nicht. Im September erklärten die Ärzte in finsterer Entschlossenheit der Königin, nun habe die Wissenschaft alles getan, jetzt möge der Himmel sprechen.

„Muss ich mit dreiundzwanzig Jahren sterben?" fragte Elisabeth.

Da begannen die herumstehenden Hofdamen laut zu weinen. Einer der drei Ärzte, ein Greis, versah sich und vergoss gleichfalls Tränen. Seine Kollegen führten ihn stille weg.

Am Abend des zweiten Oktober kamen die Ärzte und der

Kardinal Grossinquisitor Espinosa und Philipps Beichtvater, der dicke Bischof von Cuenca, und brachten vier Notare und forderten die Königin auf, ihr Testament zu machen, nach der Vorschrift der spanischen Etikette. Der französische Gesandte hatte unter dem Vorgeben, die Etikette passe eher für Menschenfresser als für eine junge Frau, umsonst dagegen protestiert. So machte Elisabeth also ihr Testament. Die Notare waren gründlich und genau. Sie schrieben jedes Juwel auf, jeden silbernen Nachttopf. Sie fragten: „Was befiehlt Ihre Majestät, dass nach Ihrem Tod mit der silbernen Badewanne, siebenzig Pfund schwer, geschehe? Was befiehlt Ihre Majestät, dass nach Ihrem Tod mit den drei goldenen Fingerhüten geschehe? Was befiehlt Ihre Majestät, dass nach Ihrem Tod..."

„Kann man die Formalität nicht abkürzen?" fragte empört der anwesende Gesandte Frankreichs. Niemand beachtete ihn.

„Was befiehlt Ihre Majestät, dass nach Ihrem Tod mit den vier Sesseln geschehe, die mit Mechelner Sammet bezogen sind?" fragten die Notare. „Was befiehlt..."

Danach kamen drei Ammen, unter denen die Königin, da sie schwanger war, nach der Etikette wählen musste. Elisabeth bezeichnete eine Dame namens Beatrice, ein schönes, grosses Fräulein von fünfundzwanzig Jahren, das viel Milch sprudelte und dessen Vorfahren keiner ein Jud noch ein Mohr war. Danach beichtete Elisabeth, empfing das Sakrament und die letzte Ölung.

Darauf gingen alle fort. Elisabeth blieb mit einigen Hofdamen allein. Im anstossenden Gemach beteten die Mönche für das von den Ärzten aufgegebene Leben der Königin.

Später, in der Nacht, sandte Elisabeth nach dem König. Sie schickte alle ihre Pagen. Der König kam nicht. Sie schickte ihre Hofdamen, die Herzogin Alba, die Wächterin der Etikette; die Herzogin Feria, eine Engländerin; die Prinzessin des Ursins — der König kam nicht.

Da befahl die Königin, die Eboli zu wecken und zu rufen. Als Anna kam, bat Elisabeth, sie möge neben ihrem Bett niederknien, ganz nahe. „Anna", flüsterte Elisabeth, „gehen Sie zu Philipp. Ich schickte so viele nach ihm aus. Er kam nicht. Sie sind unsere Freundin. Sagen Sie ihm, ich sterbe. Ich wolle ihm ein Geständnis machen. Sagen Sie ihm, wenn er nicht kommt, lasse ich mich zu ihm tragen."

Anna ging weinend.

Endlich kam der König, im schwarzsamtenen Schlafrock und in schwarzsamtenen Pantoffeln. Er kniete am Bett seiner Frau nieder.

Elisabeth blickte ihn an, mit ihren grossen, blauen Augen, die ihren Glanz noch nicht verloren hatten. „Philipp", flüsterte sie. „Ich muss dir ein Geständnis machen."

„Still!" bat er. „Bete, Elisabeth. Der Herr vergebe dir deine Sünden!"

„Philipp!" sagte sie, der Schweiss stand ihr auf der weissen Stirn. „Ich muss gestehn: Ich weiss, was die Leute von dir sagen. Sie sagen Schlimmes von dir. Sie sagen, dass du ein böser Mensch bist. Sie heissen dich einen Heuchler. Sie nennen dich den Menschenjäger, den Sklavenhändler, einen Schelm und einen Schinder. Sie schelten dich Mörder! Sie sagen, du hast deinen Sohn Carlos umgebracht."

„Schweig!" flüsterte Philipp und stand auf, um fortzugehn.

„Bleib!" rief mit schwacher Stimme Elisabeth. „Ich beschwöre dich! Philipp, ich liebe dich. Die Leute sagen, du hättest mich mit einer Limonade vergiftet. Ich habe nie den Leuten geglaubt. Ich glaube an dich. Du bist der grösste aller Könige, du bist der beste aller Menschen. Du bist immer ein guter Vater und treuer Gatte gewesen, ich schwöre es angesichts des Todes. Immer warst du mir treu, Philipp, ich schwöre es ins Gesicht meines Gottes, dem ich bald begegnen will!"

„Schweig', Unselige!" flüsterte Philipp entsetzt. „Du schwörst dich in die Hölle!"

„Philipp! Ich habe es nie aussprechen dürfen. Jetzt muss ich es sagen. Ich war so selig bei dir. Die Leute sagen, ich hätte mich nach Frankreich gesehnt. Ja, ich liebe mein Land. In meines Vaters Haus war es so angenehm zu leben, so heiter rannten meine grünen Tage, so süss geschwätzig. So gerne war ich Elisabeth von Frankreich, liebte so treulich meine Brüder und meine liebe Mutter. Aber mehr als alles habe ich dich geliebt. Philipp, ich war so selig in deinem Bett! Du warst mein Abgott. Ich bete dich an, mein Geliebter! Mein guter Philipp!"

Der König lief aus dem Schlafzimmer Elisabeths, er verlor die schwarzsamtenen Pantoffeln, barfüssig lief der König von Spanien durch die halbfinstern Gänge seines Schlosses, keuchend kam er in sein Kabinett. Auf seinem Stuhl sass er und klapperte mit den Zähnen. Endlich fasste er sich und begann, die Anzeige des Todes seiner Frau zu schreiben. Schreibend fand er Trost. Zwei Stunden später kamen die Ärzte und meldeten, die Königin habe einen Sohn geboren, aber zu frühe. Mutter und Kind waren tot.

Schweigend wies Philipp die Ärzte hinaus. Schweigend schrieb er, an die Königin von Frankreich, an den Kaiser, an den Heiligen Vater, an seine Untertanen. Er schrieb bis zum Morgen und den folgenden Tag lang bis zur Mitternacht. Dann rief er seinen Bruder Juan und seinen Kämmerer Eboli und Albas Sohn, Don Ferdinand, zusammen gingen sie zur Palastkapelle, wo Elisabeth aufgebahrt lag, im Schein der Totenkerzen. Lange betrachtete Philipp sein totes Weib.

DER THRON ZU ANTWERPEN

Seit fünfzehn Jahren war er König von Spanien. Gestern (schien ihm) war er durch London mit der rotlockigen Elisabeth zu ihrer Schwester Marie Tudor gefahren; gestern war er mit seinem Narren (der Narr war tot) an den hohen flandrischen Kirchtürmen vorbeigeritten; gestern hatte der Maler Mor zu St. Quentin den Sieger Philipp im Panzer und Helm gemalt; gestern hatte Philipp zum ersten Mal mit seinem jungen französischen Weib Elisabeth geschlafen; gestern hatte er am Bett seines gestürzten Sohnes Carlos geweint; gestern die Osorio, die Guzman, die Eboli erschaut, geliebt, besessen, an einem Tag; gestern, gestern hatte er gelebt. So sahen fünfzehn Jahre aus? Wie ein Wind im Staub? Wie Schatten auf dem Wasser? Was hatte er getan? Begraben hatte er seinen Vater und seinen Sohn, den grossen Karl, den tollen Carlos; begraben sein englisch Weib Marie und sein französisch Weib Elisabeth. Gezeugt hatte er mehrere Bastarde und zwei Töchter. Gegen ihn waren aufgestanden seine Untertanen in Flandern und Andalusien, Reformierte und Morisken. Bankrott hatte der Herr beider Indien gemacht. Umsonst hatte er rund in Europa philippische Parteien bezahlt, im Namen seines Gottes.

Da sass er und wog sein Leben. Und er empörte sich gegen sein Los. Und er klagte sich an. Träge war er und betrog und wurde betrogen. Philipp fühlte die schlimme Ungeduld. Er begehrte die grosse Veränderung. Da beschloss er, ein neues Leben zu beginnen. Er freite um des Kaisers Tochter Anna, die versprochene Braut seines toten Sohnes Carlos, und bewirkte die Hochzeit des Königs von Frankreich mit des Kaisers zweiten Tochter Elisabeth, damit die drei katholischen Mächte Frankreich, Spanien und der Kaiser eine Liga Gottes bildeten. Er schloss einen Bund mit Venedig und dem Papst gegen die Türken. Er schickte seinen Diener Alba gegen die flandrischen Rebellen und seinen Bruder Juan gegen die aufsässigen Morisken. Er verhandelte mit dem Agenten Ridolfi über eine spanische Invasion in England. Er rüstete neue Expeditionen nach Amerika. Nach langen Friedensjahren begann er mit einem Mal und an vielen Stellen den Krieg um die Eroberung der ganzen Welt.

Bevor er nach Avila ritt, um sein viertes Weib zu umarmen, die Österreicherin, versammelte er seine Räte. Misstrauisch musterte er seine kuriosen Kreaturen. Er hatte sie lange studiert, bis in ihre Blössen. Wer darf sich vermessen und sagen, er kenne einen Menschen ganz? Mit diesen sollte er die Welt gewinnen? Mit Espinosa, dem greisen Polizisten im Purpur? Mit diesem seidenen Jüngling Perez, der nach Ambra duftete und um Hals und Hände goldene Gehänge trug und ein Kuppler, ein Spieler, ein Mädchenhirt war? Mit dem plumpen Nachtwächter Feria im Kleid von Eisen? Mit dem honigsüssen, entfärbten Kammerdiener Eboli, in des Königs abgelegtem, schwarzsamtenen Anzug? (Philipp trug seine Kleider einen Mond lang und verschenkte sie.) Vor ihm zappelten seine Diener wie an Schnüren. Dem hatte er ein Fürstentum, dem andern den roten Kardinalshut, jenem den Titel Herzog, dem vierten sein Vertrauen geschenkt. Zog Philipp finster die Braue, verblichen die bunten Puppen wie vor dem Wind von Madrid, der zu schwach ist, um eine Kerze, stark genug, um eines Mannes Leben auszublasen. Forschend prüfte Philipp das subalterne Gewimmel der Sekretäre hinter den Grossen, die ehrgeizigen Vipern von der Kanzel und der Kanzlei. Aus welchen wollte er eines Tages neue Grosse machen?

Perez, der aus den Briefen an den König zu wählen hatte, welche geheim zu halten, welche dem Staatsrat vorzulegen waren, las mit fröhlich tänzelnder, gleichsam schmunzelnder Stimme aus Albas Brüsseler Briefen Hymnen auf Alba vor, wahre Triumphgesänge.

Der König fror, trotz Pelzmantel, Hut und Samtschuhn, da noch die Trauben auf den Feldern und die Himmel über ihnen blau und golden im Lichte glänzten. Philipp war sehr abgemagert, seit er zu Almagro auf seiner Ärzte Rat einen Sauerbrunnen getrunken hatte, der berühmt war, viele Krankheiten zu heilen, ihm aber eine langwierige Diarrhöe beschert hatte, bis er sich endlich purgiert. Er fühlte sich nicht wohl; zum vierten Male Bräutigam, schien er zum ersten Mal bang zu missfallen. Am frühen Morgen hatte er wehmütig lächelnd im Spiegel sich betrachtet. „Da hast du", hatte er zu Eboli gesagt, „da hast du den Bräutigam einer Neunzehnjährigen, den Kahlkopf, den graubärtigen, von der Gicht gekrümmt, dreiundvierzig Jahre alt — kommt nun das wahre Leben?"

Da sass er, sorgenvoll und feierlich, mit der Feder in der Hand und lauschte dem muntern, wohlduftenden Jungen und den geschriebenen Prahlereien des wilden Greises Alba. „Genug!" sagte der König

„Der Herzog Alba", begann händereibend Eboli, „begrüsst uns mit täglich lautern Siegesfanfaren. In seinen Briefen geht die Sonne seines Triumphes nicht unter. Eitel Wonne! Er ist rührig. Gestern schlug ihn der Nassau bei Heiliger Lee, heut vernichtet er bei Jemmingen den Nassau. Oranien, der mit dreissigtausend Deutschen in Brabant einfällt, bietet, dreissigmal das Lager wechselnd, dreissigmal dem Herzog Alba die Schlacht vergebens an, bis seine unbezahlten Mietlinge meutern und nach Deutschland heimkehren. Nassau und Oranien, die nach Frankreich flohen, um unter den Fahnen des Rebellen Coligny zu fechten, sahn auch ihn geschlagen und sitzen nun zuhaus im Elend, in ihrem Deutschland, von seinem bösen Weib der eine, von Gläubigern beide gepickt. Alba baut in den grossen Städten Flanderns Zitadellen, Tyrannennester heisst sie das Volk, Alba tötet und konfisziert. Die Provinzen werden wie Totenäcker still, der grosse General steht auf dem Gipfel, riesenhaft. Wird er sich oben halten? Wo blieben die versprochenen Goldströme, ellentief? Flossen sie in die Taschen seiner Blutrichter oder seines Sekretärs, des einäugigen Albornoz? Es gibt Briefe, die den Alba anklagen, aus Oraniens konfisziertem Brüsseler Palast Gemälde beiseite getan zu haben. Der Herzog hat von vier Amnestieentwürfen, die wir ihm vor geraumer Zeit gesandt, endlich einen, man sagt den härtesten, verkündet. Der Pomp war gross. Auf dem Markte zu Antwerpen erhob sich in der Mitte einer glänzenden Tribüne ein goldener Thron. Auf diesen Thron hat Alba sich gesetzt. Hinter ihm funkelten die Generäle, die hohen Beamten, auf dem Markt die Truppen, dahinter Bürger. Auf der Tribüne Stufen stehen die beiden schönsten Weiber von Antwerpen nackt, die eine hält die Wage der Gerechtigkeit, die andere des Friedens Ölzweig. Alba trägt Hut und Schwert, die ihm der Heilige Vater zum Geschenk gemacht hat. In allen Briefen, die wir empfangen, steht derselbe Satz: ‚Der Herzog sass wie ein König da.' Er sprach wie ein Prophet. ‚Heute', sagte er, ‚beginnt ein neues Zeitalter!' Danach verlas ein Herold die Amnestie, hastig leise. Es war der 14. Juli. Die Sonne, schreibt man mir, stand so heiter am hohen Himmel. Der rohe Pöbel klatschte abwechselnd den nackten Weibern und dem erhabenen Vizekönig zu. Für einen Alba mag es eine schöne Stunde gewesen sein."

„Es ist nichts! Es ist nichts!" sagte Philipp auf die bekannte Art Albas.

Eboli fuhrt fort: „Auch ein Denkmal in Erz hat Alba sich errichtet, in der neuen Zitadelle zu Antwerpen, eine kolossale Bildsäule aus den erbeuteten, eingeschmolzenen Kanonen Oraniens. Der grosse Alba setzt seinen erzenen Fuss auf eine liegende doppelköpfige Figur, es ist symbolisch. Der Künstler heisst Jongeling. Auf den Sockel liess Alba in Erz graben: „Dem grossen Herzog Alba!"

„Es ist nichts!" wiederholte der König.

Eboli fuhrt fort: „Die Kassen des grossen Herzogs sind leer, er schreibt es täglich, die Amnestie hat keinen Hund in Flandern gerührt; Albas siegreiche Regimenter, sechsundfünfzigtausend Veteranen, seit zwei Jahren nicht bezahlt, meutern schändlich, der Herzog schreibt es täglich. Die riesigen Konfiskationsgewinne sind verschleudert. In Valenciennes, fast leer geplündert, blieben, nach allen Unkosten, für die Staatskasse dreihundertzwanzig Dukaten, zehn Sols, drei Pfennige, laut Albas Rechnung. Alba kostet Spaniens Kassen schon sechzehn Millionen Dukaten. Nun wird der Soldat Finanzmann. Von allem, was der Niederländer hat, soll er für einmal ein Prozent zahlen, fünf Prozent vom Erlös jedes Grundstücks, zehn Prozent vom Erlös aller Waren. Strömt nun das Gold? In Brüssel öffnen sie die Laden nicht mehr, die Brauer brauen kein Bier mehr, die Backer backen nicht, die Schlächter schlachten nicht. Nehmt unsere Waren, sagen die Ladner, macht euch bezahlt! Brauen Sie, sagt der Magistrat zu Alba, wir liefern Ihnen die Bottiche, die Knechte, die Schankkonzession. Dem Präsidenten Viglius, der erklärt, die Steuern seien nicht einzutreiben, schreit Alba ins Gesicht, er habe das Gegenteil gesagt, und als der Präsident ableugnet, schreit Alba: „Aber Sie haben es, Sie haben es, Sie haben es gesagt!" und schwört, ihn zu züchtigen, dass es zum Stadtgespräch wird, Alba wolle dem Viglius ans Leben. Uns verspricht Alba zwei Millionen Dukaten jährlich aus diesen ingeniösen Steuern, obendrein die Kosten der Verwaltung der Provinzen und der Okkupationsarmee. Man schreibt mir: ,Der Handel stirbt. Der Kredit schwindet.' Soll von den ganzen Niederlanden nichts uns übrig bleiben ausser Albas Bildsäule?"

„Also absetzen", fragte Philipp, mit seiner Schreibfeder spielend, „den Vizekönig absetzen?"

Eboli erwiderte mit heiterer Festigkeit: „Was ich immer riet, Sire, gegen Untertanen: Milde und die Ostentation der Macht!"

Da fragte, rot vor Zorn, der hochmütige Espinosa, Albas letzter Freund bei Hof: „Ist das der Dank für hundert volle Siege? Schickt man ihn in die Wüste, weil er triumphiert? Wer hat Horn und Egmont und fünfhundert ihresgleichen geköpft? Wer Nassau und Oranien, die französischen Calvinisten und deutschen Lutheraner hinausgeprügelt und die Provinzen gestillt? Schreibt nicht der tiefe Kenner niederländischer Verhältnisse, der kluge Vizekönig von Neapel, Kardinal Granvella, es sei mit dem stolzen Oranien aus? Und sogar Wilhelms Freunde, der Landgraf von Hessen und August von Sachsen und die kaiserliche Majestät, die soviele Ketzer freundlich hütet, schreiben sie nicht alle dem Oranien: ,Eure Hoheit müssen still sitzen!' Da sitzt er nun zu Dillenburg, verschuldet, vertan, sein Stern ist verloschen, da sitzt er nun auf seinen vergilbten, frechen und feigen Manifesten, der ,Rechtfertigung', der ,Warnung', der ,Kriegserklärung an den Herzog Alba', was hat er nun zu rechtfertigen, wen will er warnen, wem seinen Krieg erklären, der Armselige? Er ist verloren für immerdar! Und wer traf ihn so tödlich? Alba, der Vielgeschmähte, der Grosse!"

„Als der Kaiser", erwiderte langsam der König, „unsern Vetter Karl, den Erzherzog, nach Madrid geschickt, um für Oranien und die Niederlande unsere Grossmut anzugehn und den Erzherzog zum Vizekönig anzubieten, hielten wir am Alba fest und rühmten seine Taten und erwiderten, wir brauchten Vizekönige, denen wir notfalls den Kopf abschneiden könnten, und wir schickten hunderttausend Dukaten dem Vetter Karl, damit er um unsere Nichte Anna für uns freie. Wir kennen die Verdienste unserer Diener."

„So straft man den Erfolg?" fragte Espinosa. „Und schändet das Verdienst? Ich besitze Brüsseler Briefe, die beweisen, dass dieser Schwall von Klagen aus dem Mund geheimer Ketzer sich ergiesst. Der Teufel ist der Vater der Unzufriedenen. Und war es bei Granvella anders? Man zielt nach dem Diener und trifft den Herrn. Will König Philipp seine treuesten Diener ungeprüft fortjagen?"

„Ungeprüft?" fragte Philipp gekränkt und drohend. Die Minister blickten betreten zu Boden, die Schreiber zitterten, der Grossinquisitor verstummte. Der König erklärte: „Wir wollen unsern Gesandten Don Alava, der Paris verlässt, nach Brüssel gehen heissen, um den Herzog zu besuchen und insgeheim an Ort und Stelle sich umzutun und uns Bericht zu geben. Nach seinem Rat werden wir beschliessen."

IM RAT DER MÖRDER

In der Nacht führte Perez den Ridolfi vor den König. Gross und finster standen vor den Türen die deutschen Leibwächter, gestützt auf riesige Lanzen.

Frech trat Ridolfi ein und stockte vor des Königs schwerem, nächtigem Blick. Benommen bog er das Knie. Wie Schatten sah er hinter dem König den Grossinquisitor und Eboli stehn.

Ridolfi, ein junger Bankier aus Florenz, der für England und Spanien mehrere Staatsanleihen abgeschlossen hatte, stand zum ersten Mal vor Philipp, über dessen gezählte Finanzkenntnisse und zahllose Liebesabenteuer er so oft schon gespottet hatte. Ridolfi glaubte den ganzen Apparat der Könige zu kennen, den nachgemachten Zauber, den Theaterdonner. Possen! dachte er, soll ein Republikaner aus Florenz, ein zynischer Geschäftsmann, ein Italiener, der alle Spanier verachtet, vor diesem Philipp zittern, nur weil die halbe Welt ihm zinst? Ridolfi dachte: Mir zinsen Könige! „Sire", begann er, endlich lächelnd, „ich komme als Geheimagent der unglücklichen, von Blut und Liebe wunderbar verschönten Maria Stuart, Königin von Frankreich, Schottland, England, die zu ihrer heuchlerischen Base Elisabeth Tudor fliehend Schutz gesucht und ein Gefängnis gefunden hat." Ridolfi stockte.

„Die Majestät hört Sie!" sagte Perez.

„Man muss diese Elisabeth kalt machen", begann Ridolfi, „es ist so leicht! Im August geht sie von London aufs Land. Da fängt man sie und schlachtet sie, besetzt den Tower, verbrennt die Flotte in der Themse, befreit Maria Stuart, vermählt sie mit dem Herzog Norfolk, der sie vom Hörensagen liebt, setzt sie auf Englands Thron, söhnt England mit dem Heiligen Vater aus und gewinnt so ein ganzes Reich dem wahren Glauben, dem katholischen zurück." Ridolfi wartete auf ein Wort des Königs.

„Die Majestät hört Sie!" sagte Perez.

„Der Heilige Vater", begann Ridolfi, „kennt unser Projekt und schrieb mir, arm wie er sei, wolle er seine Abendmahlskelche, ja seine Garderobe verkaufen, um uns Geld zu schaffen. Wir brauchen sechstausend Arkebusiere für England, zweitausend für Schottland, zweitausend für Irland, viertausend Arkebusen, zweitausend Brustharnische. Die englischen Katholiken und Emigranten warten, die Iren sind bereit, der Heilige Vater liefert Geld, wir brauchen nur ein paar flandrische Regimenter!" Wieder schwieg Ridolfi. Er hatte seine Stunde gut gewählt. Mehrere spanische Schiffe mit einem Goldschatz von zweimalhunderttausend Dukaten, die Philipp in Genua zu hohen Zinsen geliehen hatte, um sie an Alba zu schicken, flohen nach Plymouth und Southampton vor den Meergeusen, niederländischen Religionsflüchtlingen, die mit Kaperbriefen Oraniens oder Colignys dem Alba den Krieg geschworen hatten und mit ihren Feluken und Brigantinen fromme Piraterie trieben. Auf den Rat Cecils, der dem Oranien helfen wollte, raubte die Königin von England, mitten im schönsten Frieden, die spanischen Schiffe und liess Gold, Matrosen und Kapitäne nach London schaffen, das Gold in ihre Kassen, die Leute ins Gefängnis, wo sie vor Hunger fast umkamen. Elisabeth, sozusagen das Haupt der Reformation, war schon lang die Partnerin des Piraten Hawkins, dem sie das Kaperschiff ‚Jesus' ausgerüstet hatte, und der auf Halbpart mit der jungfräulichen Königin von England die Bevölkerung ganzer Orte an der Küste von Spanisch-Guinea raubte, um sie auf den Sklavenmärkten anderer spanischer Kolonien gegen Gold und Gewürze umzutauschen. Dem spanischen Gesandten, der zu London gegen den Raub der zweimalhunderttausend Dukaten im Namen des Völkerrechts protestierte, antwortete Elisabeth, sie hätte das Gold vor den Meergeusen retten wollen, ausserdem brauche sie eine Anleihe so gut wie Alba, und die Genueser Bankiers hätten alles Interesse, das Gold ihr zu leihen, da es nun in ihrer Hut sei. Alba verhaftete in den Niederlanden alle Engländer, konfiszierte ihre Schiffe und Waren, Philipp tat desgleichen in Spanien. Elisabeth tat ebenso mit Spaniern und Niederländern. Alba sandte zwei Neapolitaner Meuchelmörder nach London, Philipp zwei Schotten nach Brüssel, die geschworen hatten, Elisabeth zu vergiften, Alba gab den Schotten und Neapolitanern viel Geld und reichliche Versprechungen, Elisabeth fing und hing die beiden Schotten und die zwei Neapolitaner. Da keine englische Wolle mehr nach Flandern kam, fehlten in Sevilla die flandrischen Tuche, für die man in Amerika Gold und Gewürze einhandelte. So blieben Philipps Goldflotten aus und Alba musste gütlich mit Elisabeth verhandeln. Philipp war zornig. Schon hatte der Papst Pius die englische Königin exkommuniziert, als verstockte Ketzerin, die alles Gesindel von Europa um sich sammle. Nun kam Ridolfi. Er gefiel dem König von Spanien.

Philipp dachte: Fangen, diese Seeräuberin Elisabeth; an ihren roten Locken sie herunterreissen vom Throne Englands; schlachten die Feindin Gottes!

Perez sagte: „Seine Majestät will über die Sache nachdenken. Der König hofft, Gott, dessen Sache es ist, werde ihn erleuchten. Wir wünschen feurig das Gelingen Ihrer Pläne."

„Und die flandrischen Regimenter?" fragte Ridolfi unruhig, der schon in Brüssel vergeblich mit Alba verhandelt hatte.

Da sprach der König endlich. Er sagte: „Vor einer Stunde kam ein Kurier. Elisabeth hat den Herzog Norfolk festgenommen, Maria Stuart kam in härtere Haft, unser Gesandter ist aus England ausgewiesen." Prüfend forschte Philipp in den Zügen Ridolfis. Wie trug der Florentiner den Schlag? Philipp brannte vor Begier, ins Herz der Menschen zu schaun.

Ridolfi hielt sich tapfer. Nur sein Lächeln starb. Er sagte: „Ein Zwischenfall, Sire! Im Grunde hat sich nichts geändert. So werden wir also diese Elisabeth fangen und abschlachten müssen, um auch den Herzog Norfolk zu befrein."

Ridolfi gefiel dem König. Beharren bis zuletzt, niemals die Pläne wechseln, das schien dem König der Grösse Merkmal. Gnädig reichte er dem Mörder seine Hand zum Kusse. Der König schrieb an Alba: ‚Ich schicke Ihnen den Ridolfi. Er ist kein Maulheld, wie Sie schrieben, auch wenn die Börse von Antwerpen seine Projekte kennte. Schon vor fünfzehn Jahren sagte man an der Börse zu Antwerpen, ich wollte die Elisabeth Tudor umbringen. Bereiten Sie insgeheim die Invasion vor, ohne mit England offiziell zu brechen! Diese Sache mit Ridolfi kann, seit der Erscheinung Christi auf Erden, die wichtigste Entscheidung für den wahren Glauben bedeuten.'

DAS HEIMLICHE GERICHT

Montigny sass im Turm zu Simancas vor einem leeren Blatt Papier. Wie verhext starrte er auf die halb herabgebrannte Kerze vor ihm, die so langsam wegschmolz. Schon hundertmal hatte er die Feder angesetzt, um seiner Frau den letzten Brief zu schreiben. Vor der Tür stand der Henker.

„Deine letzte Stunde!" sagte leise mahnend der Mönch neben ihm.

In der vorigen Nacht war Montigny aus dem Schlaf gefahren. In der Tür hatte er die schwarze Kutte gesehen. Der Mönch hatte gesagt: „Fasse Mut, Montigny! Vor der Tür steht der Henker."

Da waren vier Männer eingetreten. Nur den Festungskommandanten kannte Montigny. Die andern hatte ihre Tracht verraten, den Richter, den Notar, den Henker. Der Henker trug eine Fackel. Der Richter hatte gesagt: „Montigny, du musst sterben!" Der Notar hatte ein gesiegeltes Papier entfaltet und das Urteil gelesen. Alba hatte es gefällt, zu Brüssel. „Montigny", las der Notar, „du bist ein Hochverräter, wie dein Bruder Horn, wie Egmont. Öffentlich sollst du mit dem Schwert enthauptet werden. Deinen Kopf soll man auf einen Pfahl stecken, solang es dem König gefällt. Deine Güter zieht er ein."

Der Richter sagte: „Das Urteil ist gerecht. Aus grosser Gnade mildert es der König. Heimlich wirst du im Kerker hingerichtet. Zur Schonung deiner Ehre wird der König schreiben, das Fieber habe dich getötet."

Der Gefangene hatte ein gewisses starres Lächeln bewahrt. Als der Henker die brennende Fackel genähert, hatten alle gesehen, dass den Gefangenen ein fürchterlicher Krampf hielt. Der Richter hatte den Krug vom Fensterbrett genommen, der Notar hatte ihn dem Mönch gereicht, der Mönch hatte das Gesicht des Gefangenen mit dem schalen Wasser besprengt, als wollte er das Lächeln Montignys ersäufen. Endlich war der Herr Gesandte der Niederländer zur Besinnung gekommen, mit den Lidern schlagend und tief seufzend. Sein krampfiges Lächeln hatte sich in einem Strom von Tränen gelöst. Um der Ordnung der Gesetze willen hatte der Notar mit sehr lauter Stimme, als sei Montigny inzwischen ertaubt, das ganze Todesurteil nochmals vorgelesen. Auch der Richter hatte ein zweites Mal seine anbefohlenen Erklärungen gegeben. Danach hatte der Kommandant mit gewohnter Barschheit erklärt, aus grosser Gnade empfange der Verurteilte vom König vierundzwanzig Stunden Frist, um seine Geschäfte mit dem Himmel abzuschliessen. Ein neuer Strom von Tränen hatte sich aus den Augen Montignys ergossen. Der Henker hatte die Fackel dem Kommandanten übergeben, der Kommandant war hinausgegangen, hinter ihm der Richter und der Notar. Der Mönch hatte aus seiner Kutte ein Brevier gezogen und sich niedergelassen. Der Henker trat vor die Tür.

Vor vier Jahren war Montigny, der Gesandte der Niederländer, von Brüssel fortgeritten. Mit hundert Gnaden hatte ihn der König zu Madrid empfangen, mit hundert Wächtern ihn gehütet. Als Alba schrieb, er habe Horn und Egmont, setzte der König den Gesandten in den Turm zu Segovia und vor seine Tür acht Wächter und in seine Zelle den Pagen Artur Munter. Eines Morgens sah Montigny durch sein vergittertes Turmfenster Pilger in flämischer Tracht durch die Strassen von Segovia ziehn und lauschte ihrem frommen Singsang. Plötzlich unterschied er die vertrauten flämischen Laute und erkannte, die Pilger sangen nicht den Text der Hymnen, sondern die fürchterlichste Kunde. ‚Hingerichtet', sangen sie, ‚hat der Metzger Alba deinen Bruder Horn, hingerichtet deinen Freund Egmont. Es spritzte ihr rotes Blut auf den Grossen Platz zu Brüssel. Unsere weissen Tücher tauchten wir ins Blut, schweigend, ohne Tränen. Nur die spanischen Soldaten weinten ob dem tristen Tod so grosser Helden. Nur der Metzger Alba dort an seinem hohen Fenster sah herab und vergoss helle Tränen.' Montigny klammerte sich fester mit den kalten Fingern an die Gitterstäbe. ‚Fliehe', Montigny', hörte er sie singen. ‚Vor deiner Tür steht schon der Henker. Freunde hast du in der Kneipe vor dem Tore nach Valladolid.'

Montigny hatte den ältesten seiner acht spanischen Wachtsoldaten bestochen. Sein Haushofmeister trug zum Turm Pasteten und Brote, von Montignys Koch gebacken, mit Briefen oder Feilen im Teig; er schaffte sogar eine dünne Strickleiter in die Zelle. Zu Hernani hielt ein gewisser Freund Pferde zur Flucht nach Santander bereit, dort harrte eine Jacht. Im letzten Brot riet ein Brief,

Montigny solle sich den Bart abschneiden und im Kleid des bestochenen Wächters entfliehn. Der Haushofmeister, sehr verliebt in eine spanische Witwe, blieb zum Abschied zu lang in ihrem Bett. Der Koch trug statt seiner das Brot zum Turm und zitterte, ward vor den Kommandanten gebracht, begann zu weinen und seine Unschuld zu beschwören. „Auch ich bin hungrig", sagte der Kommandant, und brach das Brot und fand den Brief. Auf der Stelle liess er den spanischen Wachtsoldaten und den Pagen Munter töten. Die andern, zum Tod verurteilt, wurden zur Galeere begnadigt. Der verliebte Haushofmeister erhielt obendrein zweihundert Stockschläge. Montigny kam in engere Haft.

Im zweiten Jahr eröffnete Alba den Prozess Montignys zu Brüssel Im dritten Jahr ward Montigny im Kerker zu Segovia verhört, im vierten Jahr in Abwesenheit in Brüssel zum Tod verurteilt. Zwei Wochen später sandte Alba ein Rundschreiben an alle Alkalden und Korregidoren von Kastilien und forderte sie auf, das Urteil zu vollstrecken. Lange debattierte der Staatsrat zu Madrid. Die Folgen einer öffentlichen Hinrichtung fürchteten alle. Die Minister rieten, kleine Dosen Gift täglich in Speis und Trank des Gefangenen zu mischen, bis er hinsterbe. Der König erklärte: ‚Der Gefangene muss seine Strafe kennen und erleiden. Eine ordentliche Hinrichtung finde statt, doch bleibe sie geheim; die Welt glaube, ein Fieber habe den Montigny weggerafft.' König Philipp entwarf die nötigen Briefe, bestimmte den Beichtiger, den Richter, den Notar, den Henker. Niemand ausser den beteiligten Beamten, sollte von der Hinrichtung erfahren, niemand ausser der Nachwelt. In dem selben Turm zu Simancas, wo Montigny sterben sollte, liess König Philipp, gleich andern Dokumenten seiner Regierung, auch diese geheimen Prozessdokumente aufbewahren, damit die Nachwelt alles wisse; vor der Nachwelt hatte König Philipp nichts zu verbergen. Ihres Urteils fühlte er sich sicher.

Auch Montigny erfuhr die sonderbaren Einzelheiten der Aktionen Philipps. Der Beichtvater gestand sie ihm. „Der König", erzählte der Mönch dem Gefangenen, „der König befahl dem Kommandanten Peralta, Sie aus dem Turme zu Segovia zu schaffen, weil der Kommandant von Simancas zuverlässiger ist als der Kommandant von Segovia. Der König versetzte den Richter Arellano von Sevilla nach Valladolid, weil Arellano für seine Diskretion berühmt ist. Der König schrieb eigenhändig eine Instruktion für den Richter, dass die Hinrichtung durch die Garotte stattfinden solle. Der Notar solle das Urteil lesen, der Kommandant Sie trösten, ich Ihre Beichte hören. Zwischen ein und zwei Uhr morgens soll man Sie hinrichten. Der Henker soll vierundzwanzig Stunden vor der Tür stehn. Kein Testament, weil Ihre Güter dem König verfallen! Ein Verzeichnis Ihrer Schulden, wenn hervorgeht, dass Sie es als schwerkranker Mann schrieben, der seinen Tod herannahen fühlt! Nach der Hinrichtung soll man Sie in eine Franziskanerkutte stecken, damit Ihre Diener, Ihre Identität bezeugend, nicht die Strangulierungsmale an Ihrem Hals sähen. Sie kennen die Garotte?" fragte der Mönch.

Montigny schwieg.

„Das Instrument ist billig", erklärte der Mönch, er hiess Bruder Ferdinand. „Man bindet einen Strick um Ihren Hals, tut ein Stück Holz hinten in die Schleife, dreht das Holz um und zerbricht Ihren Halswirbel, ohne dass man in Ihrem Gesicht Spuren sieht. Nach Ihrer Exekution macht man bekannt, ein Fieber habe Sie weggerafft. Der König hat den diesbezüglichen Brief des Kommandanten schon aufgesetzt. Der König befahl, Sie in der Erlöserkirche zu Simancas zu begraben. Ein kleiner Pomp, ein mittlerer Grabstein sind zu bewilligen. Eine grosse Messe und etwa siebenhundert kleine Messen dürfen für Sie gelesen werden. Da Sie nur wenige Diener haben, bewilligt der König für jeden einen Traueranzug. Soweit des Königs Brief an den Richter! Ferner befahl er dem Richter, einen Fetzen Papier dem Kommandanten zu überreichen. Der Zettel enthielt auf lateinisch folgende vom König entworfene Worte: ‚Entfliehen Sie zwischen dem 8. und 12. Oktober, schlagen Sie den Weg zum Schlosstor ein. Sie werden Robert und Johann mit Pferden finden. Gott segne Ihre Unternehmung.

D.R.P.' — Diesen Zettel warf der Kommandant vor Ihre Tür, und fand ihn an derselben Stelle eine Stunde später, da er die Wächter inspizierte, er geriet in Wut und trat zu Ihnen ein..."

„Das", sagte Montigny, „war der ominöse Zettel? Und Sie sagen, Philipp sei ein Christ? Ich Narr schwor hundertmal, ich wüsste nichts! Der Kommandant wollte meine Helfershelfer wissen! — Und dafür schafften sie mich in diesen verdammten Bischofsturm?"

„Der Kommandant", erzählte der Mönch, „sah indes im Brief des Königs nach, was weiter zu geschehen habe."

„Noch?" schrie Montigny. „Noch mehr Teufeleien?"

„Nicht mehr viele", sagte Bruder Ferdinand. „Im Briefe des Königs stand: ‚Im feuchten Bischofsturm wird Montigny schwer erkranken, aber alle Pflege erhalten, die mit der Sicherheit des Kerkers zuträglich ist. Dies wird der Kommandant dem König melden. Auch diese Meldung hat der König schon aufgesetzt, der Richter hat den Brief aus Madrid gebracht, nun unterschrieb ihn der Kommandant, setzte das Datum und sandte ihn offiziell dem König. Dann weihte man einen Arzt aus Valladolid ein, mit fürchterlichen Drohungen hiess man ihn schweigen, er lud einen Korb mit Arzneien auf seinen Esel, und ritt zum Bischofsturm."

„Der arme Narr", sagte Montigny, „er blieb von ferne an der Tür stehn, sah mich ängstlich flehend an, fragte endlich: ‚Haben Sie Beschwerden?' Und als ich nichts erwiderte fragte er: ‚Der Stuhl ist also regelmässig?' Und als ich schwieg, begann er eine Reihe lateinischer Krankheitsnamen herzusagen, als sei er ein Kandidat, dazwischen sprach er das Vaterunser, schliesslich lief er fort. Jetzt verstehe ich ihn."

„In Valladolid", erzählte der Mönch, „verbreitete der Arzt mit der Geschwätzigkeit derer, die Geheimnisse hüten müssen, und mit hochbezahltem Eifer die Nachricht, dass Sie todkrank darniederlägen."

„Bis gestern", gestand Montigny, „hoffte ich noch auf Gnade. Der Kommandant hat mir erzählt, dass die Erzherzogin Anna in Brüssel meiner Mutter, von ihren Tränen gerührt, versprach, als erstes von ihrem Bräutigam Philipp meine Freiheit zu erbitten."

„Und darum", erklärte der Mönch, „sterben Sie schon jetzt, damit der König nicht die erste Bitte seiner Frau ablehnen muss!"

„Beten wir", bat Montigny. Montigny beichtete. „Ich bin unschuldig", schwor er. „Ich kannte Oraniens Pläne nicht. Ich bin kein Ketzer. Ich will es aufschreiben, dass ich als frommer Katholik sterbe. Ich war es in jeder Stunde meines Lebens. Ich bin unschuldig. Ich schwöre es tausendmal." Plötzlich schwieg er und starrte unsicher den Mönch an. Der Bruder Ferdinand schien nicht viel älter als Montigny zu sein. Er hatte tiefliegende, kleine, feurige Augen. Er war hager und hinkte. Er sprach mit einer erbarmungslosen Präzision und mit eleganten Gesten, die bald zu enthüllen, bald zu verbergen schienen. Er war dem armen Montigny fremd wie kein zweiter Mensch und tief verdächtig wie alles Böse. So viele gute Menschen, dachte Montigny, sah ich in meinem Leben und muss die Gesellschaft dieses Teufels in meinen letzten Stunden dulden?

„Warum", fragte er, „warum erzählen Sie mir die Geheimnisse des Königs?"

Der Mönch antwortete sogleich, ohne die geringste Spur der Verwirrung. „Ich hasse den König Philipp. Er beleidigt die Menschheit. Er will Menschen wie Steine behaun, wie Lehm kneten, wie Mehl mahlen. Die gewöhnliche Sorte von Tyrannen verachtet die Menschen. Philipp liebt uns sogar. Es war ein Irrtum, ihn so hoch zu setzen. Da sitzt er nun, wie in den Wolken, und pfuscht."

Montigny war so erstaunt, dass er beinahe seine Angst vergass. Aber sein Misstrauen war stärker. „Sie geniessen das Vertrauen des Königs", sagte er.

Der Mönch schloss die Augen. Er hielt den Kopf schief, als lausche er. Plötzlich öffnete er seine feurigen Äuglein. Montigny fühlte diese Blicke auf der Haut brennen. „Das ist der Fehler der Tyrannen", erklärte der Mönch, „sie kennen die Menschheit so genau, und keinen Menschen richtig. Darum halten sie sich so lange, und behalten immer unrecht."

„Sie sind Dominikaner?" fragte Montigny. „Dienen Sie der Inquisition?"

Der Mönch verneinte.

Da fragte Montigny: „Hiess Sie nicht der König, mir seine Geheimnisse zu vertraun, um mich zu foltern? Und darum erlaubt er mir, meiner Frau zu schreiben, nur wenn ich lüge und wie ein Schwerkranker schreibe, der seinen Tod herannahen fühlt? Ich soll seinen Betrug krönen! Zu seiner Sicherheit soll ich mein Gewissen schänden, eine Stunde vor meinem Tod! Soll sein Mitschuldiger werden! Ein Schurke wie er und — Sie!"

Der Mönch antwortete kalt: „Auch die Schurkerei hat Grenzen. Sie gleichen einem Knaben, der zum ersten Mal erfährt, dass seine feurigsten Gefühle vom selben Instrument bedient werden, mit dem er sein Wasser lässt. Statt die wunderbaren, einfachen Mittel der Natur zu verehren, wird er zynisch. Wer zwingt Sie, zu lügen?"

„Mein feurigstes Gefühl!" rief erbittert Montigny. „Nicht nur der Hass, auch Liebe kann uns zu Schurken machen. Soll ich sterben und meiner armen Frau kein Wort lassen?"

„So lügen Sie!" befahl der Mönch.

Wieder hob Montigny die Feder und bückte sich über das leere, weisse Blatt Papier und seufzte tief und schrieb endlich in einem Zug, vom Tod gehetzt. Vor der Tür stand der Henker. Montigny siegelte den Brief, reichte ihn dem Mönch, nahm eine feine goldene Kette vom Hals, an der sein Siegel hing, und bat den Mönch, beides seiner Frau zu senden. „Sie heisst Helene", sagte er wie zur Erläuterung. Er wiederholte den Namen „Helene", und brach in Schluchzen aus, und schrie: „Sie heisst Helene", als läge eine Welt in den paar armen Silben. Danach setzte er sich und griff nach dem frommen Buch des Pater Luis de Granada, in dem er während seiner Haft Erbauung gefunden hatte, und begann zu lesen. Vor der Tür stand der Henker.

Da ging der Mönch still zur Tür hinaus, zum Kommandanten, und gemeinsam mit Notar und Richter betraten sie die Zelle, hinter ihnen der Henker mit Garotte und Stricken. Montigny war aufgestanden und unbewusst nach rückwärts zur Wand gewichen. Das Erbauungsbuch des Pater Luis de Granada hielt er wie einen Schild vor seine Brust. Mit erstickter Stimme schrie er: „Helene!"

Wie um ihn zu beruhigen, las der Notar das Urteil Albas zum dritten Mal. Zum dritten Mal erklärte der Richter das Urteil für gerecht und den König für gnädig.

„Gerecht", schrie Montigny, „gerecht heisst ihr das Urteil? Mild heisst ihr den Mord? Ich sass in spanischen Kerkern, und meine Feinde klagten mich in Brüssel an, wie sie wollten. Gerecht heisst sich euer König? Nennt sich der Mörder gnädig?" Der Gefangene verstummte keuchend. Da trat der Mönch zu ihm, führte ihn sanft zum Stuhl, sagte: „Setze dich, Montigny."

Als er bequem sass, trat der Henker hinter ihn und band ihn an den schweren Stuhl. Die Tränen flossen unaufhörlich an den Backen des Gefangenen herunter. Als er den Strick am Hals spürte, wollte er schreien, der Henker zog die Schleife, Montigny ächzte, der Henker drehte die Garotte um.

Als König Philipp am Morgen seiner Hochzeit mit Anna von Österreich im heiteren Segovia den letzten Brief Montignys empfing, erbrach er in hastiger Wissbegier den Brief, um zu prüfen, ob er im Geiste eines natürlich Sterbenden, der sein Ende herannahen fühlt, geschrieben sei. Neugierig las der König den langen Brief von oben bis unten durch; ihn gelüstete stets, ins Innerste der Menschen zu schaun. Für diesmal ward Philipp enttäuscht. Der ganze Brief enthielt, in hundertfacher Wiederholung, nur die immer gleichen zwei Worte: ‚Teuerste Helene!'

DIE ARMEN MORISKEN

(‚Perimendus est omnis sexus virilis. Occidendus est quicumque maledixit. Occidendus est quicumque malevoluit. Lacera. Occide. Concide.' Trebellius Pollio, Vita Ingenui.)

Deza, der Inquisitor von Granada, hatte mit Espinosas Hilfe das königliche Edikt erwirkt. Alle Morisken männlichen Geschlechts von zehn bis sechzig Jahren mussten sofort ihre Häuser in der Stadt Granada verlassen und in den Kirchen ihrer Quartiere sich versammeln; die Weiber hatten zwei Tage, um ihre Habe zu verkaufen; alle kleinen Kinder waren im Haus der Inquisition abzuliefern.

Die Morisken blieben vor ihren Häusern stehn. Ihre Weiber hingen sich an sie und schrien: „Man will euch schlachten!" Der Vizekönig von Granada, Marquis Mondejar aus dem Haus Mendoza, ritt ins Albaicin, die Stadt der Mohren, und schwor umsonst auf jedem Platz: „Morisken, euch täuscht die Furcht." Umsonst schickte Inquisitor Deza Alguazile mit Trommlern ins Albaicin, die ausriefen, der Präsident sichere den Morisken ihr Leben zu. Erst als der Oberstkommandant im Moriskenkrieg, Don Juan d'Austria, mit vier Trompetern ins Albaicin ritt und laut sein königliches Wort gab, den Morisken solle an ihrem Leib kein Schaden geschehen, man werde sie nur aus Granada fortführen, um sie vor den Gefahren des Rebellenkriegs zu schützen, da unterwarfen sich die armen Morisken, friedliche, wohlhabende, waffenlose Bürger inmitten eines Heeres von zehntausend spanischen Veteranen. Wie blind gingen sie durch die wohlbekannten Strassen und suchten ihre Kirchen, als wären sie Fremde in Granada. Sie traten aus dem grellen Tag in die dämmernden Kirchenschiffe, Nacht vor Augen, Nacht im Herzen, die getauften, hispanisierten Enkel der freien Mohren von Granada, seit achtundsiebzig Jahren Untertanen der Könige von Spanien. Vor Furcht standen sie die ganze Nacht aufrecht in den Kirchen, zwischen den drohenden Heiligen aus Stein, den blutigen Kreuzen, den Bildern greuelvoller Marterungen. Mit schreckerfüllten Ohren hörten sie die ganze Nacht vor den versperrten Portalen das laute Geklirr der Schilde und der Schwerter ihrer spanischen Wächter. Am Morgen band man die Morisken mit Stricken einen an den andern in langem Zug und trieb sie so ins grosse Hospital. So traurig wankten die Verbannten durch die engen

Strassen, so feierlich langsam zogen die Vertriebenen, mit ängstlichen Schritten, mit schamhaft gesenkten Köpfen, mit gleichmacherischen Stricken jeder Vordere an seinen Folgenden gebunden, wie Verbrecher eskortiert, angetrieben wie eine Herde, ausgeplündert, halbnackt, hungrig, verzweifelt. Als ein einziger Jüngling die Stimme aufhob und einen Alguazil, „sind wir nicht Spanier wie ihr?" fragte und „nicht Christen wie ihr?", und unversehens einen Ziegel auflas und, weil der Alguazil Wahrheit als Frechheit fühlend seinen Stab ihm in die Zähne schlug, dem Alguazil das Ohr abhieb und drauf schnell zusammengehauen wurde, ein blutiger Brei am Rand der Strasse, da liefen viele spanische Büchsenschützen herbei, schwangen unter fürchterlichen Flüchen ihre Schwerter und drohten, im Glauben, Don Juan hätte sein Ohr verloren, alle Morisken niederzumachen, und wollten schon anfangen; da ritt Don Juan mit seiner Leibgarde in den Tumult und schwor, er habe beide Ohren noch, und redete gemäss der Sitte aller grossen Generäle die Soldaten an, nach den klassischen Mustern militärischer Rhetorik, bis die Büchsenschützen entzückt und beschämt in ihre Reihen gingen. Im Hospital zählten die königlichen Fiskale die Verbannten, und zählten dreitausendfünfhundert männlichen Geschlechts und viel mehr Weiber. Am folgenden Morgen teilte man die Morisken auf dem freien Platz vor dem Hospital in Haufen, versah jeden Haufen mit einer starken Wache, setzte sie in Transport, die einen kamen als Rudersklaven auf die königlichen Galeeren, die andern als Fronsklaven in die königlichen Bergwerke, der Rest als Haussklaven auf die königlichen Sklavenmärkte von Kastilien. Der neue Tag stieg über den roten Türmen der Alhambra herauf, als der Zug der kettenklirrenden Verbannten durch die Tore von Granada fortzog, hinter sich die Heimat. Schon wenige Stunden weiter fielen die ersten Verdurstenden um. Sie starben auch vor Hunger, vor Schwäche, auch vor Schlägen. Die spanischen Wächter, gleichfalls arme Leute, gleichfalls meist Familienväter, hingen viele arme Morisken an die staubigen Ölbäume zu beiden Seiten der Strassen, nahmen zuerst

Geschenke und raubten dann den Rest, schliesslich verkauften sie viele Morisken in allen Dörfern und Städten am Weg. Sie hiessen die Morisken: ‚Die Feinde Gottes'. Der neue Name haftete. Dreizehnhundert männlichen Geschlechts verdarben unterwegs, und viel mehr Weiber.

Das Volk von Granada, alte Christen, alte Spanier, stand vor den Toren, unter den schattigen Ölbäumen und in den goldenen Zitronenhainen, und betrachtete den Auszug der Morisken aus Granada.

„So teuer", sagte Mendoza, der aus Madrid Verbannte, zu seinem Vetter Mondejar, unter dem silbernen Laub der Ölbäume am Rand der Strasse, wo sie und andere Edle die angeketteten Morisken hinwanken sahn, „so teuer bezahlen die armen Menschen den Ruhm der Generäle. Unser Neffe Eboli, der den Alba nicht leiden kann, schickt diesen hübschen, jungen Mann auf den alten Ruhmesmarkt Spaniens zur Schule, um einen neuen Feldherrn zu fabrizieren, der den Alba überflüssig machen soll. Don Juan d'Austria weiss noch nicht, wie billig Lorbeeren im Krieg gegen Untertanen zu erwerben sind. Und König Philipp hat seinen heiligen Kreuzzug; ob gegen den Sultan der Türken oder gegen Spaniens Gärtner und Hirten, was kümmert es einen grossen König?"

Mondejar sah sich erschrocken um. „Still, Vetter!" bat er. „Deza kann dich hören. Er hat Späher unter uns."

„Ich bin siebenundsechzig Jahre alt", erklärte Mendoza mit einer gewissen Scham, „ich lebe als Verbannter. Blick' hin, Vetter! So schaun Verbannte aus, so elend, ob sie Ketten tragen wie diese, oder frei gehn wie ich. Und von diesen ist keiner älter als sechzig! Straft man einen Greis für einen Knabenstreich? Für zehn Jahre einen alten Mann wie mich verbannen, der so viele Verdienste hat, ich diente schon dem fünften Karl! Soll ein Poet mit ruhigem Blut anhören, wie man seine Verse schmäht? Meine Bücher sind mein Fleisch und Blut. Wer sie krittelt, schneidet in mein Fleisch. Ihn niederschlagen, ist Notwehr. Vetter, du gehst an den Hof. Bitte den König um Gnade!"

„Bist du fühllos?" fragte Mondejar, soeben abberufen,

weil er nur im Feld die Morisken getötet hatte, nur wenn sie Waffen trugen, aber die Weiber, Kinder, Greise geschont, zum Groll von Deza, Espinosa, Philipp. „Bist du fühllos?" fragte Mondejar. „Du siehst mit Augen diese Wankenden? Dreitausend Ketten, gutgeschmiedete aus Toledo, sandte der König, um sie zu fesseln. Gestern lebten sie heiter, feierten ihre häufigen Feste, hiessen Christen, hiessen Spanier, heut heissen sie die ‚Feinde Gottes', man treibt sie in die Fremde, in Sklaverei, ins gewisse Unglück. Du hörst den Hunger und die Schwäche mit Ketten klirren — und denkst an dich?" „Bin ich Philipp?" fragte Mendoza erstaunt. „Sitze ich in seinem Rat? Soll ich mit allen Opfern Philipps weinen? Er schlachtet ganze Völker, im Norden, im Süden, und überm Ozean. Du musst sehr glücklich sein, dass du mit dem ersten besten Unglücklichen am Rand der Strasse mitleidest. Wer im Elend haust, rette sich zuerst! Soll ich um Morisken jammern, da Philipp uns Spanier zu Sklaven machte?"

Mit einem Mal hörten alle bald fern, bald näher eine arabische Weise, den vokalisierenden, gurgelnden Gesang, die endlos aufsteigende, kletternde Melodie, vermischt mit dem Geschnarr der Mandolinen, dem Gequäk gestopfter Pfeifen und dem aufreizenden Geklapper der hölzernen Kastagnetten. Deutlich und unsichtbar tönten die ferne Musik und der klagende Gesang unter dem schmelzend blauen Himmel, und wie von allen Seiten und nirgendsher. Erst schien die Musik aus den Gärten, bald aus den Lüften zu kommen, bald aus dem Grund der Erde, bald aus den roten Türmen der Alhambra, die im ersten Licht der Frühe zu bluten schienen, bald hallte der Gesang, als tönten die silbernen Blätter der Ölbäume, unterm Anhauch der Dryaden. „Ein Zauber", murmelte die Menge. „Die Mauern von Granada singen", sagten welche. „Die Alhambra tönt.... Die Winde säuseln so." „Das sind ihre Toten", erklärten andere. „Sie ziehn mit ihnen fort." Viele schauderten wie vor Wundern fremder Götter, die andern gelten und in den Aussenstehenden nur ein süsses Bangen wecken, mehr Lust als Angst.

„Hören Sie?" fragte Don Juan, der neben Deza stand, dem Eiferer, den er verachtete. Deza störte seine Pläne. Juan strebte, als grossartiger, nicht allzu blutbefleckter Sieger rasch aus Granada fortzukommen, um zu grössern, würdigeren Siegen weiterzurennen. „Hören Sie?" fragte Juan spöttisch lächelnd den Präsidenten Deza.

„Zauberei", antwortete Deza, „oder Rebellion. Beide trifft der Tod in Flammen."

„Man muss die Zauberer erst kennen, Herr Präsident, die Rebellen erst haben!"

„Exzellenz, mit gewisser Gründlichkeit...", hob der Inquisitor pedantisch an.

Der Prinz, der den Titel Exzellenz, den er mit einem Deza teilte, keineswegs liebte, und gern hörte, wenn man ihn Hoheit hiess, wie es Infanten zukam, welchen Titel freilich ihm der König immer noch verweigerte, der Prinz wies auf eine Schar angeketteter Knäblein und sagte: „An Ihrer Gründlichkeit, Señor, sah ich mich satt!" Und wandte dem Inquisitor den Rücken und ritt eine Strecke weiter und sagte zu sich in Gedanken: Falsche Lorbeeren, Juan! Dieser Teufel Deza prellt dich! Du musst fort, Juan!, und schüttelte unzufrieden seine langen, blonden Locken.

Im vierten Jahr seiner Regierung hatte König Philipp seinen Morisken verboten, Sklaven zu halten, im siebenten Jahr verbot er ihnen den Besitz von Waffen, im zehnten Jahr verbot er ihre Sprache, ihre Namen, ihre Bräuche, ihre Lieder, ihre Tänze, ihre Tracht, sogar ihre Sauberkeit. Die Toten durften nicht mehr nach ihrem Wunsch begraben werden, inmitten ihrer Felder. Den Neugeborenen durften die Morisken keine arabischen Namen geben; ihre Knaben durften sie nicht mehr beschneiden. Die Türen ihrer Hochzeitshäuser mussten jedem Fremden offen stehn, damit die Morisken ihre Lust nicht ungestört mit maurischen Tänzen und Gesängen büssen konnten. Ihre Kinder zwischen drei und fünfzehn Jahren sollten sie der Inquisition ausliefern, damit die Kleinen Christentum und Spanisch von Deza lernten. Sie mussten die Schlösser von ihren Türen abnehmen, die Schleier ihrer Weiber zerreissen, ihre seidenen und baumwollenen Gewänder fortwerfen, ihre Badegefässe zerbrechen. Sie durften nie mehr baden, nie mehr arabisch sprechen. Urkunden auf arabisch waren nichtig. Sie mussten sich Wämser und Hosen kaufen und Kastilisch lernen. Alle Morisken, die vom Lande stammten, mussten die Städte verlassen. Wer mit Türken oder Mohren betroffen ward, auch zu Handelszwecken, sollte sterben. Die Strafen begannen mit Gefängnis, Prügeln, Konfiskation und endeten mit Rudersklaverei auf den Galeeren und lebenslänglicher Verbannung.

So hatte die königliche Junta unter Espinosa beschlossen, so dekretierte der König, so las es der öffentliche Ausrufer vor, arabisch, im Albaicin, der Mohrenstadt von Granada, auf dem Platz Bab el Bonat, zwischen den alten Mohrentürmen. So verlasen es die Alguazile im ganzen alten Königreich Granada, in jedem Dorf, in allen Städten, am Meer, in den Alpujarren, in der Vega, in den Dörfern der Sierra Nevada.

Deza sandte seine Polizisten und Konfidenten aus, kleine Schreiber, hungrige Alguazile, die ihren Weibern Hühner, Honig, Früchte und Geld von ihren Inspektionen bei den Morisken heimbrachten. Vergeblich boten die Morisken dem König eine grosse Summe, wenn er das Edikt aufhöbe. Das ging zwei Jahre lang. Ein Färber aus Granada namens Farrar Aben Farrar, aus dem Haus der Abencerragen, stieg mit hundertachtzig Morisken aus den Bergen herab zur Stadt Granada, ein Schneesturm folgte ihm vom Gebirg. Durch eine Bresche der verfallenen Mauern drangen die Morisken ins Albaicin, liefen durch die Strassen, schlugen die Trommeln, machten Lärm mit ihren Waffen, schrien: „Allah il Allah" und riefen: „Brüder, waffnet euch!" Wenige Morisken aus Granada gingen zu den Fenstern; ein paar öffneten sie, und schlossen sie wieder; ein einziger, ein mürrischer, zahnloser Greis, murmelte erklärend: „Zu frühe kommt ihr, und ihr seid zu wenige." Da warfen die enttäuschten Morisken aus den Bergen ein paar Kruzifixe um und töteten ein paar spanische Soldaten, die sie trafen, zwei Soldaten entflohen schreiend, bald begann die grosse Glocke von San Salvador Sturm zu läuten. Da zog sich der

Färber mit fliegenden Fahnen und klingendem Spiel zurück, als hätte er eine Parade abgehalten. Er ritt in die Alpujarren und ans Meer, ins Gebirge und durch die Täler, und verkündete den Aufstand. In drei Tagen erhoben sich die Morisken von Granada bis Almeria, von Murcia bis Velez Malaga, für den alten Glauben und gegen die Philippische Revolution auf Dekret. Da beschlossen sie, einen König zu wählen, und fragten die Propheten und Zauberer und hörten die Sterndeuter; alle wiesen auf einen Jüngling aus dem Haus der Omeyaden, der Abkömmlinge von Fatima, der Tochter Mohammeds, und vierhundert Jahre lang Könige zu Cordova. Der Jüngling, einundzwanzig Jahre alt, mit wenig Bart, schokoladefarbener Haut, grossen, schwarzen Augen und zusammengewachsenen Brauen, hatte schon vier Alguazile totgeschlagen. Morisken legten ihm den Purpurmantel um die Schultern. Morisken breiteten vier grüne Fahnen mit dem Halbmond auf den Boden. Morisken riefen ihn zum König von Granada und Cordova aus. Er nahm den Namen Mohammed Aben Omeya an. Er kniete auf den Fahnen. Er schwor, mit dem Gesicht gen Mekka, für den Glauben des Propheten zu sterben. Morisken warfen sich auf die Erde und küssten die Fusstapfen des neuen Königs. Morisken hoben ihn auf ihre Schultern. Morisken liessen die vier Fahnen in den Lüften flattern. Morisken schrien: „Allah erhöhe Muley Mohammed Aben Omeya, den Herrn von Andalusien und Granada!" Der neue König schickte Gesandte zu Aluch Ali, dem Dey von Algier, und zu Selim, dem Sultan der Türken. Der Dey von Algier versprach Waffen gegen Geld, der Herr zu Konstantinopel schickte zwölfhundert Janitscharen. Die Spanier nannten den Aben Omeya den „Zwergkönig von den Alpujarren". Die Morisken erschlugen in drei Tagen alle Christen, die in ihren Dörfern und Städten wohnten, Geistliche und Steuerfiskale, Alguazile und Mönche, lauter Konfidenten Dezas. Morisken, rachedurstige Opfer einer achtzigjährigen Inquisition, sieden zu Guecija die Mönche in Kesseln kochenden Öls, füllen zu Mairena des Pfarrers Mund mit Pulver und zünden es an, binden Christen und lassen sie durch Mohrinnen mit Nähnadeln zu Tode stechen. Den Sterbenden, die schreien: „Mutter Gottes!", erwidern die Mohrinnen: „Hund! Gott hat keine Mutter!" So sterben an dreitausend Spanier. Der kleine König von den Alpujarren beendet die Schlächterei und schafft alle gefangenen Christen auf den Sklavenmarkt von Sorbas, wohin die Berber kommen. Ein Christ gilt einen Säbel. Eine Christin tauscht man gegen eine Armbrust.

Der Vizekönig von Granada, Marquis Mondejar, zog mit seinem Heer aus, erschlug an jedem Hügel neue Morisken, plünderte Stadt um Stadt, trieb die Mohren vor sich her, erbeutete Gold und seidene Gewänder und Sklaven in Haufen. Manche Spanier stahlen sogar Katzen, manche die Kupferkessel und Bratspiesse, die Backtröge, die Garnwinden, die Kuhglocken und andern Tand, nur aus Prinzip, weil Plünderung geboten war; alle stahlen, ohne Ausnahme Diebe alle, mitten in Spanien, im Auftrag des Königs von Spanien. Die Beute ward so reich, eine Sklavin so wohlfeil, dass viele Soldaten desertierten, um auf den Märkten von Kastilien höhere Preise zu erzielen. Der Kreuzzug ward eine Industrie. Die Armee fing zu viele Mohren und Mohrinnen.

Mondejar fragte den König, was mit allen Gefangenen geschehen solle. Schliesslich seien auch die Morisken Untertanen des Königs. Philipp brachte die Frage vor den Staatsrat. ‚Die Sklaverei!' riet Espinosa. Eboli schwieg. Er war leidend und müde. Der Staatsrat entschied: ‚Die Sklaverei!' Philipp milderte mit der frommen Mässigung, die ihn auszeichnete, den Spruch und gebot, die Knaben unter zehn und Mädchen unter elf Jahren in Klöstern zu Christen zu erziehn. Mondejar schrieb dem König, viele Städte und Dörfer der Morisken schickten um Gnade, mit einiger Milde sei der Aufstand jetzt zu stillen. Deza schrieb dem König, so fürchterliche Verbrechen gegen die göttliche und menschliche Majestät müssten fürchterlich gerochen werden. Der König schickte seinen Bruder Juan als Oberstkommandanten nach Granada. Deza schlachtete, aus Enttäuschung, in der Nacht die einhundertfünfzig reichsten und vornehmsten Morisken von Granada, die als Geiseln im Gefängnis sassen. Der König zog die Güter der Ermordeten ein. Da sahen die Morisken, dass es keine Gnade für sie gab. Nach dem Einzug Don Juans geschah die erste grosse Deportation.

Juan, der auf Befehl des Königs in Granada bleiben musste, indes seine Generäle ins Feld zogen, schrieb dem König: ‚Lass mich kämpfen. Ich bin Soldat!'

Der König schrieb ihm gnädig: ‚Ich schickte Dich in die Stadt Granada, nicht ins Feld. Du sollst ein Feldherr sein, kein Raufer. Ich habe genug Soldaten.'

Don Juan, fünfundzwanzig Jahre alt, durstig nach Ruhm und hungrig nach Siegen, ritt traurig durch die Gassen von Granada. Durch die leeren Marmorhöfe der verlassenen Paläste schlichen magere Katzen. Noch rauschten die weissen Springbrunnen. Noch grünten die zertretenen Gärten. Neben Don Juan ging mit Schattenfüssen die Melancholie. Don Juan strich seine langen, blonden Locken aus der Stirne. Er murmelte: „Falscher Lorbeer! Du musst fort, Juan!"

Manchmal traf er im leeren Stadtteil der Morisken den verbannten Don Mendoza, den ungestümen und ein wenig lächerlichen Greis, der von Madrid und seiner Nichte Anna wie ein Knabe schwärmte und Verse nach der Art italienischer Poeten schrieb. Der alte Höfling war unter Kaiser Karl dem Fünften ein grosser Mann gewesen.

„Erzählen Sie mir", bat Juan, „erzählen Sie von meinem Vater!"

Einmal gestand Mendoza dem Prinzen, dass er Notizen für ein Buch über den Aufstand der Morisken sammle.

Don Juan errötete. „Wie heisst der Titel Ihres Buches?" fragte er.

Mendoza sagte zögernd: „Der Krieg von Granada."

„Und Ihr Held?" erkundigte sich Don Juan höflich.

„Mein Held?" fragte erstaunt Mendoza, besann sich, lächelte und sagte: „Das Volk der Morisken."

Don Juan schwieg gedankenvoll. Da kam ein Bote und schrie, tot sei der kleine König von den Alpujarren, Aben

Omeya, erschlagen von einem seiner Hauptleute, wegen einer schönen Mohrin. Die Mohrin hiess Zahara. Es gebe schon einen neuen König, einen Vetter des Erschlagenen. Aben Aboo heisse der neue König.

Der neue König von den Alpujarren nahm den Namen Muley Abdullah Mohammed Aben Aboo an, liess sich im Gebirge krönen, sein Banner trug die Worte: ‚Mehr konnte ich nicht wünschen; weniger hätte mich nicht befriedigt.' Er eroberte viele Städte und machte alles Lebende nieder. Sein Ruhm ging bis in die Provinzen von Murcia und Valencia. Auf den Schneegipfeln der Sierra Nevada luden Lärmfeuer zu Beutezügen gegen die Christen.

Don Juan berichtete dem König und bat: ‚Lass mich ins Feld! Sonst wird Granada fallen.'

Der König erlaubte endlich seinem Bruder Juan, ins Feld zu ziehn. Philipp verlegte seinen Hof nach Cordova, um dem Kriege näher zu sein. Er erliess ein neues Edikt, künftig wolle er den Krieg mit Blut und Feuer führen. Mit seinen Generälen Requesens und Quixada ritt heiter lachend Don Juan ins Feld. Immer focht er in der ersten Reihe. Die Spanier hatten Kanonen und Arkebusen, die Morisken kämpften mit Pfeil und Bogen, Don Juan siegte, zum Jubel der Christenheit.

Vor der Stadt Seron fiel sein Pflegevater Don Quixada, mit einer Kugel in der Schulter. In sieben Tagen machten die Feldchirurgen sechs Eingriffe, ohne die Kugel zu finden. Beim siebenten Eingriff fand Don Quixada den Tod. In der kleinen Stadt Caniles begrub ihn Don Juan. ‚Zu Caniles', schrieb Juan an Philipp, ‚liegt ein grosser Held begraben.' An Eboli schrieb er: ‚Sie begruben meine Jugend in Caniles.'

‚In Caniles', schrieb er seiner Pflegemutter, ‚ruht unser Glück. Don Quixada ist tot. Tot ist Spaniens letzter Ritter!'

Danach eroberte er die Stadt Seron, die Stadt Tijola, die Stadt Purchena, und viele andere Städte der Morisken, und kaufte die Moriskengeneräle. Der letzte kleine König von den Alpujarren, Aben Aboo, floh mit wenigen Morisken ins Gebirge und verbarg sich in versteckten Höhlen.

Don Juan d'Austria schrieb dem König, der Krieg sei gewonnen. Man brauche nur eine Amnestie zu erlassen und den Inquisitor Deza in eine andere Provinz zu versetzen, so sei der Aufstand gestillt.

Deza schrieb dem König, man müsse die Axt an die Wurzel legen und das ganze Volk der Morisken für immer austreiben aus dem alten Königreich Granada.

König Philipp erliess zwei Edikte, eine Amnestie auf Wunsch Don Juans und einen Deportationsbefehl auf Wunsch Dezas. Don Juan erliess die Amnestie. Er schickte seinen Ritter Don Palacios zum kleinen König Aben Aboo, mit Gnadenbriefen. Die Wächter nahmen dem Gesandten alle Waffen ab und führten ihn vor ihren König. Aben Aboo lag auf einem Diwan, vor ihm tanzten drei Mohrinnen, mit nackten Bäuchen, zum Klang der Flöte und der Trommel. Aben Aboo rührte sich nicht, als Don Palacios eintrat. Nachdem die Mädchen geendet, hörte der Moriskenkönig die Versprechungen schweigend. Dann rief er seine Hauptleute und antwortete: „Ich habe meinen Thron nicht gesucht. Mein Volk berief mich. Ich werde keinen meiner Untertanen hindern, sich zu ergeben, wenn er den Schwüren des Königs Philipp traut. Solange ich ein Hemd habe, ergebe ich mich nicht. Und wenn ich der einzige in den Alpujarren wäre, der ein Schwert führt, will ich lieber wie ein Muselmann sterben, als Philipps Sklave werden."

Deza machte das Deportationsedikt öffentlich. Don Juan bat um Urlaub von Granada. Sein General Requesens zog ins Feld, er brannte alles nieder, Wälder, Weinberge und Städte. Er stürzte Mauern und Ölbäume um, hinter ihm ward Wüste. Die Morisken flohen immer höher ins Gebirge, sie verkrochen sich in Höhlen. Requesens jagte sie mit Bluthunden, räucherte die Höhlen aus, hing Kinder neben Greisen auf, schlachtete die Herden, verstopfte die Brunnen, mauerte die Quellen zu, liess Tod und Wüste hinter seinen Tritten.

König Philipp erliess ein neues Edikt: Für jeden Kopf eines Morisken zahlte er zwanzig Dukaten. Da kamen viele Morisken in die Täler und baten um Amnestie. Alle Morisken aus dem alten Königreich Granada, die Schuldigen wie die Unschuldigen, wurden sofort ins Innere Spaniens deportiert und fielen in Sklaverei. Zu Leitern der Deportation hatte der König seinen Bruder Juan und den Inquisitor Deza ernannt. Alle Häuser und Güter der Morisken fielen an die Krone. In seiner gewohnten Gnade gebot der König, Gatten auf die gleichen Sklavenmärkte zu senden, in die Mancha, nach Kastilien, nach Galicien oder Estremadura. Am ersten November zogen die Morisken aus. Von neuem schickte König Philipp Ketten aus Toledo, etwa dreizehntausend. In Ketten zogen die Morisken über die verschneiten Gebirgspässe und geschwollenen Flüsse, in Ketten starben sie vor Hunger, in Ketten hing man sie an den Ölbäumen auf. Unheimlich klirrten die Ketten im Nachtwind, als trügen die Bäume Ketten. Die Wächter verkauften die kräftigsten Morisken am Rand der Strassen. Ein Moriske galt für eine Ziege. Eine Mohrin tauschte man gegen ein Dutzend Eier.

An seinen Freund und Gönner Eboli schrieb der Feldherr Don Juan: ‚Das war die traurigste Geschichte von der Welt, weil am Tage ihres Auszugs ein erbarmungsloser Regen strömte und der Sturm mitleidlos durch ihre armen Fetzen fuhr, ja sogar ein grausam starker Schnee fiel. Die angeketteten Verbannten stolperten wie schweigende Gespenster auf den grundlos schlammigen Wegen. Fiel einer um, stürzten ganze Reihen, von den kurzen Ketten mitgezogen. Welch Lamento! Ein ganzes Volk auf einmal vertrieben zu sehn, ist ein trüber Anblick und wahrhaft peinlich. Wohlan, lieber Herr, und es ist geschehen!'

Don Juan ritt am Rand der Strassen hin. Er sah den Auszug der Morisken. Er hörte die zehntausend Ketten klirren. Er dachte bitter lächelnd: Falscher Lorbeer!

Der Krieg war aus. Fast täglich schrieb Don Juan an Eboli und Espinosa: ‚Ich halte es nicht mehr aus! In dieser toten Stadt Granada welken alle Gärten, die Vögel verlassen schon die Stadt. Die Brunnen rauschen nicht mehr. Die Felder sind wüst, die Haine umgehauen, die Herden abgeschlachtet. Ein ganzes Volk ist hin, und ich soll seinem

Untergang den Namen geben? Ich will Sr. Majestät wo anders dienen. Ich bin kein Kind mehr, stecke nicht mehr in Windeln, entfalte meine Flügel schon, bin ein Mann, bin des Königs Philipp Bruder. Ich bin Karls des Fünften anderer Sohn. Ich bin nicht gemacht, der Sklavenhändler von Granada oder der Kopfjäger der Alpujarren zu heissen! Die Liga rüstet eine Flotte gegen die Türken, man braucht einen Admiral; lieber Freund, — und wäre ich nicht berufen?'

Endlich durfte er ziehn. Die Glocken schollen für den Mohrensieger in allen Städten, die er passierte. Sie empfingen ihn mit Prozessionen, die schönen Mädchen warfen Orangenblüten. Juan begann zu lächeln. War also trotzdem dieser Lorbeer echt? Zu Madrid empfing ihn Philipp wie einen Helden. Zu des Königs Linken sass die junge Königin, Anna; zu seinen Füssen sass des Königs Freundin, Anna. Anna Habsburg und Anna Eboli waren beide sichtbarlich gesegnet. Beide lächelten im Vorglanz mütterlicher Wonnen. Der König lachte, ein zwiefach gesegneter Vater. Er reichte seinem Bruder einen goldenen Stab, das war der Feldherrnstab der Liga von Rom, Venedig und Madrid. Er spendete ihm einen eigens erfundenen Titel: Generalissimus.

Zur selben Stunde ritt Aben Aboo durchs Tor von Granada. Der kleine König von den Alpujarren hatte sich in die Berge geflüchtet, in Höhlen sich verborgen, von Wurzeln sich genährt. Zatahari, ein gefangener Moriske, den Deza schinden wollte, war durch Vermittlung seines Freundes Barredo, eines Goldschmieds und Konfidenten Dezas, begnadigt worden als er die Höhle des Königs von den Alpujarren und seiner Wächter Zahl verraten, und einen Brief an den Mohrenhauptmann El Senix, einen Freund des kleinen Königs, besorgt hatte. El Senix hatte heimlich in den Alpujarren von Barredo eine Versicherung einer Pension von hunderttausend Maravedis empfangen, von Dezas Hand geschrieben, falls er den kleinen König Aben Aboo tot oder lebend nach Granada brächte. Aben Aboo war mit wenigen Wächtern zu der nahen Höhle seines Freundes El Senix gegangen. Am Eingang hatte

Aben Aboo zwei Soldaten postiert, allein trat er in die Höhle. El Senix sass mit Freunden und Verwandten.

„Ist es wahr, El Senix", fragte der kleine König, „wechselst du geheime Briefe mit dem Teufel Deza? Trafst du den Barredo?"

„Es ist wahr", erwiderte El Senix. „Ich verhandle, aber für uns alle. Man bietet uns glänzende Bedingungen, bietet Schlösser! Sollen wir wie Hunde krepieren? Damit der Dey von Algier oder der Mufti von Tunis sagt, der El Senix oder der Aben Aboo starben gut?"

Schweigend hörte Aben Aboo seinen Freund zu Ende. Schweigend ging er zu der Höhle Ausgang, zu den Wächtern. Doch die Wächter waren fortgegangen, weil ihnen etwa die Zeit zu lang geworden, oder weil Aben Aboo zu stolz gewesen war, seinen Wächtern zu sagen, warum sie vor der Höhle seines Freundes El Senix wachen mussten. Also besuchten die Wächter einige Freunde in der Nähe. El Senix gab seinen Vettern und Freunden ein Zeichen, alle stürzten sich über Aben Aboo und rissen ihm sein Leben aus zwanzig Wunden. Den Leichnam trugen sie zu Tale, in ein Dorf bei Granada, übergaben ihn dem Präsidenten Deza, empfingen ihren Lohn.

Deza liess den toten König ausweiden und einbalsamieren und setzte ihn auf einen Maulesel. Ein hölzerner Apparat, unter den weiten, seidenen Gewändern und dem Purpurmantel verborgen, hielt den Leichnam aufrecht. Links vom Toten ritt der Konfident Barredo mit des Königs Säbel, rechts ritt der Mörder El Senix mit des Königs reichgeschnitzter Armbrust. In Waffen und zu Pferde folgten die gefangenen Freunde und Verwandten des toten Königs, hintennach ein kastilisches Regiment zu Fuss und eine Schar von schweren Reitern mit Fanfaren, Trommeln, Flöten. Also ritt der letzte kleine König von den Alpujarren, der tote Mohrenkönig Aben Aboo, mit feierlichem Pomp in seine Stadt Granada ein. Musketenschüsse schollen dreimal, als der tote König in die Strasse Zacatin kam. Höhnisch donnerten die Kanonen auf den alten Mohrentürmen der Alhambra. Höhnisch lächelte der Inquisitor Deza auf seiner goldverzierten Tribüne am Platze Vivarambla, als der tote König feierlich an ihm vorbeiritt. Ringsum drängte sich das Volk von Granada, schweigend. Zum grossen Missvergnügen und Staunen des Präsidenten Deza schwieg das Volk und höhnte nicht den Toten, der da einritt, feierlich, im purpurnen Königsmantel, in seine alte Stadt Granada. Auf dem weiten, sonnenhellen Platz Vivarambla zogen viele Christen schweigend ihre grossen Hüte vor dem toten König, der vorbeiritt; ein Hauptmann aus dem tapfern, in der ganzen Christenheit berühmten Regiment von Neapel, das von der Insel Malta alle Türken ins Meer getrieben hatte, ein Hauptmann mit Namen Don Roberto della Spirito war der erste, der seinen breiten Hut mit der grossen Reiherfeder und der funkelnden Diamantagraffe zog und mit feierlich respektvoller Verbeugung tief sich neigte vor dem toten König der Morisken, seinem Beispiel folgten viele tapfere Soldaten, auch Kastilier. Ja sogar der verbannte Onkel der Eboli, der mächtigen Favoritin des Königs Philipp, auch Mendoza, der Vetter des vorigen Vizekönigs von Granada, selber weitberühmt durch Taten und durch Verse, auch der elegante Greis Mendoza zog respektvoll schweigend seinen Hut vor dem letzten kleinen Mohrenkönig, vor dem toten Aben Aboo, dessen volle Lippen, künstlich rotgefärbt, zu lächeln schienen. Lächelte der tote kleine König über den missglückten Hohn des Präsidenten Deza, der nur schlecht seine Wut verbarg? Lächelte der Tote gar über den grossen König Philipp den Zweiten und seine riesigen, eiteln Mühen? Alle sahn des Toten Lächeln. Viele schauderten. Und Mendoza sagte zu einem Soldaten namens Marmol, mit dem er auf dem Platze Vivarambla ins Gespräch gekommen war und der ihm gefiel, weil er klug und fühlend schien: „Señor! Lacht der Tote über uns? Und vielleicht grinsen alle Toten über diesen sonderbaren Irrtum derer, die zu leben meinen?"

Langsam ritt der kleine König zum Platz hinaus; zur Linken ritt sein Denunziant, zur Rechten ritt sein Mörder. Seltsam lächelte der Tote.

Fünftes Buch

DAS GUTE GEWISSEN

DIE ÖSTERREICHERIN

König Philipp freute sich unbändig seines guten Lebens. „Ich bin schon alt", klagte er mit gespielter Melancholie vor seinem jungen Weib, der Österreicherin. Sie hatte ihm einen Sohn geboren. Philipp wollte ihn Carlos heissen, nach dem Grossvater Karl. Die junge Wöchnerin erinnerte sich an den andern Carlos, des Kaisers Enkel, und schrie, blass vor Grausen: „Nicht Carlos! Nicht Carlos!" Also tauften sie das Knäblein Ferdinand, nach dem vorigen Kaiser. König Philipp dankte dem Herrn. „Du hast genommen, Herr! Du hast gegeben! Herr, gefalle ich Dir?"

„Ich bin schon alt", sagte mit gespielter Feierlichkeit der König vor seinem jungen Weib. „Ich habe schon vierundvierzig Jahre gelebt, du kaum zweiundzwanzig. Liebst du mich, Anna?"

Die Königin war fromm. Sie liebte Handarbeiten. Sie hatte stille, tiefe, lange Blicke. Der König spähte sein Weib aus, des Tags und bei Nacht, wenn sie betete und wenn sie in seinen Armen lag. Der fromme König Philipp misstraute den Menschen. Allzugläubig vor Gott, behielt er keinen Glauben vor den Sterblichen. Er wollte auf den Grund Annas von Österreich kommen. Sie entglitt ihm wie Wasser den Händen. Die erste Bitte, die sie vor ihm getan, war um Gnade für den toten Montigny. „Du kommst zu spät, süsses Kind!" klagte der König. Die erste Dame am Hofe war des Königs Freundin, die andere Anna, des allmächtigen Ministers freche Frau Komme ich zu spät?, fragte die Königin Anna. Auf ihren Bällen tanzten die jungen

Ritter mit der schönen Eboli. Bei den grossen Empfängen und Banketten lachten die jungen Höflinge über die frechen Witze der Eboli. Königin Anna liebte die klösterliche Stille im Hause ihres Mannes. Sie liebte die beiden Stieftöchter, die Kinder der vorigen Frau, der Französin Elisabeth; die ältere Tochter, Klara Eugenia, war mit sechs Jahren schon eine würdige Person, falsch und fromm, und verachtete die Leute, wie ihn, und betete ihr Vater an. Die jüngere, Katharina, war sanft und blond und zärtlich. Wenn Philipp abends im Kabinett Briefe schrieb und Dekrete unterzeichnete, sass sein junges Weib, wiederum in Hoffnung, neben dem Gatten; stillatmend stickte sie köstliche Altardecken und spähte mit langen, schweren Blicken nach dem König; nie ward sie müde, seine Züge anzuschaun, und seinen kahlen Kopf und den grauen Bart, die gefurchten Wangen und seine lebendigen, emsigen Hände. Hatte der König einen Brief beendet, eine Unterschrift vollzogen, schob er das Blatt seinem Weibe zu, und die hoffende Königin hob mit frommen, zärtlichen Händen die Streusandbüchse und schüttete Sand auf ihres Gatten Schrift, da deckte sie sorgsam die Züge zu und begrub seinen Namen, und ihre roten, saftigen Lippen lächelten unschuldig und sanft, ob ihre Hände Sand über die Ernennung eines Schreibers oder eines Grossinquisitors, oder über ein Todesurteil streuten, Sand streute sie über die Instruktionen für Meuchelmörder und Erzbischöfe, Sand über den Friedensschluss und den Kriegsbeginn, Sand über Dummheiten und Weisheiten, lächelnd schüttete Königin Anna, Philipps viertes Weib, über seine ganzen, niedergeschriebenen Taten und Anmerkungen den feinen, rieselnden, rötlichen Sand aus und streute ihn ab und reichte das trockene Blatt dem ältesten Töchterchen des Königs, der Infantin Klara Eugenia, der Sechsjährigen, die verständig und ernsthaft auf dem linken Knie des Königs sass, ein geputztes Püppchen, und mit erwachsenen Blicken, wie ein strenger, doch wohlwollender Aufseher zusah, wie der Vater mit den emsigen Fingern die Welt regierte, durch Tinte und Papier und Gänsekiele. Das trockene Blatt trug mit feierlicher Wichtigkeit die kleine, trippelnde Infantin in die Vorzimmer, wo des Königs Schreiber bis tief in die Nacht mit verschlafenen Gesichtern und entzündeten Augen sassen und von der kleinen, strengen Infantin unter tiefen Bücklingen die Akten oder Briefe entgegennahmen, um sie einzuordnen oder zu expedieren.

König Philipp genoss diese familiären Abende im Kabinett. Heiter klagte, mit gemachter Trauer, König Philipp vor seiner jungen Frau, indes er mit der Feder spielte: „Ich werde alt, Anna."

Die junge Königin lächelte sanft und senkte die Blicke. Philipp spähte nach ihr, gierig, ins Herz der Menschen zu schaun. „Bist du nicht ehrgeizig, süsses Kind?" fragte er sie einmal. Da wurde die Österreicherin blutrot im Gesicht. Bald gebar sie dem König einen zweiten Sohn.

„Dieser", erklärte der König, „wird Carlos heissen."

„Nicht Carlos", bat die junge Wöchnerin „ich schwor dem Heiligen Lorenz, wenn es ein Knabe wird..."

„Also heisse er Carlos Laurencio", entschied der ungeduldige Vater.

Königin Anna schauderte.

Wieder sass Philipp im Kabinett, sein Lieblingstöchterchen Klara Eugenia auf den Knien. Sechsundvierzig Jahre zählte Philipp. „Ich werde schon alt", sagte er mit halb gespielter Trauer zur jungen Königin Anna, die eine Altardecke stickte und Sand auf des Königs Namen streute, rieselnden, rötlichen Sand.

„Ich bin noch jung!" rief König Philipp im Bett seiner Freundin Eboli. „Anna, ich bin noch jung, merkst du es? Ich fange ein neues Leben an, so lange war ich ein Friedenskönig, nun will ich ein Eroberer sein, mit neuen Ministern und Generälen, ich will die ganze Welt haben!"

Die Eboli lag auf dem Rücken und lächelte. Die Wachskerzen erloschen eine nach der andern. Anna lachte so heiter. Sie schrie wie im kleinen Himmel des irdischen Glücks: „Mein Philipp! Keiner ist so stark wie du!"

„Du hast gesiegt!" flüsterte Philipp in ihren geöffneten Mund. „Es ist aus mit Alba! Ich mache ein Ende mit

Espinosa. Eboli führt die Partei des Friedens. Mit seiner Partei will ich die Welt erobern! Seine Günstlinge sollen auch meine sein. Don Juan wird Alba ersetzen, wenn Juan gegen die Türken siegt. Euer Freund Quiroga wird Espinosa ersetzen, wenn Espinosa stirbt."

„Und wer wird meinen Mann ersetzen?" fragte zitternd und keck Anna.

„Ich liebe Eboli", erklärte feierlich der König.

„Wie lange noch?" fragte Anna.

„Ewig", schwor Philipp, „wie ich sein Weib liebe."

„Liebst du mich, Philipp?"

„Ewig!" schwor Philipp.

„Aber Eboli ist sehr krank", sagte Anna. „Er stirbt vor Albas Fall und Espinosas Tod. Wer kann ihn ersetzen?"

Philipp schwieg. Er wartete auf einen Namen, misstrauisch und eifersüchtig.

Aber Anna nannte keinen Namen.

So erklärte der König: „Antonio Perez soll an seine Stelle treten. Weiss Eboli, dass er bald sterben muss?"

„Ich weiss nicht", erwiderte Anna. „Die Ärzte verschwiegen es ihm."

„Armer Ruy Gomez", flüsterte Philipp und vergass ihn. „Liebst du mich, Anna?" fragte der König. Wollüstig umarmte er die Frau seines Freundes.

Anna Eboli hatte zur gleichen Zeit wie die Königin Anna einen Sohn geboren, der hatte die blonden Haare und dicke Unterlippe der Habsburger, das Jahr darauf gebar sie eine Tochter. Die beiden Annen, die Habsburg und die Mendoza, gebaren um die Wette. Schon waren beide wieder gesegnet und hofften. Der König freute sich seines Lebens.

Eines Tages war er in der Kirche, da kam sein Schreiber Mateo Vasquez gelaufen, und drängte sich durch die Betenden bis zum König, und kniete neben ihm nieder und wartete zitternd vor Freude und hastig atmend, dass der König sein Gebet beende. Vasquez, des Herzogs Alba Günstling, ein Waisenknabe, war an die Stelle des Sekretärs Vandenesse getreten, der des Königs Rocktaschen zu durchsuchen pflegte, um ihren Inhalt dem Oranien zu verkaufen, und schon lang im Kerker sass, am gleichen Tag mit Renard und Montigny verhaftet. Sein Nachfolger Mateo Vasquez war still, langsam und arm. Er war so rasch in die Kirche gelaufen, weil er seine Tochter verheiraten wollte. Für die Mitgift brauchte er Geld. Nun hoffte er einen Haufen vom König zu erhalten. Gegen die Etikette sagte laut der arme Vasquez, als der König aufblickte, so laut, dass ihn die ganze Kirche vernahm: „Sire! Don Juan hat die Türkenflotte vernichtet. Zu Lepanto! Noch nie schlug einer die Türken zur See! Don Juan schlug sie, dreihundert türkische Galeeren, bei Lepanto. Ertrunken sind dreissigtausend Janitscharen, der Schrecken der Christenheit." Der arme Vasquez zitterte vor Freude und wartete auf den goldenen Regen. Der Hof und alle Knieenden waren aufgesprungen, der Chor war verstummt, die Priester lauschten. Nur Philipp blieb unbewegt, er schien nichts gehört zu haben, er winkte, die Vesper fortzusetzen. Am Ende des Gesangs befahl er ein Te Deum. Am Portal gab er dem Vasquez die Hand zum Kuss und hörte, Don Juan sei der vorderste im Getümmel gewesen. Philipp sagte: „Er hat viel gewagt!", lud den Kurier in den Palast, liess die Königin Anna und seine Lieblingstochter Klara Eugenia rufen und fragte: „Ist Don Juan verwundet?" Mit Vergnügen vernahm er die Heldentaten seines Neffen Alexander Farnese, der als Kapitän unter seinem gleichaltrigen Onkel Don Juan d'Austria diente. Farnese war allein auf die türkische Schatzgaleere gesprungen, sein zweihändiges Schlachtschwert schwingend hatte er ein paar Minuten wie ein Löwe allein gegen ein ganzes Schiff gefochten, bis seine Leute nachkamen und die Türken überwältigten. Der Kurier erzählte, siebentausend Christen seien als Helden gefallen. Den Abend nach der Schlacht musste die Flotte nochmals kämpfen, gegen einen grossen Sturm. Die Regengüsse stürzten wie neue Meere auf die zitternden Galeeren. Ringsum leuchteten die brennenden Schiffe der Türken. Im Schein der Flammen sah man die Ertrunkenen auf den Wellen reiten. Drei Tage wütete der Sturm. Der Offizier reiste über Rom und ward vom Heiligen Vater empfangen. Papst Pius sagte: ‚Und es gab einen Mann, gesandt von Gott, und sein Name war Johannes.' Der Heilige Vater sei von ungeheuerm Eifer ganz voll gewesen. Er habe dem Prinzen Don Juan eine Krone versprochen.

Der König dankte dem Kurier und liess ihm ein Zimmer im Palast anweisen. Am andern Tag folgte der König in einer Mönchskutte der feierlichen Prozession zum Dank für den Sieg bei Lepanto. Bei dem fünfundneunzigjährigen Tizian bestellte der König ein Gemälde, bezeichnet. ‚Der Sieg bei Lepanto'.

Am Mittag erstickte bei Tisch der Kapitän der königlichen Leibwächter, der Herzog Feria, an einer Fischgräte. Philipp war sehr traurig. Feria war mit ihm nach England gefahren, zur Hochzeit mit Marie Tudor. Auch Feria hatte ein englisches Weib genommen, die Jane Dormer, das Hoffräulein der Königin Marie. König Philipp dachte an seine jungen Jahre. Er ging zur Herzogin Feria und sprach ihr Trost zu.

Der König sagte: „So starb er doch in Freuden, am Fasttag, voll vom Seesieg bei Lepanto. Ein schöner Tod!"

König Philipp liess fünfhundert Messen für Feria lesen und sagte des Abends nachdenklich zu seiner jungen Frau: „So mischt sich Lust mit Schmerz. Wir siegten bei Lepanto und verloren einen Freund. Armer Feria! An einer Fischgräte... Gott hat es so gewollt. Die arme Witwe! Sie war ein so lustiges Mädchen am Hofe meiner Frau."

„Liebtest du Marie?" fragte Anna.

„England liebte mich", antwortete Philipp und träumte von seiner Jugend. Philipp lebte so gerne. Er liebte die irdische Welt und den vergänglichen Schein. Er liebte die Lust und die Leiden, das Schöne und das Grosse, das Erhabene und das Grausame. Er liebte Düfte und Farben, den Wohlschmack und den Wohlklang. Er liebte die Macht und die Menschen. Er übersah freilich die individuelle Wohlfahrt dieses oder jenes Mannes. Er wollte seine Völker nicht glücklich, sondern gehorsam haben. An den Menschen liebte er die Willfährigkeit, das Manipulierbare, dass sie so handlich waren, so veränderlich, so fasslich und verletzlich, so ersetzlich und unerschöpflich. Nichts ist so billig wie Menschen. Das ist die einzige Lehre, die Tyrannen aus ihrem Berufe ziehn.

Die junge Königin Anna war sehr wissbegierig. Sie fragte ihren Gatten: „Philipp, da du doch alles aufschreibst, hast du nicht die Zahl und Namen aller Frauen aufgeschrieben, die du geliebt hast? Wie viele lagen in deinem Bett?"

„Du bist eine Deutsche", antwortete unwillig der König von Spanien. „Die deutschen Weiber sind schamlos."

„Du lügst, Philipp", entgegnete mit sanftem Lächeln die Österreicherin.

Sie sagte so ungeheuere Dinge, dass Philipp an Gift und Scheiterhaufen dachte. Nie hatte ein Mensch bislang gewagt, dem König zu sagen, er lüge. Aber dieses junge Weib aus seiner Familie, von seinem Blut, diese Habsburgerin, die nicht einmal hübsch war, trotz ihren sanften, tiefen Blicken, dem weichen, sinnlichen Lächeln, der wundervollen, reinen, gesunden, blühenden Haut — sie war im Bett hübscher als auf dem Thron — dieses junge Weib schien ganz unbewusst, sie sagte die ungeheuerlichen Worte so leicht, als bedeuteten sie nichts, als spräche eine Krämerin zu ihrem Mann, dem liederlichen Krämer. Anna schien ohne einen Begriff von Grösse zu leben. Vielleicht hat sie keine Phantasie, fragte sich Philipp beunruhigt.

Sie hatte nur eine andere Empfindung vom Leben. Wo sie nüchtern war, fand er sie gewöhnlich. Wo sie schwärmte, kam sie ihm lächerlich vor. Philipp war so stolz, eine Menschheit zu durchschaun und eine Welt zu kennen, aber dieses junge Mädchen aus Österreich begriff er nicht. Er schlief mit ihr und machte ihr Kinder, sie sass die Abende bei ihm und streute Sand auf seinen Namen, sie lächelte in seinen Umarmungen und neben seinem Schreibtisch, sie lächelte, wenn er sie leise tadelte, sie lächelte, wenn er ihr wehtat. Philipp, ein gewöhnlicher, geübter Liebhaber, mit den üblichen Lüsten, spürte zum ersten Mal in Annas Armen die grausame Lust, ein Weib zu schlagen. Er bezwang sich, dieses eine Mal. Er fragte sich: Vielleicht ist Anna nur dumm?

Die Königin fragte ihn fleissig: „Liebtest du alle deine Gemahlinnen? Ich bin die vierte, Philipp. Die erste war aus Portugal, da warst du sechzehn. Die musst du doch geliebt haben? Und liebtest du die englische Marie? Und deine lange Französin, die Elisabeth, liebtest du die? Welche von den vieren liebtest du am meisten?"

„In Spanien", antwortete der König, „stellt eine Gattin nicht solche Fragen."

„Ich bin eine Deutsche", antwortete Anna. „Ich bin stolz darauf. Deine Spanierinnen missfallen mir. Sie sind abgeschmackt. Diese Herzogin Alba mit ihrer Hauptmannsstimme und den Sitten eines Abtes! Diese lächerliche Eboli..."

„Du wirst dich gewöhnen", sagte Philipp. „Auch deine Mutter ist eine Spanierin."

„Sie ist deine Schwester", sagte Anna, als erklärte das alles. Plötzlich lachte die Königin laut. „Du bist also mein Onkel, Philipp!" rief sie, als erfahre sie es eben, brach ihr Gelächter plötzlich ab, sah ihren Gatten tief an, schwermütig, und fiel ihm um den Hals, und küsste ihn leidenschaftlich, und rief: „Teuerster Onkel Philipp!"

Der König lächelte, ein wenig mühsam.

„Du liebst mich nicht", sagte Anna sanft.

„Ich liebe dich als mein gehorsames Weib."

„Ich will anders geliebt sein", rief die Königin. „Mehr sollst du mich lieben. Heisser! Ausschliesslich mich!"

Philipp sagte, und auf seinem Gesicht paarten sich Strenge und Leidenschaft: „Es ist nicht die Stunde, Anna. Du wirst dich an meines Hofes Sitten gewöhnen müssen."

Die Königin lächelte sanft. Keine spanische Königin war so genau, so ordentlich, so präzis in allen Fragen der spanischen Hofetikette wie sie.

„Nur einmal im Leben", sagte sie, „vergass ich mich. Ich tat es aus Liebe. Philipp, ich liebe dich."

König Philipp reichte gnädig seiner Frau die Hand zum Kusse. Anna hatte schon in der ersten Nacht ihm anvertraut, sie sei in seine Hände verliebt. Er habe die schönsten Hände der Welt. Der König prüfte seine Hände lange. Ein Jahr später sagte er unversehens zu seiner Frau, er habe ganz gewöhnliche Hände. Königin Anna wusste gar nicht mehr, worauf Philipp sich bezog. Anna vergass so rasch ihre Worte.

In der Nacht versammelte der König eine Junta. Es war fast dunkel im Kabinett. Nur eine Kerze brannte vor Philipp. Der König war in sonderbarer Laune. Eine sanfte Trauer, fast eine heitere Art von Schwermut erfüllte ihn. Er hatte sich entschlossen. Er sah sich unter seinen Dienern um. Er dachte an die Toten. Armer Feria! Armer Don Quixada! Philipp zögerte und dachte mit tieferm Kummer: Armer Eboli! Sein Kämmerer, sein Freund, einst sein Lieblingspage, sass mit hohlen, bleichen Wangen, erschöpft und müde da, ein Kranker, ein Todgeweihter.

Eboli lächelte glücklich. Er wusste, heut sass er zum Triumphe da. Heut siegte er. Er erinnerte sich jener einstigen Sitzung, da Alba in der niederländischen Sache, Espinosa in der Sache der Mohren über ihn triumphiert hatten und er selber schon seinen Sturz vor Augen sah. Damals rettete ihn Anna. Heute wollte Eboli seine Rache nehmen. Die Zeit hat mir recht gegeben, dachte Eboli. Die Zeit arbeitet nicht nur für den König.

Der Grossinquisitor bemerkte das fatale Vergnügen seines Feindes Eboli mit Hohn und Ruhe. Der arme Eboli, schien die kalte Miene des Grossinquisitors auszudrücken, der arme Eboli! Er stirbt, der Ärmste!

Pazos, eine der Kreaturen Ebolis, der neue Präsident von Kastilien, der oberste Richter, legte vor den König Dokumente hin. Sie betrafen Friedrich, den Sohn des Herzogs Alba. Vor acht Jahren hatte der junge Friedrich mit einer Hofdame der Königin Elisabeth, einem Fräulein Guzman, geschlafen. Das arme Mädchen ward schwanger und schwor vor den Richtern, der Sohn des Herzogs Alba habe sie verführt und ihr die Ehe gelobt. Friedrich Toledo gestand zwei oder drei Umarmungen und leugnete Verführung und Gelübde. Das gekränkte Hofmädchen brachte verliebte Zettel bei, mit verwischter Schrift, von Tränen oder Küssen benetzt, in denen die hergebrachten Schwüre der Liebe standen, die gewöhnlichen Versprechungen. Wenn man wollte, war auch ein Ehegelübde herauszulesen. Die Feinde Albas wollten's. Friedrich Toledo ward für ein Jahr im Turm von Medina del Campo festgehalten, das Fräulein erst in einem Palastzimmer, später in einem Kloster eingesperrt. Don Friedrich ward endlich zu einem dreijährigen Kreuzzug in Afrika verurteilt, gegen die Mohren, mit einem Freikorps auf seine Kosten. Das geschah 1566. Im nächsten Jahre ward die Deportation gemildert, statt in Afrika durfte Don Friedrich in den Niederlanden unter seinem Vater Alba fechten. Dort hatte er Armeen kommandiert, Städte erobert, Schlachten gewonnen; die sieben Jahre von Albas niederländischer Regierung waren um. Friedrich war im Begriff, nach Spanien heimzukehren, mit seinem Vater, dem Herzog Alba, der seinen ersten Nachfolger, den Herzog Medina Celi gefoppt und überdauert hatte und endlich vor seinem zweiten Nachfolger, dem General Requesens weichen musste. Nun, da Vater und Sohn am Hof erscheinen würden und Eboli und seine Freunde die Gefahr sahn, Alba werde durch seine Gegenwart den alten Einfluss zurückgewinnen, den er durch seine erfolglose niederländische Verwaltung verloren hatte, nun legte der gefällige Oberrichter Pazos Dokumente auf den Tisch des Königs, die bewiesen, dass Alba seinen Sohn Friedrich heimlich mit einer Kusine vermählt hatte, damit er nicht die Guzman zu heiraten gezwungen ward. Zwar wussten der König und sämtliche Minister seit Jahren davon. Nun aber lagen die Dokumente des Ungehorsams da. Nun forderte der Präsident die Todesstrafe für Friedrich Toledo.

„Das Verbrechen ist schmählich", erklärte Präsident Pazos. „Ich fordere den Kopf des Verbrechers."

Eboli sprach mit Schonung, fast mit Milde. Die Welt wisse, wie sehr er den Herzog Alba achte. Der Herzog sei ein grosser Mann, auf mlitärischem Gebiet. Um so strenger sei das Benehmen des Sohnes zu beurteilen. Die Todesstrafe sei von Rechts wegen verdient. Immerhin, im Hinblick auf des Herzogs langjährige treue Dienste, die zuweilen auch glückliche gewesen, bäte er, Eboli, dem Herzog von ganzem Herzen gut, um des Königs Gnade.

Espinosa hatte mit grosser Kälte den gefälligen Richter Pazos und den Fürsten Eboli angehört. Er verschmähte, auch nur ein Wort dieser armseligen Bettgeschichte des Sohns zu widmen. Er sprach vom Vater, vom Herzog Alba. Er war zu klug, den Herzog zu verteidigen. Er griff des Herzogs Feinde an. Dabei frönte er einer gewöhnlichen Schwäche und machte aus seiner Rechnung eine moralische Überzeugung.

„Die täglichen Geschäfte", erklärte der Grossinquisitor, „nutzen den Geist mittelmässiger Menschen ab. Sie gewöhnen sich an die grossen Erscheinungen und Pläne, verschwenden ihre Kräfte an Mittel und Methoden, sie beziffern nach dem Erfolg des Tages, sie werden beschränkt. Da Verstellung nur Königen dient, Diener aber unbrauchbar macht, will ich offen reden. Es geht nicht um diesen leichtsinnigen Friedrich. Man will einen grossen Mann erledigen. Alba ist ein grosser Mann. Von welchem andern Minister Spaniens darf man soviel sagen? Alba hat grosse Fehler; welchem ausserordentlichen Menschen fehlen sie, wenn nicht die Gnade, die Majestät ihn über die gemeine Menschheit heben? Der junge Prinz Don Juan hat einen unnachahmlichen Sieg erfochten. Er hat viel gewagt. Ihm ist viel gelungen. Sind Philipps Reiche zu klein für zwei Feldherrn? Man klagt den Alba wegen der niederländischen Geschäfte an. Fühllose sprechen gerührt von Leiden der Rebellen. Unerprobte lächeln über die Prüfungen Erfahrener. Man reicht die Manifeste des Calvinisten Wilhelm Oranien heimlich zu Madrid herum und benutzt sie gegen den frommen Katholiken Alba. Man spricht von fünfundzwanzig Millionen Dukaten, die Albas Verwaltung kostete, von zu strengen Strafen, von Schwankungen des Glücks, und keiner sagt, warum der Herzog Alba sieben Jahre in den Niederlanden Blut und Wasser geschwitzt und sich den allgemeinen Hass von Ketzern und Rebellen redlich verdient hat? Weil er ein guter Katholik ist. Weil er sich verdient gemacht hat um die Kirche. Weil vor allen er den erhabenen Grundsatz unseres grossen Königs begriffen hat: Dass der Einzelne, dass ganze Völker nichts wert sind, wenn sie nicht gesittet sind. Was bedeutet ein Leben ohne Gott? Ein Fisch lebt auch. Ein Hund hat warmes Blut wie ich. Ein Stier kann leiden wie du, kann besser lieben als ein Mensch, kann tapfer sterben wie ein Held, kann eine halbe Stadt in Entzückung bringen; er bleibt ein Stier. Man sticht ihn ab und schleift ihn fort. Ein Stück Lehm bist du ohne Gottes Atem. Der Ungläubige, der nicht das Gute kennt, kann erzogen werden. Aber der Abtrünnige, der vom Brot gekostet hat und lieber Dreck frisst, worin ist er besser als ein Stier, oder ein Hund, oder ein Fisch? Die aus den Wohnungen Gottes ausbrechen und nach den Gesetzen der wilden Tiere zu leben begehren, mit denen willst du mitfühlen? Unser König kam zu uns, um die Menschen zu retten. Indem er die wahre Kirche erhält, scheidet er die Menschheit von den Tieren. Oder sprecht ihr, auch jene glauben an Gott, auf ihre Weise? Habt ihr einen Hang zu jenem Veitstanz der Vernunft, den man Toleranz heisst? Glaubt ihr an Gott einerseits und andrerseits auch dem Teufel? Sagt ihr, dieses ist die Wahrheit, aber andere sehn es anders, und das andere ist auch die Wahrheit? Und nennt solche Korruption Mass und Gerechtigkeit? Urteilt einer unter euch, der Ehebruch ist eine Todsünde, aber wenn ein anderer ihn für ein Vergnügen hält, soll man ihn ungestraft die Ehe brechen lassen?"

Der König unterbrach seinen Grossinquisitor. „Die Predigt ist vortrefflich", sagte Philipp, „wo bleibt die Nutzanwendung?"

„Man verleumdet den Herzog Alba", rief Espinosa. „Man erkläre endlich laut, dass keiner in den Niederlanden so von Segen war wie er, keiner so uneigennützig, keiner so gottgefällig, keiner dem König so nützlich. Und man lasse ab, das Haus eines grossen Mannes zu beschmutzen!" Espinosa schwieg zornig.

Jetzt zog Eboli ein kleines Bündel Briefe aus seiner Tasche und bat die Majestät, aus privaten Briefen aus den

Niederlanden einige Stellen vorlesen zu dürfen. Der König erlaubte es sogleich. Alles Private interessierte ihn brennend. Die heimlichen Blicke machten seine Wollust. Nichts ausser seiner Herrschsucht kam seiner Neugier gleich.

„In diesen vertraulichen Briefen", begann Eboli, „herrscht ein gewisser Geschmack für Offenheit. Da wir soeben das Loblied dieser Tugend vernahmen, mag man die deutliche Sprache vergeben. Ich beginne mit Briefen des Herzogs Medina Celi an einen guten Freund bei Hof. Celi schreibt: Manchmal zweifle ich am Verstande Albas. Er heisst ein grosser Mann, auf militärischem Gebiet. Sonst ist er ein Narr. Vom Oranien spricht er mit äusserster Verachtung, nennt ihn einen kahlköpfigen Intriganten. (Dem Wilhelm gingen wirklich die Haare aus!) Aber Oranien ist Spaniens ärgster Feind. Wer ihn geringschätzt, verkennt die Lage der Niederlande. Da ich ankam, um Albas Erbe zu übernehmen, und in Vlissingen landen will, empfangen mich sogenannte Seegeusen, zerstreuen meine Flotte, fangen mich beinahe — wozu hat Alba seine Flotte und sechzigtausend Soldaten in den Niederlanden? Ein Vetter Egmonts, der geschworen, Haar und Bart nicht zu schneiden, bis er Egmonts Tod gerochen, hat ein paar hundert verbannte Bettler gesammelt, ein paar Schiffe gekauft, Piraterie getrieben und ist in der Nacht zum ersten April auf der Insel Walcheren gelandet und hat Bril eingenommen, des Königs Stadt, im Namen Oraniens. Der Pöbel sang:

Den eersten Dag van April
Verloos Duc d'Alba zynen Bril.

Sie machten eine Karikatur, wie der Geusenadmiral dem Herzog die Brille von der Nase stiehlt, indes dem Alba ein Spruchband aus dem Mund läuft, worauf sein Leibspruch steht: Es ist nichts! Es ist nichts! — Vlissingen, Leyden, Harlem, Alkmaar ziehn Oraniens Fahnen auf. Der helle Aufruhr! Ich komme nach Brüssel, sage zu Alba, Sie sind der Feldherr, es ist mir eine Ehre, unter Ihrer Führung den Aufstand zu bändigen, danach übernehme ich die Geschäfte. Was tut der grosse Feldherr? Nichts! Er schuldet, sagt er, der Infanterie vierzehn Monate Sold. Ich wünsche Einsicht in die Rechnungen. Alba hat keine Zeit, schickt mich zu seinem Sekretär Albornoz. Albornoz schickt mich zu Viglius. Viglius lacht. Albas Rechnungen? fragt er. Unordnung, Verschwendung, Unterschleif! Albas Flotte zittert vor den Meergeusen. In Holland bleiben ihm zwei Städte, die andern schwören dem Oranien. Drei seiner Schiffe gehn zu den Rebellen über. So geschieht grossen Feldherrn? Ich gehe in Albas Haus und frage ihn: ,Herzog, lachen Sie noch über Oranien?' ,Die Brüder Nassau', erzählt er mir besorgt, ,trugen dem König von Frankreich ein Bündnis an. Frankreich, England und die Brüder Nassau wollen die Niederlande unter sich verteilen. Frankreich offeriert England eine Allianz gegen Spanien. Frankreich verhandelt mit den lutherischen Fürsten Deutschlands. Es drückt auf Venedig, dass die Republik die Liga verlasse; es ruft den Türken, unsere Küsten anzugreifen. Die Lage ist ernst', sagt Alba. ,Begreifen Sie endlich', frage ich ihn, ,dass Ihre Politik der katholischen Ligen in Europa Bankrott macht und nur protestantische Allianzen schmieden wird? Begreifen Sie endlich', frage ich den Alba, ,die tiefe politische Weisheit des Fürsten Eboli, der stets in klarster, in prophetischer Weise den König vor diesen Folgen warnte?" Eboli stockte einen Augenblick. Er sagte schamhaft: „Ich stocke. Der Briefschreiber lobt mich zu sehr im Folgenden."

„So lesen Sie", bat der König.

Eboli verbeugte sich tief. „Ich will eine andere Stelle lesen", sagte er.

„Der Celi schreibt: Als wir vernahmen, dass die Königin von Frankreich ihre jüngere Tochter Marguerite (einst unserm Don Carlos, später König Philipp, später dem Sebastian von Portugal vergeblich offeriert) nun mit dem Hugenottenprinzen Heinrich Bourbon vermählt, ja dass Katholiken und Hugenotten sich geeint, um gemeinsam uns in den Niederlanden anzugreifen, und schon zwei Flotten rüsten, zu La Rochelle und in Bordeaux, und eine Armee in der Picardie aufstellen, dass bereits der Hugenottengeneral Graf Genlis Briefe vom König von Frankreich dem Prinzen von Oranien brachte mit dem Versprechen der Kriegsallianz, dass Ludwig Nassau Stadt und Festung Mons im Süden, und Wilhelm von Oranien Holland und Seeland fest in Händen haben, dass Oranien mit fünfzehntausend deutschen Landsknechten übern Rhein zieht, und die meisten Niederländer auf ihn wie auf den Erlöser warten, auf den ,Vater Wilhelm' (wie sie ihn heissen), den sie mehr als Alba fürchten und dem die rebellischen Staaten freiwillig neunmal soviel Geld zahlen, als der Zehnte Albas betrug, um dessentwillen sie rebellierten, da gehe ich in Albas Haus und frage: ,Herzog, wann ziehn wir zu Feld? Worauf warten wir? Schonen Sie sich?' Da brummt er, in seinem Bett, wo er Tag und Nacht verbringt, sagt, er sei zu alt zum Krieg, er habe die Gicht, und ich sei der Gouverneur, danach reibt er sich lang das Knie mit einer gelben, stinkenden Salbe und seufzt und erklärt, Frankreich leugne alles ab, und es sei falsch, ihm die Maske abzureissen. ,Heuchelei ist ein Rest von Gesittung', sagt er. ,Wir müssen tun, als glaubten wir ihnen, müssen mit noch grösserer Verstellung gegen sie verfahren, als sie gegen uns üben, bis sie uns eine grosse, aller Welt offenbare Gelegenheit loszuschlagen bieten. Krieg muss man mit guten Gründen führen.' Ich, schreibt Herzog Medina Celi, schauderte vor solchen macchiavellistischen Künsten..."

Der König unterbrach. Er sagte: „Hier waren Albas Grundsätze gesund. Ich hätte es nicht besser sagen können. Das ist die Schule Kaisers Karl des Fünften. Mein Vater las gern den Macchiavell."

Espinosa lächelte höhnisch. Eboli las weiter.

„Der Celi schreibt: Ich zweifle langsam auch an Albas militärischen Talenten. Vor Mons schickt Alba seinen Sohn Friedrich, einen talentlosen, grausamen Menschen. Der Chiapin Vitelli, der Fettwanst aus Florenz, der so dick ist, dass er seinen Bauch mit Eisenketten halten muss, und der mit acht Meuchelmördern übern Kanal wollte, um Elisabeth von England zu entführen oder zu morden, der General Vitelli, das Idol unserer Veteranen, schlug das Hugenottenheer des Grafen Genlis und fing ihn; nicht Alba, nicht sein Sohn Friedrich taten's. Alba fragt den Karl von Frankreich, ob er die Leute unter Genlis als seine Truppen anerkenne, oder ob es Freischärler seien. Der König von Frankreich leugnet seine Truppen ab. Albas Henker binden je neun Franzosen zusammen und werfen die Pakete in die Schelde. Die Königin Elisabeth von England bietet uns an, die Stadt Vlissingen, die unsere Rebellen ihr übergeben wollen, uns auszuliefern, aus Gefälligkeit für Alba. Alba triumphiert und sagt zu mir: ‚Sehen Sie, lieber Medina, wie die Könige vor mir scharwenzeln!' Und erklärt mir, Gott arrangiere diese Geschäfte so schön für uns. Was Wunder? Es seien seine eigenen Geschäfte. Da sage ich zum Alba: ‚Greifen Sie zu! Machen Sie das Angebot der Ketzerin von England, machen Sie den Verrat des Schwächlings von Frankreich in den Provinzen offenbar, so verlieren England und Frankreich allen Kredit bei den Niederländern, ja in Europa!' Da erklärt Alba, es sei unritterlich, es gebe eine königliche Gemeinschaft der Interessen... lauter Narrheiten, wo blieb der Macchiavell? Kurz, bei Gefahren legt Alba sich zu Bett, Chancen nimmt er nicht wahr, Schlachten schlägt er nicht mehr, Geld erwirbt er nicht, Freunde hat er keine, und wäre nicht das Wunder eingetreten, dass die Franzosen gegen sich gewütet, selber sich geschlachtet bei ihrer Bluthochzeit in der Bartholomäusnacht, Oranien hätte triumphiert und wäre wirklich Albas Herr geworden, für den er sich mit vielem Recht schon hielt. So irrt Alba stets. So werden wir die Niederlande verlieren. Denn nicht jeden Monat fallen solche Freudenfeste wie diese Bartholomäusnacht. Ich lasse Alba nicht mehr allein, aus Angst vor seinen Dummheiten. Wie sein Schatten folge ich ihm nach, und bin ich nicht sein Nachfolger? Ich nehme es wörtlich. Alba tobt. Ich lächle. Alba ist müssig. Ich treibe ihn. Alba prahlt. Ich lache ihn aus. Das wurmt ihn? Ist mir eine Lust! Und doch, ich bin nicht der einzige, der sagt, dass Alba ein toter Mann ist. Was Wunder. Er gibt fünfundsechzig Jahre

zu. Er unterschlägt auch hier. Er ist siebzig, fünfundsiebzig Jahre alt. Ein zäher Toter! Er wird nie mehr siegen!"
Eboli schwieg.

Espinosa fragte, ob ein offenbarer Feind des Herzogs Alba wie Medina Celi ein glaubwürdiger Zeuge sei? Ob es nicht gut katholisch sei, auch mit Wundern zu rechnen? „Wunder?" fragte er. „Was sind sie anders als ein Lächeln Gottes. Es verrechnen sich, die nicht mit Wundern rechnen."

„Ich habe bessere Zeugen", erklärte Eboli. „Hier sind Briefe Albas. Er schreibt dem Mateo Vasquez: Kurzsichtige sahn mich und die Provinzen schon verloren. Nun, wir haben Mons wieder, Nassau musste abziehn. Wir haben im Norden Mecheln bestraft, die Stadt Zutphen zur Ordnung, die Stadt Naarden zur Vernunft gebracht. Wir haben Harlem erobert. Nun stehen wir vor Alkmaar. Das werden wir bald haben. Oranien bot mir häufig eine Schlacht an. Ich wartete, bis seine Deutschen desertierten. Sie taten's prompt, fast hätten sie ihn umgebracht. Mit drei Reitern floh er nach Holland. Der arme Kerl! Immer will er Krieg führen und lernt es nie, und wird stets geschlagen. Die Städte fallen von ihm ab. Ich hatte vor Mons einen deutschen Meuchelmörder, einen gewissen Heist gegen ihn gedungen. Es misslang. In Holland wird er sich nun selbst sein Grab bereiten. Gott ist gegen ihn. Die Menschen sehen es und verlassen ihn. Povere Puppe! Der König von Frankreich hat aller Welt verkündet, dass er das Massaker in der Bartholomäusnacht befohlen hat; nach neusten, mässigen Berichten erschlugen sie fünftausend Hugenotten in Paris, fünfundzwanzigtausend in der Provinz binnen drei Tagen. Der König von Frankreich stand im Louvre am Fenster und schoss mit seiner Arkebuse eigenhändig auf seine fliehenden Untertanen. Das ist bei uns in Spanien unmöglich. Philipp führt keine andere Waffe als die Feder. Er schiesst nicht, er sticht. Die Königin Elisabeth von England legte Trauer an. Wir feierten das Fest mit Kanonenschüssen, Glockenläuten, Gelächter. Auch mit Chorälen in der Kirche St. Gudula. Ist es wahr, dass König Philipp, als der französische Gesandte ihm alles berichtete, das Lachen nicht verbeissen konnte, ja den ganzen Tag im heitersten Gelächter zugebracht hat? Philipp hat recht! Dieser Streich der Katharina Medici hat die Rebellen bei uns kaputt gemacht. Und Frankreich, unser gefährlichster Feind, muss unsere Freundschaft suchen, wer sonst soll ihm traun? Der König von Frankreich weiss es. Er bettelt, ich solle den Genlis und die übrigen gefangenen Franzosen ja umbringen. Er hat Angst, ich hetze ihm den Oranien und die andern Rebellen, die bei uns ausgespielt, auf den Hals. Er schreibt: ‚Lassen Sie ja keine gefangenen Hugenotten leben! Den Genlis töten Sie am besten gleich!' Es ist possierlich; es ist ekelhaft. Es sind dieselben Franzosen, die er vor kurzem gegen uns geschickt hat. O Menschenherz! Ich gab dem Nassau freien Abzug und hielt mein Wort. So sah die Welt den Unterschied zwischen Spaniern und Franzosen. So stehn denn die Provinzen vor der schönsten Blüte. Ja, wir ernten schon! Sorgen Sie nur, schreibt Alba an Vasquez, dass man uns diesen Nachfolger abberuft, den man mir auf die Nase setzte. Der Medina ist ein galanter Mann. Ich wüsste nicht anders denn in Freundschaft mit ihm zu leben. Der gute Celi. Nur ein wenig leicht in Zorn! Ich sah nie einen heftigern Menschen, nie einen so misstrauischen. Er ist ständig in Wut. Nach allen Lasten, allen Leiden in diesen hybriden Provinzen, noch diese Pein! Er ist mein bestellter Nachfolger und kommt nicht. In der Stunde der Rebellion trifft er ein, und seine Flotte entläuft vor ein paar Piraten, diesen Meergeusen. Zu Brüssel legt er sich zu Bett. Er sitzt beleidigt in seiner Stube, plappert von einer neuen Amnestie, rennt zur Belagerung bei Mons, befiehlt nichts, tut nichts, wird zum Gespött der Soldaten. Er ist da. Das ist ihm genug. Wie ein ungewünschter Schatten. Er spielt meinen Zensor, gibt mir ungebetene Ratschläge. Was will er? Glaubt man zu Madrid, zwei Herzöge leisteten doppelt soviel wie einer? Ich bitte sehr um Urlaub. Ich bin ein alter Mann. Ich bin müde. Ich liebe Philipps Scherze nicht. Ich leide. Ich bin ein toter Mann. Ich habe die Gicht. Was soll der müssige Spion, das Wahnbild meiner Ungnade? Ja, ich merke wohl. Meine Dienste missfallen! ...

„Dem Brief", sagte Eboli, „liegt ein Zettel bei, später geschrieben.

‚Vasquez', schreibt Alba, ‚es ist aus. Die Belagerung von Harlem dauerte sieben Monate und kostete mich zehntausend Soldaten. Wie kann das dauern? Es ist nicht zu glauben, wie wild diese Holländer sind. Und die hiess ich Leute aus Butter. Je mehr man tötet, um so mehr entdeckt man rundum, als stiegen sie aus der Erde herauf. Ich fiebere vor Wut. Bis heute sah man noch nicht so seltsames Land, so sonderbaren Krieg. Auf Schlittschuhn schlagen sie Schlachten. Sie öffnen Schleusen und ersäufen ihr Land samt ihren Feinden. Auf Schiffen leben sie, als wären sie auf dem Meer geboren. Sie dienen ohne Löhnung. Und meine Soldaten meutern. Vierzehn Tage nach der Einnahme Harlems vertreibt die spanische Besatzung ihre Offiziere wegen einiger Soldrückstände, wählt einen Führer und greift die Stadt als Pfand. In vierzig Jahren sah ich solche Katastrophe nicht. Alle meine Entwürfe sind hin. Die Lage ist verzweifelt. Es kommt schlimmer. Ich verspreche den Meuterern Vergessen und die Plünderung der offenen, von den Rebellen obenhin befestigten Stadt Alkmaar. Ich schicke sechzehntausend Soldaten vor die kleine Stadt, warte einen Monat, befehle den Sturm. Von den Weibern aus Alkmaar lassen sie sich zurückwerfen; mit Pech und heissem Öl, geschmolzenem Blei und Steinen treiben Weiber spanische Veteranen zurück. Am andern Tag befehle ich neuen Sturm, meine Soldaten sagen, sie hausten im Schlamm, sie seien hin, mit einem Wort, sie wollen nicht! Meine Offiziere zerhaun, meine Kanonen zerschossen! Ich bin erschöpft. Die Holländer öffnen die Schleusen und lassen das Meer hinein, um uns zu ersäufen. Soll ich gegen Ozeane kämpfen? Die Natur ficht für Holland! Die Meergeusen zerstören unsere Flotte. Ich kann nicht mehr! Nun kündigt mir der König den zweiten Nachfolger für die Niederlande an, den Requesens, der soll die grosse Amnestie bringen, die ich umsonst gefordert. Man wollte nicht, dass ich siege. Madrid hat meine Niederlagen gewollt, meine Schande befördert, den Brand meiner Qual geschürt.

Philipp schreibt mir, er kenne die Perfidie der Rebellen, er sei sogar bezaubert von meinen strengen, soldatischen Methoden, aber die Lage sei zu übel. Wer bläst ihm solche Worte ein? Seit sieben Jahren höre ich, Spanien sei bankrott! Sie werfen mir die fünfundzwanzig Millionen Dukaten vor, die der Krieg in den Niederlanden verschlang, als hätte ich mich bereichert. Mein eigenes Geld gab ich in Brüssel aus! Nicht darum geht es. Aber will man die Provinzen verlieren? Mit den Niederländern will man Güte brauchen? Was für Grundsätze! Lasst Gott alle Güte. Güte verdirbt die Menschen. Mit Strenge zieht man Kinder gross. Gottes ist die Gnade. Ich schrieb dem König: ‚Sire! Ich bin ein alter Mann und kenne viele Völker. Seit sieben Jahren studiere ich die Niederländer. Hören Sie mich, Sire! Ich rate, die Niederlande anzuzünden und niederzubrennen. Niederzubrennen bis auf die paar Städte, wo spanische Garnisonen liegen. So taten Sie in Ihrer eigenen Provinz Granada, mitten in Spanien, gegen die rebellischen Morisken. Und sollte das Land für acht oder zehn Jahre tot und wüst sein! Es wird stille sein. Sire! So ist mein Rat. Wären es eroberte Provinzen, hätte ich nicht erst lang gefragt. Es wäre längst geschehn. Da es um ein Erbteil des Hauses Habsburg geht, habe ich es nicht gewagt, einige unbedeutende Ortschaften, die ich zum Exempel strafte, ausgenommen. Einige strafe ich noch."

Eboli hielt inne. Alle Minister schwiegen. Der König spielte nachdenkend mit der Feder. Beim Schein der Kerze war eine tiefsinnige Melancholie in seinem Antlitz zu lesen. Aber vielleicht schuf der Schatten diesen Eindruck.

„Noch", sagte Eboli, „noch zwei Stellen, die eine aus dem letzten niederländischen Briefe Celis, die andere aus dem ersten Brief des neuen Statthalters Requesens. Celi schreibt: ‚Ich reise also, ohne Abschied von Alba zu nehmen. Der Herzog ist toll, und abgeschmackt, und bös wie Tolle. Die Lage ist fürchterlich, so äusserst furchtbar, dass man gleich, gleich Geld, Soldaten und einen guten, milden Statthalter senden muss. Unzählige, namenlose, scheussliche Greuel beging Alba in der letzten Zeit, als wollte er zu verstehen geben, sieben Jahre lang war er mild; in sieben Wochen zeige er, was reine Grausamkeit, blosse Lust am Bösen vermag. Alba hat sich in den Niederlanden ein Denkmal errichtet, dauernder als Erz. Mir, einem Fremden, einem Spanier schaudert vor soviel wilden, unnützen Leiden. Ein Stück Holz mit Bewusstsein vergösse Tränen. Ein erzenes Bild, das fühlte, müsste vor Rührung schmelzen. Alba machte den Namen ‚Spanier' zum Abscheu einer Welt. Der König weiss nicht ein Hundertstel, was geschah. Philipp weiss so gut wie nichts. Alba lässt mir sagen, er habe die Stadt Mecheln, die Stadt Naarden, die Stadt Zutphen bestrafen müssen. Ich hörte greuliche Gerüchte. Ich fuhr hin. Ich sah. Die Stadt Naarden sucht man vergeblich. Die Stadt Zutphen ist nicht mehr da. Alba liesss die Trümmer noch zertrümmern. Kein Einwohner Zutphens blieb leben. Kein Einwohner Naardens. Kein Haus steht. In der Yssel schwimmen die Toten in Paketen und recken die ertrunkenen Glieder zum Himmel. Der Himmel müsste blind sein, um sie nicht zu sehn. Spanische Soldaten, sagt man, soffen das Blut der Wehrlosen, die sie wie Fische aufgeschlitzt. Alba schrieb mir, diese Bestrafungen seien eine Schickung Gottes. Ich fuhr nach Mecheln. Das war eine der reichsten Städte des Königs, die katholische Geistlichkeit war in Prozession dem Heere Albas vors Tor entgegengeschritten. Alba schonte nicht Geistliche, nicht Mönche, brannte die Kirchen nieder und den kunstreichen Palast Granvellas. Spanische Soldaten plünderten die katholischen Kirchen. Hauptleute notzüchteten und mordeten kleine Mädchen. Man sucht vergeblich in alten Chroniken aus verschollenen, rohen Zeiten ein Exempel solcher Barbarei. Alle Bischöfe erklärten, man beleidige Gott. Der König belaste sein Gewissen mit Verbrechen ohne Zahl. Ich frage den Staatsrat, ich frage alle Minister, ich frage Se. Majestät: So zu wüten und noch erfolglos, ist das nicht Wahnsinn? Alba selber merkt, dass es aus ist mit ihm. Nur wer sich ganz aufgibt, handelt so ohne Mass und Rücksicht. Alba lebt in einer unglaublichen Betrübnis."

„Und nun", erklärte Eboli, „die letzte Stelle. Requesens

schreibt: Da bin ich in Brüssel. Herzog Alba lag zu Bett, als ich ihn besuchte; er lag seit Wochen zu Bett, er sagt, vor Gicht, die Leute sagen, vor Schande, manche behaupten, aus Angst vor seinen Gläubigern. Sie sollen schamlos in sein Zimmer eindringen, furchtlos schelten. Er hat sieben Jahre lang für seinen Haushalt gepumpt und nie gezahlt. Er hat Angst, über Frankreich heimzufahren. ‚Dort', sagte er zu mir, ‚schiessen schon Könige aus den Fenstern auf die Leute.' Wir lachten beide. Er spielt auf König Karl an, der aus dem Louvre auf seine Untertanen schoss. Alba klagt so rührend, er werde von jedem in den Niederlanden so heiss gehasst und habe Philipps Beifall nicht geerntet. ‚Was', fragte er, ‚hätte ich mehr tun sollen?' Wir wussten's beide nicht. Er rühmte sich, achtzehntausendsechshundert Niederländer hingerichtet zu haben. Er ist bescheiden. Mich empfingen die Niederländer wie einen Erlöser, mit beispiellosem Jubel. Ich schämte mich fast. Ich bin ihnen ein unbekannter Diener des Königs. Ich bin nicht milder als andere. Nur weil ich nicht Alba bin, nur darum dieser Jubel! Hier sagt man, Wilhelm Oranien habe den Alba überwunden. Es ist schier unglaublich, wie die Leute den Oranien lieben und fürchten, wie einen Vater. Sie heissen ihn auch ‚Vater Wilhelm'. Den Zehnten Albas, für den sie rebellierten, geben sie neunmal dem Oranien aus freien Stücken. Offenbar versteht Alba nichts von Geschäften. Immerhin sagt man, er gehe reicher fort, als er gekommen. Seinen Blutrat wird man abschaffen müssen. Blutrichter Vargas erklärte mir, des Herzogs Alba allzugrosse Milde sei sein Ruin gewesen. Hier ist die Sehnsucht nach Frieden gross. Viglius, Aerschot, Berlaymont, Noircarmes raten einen gnädigen Frieden, allgemeine Duldung, bedingungslose Wiedereinsetzung des Prinzen von Oranien. Auch die spanischen Generäle sind müde der Metzgerei Albas. In den Finanzen nur Konfusion! Der Bankrott ist vollkommen. Ich bat den Herzog Alba um Aufschluss über die Lage der Finanzen. Er lehnte es rundweg ab. Ich bat ihn um ein paar allgemeine Ziffern. Alba liess mir sagen, ihm mangle die Zeit. Vierzig Millionen sind hin. Die Goldschätze Indiens werden kaum reichen. Im Schatz ist kein Pfennig. Wir haben zweiundsechzigtausend Soldaten in den Provinzen. Ich begriff zuvor nicht, wie die Seebettler solche Flotten ausrüsten, da uns dafür das Geld mangelt. Ich sehe hier, dass Leute, die für ihr Leben, ihre Familien, ihr Eigentum und ihre falsche Religion, kurz für ihre eigene Sache kämpfen, schon mit den Rationen zufrieden sind, ohne Löhnung. Es fragt sich, ob wir den Aufstand beilegen können, ohne uns mit Oranien zu versöhnen. Ich will's versuchen. Morgen verkünde ich feierlich die Amnestie. Wir wollen unsern Feinden vergeben."

Der König blickte erwartungsvoll auf Espinosa.

Der Grossinquisitor zögerte. War es doch ein Fehler, Alba um jeden Preis zu stützen? Dem Grossinquisitor fiel ein, dass eine Guzman eine Geliebte des Königs gewesen, der König hatte die schwangere Guzman mit dem Prinzen von Ascoli vermählt und ihn zum Kämmerer gemacht, damit er nicht nach Italien heimkehre; denn Philipp wollte den Genuss der Guzman nicht entbehren. Vielleicht waren des Königs und Friedrichs Mätressen Kusinen, und die Prinzessin Ascoli, die ihren jungen Gatten recht bald verloren hatte, und in heiterer Witwenschaft bei Hofe lebte, wo ihr Sohn, der kleine Prinz Ascoli, gleich Anna Ebolis ältestem Sohn, mit den andern Kindern Philipps erzogen wurde, vielleicht hatte die lustige Guzman für diese andere Guzman sich verwendet? Es gab zu viele königliche Mätressen in Madrid, als dass man jede Intrige in des Königs Bett durchschauen konnte. Espinosa blickte unschlüssig auf Eboli, als holte er sich in des Feindes Zügen Rat.

Eboli sah ihn nicht an. Er schien zu träumen. Vielleicht litt er Schmerzen. Er sah leidend aus. Vielleicht dachte der Kranke an seinen Tod. Eboli war noch nicht alt, fünfzig, einundfünfzig. Espinosa dachte mit einem Mal an seinen Tod. Er war einundsiebzig Jahre alt. Am Morgen hatte er die Nachricht vom Tode zweier alter Freunde erhalten. Zu Rom war Carranza gestorben, seit einer Woche in Freiheit, entlassen aus dem jahrzehntelangen Ketzerprozess, den Valdes begonnen, den Espinosa fortgesetzt, den zwei

Päpste zu Rom beendet hatten. Pius hatte Carranza freigesprochen, zur Schande Philipps und der spanischen Inquisition, doch Pius starb, ehe sein Urteil rechtskräftig geworden. Der neue Papst Gregor musste aus formalen Gründen den Prozess erneuern. Er bestrafte, um Philipps Eitelkeit zu schonen, Carranza mit einer kleinen Busse, er sollte in sieben Kirchen Roms beten. Heute hatte Espinosa den Bericht von der Bestattung Carranzas erhalten. Der Heilige Vater liess dem einstigen Erzbischof von Toledo ein Denkmal setzen und rühmte in Stein seine grossen Verdienste um die Kirche. König Philipp hatte diesen fünfzehnjährigen Prozess verloren. Immerhin, der Erzbischof von Toledo war tot, und fünfzehn Jahre lang hatte König Philipp die Einnahmen des Erzbistums Toledo, jährlich zwei Millionen Gulden, in seine Tasche gesteckt und das Geld für seine grossen Bauten, den Escorial und andere Klöster und Schlösser verwandt. Espinosa hatte den König für den Fall von Carranzas endgültiger Verdammung oder Tod um das Erzbistum Toledo gebeten; heute, da Carranza tot war, hatte Philipp die Kreatur Ebolis, den Quiroga zum Erzbischof von Toledo ernannt, zur Wut Espinosas, wahrscheinlich weil Quiroga noch älter war als Espinosa und nach seinem wohl baldigen Tode Philipps Neffe Albert die Würde erhalten sollte. Mich hält der König für zu langlebig, dachte Espinosa, trotz seiner Wut ein wenig dadurch getröstet. Er beschloss, so alt zu werden wie sein anderer Freund, dessen Tod er heut erfahren, der berühmte Indianerbischof Las Casas, der schier hundert Jahre alt geworden. Zuletzt war er schon fast taub. Sein Beichtvater, der einst mit ihm bei den wilden Indianern im Urwald gelebt hatte, schrie oft in der Kirche des Klosters zu Valladolid, wo beide als Mönche lebten, dem Ertaubten, der ihm beichtete, ins Ohr, so laut, dass alle in der Kirche es vernahmen: ‚Bischof, vergesst Ihr auch nicht unsere Brüder, die Indianer?'

‚Wie?' schrie hüstelnd der Hundertjährige, und speichelte ein wenig vor Aufregung. ‚Was für Spanier?'

‚Die Indianer', schrie der alte Beichtvater und treue

Gefährte, ‚die roten Leute aus Indien! Habt Ihr sie vergessen, Bischof Las Casas? Euer Geist, geht er nicht müssig?'

‚Ja', schwor der Hundertjährige, ‚ja', schwor er, ‚ich will Busse tun, ich denke zu wenig an unsere roten Brüder. Ich will dem Kaiser schreiben!'

‚Kein Kaiser mehr! Ihr meint den König Philipp', schrie der Beichtvater.

‚Was? Was?' schrie der Hundertjährige und lächelte ungläubig. ‚Gibt es keinen Kaiser mehr?'

‚Ja', schrie der Beichtvater. ‚Aber in Spanien regiert König Philipp der Zweite.'

‚Weiss ich', erwiderte der Hundertjährige und lächelte schlau. ‚Ich war beim Philipp. Ich sah ihm ins Herz. Das ist ein guter König. Er hat ein Herz für die Indianer! Ein guter Mensch, der Philipp.'

‚Ihr müsst zwanzig Ave Maria beten, Ihr müsst Busse tun', schrie der Beichtvater. ‚Ihr denkt zu wenig an unsere Indianer.'

So spielten sich die Beichtgespräche des hundertjährigen Las Casas ab, so hatten es die Mönche dem Grossinquisitor verraten. Ich, dachte Espinosa, will gleichfalls hundert Jahre alt werden und weniger kindisch sein. Er fühlte sich nicht wohl diese Nacht. Es ist rücksichtslos, dachte er plötzlich erbittert, einem alten Mann zuzumuten, statt in der Nacht zu schlafen, für eines andern Mannes Laufbahn zu kämpfen. Ihn packte ein Jähzorn. Dieser Eboli, einen Schritt vor dem Tode, wollte den Alba, wollte ihn vernichten. Espinosa blickte den König an, der geduldig auf seine Antwort zu warten schien. Espinosa schluckte hinunter und erklärte in einer schwachen Minute: „Ich habe Briefe von Bischöfen der Niederlande, vom Erzbischof von Mecheln sogar, die dem Herzog Alba und seinem katholischen Eifer den höchsten Beifall spenden. Der Herzog von Medina Celi und Requesens sind Partei, sind in den Geschäften der Niederlande Neulinge, der Kardinal Granvella schreibt mir..."

Der König unterbrach, zum ersten Mal, seinen Grossinquisitor brüsk; sonst zog er den Hut vor ihm, stand vor ihm auf, begleitete ihn bis vor die Tür. Jetzt sagte Philipp: „Wo sind diese Briefe?"

„In meinem Hause", erwiderte der Grossinquisitor und fügte hinzu, anspielend auf Philipps bekannte Gewohnheit, seine Akten mitzuschleifen, auf Lustschlösser, in den Escorial, ja selbst ins Bett der Wollust: „Ich lustwandle nicht mit allen Briefen, die ich empfange."

Ebolis Lächeln war schuld an dieser tödlichen Dummheit Espinosas. Espinosa hatte aufblickend es gewahrt und nicht mehr an sich gehalten. Er hätte anders gesprochen, hätte er die Gründe für Ebolis Lächeln, für Ebolis äussersten Angriff auf Alba gekannt. Eboli, seiner tödlichen Krankheit bewusst, ward vor dem Tod, was er fünfzig Jahre nicht gewesen, ein vermessener Spieler wie sein junger Freund Perez. Er setzte alles auf eine Karte. Der Kaiser, Philipps Vetter, Schwager, Schwiegervater, war gestorben. Zwar hinterliess er Söhne, die der Kaiserkrone am nächsten standen. Doch war auch Philipp eines Kaisers Sohn. Eboli, der seinen Herrn kannte, hatte Verhandlungen mit den deutschen Kurfürsten begonnen; eine Million Dukaten Bestechungsgelder schickte er dem spanischen Gesandten an den kaiserlichen Hof, nach Gutdünken auszuteilen, Eboli verhandelte mit dem Heiligen Vater. Der spanische Gesandte berichtete, Philipps Mühe sei aussichtslos, falls er nicht die lutherischen Kurfürsten versöhne. Geld sei unzulänglich. Der König müsste seine niederländische Politik grundlegend ändern. Er müsste die von der Religion tolerieren, müsste beschwören, alle Toleranzedikte im Reich zu halten, Religionsfreiheit, Gewissensfreiheit, und Wilhelm von Oranien und seinen Bruder Nassau gänzlich wiederherstellen in alle Güter, Ämter und Würden. Wilhelm von Oranien halte den Schlüssel in der Hand. Ohne die Aussöhnung mit ihm habe König Philipp keine Aussicht, deutscher Kaiser zu werden.

Verzagt hatte Eboli diese Ansicht von einem Dutzend Kennern der Lage wiedergehört. Tollkühn wagte er, in fernsten, vorsichtigsten Andeutungen zum König davon zu reden — und gewahrte entzückt und ängstlich, dass Philipp vor Gier nach dieser Kaiserkrone brannte und ihretwegen bereit war, alles abzuschwören, seine ganze niederländische Politik seit knappen zwanzig Jahren. „Ja", erklärte Philipp, „versöhnen wir uns mit Oranien, schwören wir, die andere Religion im Reich und in den Provinzen zu dulden. Schreiben Sie den Kurfürsten", trug er dem Eboli auf, „auch ich bin ein Deutscher, so gut wie einer, von Aussehn, Herkunft, Blut und Empfindung. Ich spreche deutsch. Ich bin ein Habsburger! Schreiben Sie es!"

Eboli hatte es geschrieben: ‚...und ist König Philipp ein Deutscher...' Eboli beglückwünschte sich. Er glaubte nicht, dass sein Herr Kaiser würde, so wenig er an Philipps Kenntnis der deutschen Sprache glaubte. Aber die Hoffnung Philipps reichte hin, um mörderisch für Alba und Espinosa zu werden. Espinosa hatte in diesen Tagen den alten Vorschlag Granvellas aufgenommen, man sollte über den Prinzen von Oranien öffentlich die Acht erklären und einen Preis, etwa dreissigtausend Dukaten, auf seinen Kopf ausschreiben, auch den Adel könnte man dem Mörder offerieren. Der König aber dachte an Versöhnung. Er hatte geduldig den Vorschlag Espinosas angehört und wie gewöhnlich erwidert, der Grossinquisitor solle schriftlich seinen Vorschlag einreichen. Espinosa hatte es getan. Eboli hatte das Memorandum gelesen, höhnisch lächelnd. Daran dachte er nun und lächelte das selbe höhnische Lächeln. Über dieses Lächeln war Espinosa in Zorn geraten und hatte dem König erwidert, dass er nicht mit Briefen lustwandle.

Philipp sah seinen Grossinquisitor an. „Gehen Sie", sagte er zu Espinosa, „gehen Sie und bringen Sie diese Briefe sogleich!"

Espinosa starrte ihn an. Er stotterte, er wisse nicht genau, sein Sekretär sei über Land, er empfange soviele Briefe.

„Gehen Sie", sagte leise der König und warf dem Kardinal einen glühenden Blick zu, „suchen Sie diese Briefe.

Ich gebe Ihnen Zeit bis zum Mittag. Mönchlein", schrie Philipp plötzlich, „wenn du mich anlügst, mache ich dich hin!"

Espinosa starrte den König an. Er versuchte zweimal, aufzustehn. Es misslang ihm. Er wollte reden. Nur ein Ächzen kam aus ihm. Endlich gelang es ihm, aufzustehn. Da er stand, fand er seine Kraft wieder. Er straffte sich und sagte, er werde schon am Morgen die Briefe vorlegen, und nicht nur diese, er habe ein bedeutendes Material dem König vorzulegen, über die Umtriebe gewisser Diener des Königs, da traf ihn ein neuer Blick Philipps, ein Zittern befiel den Grossinquisitor, er sah den Mord im Blick des Königs, Espinosa unterdrückte mit äusserster Gewalt sein Zittern, nur seine Lippen bebten noch, als er fast flüsternd sagte: „Morgen früh, spätestens am Mittag bringe ich alle Briefe, auch vom Erzbischof von Mecheln." Er wiederholte: „Spätestens morgen Mittag", grüsste den König, ging nach Haus, aufrecht, nur seine Lippen hörten nicht zu zittern auf, er legte sich zu Bett, die Ärzte kamen, er konnte nicht mehr sprechen, nur seine Lippen zitterten, die Ärzte liessen ihm zur Ader, er fiel in Ohnmacht, die Ohnmacht zog sich hin.

Gegen Mittag kamen Eboli, Perez und noch einige jüngere Minister ins Haus des Kardinals und gingen in sein Schlafzimmer und traten rechts und links an sein Bett und hörten die Erklärungen der Ärzte.

„Der Kardinal", sagte vorsichtig der älteste Arzt, „liegt seit elf Stunden ohne ein Lebenszeichen, man darf ruhig sagen wie tot."

„Er ist tot", erklärte Eboli. „Ich komme aus dem Kabinett des Königs. Se. Majestät befahl ausdrücklich, den Leichnam des Grossinquisitors unverzüglich einzubalsamieren. Ich bürge für alle Folgen. Öffnen Sie die Leiche!"

Die Ärzte holten ihre Messer und Materialien, entkleideten und wuschen den Greis und rüsteten alles. Die Minister standen ums Bett und sahen zu. Der älteste Arzt, ein Mann mit ehrwürdig weissem, langem Bart, setzte das

Messer an den weichen Bauch des Greises und schnitt, da streckte der nackte Grossinquisitor seine Hand aus und griff ins Messer. Der Arzt hielt inne.

„Was gibt's?" fragte Eboli.

Der Arzt wies auf den Kardinal. Zuckungen gingen durch die Gliedmassen des nackten Greises.

„Das bedeutet nichts", sagte Eboli und wandte sich ab.

Die Ärzte weigerten sich, fortzufahren, ehe nicht des Königs ausdrücklicher, nochmaliger Befehl sie ermächtigen würde. Ein Kämmerer lief zum Palaste und brachte des Königs Antwort. Der König befahl, die Leiche einzubalsamieren.

„Die Leiche!", begann ein jüngerer Arzt. „Indes..."

Da sagte Eboli: „Der neue Grossinquisitor Quiroga, der Erzbischof von Toledo, hat die Totenfeier schon angeordnet, der Termin steht fest."

Da vollendeten die Ärzte ihr Werk. Es ward eine schöne Leiche. Der greise Arzt war ein Künstler in seinem Fach.

Der König überschlug die Tausende, die Espinosa verbrannt, und die Millionen, die er im Namen Gottes erpresst hatte, und war mit der Bilanz zufrieden, und verzieh dem Hingeschiedenen. Toten vergab der König viel.

Philipp achtete nicht mehr seiner Jahre. Bald war er ein Mann von Fünfzig. Er fuhr von Madrid nach Segovia, von Segovia nach Aranjuez, von Aranjuez nach dem Escorial, die öde, baumlose Strasse zu den nackten, niedern Hügeln im steinigen Land. Ein paar Mal ging er auf die Jagd, in den Wäldern wechselte er ein paar Worte mit einem Montero, mit einem Alkalden, den fragte er nach seinem Amt, den nach seinen Geschäften, jeden nach seinem Stand. Selten speiste er öffentlich, selten mit Weib und Kindern, Freitags stets im Verborgenen, weil er — mit Erlaubnis des Heiligen Vaters — Fleisch ass (aus Frömmigkeit nur einen Fleischgang). Ein paar Mal im Jahr zeigte er sich auf einer Galerie, die von seinen Gemächern zur Kapelle führte, dem ausgewählten, gut bewachten Volk, später blieb er ganz in seinen Gemächern. Viele Granden und Adlige zogen sich zurück vom Hof, wo sie sich arm machten, um zuletzt zweimal oder dreimal im Jahr den König von ferne gesehen zu haben. Vielen erschien der König wie aus Stein, steinern die Allüre, steinern das Herz. Ein Stoiker, sagten die Gelehrten. Ein grosser Mann, erklärten die Höflinge. Die Hofchronisten schrieben, im Volk heisse Philipp der Kluge, Gütige, Gerechte. Philipp sagte, er sei der Kirche Diener, er fordere nur Gehorsam, er lebe nur für die katholische Religion. Er ward feierlich mit sich selber. Oft sass er allein im Kabinett, vor seinen Briefen, Akten, Rechnungen, oder er lag allein im Bett bei einer Kerze Licht mit seinen Rechnungen, Akten, Briefen, spät in der Nacht, und lächelte gnädig, und winkte, näherzutreten, und sagte: Sosegaos, beruhigen Sie sich, und erklärte abschliessend: Ich werde es meinem Rat vorlegen. . die geübten Worte in die Luft sprechend, zu Schatten, zu Gedanken, zu seinen eigenen Plänen, ja zu sich selber (Gnädiges Lächeln, Sosegaos, leise Stimme, dem Rat vorlegen, in Erwägung ziehen, so fort). Philipp trieb alles still zum Äussersten, alles mit starrer Würde und grossen Verzögerungen. Zu Aranjuez zeugte, im Escorial büsste er; dort pflanzte er Bäume, hier baute er Wohnungen für seine Heiligen und seine Toten. Die Heiligen schützten ihn vor dem Teufel, Satan war mächtig. Philipp spürte seine Kralle hinter Ketzern und Rebellen, hinter dem ungehorsamen Sohn, der eigensinnigen Frau, den untreuen Dienern und den feindlichen Königen. Mit wollüstiger Neugier fand Philipp Satans Spuren an sich. Er duldete, dass die Minister von ihm wie von Heiligen sprachen, ihm schrieben, sie hätten die sehr heilige Antwort der Majestät erhalten. Gott war sein Vater, die Toten wurden seine Freunde.

Lange Jahre verbrachte Philipp mit der Jungfrau Leokadia und ihrer Heimführung. Leokadia stammte aus Toledo und war eigenen Angaben zufolge des Galiläers Sklavin. Die Mönche von Saint-Ghislain in Flandern verwahrten sie in ihrem Kloster und liebten sie inbrünstig. Decius hatte sie geprügelt, Ildefons sie heilig gepriesen. Lange hatte sie zu Oviedo gehaust, mit den Sarazenen war sie verschwunden. Ich will sie haben, schrieb Philipp oft an

Alba. Alba glaubte nicht an ihre Echtheit. Obendrein war sie nicht komplett. Alba schrieb dem König: ‚Wir haben schon genug Heilige in Spanien! Ich brauche Soldaten!'

Das sollte er büssen. Da er mit seinem Sohne Friedrich zu Hofe kam, ernannte der König am andern Tag die verlassene Guzman zur Ehrendame der Königin Anna und las im Staatsrat die Briefe der Guzman aus dem Kloster Santa Fe zu Toledo vor, die an den König klagend von der Kürze des Lebens und verlangend von ihrem Friedrich schrieb, der freilich nach so langen Jahren ihre Gestalt, ihrer Augen Farbe, ihres Fleisches Geschmack vergessen hatte. Der König schickte Friedrich ins Gefängnis. Der abgeurteilte Prozess ward neu begonnen. Des Königs Beichtvater Chaves, des Königs Kabinettsekretär Vasquez und Präsident Pazos waren die Richter. Sie luden den Alba vor, sie stellten ihm hundert einfältige Fragen, nach dem System der Inquisition. Die Richter klagten den Sohn, sein junges Weib und den Vater an. Alba behandelte die Richter wie Bedienstete. Geringschätzig lächelnd erklärte er, der König habe die Ehe Friedrichs erlaubt und zeigte Briefe der Majestät nach Flandern. Philipp schrieb Pazos, man muss den Prozess besser führen. Die Richter baten den König um die Erlaubnis, Friedrich zu ewigem Kerker, Alba und sein Weib zum Exil auf ihren Gütern zu verdammen.

Der König schrieb an den Rand, wo vom ewigen Kerker Friedrichs die Rede war: ‚Recht gut!', aber wo vom Exil auf den Gütern stand, schrieb er: ‚Falsch! Man muss den Alba halten, wo man ihn kontrollieren kann!' und bestimmte ihm zum Gefängnis den kleinen Ort Uzeda, nur den Umkreis der bewohnten Stadt. Die Herzogin erhielt die Erlaubnis, beim Herzog zu bleiben. Sein Sekretär, der einäugige Albornoz, kam ohne Prozess ins Gefängnis.

Bis zur Verkündung des Urteils kam der alte, weltberühmte Alba täglich ins Vorzimmer des Königs, ging in jede öffentliche Audienz, erschien zu den Sitzungen des Staatsrats, nahm schweigend Demütigungen an. Als er einmal den König zu sprechen wünschte und zum Spektakel des Vorzimmers zwei Stunden vergeblich gewartet hatte, ging Alba zur Tür und zog den Schlüssel zum Kabinett des Königs, den nur er, Eboli und Espinosa erhalten hatten, um wie in alten Tagen aufzusperren und zwanglos einzutreten, da fand er die Tür von innen zugeriegelt. Alba rüttelte zweimal, die Türe öffnete sich brüsk und der elegante Minister Perez stand in der Tür und schrie: „Der König ist beschäftigt!" und schlug dem Greis die Türe vor der Nase zu. Alba ging zu einem Fenster. Als Eboli, später angekommen, noch vor dem Herzog ins Kabinett gerufen wurde, sagte Alba laut hinter ihm drein: „Grosser Meister in Bücklingen! Das sind die Lieblinge Philipps!" Am Abend speiste der König öffentlich im kleinen Zirkel. Alba erschien bei Tafel. Als er zu reden anfing, begann Perez eine alberne Geschichte zum besten zu geben, von einem Lizentiaten, der in den Glauben fiel, er sei aus Glas. Alba blickte in die Runde. Alle schienen einverstanden mit Antonios Frechheit. Endlich erbarmte sich ein Feind. Marquis Los Velez, der geschlagene General aus dem Moriskenkrieg, begann ein Gespräch. Er erklärte dem Alba, das Unglück Spaniens sei, dass es nicht Portugal besitze. Da fragte Alba laut: „Wohin sollten dann unsere Kinder vor einem König flüchten?"

Am andern Tag erhielt der Herzog sein Urteil; er bat um Audienz, der König verweigerte sie. Ein Alkalde kam in des Herzogs Palast und begleitete ihn bis in den Ort Uzeda. Den Tag zuvor war Simon Renard in seinem Kerker gestorben. Den ganzen Tag hatte der Sterbende stündlich aus dem Gefängnis Briefe und Boten an Alba, seinen alten Freund aus kaiserlichen Zeiten, geschickt, er sterbe, er wolle vor dem Tod Alba sehn, er habe ihm Wichtiges zu sagen, er könne nicht ruhig sterben, er bitte nur um die Zeit, die ein Paternoster nimmt. Der Herzog, der in den Zeiten seines Glanzes vergeblich für den unglücklichen Freund sich bemüht hatte, sass den selben Tag im Vorzimmer des Königs und bettelte vergeblich um Audienz. So nahm der alte Simon Renard sein Geheimnis oder seine Bitte oder was er auf dem Herzen hatte, in die bessere Welt hinüber. Alba schrieb aus Uzeda an Philipp: ‚Sire! Die Könige benutzen Menschen wie Pomeranzen. Sie drücken sie aus und werfen die Schale weg.'

Im höchsten Sommer, am heissesten Tag des Jahres, legte sich Eboli gegen Mittag zu Bett. Er war im Kabinett des Königs, mitten in einem gleichgültigen Gespräch, in Ohnmacht gefallen. Eboli kam rasch wieder zu sich. Der König war sehr besorgt, sehr gnädig, und bestand darauf, dass Eboli sich zu Bett lege. „Für heute nur", sagte Philipp, „ruhen Sie aus. Morgen sind Sie der alte wieder." Am andern Tag fühlte sich Eboli schwächer. Er versuchte aufzustehn. Es gelang ihm nicht. So blieb er liegen. Er schickte einen Pagen zu seiner Frau. Anna lief hastig in sein Zimmer. Vor der Tür blieb sie stehn und wartete, bis ihr Atem ruhiger wurde. Sie zitterte, als sie eintrat. Sie setzte sich auf sein Bett. Eboli sah sie einen Augenblick an und blickte fort. „Du fühlst dich müde?" fragte Anna ihren Mann.

Eboli tauschte einen kurzen Blick mit seiner Frau. Dann schaute er zur Decke und stöhnte.

„Du hast Schmerzen?" fragte Anna zärtlich, ängstlich.

Eboli lag still. Bald kamen die Ärzte des Königs. Philipp hatte sie gesandt. Sie liessen dem Kranken zur Ader. „Es ist keine Gefahr", sagten sie. „Eine gewisse Ermüdung, die Last der Geschäfte, die vielen Nachtwachen, eine kleine Erschöpfung. Ein paar Tage Ruhe, reichliches Essen, ein wenig Wein!" Die Ärzte gingen unter grossen Bücklingen.

Eboli zitierte vor seiner Frau, die Ärzte waren noch nicht aus der Tür, das Sprichwort von den kastilischen Ärzten: Lange Röcke, kurze Wissenschaft!

Anna sagte lächelnd: „Da hast du es gehört, mein Lieber. Es ist nichts. Du bist ein wenig müde."

„Ja", sagte Eboli höflich wie immer, „müde."

Am Abend kam Antonio Perez. Er erschrak, als er seinen Freund sah. Schweigend setzte er sich ans Bett des Kranken.

„Nun", fragte Eboli mit schwacher Stimme, „lieber

Freund, wie finden Sie mich? Ein wenig müde? Wie? Ein wenig Ruhe? Was?"

Antonio schwieg bekümmert. Anna sass zu Häupten ihres Mannes, Perez zu seinen Füssen. Eboli wandte seinen Blick nicht vom Gesicht des Freundes, als lese er die Antwort dort, als errate er ein Urteil. Antonio erwiderte den Blick des Freundes. Eboli lächelte. Dieses Lächeln schien dem Freund am schwersten erträglich. Antonio öffnete die Lippen, er schwieg.

„Antonio", murmelte Eboli, „du bist mir eine Antwort schuldig geblieben. Ich fühle sie da." Eboli legte die Hand auf seine Brust.

Anna weinte still, mit unbewegter Mienc. Nie hätte sie gedacht, dass sie diesen Ruy Gomez, diesen Fürsten von Eboli so schmerzlich liebe. Eboli sah sein Weib von der Seite an und bewegte mit grosser Mühe seine Hand. Sie ergriff sie mit beiden Händen. Ebolis Hand war heiss und trocken. Anna hielt sie. Die Kerzen flackerten. Es war zum Ersticken heiss.

Gegen Abend kamen die Ärzte des Königs wieder. Sie betrachteten den Kranken flüchtig, äusserten, es sei alles wie gesagt, zwei von ihnen erboten sich, die Nacht im Haus des Ministers zu verbringen. Man führte sie in ein Zimmer und reichte ihnen ein Mahl.

Zwei Stunden später kam Philipp ins Haus seines Dieners. Nur zwei Monteros, zwei Fackelträger, ein Arzt und sein Beichtvater de Chaves begleiteten ihn. Alle gingen in den Vorsaal. Der König blieb mit seinem Minister allein. „Sie müssen beichten, lieber Freund", sagte der König, „ich habe alles angeordnet. Sie werden das Sakrament empfangen." Philipp setzte sich zu Häupten Ebolis.

Eboli hatte vergebliche Anstalten gemacht, um den König geziemend zu begrüssen. „Vergeben Sie, Sire!" bat er, „meine Schwäche..."

Der König unterbrach ihn. „Erinnerst du dich, Ruy Gomez, wie ich dir das Leben rettete, als du mich schlugst, den Sohn des Kaisers? Karl wollte dich umbringen. Wie habe ich um dein Leben geweint! Jetzt willst du fortgehn?

Du verrätst mich. Schworst du nicht, mir dein ganzes Leben zu schenken? Willst du dein Wort nicht halten?"

„Sire", sagte Eboli sehr langsam, als finde er die Worte nicht mehr. „Ich kann nicht mehr!" Eboli weinte.

Der König betrachtete still die Tränen seines Freundes. Endlich stand Philipp auf. Er murmelte. „Die Geschäfte, du weisst."

Eboli flüsterte: „Und der Kurier aus den Niederlanden? Das Gerücht von einem grossen Sieg... Ist es wahr?"

Philipp vergass sich. Er setzte sich aufs Bett seines Kämmerlings. „Ein grosser Sieg", erzählte er eifrig und bekümmert, „und für den Teufel! Zu Mook schreibt der Generalstatthalter Requesens, hat er die neue Armee von Ludwig Nassau massakriert. Verloren ist das Geld, das unser Vetter Karl von Frankreich dem Nassau geliehen hat. Die Deutschen haben die eigene Feldkasse geplündert. Nassau, sein Bruder Heinrich, der Herzog Christoph von der Pfalz sind erschlagen, ihre Leichname verschwunden."

„Viktoria!" flüsterte Eboli.

„Es ist nichts", erklärte kummervoll der König. „Am nächsten Tag haben unsere Veteranen gemeutert, schreibt Requesens, sie haben unsere Stadt Antwerpen besetzt und mit ihren Weibern und Trossknechten bei den Bürgern sich einquartiert. Sie beichten nicht mehr. Sie kommunizieren nicht, nicht einer geht zur Messe. Requesens hat mir drei Briefe geschickt, jeden dreissig Seiten lang. Er schreibt, der Teufel ist gegen uns. Der Oranien, schreibt er, hat einen Pakt mit dem Teufel. Glaubst du daran, Ruy Gomez? Requesens musste die Belagerung der Stadt Leyden aufgeben, wir haben kein Geld mehr, wir haben keine Soldaten. Die Holländer machen Papiergeld, ich habe keinen Kredit. Ich bin mutlos, Eboli. Quiroga, unser milder Grossinquisitor, sagt, alle Niederländer sind schuldig, die Rebellen, und die behaupten, keine zu sein, alles eins, sagt Quiroga, Wolf und Fuchs sitzen im selben Rat, wie das Sprichwort sagt. Ich schrieb heut dem Requesens, was besser sei, die Provinzen zu überschwemmen oder sie niederzubrennen, wie der unselige Alba riet? Nichts schlug bis heute an, und doch ist Gottes Wille klar. Die Niederlande ersäufen, hat einen Anstrich von Grausamkeit und verdürbe unsern guten Ruf, schrieb ich dem Requesens. Das vermeidet man besser. Aber niederbrennen, die Städte, die Dörfer, die Bäume und Ernten, das ginge; denn der Grund und Boden bleibt uns, und sie werden sich unterwerfen müssen. Ich stellte ihm den Zeitpunkt der Aktion frei. Vielleicht sei der erste Frost günstig. So weit, so gut. Nun erhalte ich einen Brief von Granvella. Er rät dringend zur Milde. Das Messer, schreibt er, schneidet schon zu lange. Sogar die Mönche fliehn vor uns. Sogar die katholischen Geistlichen in Flandern sind gegen uns und setzen sich eher mit Ketzern zu Tisch als mit Spaniern! Was tun, lieber Ruy Gomez? Wäre ich nur Kaiser geworden... sie wählten einen andern."

Ruy Gomez schwieg. Der König sah ihn an und begriff, dass sein Minister gar keinen Rat mehr wusste.

„Gute Nacht", sagte Philipp leise und verliess das Zimmer.

Anna und Perez blieben die Nacht bei Eboli. In der Frühe ging es ihm besser. Er verlangte zu trinken. Sie reichten ihm einen Becher Wein. Das tat ihm wohl.

Soll man die Kinder holen? fragte Anna. Eboli verneinte. Da errötete Anna. Sie empfand einen Vorwurf Ebolis.

Eboli lebte noch eine Woche. Sie begruben ihn am ersten August. Die Hitze in Madrid war schier unerträglich. Dennoch war Philipp in Madrid geblieben.

Die Fürstin Eboli schrieb nach Granada, an ihren alten Onkel Mendoza. Sie schrieb: ‚Mein Mann ist tot. Ich bin unglücklich. Der arme Eboli! Ich fühle einen brennenden Durst nach ich weiss nicht was. Ich habe schreckliche Träume. Ich wache auf und will zu Eboli laufen, in der Nacht glaube ich, er lebt noch, ich steige aus dem Bett, gehe über den Flur, zu seinen Zimmern. Vor der Tür erinnere ich mich, dass Eboli nie zu Hause schlief. Und komme zu mir. Ich bin unglücklich. Dabei habe ich den Ruy Gomez wirklich nie geliebt. Wenigstens zu seinen Lebzeiten nicht. Kann man sich in Tote verlieben? Es war immer mein ganzer Stolz, vernünftig zu sein. Was ist aus mir geworden?

Mein alter Freund, ich kenne mich nicht mehr. Wärest du nicht verbannt, ich riefe: Mendoza! Zu Hilfe! Wäre nicht Philipp, und ein kindisches Gefühl, als wohnte in Madrid ein Mann, der mir meine verlorene Jugend ersetzte, mehr, weiter... Mendoza, ich liege den langen Tag im Bette und denke über das Leben nach. Ich wusste alles so genau. Ich spreche nicht von den Irrtümern meines Lebens, von den Fehlern. Das ist so gewöhnlich. Du kennst mich. Vor Dir habe ich keine Scham. Ich habe Dich gern, Mendoza, und weiss, dass Du ein grosser Mann bist. Ich war immer gescheit genug zu wissen, dass nur die Denkenden, nur die Betrachtenden wahrhaft gut sind. Im geheimsten Winkel meiner Vernunft, in meiner reinsten Stelle habe ich Dich immer angebetet, teurer Onkel Mendoza. Aber meine unreinen Stellen, die Höhlungen meiner Leidenschaften, sind finsterer und mächtiger, mich zieht es zu den Handelnden. Ach, die Grossen sind selten gross. Neulich fragte ich den Philipp: ‚Sire? Und Ihre Familie? Lieben Sie Ihre Familie?' Und dachte: Seine Familie? Verrückte und Mörder! Er gab mir keine Antwort. ‚Sire', fragte ich, ‚wen lieben Sie?'

‚Meine Pflicht', antwortete er. Ich werde giftig über solchen Worten. ‚Philipp', sagte ich, ‚du hassest die Menschen.' Da antwortete er: ‚Ja aber sind dir denn die Menschen sympathisch?' Was soll man darauf erwidern? Allgemeinheiten machen gemein. Was soll ich tun? Mendoza, wärest Du nicht verbannt, ich riefe Dich zu Hilfe. Vielleicht komme ich zu Dir nach Granada. Manchmal denke ich, ein Kloster wäre gut. Umarme mich, in Gedanken, lieber, treuer Freund!'

Die Fürstin Eboli las den Brief nicht, bevor sie ihn siegelte und mit einem treuen Boten absandte. Vier Wochen später erst las sie ihn zum zweiten Mal, da ihn ihr Bote uneröffnet aus Granada wiederbrachte. Ihr Onkel Mendoza war tot. In der Verbannung gestorben und begraben, wie es sich für Poeten ziemt, wenn Tyrannen herrschen. Anna las ihren eigenen Brief wieder und schämte sich und verstand ihn nicht mehr. Sie brach auf, um ins Kloster der unbeschuhten Karmeliterinnen zu Toledo zu fahren und dort zu leben, unter der Hut der berühmten Teresa von Avila, der frommen Reformatorin. Anna Eboli ging ins Kloster, und die Königin Anna triumphierte.

Da die junge Königin des Abends im Kabinett sass, sanft lächelnd und wieder in Hoffnung, und an einer Altardecke stickte und von Zeit zu Zeit Sand auf den Namen des Königs Philipp streute, und von Zeit zu Zeit mit langen, triumphierenden Blicken ihn musterte, den kahlen Kopf, den weissen Bart, die emsigen Hände, sagte sie plötzlich, als Philipp aufblickte: „Ich habe sie ins Kloster geschickt."

Philipp blinzelte, wie vor zu starkem Licht. „Was sagst du?" fragte er, noch lächelnd wie gewöhnlich. Ehe die Königin antworten konnte, rief der König die Damen seiner kleinen Lieblingstochter Klara Eugenia, die neben ihm sass und seine Arbeit kontrollierte, und erklärte, die Infantin wünsche, sogleich zu Bett zu gehn. Da Philipp mit seiner Frau allein war, sagte Anna rasch und mit einem komischen Ausdruck im Gesicht, wie ein ängstliches Schulmädchen, das mehr weiss als sein Lehrer und den Triumph nicht verbergen kann und doch nicht vergisst, dass es ausgeliefert ist, rasch sagte die junge hoffende Königin: „Ich habe sie ins Kloster geschickt."

Philipp war grenzenlos erstaunt. Den Entschluss der Fürstin Eboli, ins Kloster zu gehn, hatte er mit Unwillen vernommen. Nur seine Langsamkeit und seine gewöhnliche Unentschlossenheit hatten dieses ihm peinliche Ereignis nicht verhindert. Die Eboli hatte es dem König in der Nacht mitgeteilt und war am Morgen abgereist. Philipp sehnte sich nach ihr. Da sie Madrid verlassen hatte, hielt er an sich und sprach nur ein bitteres Wort im allgemeinen über Frauen vor seinem jungen Minister Perez aus, am Morgen, als der neue Kammerdiener Santoyo die Füsse des Königs massierte. Perez hatte das Wort sogleich der Fürstin ins Kloster nach Toledo geschrieben. Philipp hatte den Entschluss der Eboli für eine flüchtige Laune einer Weltdame gehalten. Auch er pflegte nach Bestattungen von Gattinnen ins Kloster zu gehn, für eine Weile. Anna wird wiederkommen, sagte er sich, sie hat nach zwei Wochen die Nonnen satt. Der fromme König hielt seine Freundin für frivol. Nun aber sagte man ihm ruhig so ungeheure Dinge. Gab es einen Menschen auf der Welt, der eine Freundin des Königs Philipp von Spanien ins Kloster schicken konnte, ohne Befehl des Königs? War das nicht Rebellion? Und wer war der Rebell? Sein Weib, die unbegreifliche Österreicherin.

Philipp stand brüsk auf. Er hielt sich mit beiden Händen am Tisch.

„Was sagst du?" fragte er.

Anna blickte auf seine teuren, emsigen Hände. Da lagen sie auf den Tischrand gepresst und zitterten. Die Königin empfand Mitleid mit ihrem Mann. Philipp war fast fünfzig Jahre alt. Die Liebe der alten Männer ist furchtbar, dachte die Königin Anna und legte ihren Stickrahmen auf den Tisch, mitten unter die Akten der halben Welt. „Beruhige dich", bat Anna. „Ich und die Fürstin Eboli verstanden uns recht gut. Sie ist eine reife Person. Wir sassen eine kleine Stunde beisammen. Natürlich bot ich ihr einen Stuhl an. Du kennst mich. Die Eboli ist gescheit. Sie sprach lange von deiner Güte. Sie urteilt sehr gerecht über dich. Wir waren ganz aufrichtig miteinander. Sie hat mich begriffen. ‚Bin ich mit Philipp verheiratet, oder Sie?' fragte ich die Fürstin. Im Scherz, solche Fragen stellt man nur im Scherz. So plauderten wir eine Stunde und stickten beide, sie stickt nicht schlecht. Sie erzählte mir viel von dieser berühmten Barfüssigen, der Teresa von Avila. Es muss eine sonderbare, schier heilige Person sein. Sie hat das Leben der spanischen Nonnen reformiert; sie lebten zuvor recht locker, erzählte mir die Fürstin Eboli. Sie sagte mir, auch du hast Briefe von Mutter Teresa erhalten. Ist es wahr? Schreibst du ihr? Ich will sie einmal sehn. In Österreich haben wir auch sehr viele Nonnen, aber sie haben nicht so strenge Regeln. Die Fürstin erzählte: Nie mehr darf eine Nonne die Mauern ihres Klosters verlassen, immer muss sie barfuss gehn, auch im Winter, es ist hart. Einmal in der Woche müssen die Nonnen der Mutter Teresa je zwei und zwei inmitten des Kapitels vor der Äbtissin öffentlich beichten, auf dem Boden knieend um Vergebung bitten und auf dem nackten Leib soviel Schläge dulden, als die Äbtissin für gut hält. Es ist hart. Bei grossen Sünden müssen sie zu jeder Mahlzeit im Refektorium stehn, zwischen den Bänken und Tischen, und bekommen nur trocken Brot. Und doch, sagte die Fürstin, fehlt es der Mutter Teresa nie an Nonnen für ihre Klöster. Ihre Nonnen gehorchen blind. Als Mutter Teresa eine junge Nonne fragte, ob sie auf ihr Geheiss in den tiefen Brunnen spränge, lief das Mädchen schon und sprang, tot holten sie es aus dem tiefen Wasser. Eine andere missverstand den Befehl der Mutter Teresa und ass wortlos ihren tönernen Teller, ihren tönernen Krug; als sie nach ihrem Topf aus Ton griff, empfanden die andern Nonnen Mitleid, eine lief nach der Äbtissin, und der Topf blieb heil. Die Fürstin Eboli fand ein schönes Wort, als sie mir das erzählte. Unser König, sagte sie, gab das grosse Beispiel; nun ahmen ihn tausend nach, nun haben wir tausend Herrn im Kleinen. So schwindet die Unordnung. Die Fürstin Eboli sagte, früher seien die Menschen alle gleich im Rang gewesen und keiner wollte dem andern gehorchen; schreckliche Zeiten, sagte sie. Am strengsten ist Mutter Teresa gegen die melancholischen Mädchen, die vor vager Trauer weinen, ohne zu wissen warum. Diese, sagt die schier heilige Teresa, die den Hang zur Melancholie zeigen, muss man um jeden Preis brechen; genügen Worte nicht, gibt man Schläge; genügt ein Monat Dunkelhaft nicht, vier Monate also; es geschieht zum Heil ihrer Seelen. — Als die Fürstin Eboli mir das erzählte, fragte ich sie: ‚Und Sie, meine liebe Fürstin, leiden Sie nicht an Melancholien?' ‚Ja, ja', antwortete die Fürstin. Da riet ich ihr, ins Kloster zu gehn. Zu Toledo ist das Nonnenkloster San José, das war das erste, welches die Mutter Teresa begründet hat, es ist das strengste. Die schier heilige Teresa sagt, ihr grösster Kummer sei, dass sie noch essen müsse, besonders kränke es sie, wegen der Nahrung ihre Gebete zu unterbrechen. Die schier Heilige! Sie muss schon mehr Geist als Fleisch sein.

Die Fürstin Eboli erzählte mir, Mutter Teresa kennte keine Strafen gegen die Unkeuschheit. Das Fleisch existiert nicht mehr in ihren Klöstern. Sie leben dort in Entzückungen und Visionen und herrlichen Bussen. Ich riet der Fürstin Eboli zu diesem Kloster. Sie sagte, es sei seit einiger Zeit ihr Wunsch, schon könne sie den Wunsch eine Absicht heissen, mein Rat mache die Absicht zum Entschluss. Wir sassen wie Freundinnen zusammen. Wir stickten, wir lächelten, wir verstanden uns. ‚Und wenn ich', fragte die Eboli, ‚bei Hofe bliebe?' Ich sagte: ‚Arme Fürstin! Kennten Sie meinen Philipp, wie ich ihn kenne. Er ist so gütig, so gerecht, so weise. Sie werden im Kerker enden', sagte ich ihr. ‚Unselige, fliehn Sie beizeiten. Sie stehn an der Schwelle des Alters. Die Gute gibt vierunddreissig Jahre zu, sie ist älter, sie sieht einer Vierzigjährigen gleich. Ich sagte es ihr, höflich und lächelnd, du kennst mich. ‚Wer', fragte ich die Fürstin, ‚soll Sie bei Hofe schützen, wenn ich nicht Ihre Freundin bin, und Philipp über den Weltgeschäften Sie vergässe? Man wird Sie jagen, wird Sie mit hundert Nadelstichen verletzen, und wenn es eine vergiftete Nadel wäre? Ihre Söhne sind zu jung. Sie sind eine Witwe', sagte ich. ‚Ihr Mann ist tot. Wollen Sie sich in Kabalen und Intrigen einlassen? Man weiss', sagte ich ihr, ‚Sie sind schuld, dass der König den Alba fortgejagt hat. Eboli war im Grunde sanft, er war kränklich. Ihr Stolz', sagte ich, ‚Ihr Ehrgeiz, Ihre Einbildung sind unerträglich. Am Hofe Philipps', sagte ich, ‚ist kein Platz für zwei Königinnen, und Sie sind die illegitime. Der Krieg zwischen der Witwe eines Pagen', sagte ich ihr, ‚und eines Kaisers Tochter kann nicht lange dauern. Und mein Haus führt blutige Kriege.' ‚Ich bin eine Mendoza', sagte sie, und schien einen dummen Stolz dabei zu empfinden. ‚Ich bin eine Habsburgerin', antwortete ich ihr, ‚und wir hassen tödlich.' Sie sagte, ihr läge nichts an Madrid und am Hof, aber du liebtest sie und würdest sie nicht fortlassen. Ich musste lachen, Philipp! ‚Der König', sagte ich ihr, ‚ist ein frommer Katholik und liebt sein Weib. Ich zeigte auf meinen Bauch. ‚Sehn Sie nicht, dass Philipp mich liebt?' fragte ich sie. Sie erfrechte sich und lachte. Überhaupt hat sie einen ordinären Zug. Ihr Teint ist mittelmässig. Und ihre Stimme ist gell. Ich verstehe nicht, wie diese Frau, die ihre Jugend verloren hat, noch Männern gefällt? Es ist immer dasselbe, Männer lieben nicht die Schönheit, sondern die Begierde der Weiber. Wir sprachen auch über diese Regierungsparteiungen. ‚Das wird aufhören', sagte ich ihr, ‚dieser Zank bei Hofe soll enden. Die Spanier', sagte ich ihr, ‚sind zu stolz und zu träge. Wir sollten deutsche Minister haben, die schaffen Ordnung und sind fleissig und pünktlich.' Ich wollte es dir schon lange sagen, Philipp; du siehst, es gibt fast nichts zu erzählen. Ich und die Fürstin plauderten. Es waren Frauengespräche. Willst du wissen, warum ich dir alles erzähle?"

Anna blickte sanft lächelnd ihren Gatten an, der seine unbequeme Stellung nicht aufgegeben hatte und dessen Miene still wie gewöhnlich schien. „Willst du es wissen?" fragte Anna.

Philipp spürte einen Krampf in den Händen. Er fürchtete einen neuen Anfall seiner Gicht. Aus Höflichkeit lächelte er. Der Krampf liess nach.

Anna war aufgestanden. Ihr Kleid zeigte ihre schönen, nackten Brüste. Da sie nahe vor den König trat, geschah etwas Furchtbares. Im Kabinett, das nicht einmal verriegelt war, in das der Kammerdiener Santoyo oder ein Sekretär eintreten konnte, im Kabinett ergriff der König seine Frau bei den nackten Brüsten und umarmte sie. Danach ging Philipp mit seiner Frau zu Bett und liebte sie noch viele Male. Er ging seitdem jede Nacht mit ihr schlafen. Die junge Königin blühte. Ihr Triumph dauerte etwa hundert Tage. Ihre Hilfe im Kabinett, indes, verbat sich der König in den süssesten Wendungen. Fortan durfte Anna nie mehr Sand auf seinen Namen streuen. Sie musste die köstlichen Altardecken in ihren eigenen Gemächern sticken. Dort empfing sie auch sehr häufig den Baron Khevenhüller, den kaiserlichen Gesandten, und hatte lange, geheime Gespräche mit ihm. In diesen hundert Tagen ihres Triumphes wechselte sie lange Briefe mit ihrer Mutter, der Kaiserin-Witwe Marie, der Schwester Philipps, und lud sie nach Madrid, und schrieb häufig ihrem Bruder, dem Kaiser, und hatte häufig ihren jüngsten Bruder Albert bei sich, der mit ihr aus Österreich gekommen war, er war noch ein Knabe, der König versprach, ihn mit des Papstes Hilfe zum Kardinal zu machen.

Als Annas Schwangerschaft fortschritt, zog der Hof nach Segovia. Da gebar Anna ihren dritten Sohn, Philipp gab ihm den Namen Diego, und sie hiessen ihn auf Bitten Annas Diego el Felix. „Er wird glücklich sein", erklärte die Königin, „denn nie zuvor war ich so glücklich, als da ich ihn unterm Gürtel trug."

Noch dreissig Tage lang war Anna glücklich ob ihrer Triumphe. Sie hatte dem König drei lebende Söhne geboren; sie hatte die gefährliche Favoritin ins Kloster der Barfüsserinnen geschickt, aus dessen Mauern keine Nonne je wieder heraus kam. Sie war voll von grössern Plänen. Sie wollte mit ihren Brüdern und ihrer Mutter dem König regieren helfen. Sie kannte die Arbeit im Kabinett. Hatte sie nicht tausendmal Sand auf Philipps Briefe gestreut, nicht tausend Briefe und Akten gelesen? Die Königin Anna war jung und lustig. Da starb von einem Tag auf den andern ihr zweiter Sohn Carlos Laurencio, der mit dem unseligen Namen, der zweijährige. Die Königin Anna sagte, der tote Bruder, jener ältere Don Carlos, ihr einstiger Bräutigam, sei im Jenseits auf seinen Vater eifersüchtig und habe sein Brüderchen geholt. Bald traf ein zweiter Schlag die junge Königin. Als der König mit dem ganzen Hof nach Toledo gezogen war, wo die Cortes dem kleinen Infanten Don Ferdinand, dem neuen Erben, gehuldigt hatten, fuhr Philipp in seiner Kutsche vor die Stadt zum Kloster San José, das zwischen Gärten in einem Orangenhain lag, und führte eine der Barfüsserinnen, die Schwester Anna von der Mutter Gottes, zur Schmach des Klosters und zum Entzücken aller Nonnen, mit eigener Hand aus dem Klostergarten in die grosse, wie gewöhnlich dicht verhängte königliche Kutsche. Noch vor den Toren der alten Stadt Toledo, sagte man, habe der König die entführte oder geraubte Nonne geschändet. Die Schwester Anna von der

Mutter Gottes, hiess es, habe es bei Hofe ausgeplaudert, Schwester Anna selber, oder wie sie wieder hiess, Anna Mendoza, Gräfin von Melito, Herzogin von Pastrana, Fürstin von Eboli. Anna kehrte strahlender und stolzer als je zum Hof zurück, des Königs erklärte Favoritin.

Die Königin empfing sie fast mit Zärtlichkeit. „Sie haben uns gefehlt", sagte sie laut und reichte ihr gnädig die Hand zum Kusse. Keiner sah, dass ihr Handrücken unsanft gegen die Zähne der Fürstin Eboli stiess. Die Königin schien es selber nicht zu merken. Anna tat, als merkte sie nichts.

Das Leben im Kloster schien sie verwandelt zu haben. Sie erschien herrischer, frecher, schöner. Tollköpfe begingen ihretwegen Tollheiten, Kluge machten Dummheiten, Poeten machten Verse, Tapfere zitterten um ein Lächeln der frechen Anna. Ja, sie war frech geworden seit dem Tod ihres Mannes. Sie erzählte ihren Freunden, das Leben im Kloster mache böse. Die Mutter Teresa beklagte sich bitter über diese falsche Nonne vom Hof. Die Fürstin sei mit einem Hofstaat, mit Rittern, Pagen, Musikbanden, Dueñen, Mohrensklavinnen, Verschnittenen und zwölf Bravis in Toledo angekommen. Den Hofstaat liess sie in Toledo. Sie sei barfuss gegangen, habe gefastet, gebetet, das ging in Ordnung. Aber schon ihre öffentliche Beichte vor den andern Nonnen schuf einen riesigen Skandal. Es war, als kniete Astarte, oder die Heidengöttin Venus zur Beichte nieder. Die keuschen Ohren der Nonnen tranken die Flut der Sünden! Welche Laster! Hölle in einem Weiberherzen! Und immer mischte die Schwester Anna von der Mutter Gottes des Königs Namen, ja des Königs Leib in ihre Beichterzählung. Das Kloster San José sei für lange Zeit verderbt. Und welcher Ungehorsam! Welcher Stolz! Welche Melancholie! Die Mutter Teresa wagte nicht, Einzelheiten zu erzählen. Die Schwester Anna habe junge Nonnen zu abscheulichen Dingen verführt, sie habe geflucht, sie habe ihre Schwestern geschlagen, sie habe vollkommenen Gehorsam von allen gefordert, als sei sie die Oberste, sie habe sich nicht gescheut, Nonnen ins Gefängnis auf ihr Schloss zu schicken, und halte sie noch jetzt fest, niemand wisse, warum. Teresa von Avila, eine grosse, mächtige Frau, hatte den Grossinquisitor eingeschüchtert, vom König Philipp Respekt erlangt, gegen den Nuntius des Papstes sich behauptet, von vielen tausend Frauen die äusserste, demütigste Unterwerfung, die schrecklichsten Verzichte erlangt, vor dieser Favoritin war die schier Heilige aus ihrem eigenen Kloster gewichen, zitternd und beschämt. Die Fürstin Eboli sprach nach ihrem Auszug aus dem Kloster mit Respekt von der Mutter Teresa. „Eine energische Frau", sagte sie und zitierte mit besonderm Vergnügen die Versuchungen der jungen Teresa von Avila. Teresa, die erst mit siebenundvierzig Jahren den spanischen Nonnen das Leben zu verschärfen und zu verwandeln begann, war mit neunzehn Jahren, ein junges, schönes, feuriges Mädchen, in ein Kloster gegangen; nie mehr seitdem hatte sie die wilden Erscheinungen ihrer Jugend vergessen, die geheimen Wirrnisse und intimen Versuchungen durch ihren Dämon. Einmal, erzählte Teresa ihren Nonnen, war ich im Oratorium, da erschien mein Dämon, zu meiner Linken, mit einem schönen abscheulichen Antlitz. Ich sah nur auf seinen Mund, auf die sprechenden Lippen. Eine grosse Flamme ging aus seinem Leib, ich spürte eine schreckliche Hitze, die Flamme war gross und weiss und schattenlos. Seine Stimme liess mich erzittern. ‚Du bist meinen Händen entglitte, sagte ern', ‚du fällst mir wieder zu.' In meiner Verwirrung machte ich so gut ich konnte das Zeichen des Kreuzes, und er verschwand. Er kam zweimal zu mir. Ich wusste mir nicht zu helfen. Ich hatte Weihwasser und sprengte es nach ihm aus, und er kehrte nicht wieder. Aber, da ich in der Kapelle innig mein Gebet sage, setzt er sich auf mein Buch, um mein Gebet zu hindern. Ich schlug das Kreuz, da ging er. Als ich wieder beten wollte, kam er wieder, und da ich kein Weihwasser hatte, konnte ich nicht beten. Da sah ich im selben Augenblick Seelen aus dem Fegefeuer gehn und ich dachte, diese Wirkung meiner Gebete will er verhindern. Zuweilen drang der Dämon in mich ein, und ich schämte mich in ängstlicher Verzweiflung.

Solche Erzählungen bot die Fürstin Eboli ihren jungen Freunden, den hübschen Höflingen. Sie sprach davon beim Tanz, beim Kartenspiel, still erzählte sie, ihre Miene schien fromm, nur ihr freches Lächeln passte nicht zu Ton und Inhalt. Die jungen Höflinge hörten fromm und still zu. Nur einer lachte laut und frech, Philipps eleganter Liebling, Antonio Perez.

Der König hatte den jungen Minister beauftragt, die Geschäfte der Witwe Eboli für sie zu führen. Die Geschäfte führten ihn recht oft ins Haus der Fürstin. Anna und Antonio besprachen viel, meist spät am Abend, wenn ihn das Amt freigab. Einmal erzählte sie ihm: „Fast schon verzweifelte ich. Sechs Monate sass ich schon im Kloster, und kein Wort von Philipp, kein Brief vom fleissigsten Schreiber dieser Erde, kein Wink, kein Laut! Und ich, wie eine Närrin, gehe barfuss zwischen Barfüssigen und Stinkenden. Antonio, auch Sie sind ein Spieler! Sie kennen die schreckliche Verzweiflung, wenn man sein Alles auf eine Karte setzt. Endlich kam Philipp."

„Was hat er gesagt, im Nonnenkloster?" fragte Perez.

„Philipp?" fragte sie. „Ich weiss nicht. Er sagte nichts, glaube ich. Er nahm mich an der Hand, führte mich aus dem Garten zur Kutsche, sechs Pferde zogen uns, und Philipp umarmte mich selige Schwester Anna von der Mutter Gottes!"

„Beneidenswerter Philipp", flüsterte vernehmlich der junge, elegante, sehr mächtige Minister Antonio Perez, des Königs Philipp Liebling.

DER NEFFE AUS PORTUGAL

Sebastian sprang hurtig vom Pferd und lief die hundert Schritte zum Onkel Philipp. Es hatte geregnet, der Kot spritzte auf seine grünen Hosen. Die spanische Hofkutsche hielt an. Philipp steckte den kahlen Kopf zum Kutschenfenster hinaus. Hundert Kavalkaden hatten ihn schon auf allen Landstrassen angehalten, dort redete ein Bischof, da ein General, überall schossen Schützen. Und allerorten glichen die gemeinen Leute einander und wollten schaun und schrein. Es war ein Wald von Menschen, grüner, goldener, purpurner Wald, mit Getön und wehender Bewegung, ein Schauspiel der Natur.

Der junge Mensch, der über die Pfützen hüpfend von weitem seinen Federhut schwang und unverständlich schrie, fiel aus der Reihe der gewohnten Darbietungen heraus. Philipp zog seinen Kopf zurück, ängstlich vor der Neuerung, erkannte zwischen den Reitern seinen Kämmerling Moura, öffnete den Schlag seiner Kutsche, stieg mit jener feierlichen Würde aus, die jede Bewegung zum Staatsakt erhob, ging majestätisch durch den tiefen Kot, sehr langsam, und blieb fünf oder sechs Schritte vor dem Eiligen, plötzlich stehn, indes der von seinem Lauf Hingetragene hart vor Philipp die Arme öffnete, um den Onkel zu küssen, und umsonst auf die Umarmung seines alten Onkels wartete. Zögernd liess der enttäuschte Neffe die leeren Arme sinken, lachte ganz kurz und hoch und lispelte: „Hoheit!", schon mit einer hochmütigen Miene, die sich verfinsterte, ein kindischer Gram zog seine Lippen herab, in den Augen flackerte Jähzorn.

Da endlich hob König Philipp wie nach einer Erstarrung seine beiden Hände, mit Mühe, als gehorchten sie ihm nicht mehr, oder als hätte er sie entliehen, so schwer, so hölzern hob er sie auf Sebastians Schultern und murmelte mit einer wie verlöschenden Stimme die vorbestimmte Formel: „Spanien ist stolz, den König von Portugal in Armen zu halten. Feierlich gegrüsst, mein königlicher Neffe Sebastian!" — So lautete die Formel. Nur wenige merkten, dass Philipp, der Hüter der Etikette, sich versprach. Statt Neffe Sebastian sagte er: Mein königlicher Sohn Carlos!

Der junge König von Portugal stutzte, wiegte sich zierlich in den Hüften, tat leicht hinkend einen Schritt zur Seite und blickte sich um, als suchte er seinen Vetter Carlos.

Doch Philipp hielt ihn sanft umschlungen und führte ihn so zur Hofkutsche und sagte, laut diesmal: „Mein lieber Sohn Carlos, setze dich neben mich", nun hörten schon viele das seltsame Versprechen.

Indes stieg Sebastian, wie ein Kind im Nu wieder lustig im Gesicht, als erster in den Wagen. König Philipp schritt mit seiner gewöhnlichen Majestät im Kote um die Kutsche herum, stieg durch die andere Kutschentür ein, die Lakaien schlossen die Türen, die Pferde wieherten, die schwere Kutsche schwankte und fuhr zurück zum Kloster von Guadalupe.

Sebastian hatte gleich mit schneller, hoher Stimme von seinem Kreuzzug angefangen, von der Eroberung Afrikas und von der Teilung der Welt. Ihm schien alles eins. Zum zehnten Mal fing er an, vom marokkanischen Prinzen Abd-el-Mohammed zu erzählen, der mit seinem Christensklaven nach Lissabon gekommen war, um den König von Portugal zu einem Feldzug gegen den Kaiser von Marokko zu verleiten, wobei der Maurenprinz die Krone, Sebastian Tribut und Ruhm gewinnen sollte. Sebastian beschloss nach der ersten Audienz Marokko, nach der zweiten Audienz Afrika zu erobern, die Woche darauf schickte er zu seinem Onkel, gemeinsam sollten sie die Welt erobern und teilen. Sebastian wollte Afrika und Asien haben, Europa und Amerika gönnte er dem Onkel Philipp. Die Eroberung Marokkos war die Einleitung.

Philipp hatte seinen Kämmerer Moura nach Lissabon gesandt, dass er den Neffen vom marokkanischen Abenteuer abbringe. Moura sah Sebastians Starrsinn und fürchtete, ein Misserfolg versperrte seine Laufbahn. Also redete er ihm ein, sein jugendliches Feuer könnte den König Philipp entflammen, wenn er vor seinem Onkel seine gewaltigen Pläne entwickelte.

„So reiten wir", sagte Sebastian, „reiten wir gleich!"

Nun suchte er seinen Onkel zu überreden. Steinern schweigend sass Philipp, mit Anstrengung bewahrte er sein kleines Lächeln. Noch hatte er wie beim ersten Anblick Sebastians die zerreissende Empfindung, er müsse schrein, und hörte auf der ganzen Fahrt neben dem unaufhörlich redenden Sebastian den stummen langgedehnten Schrei, und indes ein neuer Regen aufs Dach des Wagens klopfte und die Ölbäume am Rand der Strasse im Dezemberwind rauschten, hörte König Philipp seinen grausenvollen Schrei forthallen. Auf der Strasse hatte er in diesem schmächtigen, rothaarigen, blauäugigen, hinkenden Jüngling mit den fiebrig glänzenden Augen, der bunt ausstaffierten Tracht, dem allzulangen Degen, den abenteuerlichen Gebärden den Carlos erkannt, im Kot der Strasse hob vor ihm sein toter Sohn Carlos die Hände, um ihn schrecklich zu umschlingen. Beim ersten Klang der hohen Stimme erkannte Philipp, sein toter Sohn Carlos rede ihn an, unterm grauen Himmel, im Kot, auf der Strasse nach dem Kloster Guadalupe.

Da steht ja Carlos, dachte Philipp angesichts seines Neffen Sebastian. Philipp gewöhnte sich nicht an sein Entsetzen. Im stillen Klosterhof wandelten Onkel und Neffe gemächlich auf und ab. Ein Brunnen plätscherte. Zuweilen sah ein Mönch, von einem Fensterwinkel aus, auf die Könige herunter.

Sebastian redete fieberisch: „Ich biete dir die Welt", sagte er. Er entwarf immer feurigere Pläne, sprang von Afrika nach Asien, warf Europa fort, verschenkte Amerika, teilte die Welt, alles begann mit der Eroberung Marokkos. Er bettelte und drohte, versprach und schwor, lachte und wiegte sich in den Hüften, mit grossem Abscheu sprach er von jungen Mädchen und fragte nebenhin nach seiner Mutter, der Infantin Juana, Philipps Schwester. „Ist sie wirklich fromm?" fragte er zweimal und trug dem Onkel auf, sie solle für den Kreuzzug nach Marokko beten. „Ist sie wirklich fromm?" fragte er und erzählte zornig, dass er den Doktor Almazan, den Philipp nach Lissabon geschickt, damit der Doktor den Neffen von seiner Weiberfeindschaft durch stärkende Kräuter heile, zum Fenster seines Palastes zu Lissabon hinausgeworfen habe; denn Sebastian müsse rein bleiben, um die Welt zu retten. Überschwenglich dankte er für die Handschuhe aus Saffian, die ihm die gute Tante Anna, die Österreicherin, gesandt, und flehend bat der zwanzigjährige, feurige Sebastian den fünfzigjährigen, kahlköpfigen Onkel Philipp, die grosse Stunde nicht zu versäumen, und er ging, seinen Beichtvater zu holen, dass der den Onkel überzeuge. Philipp sah dem hinkenden, aufgeputzten Jüngling nach und liess sich durch die kleinen und grossen Verschiedenheiten nicht täuschen. Hinter der Maske sah er den toten Don Carlos, den tollen, abenteuerlichen, rebellischen, den zu vernichtenden, den wiederauferstandenen, den ewigen Feind, sein eigen Fleisch und Blut, das nie gehorchen wollte. Der Tote stand da, der Tote hinkte, der Tote sprach hell und lachte kichernd, der Tote kam, um ihn aufs neue zu verlocken. Ich habe ihn gefangen! Ich habe ihn begraben! Will er niemals ruhn?

Drei Tage lang hatte König Philipp dem Neffen abgeraten, sein Reich Portugal, seine Besitzungen in drei Erdteilen, den Reichtum und den Ruhm seines Volkes für ein unnützes Stück Land aufs Spiel zu setzen. „Man wirft nicht Kronen für Knabenstreiche fort. Du bist kein fahrender Ritter, und ihre Zeit ist um." Plötzlich schwieg Philipp. Von nun an liess er ihn unwidersprochen schwärmen. Freundlich lächelte der König von Spanien zu den tollen Plänen des Königs von Portugal. Sebastian ward misstrauisch. Hatte er den Onkel überzeugt? „Gib mir Soldaten", bat er, „leihe mir deinen Alba!"

Es war abgemacht, dass die beiden Könige sieben Tage im Kloster von Guadalupe zubringen sollten. Am Abend des dritten Tages hielt es Philipp nicht mehr aus. „Ich habe Fieber", sagte er leise und vermied des Neffen Anblick. Sebastian sah ihn befremdet an.

Philipp nahm übereilten Abschied. Vor seinem Gast verliess er das Kloster von Guadalupe. In der Nacht fuhr er davon. Noch viele Wochen lang sah er allnächtlich im Traum seinen toten Sohn Carlos.

Sebastian segelte mit zwanzigtausend Soldaten und Knechten nach Afrika. Er schwor, er wolle nur unter Gefahren siegen. An der Küste teilte er jedem fünf Tagesrationen zu und marschierte ins Innere. Am fünften Tag stand er, ohne Rationen, vor dem Heer des Kaisers von

Marokko. Sebastian musste siegen oder verhungern. Er erfuhr, der Kaiser von Marokko liege im Sterben. Wer kam früher um? Vor Hunger die Portugiesen? Am Fieber der Kaiser von Marokko?

Der sterbende Kaiser von Marokko konnte sich langsam zurückziehn, bis die Christen Hungers starben. Starb er früher, ward aber der verhasste Bruder Kaiser, der Portugiesen Schützling. Nahe war der Sieg. Der Tod war nahe. In seinen goldgestickten Burnus, der seine Todesblässe verdeckte, wickelte sich der Kaiser, zwei Reiter hoben ihn aufs Pferd, zwei Reiter hielten ihn. Die Schlacht begann. Der Kaiser sah seine Vorhut von den portugiesischen Rittern zersprengt, zog seinen Säbel, tat einen Schrei und fiel vom Sattel, tot. Sein Heer siegte und erschlug die Portugiesen. Nur ein paar Hundert flüchteten auf die Schiffe und meldeten den Tod der zwanzigtausend. Der Mohrenprinz ertrank auf der Flucht in einem angeschwollenen Bach. Die Leiche des jungen Königs Don Sebastian ward nicht gefunden.

Die königliche Familie von Portugal war am Verlöschen. Der neue König, Kardinal Heinrich, war siebenundsechzig Jahre alt, gebrechlich, halbtaub. Seine Nichte gab ihm ihr vierzehnjähriges Töchterchen zum Weib, der Greis trank gewisse Kräutersäfte und wandte den Bezoarstein an, vergeblich. Die Erben meldeten sich: König Philipp, Alexander Farnese, der Herzog von Savoyen, Katharina von Frankreich, zuletzt kam noch der Prior von Krato, Anton, der Bastard des Infanten Don Luis von einer Jüdin.

Philipp schickte seinen Kämmerling Moura mit Geld nach Lissabon, befahl dem Herzog von Medina Sidonia, ein Heer zu sammeln, liess seinen Admiral Santa Cruz mit neununddreissig Galeeren bei Gibraltar halten, und hatte dreissigtausend Soldaten bereit, als der König-Kardinal Heinrich starb, mit neunundsechzig Jahren, gegen elf Uhr, an seinem Geburtstag, eben da die Grossen von Portugal ihn zu beglückwünschen kamen.

Philipp schrieb an den Staatsgefangenen Alba nach

Uzeda: 'Fühlen Sie sich stark genug, das Heer nach Portugal zu führen?'

Alba antwortete: 'Sire, ich schenke Ihnen die Reste meiner Gesundheit. Ich bitte um die Erlaubnis, an den Hof zu gehn, um Ihre Hand zu küssen und um Gnade für meinen Sohn zu bitten. Seit zwei Jahren siecht er im Kerker des Königs hin.'

Philipp erwiderte, Don Friedrich sei begnadigt und entlassen, auch des Herzogs Schreiber Albornoz habe vierhundert Dukaten erhalten und sei frei. 'Die Hand zum Kuss', schrieb Philipp seinem Feldherrn, 'reiche ich Ihnen nach unserm Einritt in die Stadt Lissabon.'

Auch dem Granvella schrieb der König nach Rom, wo der Kardinal die Sitten der berühmtesten Kurtisanen der Christenheit durch Augenschein und Handauflegen, durch Visitationen und Manipulationen fleissig examinierte und sich instruierte. Philipp schrieb dem alten Diener seines Vaters:

'Hochwürdiger Vater in Christ, Kardinal Granvella, unser teuerster und guter Freund! Kommen Sie nach Madrid, ich mache Sie zum Präsidenten des Rats von Italien, ich bitte Sie und befehle Ihnen, ohne Aufenthalt nach Genua zu reisen, wo unser Admiral Johann Andreas Doria mit dreiundzwanzig Galeeren Sie übers Meer fahren wird; eilen Sie, ehe die Zeit der Stürme kommt, geschwind; ich bedarf Ihrer dringlich; denn jetzt, da dieser arme Narr Sebastian tot ist, trug ich dem Alba auf, Portugal zu erobern, und gehe bald an die Grenze, in meine Stadt Badajoz, und werde nach der Eroberung in Lissabon verweilen, um mich dort krönen zu lassen. So muss ich alternd den Eroberer spielen. Aber was sollen uns Beide Indien, wenn wir nicht einmal unsere Halbinsel ganz haben? Indes sollen Sie Spanien regieren, mein Vizekönig. Ich will keine andere Antwort von Ihnen, als den Termin Ihrer Abreise. Je geschwinder Sie ankommen, mir um so erfreulicher. Man hört, Sie seien zu Rom üppig geworden. Die rauhere Luft Kastiliens wird Sie auffrischen. Sie kennen meine Bemühungen um den Titel 'Kaiser Beider Indien'. Die Kurie zieht mich hin. Soll ich niemals Kaiser heissen? Kommen Sie, lieber Freund, und gleich! Sie sehen, ich kehre zu meines Vaters Dienern zurück, zum Alba und zu Ihnen, Eminenz! Mit meinen neuen Ministern hatte ich kein Glück. Sie werden Wunder erleben!'

Granvella, müssig zu Rom mit zweiundsechzig Jahren, ging zum Papst Gregor und zeigte Sr. Heiligkeit den Brief, unschlüssig und durch die Dringlichkeit des Königs verwirrt. Er fühlte sich wohl zu Rom, im Schoss der Kurtisanen. Er sah die ungeheure Last, die Eifersucht der Spanier, die vielen Feinde, die gefährliche Freundschaft des launischen Königs.

„Was soll ich tun?" fragte der Kardinal in augenscheinlicher Bekümmernis.

„Mein Sohn", erwiderte Gregor, „du bist längst entschlossen. Reise mit Gott und pflüge für die Kirche, dass Rom ernte."

Granvella verliess Rom den 16. Mai.

Doria kam mit dreiundzwanzig Galeeren nach Civita-Vecchia, um den Kardinal abzuholen, lange mussten sie in den Rhonemündungen wegen widriger Winde warten, in Carthagena landeten sie endlich. Am 28. Juli 1579, spät in der Nacht, kamen sie nach Madrid. Dort vernahmen sie, König Philipp habe um elf Uhr abends des gleichen Tages Antonio Perez und die Fürstin Eboli verhaften lassen.

DER PROZESS PEREZ

Unter dem Portal der Marienkirche, gegenüber dem Palast der Eboli, kauerten den ganzen Tag die Bettler. Dort, unter den steinernen Heiligen, stand Philipp gegen elf Uhr abends, um zu sehn, wie seine Alguazile Anna verhafteten.

Neben dem König stand im Winkel Sebastian Santoyo, Sohn asturischer Bauern, der Kammerdiener Philipps, ein Analphabet und mächtiger Mann in Spanien.

Die schwüle Nacht, die stillen, hohen Sterne, die enge Strasse, alles war so vertraut. So oft war Philipp die wenigen Stufen zum Hause seines Günstlings emporgeschritten, um Anna zu sehn. Da stand er nun vor ihrem Haus, zur Stunde, da tausend Verliebte auf der Strasse empor zu den Balkonen blickten, um vor der Angebeteten tausendmal die eiteln Schwüre der Liebe zu schwören. Ich schwöre, flüsterte Philipp, ich liebe Anna. Er hatte es ihr tausendmal geschworen, und so schmerzlich eben jetzt empfunden, vor einer halben Stunde, da Anna vermummt, mit einer Dueña, aus ihrem Palaste trat. An ihrem leichten und grossartigen Schritt hatte er sie erkannt, an der unnachahmlichen Haltung. Die Röcke raffend und mit ihrer Dienerin flüsternd und lachend war sie die wenigen Stufen herabgeschritten.

„Santoyo", flüsterte Philipp und fasste nach dem Arm seines Dieners, „siehst du sie?"

„Ja", sagte leise der Diener.

So gerne hätte Philipp sie angehalten, noch in dieser letzten Stunde ihr nachgerufen: Anna! Wohin gehst du, Unglückliche! Hätte sie seine Gegenwart empfunden, wäre sie zur Kirchentür gekommen, hätte sie vor ihm knieend seine Hand mit heissen Tränen der Reue benetzt, er hätte Anna aufgehoben, hätte ihren unverzeihlichen Verrat vielleicht verziehen, hätte sie geküsst ... Philipp stellte sich vor, wie Perez Anna küsste, er liess den Arm des Dieners los und stöhnte. So — sagte Santoyo, sagte der Sekretär Mateo Vasquez, sagte die Familie Escovedo, sagten alle Feinde des Antonio Perez — so sei Anna, die Witwe des Fürsten Eboli und des Königs Philipp Geliebte, schon hundertmal des Nachts ins Haus ihres Geliebten Antonio Perez geschlichen, um in sein Bett zu gehn, um ihn zu küssen, um ihn zu lieben, wie sie den König Philipp geliebt hatte. „Santoyo", flüsterte Philipp, „und du sagst, sie geht zum Perez?"

„Ja", sagte leise der Diener.

Philipp schloss die Augen und sah Anna im Dunkeln durch die Strassen eilen, hörte sie im Vorübergehn auf das schamlose Geflüster junger Kavaliere frech und schlagend erwidern, schlagfertig war sie, frech war sie auch, er sah sie vor dem nahen Palast Antonios; ging sie durch ein Pförtchen? Durch den Garten? Stand wo ein Page, um sie ins Schlafzimmer Antonios zu führen? Oder lief sie den Alguazilen des Königs in die Hände, die zur selben Stunde den Antonio Perez in seinem Hause zu verhaften und ins Haus des Hofalkalden Garcia zu führen hatten? Ungeduldig wartete Philipp auf Annas Wiederkehr. Schon sah er neben dem Haustor seine Alguazile auf Anna lauern, um sie zu verhaften, auf seinen Befehl, und noch in der Nacht drei Meilen von Madrid in den Turm von Pintos zu führen. Der Turm war ohne Tür. Durchs Fenster stieg man ein. In jedem Stock war eine Zelle. Dort, ohne Möbel, ohne Bequemlichkeit, dort sollte sie nachdenken, zwischen Mauern und bösen, stummen Wächtern. Ich schwöre, flüsterte Philipp, ich hasse sie.

Er hasste sie mehr als den Antonio, er fürchtete sie weniger. Vor einer Stunde war Philipp noch im Kabinett mit seinem Minister Antonio Perez gesessen, hatte ihn zum andern Morgen ins Kabinett bestellt, ihm Akten mitgegeben.

Gleichzeitig lauerten auf Philipps Befehl seine Alguazile vor Antonios Haus, um den Liebling zu verhaften. Der König hatte indes den kurzen Mantel über die Schulter geworfen, einen Hut in die Stirn gedrückt, den Degen umgetan, und war mit Santoyo durch die geheimen Gänge und den Garten zur Marienkirche geeilt, hastig und vermummt. Unter den Heiligen aus Stein stand er, im Schatten. Ich schwöre, flüsterte Philipp, ich liebe sie. Und ich zerbreche sie.

Philipp spähte ins Dunkel. Vielleicht war sie gewarnt? Vielleicht war sie entflohen, und Perez mit ihr? Philipp fasste nach dem kalten Stein der Kirche. Er hörte einen leichten, eiligen Schritt. „Santoyo", sagte Philipp, „hörst du sie?"

„Ja", sagte leise der Diener.

Im Dunkeln schien dem König, da Anna schon nahe war, als schluchze sie oder rede mit sich. Da traten der Alkalde, die Alguazile zu ihr, sie drehte sich mitten auf den Stufen um. „Mich?" fragte sie, wie heiser. „Sucht ihr die Fürstin Eboli?"

Philipp flüsterte: „Santoyo, es ist Zeit."

Da trat Santoyo heran, die Alguazile umringten ihn, Philipp sah, wie Santoyo seinen Brief übergab, ein Alguazil trug eine Laterne, sie las den Brief.

Philipp hätte ihre Miene sehn wollen! Er kannte sein Billett auswendig. '... und entziehe Ihnen Ihrer Kinder Erziehung, Ihrer Güter Verwaltung und habe Ihnen das sagen wollen, damit Sie es genau wissen, und heisse Sie gehorchen ohne Erwiderung!' Las sie den Zettel ewig? Wie lange liest man an den paar armen Worten?

Sie warf den Brief weg, sie hob ihn auf, begann ihn noch einmal zu lesen, gab ihn dem Santoyo. Dummkopf, nimmst du den Brief zurück?

Anna zeigte auf ihr Haus, der Alkalde verneinte mit dem Kopf, wies ans Ende der Strasse, wo ein Wagen stand, Anna sprang plötzlich die Stufen hoch, wollte sie fliehn, da klopft sie dreimal mächtig an die Tür, Diener kommen, Bewaffnete, will sie die Alguazile töten, den Richter, den Kammerdiener, vielleicht auch den König, da schreit sie schon, muss man das Volk aufrufen, wie es geschieht, wenn man die Polizei antastet, soll man die Glocken durch ganz Spanien läuten lassen, wird man den Alba rufen müssen, um ein Weib zu verhaften? Was sagt sie? Man führe mit Gewalt sie fort? Sie sei unschuldig ... unschuldig? dachte Philipp und erinnerte sich ihres ersten Anblicks, als sie vierzehn oder fünfzehn war; so lange liebte er sie, er liebte sie, auch der Turm, in den sie zum Fenster einsteigen musste, auch der Turm von Pintos war ein Beweis seiner Liebe, fühlst du es nicht, Anna?

Er sah, wie seine Polizisten die Fürstin zum Wagen führten, da stieg sie ein, die Polizisten setzten sich zu ihr in die Karosse. Frechheit! dachte Philipp. Das habe ich nicht gewollt.

Philipp musste warten, bis Diener und Neugierige sich verlaufen hatten. Hastig lief er durch die Strassen Madrids, als sei die Polizei ihm auf den Fersen, wie ein Mörder sah er sich um, schlich wie ein Rebell durch die geheimen Gänge des Palastes und ging in sein Kabinett, an seinen

Tisch, die Feder schrieb nicht, er nahm eine neue und stürzte das Tintenfass über Akten aus Indien, er wollte lesen, und sah Anna, die Buchstaben gingen wie sie, das Papier nahm die Farbe ihrer Haut an, er sah sie nackt und bekleidet, im Gespräch und im Bett, als Vierzehnjährige und als grosse Dame, in England, in Flandern, er sah, wie sie mitten in der Nacht bei Fackelschein durchs Fenster in den Turm von Pintos stieg, gingen ihre Wächter ihr nach?

Philipp ging, bis der Morgen graute, in seinem Kabinett auf und ab. Beide hatten ihn verraten, beide ihn zum Mörder gemacht, beide ihn gefoppt, beide ihn zu ihrem Spiessgesellen gemacht: Anna Eboli und Antonio Perez, das frechste Liebespaar der Welt. Philipp ging auf und ab in seinem Kabinett. Er sagte: „Herr! Mein Gewissen ist rein.''

So hatte der Beichtvater Fray Diego de Chaves den König belehrt: 'Der König besitzt göttliche Gewalt. Die Gesetze kann er brechen, gegen den Heiligen Vater Krieg führen, Mörder belohnen, um seiner Autorität willen, das heisst, um der Autorität Gottes willen! Der König hat Gewalt über das Leben seiner Untertanen; und wie er durch einen ordentlichen Prozess aus gerechtem Grund das Leben nehmen kann, kann er es formlos tun, ohne seiner Gesetze zu achten; denn eben durch Gesetze kann er auch von Gesetzen sich wieder lösen.'

„Herr'', rief Philipp, „ich teile mit Dir die Macht! Ich darf die Schuldigen strafen.''

Schuld war der Bruder, der Bastard mit den zurückgestrichenen blonden Locken, dem flotten Schnurrbart, den Liebeshändeln in allen Staaten Spaniens, der Ballspieler mit den dicken Muskeln und dem lustigen Gelächter, der Liedersänger, das Idol der Christenheit, der schwärmerische Türkensieger, der Flottenheld, der lepantinische, der immer höflich, beredt und munter war, so ergeben vor Philipp, so schmeichlerisch vor den Ministern, der strahlende Held, der früh mit den Geschäften, nachmittags mit dem Federball, abends mit Mädchen spielte, der Ehrgeizige, der gesagt: 'So einer lebt, der mehr nach Ruhm verlangt als ich, springe ich aus dem Fenster!', der vom Ballspiel weggeht und über die Klassiker sich bückt, die Römer und die Griechen, und immer, beim Tacitus, beim Herodot, Thukydides, Sallust nur die Ruhmsucht herausliest, der von den Büchern zum Ballspiel wieder eilt, der beste Ballspieler der Welt, der durchaus Hübsche, der Allerweltshurer, bei den Kurtisanen ein Held, beim Papst ein Schosskind, bei Philipps Ministern der heimliche Nachfolger, der Klara Eugenia heiraten und die Reiche regieren würde, der mit dem Wahlspruch, 'wer nicht vorwärts strebt, geht zurück', der üppige Verschwender, der auf einer Wallfahrt nach Loretto zehntausend Dukaten verteilte, wo König Philipp sonst hundert gab oder hundertzwanzig, und Philipp war der Herr von Beiden Indien, Philipp der Herr von Flandern, von Italien, Philipp in Spanien König, — der Tote war schuld, Don Juan d'Austria, der, stets die eigene Treue rühmend, nicht gehorcht hatte, nicht wissend, dass der Widerspruch die Welt verdarb, dass jedes Unglück mit Ungehorsam begann, der Bastard war schuld, stets seines Vaters eingedenk, der ein Kaiser, nie an seine Mutter denkend, die eine Dienstmagd war. Barbara Blomberg hatte zu Regensburg dem Kaiser Karl ein Handtuch ins Schlafzimmer gebracht und einen Sohn von ihm empfangen. Später, in den Niederlanden, sagte der Kaiser manchmal, die Musik der Strassensänger erinnere ihn an die deutsche Dienstmagd, die ihm den andern Sohn geboren; sie sang so hübsch die Lieder von der Strasse.

So eine Mutter, dachte Philipp, vergass Juan und griff nach einer Krone. Der Ehrgeizige griff ins Ungefähre. Erst baute er auf Venedig, um König von Albanien zu werden. Später eroberte er Tunis, wo sein Vater Karl seinen schönsten Sieg erfochten, und begann mit dem Ungehorsam: Er befestigte Tunis, statt nach Philipps Befehl es zu verbrennen, und sass auf den Trümmern von Karthago und träumte, er sei Hannibal, und bat den König Philipp um die Krone von Tunis. Philipp wollte des Bruders Talente nutzen, der Bastard griff nach dem Königsmantel.

Philipp schickte ihn nach Genua, ersetzte Juans Sekretär Soto durch den Sekretär Escovedo, einen Freund des Antonio Perez; der Soto stachelte Don Juans Ehrgeiz, Escovedo sollte ihn zügeln. Don Juan behielt den Escovedo und den Soto und schrieb seinem Bruder: ‚Bald bin ich dreissig, und was bin ich?' In Genua rieten ihm die Sekretäre, Genua zu ergreifen, das war ihm zu wenig. Nun hiess es, der Krieg mache Gelegenheit, aber Don Juan sagte: ‚Wenn der Comite auf der Galeere sagt: Ave Maria, so sprechen die Matrosen: sie sei willkommen; so will auch ich tun und warten, und die Gelegenheit nicht suchen.' Da spielte Juan Ball zu Neapel und lag den Schönen im Schoss. Und fragte den Kardinal Granvella: ‚Soll ich König von Frankreich werden?' Der Kardinal riet zur Krone Polens. Die Polen wählten ihre Könige, da sei es leichter. Damals starb der Generalstatthalter der Niederlande Requesens an der Pest, er liess alle siebzehn Provinzen in Aufruhr.

Der unermüdliche Oranien hatte zu Gent die siebzehn Provinzen verbunden, um gemeinsam die Spanier zu verjagen und im Lande Toleranz zu üben. ‚Toleranz', sagte Philipp böse, ‚will der Rebell tolerant sein?', und befahl seinem Bruder, die Niederlande zu befrieden. Er war des Krieges in Flandern müde, er rüstete für den Krieg in Portugal. — Neuer Ungehorsam! Dem König schrieb Juan, er schicke seinen Sekretär Escovedo, um alles für die Reise abzumachen; dem Perez schrieb er, er sei entschlossen, König von England zu werden; er werde Maria Stuart befrein, als ihr künftiger Gemahl; er schreibe dem Perez im tiefsten Geheimnis, seiner Verschwiegenheit sicher. Perez ging mit dem Geheimnis zu Philipp. Auch ich, sagte Philipp, war König von England; meine Marie war hässlicher.

Den Tag darauf kam der Nuntius mit Depeschen aus Rom in der Hand und fragte Perez: „Wer ist ein gewisser Escoda?"

„Der Staatssekretär Escovedo?"

„Alles eins", versetzte der Nuntius, „diese chiffrierte

Depesche Sr. Heiligkeit heisst mich Don Juans Krönung zum König von England bei Sr. Majestät befürworten."

Philipp fertigte den Escovedo nicht ab; er schickte seinem Bruder kein Geld. Da erfuhr er, sein Bruder sei mit drei Galeeren gegen den ausdrücklichen Befehl in Barcelona gelandet und schon nach Madrid unterwegs. Als Juan ankam, empfing ihn Philipp im Zimmer Annas. Da war er wieder, der ewige Beschwingte, der Kronenjäger, so kamen sie gestürmt, die jungen Leute; der König kannte sie schon, er war verdriesslich; aber Juan war so hübsch, so heiter, so höflich. Philipp sah es noch, so reicht er ihm die Hand zum Kuss, Juan bückt sich tief. Philipp hörte noch sein Söhnchen weinen, Don Ferdinand, Thronfolger damals, heut tot — nun war Diego Thronfolger, und Anna hatte einen vierten Sohn geboren, Felipe, der war schwächlich — damals weinte Ferdinand. Immer trugen diese stürmischen jungen Leute zu lange Haare und zu lange Degen. Da Juan sich bückte, ritzte die Spitze seines Degens den Infanten am Auge, das Kind begann zu schrein, Anna lief, kniete, schrie: ‚Das Auge' und ‚Er ist blind!', Philipp fragte: ‚An beiden Augen?', nahm das Kind, und es war nichts, eine Schramme überm Auge, ein Tropfen Blut, er hob das Kind auf und küsste zärtlich seinen Erben, das Kind griff in des Vaters Bart und lachte schon. Doch Juan, bis dahin wie erstarrt, fuhr nun auf, rannte zum Fenster, riss daran, um es zu öffnen, schrie: ‚Wo ist ein Fenster, mich herabzuwerfen?' und ‚Wo ist ein Dolch?' Dabei stolperte er fast über seinen viel zu langen Degen, und Philipp sagte lächelnd: ‚Beruhige dich! Es ist nichts. Schliesse das Fenster. Kaufe dir einen kürzern Degen.' Und doch hatte ihm damals Juan gefallen. Er hatte ihn geprüft, er liess ihn reden, horchte auf das Ungesagte, verbarg sein tiefes Misstraun, spürte die infame Lust, den Spieler zu überspielen, die alte Lust dessen, der mit Menschen spielt, die sündige Lust des Lebensspielers. Philipp hiess den Bruder die Niederlande erst befrieden (befrieden, nicht bekriegen!) und erlaubte ihm, danach die spanischen Truppen, falls die Generalstaaten in eine Einschiffung einwilligten, zur Eroberung Englands zu nutzen. Indes der Sekretär Escovedo in Madrid blieb, um die Geschäfte Juans in den Ämtern zu beschleunigen und Geld zu schaffen, Geld, vor allem Geld, ritt Juan mit Riesenplänen und wenig Geld, als Mohrensklave verkleidet, durch das feindliche Frankreich, so eilig war er, England zu erobern und endlich ein König dieser Erde zu sein, Gesicht und Hände hatte er braun geschminkt, die berühmten blonden Locken schwarz gefärbt, unterwegs trug er das Gepäck ins Gasthaus, ein schöner, heiterer Mohrensklave. Da er zu Paris erfuhr, am Abend sei ein Ball im Louvre, maskierte er sich um, als Grafen aus Neapel, und ging zum Ball und sah die junge Königin von Navarra Marguerite mit ihrem Bruder, dem König von Frankreich, tanzen und drängte sich vor und blickte ihr frech auf die nackten Brüste und in die klugen Augen und verliebte sich in sie und beneidete den armen, kleinen Hugenottenprinzen, den Heinrich von Navarra, um seine schöne Frau, und riss sich mit Mühe los, und ritt nach Luxemburg und wollte raschen Frieden, um mit den spanischen Truppen gegen England sich einzuschiffen und sass Monate lang am Rande der Provinzen und verhandelte zähe mit den Staaten, und marktete und feilschte und war nachgiebig und bestrickend — und setzte doch den Abtransport zur See nicht durch. Denn hinter den Staaten stand der eine Mann, Oranien, gestern fast tot, erledigt, heut der heimliche Herr der Provinzen, ihr Hirn und Haupt. Und Juan schrieb an Perez, er sei nur ein Mensch und könne so viel Lasten nicht ohne einen vertrauten Freund ertragen, einen Mann wie Escovedo, um Mitternacht lege er sich nieder, bei Kerzenlicht stehe er auf, um sieben Uhr morgens, und die Dezembermorgen seien im Norden so abscheulich und machten melancholisch, und schon habe er dreimal das Fieber gehabt, und er verzweifle, er fühle sich wie verkauft mit den paar Leuten, ohne Geld, und wisse allzugenau, mit was für Langsamkeit man dort unten jedes Geschäft behandle.

Mesquine Klagen! Philipp kannte sie; denn Perez wies

ihm auch die vertraulichsten, geheimsten Briefe. Den König verdrossen der Ungehorsam, die Ungeduld, die phantastischen Launen. Ihn verdross die abscheuliche Geschäftigkeit Escovedos, dieses falschen Feuerkopfs, der zu Madrid ihn belästigt, ihm mit Briefen und Billetten die Ruhe stahl, bis ins Kabinett drang, ihn intrigierte wegen der obskuren, gefährlichen, zweideutigen Riesenpläne Juans. Ja, hatte dieser wirblige, zu rasch redende, zu rasch denkende Escovedo nicht die Frechheit, dem König ein Billett zu schreiben, des Königs Politik sei zu verwickelt? „Das", sagte Philipp zu Perez, und schlug mit der Hand auf Escovedos Brief, „das sind die Früchte Flanderns und Italiens. Dieser Brief ist blutig!"

Philipp hasste diese plänezeugende Wildheit, den ungestümen Wettlauf mit der Zeit. Er las die geheimen Briefe Juans an Perez, er las Escovedos geheime Briefe, es war derselbe geschwinde Trommelwirbel von Worten, Plänen, Stimmungen, abenteuerlichen Gefühlen, rebellischen Seufzern, hassenswürdiger Behendigkeit. Philipp sass in seinem Kabinett und sah ins Herz der frechen, gierigen, jungen Leute. Er liess sie an den geheimen Fäden zappeln, wog ihr Gewicht, misstraute ihren Absichten und bediente sich ihrer Talente. Zuweilen verdross ihn die ewige Gebrechlichkeit der Menschen, die ewige Begehrlichkeit, die ewige Ohnmacht. Da schrieb der launische Held von Lepanto, der fieberkranke, kronensüchtige: Ein Gesandter der Ketzerkönigin Elisabeth von England sei zu ihm nach Namur gekommen, um die Hand der vierzigjährigen Jungfrau verdeckt anzubieten; er, Juan, schäme sich der Vorstellung, um eine solche zügellose, mehrmals vom rechten Glauben abtrünnige Person zu frein, und dennoch wäre es der guten Sache dienlich.

Welcher Sache? fragte Philipp, und wovon träumt der Bastard? Philipp liess den Perez an Juan schreiben, es wäre gut, Oranien zu ermorden. Juan schrieb an Perez, er sei nicht der Mann dafür. Und doch sei Oranien schuld, dass Juan die spanischen Truppen zu Lande fortschicken müsse, statt mit ihnen England zu erobern. Und wieder dieser Strom von Klagen, von Beteuerungen, Philipp werde ohne Krieg nicht auskommen; er, Juan, sehe, zum Unglück sei er geboren, sei ein Verlorener, er habe so genau, so lange diesen Plan einer Eroberung von England erwogen, die gefangene Maria Stuart besitze schon sein Bildnis, einmal hätte der Bruder sich erweichen lassen, und nun sei alles hin, er könne nur Krieg mit den Provinzen führen, nur gegen Philipps Wunsch handeln. Aber sein Gewissen? fragte er den Perez, aber seine Pflicht? Er wolle resignieren, wolle gleich seinem Vater Karl ins Kloster, er liege am Boden, er bringe Stunden um Stunden in Gedanken zu und wisse nicht, was denken? Und sei so unnütz hier, wie er zu andern Zeiten der einzige gewesen wäre, der nützen konnte. Und dächte schon, mit den Truppen als Freischärler zu gehn und dem König von Frankreich zu helfen, seine Hugenotten totzumachen; so lösche er die Schande aus, dass er, der erste Feldherr seiner Zeit, seine Truppen aus dem Lande jagen müsse. Eher, dass er bleibe, fasse er schreckliche, unerwartete Entschlüsse, und sollte es den Kopf ihm kosten!

Nicht genug mit solchen Drohungen, kam er mit erschreckenden Plänen, er wollte in den Staatsrat treten, um mit der Partei Eboli, mit Los Velez, dem Grossinquisitor Quiroga, mit Perez und Escovedo die Monarchie zu leiten. ‚Philipp', schrieb er an Perez, ‚ist erschöpft; bin ich denn nicht berufen, ein Stab dem Alter Philipps zu sein?'

Bin ich alt? fragte sich Philipp. Ist ein König mit fünfzig Jahren alt? Will er mich absetzen?

Der König ward des Doppelspiels nicht müde. Er, der König, leitete die Korrespondenz zwischen Perez und Escovedo. Er, der König, verbesserte die Antworten. Er, der König, befahl dem Perez, zu tun, als überzeugten ihn Juan und Escovedo. Er, der König, hiess Perez sogar, Frechheiten über den König schreiben, um der grösseren Glaubwürdigkeit willen. Immer neue, immer gefährlichere Geheimnisse erwartete Philipp zu entdecken, immer tiefer wollte er ins Herz der Verräter schaun.

Perez schrieb an Escovedo, um dem König zu gefallen: ‚Sie wissen, wie gefährlich Philipps Charakter ist. Hüten wir uns, jemals diesem Menschen unsere Wünsche zu zeigen. Wir müssen ihm einreden, alles gehe nach seinem Willen; indes führen wir ihn an der Nase herum.'

Philipp hatte solche Stellen gebilligt, Philipp hatte an den Rand geschrieben: Ausgezeichnet, die Stelle mit dem schlechten Charakter! Solche Passagen öfters!

Damals hatte der Nuntius dem König mitgeteilt, Escovedo verhandle aufs neue mit dem Papst; Gregor sei bereit, sechstausend Mann und fünfzigtausend Dukaten für die Eroberung von England dem Prinzen Don Juan zu geben.

Da befahl der König dem Perez, an Don Juan zu schreiben, wenn er gehorche und die Niederlande endgültig befriede, werde Philipp später das englische Abenteuer unterstützen.

Juan blieb in Flandern, schickte die spanischen Soldaten fort, und hielt, ein Einzelner und schutzlos, seinen feierlichen Einzug in Brüssel und gab sich in der Staaten Hände und ermahnte sie, die Ketzerei in Holland und Seeland auszurotten; denn im Glauben hatte Philipp keine Konzession bewilligt. Juan setzte nichts durch. Unter Oraniens Einfluss verweigerten die fünfzehn katholischen Provinzen ihre Hilfe gegen die zwei protestantischen Provinzen. Und Juan rief nach Madrid, es werde keinen Frieden geben, und um seiner Sicherheit und Philipps Ehre willen müsse er einen Staatsstreich tun und die Festung Namur besetzen und Krieg führen. Auch schicke er den Escovedo nach Madrid, um Truppen und um Geld.

Escovedo landete am 21. Juli in Santander. Ohne Erlaubnis! Und zu welchen geheimen Zwecken? Wollte er seinem König ans Leben? Philipp empfing ihn nicht, er wollte keinen Krieg mit den Staaten. Indes geschah das Unheil. Die Staaten erklärten Don Juan zum öffentlichen Feind, ernannten Oranien zum Generalleutnant und schlossen ein Schutzbündnis mit England. Da musste Philipp den verhassten Krieg erlauben. Da hatte Don Juan endlich seinen Krieg. Sein Neffe, Alexander Farnese, brachte ihm die spanischen Regimenter und schlug die Staaten bei Gemblours. Und schon schrieb Don Juan Briefe des Triumphes, schon wieder der fröhliche Held. Und schrieb um Geld, um Geld und Escovedo, und mehr Geld und grössere Eile, und hatte neue, noch gefährlichere, noch dunklere Pläne. Und schrieb und wartete, Woche um Woche, Monat um Monat umsonst. Und schrieb an Perez vertraulich und verzweifelnd, seit sechs Monaten warte er auf Escovedo, seit sechzehn Tagen habe er sogar vom Escovedo keine Nachricht. Was gehe in Spanien vor? Was sei geschehen? Seit sechzehn Tagen habe auch Perez, der gute, treue Freund, ihn ganz vergessen und schreibe nicht. Welch Fürchterliches also sei eingetreten? Oder hätte man zu Madrid ihn und die Niederlande ganz vergessen? Oder was?

In Madrid war Escovedo schon in der ersten Stunde zu seinem alten Freund Antonio Perez gelaufen. „Der König", sagte Perez, „ist im Escorial. Er wird dich nicht empfangen. Er grollt dir und deinem Herrn. Wie geht es Don Juan? Man hort muntere Geschichten von dieser Marquise. Ist es wahr, dass sie ihre Brüste auch auf der Strasse ganz entblösst? Und ist ihr Busen so schön?"

„Die Marquise d'Havré ist ein Wunder an Schönheit", erklärte Escovedo, „und quält unsern Prinzen mit ihrer Eifersucht. Ich muss den König sprechen. Wir brauchen Geld zum Krieg! Wir brauchen Geld!"

„Escovedo, du bist der ältere von uns. Vergib, wenn ich es wage, dir einen Rat zu geben. Ihr behandelt Philipp falsch. Bei der Liebe Gottes! Folge meinem Rat. Renne nicht so, Escovedo! Man glaubt, das Ziel zu packen, und strauchelt, und fällt, kurz vor dem Ziel. Könige lieben den Tadel nicht. Die Wahrheit ihnen sagen, ist unsere Pflicht. Aber mit Mass, Escovedo, mit Klugheit!"

„Schon gut! Wir haben Riesenpläne, Antonio! Die Welt wartet nicht. Die Tage rollen. Fass' an, heisst es! Pack' zu! Spring' auf Fortunens Rad, fass' sie am Zipfel ihres flatternden Gewands! Morgen hast du Fieber. Morgen bist du tot. Morgen sind andere auf dem Sprung. Antonio, gibt acht! Sonst wirst du grau, und Philipp jagt dich mit einem Fusstritt fort. Antonio, ich kenne dich nicht wieder! Sonst wagte keiner so viel wie du!"

„Schon gut", sagte Perez, „man wird älter."

„Das ist's", rief Escovedo. „Ich muss den König sprechen, heute, morgen! Schaff's uns, Antonio!"

„Nur Geduld", bat Perez. „Lass ihn erst nach Madrid kommen. Was bringst du?"

„Antonio, ich bin hin", erklärte Escovedo. „Noch nie litt ich in meinem Leben wie auf den Strassen Spaniens. Es gibt kaum Posthäuser. Pferde sind so schwer zu haben, dass ich zwölf, ja sechzehn Meilen weit mein Pferd nicht wechseln konnte, und zwei Stunden wartete, bis der Posthalter ein neues Pferd aufgetrieben. In einem Dorf wollte ich zwei Eier haben. Nicht um einen Dukaten fand ich welche! So arm sind sie. Die Leute hungern. Keiner ist zufrieden. Antonio, wie regiert ihr? Da müssen Fehler stecken. Das muss zu korrigieren sein! Nun gut. Ihr wolltet uns nicht im Staatsrat haben, mich und Don Juan."

„Du rechnest nicht mit Philipp", antwortete Perez. „Ihr kennt ihn beide nicht. Hütet euch. Mehr sage ich nicht. Was macht ihr? Philipp befiehlt Versöhnung, fast um jeden Preis. Und ihr macht Krieg?"

„Der Frieden mit den Niederländern ist Chimäre", schrie Escovedo. „Und doch, der Prinz hätte dort sein Glück machen können. Der Marquis d'Havré sagte wörtlich: 'Hoheit, wollen Sie König der Niederlande werden? Ich biete sie Ihnen im Namen meiner Freunde an. Versäumen Sie die Gelegenheit nicht!' Wären wir nicht so treu! Man hat die Offerte wiederholt."

„Man kennt eure Treue", erwiderte Perez spöttisch lächelnd. „Don Juan schrieb von diesem Angebot an unsern Herrn; Philipp war wütend."

„Wir merkten seine Wut", erklärte Escovedo. „Der Prinz hatte kein Geld für unsern Tisch, kein Geld für die Kuriere, keiner von uns hatte einen Pfennig. Und diese

Niederländer leihen nichts. Was für eine Rasse, Antonio! Diesen Oranien lieben sie so sehr, wie sie Philipps Namen hassen. Er hält sie wie durch Zauberei; man liebt, man fürchtet ihn, will ihn zum Herrn, trägt ihm alles zu, fasst ohne ihn keinen Entschluss. Das sind Verdammte, mit der einzigen Wut im Leib, den Frieden zu verhindern. Warum liesst ihr uns ohne Geld, ohne Truppen, ohne Briefe? Was schweigt Philipp so lang? Hofft er noch immer auf die Zeit? Begriff er noch nicht, dass sie sein schlimmster Feind ist? Das Jahrhundert ist gegen ihn! Es kommen neue Zeiten, ich will nicht sagen, bessere. Ach, Antonio! Ihr lebt in Spanien hinter Mauern."

„Bist du toll?" fragte Perez. „Du bist es. Sonst wärst du ja nicht in Madrid!"

„Gut", sagte Escovedo, „aber was will der König? Schon in Italien litten wir so, Jahre lang. Die ewigen Verzögerungen! Das ewige Zaudern! Schläft Philipp im Kabinett? Ist er so üppig, dass er bei den Weibern seine Kraft verliert? Gut, er hat Schwierigkeiten. Jedes Kind kennt sie. Überall, in allen seinen Ländern, sind seine Untertanen unzufrieden; wir wissen's, wir haben's gesehn. Aber vor allem fehlt es an neuen Männern für die grossen Ämter im Staat."

„Geduld!" bat Perez.

„Wir hatten sie in Flandern", erklärte Escovedo. „Oft führten sie uns so an der Nase herum, dass Don Juan alles im Blut ersticken wollte! Der Oranien ist Satan selber. Immer ist er da. Immer setzt er in Brand. Wir waren sein Spielball, rollten, sprangen, warf uns der eine hin, warf der andre uns zurück. England erobern, Holland und Seeland erobern, den Oranien töten: das ist der Weg zur Zähmung der Niederlande. Es sind Unbändige! Don Juan war weg vor Müdigkeit, wie tot, verzweifelt. Er musste den Staatsstreich wagen, sie hätten ihn gefangen; sie machten ein Komplott, ihn nach Holland zu entführen, die Calvinisten hätten ihn wie einen Hering gebraten!"

Perez erwiderte: „Ich sehe wohl, ihr habt dort gelitten. Ich fühle mit euch. Hier plante Philipp schon, euch abzuberufen. Genug! Nun habt ihr euern Krieg, und ihr seid unersetzlich. In Kriegen seid ihr gross."

„So bitter, Antonio?"

„Es sind die Worte Philipps!" erklärte Perez.

„Ah, Señor Antonio", bat Escovedo, „jetzt sollte der Staatsrat nicht mehr sündigen; jetzt vergesst diesen einzigen grossen Helden Spaniens nicht. Don Juan ist ein neuer Cid; o, Gott in seiner Güte beschütze ihn, er ist so edel! Und doch, lasst ihr ihn wieder fallen, wieder schmachten, wird er den Kopf an einer Mauer zerschmettern, er wird sich in einen Abgrund stürzen! Ihr zu Madrid vergesst ihn auf den Grad, dass ihr ihm auf seine Briefe nicht mehr Antwort gebt, als wäre er der letzte Supplikant."

„Wem predigst du?" fragte Perez lachend. „Bin ich nicht Don Juans Freund?"

„Bist du's, Antonio? Und auch mein Freund?"

Die Staatssekretäre umarmten sich zärtlich und gingen in des Perez Palast, um zu speisen. Die älteste Tochter Don Antonios, namens Gregoria, ein mageres, blasses Mädchen mit glühenden Blicken und einem scheuen, zärtlichen Lächeln für den Vater, schenkte ihnen den Wein bei Tisch. „Du fragst, ob ich dein Freund bin?" fragte Perez. „Du hast keinen bessern. Ich schwöre es bei dem Haupte meiner Tochter Gregoria."

Escovedo lachte heiter. Sie liessen Zigeunerinnen kommen und tanzen. Perez hielt sich wirklich für Escovedos Freund. Als Escovedo zu Santander gelandet war, hatte Philipp einen Zettel an Perez geschickt.

‚Der Vorläufer ist nahe', schrieb Philipp, ‚eilen wir, um jeden Preis ihn zu töten, bevor er uns tötet!'

Und Perez rettete das verlorene Leben Escovedos. Er gab Escovedos Eifer für die Übertreibung eines Patrioten aus.

„Du machst Dummheiten", sagte Perez zu Escovedo. Sie hatten den Palast Antonios verlassen und waren zusammen in die Hurenstadt gegangen. Perez hatte von einem jungen Fräulein erzählt, das Furore mache, ein Mädchen aus Alcala, eine ganz junge und über alle Massen schöne

Hure. In der Stube des Mädchens sassen sie und tranken süssen, schweren Wein aus Zypern. Das Mädchen sass dem Escovedo im Schoss. Das Mädchen war wirklich schön.

„Du machst Dummheiten", sagte Perez, berauscht vom Wein und von den vielen hitzigen Gesprächen mit dem Jugendfreund. Die Stube war fast dunkel. Ein Öllämpchen vor einer Mutter Gottes brannte. „Du machst Dummheiten", sagte Perez. „Musstest du jetzt den König um die sechstausend Dukaten für dieses alberne Fort bitten, das du bei Santander bauen willst, auf diesem komischen Kap, wie heisst es nur?"

„Das Kap ist nicht komisch", entgegnete Escovedo, „es heisst Mogro, und schützt den Hafen von Santander vor den Schiffen der Feinde. Du vergisst, dass ich der Schlosshauptmann von Santander bin, dass ich Asturier bin, dass ich ..."

„Es war eine Dummheit", sagte Perez, mit dem Eigensinn Betrunkener, und mit der Bedeutung, die der Rausch armseligen, nüchternen Worten leiht, und doch fügte er nicht hinzu, dass Philipp schon lange fürchtete, Don Juan werde England erobern und mit einer englischen Flotte in Santander landen und Spanien erobern, und nun war Escovedo in Santander gelandet, und nun forderte er die Erlaubnis, ein Fort dort zu baun, und Philipp schrieb dem Perez: ‚Ist das nicht schon der Beweis?' und Perez schrieb dem König, ‚ich glaube nicht, dass Escovedo ein Schurke ist, er ist nur hitzig, nur eigensinnig, nur ein Asturier.'

Zum zweiten Mal hatte also Perez Escovedos Leben gerettet, Perez erzählte es dem Freunde nicht. Vor Freunden rühmt man sich nicht. Nur zur Warnung sagte er: „Du machst Dummheiten."

„Und du", fragte Escovedo heiter seinen Freund Perez und sah ihn an, wie der dasass vor seinem Glase Wein, in Seidenflittern, Spitzen, mit goldenen Ketten, gesalbt und nach Essenzen duftend, wie Arabiens Töchter, einem Märchenprinzen ähnlich, elegant und zart. „Und du, Antonio", fragte Escovedo, „machst du keine Dummheiten? Der Erzbischof von Sevilla erzählte mir heute auf der

Strasse, du bedientest dich der Karossen der Witwe Eboli, trügest ihre Ringe und gäbest Anlass zu Gerede. Man sagt, die Fürstin schickte dir aus ihrem Schloss Pastrana ganze Maultiere voll mit Näschereien, Spitzen, Schönheitssalben und Leinen zu Hemden, und was weiss ich."

„Schweig!" schrie Perez. „Wie sprichst du von der ersten Dame am Hofe Philipps?"

„Dennoch sagt man", begann Escovedo ...

„Schweig!" schrie Perez und erhob sich und ging im Zorn.

Am andern Tag kam Escovedo zu Perez und entschuldigte sich, und sie waren Freunde. Escovedo lief in alle Ämter und mühte sich für seinen Herrn und hörte, dass Philipp mit Agenten Oraniens verhandeln liess und bereit war, seinen Bruder Juan d'Austria und seinen Neffen Alexander Farnese samt ihren Siegen zu opfern, falls Oranien zur Versöhnung bereit war. Philipp bot Oranien Säcke voll Dukaten und eine Generalsstelle an. Indes zog Oranien vor, der Vater der Niederländer zu bleiben. Escovedo sah seinen Herrn verraten. Er ging zum Grossinquisitor. Quiroga lachte heiter wie immer. „Sie träumen", versicherte er. „Unsere Partei regiert."

Escovedo ging zum Marquis Los Velez. Der Alte lag krank zu Bett. „Sie irren!" versicherte er. „Der König liebt seinen Bruder."

Einmal hatte Escovedo einen verzweifelten Brief von Juan: ‚Schon gibt es drei oder vier Regenten in den Niederlanden, und hinter allen steht der Teufel, der Oranien, und nur ich, Don Juan d'Austria, bin ohne Geld, verkauft, verraten!'

Escovedo ritt zum Haus Antonios, traf einen Pagen, der erklärte, sein Herr liege zu Bett, und als Escovedo fragte, ob Perez krank sei, kindisch kicherte und, als Escovedo mit langen Schritten zum Schlafzimmer Antonios ging, versuchte, am Mantel ihn festzuhalten; doch Escovedo riss die Türe auf und sah Perez und ein nacktes Weib, Anna, die Witwe seines Herrn, am hellen Mittag. Und Escovedo schrie, zitternd vor einer unbegreiflichen Wut:

„Das ist unerträglich, das sage ich dem König! Mein Gewissen verlangt das!"

„Sag's!" rief Anna und lachte unmässig am Hals Antonios, „sage ihm, dass ich das Ding vom Perez mehr liebe als den König."

Da verliess Escovedo in voller Wut das Haus seines Freundes, ritt ins Gehölz, die grünen Bäume sahn vermummten Schurken gleich, er blickte zum Himmel empor, und ritt durch die Wälder, als fliehe er vor Mördern, und erwog, ob er es dem König sage, und wusste, Antonio würde nun die Audienz verhindern, und kehrte zurück, es war Abend, es dunkelte, und in allen Häusern sah er die Unzucht, und war nicht frömmer als andere, und wusste nicht einmal genau, warum ihn vor Millionen Umarmungen gerade diese so sehr beschämt hatte, und ritt langsam nach Haus, und ging zu seiner Frau und seinem Sohn, sie fragte: „Bist du krank?", er legte sich zu Bett, und beschloss, nur fort aus Spanien, und erwachte am andern Morgen fröhlich und wusste nicht, dass er schon verloren war.

Er war gerichtet. Seine Henker waren schon am Werk. Perez legte dem König Briefe der Grimaldi vor, zweier Genueser Bankiers, die dem Prinzen Juan Gelder liehn und ihn bespitzelten. Sie denunzierten ein Bündnis des Herzogs Guise mit Don Juan, zur Verteidigung der beiden Kronen. „Verteidigung?" fragte Philipp mehrmals, „was heisst das? Dem Guise ist die Politik des Königs von Frankreich nicht katholisch genug. Und Don Juan? Heisst Verteidigung Unterwerfung beider Könige? Ich fürchte den Escovedo! Antonio, mach's kurz! Mach' ihn ab!"

Da erschrak Perez. Er hasste seit jener Mittagsstunde Escovedo. Anna fragte jeden Tag, wie lange er warten wolle, und was sich ändre oder bessre, wenn er warte, und ob er schon ein Zauderer wie sein König sei, — und doch erschrak er nun bis in den Grund, nicht aus Gewissensbissen, etwas gefiel ihm nicht, er sagte, gegen seinen Willen und ängstlich, er könnte überzeugen: „Sire! Vielleicht ist Escovedo nur ein Werkzeug?"

„Du bist sein Freund", sagte Philipp. „Los Velez soll entscheiden."

Perez brachte Papiere, Notizen, alles lag bereit, eins ans andere gefügt, eins aus dem andern folgend, Briefe, Notizen über mündliche Unterhaltungen, über Konferenzen, flink und fleissig, Perez kommentierte nicht, es war überflüssig. Da erschienen aufs neue die grossen Projekte Juans seit seinen italienischen Tagen, da wollte er König von Albanien, da König von Tunis sein, da war er ungehorsam, dort widerstrebte er. Da jammerten Escovedo und Juan, weil die geträumte Krone von England entschwunden war. Da versuchten sie über den Papst Gregor ein zweites Mal das englische Abenteuer, hier war die Absicht, aus Flandern zu desertieren, hier die geheimen Intrigen in Frankreich, hier der Plan, als Abenteurer mit den spanischen Truppen für den König von Frankreich zu kämpfen, hier die Drohungen des Prinzen. Folgte nicht, dass ein bedeutender, geheimer Plan existiere, dass ein grosser Schlag das Wohl der Reiche Philipps gefährden würde, wenn man nicht seinen Sekretär beseitigte? Folgte nicht notwendig Escovedos Tod?

Los Velez erklärte: „Mit der Hostie im Mund, mit dem Leib des Herrn zwischen den Zähnen, stimme ich für Escovedos Tod."

So rieten die Häupter der Partei Ebolis, die Freunde Juans und Escovedos. Philipp schrieb an Perez: ‚Ja, beschleunigen Sie den Tod von Verdinegro (aus Vorsicht hiess Philipp den Escovedo so, mit einem Pseudonym). Sonst geht er weiter, und es wird zu spät; der schläft nicht, der ruht nicht, der wird nicht anders, der treibt es, bis das Unheil platzt. Handle, Antonio; eile, ehe er uns tötet!'

Spanier töten gern mit Messern. Antonio Perez, ein Höfling, hätte Gift vorgezogen. Perez wandte sich an seinen Majordomus Martinez. Martinez wandte sich an den Pagen Enriquez. „Kennst du keinen Landsmann, der einem einen Messerstich gäbe? Man möchte gut zahlen. Ohne Bedeutung, wenn das Opfer stürbe." Der Page sprach mit einem Maultiertreiber. Da sagte Martinez, umbringen müsse man den Betreffenden, es sei ein Staatskerl. Don Antonio billige alles. Da erklärte der Page, dann brauche es Leute von guter Familie. Martinez sagte, der Betreffende käme oft ins Haus Don Antonios, das sicherste Mittel wäre, ihm etwas in den Wein zu schütten.

Ein paar Tage später sagte Martinez zum Pagen Enriquez, nun habe er ein Elixier, und Señor Antonio hätte nur zu Enriquez Vertrauen, und er gäbe ein Mahl in seinem Landhaus, und der Page sollte dieses Wasser dem Escovedo beibringen, der einer der Gäste sei. Da erwiderte der Page, er wolle keinen umbringen, wenn es ihm nicht sein Herr selber befehle. Da rief Perez den Pagen eines Abends auf dem Lande zu sich, es war im Frühling, Perez schlang den Arm um den Nacken des Knaben und sagte ihm, wieviel ihm daran läge, dass Escovedo stürbe, und dass er den Pagen ins Haus des Königs bringen wolle.

Darüber war der Knabe hochzufrieden und besprach mit Martinez das Nötige. Während des Mahls war der Page Enriquez bestellt, dem Escovedo, so oft er begehrte, zu trinken zu reichen. Der Page gab ihm zweimal zu trinken, beide Male schüttete er das Elixier in Escovedos Wein in dem Augenblick, da er das Glas durchs Vorzimmer trug, jedesmal eine Nusschale voll, wie ihm gesagt war. Am Ende des Mahls ging Escovedo fort, die andern Gäste setzten sich zum Spiel, Perez ging für einen Augenblick aus der Stube und traf den Hausmeister Martinez und den Pagen Enriquez in einem Hofzimmer und fragte, wie es gegangen sei, der Page erklärte, zwei Nusschalen voll habe der Sekretär Escovedo getrunken, Perez setzte sich wieder zum Spiel. Das Elixier hatte keine Wirkung. Ein paar Tage später gab Perez ein neues Diner, und in Escovedos Pudding tat Martinez ein weisses Pulver, das wie Zucker aussah, und Enriquez schüttete wiederum von dem Elixier in Escovedos Weinglas. Dieses Mal glückte es, Escovedo ward krank und wusste nicht warum. Der Page Enriquez hatte unter den Köchen des Königs einen Freund, der ein Freund des Kochs Escovedos war, und beide Köche suchten einander häufig auf, in den Küchen ihrer Herren, und gaben sich fette Bissen. Dieser Koch des Königs benutzte einen unbeachteten Augenblick, da man in Escovedos Küche ein Krankensüppchen für Escovedo kochte, etwa soviel wie einen Würfel von dem weissen Pulver, das ihm Martinez gegeben, hineinzuschütten.

Eine Mohrensklavin trug die silberne Tasse mit dem Süppchen vors Bett Escovedos, er merkte, dass Gift darin war, bezichtigte die unschuldige Mohrin, man übergab sie den Richtern, es gab einen raschen Prozess.

Philipp schrieb an Perez: ‚Dieser Escovedo wird uns beide verdächtigen, er ist imstande, durch den Mund der Mohrensklavin sagen zu lassen, was er nicht zu sagen wagt.'

‚Auch ich bin unruhig', schrieb Perez an den König.

Die Mohrensklavin ward in aller Unschuld auf offenem Markt gehängt, und Perez beschloss, mit dem Messer zu arbeiten, gleich den Söhnen des Volks. Der Page Enriquez fuhr in seine Heimat, weihte seinen Bruder Miguel Bosque ein. Indes hatte Martinez zwei Aragonesen bestellt, zwei erfahrene Totschläger von Beruf, Mesa und Insausti. Am andern Tag versammelte Martinez die vier Mörder, ebenso den Koch, im Wald vor Madrid. Unter alten Ulmen besprachen sie sich. Martinez besorgte lange Stockdegen. Perez ging indes für die Karwoche nach Alcala. Es war abgemacht, dass die Mörder sich jeden Abend auf dem kleinen St. Jakobsplatz trafen und dort die Runde machten, längs der Strasse, die Escovedo zu nehmen pflegte. Insausti, der Koch und Bosque warteten auf ihn; Martinez, Mesa und Enriquez standen Schmiere. Den Ostermontag, am 31. März, kamen Mesa und Enriquez ein wenig später als sonst zum St. Jakobsplatz. Die andern vier lauerten schon. Als Escovedo, von ein paar Lakaien, die Fackeln trugen, und einem Pagen begleitet, an der St. Marienkirche nahe dem St. Jakobsplatz vorüberritt, fielen ihn die Mörder an. Insausti tötete ihn kunstvoll mit einem einzigen Degenstich. Die Mörder entwichen. Bosque hatte seine Pistole verloren. Insausti verlor den Mantel. Martinez und Mesa warfen den blutigen Degen Insaustis in den Brunnen im Hof. In der Nacht ritt des Königs Koch nach Alcala und unterrichtete Perez, der sich freute, weil keiner der Mörder verhaftet war. Der Mord machte Lärm in Madrid. Die Alkalden begannen die Untersuchung. Perez kam am Abend des 2. April nach Madrid. Er ging zu Escovedos Sohn Peter. Der junge Mensch warf sich dem Freund seines Vaters an die Brust und hatte keine Tränen und hielt den Perez bei der Hand und schwor, er werde seinen Vater rächen, und vertraute dem Perez an, sein Vater habe Feinde gehabt, und er, Peter Escovedo, habe nur noch ein Ziel im Leben, die Mörder zu suchen, und er, Peter Escovedo, werde ihnen die Augen ausreissen, mit diesen Händen, schrie Peter, und zeigte seine Hände dem Mörder seines Vaters. Perez fuhr sich über die Augen. Er bat den Sohn der Freundes, sich zu mässigen und zu verzeihn.

„Den Mördern meines Vaters?" schrie Peter.

Perez bot dem Sohn Escovedos Geld, Hilfe und ein Amt an. Peter küsste die Hand des Mörders.

Der jungen Frau des Perez, Juana Coello, die nichtsahnend zur Witwe Escovedos kam, wies die Witwe die Tür. Gellend rief sie: „Fluch über alle Mörder meines Mannes!" Mehr tot als lebend ging Juana Coello durchs Spalier der Freundinnen der Witwe Escovedos, die links und rechts vor ihr zurückwichen. Da sie zu Haus bei Tisch davon erzählte, und des Perez Tochter Gregoria sich dem Vater an den Hals warf und unter krampfhaftem Schluchzen schrie: „Vater! So rette dich doch! So fliehe doch!", stand Juana Coello vom Stuhl auf, ging um den Tisch herum, trat nahe vor ihren Mann, dessen schönes Gesicht ein wenig aufgedunsen war, und sah ihm in die Augen. Perez senkte den Blick nicht. So starrten sie sich an, Mann und Frau. Die Tochter Gregoria, noch am Hals des Vaters, bog das Gesicht weg, als ertrüge sie die starren Blicke der Mutter nicht, und Juana Coello sagte sanft: „So sehr liebst du diese Anna?" — Und das war das einzige Mal, dass Juana Coello in ihrem Leben von der Liebe ihres Mannes zur Prinzessin Eboli sprach.

Perez senkte den Blick. Sanft machte er sich von seiner Tochter los. Schweigend verliess er das Zimmer. Gregoria sah ihre Mutter wie mit neuen Augen. Und hatte Lust, ihr die Füsse zu küssen. Juana Coello ging still aus dem Zimmer. Gregoria blieb allein. Sie wollte nicht weinen, und weinte wirklich nicht. Es kostete die arme Gregoria ihre ganze Kraft. Und warum wollte sie nicht weinen?

Der Hofalkalde Velasquez, der die Mörder Escovedos suchte, kam ins Haus des Ministers Perez. „Sie waren sein Freund, Sie wissen viel", begann der Untersuchungsrichter und sprach ganz offen und verhehlte Perez nichts, und Perez sprach voll eleganter Trauer, mit Wehmut und Bewunderung und nur mässiger Kritik von seinem ermordeten Freund, und wurde zuletzt fast ungeduldig, als der Richter ihm immer neue Enthüllungen machte und seine Fragen schon kaum den Toten und fast nur den Lebenden, den Antonio Perez, betrafen. Da hatte es Perez satt. Er erhob sich vor seinem Gast in seinem Haus und meinte, die flandrischen Staaten hätten die Mörder gedungen, oder es wären entlassene Soldaten Don Juans, oder es sei eine Weibergeschichte.

„Das eben", sagte der Richter und verabschiedete sich höflich, „das ist die Meinung der Polizei. Ein Weib steckt dahinter!" Und der Richter blinzelte dem Minister zu.

Am Abend begann auf einem Diner im Haus des Herzogs von Medina Sidonia, des Schwiegersohns der Prinzessin Eboli, der ihr sechsjähriges Töchterchen geheiratet hatte, Don Garcia de Arce, der Schwiegersohn des Untersuchungsrichters, ein Gespräch mit Perez, vom Mord und was man davon redete, und schien die Miene Antonios zu beobachten.

Perez schrieb dem König, der im Escorial sass, von den Gerüchten, vom Klatsch, von den halb öffentlichen Anklagen gegen ihn, von den Verdächtigungen, den fast unerträglichen Szenen.

Philipp schrieb ihm: ‚Reden Sie klug und wenig! Die Leute werden tausend Dinge sagen, um etwas aus Ihnen zu ziehn. Die Peinlichkeiten sind unvermeidlich. Gehn Sie darüber weg mit Ihrer gewöhnlichen Kunst der Verstellung.'

Perez schrieb an Philipp: ‚Die Mörder sind noch in meinem Haus, auch der den Stich geführt hat. Ich hatte Angst, sie fortzuschicken; ich habe Angst, sie hier zu halten. Soll man sie als königliche Kuriere fortsenden, mit Ihren Depeschen, Sire?'

‚Nein', schrieb Philipp, ‚ich halte das nicht für richtig. Nur Geduld! Verstecken Sie sie nur bei sich. Niemand wird wagen, das Haus meines ersten Ministers zu durchsuchen.'

Die Woche darauf schickte Perez die Mörder fort. Bosque erhielt hundert Dukaten und ging in seine Heimat. Mesa, Enriquez, der Koch und Insausti gingen nach Saragossa. Mesa erhielt eine goldene Kette und eine silberne Tasse. Die Prinzessin Eboli stellte ihn auf ihren Gütern an. Die andern drei wurden Fähnriche des Königs und gingen mit ihren Patenten, die vom König und von Perez unterschrieben waren, nach Italien, der Koch nach Mailand, Enriquez nach Neapel, Insausti nach Sizilien.

Die raschen Mörder waren fortgelaufen. Nun begannen die Richter ihr langsames Werk. Der allgemeine Argwohn richtete sich gegen des Königs Lieblinge, gegen Anna Eboli und Perez. Der König hielt seine mächtige Hand über ihnen. Er sass im Escorial und im Kabinett und regierte seine Reiche. Seine Kinder sah er geboren werden und sterben, es war, als zeugte er statt Kinder Särge. Rings um den König starben viele, er bemerkte es und er vergass es. Hundert stehn im Zimmer des Königs, tausend im Vorsaal, Millionen dienen ihm.

Philipp war reif. Er hatte gestrebt und gelitten, war fünfzig Jahre alt und bereit, weiter zu gehn und mehr zu dulden. Immer noch, da sein Kopf schon ganz kahl, sein Herz ganz eingeschrumpft, sein Sinn ganz steinern war, immer noch hielt er sich für den grossen Erdenrichter und glaubte, ihm gehöre die Wahrheit. Schon hatte er den engen Kreis menschlicher Gefühle und Taten durchmessen. Um seine paar ererbten Begriffe der Welt aufzuzwingen, hatte er gelogen, gemordet, Kriege geführt, noch hatte er nicht genug. Die Menschen lebten und starben, neue Menschen, neue Begriffe kamen empor und marschierten gegen Philipp, und er setzte sich auf das magere Ross seiner Phantasie, den dürren Klepper, und legte die Lanze ein, die Macht des spanischen Weltreichs, und kämpfte gegen Windmühlen, und ihr Geklapper lärmte in seinen Ohren. Immer hatte sich Philipp die grössten Aufgaben gestellt, und nur selten setzte er sie beiseite und bezahlte eine Marotte mit seinem Gott, immer münzte er die Goldgruben Indiens aus, damit holländische Strassenjungen das Ave Maria beteten. Immer bückte er sich und hob aus dem Staub neben seinen Füssen seinen getretenen Gott empor und betete ihn an, und predigte aller Welt die heiligsten Aufgaben der Christenheit, und stets waren es seine Familieninteressen. So ging er noch fort und fort seinen erhabenen Weg, vom Kabinett zum Bett, von Aranjuez zum Escorial, von Siegen zu Niederlagen, von Eitelkeit zu Eitelkeit. Mit dem blutigen Messer des Mörders ging er vor den Altar und wischte das Blut im blauen Mantel der Mutter Gottes ab, immer hatte er das gute Gewissen der grossen Missetäter.

Philipp war endlich fertig. Nun stand er auf der Höhe seiner Bildung, ein Meister unter lauter gemeinen Pfuschern, seines Lebens Meister. Nun begann er das letzte grosse Spiel um die Welt, ein frommer Spieler. So sah er mit fünfzig Jahren aus. So ging er zehn oder zwanzig oder wieviele Jahre später in Scherben. Dieser war von Gott gesegnet, mit Reichen und Kronen, mit Weibern und Herden, mit Kindern und Liebe. Dieser soff und frass, und das Fett der Geschlachteten rann an seinen Fingern herunter, und er kam sich im Grunde als ein gewöhnlicher Mensch vor, aus gemeinem Stoff, nur durch Geburt und Gott schwindelnd hoch hinausgehoben. Längst kam er sich selber sententiös vor, längst sah er sich gerne historisch.

Mit gefasstem Kummer vernahm er den Tod seines Bruders Don Juan d'Austria. Der arme Seeheld hatte noch fünf Monate nach der Ermordung Escovedos gelebt. Bald hatte er den Sinn dieses Mordes begriffen. Er erhielt keinen

Brief mehr von Antonio Perez. Auch Philipp schrieb ihm nicht mehr. Don Juan erfuhr, dass der König mit den Staaten ohne ihn verhandelte, ihn preisgeben wollte. Don Juan fiel vom Fleisch vor Melancholie. Noch betete er zur Seele seines Vaters, des Kaisers, wie zu einem Heiligen. Noch schrieb er Briefe an seinen Bruder und an die Minister zu Madrid. Noch lag er im Felde bei seinen Truppen. Noch wälzte er die alten, grandiosen Pläne, die Träume von den Königskronen, König von Albanien, König von Tunis, König von Frankreich, König von England, von Polen, von ich weiss nicht wo! Don Juan fühlte sich verurteilt wie Escovedo, fragte verzweifelt seinen alten Freund Los Velez: ‚Was wird der König gewinnen, wenn er mich verliert?', erhielt auch von Los Velez keine Antwort; erfuhr, dass auch der alte Los Velez tot war. Juan ward matt und krank, der ewige Regen marterte ihn, er sehnte sich nach Sonne, nach dem Süden, er begriff immer besser das Ende Escovedos, bekam im Feld ein hitziges Fieber, lag vier Wochen in einer Dorfhütte, deren einziger Raum als Schweinestall gedient hatte und der mit den Tapeten Don Juans notdürftig verdeckt war, sah sein Wappen an den Tapeten und weinte im Fieber, schrieb noch einmal an Philipp, bat noch einmal um Truppen, um Geld, um guten Rat, klagte den König an, klagte sein Schicksal an, hiess sich einen toten Hund, einen Narren; schrieb, die Diener Philipps spotteten seiner; schrieb, er sei der letzte Ritter; schrieb, er sei der einzige Verbannte, der einzige, der in Ungnade fiel, ein Narr des Glücks, ein Ball Fortunens; schrieb, er sei ohne Schuld, wenn die Niederlande verloren gingen; schrieb, er beneide den Oranien, der habe verstanden, sich unabhängig zu machen und seine Landsleute zu befrein, warf die Feder weg, phantasierte bei fürchterlichen Kopfschmerzen und ärgern Seelenschmerzen, warf sich auf seinem schmutzigen Stroh in Fieberträumen umher, führte im Traum Riesenschlachten, schrie Befehle an die Kavallerie, enterte die türkischen Galeeren, focht in England, befreite die Stuart, lag mit ihr zu Bett, fragte sie nach seinem Bildnis, schrie schmetternd: ‚Gefiel ich dir, Maria?' Und kam eine Stunde vor seinem Tod zum Bewusstsein seines ganzen Jammers. Er reichte seinem gleichaltrigen Freund Alexander Farnese, seinem Neffen und Studiengefährten von Alcala, die fieberheisse Hand, empfing die Sakramente, sagte zum Farnese: „Schau an, Alexander; so blöd verspiele ich mein Leben", winkte ihm, er solle sein Ohr näher tun; sagte ziemlich laut: „Neffe! Er gab mir Gift."

Und als Farnese erschrocken zurückfuhr und fragte: „Lieber Freund, was sagst du?", fragte Don Juan: „Was für einen Tag haben wir?"

„Mittwoch", sagte Farnese.

„Am Montag", erklärte Juan, „am Montag gab man mir mit Gewalt ein weisses Pulver ein, mir ging es zuvor schon besser. Neffe, er hat mich umgebracht. Ist heute Mittwoch?" fragte er noch einmal. „Er wird auch dich umbringen."

„Ja", sagte Farnese.

„So sterbe ich also an einem Mittwoch", erklärte Juan und drehte sich zur Wand und kehrte sich wieder zum Zimmer, wollte sprechen und konnte nicht mehr.

Dem Farnese grauste. Er war noch sehr jung und verstand nicht, warum die Sterbenden so oft glaubten, sie hätten noch Entscheidendes zu sagen. Haben sie nicht ein ganzes Leben lang genug gesprochen? Ist denn das letzte Wort gültiger?

Don Juan starb den Mittwoch. Er schied mit dreiunddreissig Jahren. Man fand sein Herz ausgedörrt und seine Haut wie geröstet. Die Leute sagten dies und das. Die einen schworen, Philipp habe ihn vergiftet, aus Angst vor des Bruders Ehrgeiz. Andere schworen, das Gift stamme von den Staaten, von Holland und Seeland, von den Calvinisten, von den Lutheranern. Diese sagten, die Königin von Frankreich, Katharina de Medicis, habe ihn mit parfümierten Stiefeln vergiftet, sie wollte ihren Lieblingssohn Franz mit Philipps Lieblingstochter Klara Eugenia verheiraten, und die Niederlande sollten das Angebinde sein. Andere erklärten, Don Juan habe die immer nackten

Brüste der wunderschönen Marquise d'Havré küssend die Pest, an der sie starb, mit seinen roten, lebensgierigen Lippen eingesogen. Zwei Engländer, Ratcliff und Clay, wurden angeklagt, Don Juan im Auftrag des englischen Ministers Walsingham vergiftet zu haben, und hingerichtet.

Drei Tage nach Juans Tod fand die Leichenfeier statt. Über den Vortritt stritten in der Armee Spanier, Deutsche und Niederländer. Jede Nation sagte: Der Tote war unser. Bei gedämpfter Trommeln Klang trugen sie ihn nach Namur und begruben sein Herz in einer kleinen Kirche unterm Steinboden. Den Leichnam schafften sie nach Spanien. Juans letzte Bitte war, neben seinem Vater zu liegen. Philipp erlaubte es.

Philipp bat den König von Frankreich um die Erlaubnis zum Durchmarsch von zwanzig spanischen Reitern aus Flandern. Er erhielt sie. Aus Sparsamkeit hatte Philipp verschwiegen, dass die Reiter die Leiche seines Bruders mit sich führten. Er wollte die Ausgaben sparen, die ein öffentlicher Transport und der Austausch von Zeremonien mit den Behörden jeder Stadt auf dem weiten Weg gekostet hätten. Aus Sparsamkeit zerschnitt man des Königs Philipp Bruder in drei Teile, verpackte jedes Teil in einen groben Sack, hing die drei Säcke an die Sattelknöpfe dreier Reiter. So ritt der einst so heitere Held der Christenheit zurück nach Spanien, gedrittelt. Dabei hatte er vor Philipps Ketzern noch Vorteil; diese wurden lebendig gevierteilt. In drei Stücken langte Juan in Spanien an, auf dreier Reiter Sätteln ritt er in Madrid ein. Da nähten ihn die alten Hofärzte Philipps zusammen, stopften den Leichnam aus, balsamierten ihn ein, kleideten ihn in Staatstracht, ins Purpurgewand, und taten ihm den Mantel aus Hermelin um, und um den Hals die Kette des goldenen Vlieses, zogen ihm parfümierte Handschuhe und parfümierte Stiefel an, auf den Kopf setzten sie eine goldene Krone mit grossen Juwelen, transportierten ihn zum Escorial, stellten ihn auf die Füsse vermittels einer sinnreichen Maschine, stützten ihn auf seinen kostbaren Feldherrnstab und führten ihn so Sr. katholischen Majestät vor.

Philipp trat langsam seinem Bruder näher. Er musterte ihn lange. Die Mönche, die ihn begleiteten, schworen, eine Träne gesehn zu haben, die an den Wangen des Königs langsam herunterrann. Danach begrub ihn Philipp neben seinem Vater, dem Kaiser Karl dem Fünften. Schon häuften sich die Särge im Escorial. Denn Philipp sammelte seine liebsten Toten.

DIE SCHULFREUNDE

Peter Escovedo, des Ermordeten Sohn, erschien in Audienz vor dem König. Perez stand hinter einer Tapete verborgen und lauschte.

Philipp liebte nicht die Brut Escovedos, der lebend nach seinem Leben getrachtet und tot seine Ruhe störte. Alles war abgetan. Was wollte die Familie?

Peter Escovedo sagte: „Sire, Mörder haben meinen Vater überfallen, mitten in Madrid. Die Polizei findet die Mörder nicht. Und doch nennt jeder ihre Namen, und ganz Madrid weist mit Fingern auf sie. Vor Ihrem Thron bitte ich um die Erlaubnis, sie nennen zu dürfen."

Philipp schickte ihm seine schweren Blicke. Das war der echte Sohn des Escovedo. Wollte der Knabe des Königs Namen nennen?

Peter zitterte, er ertrug die schweren, kalten Blicke Philipps nicht. Ihm kam vor, da auf dem Thronstuhl vor ihm sitze des Vaters Mörder. Er fasste Mut und sagte: „Die Mörder meines Vaters sind Antonio Perez und Anna Mendoza!"

Der König sah in die Richtung der Tapete, wo Perez sich verborgen hielt, um zu lauschen. Philipp hätte Antonios Miene gern gesehen. Er fragte nachdrücklich langsam: „Was für Beweise?"

Peter Escovedo setzte zweimal zu reden an. Ihm fiel ein: Jetzt sind wir verloren, Mutter und ich! Er erzählte: „Wir gingen zum Astrologen Hera, Señor Mateo Vasquez, Präsident Pazos und ich. Es war Nacht. Der Astrologe führte uns aufs Dach seines Hauses, blickte lange in die Sterne und erklärte, den Befehl zum Mord habe ein Freund meines Vaters erteilt, einer der zur Bestattung kam, er beging die Tat für ein Weib." Peter schwieg erschöpft.

Auch Philipp fühlte sich matt.

Endlich sagte Peter Escovedo: „Ich erhebe Klage! Ich bitte, unsere Denkschriften übergeben zu dürfen!" Knieend überreichte er die Papiere.

Philipp versprach, sie den Richtern auszuliefern, falls ein Prozess stattfände. Peter Escovedo ging. Der König öffnete mit eigener Hand die geheime Tapetentür und fragte: „Nun, Señor Antonio?"

„Also Vasquez", antwortete Perez. „Sire, das ist der neue ‚Bund' an Ihrem Hof: Vasquez, Ihr Beichtvater, und Graf Baraja, der schnöde Nachfolger des edeln Los Velez. Das sind meine Feinde. Man neidet mir die Liebe meines Königs, meine politischen Erfolge. Man will mich stürzen. Und dieser undankbare Peter Escovedo, dem ich eine so glänzende Laufbahn versprochen habe ... Mir ahnt, ich werde büssen müssen, dass ich meinem König keine Gefälligkeit verweigern konnte. Mein böser Stern! Meine Treue ohne Grenzen ist schuld. Ich wollte nützlich sein. Zwei Tage, ehe Los Velez starb, sagte er zu mir: ‚Lieber ins Exil! Lieber nach Peru! Sie unterdrücken dich, auch wenn sie die Gunst des Königs nicht haben; haben sie aber seine Gunst, nehmen sie dir Ehre und Leben!' Für den König gab ich meine Freunde hin; o Escovedo, o Don Juan! Worauf baue ich? Diese Affäre macht mir Sorgen, die einen Stein zerbrachen. Ziehen Sie mir das Sünderhemd an, Sire! Ich werde für alles zahlen müssen. Im unvermuteten Moment erdolchen mich meine Feinde. Ich bin vogelfrei. Oder sie fassen Ew. Majestät bei Ihrer sanftesten, süssesten Schwäche, bei Ihrer Gefälligkeit, und kommen zum Ziel. Sire, entlassen Sie mich aus Ihren Diensten und allen meinen Ämtern. Ich gebe meine Demission."

Philipp fasste mild die Hand seines Lieblings, seines Mitschuldigen. „Ich sehe, du bist heute nicht in bester Laune. Glaube nicht, was du gesagt hast. Es ist wahr, Vasquez schrieb mir, dass alle Welt dich verdächtigt, dass du dich mit Wächtern umgibst, dass du die Tat für ein Weib begingst, dass die öffentliche Meinung gefährlich grollt, was zu den schlimmsten Folgen führen könne. Es ist die Sprache eines eifrigen Ministers. Du siehst, ich verrate dir deine Feinde. Andere schwanken, ich nicht. Studiertest du mich besser, hättest du es längst erkannt, dass ich nicht willkürlich bin. Bleibe fest, Antonio; sei ein Mann! Kein Feind schadet uns so, wie wir uns schaden können."

Perez kannte seinen König und misstraute ihm. „Machen Sie mir den Prozess, Sire! Die haben keinen Beweis zwischen den Fingern. Pure Rancune! Die ziehn sogar die Fürstin Eboli in den Streit. Was hat die Dame damit zu tun? Aber ihr Gatte genoss die königliche Gunst; ist das nicht genug, seine Witwe zu schmähn? Ja! Machen wir den Prozess (unter der Bedingung, dass der Fürstin Name draussen bleibt)! Ich schwöre, Sire, Ihr Geheimnis, Ihren Namen nie im Prozess zu nennen! Stehn aber meine Feinde ohne Beweis da, dann klage ich die Kläger wegen Verleumdung an!"

„Es macht mir zuviel Lärm", erklärte Philipp. „Gehn Sie zum Präsidenten Pazos, eröffnen Sie ihm unsere Motive, zeigen Sie ihm unsere Akten, er rate dem Sohn Escovedos und unserm Vasquez, auf die Verleumdungen, auf Rache und Feindschaft zu verzichten."

Perez ging, Pazos erklärte: „Señor Antonio, Sie sind unschuldig. Sie handelten auf des Königs Befehl."

Pazos rief den Peter Escovedo, erklärte ihm: „Der König hat mir Ihre Memoranden übergeben. Da sind sie. Se. Majestät befiehlt mir, Ihnen zu sagen, dass man vollkommene Gerechtigkeit üben wird, ohne Ansehn der Person, des Geschlechts, des Orts, des Standes. Aber die Beweise! Sie klagen die erste Dame am Hof, des Königs mächtigsten Minister an. Haben Sie genügende Beweise? Wenn nicht, dreht sich die Klage gegen Sie. Ehe Sie mir antworten, sage ich Ihnen vertraulich und nehme es auf meinen Amtseid, die Prinzessin Eboli und Antonio Perez sind so unschuldig wie ich."

„Señor, da es so ist", erwiderte der arme, gescheite Peter, „gebe ich Ihnen mein Wort für mich und meine Mutter, wir werden wegen dieses Mordes nicht vom einen noch von der andern reden."

Pazos bat den Minister Vasquez zu sich und sagte ihm: „Weder Ihr Amt noch eine Freundespflicht heisst Sie die Mörder Escovedos verfolgen. Lassen Sie's! Ausserdem liegt alles ganz anders, als Sie vermuten!"

Mateo Vasquez ging und fand einen Vetter Escovedos, der den König um Gerechtigkeit bedrängte.

Da schrieb Anna an den König: ‚Sire! Mateo Vasquez und seine Freunde sagen, Perez habe den Escovedo meinetwegen ermorden lassen. Ich rede nicht von der Unsinnigkeit dieser Verleumder, sondern von ihrer Frechheit. Sire, als Monarch und Ritter, schützen Sie die beleidigte Ehre einer Dame! Bestrafen Sie diesen maurischen Hund, diesen Mateo Vasquez!'

Philipp schickte seinen Beichtvater Diego de Chaves zu ihr. „Haben Sie Beweise", fragte Chaves, „für solche angeblichen Verleumdungen? Gab Vasquez sie schriftlich?"

Anna nannte als Zeugen den Grossinquisitor Quiroga und des Königs Prediger Castillo. Die bestätigten. Das war der offene Kabinettskrieg, wie zu Zeiten Ebolis und Albas. Aber der Streitpunkt missfiel dem König für dieses Mal. Perez, der gerade im Escorial arbeitete, schickte seinen Sekretär zu Vasquez um ein Schriftstück, das der König einsehn wollte. Vasquez gab es dem Beamten und fügte ein Pasquill aus eigener Hand bei, voller Denunziationen gegen Perez. Perez fand das Pasquill, las es, trug es zu Philipp und bat um Genugtuung oder um die Erlaubnis, sie zu nehmen. Philipp las das Pasquill mehrmals, mit grosser Neugier, er meinte, nur müsse man abwarten, bis Vasquez seine verschiedenen Geschäfte abwickle, die in Verwirrung blieben, wenn man ihn sogleich verfolge.

Als Perez ihn verliess, schrieb ihm Philipp ins andere Zimmer einen Zettel. ‚Der Mut fehlt mir, einen so tüchtigen

Minister wie Vasquez kurz vor dem Feldzug mit Portugal zu entlassen.' Philipp schickte seinen Beichtvater Chaves zu Anna und riet ihr und Perez, sich mit Vasquez zu versöhnen.

An Perez schrieb Philipp am 4. Mai: ‚Solang ich lebe, haben Sie nichts zu fürchten. Und wenn die ganze Welt gegen Sie aufsteht, ich bleibe Ihnen gut und werde immer für Sie da sein. Ihr Herz darf ruhig sein.'

Dem Präsidenten Pazos gab der König den Befehl, alle Denunziationen und alles seit zwei Monaten gegen Perez gesammelte Material zu verbrennen.

Perez ging ins Amt zu Vasquez. Da sass der alte Schulfreund, seine Haare ergrauten schon, der Rücken krümmte sich, die Finger waren befleckt von Tinte. Vasquez hatte die schweren, langsamen Blicke seines Königs, die geheimnisvolle Starre, den pedantischen Zug; das ahmten die kleinen Geister dem Philipp trefflich nach. Perez hatte die windigen Künste von je verschmäht, er duftete nach Frische, strahlte von Offenheit, leuchtete vor Verliebtheit, seine Stimme tönte wie der Jugend Klang. Antonio schien ein Jüngling, Vasquez ein Greis, sie waren gleichaltrig, Schulfreunde. Lächelnd trat Perez in die Stube des Ehrgeizigen, des argen Feinds, des Wühlers. „Erinnerst du dich", fragte Perez den Vasquez," wie wir alle als junge Schreiber des Königs zu Brüssel sassen und die Treppen heruntersprangen, um den Sieger von Gravelingen, den armen Egmont zu begrüssen?"

Mateo hob den schweren Blick. Er war sitzengeblieben, hatte den Akt nicht weggeschoben, die Feder nicht fortgelegt. „Damals", sagte er mit der angenommenen, zu leisen Stimme, mit dem ganz rein gesprochenen Kastilisch, das Philipp so sehr liebte und so sorgsam feilte, in Wort und Schrift, mit Härte sagte Vasquez, Albas einstiger Günstling, der Waisenknabe: „Damals lebte Ihr Freund Escovedo, Señor."

„Ganz recht!" antwortete Perez und setzte sich lässig auf den Tisch des Vasquez, mitten auf die Papiere, und spielte mit dem Griff seines Degens. „Ich komme nicht um Versöhnung. Mit Schleichern bin ich nicht gut Freund."

„Nur mit Totschlägern?" fragte leise Vasquez und bückte sich und tat, als fahre er fort, zu lesen und zu schreiben.

Perez stellte sich neben Vasquez und sah ihm über die Schulter ins Papier. Vasquez deckte es mit seinem Ärmel und hob den Blick nicht. „Fleissig, Schreiber! Fleissig, Pasquillant! Du belästigst den König zu oft mit der Affäre. Sie übersteigt deine Kompetenz. Das muss ich dir sagen. Armer Bursche! Noch nicht gewarnt? Wer ist dein Schützer? Santoyo? Der Ignorant? Der Kammerdiener?"

Vasquez duckte sich. Er schwieg. Perez ging fort. Er liess die Türe offen. Vasquez stand auf, schloss die Türe, setzte sich auf seinen Stuhl, nahm seinen Akt, lächelte.

Anna sagte zum Beichtvater Diego de Chaves. „Hochwürden, Sie sind ein frommer Mann. Heisst Gott uns dem Pöbel die Hand reichen? Mateo ist ein arabischer Hund, und wenn der König ihn so hoch hebt, dass man ihn nicht mehr Hund heissen kann, habe ich noch hässlichere Wörtchen für ihn."

Der Beichtvater sagte zu Philipp, die Prinzessin und Perez bemühten sich, die Granden für eine neue, mächtige Partei zu gewinnen, und das gäbe neue Unordnung im Staat.

Mateo Vasquez ging zum König. Er legte ein paar Briefe auf den Tisch des Königs. Philipp warf einen Blick darauf und erkannte die Handschrift der Eboli.

„Es sind sechs Briefe", sagte Vasquez.

„An Sie gerichtet?" fragte Philipp. Aus seinem Blick sprach finstere Grösse.

Vasquez gab dem König die gleichen majestätischen Blicke zurück, er hatte sie nach langen, mühseligen Studien erlernt, sie waren ihm zur Natur geworden. „Es sind sechs Liebesbriefe der Prinzessin Eboli an Perez", sagte Mateo mit der leisen Stimme.

„Lauter!" schrie Philipp.

Da zeigte es sich, dass Mateo Vasquez von Natur eine recht gesunde, kräftige Stimme besass. Er schrie: „Sechs Liebesbriefe der Eboli an Perez." Leiser fügte er hinzu: „Ihr Inhalt verletzt jedes Schamgefühl. Die gemeinen Leute in der Puteria reden nicht so nackt, so unverhüllt."

„Sie müssen es wissen", versetzte Philipp, „Sie kommen aus jener Stadtgegend."

„Ich weiss", erklärte Vasquez, „dass ich eine Waise bin." Er sagte es mit Wehmut und einem Unterton von Stolz.

„Nehmen Sie die Briefe fort", befahl Philipp. „Mir genügt es, wenn ich weiss, dass sie mich durch ihre Taten beleidigt; ich muss nicht sehn, wie sie mich mit Worten trifft. Nimm weg!"

Mateo nahm die Briefe und legte sie auf die andere Seite des Tisches. Philipp sah es wohl und schien es nicht zu merken. Sein Schmerz war echt und stark, seine Neugierde auch. „Genug", befahl Philipp. „Ich habe nach Rom geschrieben, an Granvella. Wenn er ankommt, wollen wir weiter sehn. Wer von euch allen kann mir den Perez ersetzen?"

„Freilich", sagte Vasquez, „wer nimmt denn so viel ein?"

„Was heisst das?" fragte Philipp.

„Das heisst, dass Perez bestechlich ist. Das weiss jeder in Europa, nur König Philipp nicht. Wovon zahlt der Perez seine Paläste, seine Landhäuser, seine Gemälde, die grossen Gastereien, die Jagden und Landpartien, die Kutschenfahrten, die arabischen Gäule, die wunderschönen Mohrensklavinnen, die riesigen Spielschulden, die verschwenderischen Geschenke an die Eboli, das goldene Bett, das er ihr schenkte, wer zahlt es, wenn nicht die offene Hand des Herrn Ministers es empfinge. Man kennt seinen Preis an allen Höfen Europas. Der Nuntius beklagte sich kürzlich vor dem venezianischen Gesandten. ‚Ein Gespräch mit Perez', sagte er, ‚kostet hundert Dukaten.'

„Sagte der Nuntius?" fragte Philipp und begann zu lachen, so lustig, als freute er sich über die kleinen Gewohnheiten seines Ministers Perez.

Bestürzt verliess ihn Vasquez.

Am andern Tag gab der Kammerdiener Santoyo dem

König, im Auftrag des Vasquez, Abschriften von Zeugenaussagen über jene Szene am Mittag, da Escovedo den Perez und die Eboli im Bett traf.

Der Page von Perez, der den Escovedo hatte aufhalten wollen, und ein Vetter Escovedos, dem er den Vorfall berichtet hatte, bezeugten übereinstimmend vor dem Präsidenten Pazos.

„Ich habe verstanden", sagte Philipp zum Kammerdiener und gab ihm das Protokoll zurück. Philipp beichtete und nahm die Sakramente. Nächtelang beriet er sich mit seinem Beichtvater. „Wir sind beide kompromittiert", sagte er stöhnend. „Wir wurden betrogen. Ich liess den Escovedo töten, aus Staatsräson. Perez liess ihn auf Annas Wunsch morden. Der Skandal muss aufhören. Habe ich einen Unschuldigen getötet? Belog mich Perez auch darin? Tat ich meinem Bruder Juan Unrecht? Verblendete mich ein Missgefühl? Was für ein Unheil mir diese eine Tat schuf! Warum gerade diese? Ich habe so viele töten lassen. Warum steht nur Escovedos Schatten gegen mich auf? Es waren bessere, die ich verdarb, und niemand fragt nach ihnen. Aber Escovedo! Escovedo! Escovedo! Da ist die Familie, da schreien Vettern Rache, da empören sich Minister, da revoltiert die Strasse, da tadelt mich Madrid, da wird Spanien unruhig, da hält Europa sich auf. Wer war Escovedo? Wer kannte ihn? Ich hob ihn auf, liess meine Gnade um ihn scheinen, zeichnete ihn und tat ihn ab. Was weiter? Wozu der breite Lärm? Tut Gott anders? Escovedo musste geopfert werden. Brachte ich keine Opfer? Meinen Segen nehmen sie hin wie Regen und Sonne. Und empören sich wegen einiger Tropfen Blut, die ich ausgoss? Wieviele Trunkenbolde vergiessen Blut in Kneipen und auf der Strasse, und man hebt es nicht auf und macht kein Geschrei. Und Escovedo, dieser Tropf, soll zählen? So wollen es die Menschen. Alles dulden sie, nur die Grösse nicht."

„War Escovedo ohne Fehl", erklärte der Beichtvater, „so komme sein Blut über Perez und die Eboli. So sind sie die Mörder. Und wir sind unschuldig."

„Unschuldig?" fragte Philipp. „Ganz unschuldig?"

Als Granvella einen Eilkurier zum König schickte und seine Ankunft für den Abend meldete, gab Philipp den Befehl, Antonio und Anna zu verhaften. Um zehn Uhr abends verliess ihn der Antonio, um elf Uhr stand Philipp unterm Portal der Marienkirche und sah, wie sie Anna verhafteten. Bis fünf Uhr morgens ging er auf und ab im Kabinett. Zuletzt tröstete er sich. Er strafte nicht aus Eifersucht, sagte er sich, sondern um der Ehre seines toten Freundes Ruy Gomez willen verhaftete er die Witwe. Philipp beklagte sich: Das war mein Freund Antonio! So betrog mich meine Freundin Anna! Philipp ward schwermütig. Seufzend ging er zu Bett. Vor dem Fenster jubilierten die Vögel, wie toll vor Lust am neuen Tag. Kann er mir Gutes bringen?, fragte Philipp und schlief ein.

DIE BEIDEN ANNEN

Aus dem Turm von Pintos schrieb Anna an Philipp: ‚Man kann mir meine Kinder nicht nehmen. Ich bin eine Mutter. Man kann seinem König nicht gehorchen, wenn er gegen seine Gesetze handelt, und gegen Gottes Gebote, und gegen die Menschenrechte.'

Ihr Schwiegersohn Sidonia kam mit seinem Weibe, der zehnjährigen Tochter Annas, und Annas beiden Söhnen, dem Herzog von Pastrana und dem Herzog von Villafranca, die beide auch des Königs Söhne waren, seine halb anerkannten Bastarde, die mit den Infanten unterrichtet wurden, in die Galerie, die Philipp passierte, wenn er vom Kabinett zum Mahle ging, und wo ihm jeder Bittschriften reichen durfte, die er freundlich entgegennahm.

Da kniete der Herzog Sidonia; und die drei Kinder Annas, darunter Philipps zwei Bastarde mit den blonden Locken und der Habsburger Lippe, knieten vor dem König, und die Knaben riefen: „Gnade für unsere Mutter!" — „Gnade für Mama!" rief das zehnjährige Töchterchen; mit sechs Jahren hatte sie den Sidonia geheiratet, der Sidonia war bald dreissig.

Philipp blieb stehn. Er erklärte, er habe die Prinzessin mit gewisser Strenge behandeln müssen, sie schürte den Hass zwischen seinen Ministern. Sie störte den Staat. Doch wünsche niemand mehr ihre Ruhe und Freiheit als er!

„Wenn meine Schwiegermutter gefehlt hat", versetzte Sidonia, „so strafen Sie mich allein für alle Sünden dieser Dame!"

„Sie hat zu viele", entgegnete der König trocken und strich zärtlich seinem Sohn Pastrana übers blonde Haar und sagte tröstend: „Baut auf die Zeit, Kinder! Sie heilt viele Wunden."

Mit dieser sehr richtigen Sentenz ging der König speisen.

Die Eboli verweigerte die Speisen, die man ihr durchs Fenster in den Turm von Pintos trug. Vielleicht hoffte sie, ihren königlichen Freund zu rühren. Sie hoffte bis zum Winter. Da fror sie und hustete wie ein Hund. Der Turm war nicht zu heizen. Endlich erreichte Sidonia, dass man sie ins Fort von San Toriaz transportierte. Da gab es einen Ofen. Ein Jahr lang sass sie in der Zelle. In den ersten Januartagen fiel sie in schwere Krankheit.

Da erreichten es die beiden Bastarde durch viele Tränen und Kniefälle vor der Österreicherin, der Königin Anna, dass sie ihren Mann um Gnade für die Nebenbuhlerin, die gedemütigte und geschlagene Anna Eboli bat. Philipp, vor der Abreise nach Badajoz, zum Krieg um die Erbfolge von Portugal, erlaubte, dass Anna Eboli auf ihrem Schloss Pastrana gefangen sass. Sie durfte keinen Besuch empfangen, ihre Güter nicht verwalten, ihre Söhne nicht sehn. Ihr Leben war traurig. Ihr Sohn Pastrana ward das Jahr darauf so zornig über seine Mutter und den Perez, dass der Knabe sie Hure, ihn Mörder schalt und schwor, er reite nach Pastrana und töte die Mutter, die ihm des Königs Gunst verdarb. „Muss Philipp nicht zweifeln, ob ich sein Sohn bin?" schrie er.

Den Freund behandelte Philipp zärtlicher als die Freundin. Vierzehn Tage nach Antonios Verhaftung besuchte ihn der Beichtvater des Königs, Diego de Chaves, und sagte zum Abschied unter freundlichem Gelächter: „Ihre Krankheit wird nicht tödlich sein."

Philipp erlaubte den Kindern Antonios, den Vater zu besuchen. Gregoria flog dem Vater um den Hals. „Vater!" rief sie und küsste ihn unersättlich, als wäre sie seine Geliebte.

„Was tust du?" fragte Perez.

„Die Mutter trug mir tausend Küsse auf", antwortete das Mädchen.

Quiroga, der heitere Grossinquisitor, der Parteifreund Antonios, kam ins Haus und sagte zu Juana Coello: „Ihr Mann ward in seinem eigenen Interesse verhaftet. Sein Leben, seine Ehre sind nicht in Gefahr. Die Haft ist vorübergehend. Sie erfolgte nur wegen seines Streits mit Vasquez."

Juana Coello fragte: „Ist er also unschuldig? Warum verhaftet man ihn? Hat man von Gott Gewalt, Unschuldige zu verhaften? Kommt es zum Prozess? Wann wird er frei? Lässt man ihn in sein Haus? Was hat er getan? Ist der Minister Vasquez so mächtig, ist er so empfindlich? Kommt jeder, der anders denkt als Vasquez, in Haft?"

„Tochter", sagte der fromme Grossinquisitor. „Mulier taceat in ecclesia."

„Das heisst ihr Kirche?" fragte Juana Coello. „Hasst der König meinen Mann? Soll ich vor ihm knien? Soll ich meine Kinder mitnehmen? Wann lässt man mich zu Antonio?"

„Morgen", sagte der Grossinquisitor. „Heute. Wann Sie wollen."

„Ich darf zu ihm?"

„Sogleich. Aus Gründen der Schicklichkeit wird des Königs Beichtvater Sie begleiten."

„Wo ist er?"

„Er wartet vor dem Haus."

„Darf ich ihn rufen lassen?"

„Ich gehe, und er kommt."

Der Beichtvater liess sich gemächlich nieder, erklärte: „Morgen gehn wir zu Señor Antonio."

„Ich danke Ihnen, Hochwürden."

Diego de Chaves sah wie ein Asket aus. Er war es nicht. Er war gesprächig, höflich, gewandt, trotz seinen achtzig Jahren ein Kavalier vor Damen. Er fand die junge Frau recht hübsch. Er plauderte vom Hof, vom Krieg. „Ihr Mann", endete er, „ward zu seinem Schutz verhaftet."

„Zum Schutz Haft?" fragte Juana Coello.

„Man sollte schweigen", erklärte der Beichtvater und erhob sich. „Diskretion vor allem! Schweigen, und die Gnade des Königs abwarten. Diese Prüfung, teure Tochter, währt nur kurze Zeit."

An der Türe fragte der Beichtvater: „Wo bewahrt Señor Antonio die Briefe des Königs?"

Juana Coello erwiderte: „Die Polizei hat dreimal unser ganzes Haus durchsucht und jedes geschriebene Wort beschlagnahmt. Im Haus ist nichts mehr. Sie nahmen sogar das Tagebuch meiner Tochter Gregoria."

„Ich weiss, ich weiss. Doch fehlen da noch gewisse Zettel in der Handschrift des Königs, Sie wissen, Tochter."

„Nein. Ich weiss nichts."

„Also auf morgen", sagte freundlich lächelnd der Priester mit der asketischen Miene. „Gott segne dich, meine Tochter."

Er reichte der Doña Juana Coello die Hand zum Kuss. Die Coello übersah sie.

„Haben Sie die Papiere?" fragte Philipp den Beichtvater ungeduldig. „Wird Perez nicht reden? Über den Mord an Escovedo, über hundert Geheimnisse ..."

„Er wird nicht reden", erklärte der Beichtvater. „Wir werden die Papiere erhalten."

Nach vier Monaten Haft im Hause des Hofalkalden erkrankte Perez, vor unbefriedigter Rache, nicht vor körperlichen Leiden. Philipp lag mit geschwollenem Hals im Bett zu Madrid, seine Ärzte setzten ihm Blutegel und liessen ihm zur Ader, die Schwäche machte ihn weichmütig, er erbarmte sich seines Lieblings, er litt unter der Pedanterie des Sekretärs Vasquez, unter der Überlegenheit seines Ministers Granvella, und erlaubte dem Perez, in sein Haus zu gehn und dort als Gefangener zu bleiben. Da ward Antonio gesund. Die Wächter standen vor seinem Haus, vor seinen Zimmern, in seinem Garten, Antonio ward gut Freund mit ihnen. Er durfte keinen Besuch empfangen, mit keinem Menschen reden. Die Wächter lebten wie Söhne des Hauses. Bald liessen sie sein Weib und seine Kinder zum Gefangenen. Sechs Tage, nachdem Perez das Haus des Alkalden verlassen hatte, kam Don Manuel, der Kapitän der königlichen Leibwächter, und forderte das formelle Versprechen, auf jede Feindschaft gegen Mateo Vasquez, seine Verwandten und Freunde, und auf jede Rache an ihnen zu verzichten. Perez versprach es. Nun war der vorgegebene Grund der Haft dahin. Dennoch blieb Perez acht Monate in strenger Haft. Danach wurde die Bewachung aufgehoben. Perez erhielt die Erlaubnis, spazieren zu gehn, er durfte zur Messe, er durfte Besuche empfangen, doch keine machen. Schüchtern kam mancher alte Freund. Hier und da schickte der König Akten, die Perez eingeleitet hatte, in sein Haus, dass er sie erledige oder kommentiere, allmählich erschienen seine alten Schreiber wieder, es kam der ganze Hof, Minister und fremde Gesandte kamen, man tanzte, spielte, und Perez hoffte.

Zu Badajoz sass Philipp mit seinem Weib und seinem Hof und schickte Gerste und Fleisch ins Lager Albas, und Spione nach Lissabon und Oporto, und fühlte den Mangel an Geld, die Doppellast der verworrenen Finanzen und der riesigen Unternehmungen. Er vergass die rebellischen Niederlande samt ihrem Generalstatthalter, seinem Neffen Farnese. Philipp vergass das unruhige Italien. Er vergass die Piraten, früher waren es türkische Seeräuber, jetzt holländische und englische, ein gewisser Franz Drake war der ärgste, und immer behaupteten die Seeräuber, es gehe ihnen nicht um Beute, nur um die Rache an den Andersgläubigen, Seeräuberei schien eine religiöse Übung zu sein. Und Philipp vergass seine freche Feindin Elisabeth von England und die Ketzer in ganz Europa und schickte den englischen und französischen Katholiken nur noch wenig Geld, und zahlte nur noch die Rechnungen für den Escorial pünktlich, und schrieb dem General Alba, der mit dem Heer in Portugal einmarschierte, und dem Admiral Santa Cruz, der mit der Flotte nach Lissabon fuhr: ‚Der Krieg muss den Krieg bezahlen.' Und Philipp war den ganzen Tag geschäftig in seinem Haus zu Badajoz und lag des Nachts bei seinem Weib, der Österreicherin, und liebte sie und flüsterte in Entzückung: „Anna", und schrie in Schmerzen: „Anna", und die Österreicherin sah ihn mit grossen, kalten Blicken an; sie war sehr strenge, sehr fromm geworden; sie schien ihm jetzt erst die Buhlschaft mit der andern Anna nachzutragen. Wenn Philipp bei ihr lag, nachts, und sich näher an sie drängte, als wollte er sein Weib verschlingen, streichelte sie seinen blanken Schädel mit einer mütterlichen Gebärde und kämmte mit den Fingern seinen weissen Bart und fragte mit einer hohen, kindlichen Stimme: „Liebst du sie noch?"

„Ja!" erwiderte wie im Traum Philipp und stöhnte.

„Warum liessest du sie nicht im Turm zu Pintos?"

„Du batest doch für sie?" fragte Philipp.

„Das war meine Christenpflicht", sagte die Österreicherin fast singend, so hoch stieg ihre Stimme.

„Bin ich denn nicht ein Christ?"

„Ich weiss nicht", erklärte zweifelnd Anna, und fragte gleich darauf: „Liebst du mich?" Sie war schon wieder in Hoffnung. Philipp umarmte sie schweigend.

„Warum tötest du den Antonio Perez nicht?" fragte ihn Anna neugierig. Ihre Augen funkelten im Finstern. Bei Tage redete sie niemals von der andern Anna. Nur in Philipps Armen schien es ihr einzufallen, in Philipps Armen sprach sie nur von der andern. „Warum tötest du ihn nicht?" fragte Anna. „Warum tötest du sie nicht beide? Bist du nicht der König?"

Philipp antwortete nicht.

„Weisst du", begann sie aufs neue, „dass der Antonio Perez Briefe wechselt mit seiner Anna? Das ist ein Hin und Her, Kuriere steigen ab vom Pferd und springen auf, ja zuweilen reitet Perez selber, als Kurier verkleidet, nach Pastrana, ein beschwingter ‚Postillon d'Amour', und übernachtet im Bette seiner Anna, als wäre ihr Schlafzimmer ein Posthaus. Man sagt, die beiden liebten sich wie zwei Verdammte. So eine Nacht muss schön sein. Um so geliebt zu werden wie diese Anna, möchte manche ein paar Widrigkeiten tragen. Und du, Philipp? Hast du je so geliebt?"

Philipp schwieg.

Er schrieb den andern Morgen an den Präsidenten Pazos: ‚Ich höre, der bewusste Mann wechselt Briefe mit dem bewussten Weib. Das ist unschicklich für ihn und sie. Suchen Sie im Geheimen und durch Verstellung die Wahrheit, und ich werde Massnahmen treffen."

In seinem Hause zu Badajoz sass Philipp. Er rechnete. Er schrieb. Er schickte die eiligen Kuriere nach Portugal zum Alba. „Eilt! Eilt!" befahl er seinen Schreibern, den Sekretären, den Kurieren, dem Admiral Santa Cruz, dem Alba. Philipp sass und führte eiliger die Feder und erklärte seiner Frau des Nachts im Bett: „Ich bin ein Eroberer, wie mein Vater Karl. Portugal hat Besitz in jedem Teil der Welt. Seine Schiffe fahren auf allen Meeren. Es ist so reich, dass es Spaniens Schulden wird zahlen können. So lange war ich friedlich. Nun erobere ich ein grosses Reich für meinen Erben." Es war zur Zeit Don Diego, genannt El Felix. Die Erben starben so geschwind. Sie folgten einander wie Eilkuriere hastig. Anna gebar die Söhne, und der Tod nahm sie.

Anna fragte: „Wann wird man uns krönen? Und wer wird Vizekönig? Denkst du auch an meinen Bruder Albert? Nun ist er Kardinal, und arm. Wie lange wird er warten müssen, bis er Erzbischof von Toledo wird? Der Greis Quiroga wird täglich munterer und prahlt, die Erzbischöfe von Toledo würden sämtlich alt, und schwört, auch er werde noch lange leben, und er will nicht sterben. Und mein Bruder Albert sitzt da und wartet. Du hast kein Herz für uns Österreicher. Hoffst du denn grössern Dank von deinen Spaniern?"

„Die Spanier lieben mich", erklärte Philipp.

Anna schwieg und lächelte. Philipp sah ihr ironisches Lächeln im Finstern. Sie ist töricht, dachte Philipp. Dummköpfe haben kein Recht auf Ironie.

„Die Kastilier aber", sagte Philipp, „aber die Kastilier lieben mich."

Anna lächelte.

Da ward Philipp zornig und erklärte: „Aber die Frommen in Kastilien, die Frommen lieben mich."

Schläfrig und gähnend antwortete die Österreicherin: „Die Frommen sind zu sehr beschäftigt. Sie lieben nur ihren Gott."

„Du lästerst, Anna", sagte warnend Philipp.

Sein Weib schlief schon.

In seinem Haus zu Badajoz sass Philipp und schrieb und ging ans Fenster und blickte den Wolken nach, sie trieben nach Portugal. Er schickte seine Wünsche aus, die Winde waren seine Kuriere. Ich bin ein Eroberer, sagte König Philipp laut zu sich. Und er war glücklich. Und vergass die Prophezeiungen seiner Astrologen, die in den Sternen lange lasen und finster blickend verkündeten, dieses Jahr 1580 wird ein schwarzes Jahr sein. Der Narr des Königs, ein neuer Narr aus der Mancha, lang und dürr und kahlköpfig und bejahrt und aufgeputzt mit einem weissen Bart und Seide, Purpur, Spitzen, Gold, ein Ochsenhirt aus der Mancha, den Perez entdeckt hatte, und den Philipp, in Erinnerung an seinen alten Narren, Onkel Martin hiess, der neue Onkel Martin also fragte den König Philipp: „Warum hängst du die Astrologen nicht auf? Hänge sie an den Halbmond!"

„Ich bin ein Christ", erwiderte Philipp.

„So schick' sie dem Judenkönig Anton!" schlug der Narr vor, „an seiner Seite werden sie recht behalten."

Philipp hatte nicht übel Lust, dem Rat des Narren zu folgen.

„Sire", sagte der Narr, „du bist ein komischer Eroberer."

„Warum?" fragte Philipp.

„Ist nicht Alba dein General?"

„Ja", sagte Philipp.

„Siegt er nicht?"

„Ja", erwiderte der König.

„Und doch schleppt er am Fuss die Ketten nach."

Philipp kannte das Wort schon. Alba hatte es ausgesprochen. ‚Der König schickt mich Portugal erobern', sagte er, „indes ich meine Ketten am Fuss nachschleife.'

„Was bekommst du vom Herzog Alba?" fragte Philipp seinen Narren.

„Die Pest", erwiderte der Narr, „und den Keuchhusten."

Viele Seuchen trug das Heer Albas von Provinz zu Provinz. Der alte Alba gewann neue Siege. Er führte die alten Gesellen mit. Wie einst in Flandern verdiente sein einäugiger Sekretär Albornoz an Lieferungen, sein alter Blutrichter del Rio an Hinrichtungen, sein alter General Sancho d'Avila an Plünderungen. Zu Alcantara schlug Alba den König Antonio.

Ihn hatten Rinderhirten und Bauern, etwa dreissigtausend, im Tal zu Santarem zum König gewählt, den Prior Antonio de Krato, den Bastard des Infanten Luis, den Sohn der Jüdin. Der Schuster Barracho rief ihn zum König von Portugal aus; der Erzbischof von Lissabon empfing ihn, da König Anton in Lissabon einritt; das Volk jubelte ihm zu; die Juden liehen ihm Geld; die Mönche griffen zu den Waffen, in der Linken schwangen sie das Kreuz, in der Rechten das Schwert und ritten durch die Strassen von Lissabon und schrien: „Portugiesen! Zu den Waffen!"

Der Schuster, der Schneider, Handwerker und Bauer hatten alle sich gerühmt, allein die Welt zu besiegen; sie kämpften nun lieber den edlern Kampf mit Worten. Mönche, Neger und arme Leute in zerrissenen Hemden verteidigten unter einem Juden das Vaterland; sie kämpften, um Portugal vor den Spaniern zu retten.

König Philipp hatte im Vorhinein alle zu Rebellen erklärt. ‚Hängt die Gefangenen', schrieb aus Badajoz der königliche Proviantmeister und Spionageleiter.

An der Brücke zu Alcantara schlug Alba das Heer der

Portugiesen. König Anton empfing eine Wunde auf der Stirn. Die Bürger von Lissabon liefen keuchend vor Eile mit den Schlüsseln der Stadt aufs Feld, um sie knieend dem gnädigen Sieger Alba zu überreichen.

Mit Blut im Gesicht schrie auf dem Platz in Lissabon König Anton: „Portugiesen! Ihr habt mich geschickt und ihr verratet mich!", und sprang in eine Barke.

Alba zog finster in die eroberte Stadt ein. Wieder sah er lauter Rebellen und hatte Blut vor den Augen; die Gefangenen hing er auf; die Stricke, klagte er, mangelten ihm bald.

Dem König schrieb er: ‚Fast ohne Blut und Raub zogen wir in unsere Stadt Lissabon ein. Sire! Das Land ist gesäubert, die Strassen sind ruhig. Kommen Sie zur Krönung. Voll verschwiegenem Jubel wartet das neue Reich auf seinen legitimen König, Philipp den Eroberer.'

Der grosse Eroberer Philipp lag krank zu Bett. Er hatte Portugal und den Keuchhusten gewonnen, der von Portugal auszog nach Spanien, bis Rom und Paris und viele fromme Christen in die Grube brachte. Im Escorial starben vier Mönche am Keuchhusten, darunter der treffliche Miniaturenmaler Fray Andreas de Leon.

Die Astrologen des Königs triumphierten. Das Jahr war verdammt. Sah man nicht schon in der Tat vagabundierende Weiber und Huren in solchen Mengen durchs Land laufen, dass es ein Jammer war, sie zu sehn und zu hören? Man peitschte sie. Man brandmarkte sie. Jetzt kamen die Seuchen.

Philipp fürchtete für seine Tage. Die Ärzte wagten nicht, ihn zu purgieren. Die Konjunktion des Mondes war dagegen. Die Astrologen warnten. In der Nacht lag Philipp schlaflos. Noch war er nicht sechzig, und sollte sterben?

Sein Weib betete laut an seinem Bett. Düster brannte ein Öllämpchen. König Philipp dachte an seine Kinder in Madrid, an den Erben Don Diego, genannt der Glückliche, an den jüngern Sohn Don Felipe, den schwächlichen, dem die Ärzte ein kurzes Leben prophezeiten. Mit Wehmut dachte Philipp an seine Töchter, die jüngere war krummschultrig, die ältere sein Liebling Klara Eugenia. Wie alt war sie schon, zwölf, oder vierzehn? Philipp dachte an seine geliebten Gärten, an seinen unfertigen Palast, den Escorial, mit den Gemälden, Statuen, Reliquien, Särgen, wer würde ihn zu Ende baun? Er dachte an seine geliebten Manuskripte, an seine vielen Papiere. Würde ein Erbe sie zerstreun? Sein Erbe war ein Kind, Don Diego war drei oder vier Jahre alt. Philipp ging ungern von dieser Welt.

Sein Weib unterbrach ihre lauten Gebete und mahnte: „Du musst ein Testament machen, Philipp. Denke an deine Kinder. Denke an deine Reiche. Das Jahr ist verdammt."

Philipp dachte an sein neues Reich Portugal. „Ich bin ein Eroberer", flüsterte er.

Anna sah ihn mit strengen, bösen Blicken an. „Jetzt verlierst du den Verstand", sagte sie und lächelte, ihre gesunden Zähne blitzten so heiter, „jetzt stirbst du", sagte sie, „und das Reich ist in Unordnung, Spanien erschöpft, der Handel tot, das Volk vermindert sich, die ewigen Kriege, die ewigen Revolten, alle Minister in Hass und Streit, dein ältester Sohn vier Jahre alt, und du machst kein Testament."

Anna begann zu weinen, der Schmerz schüttelte sie. Philipp sah sie verwundert an. Was redete sie da? Gab es nicht schon zu viel Weiber auf den Thronen Europas? Elisabeth von England, Katharina von Frankreich, Maria von Schottland — und Anna von Spanien? Wollte die Österreicherin das?

„So mach' doch das Testament!" schrie schluchzend Anna.

Da weinte der König. In neuerer Zeit kamen ihm die Tränen leicht. Das hatte er von seinem Vater. Auch Kaiser Karl der Fünfte weinte in höheren Jahren oft aus Mitleid mit sich.

„So sehr liebst du mich?" fragte Philipp, und die Tränen flossen aus seinen schmerzenden Augen.

„Und du", fragte Anna, „liebst du mich?"

Am Morgen liess der König den Präsidenten der Orden rufen, Antonio de Padilla, und blieb mit ihm allein. Mit schwacher Hand schrieb er sein Testament und gab es ihm in Verwahrung.

Gegen Mittag fiel er in Ohnmacht. Sie dauerte lange, die Ärzte fürchteten, dass er nicht mehr erwache.

„Purgiert ihn doch!" schrie die Königin Anna und weinte schrecklich und schrie: „Lasst ihn doch nicht sterben! Helft ihm doch! Helft ihm! Ich liebe ihn! Helft ihm!"

Die Ärztewag ten es nicht; die Konjunktion des Mondes; die Astrologen ....

„Helft ihm!" schrie Anna. Da kam Philipp wieder zu sich. Der jüngste der Ärzte, namens Valles, wagte es, mit der Erlaubnis der Königin, und purgierte den König, trotz dem Mond und den Astrologen.

Anna betete laut. Später fiel Philipp in Schlaf.

Anna ging zum Präsidenten der Orden, Antonio de Padilla, und forderte das Testament. Der Präsident weigerte sich. „So lassen Sie es mich lesen!" verlangte die Königin.

Der Präsident erklärte, es sei versiegelt.

„Sie kennen den Inhalt", rief Anna. „So sagen Sie mir, wen Philipp zum Regenten bestimmt hat. Hüten Sie sich, zu schweigen oder zu lügen. Der König schläft. Wer weiss, ob er aufwacht? Ich bin die Mutter des Königs Diego."

Der Präsident kniete nieder und bat um Gnade. Sein Amtsgeheimnis verbiete es, der König werde ihn fortjagen!

„Und ich werde dich töten, Antonio de Padilla", rief Anna. „Gut. Sie brauchen kein Wort zu sagen. Nicken Sie mit dem Kopf oder schütteln Sie ihn. Bin ich die Regentin?"

Der Präsident verneinte, den Kopf schüttelnd.

„Ist es wahr?"

Der Präsident nickte.

„Wer ist denn der Regent?" schrie Anna.

„Viele", flüsterte der Präsident. „Mehrere Regenten."

„Und ich bin nicht dabei?"

Der Präsident senkte den Kopf, als wäre er der Schuldige.

Die Königin lief ins Zimmer des Königs und weckte den

Schlafenden und schrie, dass es die Wachen vor den Türen hörten und die Pagen und die Ärzte und der zitternde Präsident. „Verkaufst du mich und meine Kinder?" schrie sie. „Liebte ich dich darum und war dir treu? Stosse das Testament um! Stosse es um!"

Niemand hörte ein Wort des Königs Philipp. Starb er vor Aufregung? Die Ärzte zitterten um des Königs Leben. „Man müsste Ihre Majestät warnen", flüsterte der eine zum andern.

Schliesslich ward es still im Zimmer des Königs. Endlich kam die Königin weinend heraus und verschloss sich in ihre Gemächer. Sie gebar den siebenten Tag darauf ihr fünftes Kind, ein Töchterchen, und hiess es Marie, und erholte sich bald und stand schon die andere Woche auf. Auch Philipp war wieder gesund geworden und hatte die Astrologen fortgejagt und den Präsidenten Antonio de Padilla seines Amtes entsetzt. Der König sagte es dem Präsidenten ins Gesicht: Antonio de Padilla, du bist ein Verräter! Antonio de Padilla ging in sein Haus, legte sich in sein Bett und starb den Tag darauf. Den folgenden Tag starb die Königin Anna unter schrecklichen Krämpfen. Die frommen Leute sagten, die Königin habe am Krankenbett des Königs zu Gott gebetet, eher möge sie sterben als der gute König Philipp, und Gott habe ihr Gebet erfüllt. Die frommen Leute lesen in den heiligen Büchern, und es steht alles darin geschrieben, und sie überlesen fast alles.

„Man muss hoffen", sagte König Philipp zu Sidonia und begrub sein viertes Weib, „dass sie die himmlische Gnade geniessen wird; wir müssen uns alle vor Gottes Willen beugen."

Philipp fuhr in seine Stadt Lissabon. Im Kloster von Thomar ward er zum König von Portugal gekrönt. Er trug einen Talar mit grossen Falten aus Brokat. Mit dem Szepter in seiner Rechten und der Krone auf dem Haupt sah er wie König David aus, rot, schön von Antlitz und ehrwürdig. Er zeigte sich selten dem Volk. Er liess hängen und brennen. Auf den Kopf des Königs Anton setzte er dreissigtausend Dukaten. Anton war in die Wälder geflohn, einen Tag stand er bis an die Brust im Sumpf und hörte die Verfolger und floh von Hütte zu Hütte und ward nicht verraten, eine Frau schaffte ihm ein Schiff, das ihn nach Calais führte, die Frau kam an den Galgen, der König Anton ging mit Krone und Juwelen nach London, an den Hof Elisabeths.

König Philipp sass in seinem Haus zu Lissabon und sehnte sich heim. Er schrieb lange Briefe an seine Töchter. Er schilderte die fremde Art zu baun, zu leben, eine Sängerin, die so dick war, dass sie kaum durch die Türe kam, und schöner als alle Vögel sang. Er schrieb, seine alte Köchin Coca, die ihn nach Portugal begleitet hatte, sei sehr streng zu ihm, und koche ihm seine Lieblingsspeisen nicht, und sei brummig und saufe. Er sehnte sich heim zu seinen Kindern. Die Kinder wurden weniger. Es starb Doña Maria, das jüngste Kind der Königin Anna. Es starb Don Diego, genannt der Glückliche. Von den fünf Kindern Annas lebte nur noch Felipe, der schwächliche.

‚Nun habe ich nur noch drei Kinder', schrieb traurig der König an seine beiden Töchter, die Kinder seiner dritten Frau Elisabeth. ‚Aber wie Gott will. Man muss alles annehmen von ihm, er hat alles gegeben.'

Seine Schwester, die Kaiserin-Witwe Maria, die Mutter der Königin Anna besuchte ihn. Der König umarmte sie auf der Strasse zu Lissabon. Schwester und Bruder sprachen den ganzen Abend und fuhren am andern Tag hinauf nach Cintra, ins alte Königsschloss, und sahen über die Gärten ins Gebirge und auf das Meer und hatten einander nichts mehr zu sagen. Die Kaiserin fuhr nach Madrid. Zum Abschied versprach Philipp seiner Schwester, ihren Sohn Albert zum Vizekönig von Portugal zu machen. Albert hiess schon der Fromme, weil er nicht zu den Weibern ging. Es unterblieb aber aus Schwäche.

Philipp sass im Wagen neben der Kaiserin und begleitete sie eine Stunde weit. Sein eigener Wagen folgte. „Alba", erklärte Philipp, „will Vizekönig von Portugal werden. Er wird es nicht. Es ist kein Verlass auf fremde Leute."

Die Kaiserin nickte. In der Ferne hatte sie ihren Bruder bewundert. Von der Nähe gefiel er ihr nicht. „Auf die Familie" sagte Maria, „ist immer Verlass." Bruder und Schwester dachten an Anna. Der Kaiserin fielen die Gerüchte vom schnellen Tod ihrer Tochter ein. Wie gewöhnlich sprach man von Gift. Die Kaiserin seufzte. Sie sagte und erschauerte leicht: „Es sterben viele um dich herum, Bruder."

„Wir werden alt", antwortete Philipp und liess halten. Er fuhr zurück, vors Haus seines Feldherrn. Alba war krank, seit Wochen. Er sass in einem weichen Stuhl, zwischen Decken, als Philipp eintrat. Alba war zu schwach, um aufzustehn. Philipp setzte sich zu ihm. Das Zimmer lag zu ebener Erde und ging auf einen Rosengarten. Der schwere, süsse Duft erfüllte das Gemach. Im Garten sass eine ganz junge Frau mit blossen, vollen Brüsten und sang mit angenehmer Stimme.

Philipp sah hin. „Wer ist sie?" fragte er.

„Meine Amme", erwiderte Alba.

Ein langsames Fieber hatte ihn erschöpft. Er vertrug keine andere Nahrung als Ammenmilch. Fünfmal am Tag saugte er mit dem zahnlosen Mund seine Nahrung von den Brüsten des Weibes.

König Philipp wandte den Blick nicht von den blanken Brüsten der jungen, singenden Frau. Es war ein warmer Dezembertag, die Sonne lachte. Der blaue Himmel lachte. Die roten und weissen Rosen lachten. Die rosigen Brüste des jungen Weibes lachten.

Alba sass still und erschöpft in seinen Kissen. Nur die Stirne war noch wie immer, der alte, hohe Spiegel seiner Klugheit. Mund und Wangen, Hals und Augen des Greises verfielen schon.

Philipp sah, dass ihn sein Feldherr verlassen würde. Granvella hatte dem König geschrieben: ‚Der Alba ist ein grosser Mann; hätte er nur nie die Niederlande gesehn!'

„Mein Sohn Friedrich ist tot", sagte Alba still.

Philipp senkte die Augen. War der König schuld, dass Albas Sohn ein Wüstling war? Gab man ihm Schuld an allen Toten? „Die Menschen sterben", antwortete Philipp. Die beiden Männer sassen noch eine Stunde schweigend zusammen. Die Amme sang zwischen den Rosenbüschen. Ihre jungen, vollen Brüste hoben sich unterm Atem. Der König und Alba sahen es gern.

Als die Nachricht vom Begräbnis Albas nach Madrid kam, schickte Perez den Pater Rengipho nach Lissabon und bat den König um Freiheit, um ein neues Amt. Da der Mönch nicht vorgelassen wurde, sandte Antonio Perez sein Weib nach Lissabon, obwohl sie im achten Monat war.

„Jetzt ist die Stunde", erklärte Perez zitternd seiner Frau, „der Schlächter Alba, mein grosser Feind, ist tot, den Blutsäufer rettete die Milch der Amme nicht. Der König hat keine Leute mehr; schon hört man, dass Granvella an Gunst abnimmt. Dürfte ich nur hin! Ich bin gefangen! Juana, kniee vor dem König. Erinnere ihn an meine Dienste. Reise mit Gott."

Da der König erfuhr, dass Doña Juana Coello sich Lissabon näherte, schickte er den Alkalden Tejada, damit er sie verhafte. Tejada tat es am Tor von Lissabon, in Gegenwart vieler Leute, und fasste sie an der Brust und stiess sie ins Gefängnis, verhörte sie strenge, schrieb ihre Aussagen auf und verliess sie, als sie plötzlich die Wehen bekam und vor Schreck eine Fehlgeburt hatte.

Der Alkalde ritt zum Haus des Königs. Er legte das Protokoll vor ihn und erwartete Lohn.

Philipp sass da und starrte ihn finster an. Der Alkalde begann zu zittern. Er stotterte: „Soll ich sie foltern lassen?"

Der König tat seinen schweren Blick nicht fort von ihm. Schweigend nahm er die Rolle mit dem Protokoll, warf sie unbesehn ins Feuer des Kamins und starrte den unseligen Alkalden so schreckensvoll unverwandt an, dass der aus des Königs Zimmer fast lief und sein Leben lang das Zittern behielt, sein Amt aufgab und in schweigendem Schrecken seine Tage verbrauchte.

Der König liess die Frau des Perez aus dem Gefängnis und gab ihr den Befehl, heimzukehren. Er schickte seinen

Beichtvater Diego de Chaves zum Medina Sidonia, dem Schwiegersohn der Eboli, und liess Anna die Freiheit, seine Gnade und ihre frühere Stellung anbieten, falls sie ihr Wort gäbe, für ihr ganzes ferneres Leben jede Beziehung zu Antonio Perez abzubrechen.

Drei Wochen lag er nachts im Bett, in seinem Haus zu Lissabon, und träumte von Anna Mendoza und umarmte sie im wachen Traum und genoss sie und schmachtete nach ihr und flüsterte: „Ich liebe dich, Anna. Ich will dich haben."

Dann kam ihr Brief. Sie schrieb dem Medina Sidonia: ‚Der König tat mir Unrecht. Ich brauche dir, lieber Sohn, nicht zu sagen, dass ich nie das teure Andenken meines Gatten und die Ehre meines Hauses verletzt habe. Mit dem Verrat eines Freundes erkaufe ich nicht mein gutes Recht. Der mir Unrecht zufügte, der soll es bessern.'

Philipp gab schweigend den Brief seinem Beichtvater zurück.

„Die grossartigen Gesinnungen der Prinzessin werden nicht ewig dauern", versicherte der Beichtvater. „Wir sahn schon viele Strenge weich werden. Mag sie erst ein wenig versauern in ihrer Einöde zu Pastrana."

Philipp entliess den Beichtvater. Er wollte keine versauerte Geliebte. Er kannte Anna und hoffte weniger von der Zeit. Philipp seufzte. Ihm schien, er habe kein Glück mehr bei Frauen. Und noch war er nicht sechzig!

Damals verliess der König seine Stadt Lissabon. Der Eroberer kehrte heim. Er berief seinen Beichtvater in den Staatsrat und beriet sich mit Vasquez über den Prozess Perez.

Der König beichtete, empfing die Kommunion, empfahl sich Gott, dass er ihn erleuchte, gab Auftrag, die Gefangenschaft der Eboli in Pastrana zu verschärfen. Er befahl dem Vasquez, die Amtstreue des Perez zu prüfen. Von der Anklage wegen der Ermordung Escovedos war nicht mehr die Rede. Die Richter stellten fest: Perez hatte Möbel wie ein König. Luis de Overa gestand, ihm viertausend Dukaten für eine Generalstelle gezahlt zu haben. Perez hatte

Gehälter vom Doria und den italienischen Fürsten empfangen. Die Richter verurteilten Perez zu zwei Jahren Festungshaft, acht Jahren Exil und dreissigtausend Dukaten Geldstrafe. Drei Tage bevor das Urteil publik ward, kamen die Alkalden Garcia und Spinola ins Haus des Perez. Spinola ging ins Kabinett, um sich der Papiere Antonios zu bemächtigen. Garcia trat in ein grosses Zimmer, wo Perez und seine Frau sassen. Der Alkalde las ihm das Urteil vor und verhaftete ihn. Er kam auf die Festung von Turruegano. Gleichzeitig führten die Alkalden Frau und Kinder Antonios ins öffentliche Gefängnis, zwischen Diebe, Huren und Schuldner. Man drohte ihr, sie bleibe mit ihren Kindern bei Wasser und Brot, bis sie die versteckten Papiere ihres Gatten ausliefere, die Mordbefehle Philipps. Der Beichtvater des Königs und Graf Barajas, der Nachfolger des Präsidenten Pazos, baten und drohten.

Juana Coello, gestützt von ihrer schweigenden Tochter Gregoria, stand umringt von ihren weinenden kleinen Kindern, zwei Söhnen und zwei Töchtern, und antwortete dem Alkalden mit ihrer gewöhnlichen milden Ruhe, sie wisse gar nichts und man habe schon alles gefunden.

Der Beichtvater des Königs besuchte sie und brachte ihr einen Befehl ihres Gatten, geschrieben von seiner Hand, mit seinem Blut, sie solle die Papiere ausliefern, um mit den Kindern freizukommen und damit seine Haft gemildert würde. Zwei verschlossene und gesiegelte Koffer mit den Papieren wurden zum Beichtvater getragen, der, ohne sie zu öffnen, die Schlüssel sogleich zum König trug. Indes hatte Juana Coello es verstanden, durch treue, kluge Diener die wichtigsten Zettel des Königs und seines Beichtvaters beiseitezuschaffen.

Als man Juana Coello freiliess, ihres Mannes Haft jedoch verschärfte, lief sie in die Klosterkapelle von San Domingo de Real, fasste den Fray Diego de Chaves am Zipfel der Kutte, eben da er auf den Altar stieg, um die Messe zu sagen, und wandte sich gegen Gott, der auf dem Altare gegenwärtig war, und der immer hört, und schrie vor allen Frommen: „Gott, sei Du mein Zeuge, sei Du mein Richter, gegen den Beichtvater des Königs Fray Diego de Chaves, der mich durch lügnerische Versprechungen betrog!"

Ihre Tochter Gregoria, fünfzehn Jahre alt, ging zum Richter Vasquez und stiess vor sich her ihre vier kleinen Geschwister, zwei Brüderchen, zwei Schwestern. Sie trat ganz nah zu seinem Tisch. „Sie betrügen uns unaufhörlich", sagte sie zu ihm, vor allen Schreibern im Amt. „Sie trinken unser Blut. Da bringe ich es Ihnen, all dieses Blut; da bin ich mit den andern Kindern, schlachten Sie uns ab, schlachte uns ab!"

König Philipp gab den Befehl, nun den Prozess gegen Perez wegen der Ermordung Escovedos zu beginnen. Der König hatte keine Angst mehr vor den Enthüllungen seines früheren Ministers Perez. Er sagte zum Beichtvater: „Wir haben die Papiere wieder. Jetzt soll Perez beweisen, dass er nicht durch List und Betrug den Escovedo verdorben hat."

Der König war stolz und glücklich. Alles liess sich gut an. Der Escorial war nach zwanzig Jahren Mühen fertig.

IM NAMEN DES VOLKES

Oranien sagte zu seiner Frau und zu seinen Kindern, die um sein Bett in seinem Hause zu Antwerpen weinend standen: „Lebt wohl. Es ist nun aus mit mir!"

Philipp hatte den Mörder gegen Wilhelm aufgerufen. Lange schon hatte der alte Freund Wilhelms, der witzige Granvella, dem König geraten, ihren Feind zu beseitigen. Die paar Dukaten für den Kopfpreis würden gut zinsen, und da Oranien eine Memme sei, werde die Furcht ihn verwirren, und er sterbe aus blosser Angst.

Die Achterklärung ward im Sommer publiziert. Als öffentlichen Feind, als niedern Heuchler, als misstrauischen Rebellen bannte ihn König Philipp für immer aus allen seinen Reichen und verbot allen Untertanen, ihm Speise, Trank, Feuer oder sonstwas zu geben; Philipp erlaubte jedermann, ihn am Leben oder Eigentum zu kränken, den Feind des Menschengeschlechts. Und wenn sich ein Mutiger fände, den König von dieser Pest zu befreien, erhielte er unverzüglich nach der Tat fünfundzwanzigtausend goldene Dukaten. Hätte er sonst das abscheulichste Verbrechen begangen, ihm würde verziehen. Sollte er nicht schon adlig sein, er würde geadelt.

Wilhelm antwortete der Acht durch seine ‚Apologie des Prinzen von Oranien'. Ich wäre ein Rebell?, fragte er angesichts Europas. Philipps Ahnherr Albrecht Habsburg war ein Rebell gegen meinen Ahnherrn, den Kaiser Adolf von Nassau. Ist Philipp denn König in den Niederlanden? Hat nicht ein Volk das Recht aufzustehn, wenn ein Tyrann seine Rechte mit Füssen tritt, nicht einmal, sondern millionenmal? Und wenn dieser Tyrann noch obendrein ein Lüstling, ein Blutschänder, ein Ehebrecher, ein vielfacher Mörder ist? Hast du, Tyrann, nicht deine Weiber, deinen Sohn, deinen Bruder geschlachtet? Bist du nicht der Mörder deiner treuen Diener Egmont, Montigny, Horn und vieler? Hast du nicht, Tyrann, deine Völker geschlachtet, die Morisken von Granada, die Niederländer, die Portugiesen? Hast du nicht Krieg gegen deinen Papst geführt? Wollust und Mord, das ist dein Werk! Treubruch und Heuchelei, das ist dein Werk! Verrat und vergossenes Blut, das ist dein Werk! Und wie du, so dein Diener! Auf wessen Befehl hat Kardinal Granvella dem Kaiser Maximilian Gift gereicht? Ich weiss, was der Kaiser mir gesagt hat, und wie er seitdem alle Spanier fürchtete. Welche Frechheit, uns Misstrauen vorzuwerfen. Misstrauen ist das Hemd Granvellas, Misstrauen die Haut des Königs Philipp, es ist ihr Fleisch. Sie misstrauen Gott und den Menschen, sie misstrauen einander. O schnödes Misstraun von Mördern! Wir aber, die Niederlande, haben das gerechte Misstraun der Guten gegen die Bösen. Erinnerst du dich nicht, Tyrann, der Worte, die dein Namensvetter aus Mazedonien, ein Schulknabe der Tyrannei neben dir, von des Demosthenes Lippen vernommen, dass gegen einen Tyrannen Misstrauen die Festung eines freien Volkes sei? Diesen Gedanken entlehne ich der Göttlichen Philippika und bitte Gott, dass mein Volk mir mehr glaube als die leichtsinnigen Athener dem grossen Redner. Ich verachte diesen Kopfpreis; fiel euch nichts Neues ein? Hast du, Tyrann, von keinem der zahlreichen Verträge vernommen, die deine Minister mit Kehlabschneidern und Vergiftern schon bisher abgeschlossen haben, um mich aus dem Weg zu räumen? Du willst meine Mörder bezahlen und adeln. Ist das der Weg der Ehre in Kastilien? Ich schickte niemals Mörder gegen meine Feinde. Ihr aber, meine Freunde, seht, wie man mir mitspielt, weil ich für euch gefühlt habe. Denn warum habe ich meine Güter geopfert? Etwa um mich zu bereichern? Warum habe ich meine Brüder, meinen Sohn verloren? Könnt ihr mir neue schenken? Welchen Lohn kann ich hoffen, wenn nicht: Euch die Freiheit errungen zu haben? Ich stehe in Gottes Hand. Nach meines Hauses Spruch: ‚Je maintiendrai.'

Es erklärten die Staaten der nördlichen Provinzen im Haag feierlich ihre Unabhängigkeit und kündigten dem König von Spanien für ewig den Gehorsam auf. Damals machten Holland und Seeland den Prinzen von Oranien zu ihrem erblichen Herrn und Grafen. Sie zerbrachen des Königs Siegel und setzten überall des Prinzen von Oranien Namen und Siegel. Im Namen des Volkes setzten sie den König von Gottes Gnaden Philipp von Spanien als ihren Herrn ab und machten den Prinzen von Oranien zum Repräsentanten der höchsten Autorität. So vollzogen sie die Absagungsakte.

‚Wenn ein Fürst', sagten die Staaten, ‚seine Untertanen unterdrückt und sie wie Sklaven behandelt, ist er ein Tyrann, und das Volk kann ihn nach Recht und Vernunft absetzen und einen andern an seiner Stelle wählen, gehorchend dem Gesetze der Natur, wonach die Regierung zum Besten der Regierten da sein soll. Keinem Sterblichen hat Gott absolute Gewalt verliehn, seinen Willen gegen Gesetze und Vernunft zu tun.'

König Philipp las die Schriften Oraniens und seiner Freunde mit Missvergnügen. Er sass in seinem fertigen Haus, im Escorial, er las die Apologie Oraniens und die Lossagungsakte der Staaten und verstand den Sinn dieser Worte nicht. Neben ihm sass seine Tochter Klara Eugenia, ein hübsches, junges Fräulein, streng und ernsthaft, und half dem Vater, reichte ihm die Akten, streute Sand, ordnete die Papiere, wie einst die Österreicherin.

„Was heisst das?" fragte Philipp seine Tochter und sah sie mit väterlicher Lust an und freute sich ihrer vom Kopf bis zu den Füssen. „Was heisst das? Im Namen des Volkes! Wer ist das Volk? Wem gab es die Freiheit, in seinem Namen zu reden? Ist meine Köchin Coca, die zu viel säuft, das Volk? Ist es mein Narr, der Onkel Martin? Ist es mein Kammerdiener Santoyo, der nicht lesen kann? Ist es der Herzog von Medina Sidonia oder mein Grossinquisitor, oder mein Henker, oder mein Alguazil? Merke auf, meine Tochter. Da beginnt ein neuer Betrug. Das Volk. Der Wille des Volks. Im Namen des Volks. So sprach schon Elisabeth von England in ihrer Jugend zu meinem Gesandten. Das Volk liebe sie. Das Volk gebe ihr die Krone. Das Volk hebe sie auf den Thron. Gut, gut. Und was entsprang? Tyrannei! Ketzerei! Leibliche, geistige Not der Untertanen, wie wir in England sehn. Armes England! Töchterchen, ich besass es. Ich hätte es gross gemacht und glücklich wie meine Reiche alle, wie Spanien. Sie wollten mich nicht. Geduld bis morgen! Wir werden noch England haben! Wir werden Frankreich haben. Wir werden die Provinzen gefesselt haben. Nur Geduld, Töchterchen! Nur Zeit! Das Jahrhundert ist mein Acker. Ich werde zuletzt lachen! Gegen den Oranien wollen wir Mörder senden. Trifft es nicht heut, trifft es ihn morgen."

König Philipp schickte seine Mörder aus. Sie kamen in Scharen. Wer zu ihm ging und sagte, ich will den Oranien töten, dem gab er Geld. Viele empfingen Geld. Einige gingen ans Werk. Nun hatte einer getroffen.

Ein Kaufmann aus Biscaya, namens Kaspar Anastro, der in Antwerpen seinen Handel trieb und vor dem Bankrott stand, schrieb dem König und forderte achtzigtausend Dukaten und den Rittermantel von San Jago, falls er den Oranien töte. Er empfing Philipps Unterschrift und Siegel, öffnete sein Herz vor seinem treuen Kassierer, schrie von

Tränen überströmt und von Schluchzen fast erstickt, mit Fingern würden sie an der Börse auf ihn zeigen und sprechen: ‚Seht an den Bankrottierer!' und sagte, er sei entschlossen, den Oranien zu töten, um seine Gläubiger, seine Freunde, zu bezahlen, und sollte er umkommen! So sprach er und weinte, seinen Kassierer rührte der Schmerz seines Prinzipals, er brach in Tränen aus und bat ihn, sein eigenes Leben zu schonen, und riet ihm, den Kassenboten Jaureguy zu beauftragen. Der Kaufmann zahlte dem Jaureguy 2877 Kronen in zwei spanischen Wechselbriefen. Jaureguy beichtete dem Dominikanermönch Anton Zimmermann, Hausgenossen des Kaufmanns, erhielt die Kommunion, wartete bis zum Sonntag, ging mit einem Gesuch ins Haus Oraniens, wartete bescheiden unter den Dienern im Vorsaal, trat, als Oranien des Mittags, aus seinem Esszimmer mit Freunden, zwei Neffen und seinem fünfzehnjährigen Sohn Moritz zu andern Gemächern schreitend, den Gästen eine Tapete mit spanischen Soldaten im Vorsaal zeigte, zum Oranien heran, ein untersetzter, dunkelhäutiger, junger Mensch von gemeinem Aussehn, und überreichte sein Gesuch, Oranien griff danach, ohne recht hinzusehn, da zog der Jaureguy ein Pistol und feuerte es auf den Kopf Wilhelms ab, die Kugel drang in den Hals und fuhr unter der linken Kinnlade heraus und nahm dem Wilhelm zwei Zähne. Der Schuss kam von so nahe, dass Wilhelms Bart und Haar angezündet wurden, Oranien blieb geblendet stehn, er dachte, das Haus sei eingestürzt. Als er Haar und Bart brennen fühlte, begriff er und rief: „Tut ihm nichts. Ich vergebe ihm meinen Tod!" Doch stiessen die Gäste ihre Rapiere in den Leib des Mörders und die Hellebardiere machten ihn fertig, er empfing zweiunddreissig tödliche Wunden. Indes Wilhelm zu Bett ging, liess sein fünfzehnjähriger Sohn, der kleine Moritz, die Taschen des Mörders durchsuchen und ergriff alle Papiere und Gegenstände des Toten. Da er seiner Furcht Ausdruck gab, von einem Mitverschworenen überfallen zu werden, nahm ihn ein alter Diener seines Vaters unter den Mantel und führte ihn in ein stilles Zimmer. Da sahn sie, dass alle Papiere spanisch geschrieben waren. Ausser dem abgeschossenen Pistol hatte man in der Hosentasche des Mörders einen Dolch gefunden, ein Agnus dei, eine grüne Wachskerze, zwei Stücke Hasenfell, getrocknete Kröten als Amulett und Zaubermittel, ein Kruzifix, einen Jesuitenkatechismus, ein Gebetbuch, ein Taschenbuch mit zwei spanischen Wechselbriefen, einen auf tausend, einen auf 1877 Kronen, und eine Schreibtafel voller Gelübde und frommen Anrufungen der Jungfrau, an den Erzengel Gabriel, den Erlöser und dessen Sohn (Als ob Christus einen Sohn hätte? fragte der alte Diener Oraniens), damit sie alle Fürsprache bei Gott hielten, auf dass die Tat glücke. Aus der Schreibtafel ging hervor, dass ein Mönch dem Mörder eingeredet, er werde nach der Tat unsichtbar werden. Um sicher zu gehn, hatte er versucht, Gott und die Heiligen durch Geschenke zu gewinnen. Er gelobte Gottvater, falls er davonkomme, eine Woche bei Wasser und Brot zu fasten. Dem Heiland versprach er einen neuen Rock von köstlichem Muster. Der Mutter Gottes von Guadalupe versprach er ein neues Kleid, Unserer Frauen von Montserrat eine Krone, dem Heiligen Jago eine Lampe, dem Heiligen Lorenz ein paar Hosen, dem Heiligen Franz ein paar Sandalen und der Heiligen Veronika ein neues Schnupftuch.

Der Prinz von Oranien lag viele Wochen krank. Als die verharschte Wunde am Hals aufbrach und ein breiter Blutstrom sich ergoss, schien er verloren. Weinend standen die Kinder Oraniens um sein Bett; seine dritte Frau, eine Äbtissin, die ihr Gelübde brach um Wilhelms willen, eine Bourbon, kniete am Bett und küsste Wilhelms Hand; Wilhelms Schwester, die Gräfin von Schwarzburg, hielt ungebleichtes Linnen an seinen Hals, um das Blut aufzuhalten. Die Ärzte hatten dem Prinzen das Wort verboten. Da er sich verloren glaubte, sprach er wieder und sagte mit matter Stimme: „Kinder. Lebt wohl. Es ist aus mit mir." Da das Stück Linnen sich vollgesogen hatte und kein anderes in der Nähe war, warf es Wilhelms Schwester laut aufschluchzend fort und drückte ihren Daumen auf die pfenniggrosse Wunde, um das Blut ihres Bruders anzuhalten. Es gelang ihr. Ihr Daumen hielt das Blut.

Wilhelm versuchte zu lächeln. „Schwester", sagte er, „du wirst blutig."

„Ich halte aus", erklärte sie, „und sollte ich bis zum Abend und die ganze Nacht stehn."

Da lächelte Oranien, dass seine Schwester unbewusst die Devise ihres Hauses ausgesprochen hatte.

„Wir halten alle aus", sagte er, „aber zu was Ende?"

„Sei stille", bat seine Frau weinend, „die Ärzte haben dir das Reden verboten. Es schadet dir."

„Mir schadet nichts mehr", sagte Wilhelm. „Ich spreche so gern. Mir ist schwer ums Herz. Wie lasse ich euch zurück? Was hat man mich gescholten, Feind und Freund. Die eigenen Freunde hiessen mich zu mässig, ich sei gottlos, ich sei tolerant. Ist Duldung ein Verbrechen? Scheint Toleranz den Menschen schlimmer als Mord? Mein grösster Gedanke war mein ärgster Feind. Tut ein unabhängiger Mensch keinem genug? Kam ich zu früh auf diese Welt? Da werfen sie mir vor, dass mich das Volk liebt, dass ich seine Lust bin. Sie sagen, ich haschte nach der Gemeinen Gunst. Weil ich die einfachen Leute liebe, weil ich mich gern unter sie mische und freundlich zu ihnen rede, wenn ich auf den Strassen unserer Städte gehe. Da höre ich Lärm in einem Haus und sehe durchs offene Fenster, dass Mann und Weib sich streiten, ich trete also ein und bin sanft unter ihnen und bitte sie mit guten Worten, einander zu vertragen, und scherze, und sie werden still und geben sich die Hand, und der Mann fragt mich, ob ich sein Bier kosten will, und ich sage ja, und die Frau holt den blauen, irdenen Krug vom Bord, und der Mann trinkt auf meine Gesundheit und wischt mit der Hand den Schaum vom Rand und reicht mir den Krug, und ich tue ihm Bescheid, und wir sind eine kurze Weile traulich beisammen. Ah, Kinder, und ich merke, wie es gut tut, ein Vater seines Volkes nicht nur zu heissen, sondern auch die väterlichen Gefühle zu empfinden. Ich sehe dieses Land und seine friedlichen, guten, tüchtigen Bewohner frei und reich und einig.

Keine Unduldsamkeit, keinen Krieg mehr. Lutheraner werden nicht mehr der Calvinisten Glauben verbrecherischer als der Türken Religion heissen. Ihr blosser Anblick wird Calvinisten und Katholiken nicht mehr zu Feinden machen. Man wird sogar an Wiedertäufern und Juden des Menschen Antlitz erkennen. Ach, Kinder, dass ich es nicht erleben durfte!"

Oranien schwieg; einer der Ärzte kam endlich eilig. Er lobte die Schwester Wilhelms und befahl, eine Reihe von Dienern sollten, mit gewaschenen Händen einander Tag und Nacht ablösend, die Wunde mit dem Daumen festhalten. So geschah es, und nach einer Zeit voll Angst und Hoffnung schloss sich die Wunde. Bald genas Wilhelm und ging in die Kathedrale von Antwerpen, um Gott zu danken. An allen Fenstern, auf allen Strassen und Plätzen standen die Niederländer, und sangen ihre neuen Lieder, und in der Kathedrale schluchzten Tausende und dankten Gott für die Rettung ihres Befreiers.

Wilhelm bezahlte mit dem Leben seiner lieben Frau Charlotte Bourbon, die vor Aufregung und Erschöpfung in ein hitziges Fieber fiel und starb und ihrem Mann nach sieben Jahren Ehe sechs Töchter hinterliess, Luise, Juliana Elisabeth, Katharina Belgica, Flandriana, Charlotta Brabantica und Emilie Secunda.

Bald nachher trugen die vereinigten freien Provinzen dem Prinzen Wilhelm die souveräne Regierung an.

König Philipp schickte neue Mörder. Peter Dordogno kam mit sechshundert Dukaten, die er aus Philipps Hand empfangen, nach Antwerpen, um Wilhelm zu morden, und ward hingerichtet. Franz von Praxedes, ein Galeerensträfling, erhielt Geld von Philipp und ward in Antwerpen gefangen. Ein Kaufmann aus Vlissingen, Hans Hanzoon, wollte Schiesspulver unter den Kirchenstuhl des Prinzen legen und anzünden, sie fingen ihn. Der französische Offizier le Goth, ein heimlicher Freund Wilhelms, erhielt von den Spaniern Geld, damit er den Prinzen mit einem Gericht Aale vergifte. Le Goth erzählte dem Oranien unverzüglich die Geschichte und blieb sein Freund. Ein Livornese, der schon seinen Bruder und einen Priester, ferner zwei Kaufleute und einen Deutschen umgebracht hatte, erhielt Geld von den Spaniern, um den Oranien zu morden.

‚Die Mörder! Die Mörder!' schrieb Philipp ungeduldig seinem Neffen Farnese. ‚Wo bleiben die Mörder Oraniens? Gibt es keinen tüchtigen Totschläger mehr in der Welt?'

Einer fand sich. Er hiess Balthasar Gerard, geboren zu Vuillafans. Mit zwölf Jahren hatte er eine Erscheinung. Engel kamen herab und befahlen ihm, den Oranien zu töten. Mit einunddreissig Jahren tat er es. Er war eines Bauern Sohn. Er kam zu Farnese. Der hielt ihn für einen Narren und schickte ihn fort. Der Rat d'Assonleville gab ihm etwas Geld und sagte: „Gehe, mein Kind, und werde unsterblich!"

Der Mönch Géry segnete ihn und versprach ihm, er werde ein Märtyrer heissen.

In Delft residierte Oranien in einem ehemaligen Kloster. Es war Sommer und Oranien hatte wieder geheiratet, die Tochter des Admirals Coligny. Seine vierte Frau hiess Luise. Er hatte einen Sohn von ihr, Friedrich Heinrich. Die Könige von Dänemark und von Navarra waren Paten, und die Taufe ward zum Volksfest. Der Mörder Gerard kauft zu Delft, von einem Soldaten Wilhelms, zwei Pistolen, lädt die eine mit zwei, die andere mit drei Kugeln, führt sich als Sohn eines um der Religion willen getöteten Calvinisten bei Wilhelms Sekretären ein, bittet um einen Pass, wird von den Dienern ins Haus gelassen, schiesst den Prinzen, da der vom Mahle weg die Treppe hinaufstieg, auf der zweiten Stufe nieder, mit drei Schüssen, entflieht, wird gefasst, gefoltert, gerichtet.

Wilhelm war tot. Seine Provinzen weinten um ihren Befreier.

DIE KOMÖDIE

Der Beichtvater trat in die Zelle von Antonio Perez, im Gefängnis zu Madrid. Perez trug am linken Fuss eine schwere Kette und eine eiserne Kugel. Er sah blass und krank aus, nach elf Jahren Haft.

Fray Diego de Chaves trat lächelnd ein und begrüsste den Gefangenen wie einen Minister. „Ich bin Ihr Freund, Señor Anonito. Ich rate Ihnen gut."

„Bruder Diego, darf ein armseliger Bettler Ihre Hand nochmals küssen?"

„Señor Antonio, gestehen Sie, und Ihr König wird gnädig gegen Sie sein."

„Bruder Diego, ich bitte nur um Gerechtigkeit. Man macht schon den dritten Prozess in der selben Sache. Seit elf Jahren bin ich in Haft. Man hat mein Haus geplündert. Man tut mein Weib und meine Kinder ins öffentliche Gefängnis, verspricht mir Gnade, macht mir Hoffnungen, wenn ich nur des Königs Briefe ausliefere, man droht mir ewige Haft für Weib und Kinder an, man verhört immer wieder mein Weib und meine kleinen Kinder. Man sagt ihnen: ‚Die Papiere, die Papiere, des Königs Papiere!, und ihr kommt alle frei!' Zwei Kisten mit den Briefen und Zetteln von königlicher Hand werden Ihnen, Fray Diego, ausgeliefert. Nun beginnt der neue Prozess, die schärfere Haft, nun legt man mich in Ketten, erst in der Feste Pintos, dann hier zu Madrid, verhaftet meinen treuen, unschuldigen Majordomus Martinez, verhört aufs neue meine Frau, nimmt meinem Ankläger Peter Escovedo, dem Sohn meines toten Freundes, sein kleines Amt, setzt ihn in Haft und Schrecken, er versöhnt sich mit mir, verkauft sein Recht der Rache notariell für zwanzigtausend Dukaten, bittet um Beendigung des Prozesses, um meines Dieners Martinez Befreiung, verzeiht mir, als Christ dem Christen. Man legt mir die Kugel an den Fuss. Seit elf Jahren verhaftet man angebliche Zeugen, verfolgt man jede Denunziation, prüft man meine Bücher, Briefe Papiere, meine Amtsführung, vernimmt jeden gewerblichen Verleumder, sucht mit Laternen, mit Folterkünsten, mit allem Menschenwitz und aller Macht des grössten aller Könige, die je auf Erden thronten. Ein Weltreich gibt seine feinsten Köpfe, ein Riesenstaat leiht seine ungeheure Maschinerie, mein Unstern verfolgt mich, und noch, nach elf Jahren, kein Schatten eines Beweises gegen mich, kein einziger, triftiger Zeuge gegen mich! Und wäre ich allein der Getroffene! Und wären es nur mein treues Weib und die unschuldigen Kinder. Nein, ein Herz, das in rächerischer Lethargie zu schlafen scheint, gefällt sich darin, mein schuldloses Unglück mit der Peinigung eines schier himmlischen Wesens, einer anbetungswürdigen, grossen Dame, der ersten Dame am Hofe Spaniens, der unbescholtenen Gattin des treusten Dieners und Freundes des Königs Philipp zu vermischen, das Unzugehörige zu verbinden, das Unglaubliche zu tun. Man mauert die edle Verfolgte in den Turm zu Pintos, man sperrt sie zu Pastrana ein, man nimmt ihr die Verwaltung ihrer Güter, die Erziehung ihrer Kinder, den Genuss ihrer Ehre und ihres Lebens, man wirbelt ein ganzes Reich auf. Und wofür? Am Anfang steht der Neid eines talentlosen Beamten, eines Kabinettsekretärs, dessen plumpe Schmeicheleien unbegreifliche Gnade im Ohr des Höchsten in Spanien finden. Am Ende stehen Sie hier vor mir, hochwürdiger Vater, mein bewunderter Bruder Diego, und betteln um ein Geständnis, das ich nicht liefern darf, nicht mag, nicht kann, weil — Sie wissen ja warum —"

„Warum?" fragte der Beichtvater des Königs begierig.

Perez sah ihn an, ging so rasch und so nahe, als es die schwere Kettenkugel erlaubte, zum Beichtvater und flüsterte: „Weil es nichts zu gestehen gibt, Fray Diego. Was glaubten Sie?"

Der Beichtvater antwortete: „Ich kenne ja die Entstehung des Beschlusses, den Escovedo zu töten; eine Tat, die der König befohlen, auszuführen, ist niemals ein Verbrechen; ich kenne die Leiden Ihrer Familie und Ihre Verwirrungen; ich fragte mich, ob ich nicht aus christlicher Barmherzigkeit Ihnen einen Rat schulde, um den Sie mich so lange nicht bitten mochten. Ich habe mich entschlossen und sage Ihnen, da Sie ja in Wahrheit und wirklich eine peremptorische Entschuldigung haben, dass Sie nur alles gestehen müssen, und Sie sind frei. Trage jeder seine Verantwortung. Erhalte Gott Eure Herrlichkeit während langer Jahre in Ruhe und Gesundheit und Ihrem Familienglück."

Perez dankte mit bewegter Stimme. Er bedauerte aufs Innigste, dass er nichts zu gestehen habe.

Der Beichtvater starrte ihn lange schweigend an. Endlich zog er einen Zettel aus der Kutte. Antonio erkannte des Königs Siegel. Der Beichtvater reichte ihm schweigend das Papier. Perez las: ‚Fray Diego, mein Vater, Sie werden Antonio Perez sagen, und wenn nötig, dieses Papier ihm zeigen, dass er wohl weiss, wie ich ihm befahl, den Escovedo zu töten, und dass er die Gründe kennt, aus denen er mir dazu riet; und dass ich, nach meines Gewissens Forderung und um die Zulänglichkeit dieser Gründe zu erforschen, ihm befehle, sie zu nennen, in allen Einzelheiten, und den Beweis dafür zu liefern. Mit seinen Antworten und seinen Gründen vor Augen, werde ich sogleich alles Nötige veranlassen.' Perez hatte gelesen. Er reichte mit einer wegen der Kettenkugel an seinem linken Bein ein wenig linkischen Verbeugung des Königs Zettel schweigend zurück.

„Nun?" fragte der Beichtvater. „Was nun? So gestehen Sie alles! Sie wissen, was Sie erwartet: Gnade, Ruhe, das Glück Ihrer Familie, Ihre Freiheit, die Tröstungen Ihrer Freunde, ein angenehmes, langes Leben, nicht verkürzt durch Kugeln, Ketten, etwaigen schwerern Folterungen."

Perez erblasste. Er verstand die Drohung. Der Mönch hatte die letzten Worte mit langsam singender Stimme ausgesprochen. Perez erwiderte den drohenden Blick des Mönchs mit Festigkeit. „Bei allem demütigen Respekt, den ich den Worten Sr. Majestät schuldig bin, habe ich nicht mehr zu gestehn, als was ich seit elf Jahren sage, ich weiss nichts über die Ermordung Escovedos und ich habe nichts damit zu schaffen. Dagegen bitte ich Sie, Sr. Majestät zu sagen, dass ich meinen Richter Vasquez als parteiisch und feindselig ablehnen muss und um gerechte Richter bitte."

Schweigend kehrte der Beichtvater des Königs dem Gefangenen den Rücken und verliess die Zelle.

Drei Tage später teilte man dem Gefangenen mit, dass der König dem Richter Vasquez einen zweiten Richter,

Gomez, einen Kämmerer des Königs und Lizentiaten, beigegeben.

An diesem Tage suchte der Grossinquisitor Kardinal von Toledo des Königs Beichtvater auf. „Señor", rief der Kardinal, ganz ohne seine gewöhnliche Munterkeit, „entweder ich bin toll oder diese Affäre ist es! Wenn der König dem Perez befohlen hat, Escovedo zu töten, und es gesteht, warum setzt man ihm zu und aus was für Motiven? Je näher man zusieht, um so deutlicher erkennt man, dass Perez nicht Richter war in diesem Akt, nur Sekretär, nur Rapporteur der Depeschen, die unter seine Hände kamen; nur Exekutor von Befehlen und von Vertraulichkeiten, ausgetauscht wie zwischen Freund und Freund. Heute, nach zwölf Jahren, fordert man von ihm Einzelheiten, nachdem man seine Papiere beschlagnahmt hat, nach dem Tod so vieler Personen, die so viele Dinge wissen und bezeugen könnten. Wecken Sie fünfhundert Tote auf, ersetzen Sie ihm seine Papiere ungeplündert, ungelesen, und dann, dann erst haben Sie noch nicht einmal das Recht, zu tun, was Sie tun."

„Ich, Beichtvater des Königs, habe so geraten, nach vielen nächtelangen vertrauensvollen Gesprächen mit König Philipp. Vertrauen Sie auf Gottes Weisheit, Eminenz."

„Das ist meine Gewohnheit", entgegnete der Grossinquisitor prompt. „Aber Fray Diego! Wie? Befohlen hat den Mord der König Philipp. Der Mörder und des Ermordeten Sohn arrangierten sich untereinander. Der Prozess kann abgeschlossen werden, der schon so lange dauert und Madrid, Spanien, unsere Reiche, die Christenheit intrigiert und des Königs Feinde belustigt; dieser Prozess, der die Ehre unserer Regierung kompromittiert, ist der gewöhnlichen Vernunft nach aus, ist in keinerlei Staatsinteresse, und Se. Majestät beeilt sich nicht, den Perez loszulassen und eine so gefährliche Affäre zu erledigen? Welches Interesse kann der König haben, den Befehl zu gestehn und den, der gehorcht hat, zu verfolgen? Die königliche Ehre wird durch solch ein Geständnis leiden.

Was? Ein König lässt seinen Untertanen töten und verrät den Komplizen? Was für Leidenschaften? Was für Verblendung? Wer ist der Rächer? Was für eine Rache? Oder hofft man, jetzt, da man dem Perez seine Papiere nahm, werde er nicht mehr beweisen können, aus welchen Motiven er zur Beseitigung Escovedos riet, und würde nun leicht verurteilt, als einer, der den König betrog, den Freund verleumdete, und dessen Hinrichtung passender den Vorhang über der Staatskomödie fallen liesse als seine Straflosigkeit? Beichtvater des Königs! Bruder Diego de Chaves! Mönchlein! Fürchtest du nicht Gott?"

Quiroga hatte immer leiser und immer heftiger geredet. Zuletzt waren seine Worte ein zischendes, rollendes, schreckenbergendes Flüstern, dennoch schien dem Beichtvater, als bebten die Wände seines Zimmers vor greulichen Donnern.

Fray Diego war totenblass. Sein strenges, hageres, zerfurchtes Gesicht, die asketische Maske, schien jetzt sein echtes Antlitz.

Der Grossinquisitor, dessen Gesichtszüge sich glätteten angesichts der Wirkung seiner Worte, ward wieder heiter, seiner fröhlichen Natur gemäss, und fragte: „Was werden Sie nun Sr. Majestät raten, Señor?"

„Die Entschlüsse des Königs sind unveränderlich und unerschütterlich hinausgehoben über gemeine Erwägungen und gewöhnliche Bedenklichkeiten."

„Das ist meine Meinung", antwortete prompt der Grossinquisitor. „So folge der Komödie zweiter Akt!"

Der Grossinquisitor nahm Abschied. An der Türe drehte er sich um und sagte: „Ich liebe fromme Komödien. Ich schaue sie mir bis zum Ende mit Interesse an, bis zum fünften Akt. Aber wenn jeder Akt elf Jahre dauern soll, wer wird es überleben?"

Bruder Diego lächelte. Er faltete die hagern Hände und versicherte: „Der Vorhang fällt."

König Philipp befahl, den Antonio Perez zu foltern. Die Richter kamen zu ihm. „Gestehen Sie die Motive, aus denen Sie dem König die Tötung Escovedos rieten, und beweisen Sie die Kraft und Dringlichkeit dieser Motive", forderten die Richter.

Perez antwortete, wie er gewohnt war, er werde nichts sagen, weil er nichts wisse.

Da befahlen die Richter den Wächtern, ihn mit einer Kette zu binden und ein Paar Eisen an seine Füsse zu hängen. Das war die Zurüstung zur Streckprobe. Dann verliessen sie ihn.

Perez schrieb dem König, wie tausendmal in diesen elf Jahren, und bat diesmal demütig, ihm die Eisen wieder abnehmen zu lassen, da seine Krankheit ihn die Eisen nicht ertragen liesse. Er erhielt, wie tausendmal schon, keine Antwort.

Am andern Tag kamen die Richter wieder. Wieder weigerte er sich. Da drohten sie ihm mit der Folter. Er erschrak nicht. Da ging Vasquez in den Nebenraum, er fand keinen Geschmack am Anblick von Marterungen. Der Richter Gomez, der Gerichtsschreiber Marquez und der Henker Ruiz begannen ihr fürchterliches Geschäft. Der Richter Gomez erklärte schnarrend: „Sie werden peinlich befragt zur Erlangung der vom König geforderten Geständnisse. Verlust des Lebens oder des Gebrauchs eines oder mehrerer Glieder haben Sie sich selber zuzuschreiben."

Perez beteuerte nochmals, nichts zu wissen, und protestierte gegen die Folter aus zwei Gründen, erstens sei er adlig, zweitens durch elf Jahre Haft zu erschöpft, um die Folter aushalten zu können.

Die Richter befahlen ihm, den Eid zu leisten und zu antworten, was man ihn fragte. Als er sich weigerte, zog ihn der Henker Ruiz nackt aus und liess ihm nur seine Unterhose aus Leinen. Der Henker zog sich zurück, der Richter fragte, Perez wiederholte seine stete Antwort, die Folterinstrumente kamen herein. Der Henker Ruiz kreuzte Antonios Arme einen über den andern, und man machte die erste Streckprobe. Perez schrie fürchterlich. Er sagte: „Jesus, ich hab' ja nichts zu erklären ... ich sterbe auf der Folter, ich sage nichts, ich sterbe." Das wiederholte er häufig. Nach der vierten Streckprobe kamen beide Richter und fragten. Er schrie stöhnend und seufzend: „Ich habe nichts zu sagen. Ihr habt mir den Arm zerbrochen. Lieber Gott! Mein Arm ist hin! Die Ärzte werden's sehn." Seufzend sagte er: „Ach, mein Herr! Bei der Gnade Gottes, sie zerbrachen mir die Hand, beim lebendigen Gott." Er sagte noch: „Señor Juan Gomez, Sie sind Christ, mein Bruder; bei Gottes Liebe, Sie töten mich, und ich habe nichts zu gestehn."

Die Richter sagten: „Gestehen Sie, Señor Antonio!"

Er antwortete, indem er sich immer an den Richter Gomez wandte, weil der nicht sein persönlicher Feind wie Vasquez war: „Mein Bruder, Sie töten mich. Señor Juan Gomez, bei den Wunden des Heilands, macht mich auf einmal ab. Lasst mich, ich werde alles sagen, was Sie wollen. Bei Gottes Liebe, mein Bruder, habt Mitleid mit mir." Dann sagte er: ‚Macht mich frei, gebt mir meine Kleider; ich werde sprechen."

Das geschah erst nach der achten Streckprobe. Als er zu gestehn begann, erhielt der Henker den Befehl, das Feld zu räumen, und Perez blieb allein mit Richter Gomez und Gerichtsschreiber Marquez.

Perez gestand mit vielen Details, sehr ausführlich.

Der Richter befahl ihm, nun die Beweise vorzulegen, um deretwillen er dem König riet, den Escovedo zu töten.

Perez antwortete, man habe seine Papiere bei den verschiedenen Hausdurchsuchungen ergriffen, dort fänden sich genug Beweise, es hätte auch genügend Zeugen gegeben, wie den Marquis Los Velez, aber nach zwölf Jahren fehlten sie, im übrigen beziehe sich hier der Untertan auf den König, der ja alles am besten selber wüsste.

Am Hofe ward bekannt, dass Philipp und Perez die Tat gemeinsam begangen, für die der eine die Folter litt, der andere sie anordnete. Die Höflinge erschraken, weil man einen Minister, einen Günstling, ein so gehorsames Werkzeug des Königs folterte. Wer war noch sicher? Man sagte laut: „Die Verrätereien von Untertanen am König sind gewöhnlich, aber niemals verriet ein König so infam seinen Untertan."

Der Hofprediger sprach von der Kanzel der Hofkapelle herab: „Menschen, wonach rennt ihr erschöpft und mit offenem Maul? Seht ihr nicht die Enttäuschung? Seht ihr nicht die Gefahr, in deren Mitte ihr lebt? Habt ihr nicht gestern so einen Mann gesehn, auf dem Gipfel, der heute auf der Folter ist? Und weiss man nicht, warum er so viele Jahre lang dort gemartert wird? Was wollt ihr also? Was hofft ihr noch?"

Perez, fiebernd, zerschmettert, sah den Tod vor Augen. Ohne Papiere war er der Betrüger. Vasquez wollte beweisen, nur für Anna habe Perez den Mord an Escovedo begangen. Da wollte Perez fliehn. Beide Arme waren ihm verrenkt, er war krank, allein, in enger Haft. Er bat um einen Arzt, um Diener, ihn zu pflegen. Der Doktor fand ihn mit grossem Fieber, lebensgefährlich krank, wenn man ihn nicht pflegte. Ein Page, den sein hochschwangeres Weib Coello ihm auswählte, ward zugelassen. Die Krankheit schien sich zu verschlimmern. Da bat Juana Coello um Zutritt für sich und ihre Kinder, ehe ihr Mann, ihr Vater sterbe. Sie ward abgewiesen, liess nicht nach, lief, flehte, besuchte jedermann, kniete vor jedem und erhielt die Erlaubnis. Perez schien am Ende. Am Abend des 20. April gegen neun Uhr ging er im Kleid, Hut, Mantel und Schleier seiner Frau zwischen den Wachen durch und aus dem Gefängnis. Draussen wartete ein Freund und etwas weiter der Fähnrich Gil de Mesa mit Pferden, um ihn nach Aragon zu führen. Kaum hatten der Freund und er ein paar Schritte die Strasse entlang getan, um Gil de Mesa zu treffen, als sie Alguazilen begegneten, welche die Runde machten. Mit Geistesgegenwart blieb der Freund stehn und scherzte mit den Alguazilen, indes Perez schweigsam und respektvoll wie eine Dienerin hinter ihm stand. Die Alguazile gingen.

Perez war bei Gil de Mesa, sie stiegen aufs Pferd und begleitet von einem Genuesen namens Giovanni Franzesco Majorini ritten sie dreissig Meilen ohne anzuhalten, und Perez, Aragonese von Geburt, setzte den Fuss auf Aragon, wo die Richter unabhängig vom König waren und wo die alten Rechte des Volkes herrschten, die alten Privilegien eines tapfern und stolzern Stammes, als es die Kastilier waren, eines Stammes, stolz auf seine Freiheiten, stolz auf seine Rechte, die Fueros von Aragon.

„Philipp, freue dich!" sagte am andern Mittag, da der König in den Audienzsaal schritt, sein Narr, der Onkel Martin. „Perez ist entwischt. Lach, Philipp! Ganz Madrid lacht. Wer ist also dieser Perez? Er muss unschuldig sein, wenn so viele sich freun, dass er entwischt ist."

Philipp lachte nicht. Juana Coello, die in den Hosen und im Wams ihres Mannes auf dem Stroh seines Kerkers lag, ward mit den fünf Kindern ins öffentliche Gefängnis gebracht, samt dem noch ungeborenen sechsten Kind in ihrem Leib, dem noch ganz unschuldigen. Ein Töchterchen des Perez starb in der Kothölle, geheissen öffentliches Gefängnis zu Madrid, ein Söhnchen verdarb im Kerker. Die andern litten mehr.

Anna Mendoza, die Fürstin Eboli, erhielt vor ihrem Zimmer, im Schloss zu Pastrana, wo sie gefangen sass, bewacht von den Wächtern des Königs, ein doppeltes Eisengitter, so dass die Fenster nicht mehr zu öffnen waren. ‚Wir leben im Finstern', schrieb sie ihrem Eidam Sidonia, ‚wir haben keine Luft, wir ersticken.'

Seit einiger Zeit hatte eine ihrer Töchter ihr Gefängnis geteilt. Anna schickte sie fort, aus Angst, sie umkommen zu sehn, des Sommers, im brennenden, finstern Kerker, zu dem ihr Geliebter sie verdammt hatte. Sie schrieb den Töchtern: ‚Ich weine bittere Tränen in dem finstern, tödlichen, schauerlichen Zimmer.'

Langsam starb sie hin. Ihr Kerkerwächter weinte mit ihr bittere Tränen und schrieb viele Berichte von dem tödlichen Jammer. Er schrieb: ‚Sire! Es ist keine Luft da, um zu atmen. Sire! Die Tränen in der Finsternis. Sire! Das schleichende Fieber. Ein Vögelchen im Käfig, ohne Luft und Licht, ohne Wasser und Körner. Sire!'

Sie schrieb an ihren jüngern, holdern Sohn, den Herzog von Francavilla: ‚Ich, Anna Mendoza, betteln um Gnade, das, niemals, nein!'

Nach elf Jahren Haft im Turm zu Pintos und im Schloss zu Pastrana, nach achtzehn Monaten Folter im vergitterten, verfinsterten, luftlosen Käfig, wo kein Himmel von der Sonne Licht hell ward, um vor der Sterne Glanz sich zu verfinstern, wo kein Wind wehte, kein grünes Gras, keines Vogels Ruf, keiner Wolke Schein, wo nichts war, starb sie, Anna, Philipps Mätresse und Antonios Geliebte.

Onkel Martin, der Narr, ging mit einem silbernen Glöckchen durch alle Flure des Schlosses und die Treppen hinauf und hinunter und rastlos hin und zurück und bimmelte, bimmelte.

„Narr", fragten sie ihn, „Narr, warum bimmelst du so laut?"

„Ich wecke", antwortete der Narr. „Ich wecke!"

„Wen willst du denn aufwecken, Narr?" fragten sie ihn.

„Das Mitleid", antwortete der Narr. „Seht ihr nicht, dass es schläft? Hat keiner Mitleid?"

„Mit wem?" fragten sie ihn.

„Mit dir, Bruder", antwortete der Narr. „Mit dir, Schwester."

„Warum?" fragten sie ihn.

„Dass du am Hofe Philipps leben musst", sagte der Narr und bimmelte lauter als zuvor. Bim. Bim. Bim.

Da kam der König vorbei auf seinem Weg ins Kabinett. Da hörte der Narr zu bimmeln auf und es war plötzlich sehr still. König Philipp ging langsam vorbei, ein alter, kleiner Mann im schwarzen Rock, mit dem kurzen, schwarzseidenen Mäntelchen auf der Schulter, die Hand am goldenen Griff seines Degens. Die Halskrause aus Mechelner Spitzen glänzte so weiss wie sein silbriger Bart, auf dem kahlen Kopf trug er die hohe, schwarze Pelzmütze, die weissen Spitzenmanschetten blitzten so reinlich über den gichtischen Händen, steif und langsam bewegte der hagere, eingetrocknete Greis zwischen sechzig und siebzig die gichtischen Füsse. Er richtete die schweren, grübelnden Blicke auf den Narren, seine Miene war finster. Da er am Onkel Martin vorbeiging, begann der Narr aus Leibeskräften zu bimmeln. „Ruhe, Onkelchen!" befahl der König.

Der Narr ging neben dem König her, er ahmte vortrefflich die Miene des Greises nach, den steifen, schlurfenden Gang, die majestätische Haltung. Mit dem Glöckchen läutete er langsam, Schritt für Schritt. Bim! Bim! Bim!

„Was läutest du, Narr?" fragte Philipp.

„Das Glöckchen freut sich", antwortete der Narr. „Hörst du, Philipp? Es lacht. Frag' warum; Philipp, frag' warum!"

Der König fragte nicht.

Da antwortete der Narr ungefragt: „Das Glöckchen lacht, weil Philipps Feindin tot ist. Vorige Woche am Donnerstag abend starb Anna. Warum lachst du nicht, Philipp?"

AUFSTAND IN ARAGON

Antonio Perez, der Flüchtige, der aus dem Kerker des Königs Philipp kam, der Aragonese, betrat die Erde Aragons und appellierte an das Gesetz, an die Freiheit, an die Gerechtigkeit, an die alten Fueros Aragons.

Er hatte sich ins Dominikanerkloster von Calatayud geflüchtet und den Fähnrich Gil de Mesa nach Saragossa geschickt, damit der in seinem Namen an den Oberrichter von Aragon appellierte. Jeder in Aragon genoss nach solchem Appell den Schutz des Oberrichters, der die vorigen Urteile annullierte, wenn sie das Gesetz verletzten, sein Verfahren war öffentlich, Folter und Tortur waren ausgeschlossen, die Gefangenen kamen in ein besonderes Gefangnis, das ‚Die Freiheit' hiess. Der König ernannte den Oberrichter auf lebenslänglich. Nur die Cortes durften ihn absetzen. Er durfte die Untertanen gegen den König zum Aufstand rufen, wenn der König die Gesetze verletzte. Das Volk stiess den heiligen Ruf aus: ‚Contra fuero!'

Gegen das Gesetz!, und dieser Ruf empörte sogar die Steine von Aragon. Die Absetzung des Königs konnte folgen. Auf ihre alten Freiheiten waren die Aragonesen noch eifersüchtiger als auf ihre Weiber.

Philipp hatte seinen Hofalkalden geschickt, um den Perez zu holen. Die Mönche verbarrikadierten sich, exkommunizierten den Alkalden, versteckten den Perez. Die Bogenschützen des Hofalkalden brachen die Kirchentür und das Asylrecht, packten Perez, schleiften ihn auf die Strasse, setzten ihn auf ein Pferd, da sprengten fünfzig Büchsenschützen aus Saragossa mit dem Gerichtsbeamten des Oberrichters heran, die Bauern aus der Umgegend, die über die Belagerung des Klosters empört herbeigelaufen, schwangen ihre Heugabeln, verjagten des Königs Bogenschützen, befreiten Perez, trugen ihn im Triumph nach Saragossa und führten ihn ins Gefängnis des Oberrichters, in ‚Die Freiheit'. Dort schrieb Perez, frei in seinem Gefängnis ‚Die Freiheit', an den König, an den Beichtvater, an den Grossinquisitor. Er bat, ihn nach elf Jahren der Verfolgung zu vergessen, sein Weib, seine Kinder ihm zurückzugeben; in einem stillen Winkel, den der König wählen möge, ihn den Rest seines Lebens verbringen zu lassen; er schwöre, keines der Geheimnisse des Königs auszuplaudern. Er könne sich verteidigen, man wisse es, und er werde alles sagen. Aber er ziehe vor, in Ruhe zu leben. Perez erhielt keine Antwort. Er schickte zum König den Prior von Gotor, dem er unterm Kirchengeheimnis Abschriften aller aus Vorsicht zurückbehaltenen Papiere mitgab. Der König empfing in drei Audienzen den Prior, las die Abschriften, schien erfreut über den Dienst, den man ihm leistete, befahl den Granden, die Milizen auszuheben, befahl dem Vizekönig von Aragon, den Flüchtigen um jeden Preis ihm auszuliefern.

‚Ich will den Perez haben', schrieb Philipp. ‚Mein königliches Gewissen will es, die Ehre meiner Richter fordert's.'

Er unterschreibt das Todesurteil, das ihm der Richter Vasquez vorlegt. ‚Perez werde erwürgt, sein Kopf am Stadttor von Madrid angenagelt; wer ihn abnimmt, sterbe.'

Da schreibt Perez sein Memorial über seinen Prozess, fügt alle die Papiere bei, die seine tapfere Frau, sein kluger Martinez aus den zwei Koffern, die man dem Beichtvater auslieferte, gerettet hatten. Da sind die Briefe Philipps, da heisst er ihn die Depeschen fälschen, da des Königs Bruder dupieren, da den Freund Escovedo töten, da billigt der Beichtvater alles, da treibt der Beichtvater an. Da ist des Königs Zettel, in dem er seine Furcht ausdrückt, die unschuldige Mohrensklavin Escovedos könnte den König anklagen, da ist Philipps Wonne, dass man die unschuldige Sklavin gehängt hat, da sind seine Vorwürfe, weil die ersten Mordversuche missglückten. Perez, in Kastilien von seinen Komplizen, dem König und Diego de Chaves zum Tod verurteilt, wird in Aragon in allen Stücken freigesprochen. Kein Mord, da der König befohlen. Kein Verrat, da der König befohlen. Keine Fälschung von Amtspapieren, da der König befohlen.

Die Freunde des Antonio Perez drucken das Memorial heimlich. Die Exemplare fliegen durch Europa. Europa schaudert über den Tyrannen. Europa lacht über den Pedanten. Europa forscht nach dem Roman der Fürstin Eboli.

Philipp zieht seine Anklage wegen Mord und Verrat der Amtsgeheimnisse zurück. Er schreibt dem Oberrichter von Aragon: ‚Perez fälscht den Inhalt meiner Notizen, er torturiert mit Malice den Sinn meiner Billette, ich könnte lang erwidern, Staatsrücksichten, Staatsgeheimnisse verbieten es. Man kennt — übrigens — meine Justiz. Ich habe immer die Wahrheit beschützt, wie ich als König soll.

Nun befahl der König dem Grossinquisitor, den Perez der Ketzerei zu überführen. Ankläger ward der Beichtvater. Er klagte an: 1. war Perez auf einem Pferd entflohn, er hielt in Aragon, hätte aber auch nach Frankreich weiterreiten können und hätte so den Ketzern ein Pferd geliefert und Ketzer also mit Kriegsmaterial unterstützt. 2. musste Perez ein Zauberer, ein Magier sein, weil er so viele Freunde fand, nach elf Jahren Elend und als Feind des Königs. 3. war seine Popularität verbrecherisch. 4. hatte ihm jemand vorgeworfen, er rede schlecht von Don Juan, da habe Perez gesagt: ‚Ich muss mich um jeden Preis rechtfertigen, und wenn Gott Vater mich hindern wollte, müsste ich ihm die Nase abschneiden!' ‚Hat Gott eine Nase?' fragte empört Diego de Chaves. Im Kerker sagte Perez: ‚Wenn Gott keine Wunder tut in meiner Sache, glaube ich nicht mehr an ihn.' Auf der Folter schrie Perez: ‚Schläft Gott? Gott schläft. Es treiben Scherz, die sagen, es gebe Gott. Es kann ihn nicht geben! Was man von seiner Existenz erzählt, sind Possen!' Und ferner im Kerker: ‚Ich leugne die Milch, die ich an Brüsten sog. Heisst das katholisch sein? Ich glaube nicht mehr an Gott, wenn alles so seinen Lauf nimmt.'

Diego de Chaves schickte einen Mönch nach Saragossa und forderte unter Strafe der Exkommunikation vom Oberrichter die Auslieferung des Perez. Der Oberrichter lieferte den Perez aus, die Diener der Inquisition setzten ihn in eine mit vier Mauleseln bespannte Karosse und fuhren ihn ins alte Schloss der Mohrenkönige, das geheime Gefängnis der Inquisition. Ein Gesetzbuch von Aragon, ein Porträt seines Vaters Gonzalo Perez und ein Bildnis der Fürstin Eboli, das man bei Perez fand, konfiszierte die Inquisition. Freunde des Perez, junge Adlige, die ihn oft in der ‚Freiheit' besucht hatten, liefen in den Palast des Oberrichters, fassten ihn an der Hand und klagten ihn an, ihre Fueros zu verletzen, und forderten den Rückruf seines Befehls. Der Oberrichter lehnte es ab, da stürzten die jungen Herren aus dem Gerichtspalast und schrien: „Contra fuero! Wider das Gesetz! Es lebe die Freiheit! Hilfe für die Freiheit!" Über diesen Ruf begann der Prior vom Kloster Seu am Platze die Lärmglocke zu läuten. Die Leute liefen aus den Häusern, tausende Bürger, die Mönche, die Herren vom Adel trugen blanke Waffen, rannten vor den Palast der Inquisition und schrien: „Tod den Verrätern! Und Freiheit! Perez und Freiheit!"

Der Präsident der Inquisition erklärte, es sei eine schöne Krone, das Martyrium für die Inquisition! Die andern

Inquisitoren waren nicht der Meinung, lieferten Perez aus. Perez wird aus der finstern Zelle geholt. Das Volk sieht ihn und schreit vor Jubel. Man setzt ihn in eine offene Karosse. Das Volk schreit: „Perez! Wo ist Perez?" Man heisst ihn stehn, damit ihn alle erblicken.

So fährt er langsam im Jubel des Volks, ein Triumphator, durch die Strassen von Saragossa, der Herr der Stadt. Das Volk schreit: „Señor Antonio, zeige dich dreimal täglich am Fenster deiner Zelle, dass wir dich sehn!"

König Philipp empfing im Escorial die Depeschen über den Aufstand in Aragon. Er berief eilig die vornehmsten Staatsräte zu einer geheimen nächtlichen Sitzung, einer Nachtjunta. Des Königs Tochter Klara Eugenia sass neben Philipp. Die Diener schlossen die Türen. Es kam sofort zum Streit zwischen dem Grossinquisitor und dem Beichtvater des Königs. Beide waren neunzigjährige Greise. Philipp mit noch nicht siebzig Jahren sah kaum jünger aus. Immer noch schien der Kardinal-Grossinquisitor vom irdischen Leben erheitert und über der Menschen Treiben vergnügt zu sein. Wie seit zwanzig Jahren war er der munterste bei Hof, auch der gefrässigste. Sein Feind, Fray Diego, schien erweicht zu werden. Seine strengen asketischen Gesichtszüge ründeten sich; vielleicht zerfielen sie nur.

Der Beichtvater erklärte: „Der vertraute Page des Antonio Perez, Bustamente, ist ein geheimer Diener der Inquisition. Er hat bisher alle Pläne des Perez verraten, den Briefwechsel mit Vendôme, dem Prinzen von Béarn, dem angeblichen König von Frankreich, den Briefwechsel mit Venedig, den mit Höflingen zu Madrid, mit vielen. Man muss den Perez endlich auf die billigste Art loswerden. Bustamente ist bereit, mit Gift oder Dolch. Es hätte vor dreizehn Jahren geschehen sollen! Dolch oder Gift, alles eins! Wie es dem König gefällt. Was dem Rat beliebt. Und trifft Bustamente nicht, treffen andere."

Da erwiderte der Grossinquisitor Quiroga schreiend: „Es ist genug! Wie lange soll ein Mann, der diese Affäre einst verdarb, weiter dem König schlechten Rat geben? Mit neunzig Jahren ist es genug, Fray Diego!"

„Und du", schrie der Beichtvater, „du, Quiroga, bist du jünger?"

Philipp blickte seine Tochter an. Die Infantin sah zu Boden. Die beiden Uralten keuchten.

Der König fragte: „Was rät uns die Infantin?"

„Die Armee", antwortete sogleich Klara Eugenia, „die Armee marschiere in Aragon ein! Es ist Zeit, dass die gespielte Freiheit drüben durch die Ordnung und Gerechtigkeit des Königs ersetzt wird."

Der König sah stolz auf seine Tochter. Sie war sein Werk. „Die Armee marschiere!" erklärte Philipp.

Der Grossinquisitor Quiroga murmelte: „Man hat jenem Mann unrecht getan. Daher alles Übel!"

Philipp schloss die Augen. So sah er wie ein Toter aus. Die Räte gingen still.

Die Armee marschierte. Ihr General hiess Vargas, ein Herr aus Estremadura. Die Cortes von Aragon schickten Gesandte zu Philipp. Wisse der König nicht, dass Aragon keine fremden Truppen dulde?

‚Cortes', antwortete Philipp, ‚das Heer marschiert nur durch. Es zieht gegen den Prinzen Heinrich von Béarn, den Ketzerkönig. Ich will Frankreich erobern. Meine Tochter ist die nächste Erbin.'

Da beschlossen die Cortes den Krieg für ihre Rechte. Der Oberrichter ward General. Er bewaffnete das Volk, holte die Kanonen, rief um Hilfe nach Katalonien und Valencia, verhandelte mit Venedig und Béarn, Perez war sein geheimer Sekretär. Aber nur die Städte Teruel und Albarracin schickten Soldaten. Der Oberrichter sandte vier Notare an den General Philipps. Die lasen ihm sein Todesurteil vor, falls er in Aragon einmarschiere. General Vargas marschierte ein. Der Oberrichter liess Sturm läuten. Das Volk lief herbei und marschierte der Armee Philipps mutig entgegen. Unterwegs verliefen sie sich.

Am 12. November rückte Philipps General in Saragossa ein. Auf des Königs Befehl übte Vargas Milde. Perez war den Tag zuvor mit vielen Freunden aus Saragossa fortgeritten, sie kamen über die Pyrenäen. Perez rüstete im Einverständnis mit König Heinrich dem Vierten von Frankreich eine Invasionsarmee der Emigranten. Er schickte Pamphlete nach Saragossa. ‚Aragon ist nicht schlechter als Venedig. Aragon wird eine Republik sein oder seine Freiheit verlieren!'

König Philipp las die letzten Depeschen. So weit trieb es Antonio? König Philipp beschloss, dem Antonio Perez ein ganzes Regiment von Mördern nachzuschicken.

Am andern Tag kam ein Kommandeur von San Jago namens Velasquez in Audienz. Es war am Morgen des 12. Dezember. Der Kommandeur bat um ein Hofamt. „Ich will es in Erwägung ziehn", versprach der König.

Velasquez ging enttäuscht. Im Vorzimmer rief ihn der Kammerdiener Santoyo zurück. „Kein Wort", sagte der König, „steigen Sie zu Pferd, reiten Sie nach Saragossa, geben Sie diese Briefe dem General Vargas."

Velasquez ging zu einem Goldschmied, verkaufte seine goldene Kette, für die Reisezehrung, stieg zu Pferd, langte in sechs Tagen in Saragossa an, gab die Briefe dem General Vargas; der öffnete und las sie und brach in Tränen aus. ‚Verhaften Sie sofort den Oberrichter von Aragon, und ich will seine Exekution gleichzeitig mit seiner Verhaftung erfahren. Man wird ihm den Kopf abschneiden.' Das war der erste Brief. So ging es fort. Der letzte enthielt eine Amnestie, die fünfundzwanzig Angeklagte ausnahm, und hundertachtzig andere, und alle Juristen, die für die Fueros gesprochen, und alle, die den Geächteten halfen, und alle, die von der Inquisition verfolgt wurden.

„Bin ich ausgenommen?" fragte in vorübergehender Verwirrung der General Vargas, ein einfacher Mann aus Estremadura.

Es begann die uralte Posse. Den Oberrichter durften nur die Cortes verhaften. Philipp beging also einen Staatsstreich, als er den Oberrichter verhaften und ohne Prozess töten liess. Dem Staatsstreich folgte der Terror. Dem Terror folgte eine starke Emigration. Ihr spürte die Inquisition nach und verfolgte sie über alle Grenzen. Und der Schein der Gnade betrog die Welt. Indes fielen die alten Rechte und die alte Freiheit. Unter militärischem Schutz berief Philipp die Cortes von Aragon. „Keine Fueros mehr!" befahl König Philipp. Die Cortes stimmten ab. Des Königs Entwurf ward angenommen, einstimmig. So starb die Freiheit in Aragon.

DIE GRENZE

.... eine Grenze hat Tyrannenmacht.

Feierlich langsam ging König Philipp am Arm seiner Tochter Klara Eugenia durch die Säle des Escorial. Im süssen Genuss der Betrachtung stand er zuweilen still und verweilte im Anblick eines Gemäldes, einer Statue, der gemalten, gewölbten Decke. Er schritt durch die Bibliothek. Über der Tür schwebte die gemalte Madonna mit der Himmelskugel. Philipp betrachtete die kostbaren Handschriften, die schönen Miniaturen, die Ritterromane und die Kirchenväter, er liebte sie alle. Zu Beginn der langen Halle stand eine Weltkugel auf einem Fuss aus getriebenem Silber.

Philipp war alt. Schon zählte er siebzig Jahre seines Lebens und war nicht satt. Sein Durst war nicht gelöscht. Sein Hunger war nie gestillt. Er heimste die Jahre ein wie der Landmann das Korn. Er dankte Gott und säte die Wintersaat. Er war ein kleiner Greis, eingeschrumpft im schwarzsamtenen Gewand, kahl wie Sokrates, weissbärtig wie Noah; die Leute im Norden, die Ketzer verschrien ihn, er habe den Papst um Dispens gebeten, er wolle die Lieblingstochter heiraten, er schlafe mit ihr. Was sagten die Menschen nicht alles? Wo Böses geschah, sahen die Ketzer den Finger des Königs Philipp, als wäre er der ewige Jude.

„Töchterchen", sagte König Philipp und deutete auf die Stelle der Erdkugel, wo Frankreich war. „Ich will Frankreich haben."

König Philipp wollte seit vierzig Jahren Frankreich haben. Tot war die alte Hexe, die Schwiegermutter Katharina von Medici, in der Stille starb sie, verlassen. Nostradamus hatte prophezeit: ‚Mutter von vier Königen.' Tot waren sie alle. Der kleine Prinz von Béarn war König von Frankreich. Ermordet waren die alten Genossen Philipps, die bezahlten Freunde, der Herzog von Guise und der Kardinal, ermordet ihre Nichte Maria Stuart, ermordet war der letzte Valois. Tot war Philipps bester Feldherr in Flandern und Frankreich, der Neffe Alexander Farnese; wie gewöhnlich sagten die Ketzer im Norden, König Philipp habe den Neffen vergiftet, weil Alexander Farnese zu gross ward.

„Das sagen sie immer", erklärte laut der König seiner Tochter. Klara Eugenia sah den Vater liebreich an. Er war streng und gross. Täglich sass sie viele Stunden bei ihm in seinem Kabinett, sie las die Bittschriften für ihn, sie streute Sand über seinen Namen, wie einst die Österreicherin. Die Tochter war der Geheimschreiber des Königs. Philipp hätte alle Welt zu Schreibern machen wollen. Er trennte sich nie von der Tochter. Die jüngere, die krummschultrige, hatte er bald weggegeben, an Karl von Savoyen, da gebar sie Töchter, jedes Jahr eine, da war sie gestorben, nach dem neunten Kind. Nun hatte Philipp nur einen Sohn noch, den schwächlichen Felipe, nur eine Tochter noch, die geliebte Klara Eugenia. In die Klöster nahm er sie mit, für eine Woche, für zwei Wochen; ohne Dame und Dueña ging die Infantin mit dem Vater in die Wohnung der Mönche. Zuweilen, in der Nacht, ging Philipp ins Schlafzimmer seiner Tochter und weckte sie, um ihr eine grosse Nachricht zu geben. Philipp schlief nicht mehr so lange wie in seiner Jugend. Er schrieb die halben Nächte und las, und betete, bis die grauenden Finger der Frühe über seine brennenden Augen strichen.

Klara Eugenia sah ihren Vater liebreich an. Oft sprach er laut einen Satz, der kam von weither, oft murmelte er nur Wortfetzen wie ein träumendes Kind. Der König spürte den zärtlichen Blick der Tochter wie einen linden Vorwurf. Er nahm den Finger von Frankreich fort. „Töchterchen", sagte er, „ich gebe dir einen Mann." Der

Alte lächelte schalkhaft. Auch Klara Eugenia lächelte. Sie liebte die prächtigen Kleider, die satten, vollen Farben, tiefes Blau, dunkles Rot, schweres, samtenes Grün. Sie war noch hübsch mit ihren dreissig Jahren. Siebzehn Jahre lang hatte ihr Vetter, der Kaiser Rudolf, um ihre Hand gefreit und nie sich gebunden. Mit Sorge sah Klara Eugenia ihre Jahre sich häufen, sechsundzwanzig, achtundzwanzig, schon war sie dreissig.

„Nein", sagte sie zu ihrem Vater. „Ich werde nicht Kaiserin."

„Du wirst Königin von Frankreich", versprach ihr Philipp. „Bist du nicht zur Hälfte eine Valois? Deine Mutter Elisabeth war mir die liebste von meinen Weibern allen." Philipp stockte und dachte nach. „Von allen", sagte er zögernd. Dachte er an Anna Mendoza, die Fürstin Eboli? Nie kam ihr Name über seinen Mund.

„Ich gebe dir einen Erzherzog", versprach Philipp seiner Tochter. „Willst du den Ernst oder den Albert?"

„Albert ist Kardinal", erklärte mit strenger Freundlichkeit Klara Eugenia, „und die Leute sagen, er kann nicht. Und Ernst ist ein Säufer, ein Spieler."

„Also Albert", entschied Philipp. „Der Papst gibt den Dispens, und Albert wird Generalstatthalter der Niederlande. Und wenn Felipe stürbe ..." Philipp schwieg, sie gingen weiter durch die Säle des Escorial. Sie kamen in die Sakristei, sie gingen durch den Chor der Kirche, sie stiegen in den Patio de los Reyes, den Hof der Könige, heraf und standen unter dem mittleren Tor, zwischen den hohen, runden Säulen. Die Tauben gurrten in der Sonne.

Philipp war nicht zufrieden mit seinem einzigen Sohn Felipe. Der Knabe war neunzehn Jahre alt, hässlich, schwächlich, dumm und fügsam. Philipp hatte ihn von Weibern erziehen lassen; er verbot ihm, die Gemächer seiner Schwester Klara Eugenia zu betreten; die Geschwister durften nie ohne Zeugen miteinander reden. „Zu der Gnade, mir ein so grosses Reich zu geben, hat Gott die andere, mir einen Nachfolger zu schenken, verweigert. Ich habe nur einen Erben."

Klara Eugenia sah mit Schrecken und Jammer, dass ihr Vater weinte. Die Tränen rannen so mühselig langsam sein zerfurchtes Antlitz herunter, so lange schwebten sie in den Rinnen der Wangen, als Tautropfen glänzten sie im Moos seines Bartes.

„Keiner", flüsterte die Tochter, „ist dem König Philipp gleich."

„Töchterchen", sprach zärtlich der Vater und hob ein wenig linkisch die gichtische Hand und fuhr sachte über den tiefblauen Samtärmel Eugenias. Die Tauben gurrten im gleissenden Licht, der blaue Frühlingshimmel lachte.

König Philipp schritt feierlich langsam mit seiner Lieblingstochter Klara Eugenia durch die schimmernden Säle des Escorial, sein Haus, sein Kloster, sein Pantheon und sein Monument vor den Jahrhunderten. „Ich habe es gebaut, dass es dauern soll", sagte Philipp zu seiner Tochter. „Alle wahre Schönheit und Grösse meiner Zeit habe ich hineingetan und aufgerichtet zum Lobpreis Gottes und zum Gedächtnis den Menschen."

Sie gingen ins Pantheón de los Reyes, ins Grabmal der toten Könige. Siebzehn Särge hatte König Philipp um sich versammelt, seine Ahnen und Weiber und Kinder. Übereinander zu Vieren standen die Särge. In der Ecke hing Christus am Kreuz. Langsam liess Philipp sein Auge von Sarg zu Sarg schweifen, bei jedem nannte er halblaut den Namen, da war sein Vater, Kaiser Karl der Fünfte. Da war sein Bruder, der Bastard Don Juan d'Austria. Darunter lag sein ältester Sohn Don Carlos. Da lag Maria aus Portugal, da Elisabeth von Frankreich, da schlief die Österreicherin Anna. Die Engländerin fehlte, Marie schlummerte in London. König Philipp ging zum Panteón de Parvulos, da ruhten die Kinder, rundum in einem Riesensarkophag. Philipp sprach die Namen, er wusste sie noch alle und weinte. So leicht flossen ihm die hellen, schimmernden Tränen, König Philipp liebte seine Toten. Der Tod war sein Bruder.

Der König stand lange nachdenklich. Schweigend stand seine Tochter bei ihm. Plötzlich schrak der König auf. „Die Akten", sagte er, „die Papiere." Sie gingen ins Kabinett. Philipp setzte sich in seinen bequemen Stuhl. Klara Eugenia sass bei ihm.

Die erste, eilige Depesche, die sie ergriff, um sie dem Vater vorzulesen, wollte sie wieder zurücklegen. Ihre Hände zitterten. Klara Eugenia liess die Depesche zu Boden fallen.

Der Greis bückte sich und hob ächzend die Depesche auf.

Sie war vom spanischen Gesandten in Paris, dem jungen Herzog Feria, dem Sohn der Engländerin. Feria schrieb an den Minister Moura: ‚Die Liga zwischen den grossen Feinden Spaniens, Elisabeth von England und Heinrich dem Vierten von Frankreich, wird morgen oder übermorgen geschlossen, sie ist offensiv und defensiv gegen Spanien gerichtet. Alle Feinde Spaniens sind aufgefordert, beizutreten. Die Staaten von Holland haben schon wissen lassen, dass sie beitreten. Moritz von Sachsen, dieser empörerische Sohn des Erzrebellen Wilhelm von Oranien, soll, sagt man, Tränen der Freude über diese Liga weinen. Unterrichtete bestätigen den Verdacht Sr. Majestät, dass der Rebell Perez der geistige Vater dieser Liga ist, gemacht um König Philipp und das spanische Reich zu verderben. Antonio Perez hat zu London, da er als Gast im Haus des Grafen Essex war, diesen gottlosen Buhlen der Königin Elisabeth verzaubert, diesen Essex, der vor allen englischen Pairs Frankreichs glühender Freund ist. Im Hause dieses Grafen Essex ward der Plan zur Liga geboren. Es ist derselbe Essex, der auf des Antonio Perez Rat mit sechzig Schiffen unsere schöne Stadt Cadix, die Silbertasse Spaniens, leergeplündert, unsere Schiffe vernichtet, die Stadt angezündet und zehntausend Frauen und Kinder hungernd auf die Strassen Andalusiens trieb, dass die edelsten, reichsten Spanierinnen nackt und bloss, gleich den verfluchten Moriskenweibern aus Granada, nach Norden zogen, weinend, Vertriebene. Es ist derselbe Essex, der den sogenannten König Anton von Portugal mit siebzig Schiffen nach Portugal fuhr, um unser neues Reich uns wegzunehmen, und sich begnügen musste, unsern Hafen La Coruña leerzuplündern. Es ist derselbe Essex, der Lautenspieler und schmucke Tänzer, der die eigene Frau töten liess, um Elisabeth zu heiraten und König von England zu werden. Diesen Menschen verzauberte der Rebell Antonio Perez, der am Londoner Hofe und bei der Königin von England dieselbe unbegreifliche, ungeheure Gunst geniesst wie bei dem Béarnesen, dem sogenannten König Heinrich dem Vierten von Frankreich. Unserm Geheimagenten 69 ist es geglückt, eine Abschrift des Staatsvertrages zu erlangen, den ‚Henri Quatre' mit Perez abschloss, als wäre diese fortgelaufene Kreatur Philipps eine Grossmacht. Dieser Perez wird, falls seine Frau Juana Coello stürbe, Kardinal von Frankreich. (Spanien hat also Interesse, diese Coello, die mit ihren Kindern im Turm zu Pintos sitzt, am Leben zu erhalten.) Dieser Perez erhält ein Haus zu Paris und vor das Haus gestellt, zur ewigen Bewachung gegen die vom König Philipp zahlreich ausgesandten Mörder (so steht es wörtlich da!), zwei Schweizer Garden. Perez wird Staatsrat des sogenannten Königs Henri Quatre, mit viertausend Dukaten im Jahr. Bei etwaigem Friedensschluss mit Spanien soll Perez im Vertrag enthalten sein, sein Weib, seine Kinder, seine Güter werden ihm auszuliefern sein. Wenn man bedenkt, dass dieser Mensch seinen Freund Escovedo gemeuchelt hat, dass ihn die Inquisition zu Saragossa in effigie verbrannt hat, dass er ein Verräter ist, der Aragon in den Aufstand getrieben und Spanien entflammt hat, der in Béarn, wohin er feige aus den Händen der Inquisition geflüchtet, spanische Emigranten um sich sammelte, um dem Béarnesen zuliebe Navarra uns zu entreissen, und Aragon, Katalonien und Valencia zu erobern, um, wie er sagt, eine Volksrepublik zu gründen, wie man aber genau weiss, nach Kenntnis seines Herzens, sich krönen zu lassen als König Antonio aus dem Hause Perez, wenn man bedenkt, dass dieser Pamphletenschreiber und Buchverfasser mit seinen Memoiren den König Philipp, Spanien, die heilige Inquisition vor den schadenfrohen Augen von ganz Europa durch den Schmutz zog, Philipps Staatsgeheimnisse über Europa ausstreuend, um ihn lächerlich zu machen, wenn man bedenkt, dass dieser Perez ein Page im Haus des Pagen Ruy Gomez war, wenn man bedenkt, dass König Philipp ihn für eine Weile zum mächtigsten Mann von Spanien gemacht und ihm vertraut hat, und er ihn auf jede Art verriet, sogar mit jener unseligen Anna Mendoza, die erblindend ihre Schuld im Kerker büsste, indes der wahre Schuldige entfloh und an den ersten Höfen Europas ein üppiges Weltleben führt, und wenn man sieht, dass diesen Teufelsbraten Perez die öffentliche Meinung in Europa bewundert, als einen Märtyrer, als einen Mann, der allein einem Weltreich und einem sogenannten Tyrannen, unserm König, Philipp dem Guten, die Stirne bot und nach dreizehn Jahren, verbracht im Kerker Philipps, ihm fast von gleich zu gleich begegnet, — dann, lieber Freund Don Christoph, dann ist man geneigt, nie wieder ins Theater zu gehn, nie wieder die Tiraden von Komödianten zu bewundern, die mit pappenen Kronen Könige mimen, dann hält man die ganze Erde für ein Theater, das ganze Menschenleben für eine billige Komödie, ein blasses Plagiat, angefertigt von stümperischen Kopisten, dann glaubt man, in der Loge zu sitzen, und lacht über den Sturz der Grossen und den Stolz der Mächtigen, dann möchte man an dieser Welt verzweifeln. Doch zum Glück, Don Christoph, zu unserm Glück lebt König Philipp noch (Gott schenke ihm hundert Jahre und bessere Gesundheit); noch, sage ich, lebt der Stellvertreter des höchsten Richters in unserer Mitte, ein höchst strenger und höchst gerechter Richter, Philipp der Kluge, und wir dürfen uns glücklich preisen, Spanier zu sein, und in Spanien zu leben, wo solche Possen wie anderwärts unmöglich sind. Adieu. Gegeben zu Paris.

Ich der Herzog Feria.'

Philipp hatte ruhig gelesen. Schweigend gab er die Depesche seiner Tochter und begann zu schreiben. Er unterschrieb verschiedene Befehle und Akten, die in die Kolonien gingen, nach Peru und Angola. Aber statt seiner gewöhnlichen Unterschrift; ‚Ich der König', schrieb Philipp unter jeden Akt: ‚Ich der Tod!' und reichte das Papier wie gewohnt seiner Tochter.

Ergrausend las die Infantin die neue Unterschrift. Philipp reichte ihr das zweite Blatt. ‚Der Tod!' stand unterschrieben. Auf dem dritten Blatt lautete die Unterschrift: ‚Der Tod!' Bei dem siebenten Blatt erst wagte die Tochter dem Vater den letzten Akt wieder hinzulegen. Ohne aufzublicken, sah er ihn an, las ihn ruhig mehrmals und genau von oben bis unten und war erstaunt und reichte das Blatt seiner Tochter hin.

Sie nahm es nicht und sagte: „Die Unterschrift."

Da las Philipp statt ‚Ich der König', die Worte ‚der Tod', und seine Tochter wies ihm die vorigen sechs Blätter und Philipp erschrak und erklärte: „Der Tod für Perez. Ich will ihn töten. Er soll endlich tot sein. Wie lange noch soll ein einzelner Mensch, ein Niemand, den ich dreizehn Jahre in Ketten hielt, mir entgegentreten? Mein Sklave wollte der König von Aragon, Valencia und Katalonien werden, König Antonio, König Perez. Wollen alle meine Untertanen Könige werden? Der Wilhelm stahl mir Holland, ich tötete ihn dafür; der Antonio Perez will mir Aragon stehlen? Ich werde ihn töten! Er will mich und Spanien verderben? Ich töte ihn, Töchterchen. Und müsste ich alle Mörder der Welt bezahlen. Ich töte ihn. Ich finde ihn. Ich renne ihm nach. Ich laufe. Geht er nach Paris? Da bin ich. Flieht er nach London? Da bin ich. Mischt er sich unter die Rebellen von Holland, diese bösen Leute, die sich losreissen wollen von meiner süssen Herrschaft, aus meinem gerechten Reich, Perez in Amsterdam? Da bin ich; Philipp! Ich der König hetze dich, Antonio. Ich der König. Ich der Tod."

Philipp keuchte. Seine Tochter kniete vor ihm und umschlang seine Füsse und weinte und küsste zärtlich seine Hände und stammelte: „Vater! Lieber Vater!"

„Was hast du?" fragte erstaunt der königliche Greis, plötzlich ganz ruhig wie gewöhnlich, sein kleines, gefaltetes, rotes, trockenes Gesicht atmete Majestät. „Was fehlt dir, mein Kind?" fragte der Vater ruhig.

Klara Eugenia schämte sich, erhob sich, strich über ihr zerknittertes Kleid, setzte sich neben den Vater.

Der König sammelte die sieben falsch unterschriebenen Akten, klingelte dem Kabinettsekretär und befahl, die sieben Kolonialakten nochmals zu schreiben. Da der Sekretär schon an der Tür war, rief ihn der König zurück.

„Sogleich", befahl er, „die Handakten über die Aktionen zur Erledigung des Rebellen Perez." Und der König wandte sich zur Infantin und fasste ihre Hand liebreich und sagte seufzend: „Nur Geduld, Töchterchen. Ich lebe noch. Da sagen sie, ich sei müde. Ich wolle abdanken. Warum? Das Jahrhundert ist müde und neigt sich seinem Ende zu, noch zwei, noch drei Jahre. Ich will es überleben. Ich werde siegen. Nur die Elemente, nur Abtrünnige, die mir die eigenen Waffen stahlen, widerstrebten mir. Aber du wirst eine Königskrone haben. Erst wollte ich dir England erobern. Maria Stuart schrieb mir, sie mache mich zu ihrem Erben, Elisabeth mordete sie darum, ich vergoss eine Träne, und baute eine Flotte, wie die Welt noch keine sah, und hiess sie die Unbesiegliche Armada und schickte sie aus, um England zu erobern, da kamen Meer und Winde und stiessen meine Pläne um. ‚Gegen Menschen schickte ich Sie aus', sagte ich zu Sidonia, ‚nicht gegen Meer und Winde.' Und rüstete eine zweite Flotte, und der Sturm zerstob sie. Kein Spanier war schuld. Wer schuf der Schiffahrt Grösse? Wir Spanier haben die unbekannten Reiche entdeckt und die Erde gross gemacht. Wir werden die ganze Erde haben und regieren. Weinst du um England? Wir werden es erobern. Lass mich erst Frankreich haben. Fürchtest du die Liga? Gott ist mit uns! Jene sind Ketzer. Nur der Wind wehte meine Absicht hinweg, nur das Meer vermag sie zu schlingen. Die Elemente kämpfen gegen mich. Aber die Zeit ist meine Freundin. Ich werde auch die Elemente regieren. Empfing ich nicht den Tod wie einen Bruder? Baute ich ihm nicht dieses Haus? Meine abtrünnigen Diener haben von mir gelernt, mich zu verwunden? Dieser Wilhelm Oranien, der Lieblingsschüler meines Vaters Karl, der ihn unterrichtete, wie man die Menschen regiert, und dieser Antonio Perez, der im Staube zu meinen Füssen mehr Glanz besass als jetzt, da er nach Kronen greift und Königreiche gegen mich verbündet, sie konnten mich eine kleine Weile aufhalten, der entwendet mir heuchlerisch sieben Provinzen, jener kreuzt verräterisch meine heiligsten Absichten, was tut's? Ich werde dennoch England und Frankreich und Holland haben. Schliessen sie eine Liga, was tut's? So schlage ich sie zugleich. Um so besser! So schliesst das sechzehnte Jahrhundert glücklich. Das neue Jahrhundert wird glücklicher sein. Geeint durch mich wird diese Erde, soweit Christen auf ihr wohnen, mir und meinen Kindern dienen. Wer sonst sollte sie retten? Die Welt wird Philipp gehören. Die Menschen sollen mich lieben. Mein Reich wird kommen." König Philipp schwieg. Seine geröteten Augen glühten, im Fieber.

Liebreich betrachtete die Infantin den königlichen Greis. Erhaben war der Vater, ein Prophet gleich Ezechiel, ein guter König.

Als der Sekretär die Akten herbeitrug, begann der König zu lesen. Seiner Tochter schien, er sitze wie der König Salomon da, ein grosser König, ein weiser Greis, ein gerechter Richter. Philipp las langsam und sorgfältig die Berichte seiner Geheimagenten über ihre Mordversuche gegen Perez, diesen Einzelnen, dieses vermessene Individuum.

König Philipp liebte die Menschen im allgemeinen und in grossen Massen. Der Einzelne erschien ihm furchtbar. König Philipp unterbrach seine Lektüre. „Schreibe es auf, Töchterchen. Ich will es mir merken. Der Einzelne ist gefährlich. Man muss den Einzelnen töten. Die Völker widerstehn nicht der Macht von uns Königen. Nur der Einzelne widersteht uns. Da ist unsere Grenze. Schreibe es auf! Es ist gut, die Weisheit des Alters aufzuschreiben. Zufrieden bin ich alt geworden. Ich habe ein gutes Gewissen. Und Gott liebt mich. Ich habe die Menschen nach ihrem Wert regiert. Ich der König."

INHALT

Ricarda Huch

Michael Unger
Roman
Ullstein Buch 37001

Von den Königen und der Krone
Roman
Ullstein Buch 37002

Erinnerungen von Ludolf Ursleu dem Jüngeren
Roman
Ullstein Buch 37003

Das Leben des Grafen Federigo Confalonieri
Roman
Ullstein Buch 37004

Der Fall Deruga
Roman
Ullstein Buch 37005

Ausgewählte Erzählungen
Ullstein Buch 37006

Michael Bakunin und die Anarchie
Ullstein Buch 37007

Im alten Reich Lebensbilder deutscher Städte
Ullstein Buch 37008

Der große Krieg in Deutschland
Ullstein Buch 37009

1848 Die Revolution des 19. Jahrhunderts in Deutschland
Ullstein Buch 37010

Aus der Triumphgasse
Ullstein Buch 37011

Erinnerungen an das eigene Leben
Ullstein Buch 37012

»Geradezu schmählich unterschätzt: Ricarda Huch. Dabei liebte man zur Jahrhundertwende sozusagen ihre unvergleichlichen Liebesgedichte in der linken Hand haltend. Ihre Romane sind blitzgescheit, sind immer noch strahlend schön.
Ihre weitausgreifenden Historgrafien, Wallenstein, vor allem den Dreißig jährigen Krieg betreffend, immer wieder Preußisches, Helvetisches und Städtegeschichtliches, gehören, ginge es einigermaßen gerecht zu, in die obersten Regale dieser Gattung.«
Friedrich Luft

Ullstein Werkausgaben

Gerhart
Hauptmann

Der Narr in Christo Emanuel Quint

Ullstein Buch 37132

Ullstein
Werkausgaben

»Gibt es einen Stoff, der inniger mit dem Problemsuchen jener deutschen Jugend verbunden war als dieser: Jesus Christus aus Nazareth wandert durch das Deutschland der Gegenwart, das Deutschland der Fabriken, der Klassenkämpfe, der orthodoxen Staatskirche. In zahllosen literarischen Versuchen schlug man sich mit dieser Antithese herum, und auch Uhdes proletarische Jesusmalerei wurde lange ausschließlich wie eine Teilerscheinung dieser als Naturalismus zeichnenden Romantik empfunden. Auf diesen Stoff also greift Gerhart Hauptmann zurück; er biegt aber von Anbeginn die Spitzen eines bloßen symbolischen Thesenromans ab, indem er seine Christusfigur, den schlesischen Landstreicher Emanuel Quint, in der Beleuchtung einer Seelenstudie hält ...«

Theodor Heuss, 1911